Sigrun-Heide Filipp (Hrsg.)

Kritische Lebensereignisse

Kritische Lebensereignisse

3. Auflage

Herausgegeben von
Sigrun-Heide Filipp

BELTZ
PsychologieVerlagsUnion

Anschrift der Herausgeberin:

Prof. Dr. Sigrun-Heide Filipp
Fachgebiet I - Psychologie der Universität Trier
Postfach 3825
54228 Trier

Wissenschaftlicher Beirat der Psychologie Verlags Union:

Prof. Dr. Walter Bungard, Lehrstuhl Psychologie I, Wirtschafts- und Organisationspsychologie, Universität Mannheim, Schloß, Ehrenhof Ost, 68131 Mannheim
Prof. Dr. Ernst-D. Lantermann, Universität Kassel, GH, FB 3, Psychologie, Holländische Straße 56, 34127 Kassel
Prof. Dr. Rainer K. Silbereisen, Friedrich-Schiller-Universität Jena, Institut für Psychologie, Lehrstuhl für Entwicklungspsychologie, Humboldtstraße 11, 07743 Jena
Prof. Dr. Hans-Ulrich Wittchen, Max-Planck-Institut für Psychiatrie, Kraepelinstraße 10, 80804 München

Die Deutsche Bibliothek - CIP-Einheitsaufnahme

Kritische Lebensereignisse / hrsg. von Sigrun-Heide Filipp
– 3. Aufl. – Weinheim : PsychologieVerlagsUnion, 1995
   ISBN 3-621-27287-9
NE: Filipp, Sigrun-Heide [Hrsg.]

1. Auflage 1981, Verlag Urban & Schwarzenberg, München
2. erweiterte Auflage 1990, Psychologie Verlags Union, München
3. Auflage 1995, Psychologie Verlags Union, Weinheim

Das Werk einschließlich aller seiner Teile ist urheberrechtlich geschützt. Jede Verwertung außerhalb der engen Grenzen des Urheberrechtsgesetzes ist ohne Zustimmung des Verlags unzulässig und strafbar. Das gilt insbesondere für Vervielfältigungen, Übersetzungen, Mikroverfilmungen und die Einspeicherung und Verarbeitung in elektronischen Systemen.

© 1995 Psychologie Verlags Union, Weinheim

Umschlaggestaltung: Dieter Vollendorf, München
Druck und Bindung: Druckpartner Rübelmann, Hemsbach
Printed in Germany
Gedruckt auf säurefreiem Papier

ISBN 3-621-27287-9

Inhalt

I Grundprobleme der Erforschung kritischer Lebensereignisse und ihrer Effekte

1 Ein allgemeines Modell für die Analyse kritischer Lebensereignisse 3
Sigrun-Heide Filipp

1.1	Kritische Lebensereignisse als Forschungsgegenstand der Psychologie	3
1.2	Forschungsperspektiven innerhalb der Psychologie	4
1.3	Darstellung eines heuristischen Modells zur Erforschung kritischer Lebensereignisse	9
1.3.1	Prämissen und Modellannahmen	9
1.3.2	Die Modellkomponenten und Analyseeinheiten im Überblick	11
1.3.3	Vorauslaufende Bedingungen der Konfrontation und Auseinandersetzung mit Lebensereignissen	14
1.3.4	Die Rolle der Person in der Konfrontation und Auseinandersetzung mit Lebensereignissen	15
1.3.5	Die Rolle des Situationskontextes in der Konfrontation und Auseinandersetzung mit Lebensereignissen	20
1.3.6	Die konzeptuelle Präzisierung kritischer Lebensereignisse und ihrer Merkmale	23
1.3.7	Formen der Auseinandersetzung mit und Bewältigung von kritischen Lebensereignissen	36
1.3.8	Folgen der Konfrontation und Auseinandersetzung mit kritischen Lebensereignissen	41
1.4	Anwendungsimplikationen der Erforschung kritischer Lebensereignisse	44
Literatur		47

2 Identifikation und Effektanalyse von kritischen Lebensereignissen 53
Franz Petermann

2.1	Charakterisierung des Forschungsprozesses	54
2.1.1	Identifikationsprobleme	54
2.1.2	Probleme der Effektanalyse	59
2.2	Optimierung des Forschungsprozesses	64
2.3	Identifikation und Effektanalyse von kritischen Lebensereignissen im Einzelfall: Illustrationsbeispiel	67
2.4	Ausblick: Erfahrungen mit einzelfallbezogenem Vorgehen	68
Literatur		69

3 Kritische Lebensereignisse und lebenslange Entwicklung: Methodologische Aspekte 72

David F. Hultsch und *Steven W. Cornelius*

3.1	Konstruktvalidität	73
3.1.1	Die Definition von kritischen Lebensereignissen	74
3.1.2	Merkmale von Lebensereignissen	75
3.1.3	Typologische und dimensionale Repräsentation des Konstrukts „Kritisches Lebensereignis"	79
3.2	Interne Validität	83
3.2.1	Validitätsminderung durch „Drittvariablen"	84
3.2.2	Kausalitätsrichtung	84
Literatur		87

II Formen und Merkmale kritischer Lebensereignisse

4 Verfahren zur Erfassung kritischer Lebensereignisse 92

Sigrun-Heide Filipp und *Walter Braukmann*

5 Einschätzung von Lebensereignissen und ihrer Auswirkungen 104

Horst Gräser, Helmut Esser und *Helmut Saile*

5.1	Zur Bedeutung der Einschätzung von Lebensereignissen	104
5.2	Methodische Gesichtspunkte	105
5.2.1	Auswahl und Formulierung von Lebensereignissen	105
5.2.2	Wahl der Beurteilungsdimensionen	107
5.2.3	Gewinnung von Meßwerten für Lebensereignisse und Personen . . .	108
5.2.4	Das Problem der personenspezifischen Skalierung von Lebensereignissen	109
5.3	Erstes Beispiel: Differenzierung der Einschätzung von Lebensereignissen mittels dreimodaler Faktorenanalyse	110
5.3.1	Durchführung	110
5.3.2	Ergebnisse	112
5.4	Zweites Beispiel: Differenzierung der Einschätzung von Lebensereignissen mittels multidimensionaler Skalierung	116
5.4.1	Durchführung	116
5.4.2	Ergebnisse	116
5.5	Schlußfolgerungen	119
Literatur		120

6	**Normative Übergänge im menschlichen Lebenslauf: Entwicklungskrisen oder Herausforderungen?**	123
	Erhard Olbrich	
6.1	Gliederung des menschlichen Lebenslaufes: Vorläufer der Konzeption vom Übergang?	123
6.2	Soziale Normierungen als Auslöser von Übergängen	125
6.3	Biologische Veränderungen als Basis von Übergängen	128
6.4	Die Menopause: Eine Übergangsperiode im mittleren Erwachsenenalter	130
6.5	Jugend: Die „traditionelle" Übergangsperiode	131
6.6	Entwicklung in der Übergangsphase: Krisenbewältigung und Coping	133
Literatur		136

7	**Wohnortwechsel und Verlust der Ortsidentität als nicht-normative Lebenskrisen**	139
	Manfred Fischer und *Ulrike Fischer*	
7.1	Wohnortwechsel als sozialer und individueller Stabilisierungsmechanismus	139
7.2	Wohnortwechsel als Ablösungs- und Anpassungsprozeß	140
7.2.1	Verlust der Ortsidentität – Wohnortwechsel als Ablösungsprozeß	141
7.2.2	Zum Einfluß von Erwartungen an die neue Wohnumgebung	143
7.2.3	Vergleichsprozesse als Anpassungsmediatoren	144
7.2.4	Wohnstandortwahl als schwierige Entscheidung	145
7.3	Spezifische Bedingungen der Anpassung nach Wohnortwechsel	146
7.3.1	Segregation, Sukzession und Zwangsumsiedlung als Folgen der Stadtentwicklung und Stadtentwicklungsplanung	146
7.3.2	Anpassungsmoderierende Merkmale der neuen Wohnumgebung	148
7.3.3	Anpassungsmoderierende Merkmale des Wohnortwechslers	150
7.4	Das Spektrum psychosozialer Auswirkungen eines Wohnortwechsels	150
Literatur		151

III Vorbereitung auf kritische Lebensereignisse als primäre Prävention und antizipatorische Sozialisation

8	**Kompetenzerhöhung als Ziel der Intervention in Entwicklungsverläufe über die Lebensspanne**	156
	Steven J. Danish und *Anthony R. D'Augelli*	
8.1	Primäre Prävention und menschliche Entwicklung	157
8.1.1	Zur Definition von primärer Prävention	157

8.1.2 Beziehungen zwischen Psychopathologie und primärer Prävention . 158
8.1.3 Auf dem Wege zur Förderung menschlicher Entwicklung 158
8.1.4 Kritische Lebensereignisse als konzeptueller Rahmen für die Analyse menschlicher Entwicklung 160
8.2 Auseinandersetzung mit kritischen Lebensereignissen 162
8.2.1 Individuelle Bewältigungsgeschichte von Lebensereignissen 163
8.2.2 Soziale Stützsysteme 164
8.3 Ein Modell für Intervention in Entwicklungsverläufe 165
8.3.1 Der gegenwärtige Stand der psychosozialen Versorgung 166
8.3.2 Entwicklungsintervention und Entwicklungsförderung 167
Literatur 171

9 Darstellung eines Mehrebenenmodells primärer Prävention 174

Wilfried Belschner und *Peter Kaiser*

9.1 Zum Begriff „Kritische Lebenssituation" 174
9.1.1 Eine interaktionistische Auffassung von kritischen Lebenssituationen 174
9.1.2 Mehrebenen-Analyse kritischer Lebenssituationen 177
9.1.3 Diagnostische Aspekte der Mehrebenen-Analyse 180
9.2 Ansätze und Möglichkeiten primärer Prävention 183
9.2.1 Mehrebenen-Prävention in kritischen Lebenssituationen 183
9.2.2 Präventionsmaßnahmen auf der individuellen Ebene 185
9.2.3 Zur Bedeutung von Kompetenzen für die Bewältigung von Lebenssituationen 185
9.2.4 Planung von Mehrebenen-Präventionsprogrammen 191
Literatur 192

IV Auseinandersetzung mit und Bewältigung von kritischen Lebensereignissen

10 Streß und Streßbewältigung – ein Paradigma 198

Richard S. Lazarus

10.1 Streß und Streßbewältigung – um 1950 198
10.2 Gegenwärtige Grundannahmen zu Streß und Streßbewältigung . . . 201
10.2.1 Die naturalistische Perspektive 202
10.2.2 Transaktion und Prozeß 204
10.2.3 Multiple Analyseebenen 207
10.2.4 Ipsativ-normative Untersuchungsstrategien 210
10.3 Grundlegende Konzepte im Forschungsbereich Kognition und Bewältigung 212

10.3.1	Primäre Einschätzung und Neueinschätzung	212
10.3.2	Sekundäre Einschätzung	214
10.3.3	Bewältigungsstrategien	216
10.3.4	Probleme der Erfassung von Bewältigungsprozessen	220
10.4	Zusammenfassung und Schlußfolgerungen	225
Literatur		229

11 Personale Kontrolle und die Bewältigung kritischer Lebensereignisse 233

Walter Braukmann und *Sigrun-Heide Filipp*

11.1	Einleitung	233
11.2	Das Konzept „Personale Kontrolle"	235
11.2.1	Gelernte Hilflosigkeit als Effekt geringer personaler Kontrolle	236
11.2.2	Strukturale Aspekte personaler Kontrolle	239
11.2.3	Prozessuale Aspekte personaler Kontrolle	240
11.2.4	Die Effizienz von Kontrollreaktionen	243
11.3	Die Brauchbarkeit des Konzepts „Personale Kontrolle" für die naturalistisch orientierte Lebensereigniserforschung	245
11.4	Ausblick	247
Literatur		248

12 Selbstkonzept-Änderung nach kritischen Lebensereignissen 252

Hans Dieter Mummendey

12.1	Problemstellung	252
12.2	Untersuchung der Veränderung retrospektiver Selbsteinschätzung nach kritischen Lebensereignissen	260
12.3	Längsschnittuntersuchung der Veränderung von Selbsteinschätzungen nach kritischen Lebensereignissen	263
12.4	Diskussion	266
Literatur		268

Epilog und Versuch einer Bilanz

13 Kritische Lebensereignisse im Brennpunkt: Eine Entwicklungsaufgabe für die Entwicklungspsychologie? 272

Leo Montada

13.1	Impulse für die Entwicklungspsychologie durch die Forschung über Lebensereignisse	272

13.1.1 Veränderungen der Lebenssituation statt Unterschiede in Lebenslagen als Gegenstand der Forschung ... 272
13.1.2 Forschung im ökologischen Kontext statt im Labor ... 274
13.1.3 Analyse von Strategien der Situationsbewältigung statt Beschreibung der Kontinuität vs. Veränderung „situationsblinder" Eigenschaften ... 275
13.1.4 Paradigmenwechsel durch die Erforschung der Lebensereignisse ... 276
13.1.5 Von der Beschreibung der Kontinuität und Veränderung zur Entwicklungstheorie ... 279
13.2 Impulse für die Forschung über Lebensereignisse durch entwicklungspsychologische Fragestellungen ... 281
13.2.1 Altersabhängigkeit des Eintritts kritischer Lebensereignisse ... 282
13.2.2 Altersabhängigkeit der Bedeutung kritischer Lebensereignisse ... 282
13.2.3 Unterscheidung von unmittelbaren und zeitverzögerten Ereignisfolgen ... 283
13.2.4 Wirkungen vorausgegangener Lebensereignisse ... 284
13.2.5 Prognose der Persistenz von Störungen ... 285
13.2.6 Entwicklungspsychologisch orientierte Bedingungsanalyse ... 286
13.2.7 Entwicklungspsychologische Interventionsforschung ... 287
13.3 Die entwicklungspsychologische Erweiterung: Streß für den Forscher? ... 288
Literatur ... 289

14 Lebensereignisforschung – eine Bilanz ... 293

Sigrun-Heide Filipp

14.1 Zum Status des Konzepts „kritisches Lebensereignis" ... 293
14.1.1 Lebensereignisse als Streßindikatoren ... 293
14.1.2 Lebensereignisse vs. Alltagswidrigkeiten? ... 294
14.1.3 Lebensereignisforschung als Einzelereignisanalyse ... 296
14.2 „Alte" und „neue" Perspektiven in der Lebensereignisforschung ... 298
14.2.1 Die klinisch-psychologische/streßtheoretische Perspektive ... 298
14.2.2 Die entwicklungspsychologische Forschungsperspektive ... 303
14.2.3 Die differentialpsychologische Perspektive ... 306
14.2.4 Die sozialpsychologische Forschungsperspektive ... 310
14.3 Lebensereignisforschung unter Quantitätsaspekten ... 314
14.4 Leitlinien künftiger Lebensereignisforschung ... 314
Literatur ... 319

Verzeichnis der Autoren ... 327

Personenverzeichnis ... 328

Sachverzeichnis ... 340

I Grundprobleme der Erforschung kritischer Lebensereignisse und ihrer Effekte

Ein Forschungsbereich, dessen zentrales Thema die Frage danach ist, welche Bedeutung kritischen Lebensereignissen für Veränderungen im Verhalten und Erleben der betroffenen Menschen zukommt, birgt angesichts solch komplexer Fragestellungen eine Fülle von konzeptuellen und methodischen Problemen, denen jeder sich zu stellen hat, der hierzu gesicherte und verläßliche Antworten liefern will. In den folgenden drei Kapiteln sollen diese Grundprobleme der Erforschung kritischer Lebensereignisse aufgezeigt und ansatzweise systematisiert werden, und erste Ansätze zu ihrer konstruktiven Überwindung, insbesondere im methodischen Bereich, werden dargestellt.

Sigrun-Heide Filipp stellt im ersten Kapitel ein allgemeines Modell für die Analyse kritischer Lebensereignisse und ihrer Effekte vor. Dieses Modell soll zum einen gestatten, die Heterogenität von Einzelfragen und die entsprechende Befundvielfalt einem einheitlichen Bezugsrahmen zu subsumieren; es soll zum anderen zur Generierung von neuen Fragestellungen dienen und Heuristiken liefern für die künftige Erforschung kritischer Lebensereignisse. Die wesentlichen Bestimmungsstücke, die in diesem Modell Berücksichtigung finden, sind Antezedenz-, Person- und Kontextmerkmale, die als zeitlich distale wie konkurrente Bedingungen für den Eintritt von Lebensereignissen einer spezifischen Qualität sowie für die individuellen Formen der Interpretation und Bewältigung des jeweiligen Lebensereignisses zu vermuten sind. Effekte der Konfrontation mit Lebensereignissen können dann differenziert beschrieben und prognostiziert werden, wenn dieses Gefüge von Merkmalen in die Betrachtung eingeschlossen wird.

Franz Petermann geht im zweiten Kapitel vertiefend auf Probleme der Identifikation und Effektanalyse von kritischen Lebensereignissen ein und behandelt diese Fragen im Rahmen einer methodenkritischen Gesamtschau des Forschungsgebietes. Zum einen wird thematisiert, welche Aspekte kritische Lebensereignisse charakterisieren und welche Kriterien und Strategien zu ihrer Identifikation herangezogen werden können. Zum anderen diskutiert der Autor das Problem, in welcher Weise sich über unterschiedliche Zeitspannen hinweg Effekte der Auseinandersetzung mit kritischen Lebensereignissen auffinden lassen. Diese Ausführungen münden in Vorschläge zur Optimierung des Forschungsprozesses, die ihrerseits abschließend an einem fiktiv gewählten Lebensereignis illustriert werden.

David F. Hultsch und *Steven W. Cornelius* rücken im Kapitel 3 Methodenfragen der Erforschung kritischer Lebensereignisse insbesondere unter dem Aspekt der lebenslangen Entwicklung von Menschen in das Zentrum ihrer Ausführungen. Sie setzen sich mit der Frage der Konzeptualisierung kritischer Lebensereignisse auseinander und zeigen auf, daß diese unter dem Aspekt einer Entwicklungspsychologie der Lebensspanne um wesentliche Parameter erweitert werden muß. Schließlich gehen die Autoren ausführlich auf Probleme der Formulierung und Prüfung von Kausalmodellen im Rahmen der Lebensereignisforschung ein.

1 Ein allgemeines Modell für die Analyse kritischer Lebensereignisse

Sigrun-Heide Filipp

1.1 Kritische Lebensereignisse als Forschungsgegenstand der Psychologie

Wohl niemand weiß mehr und besser darüber zu berichten, als der vielzitierte „Mann auf der Straße", daß das Leben nicht „geradlinig" verläuft. Jeder individuelle Lebenslauf ist gekennzeichnet durch eine kaum übersehbare Fülle von Ereignissen, die mehr oder minder abrupt und unvorhergesehen eintreten, die mehr oder minder gravierend in alltägliche Handlungsvollzüge eingreifen, die mehr oder minder dramatisch verlaufen und der Person Umorientierungen in ihrem Handeln und Denken, in ihren Überzeugungen und Verpflichtungen abverlangen. Was bislang eher ein Thema der großen Romanliteratur war (ganz zu schweigen von der sogenannten „Groschenliteratur"), nämlich die Darstellung individueller Lebens- und Schicksalsgeschichte in ihrem historisch-epochalen und sozial-kulturellen Kontext, soll jetzt auch wissenschaftlich „hoffähig" werden. Mit ihrem wachsenden Anspruch, menschliches Handeln auch in „sehr komplexen Realitätsbereichen" (vgl. *Dörner* 1979) zu erforschen und dieses innerhalb des jeweiligen soziokulturellen und ökologischen Kontextes (vgl. *Bronfenbrenner* 1978) zu betrachten, kommt auch die Psychologie nicht umhin, sich mit „Lebensereignissen" zu beschäftigen und zu untersuchen, ob und in welchem Maße sie sich dazu eignen, menschliches Verhalten und Erleben, insbesondere in seiner Variabilität über die Zeit (angemessener) erklären und vorhersagen zu können.

Man kann sich fragen, ob die Psychologie als Einzelwissenschaft nicht deutlich überfordert ist, wenn sie „Lebensereignisse" zu ihrem Forschungsthema erhebt. Sie wird sich in der Tat dessen gewärtig sein müssen, daß sie solchermaßen höchst komplexe Ausschnitte der Realität immer nur verkürzt abbilden und aus der ihr eigenen Perspektive betrachten kann. Viele Lebensereignisse sind beispielsweise in ihrer Entstehungsgeschichte nur erklärbar aus dem historisch-epochalen Kontext, innerhalb dessen sie eintreten. Dies gilt nicht nur für historische Ereignisse, wie z. B. Kriege, sondern auch für individuelle Lebensereignisse, wie z. B. Verlust des Arbeitsplatzes (vgl. *Frese* 1978). Historiker, Soziologen, Wirtschaftswissenschaftler, Politologen und andere Disziplinen haben viel zu der Frage beizutragen, welche mehr oder minder epochalspezifischen Merkmale eines sozialen, ökonomischen und politischen Systems etwa dazu führen, daß seine Mitglieder mit hoher Wahrscheinlichkeit mit Lebensereignissen einer bestimmten Qualität konfrontiert sein werden. Aber auch jenseits dieser makroanalytischen Betrachtung sind andere Disziplinen unmittelbar und in vielerlei Hinsicht mit kritischen Lebensereignissen befaßt. So stellt die Medizin geradezu ein Musterbeispiel dafür dar, daß ihr Anwendungs- und Betätigungsfeld letztlich durch „kritische Lebensereignisse" konstituiert ist: Krankheiten und operative Eingriffe gehören für jeden Menschen in aller Regel zu den dramatischsten Lebensereignissen. Darüber hinaus teilt die Medizin mit Psychologie und Theologie das Problem des Sterbens als „letzter Lebenskrise" (*Kastenbaum* 1975). Schließlich ist das Phänomen der „Krise" auch Gegenstand philosophischer Auseinandersetzungen. Insbesondere in der Existenzphilosophie wird mit dem Begriff des „Sprungs" der Übergang des Menschen von seiner „uneigentlichen" zu seiner „eigentlichen" Existenz umschrieben (vgl. *Stegmüller* 1969), und innerhalb der Dialektik wird der „dialektische Sprung" zur Kennzeichnung jenes diskontinuierlichen Moments in der Entwicklung eines Systems herangezogen, welches im Umschlag von einer alten in eine neue Qualität liegt (vgl. *Klaus & Buhr* 1964, *Riegel* 1979).

Diese kurzen Ausführungen mögen genügen, um aufzuzeigen, daß das Konzept der „kritischen Lebensereignisse" wohl wie wenige andere Konzepte, die in die Psychologie Eingang gefunden haben, deutlich und unmittelbar in viele andere Disziplinen ausgreift. Dessenungeachtet verbindet sich mit diesem Konzept eine Vielzahl von genuin psychologischen Problemstellungen, die in dem vorliegenden Sammelband exemplarisch aufgezeigt werden sollen. Alle diese Problemstellungen kreisen letztlich um die Grundfrage danach, wie kritische Lebensereignisse in individuelles Erleben und Verhalten transformiert werden, welche Formen der Auseinandersetzung mit und Bewältigung von kritischen Lebensereignissen erkennbar sind, in welchem Ausmaß diese zwischen Menschen und über Ereignisse und Situationen hinweg variieren und welche Effekte unterschiedlicher zeitlicher Erstreckung die Konfrontation mit kritischen Lebensereignissen unter den je gegebenen Bedingungen besitzt. Ein wesentlicher Aspekt hierbei ist es, kritische Lebensereignisse selbst konzeptuell zu präzisieren und Operationen zur Erfassung ihrer wesentlichen Parameter zu entwickeln. Schließlich bedarf es einer Festlegung der Heuristiken und Forschungsstrategien, die zur Lösung der Problemstellungen und zur Beantwortung der bislang ungelösten Fragen herangezogen werden können.

1.2 Forschungsperspektiven innerhalb der Psychologie

Es mag an der Weite des mit dem Begriff „kritisches Lebensereignis" vorläufig umschriebenen Phänomenbereichs, aber auch an seiner bislang unzureichenden konzeptuellen Präzisierung liegen, daß sich heute aus einer Reihe von z. T. heterogenen Forschungsrichtungen innerhalb der Psychologie Ansätze und Ergebnisse – mit jeweils mehr oder minder starkem Gewicht – für die Erforschung von kritischen Lebensereignissen heranziehen lassen. In dem Maße, in dem kritische Lebensereignisse als potentiell streßerzeugend betrachtet bzw. terminologisch durch „streßreiche Lebensereignisse" ersetzt werden, in dem Maße ist die *Streßforschung* unter allgemein- und differentialpsychologischer Perspektive ein außerordentlich relevanter Forschungsbereich (vgl. *Lazarus* in diesem Band). Kritische Lebensereignisse stellen dann nichts anderes dar als molar konzipierte „Stressoren", die als vornehmlich in der Umwelt lokalisiert, d. h. als „von außen" auf die Person einwirkende Kräfte verstanden werden und mit denen sich die Person in der ihr eigenen

Weise auseinandersetzen muß. In dem Maße, in dem Lebensereignisse konzipiert werden als Veränderungen in der Lebens*situation* einer Person, in dem Maße lassen sich die im Zusammenhang mit der sogenannten *Situationismus-* und *Interaktionismus*debatte (vgl. *Bowers* 1973; *Lantermann* 1980) vorgeschlagenen Erklärungsansätze heranziehen. Von Interesse ist dann weniger die in den Zusätzen „streßreich" oder „kritisch" konnotativ enthaltene emotionale Qualität der Auseinandersetzung mit Ereignissen, sondern die allgemeine Frage nach der Plastizität des Verhaltens einer Person über unterschiedliche (Lebens-)Situationen hinweg. Einer entwicklungspsychologischen Perspektive verhaftet, wird der Begriff der Situation um die dynamische Komponente erweitert, indem die *Abfolge* von Ereignissen über die Zeit hinweg in das Blickfeld rückt (z. B. *Brim & Ryff* 1980). In dem Maße, in dem kritische Lebensereignisse ausschließlich unter dem Aspekt der mit ihnen einhergehenden Notwendigkeit zur *Neuanpassung* des Verhaltens gesehen werden, tragen sozialisationstheoretische, öko- und persönlichkeitspsychologische Ansätze zur Erklärung und Vorhersage „gelungener" oder „mißlungener" Anpassung bei (z. B. *Coelho, Hamburg & Adams* 1974). Werden etwa kritische Lebensereignisse exemplifiziert am Wechsel bzw. Übergang in neue soziale Rollen, so steht die Frage im Zentrum, unter welchen person- und/oder kontextspezifischen Bedingungen dieser Wechsel erfolgreich oder weniger erfolgreich vollzogen wird (siehe hierzu *Olbrich* in diesem Band). In dem Maße, in dem der Konfrontation mit kritischen Lebensereignissen eine potentiell pathogene Wirkung zugeschrieben wird, in dem Maße werden sie aus klinisch-psychologischer und epidemiologischer Perspektive analysiert. In dem Maße schließlich, in dem die Auseinandersetzung mit kritischen Lebensereignissen entweder als konstitutives Merkmal des menschlichen Lebenslaufs betrachtet und/oder als Erklärungsprinzip für ontogenetische Veränderungen über die Lebensspanne eingeführt wird, in dem Maße erfolgt die Analyse kritischer Lebensereignisse unter entwicklungspsychologischer Perspektive.

Die beiden letztgenannten Forschungsansätze, nämlich die klinisch-psychologische und die entwicklungspsychologische Perspektive, sind bislang am unmittelbarsten mit dem Konzept der „kritischen Lebensereignisse" verknüpft. Begriffe wie „life change" (*Sarason, Johnson & Siegel* 1978), „life stress" (*Gunderson & Rahe* 1974), „Wendepunkte" (*Atchley* 1975) oder „Markierungspunkte" im Lebenslauf (*Lehr* 1978) kennzeichnen diese unterschiedlichen Forschungsinteressen. Wie noch zu zeigen sein wird, ist dieses Konzept in der Tat hervorragend geeignet, zu einer Konvergenz von klinisch-psychologischen und entwicklungspsychologischen Fragestellungen zu führen (vgl. auch *Gräser* 1980). Gleichwohl liegen bis heute ungleich mehr Arbeiten zu kritischen Lebensereignissen unter klinisch-psychologischer bzw. epidemiologischer Perspektive vor (zusammenfassend vgl. *Dohrenwend & Dohrenwend* 1974; *Gunderson & Rahe* 1974; *Katschnig* 1980). Erst in jüngster Zeit findet das Konzept der kritischen Lebensereignisse Eingang in die Entwicklungspsychologie (z. B. *Brim & Ryff* 1980; *Hultsch & Plemons* 1979) und hier insbesondere in die Entwicklungspsychologie des Erwachsenenalters (vgl. *Filipp, Ahammer, Angleitner & Olbrich* 1980). Im folgenden sollen beide Forschungsperspektiven kurz dargestellt und akzentuierend unterschieden werden.

Klinisch-psychologische Forschungsperspektive. Die Erforschung von Lebensereignissen, die – seien sie als „kritisch", „streßreich", „belastend" o. ä. umschrieben – verändernd in die Lebenssituation einer Person eingreifen, hat ihren Ursprung in der Psychiatrie, Epidemiologie, Medizinsoziologie und Klinischen Psychologie. Ausgangspunkt war die zunächst nur unsystematisch gewonnene Beobachtung, daß bei den unterschiedlichsten klinischen Populationen vor Ausbruch der Erkrankung jeweils eine Häufung von Lebensereignissen zu verzeichnen war. In den Arbeitsgruppen um *Holmes, Rahe* und *Gunderson* (zum Überblick siehe *Gunderson & Rahe* 1974) und die *Dohrenwends* (zum Überblick siehe *Dohrenwend & Dohrenwend* 1974) wurde diesen Beziehungen zwischen Lebensereignissen und Erkrankungen (insbesondere auch mit psychiatrischer Symptomatik) seit den sechziger Jahren in systematischer Weise nachgegangen. In ihrer Literaturübersicht der Arbeiten aus der Dekade 1965 bis 1975 verweist *Hull* (1977) auf den sprunghaften Anstieg der einschlägigen Forschungsarbeiten. Ungeachtet der vielen bislang ungelösten methodischen Probleme, die viele dieser Arbeiten auszeichnet (zur Kritik vgl. *Hultsch & Cornelius* sowie *Petermann* in diesem Band; siehe auch *Katschnig* 1980), hat sich die Publikationsrate in diesem Bereich in den letzten Jahren allem Anschein nach weiter erhöht.

Die der klinisch-psychologischen Forschungsperspektive zugrundeliegende Prämisse ist, daß mit dem Konzept der kritischen Lebensereignisse ein neuer Ansatz zur Erforschung der psychosozialen Ursachen von (physischen und psychischen) Erkrankungen bzw. Störungen gegeben ist. Ausgangshypothese ist dabei, daß die Konfrontation mit einer Vielzahl von kritischen Lebensereignissen innerhalb eines bestimmten Zeitraums pathogene Effekte besitzt und so als krankheitsauslösend und/oder -verursachend anzusehen ist. Zumeist implizit geht damit die Annahme einher, daß die Kapazität des Menschen zu einer jeweils geforderten Neuanpassung an veränderte Lebensumstände und seine Fähigkeit, die mit diesen Ereignissen einhergehenden „Belastungen" zu verarbeiten, nur begrenzt hoch sind. Tritt also innerhalb eines bestimmten Zeitraums eine entsprechende Kumulation von kritischen Lebensereignissen auf, so muß dies zum Zusammenbruch des Organismus (mit seinen jeweiligen physischen und psychischen Korrelaten) führen. Die Orientierung dieser Forschungsperspektive an dem von *Selye* (1956) vorgeschlagenen Streßmodell ist unverkennbar.

Die diesen Ansätzen zugrundeliegende Konzeptualisierung von kritischen Lebensereignissen berücksichtigt lediglich, daß mit jedem Ereignis – unabhängig von seiner affektiven Qualität, von seiner Lokalisierung im Lebensraum, von seiner personspezifischen Wahrnehmung und Verarbeitung usw. – eine Neuorganisation des Verhaltenssystems erforderlich ist. Diese wird per se als streßreich und belastend definiert. Eine Differenzierung zwischen einzelnen Lebensereignissen wird nur dahingehend vorgenommen, daß das Ausmaß der mit jedem Ereignis einhergehenden Neu- bzw. Wiederanpassung als unterschiedlich hoch angenommen und durch Zuordnung eines bestimmten (über Expertenurteil gewonnenen) Belastungswertes zu jedem Ereignis quantifiziert wird. Der für eine bestimmte Zeitspanne im Leben einer Person angenommene Belastungsgrad durch kritische Lebensereignisse wird durch die gewichtete oder ungewichtete Summierung dieser Belastungswerte ermittelt.

Die Vielzahl der Studien, die belegen, daß diese Belastungswerte bei klinischen Populationen durchweg höher sind als bei (wie auch immer gewonnenen) „Kontrollgruppen" ist bislang über die reine Deskription dieses empirischen Sachverhaltes nicht hinausgekommen. Das von *Katschnig* (1980) zu Recht konstatierte Theoriedefizit in diesem Bereich zeigt sich u. a. darin, daß eine Differenzierung und Explikation der auf Lebensereignisse kausal oder konditional zurückgeführten heterogenen Krankheitsbilder (Herzerkrankung, Diabetes, schizophrene Störungen, Depression, Krebserkrankungen u. v. m.) auch nicht näherungsweise versucht oder gar geleistet wurde. Kennzeichnend für diese Forschungsperspektive ist weiter die Beachtung äußerst kurzer Zeiträume innerhalb der Lebensspanne. So wird zumeist nur ein Zeitraum von einem halben bis zu einem Jahr vor Ausbruch der Erkrankung berücksichtigt und weiterhin außer acht gelassen, in welchem lebensgeschichtlichen Kontext die beobachtete Kumulation von Lebensereignissen eingetreten ist. Kritische Lebensereignisse werden in dieser Forschungstradition als „von außen" einwirkende Belastungen betrachtet, auf die die Person – in Analogie zu dem S-R-Verhaltensmodell – nur mehr oder minder erfolgreich reagieren kann. Dieses Modell, wonach die Person nur „passives Opfer" der in ihrem Leben eintretenden Ereignisse ist, berücksichtigt somit nicht, in welchem Maße die Person selbst am Eintritt oder Nichteintritt von Lebensereignissen „beteiligt" ist.

Schließlich erlaubt die in den meisten Studien eingeschlagene Forschungsstrategie, nämlich die Erfassung von kritischen Lebensereignissen auf der Grundlage der retrospektiven Berichte der Personen, allein nicht die Annahme, daß es sich bei dem Beziehungsgefüge zwischen Lebensereignissen und Erkrankungen um ein solches von konditionaler oder kausaler Art handelt (vgl. *Hultsch & Cornelius* sowie *Petermann* in diesem Band). Das Verdienst dieser Forschungstradition kann aber darin gesehen werden, ätiologische Ansätze, die teilweise einem rein medizinischen Krankheitsmodell verpflichtet waren, um eine neue Perspektive erweitert und das Augenmerk darauf gelenkt zu haben, welche Rolle die im Leben einer Person eintretenden kritischen Lebensereignisse potentiell für Gesundheit und Wohlbefinden spielen können.

Die entwicklungspsychologische Forschungsperspektive. Ungleich der klinisch-psychologischen besitzt die entwicklungspsychologische Forschungsperspektive eine weit jüngere Tradition, und viele ihrer Aussagen sind bislang eher programmatischer Natur denn empirisch gesicherte Erkenntnis. Sie unterscheidet sich von jener in ihren Prämissen und Ausgangshypothesen, vor allem aber auch in einer stärkeren Differenzierung des Forschungsgegenstandes und seiner potentiellen Bedeutung für das Verhalten und Erleben von Menschen. In dem Versuch, die Erforschung „kritischer Lebensereignisse" um die entwicklungspsychologische Perspektive zu erweitern und umgekehrt in der Entwicklungspsychologie das Konzept „kritische Lebensereignisse" zu etablieren, geht als grundlegende Annahme ein, daß sich das Konzept der „kritischen Lebensereignisse" in hervorragender Weise dazu eignet, als organisierendes Erklärungsprinzip für ontogenetischen Wandel über die Lebensspanne hinweg betrachtet zu werden (vgl. *Baltes* 1979, *Filipp, Ahammer, Angleitner & Olbrich* 1980, *Hultsch & Plemons* 1979). In dieser Grundannahme ist insbesondere mit enthalten, daß der Konfrontation mit kritischen Lebensereignissen nicht a priori eine potentiell pathogene Wirkung zugeschrieben wird, sondern daß sie vielmehr notwendige Voraussetzungen für entwicklungsmäßigen Wandel, insbesondere innerhalb des Erwachsenenalters, darstellen und somit potentiell zu persönlichem „Wachstum" beitragen können. Des weiteren kann das Konzept der „kritischen Lebensereignisse" auch dazu führen, biologistische wie auch z. T. mechanistisch verkürzte lerntheoretische Ansätze zur Erklärung des intraindividuellen Wandels über die Lebensspanne zu ersetzen.

Einer entwicklungspsychologischen Perspektive ist es inhärent, Veränderungs- bzw. Anpassungsprozesse, die potentiell mit kritischen Lebensereignissen einhergehen, über einen längeren Zeitraum zu verfolgen und diese nicht unabhängig von den entwicklungsmäßigen Voraussetzungen der Person und ihrem lebensgeschichtlichen sowie sozio- und biokulturellen Kontext zu betrachten. Es ist eine weithin akzeptierte Tatsache, daß z. B. der Verlust der Mutter im Kleinkindalter ganz unterschiedliche Konsequenzen für die soziale und kognitive Entwicklung des Kindes besitzt, je nachdem, ob das Kind zu diesem Zeitpunkt sechs oder zwölf Monate oder drei Jahre alt ist (vgl. *Montada & Filipp* 1979). Es macht gleichermaßen einen erheblichen Unterschied, ob eine Person im Alter von 20 oder von 50 Jahren mit dem Verlust ihres Arbeitsplatzes, etwa im Zusammenhang mit einer Weltwirtschaftskrise, konfrontiert wird (vgl. *Elder* 1974). Schließlich ist die vom Lebensalter mehr oder minder unabhängige „Bewältigungsgeschichte" früherer Lebensereignisse ein für die entwicklungspsychologische Forschungsperspektive bedeutsamer Sachverhalt (vgl. *Danish & D'Augelli* in diesem Band).

Indem innerhalb der Entwicklungspsychologie nicht mehr lediglich das kalendarische Alter als entscheidende Variable betrachtet wird, sondern auch der bio- und soziokulturelle Kontext, innerhalb dessen sich lebenslange Entwicklung vollzieht (siehe *Baltes* 1979; *Reinert* 1979), Berücksichtigung findet, gewinnt die Frage nach der Bedeutung von kritischen Lebensereignissen für Entwicklungsveränderungen über die Lebensspanne noch einen anderen Aspekt. Zu fragen ist auch danach, wie die Eintrittswahrscheinlichkeit, Häufigkeit und Abfolge bestimmter Lebensereignisse zwischen und innerhalb der einzelnen Altersgruppen und Geburtskohorten variiert. Welche Bedeutung also der Konfrontation mit kritischen Lebensereignissen im individuellen Lebenslauf zukommt, wird daher auch immer getrennt für verschiedene Generationen, für verschiedene historische Zeitpunkte und verschiedene Altersgruppen zu beantworten sein (siehe hierzu auch *Schaie* 1965).

Sowohl die Entwicklungspsychologie der Lebensspanne allgemein (zum Überblick vgl. *Baltes & Schaie* 1973, *Datan & Ginsberg* 1975, *Datan & Reese* 1977, *Goulet & Baltes* 1970, *Nesselroade & Reese* 1973), wie auch die dort diskutierten Meta-Modelle menschlicher Entwicklung liefern einen in vielerlei Hinsicht brauchbaren heuristischen Rahmen für die Erforschung kritischer Lebensereignisse und ihrer Bedeutung über die Lebensspanne.

1.3 Darstellung eines heuristischen Modells zur Erforschung kritischer Lebensereignisse

Für die Erforschung kritischer Lebensereignisse und ihrer Bedeutung in der jeweiligen individuellen Biographie sowie in dem jeweils gegebenen bio- und soziokulturellen Kontext soll im folgenden ein heuristisches Modell vorgeschlagen werden. Entsprechend der Komplexität des Forschungsgegenstandes muß dieses notwendigerweise in erster Linie die Modellfunktion der Verkürzung (*Stachowiak* 1973) erfüllen, wobei der mit jeder Modellbildung einhergehende Vorgang der Selektion und Abstraktion hier so weit wie möglich begründet und erhellt werden soll. Das Modell ist in Abbildung 1.1 als Schaubild dargestellt und soll im folgenden erläutert werden.

1.3.1 Prämissen und Modellannahmen

Es wird davon ausgegangen, daß jede Konfrontation mit einem Lebensereignis und die darauffolgenden Prozesse der Auseinandersetzung und Bewältigung als transaktionales Geschehen konzipiert und nur in ihrem prozessualen Verlauf hinreichend beschrieben werden können (vgl. auch *Lazarus* in diesem Band). Damit geht die Annahme einher, daß jegliche Analyse kritischer Lebensereignisse, die nicht zugleich den *aktiven Umgang der Person* mit diesen Ereignissen in die Betrachtung einschließt, einen mechanistisch verkürzten Zugang darstellen muß, der uns keine hinreichenden Erkenntnisse über die Bedeutung von kritischen Lebensereignissen für personseitige Veränderungen liefert. Indem wir hier im Sinne einer allgemeinen und vorläufigen Definition kritische Lebensereignisse als Eingriff in das zu einem gegebenen Zeitpunkt aufgebaute Passungsgefüge zwischen Person und Umwelt konzipieren – wobei bereits an dieser Stelle ergänzt werden muß, daß solche Eingriffe „emotionale Nicht-Gleichgültigkeit" für die Person besitzen (siehe unten) – haben wir auch dem Systemcharakter der Person-Umwelt-Beziehung Rechnung zu tragen. Diese Betrachtung schließt ein, daß wir nicht von vornherein nur Änderungen in einem Teilsystem, etwa in der einseitigen Verhaltensanpassung der Person erwarten können, die der Herstellung eines neuen Passungsgefüges dienen sollen. Vielmehr mag der „Effekt" kritischer Lebensereignisse auch darin liegen, daß die Person selbst ihre (soziale) Umwelt neu arrangiert und somit ein neues Gleichgewicht herstellt, ohne daß sie zu einer Reorganisation ihres Verhaltenssystems gezwungen sein mag. Indem wir also kritische Lebensereignisse als systemimmanente Widersprüche in der Person-Umwelt-Beziehung betrachten, die einer Lösung bedürfen bzw. die Herstellung eines neuen Gleichgewichts fordern, schließen wir uns Annahmen der dialektischen Psychologie bzw. einem dialektischen Entwicklungsmodell (vgl. *Riegel* 1975, 1979) an. In dem Prozeß der Auseinandersetzung mit und Bewältigung von kritischen Lebensereignissen werden sowohl „Lebensereignisse" als auch „Person" als aktive Kräfte in diesem Austausch- und Passungsgefüge betrachtet.

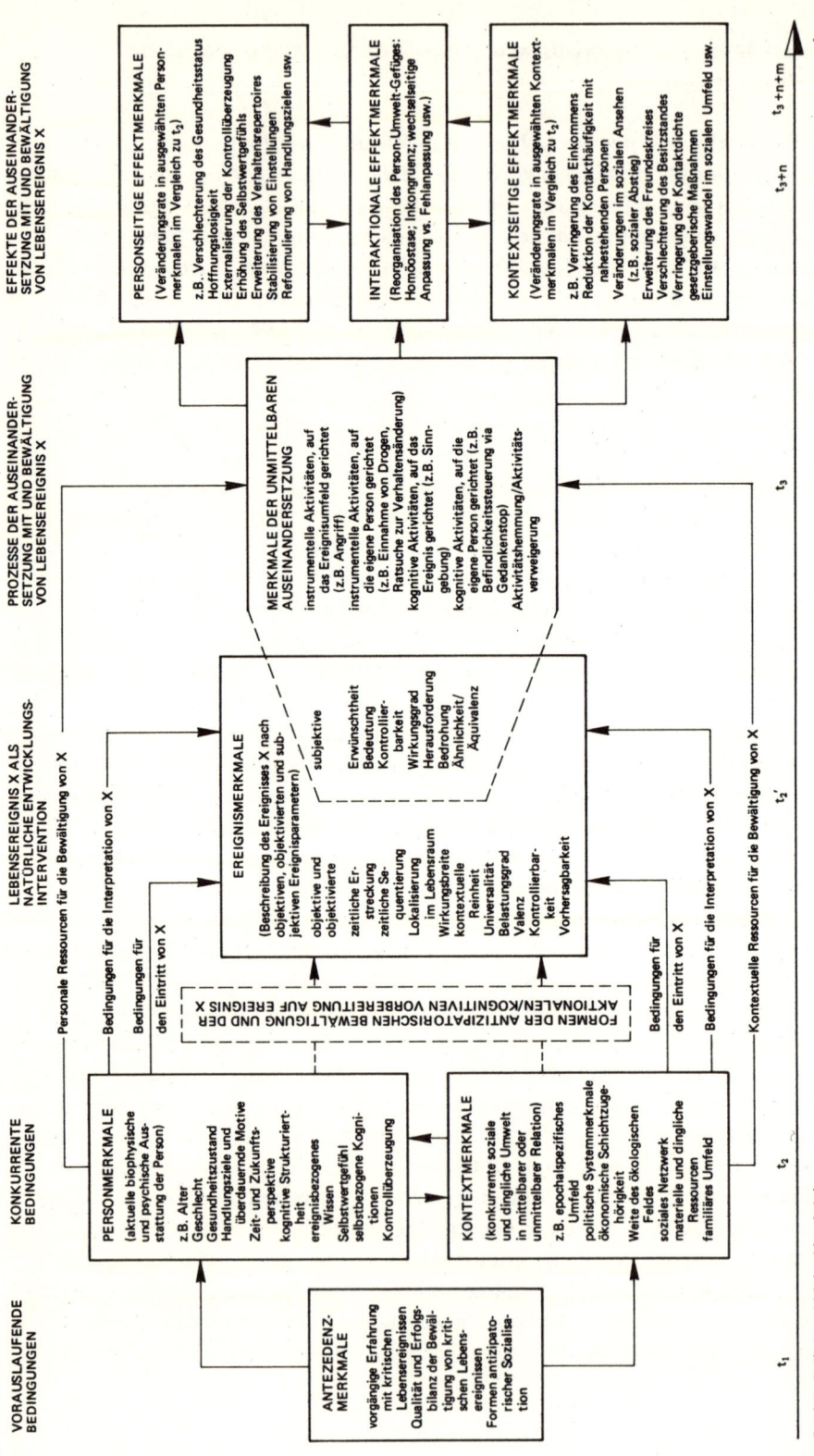

Abb. 1.1. Ein allgemeines Modell für die Analyse kritischer Lebensereignisse (Erläuterungen im Text).

Die bislang in ihrer Bedeutung stark vernachlässigte aktive Rolle der Person liegt nicht nur in der spezifischen Art ihrer Wahrnehmung und Bewertung von Lebensereignissen und in der spezifischen Art ihrer aktionalen Auseinandersetzung mit diesem Ereignis, wie dies etwa auch von *Lazarus* (in diesem Band) betont wird. Ihre aktive Rolle muß auch darin gesehen werden, daß sie selbst (mit)bestimmen kann, mit welchen kritischen Lebensereignissen, zu welchem Zeitpunkt und in welcher Ereignisabfolge sie konfrontiert sein wird. Dies muß nicht zwangsläufig die Annahme einschließen, daß es sich dabei immer und in jedem Falle um intentionale Akte handeln muß. Gleichwohl ist es aber wichtig darauf hinzuweisen, daß eine Vielzahl von Lebensereignissen der Entscheidungskontrolle der Person unterliegt (siehe *Atchley* 1975), die der Person sowohl eine antizipatorische Ereignisbewältigung wie auch eine Reihe von präparatorischen Maßnahmen ermöglichen. Auch unter diesem Aspekt ist die im nächsten Abschnitt zu präzisierende Unterscheidung zwischen „normativen" und „non-normativen" Lebensereignissen, die einer entwicklungspsychologischen Betrachtung inhärent ist, von zentraler Bedeutung.

Das hier vorgeschlagene Modell ist also einer im engeren Sinne entwicklungspsychologischen Orientierung, wie sie oben skizziert wurde, verpflichtet. Die im folgenden dargestellten Modellkomponenten können dazu herangezogen werden, modellimmanente Forschungsfragen und Hypothesen zu generieren.

1.3.2 Die Modellkomponenten und Analyseeinheiten im Überblick

Das in Abbildung 1.1 dargestellte Modell soll zunächst verdeutlichen, daß die Analyse der Auseinandersetzung mit und Bewältigung von kritischen Lebensereignissen auf eine zeitliche Achse projiziert werden muß, um dem Prozeßcharakter entsprechend Rechnung zu tragen. Hierbei ist es keineswegs zwingend, sich ausschließlich auf die physikalisch definierte Zeit zu beziehen. Vielmehr kann man zum einen subjektive Zeiträume (psychologische Zeit) in die Analyse einschließen und prüfen, in welcher Weise physikalische in psychologische Zeit im Zuge der Ereignisbewältigung transformiert wird (siehe hierzu *Cottle* 1968; *Gorman & Wessman* 1977; *Riegel* 1979). Zum anderen läßt sich die „historische Zeitachse" heranziehen, um mittels dieser zu konkretisieren, wie die Konfrontation mit und Bewältigung von Lebensereignissen auf der individuellen Ebene interferiert mit überindividuellen Systembedingungen (z. B. Verschlechterung der volkswirtschaftlichen Lage, technologischer Wandel usw.).

Mit der vorgeschlagenen Projektion auf ein zeitliches Kontinuum soll aber auch das Augenmerk auf die nur scheinbar triviale, weil forschungspraktisch kaum umgesetzte Tatsache gelenkt werden, daß es von entscheidender Bedeutung ist, zu welchem Zeitpunkt und über welche Zeitstrecken hinweg die Analyse vorgenommen wird. Die übliche Forschungsstrategie, die gemeinhin als *„retrospektive Methode"* beschrieben wird, besteht darin, daß die zum Zeitpunkt t_3 beobachtete Varianz in den jeweils interessierenden Personmerkmalen erklärt werden soll durch die zeitlich vorauslaufenden, mithin der direkten Beobachtung und Erfassung entzogenen

Prozesse der Auseinandersetzung mit Lebensereignissen. Aus der Übersicht von *Hull* (1975) geht hervor, daß in mehr als 80 Prozent der einschlägigen Studien diese Strategie eingeschlagen wird. Die Einwände, die vielerorts gegen diese Methode vorgebracht wurden, lassen sich auf folgende wesentliche Punkte reduzieren: 1. Die Person- und Kontextmerkmale, wie sie vor Eintritt eines oder mehrerer Lebensereignisse gegeben waren, bleiben außer acht. Die Tatsache, daß eine Person z. B. depressive Störungen zeigt, kann man zwar auf das vorauslaufende Ereignis „Ehescheidung" zurückführen, doch gilt auch der umgekehrte Schluß, wonach die depressive Störung ihrerseits zu der Ehescheidung geführt hat. 2. Die Selektivität in der Erinnerung an zurückliegende Ereignisse und mögliche Verzerrungen in der rückblickenden Einschätzung von Ereignissen bleiben unberücksichtigt. Retrospektive Berichte über Lebensereignisse sind konfundiert mit den (tatsächlichen oder vermeintlichen) Konsequenzen des Ereignisses sowie mit der aktuellen Befindlichkeit der Person (siehe *Singer* 1977). So argumentiert etwa *Brown* (1974), daß bei klinischen Populationen der aktuelle Krankheitszustand durch eine Dramatisierung der zurückliegenden Ereignisse „gerechtfertigt" wird. In retrospektiven Berichten manifestiert sich also lediglich die Art und Weise, wie die bisherige Lebensgeschichte kognitiv repräsentiert und dem Subjekt phänomenal-erlebnismäßig gegeben ist. Sie sind also eher *subjektive Rekonstruktionen* denn objektive Abbilder faktischer Gegebenheiten (siehe hierzu *Braukmann, Ahammer, Angleitner, Filipp & Olbrich*, im Druck). 3. Erfaßt man die rückblickende Einschätzung von Lebensereignissen, so ist auch nicht zu entscheiden, ob sich solche Einschätzungen auf das Ereignis selbst, auf seinen Eintritt und Verlauf oder auf die mit ihm verbundenen Konsequenzen beziehen. Zudem werden solche Einschätzungen auch dadurch moderiert, welche Erfahrungen eine Person in der Folgezeit gemacht hat (vgl. *Horowitz, Schaefer & Cooney* 1974).

Daraus ergibt sich, daß die Analyse von kritischen Lebensereignissen und ihrer Effekte idealiter im Sinne von Verlaufsanalysen bzw. Zeitreihenanalysen (siehe *Petermann* in diesem Band) entlang der Zeitachse von t_1 nach t_3 vorgenommen werden müßte. Zudem würde eine solche Forschungsstrategie auch gestatten, das soziale Umfeld der von einem Ereignis betroffenen Person in die Analyse einzubeziehen und ggfs. dieses für die Datengewinnung zur Beschreibung der Auseinandersetzungsprozesse zu nutzen. Nach wie vor ungelöst ist jedoch im Zusammenhang mit dieser Forschungsstrategie, mit welcher zeitlichen Erstreckung dieser Analyseprozeß durchgeführt werden soll. Was sich zu einem Zeitpunkt t_3 als „Effekt" der Auseinandersetzung mit einem Lebensereignis manifestiert, mag zu einem späteren Zeitpunkt t_{3+n} sich ganz anders darstellen. Viele „Phasenmodelle" der Ereignisbewältigung (z. B. Phasen des Trauerns nach einem Verlust, vgl. *Lindemann* 1944) implizieren, daß je nach der berücksichtigten Zeitspanne qualitativ ganz unterschiedliche Effekte beobachtbar sind (siehe unten). Zu welchem Zeitpunkt man also den „ultimate outcome" (vgl. *Dressler, Donovan & Geller* 1976) der Auseinandersetzung mit Lebensereignissen erfaßt, ist ein zentrales, wenngleich schwer lösbares Problem.

Das hier vorgeschlagene Modell impliziert weiter, daß kritische Lebensereignisse als „natürliche Entwicklungsintervention" konzipiert werden – stellen sie doch „Experimente des Lebens" dar (vgl. *Montada* in diesem Band). Eine vollständige und umfassende Analyse dieser Intervention und ihrer Effekte muß gleichzeitig vorauslaufende und konkurrente Bedingungen berücksichtigen, und zwar in einem mehrfachen Sinne: Bedingungen für den *Eintritt* von Ereignissen, für die *Art des Umgangs* mit Ereignissen (i. S. von Ressourcen) und damit letztlich Bedingungen für die *Wirkung* von Ereignissen. Diese Analyse muß weiterhin die differenzierte Beschreibung von kritischen Lebensereignissen und die Bereitstellung geeigneter Kategorien enthalten; sie muß ferner die spezifischen Formen der Auseinandersetzung mit und Bewältigung von kritischen Lebensereignissen konkretisieren, um schließlich Fragen nach den Effekten von Lebensereignissen und nach dem „ultimate outcome" sinnvoll beantworten zu können.

Dieser Rahmenüberlegung folgend, sind die einzelnen Analyseeinheiten wie folgt grob klassifiziert: 1. Vorauslaufende Bedingungen, d. h. Merkmale der antezedenten Lebensgeschichte der Person, ihrer vorgängigen Konfrontation mit Lebensereignissen, der Art und Qualität ihrer Bewältigung früherer Ereignisse, Aspekte und Formen der antizipatorischen Sozialisation usw. *(Antezedenzmerkmale)*; 2. konkurrente Bedingungen in der Person, d. h. Merkmale der biophysischen und psychischen Ausstattung der Person zu dem gegebenen Zeitpunkt, die potentiell von Bedeutung für die Konfrontation und Auseinandersetzung mit sowie Bewältigung von Lebensereignissen sind *(Personmerkmale)*; 3. konkurrente Bedingungen in der Situation, d. h. Merkmale der dinglichen und sozialen Umwelt, in der die Person lebt und die auf verschiedenen Ebenen (vom Mikro- bis hin zum Makrosystem, vgl. *Bronfenbrenner* 1978) mittelbar und unmittelbar ihren Lebenskontext konstituieren *(Kontextmerkmale)*; 4. Lebensereignis X als die zum Zeitpunkt t_2 sich konkretisierende und beobachtbare Zäsur in der Person-Umwelt-Beziehung, d. h. Merkmale von kritischen Lebensereignissen, die als objektive, objektivierbare und subjektive Ereignisparameter eingeführt und zur differenzierten Beschreibung und Klassifikation herangezogen werden können *(Ereignismerkmale)*; 5. Formen der Auseinandersetzung mit und Bewältigung von Ereignis X auf unterschiedlichen Ebenen des Verhaltenssystems der Person *(Prozeßmerkmale)*; 6. Effekte der Auseinandersetzung mit und Bewältigung von Lebensereignis X, die sich sowohl in der Person wie auch in der Lebenssituation manifestieren mögen und die in unterschiedlicher zeitlicher Distanz zu dem Eintritt von Ereignis X geprüft werden sollen *(Konsequenzmerkmale)*. Die hier gewählte Terminologie mag fälschlicherweise nahelegen, daß das Modell für die Analyse von kritischen Lebensereignissen eine mechanistische Modellbildung, wie sie in der Entwicklungspsychologie allgemein oder auch im Kontext der Erforschung von Lebensereignissen diskutiert wird (z. B. *Hultsch & Plemons* 1979), favorisiert. Dies soll im folgenden verdeutlicht werden.

1.3.3 Vorauslaufende Bedingungen der Konfrontation und Auseinandersetzung mit Lebensereignissen

In welcher Weise sich eine Person mit einem bestimmten Lebensereignis auseinandersetzt und welche Konsequenzen dieses besitzt, wird nicht nur durch das je vorfindbare Interaktionsgefüge zwischen Ereignis-, Person- und Kontextmerkmalen zu dem gegebenen Zeitpunkt bestimmt, sondern auch durch eine Vielzahl vorauslaufender Bedingungen. Gerade einer entwicklungspsychologischen Sichtweise ist die Beachtung sowohl von „konkommitanten" wie auch von „zeitlich distalen" Antezedenzbedingungen inhärent (vgl. *Baltes* 1973). Gleichwohl wurde dies bei der Erforschung kritischer Lebensereignisse bislang kaum berücksichtigt. *Brown & Harris* (1978), die differentielle Reaktionen auf kritische Lebensereignisse mit dem eher globalen Konzept der „Verwundbarkeit" zu erklären versuchen, verweisen darauf, daß dieses Merkmal seinerseits durch weit zurückliegende Faktoren bestimmt wird. In ihren Studien erwies sich als ein wesentlicher „Vulnerabilitätsfaktor" die Tatsache, ob die in die Untersuchung einbezogenen Frauen vor ihrem elften Lebensjahr einen Mutterverlust erlitten hatten oder nicht. In ähnlicher Weise betonen *Gersten, Langner, Eisenberg & Simcha-Fagan* (1977) die Bedeutung vorauslaufender Bedingungen für die pathogene Wirkung von Lebensereignissen anhand ihrer Befunde aus einer Längsschnittstudie an Kindern und Jugendlichen. Solche und ähnliche Befunde legen es einerseits nahe, zeitlich distale Antezedenzbedingungen zu berücksichtigen. Andererseits liefert der bisherige Forschungsstand weder Hinweise darauf, welche einzelnen Bedingungsfaktoren theoriegeleitet auszuwählen und zu berücksichtigen sind, noch welche vermittelnden Prozesse in diesem zeitlich erstreckten Wirkungsgefüge anzunehmen sind.

Bei der Frage nach bedeutsamen Antezedenzmerkmalen wird zuweilen auf die Art der bisherigen „Bewältigungsgeschichte" einer Person rekurriert (z. B. *Danish & D'Augelli* in diesem Band). Im Zentrum steht hier zunächst die Frage danach, ob eine Person das fragliche Ereignis in dieser oder ähnlicher Form schon einmal erlebt hat und/oder Ähnlichkeits- bzw. Äquivalenzrelationen zwischen früheren Ereignissen und dem aktuellen Ereignis herstellen kann. Man könnte zunächst vermuten, daß ein Ereignis, mit dem die Person bereits einmal konfrontiert war, als weniger belastend erlebt wird (vgl. *Rabkin & Struening* 1976) und daß die Person womöglich auf bereits bewährte Bewältigungsmuster zurückgreifen kann (vgl. *Danish & D'Augelli* in diesem Band). Andererseits zeigt sich an Studien mit Personen, die Opfer einer kriminellen Handlung geworden waren, daß solche Ereignisse, wenn sie mehrfach eingetreten sind, schwerer zu bewältigen sind als bei einem einmaligen Eintritt (siehe *Burgess & Holmstrom* 1978). Unabhängig von der Ähnlichkeit bzw. Unähnlichkeit eines Ereignisses mit früheren Ereignissen scheint ein wesentlicher Aspekt die „Erfolgsbilanz" der bisherigen Bewältigung von Lebensereignissen zu sein, insbesondere wenn sich die Person selbst im günstigen Falle ihrer eigenen Bewältigungskompetenz sicher ist (siehe *Belschner & Kaiser* in diesem Band). *Rabkin & Struening* (1976) vermuten, daß die Art der Bewältigung aktueller oder künftiger Ereignisse gut vorhergesagt werden kann, wenn man hinreichend Informationen darüber besitzt, wie kompetent die Person sich mit früheren Ereignissen auseinandergesetzt hat; auch *Hamburg & Adams* (1967) argumentieren, daß die Effizienz früherer Bewältigungsstrategien sich auch in künftigen Fällen zeigen wird, weil diese die individuelle Problemlösefähigkeit im Zusammenhang mit Lebensereignissen erhöht hätten.

Schließlich ist mit dem Stichwort der „antizipatorischen Sozialisation" noch ein letzter Aspekt anzusprechen. Sofern Lebensereignisse aufgrund ihrer sozialen und biologischen Normierung regelhaft und für die Mitglieder eines sozialen Systems vergleichsweise universell vorgegeben sind, mithin als „normative Lebenskrisen" (*Datan & Ginsberg* 1975) vorhersehbar sind, zielen sowohl institutionalisierte wie auch außerinstitutionelle Sozialisationsprozesse darauf ab, die Person auf den Eintritt solcher Lebensereignisse vorzubereiten. Dies gilt für curriculare Planungen in der Hochschulausbildung zur Vermeidung des „Praxisschocks" beim Übergang in den Beruf (vgl. *Müller-Fohrbrodt, Cloetta & Dann* 1978), ebenso wie für vorbereitende Maßnahmen auf den Ruhestand bei Arbeitnehmern oder für Kurse für werdende Mütter. Mit solchen Maßnahmen soll Wissen vermittelt und/oder sollen Fertigkeiten eingeübt werden, die die Personen auf spezifische Lebensereignisse vorbereiten und eine angemessene Bewältigung erleichtern sollen. Ziel der antizipatorischen Sozialisation kann es aber auch sein (und ist es implizit häufig auch), zum Aufbau von Kompetenzen oder Verhaltensformen beizutragen, die potentiell für die erfolgreiche Bewältigung der unterschiedlichen Arten von Lebensereignissen dienlich sind. Ein solches über einzelne Ereignisse generalisierendes Merkmal soll zum Beispiel das Konzept der „homöostatischen Flexibilität" (*Antonovsky* 1974) darstellen, welches die Fähigkeit einer Person zur Veränderung ihres Verhaltens- und Überzeugungssystems umschreibt. Die in diesem Zusammenhang zentrale Frage ist, ob man in der Tat von (ereignis-)unspezifischen, mithin generalisierten Fähigkeiten ausgehen kann, die zu einer effizienten Auseinandersetzung mit einer Vielzahl qualitativ unterschiedlicher Ereignisse beitragen, und inwieweit ihr Aufbau im Zuge der antizipatorischen Sozialisation geleistet werden kann. Einen Ansatz in dieser Richtung stellt das Konzept der „hardiness" von *Kobasa* (1979) dar, auf das noch einzugehen ist.

1.3.4 Die Rolle der Person in der Konfrontation und Auseinandersetzung mit Lebensereignissen

Wie eingangs erwähnt, kann man bei der Erforschung von kritischen Lebensereignissen und ihrer Effekte nur dann zu gesicherten Aussagen gelangen, wenn man die zu dem jeweils gegebenen Zeitpunkt vorfindbare physische und psychische Ausstattung der von einem Ereignis betroffenen Person in die Analyse einbezieht. Wenngleich diese Forderung erst allmählich forschungspraktisch umgesetzt wird, so scheint die Berücksichtigung von Personmerkmalen unter mehreren Gesichtspunkten unerläßlich, die man folgenden Aspekten subsumieren kann: 1. Personmerkmale gestatten in hohem Maße vorherzusagen, wie der Eintritt eines Ereignisses und die spezifischen Ereignisqualitäten durch die Person selbst wahrgenommen und bewertet werden. Die Bedeutung dieses Sachverhaltes wird durch allgemeinpsychologische Annahmen und Befunde zur Verarbeitung von Reizinformationen nahegelegt, in denen die Person als aktiver Konstrukteur ihrer Perzepte und Wissensbestände aufgefaßt wird (siehe *Neisser* 1976). Daneben hat sich in den letzten Jahren insbesondere innerhalb der Streßforschung dieser Zugang als äußerst wertvoll erwiesen, weil gut dokumentiert ist, daß erst über die individuellen Prozesse der Wahrnehmung und Bewertung eine Situation die Qualität eines „Stressors" erhält. Diese Annahmen lassen sich mühelos auf den hier diskutierten Bereich übertragen: Lebensereignisse erhalten ihre spezifische Qualität und damit ihren Wirkungsgrad für nachfolgende Veränderungen in der Person auch – in vielen Fällen vielleicht ausschließlich – durch die Formen der *subjektiven Ereigniswahrnehmung* (siehe *Gräser, Esser & Saile* in diesem Band). In diesem Punkte manifestiert sich also die interaktive oder transaktionale Beziehung zwischen Person und Lebensereignis, indem auch die Person das Ereignis „formt" und „gestaltet" – ein Aspekt, der im Zusammenhang mit Ereignis- und Prozeßmerkmalen wieder aufzugreifen sein wird. 2. Personmerkmale müssen aber auch deshalb berücksichtigt werden, weil sie die Vorhersage gestatten sollten, ob und mit welcher Wahrscheinlichkeit eine Person mit Ereignissen einer spezifischen Qualität konfrontiert sein wird. Dies gilt für demographische Merkmale einer Person gleichermaßen wie für Merkmale ihres Verhaltens- oder Überzeugungssystems. Mit dem Begriff der sogenannten „Risikopersönlichkeit" sollte dieser Sachverhalt innerhalb der Epidemiologie – etwa im Zusammenhang mit somatischen Erkrankungen (vgl. *Jäger & Gosslar* 1980) – umschrieben werden. Innerhalb der Erforschung von Lebensereignissen wurde dieser Aspekt bislang eher vernachlässigt, wenngleich er vermutlich im Alltagsverständnis (etwa im Zusammenhang mit „Schuldzuschreibungen" für den Eintritt von Ereignissen) stärker repräsentiert ist. 3. Schließlich ist die Berücksichtigung von Personmerkmalen im Zusammenhang mit der Frage nach den physischen und psychischen Ressourcen, die einer Person für eine effiziente Auseinandersetzung mit Lebensereignissen zur Verfügung stehen, von Bedeutung (siehe *Pearlin & Schooler* 1978). Dabei wird angenommen, daß beispielsweise das verfügbare Verhaltensrepertoire, Temperamentsmerkmale, Kontrollüberzeugungen und vieles mehr mittelbar oder unmittelbar die Bewältigungsprozesse bestimmen.

Bislang liegen nur wenige theoretische Ansätze vor, aus denen sich ableiten läßt, welche Personmerkmale bedeutsam für die Wahrnehmung, Herbeiführung und Bewältigung von kritischen Lebensereignissen sind. In dem hier vorgeschlagenen Modell sind exemplarisch solche Personmerkmale berücksichtigt, die aufgrund ihrer Konzeptualisierung und/oder vorliegender empirischer Evidenz in Beziehung zu der Auseinandersetzung mit Lebensereignissen gesetzt werden können. Nicht zuletzt stellen sie eine eher zufällige denn systematische Aneinanderreihung möglicher Personfaktoren dar, die im folgenden kurz erörtert werden sollen. Dabei ist zu bedenken, daß nicht jedes Personmerkmal gleichermaßen in Beziehung dazu steht, mit welcher Wahrscheinlichkeit ein Ereignis eintreten wird, in welcher Weise das Ereignis wahrgenommen wird und wie das Ereignis bewältigt werden wird.

Die Wahrscheinlichkeit, daß Ereignisse einer spezifischen Qualität eintreten werden, wurde bislang insbesondere im Zusammenhang mit demographischen Personmerkmalen untersucht. *Geschlechtsunterschiede* zeigen sich nach Befunden von *Lowenthal, Thurnher & Chiriboga* (1975) darin, daß Frauen häufiger mit kritischen Lebensereignissen konfrontiert werden als Männer. Anderen Befunden zufolge manifestieren sich Geschlechtsunterschiede weniger in der Anzahl, sondern in der Art der Ereignisse, mit denen Frauen bzw. Männer konfrontiert werden. *Webb, Snodgrass & Thagard* (1978) berichten anhand ihrer Studie mit der „Social Readjustment Rating Scale" (*Holmes & Rahe* 1967), daß Männer häufiger Ereignisse aus den Bereichen Beruf und gesetzliche Schwierigkeiten, hingegen Frauen häufiger Ereignisse im zwischenmenschlichen Bereich angeben, sich somit geschlechtstypische Lebensbereiche in solchen Ereignislisten abbilden. Frauen scheinen auch stärker mit Lebensereignissen konfrontiert zu werden, in deren Zentrum signifikante Bezugspersonen und nicht sie selbst stehen. Hingegen zeigen sich keine Geschlechtsdifferenzen in der Ereigniswahrnehmung bezüglich der Dimension angenehm vs. unangenehm (siehe *Sarason, Johnson & Siegel* 1978). Unterschiede in der Konfrontation mit bestimmten Lebensereignissen, wie sie zwischen den Geschlechtern nachgewiesen scheinen, stellen somit eine Funktion biologischer Faktoren (z. B. Schwangerschaft) wie auch eine Funktion der mit den Geschlechtsrollen verbundenen sozialen Erwartungen dar.

Im Hinblick auf die Beziehung des *kalendarischen Alters* zu Anzahl und Art der eintretenden Lebensereignisse verweisen *Lowenthal, Thurnher & Chiriboga* (1975) darauf, daß jüngere Menschen einer größeren Anzahl von Lebensereignissen ausgesetzt sind als ältere. Nach Befunden von *Holmes & Masuda* (1974) berichten 20- bis 30jährige Personen etwa doppelt so viele kritische Lebensereignisse für den zurückliegenden Zeitraum wie Personen, die über 60 Jahre alt sind. Umgekehrt argumentieren *Langner & Michael* (1963) auf der Grundlage ihrer Manhattan-Studie, daß die durch Lebensereignisse erzeugte Streßbelastung im Alter ansteigt. Solche Zusammenhänge erweisen sich als wenig aussagefähig, wenn man nicht zugleich berücksichtigt, ob und in welcher Weise spezifische Klassen von Ereignissen systematisch mit dem Lebensalter kovariieren (vgl. hierzu *Thomae* 1979). Zuweilen wird betont (*Rosow* 1973), daß beispielsweise im höheren Alter mehr Verlustereignisse eintreten als in früheren Altersabschnitten, doch bedarf es zur Beantwortung solcher Fragen eines differenzierteren Systems zur Klassifikation von Lebensereignissen. Ein solcher Versuch liegt in der Unterscheidung von Lebensereignissen, die qua sozialer und/oder biologischer Normierung an bestimmte Lebensalter gebunden sind (altersnormierte Ereignisse), von „non-normativen" Ereignissen, deren Eintritt weitgehend unabhängig vom kalendarischen Alter ist (z. B. Verwicklung in einen Überfall). Diese Unterscheidung ist nicht nur von vitaler Bedeutung, weil altersnormierte Ereignisse in der Regel vorhersehbar sind und somit „antizipatorische Bewältigung" gestatten und innerhalb der jeweiligen Geburtskohorte viele Personen von dem Ereignis betroffen sind. Altersnormierte Ereignisse sind somit universeller, was dazu führt, daß unter Umständen ein höheres Maß an gegenseitiger sozialer Unterstützung gegeben ist und Vergleichsprozesse eine Relativierung der mit dem Ereignis möglicherweise verbundenen Belastung gestatten (vgl. *Abramson, Teusdale & Seligman* 1978). Auch im Hinblick darauf, ob ein Ereignis gemessen an sozialen Standards „zu früh" oder „zu spät" eintritt, ist die Unterscheidung zwischen altersnormierten und non-normativen Ereignissen wesentlich, weil in diesen Fällen die damit einhergehende Belastung in aller Regel höher ist (vgl. *Bourque & Back* 1977). Aus der Tatsache, daß viele Lebensereignisse einer sozialen und/oder biologischen Altersnormierung unterliegen, sollte man eher auf wohlgeordnete und – zumindest für die jeweilige Geburtskohorte – interindividuell ähnliche Lebensläufe schließen können (zum Überblick vgl. *Olbrich* in diesem Band).

Die Frage danach, inwieweit der aktuelle Gesundheitszustand einer Person Eintritt, Wahrnehmung und Bewältigung von Lebensereignissen moderiert oder determiniert, wird gemeinhin unter „biologischen Ressourcen", auf die eine Person zurückgreifen kann, rubriziert. Insbesondere *Lieberman* (1975), der adaptive Prozesse im hohen Alter – beispielsweise im Zusammenhang mit der Einweisung in Altersheime – analysiert, hält einen schlechten Gesundheitszustand für den wichtigsten, wenn nicht alleinigen Prädiktor für das Mißlingen solcher Anpassungsprozesse. Der aktuelle Gesundheitszustand wird hier also als Mediatorvariable und nicht, wie in der Forschung bislang üblich, als *Effekt* der Auseinandersetzung mit kritischen Lebensereignissen betrachtet; zugleich läßt er sich auch als auslösende Bedingung für den Eintritt vieler weiterer Ereignisse denken, etwa für den Verlust des Arbeitsplatzes, Eheschwierigkeiten usw.

Es ist kennzeichnend für den derzeitigen Forschungsstand, daß psychischen Merkmalen der Person im Kontext der Auseinandersetzung mit Lebensereignissen bislang in nur geringem Maße Beachtung geschenkt wurde. *Motivationalen Faktoren* wurde unlängst in einer Arbeit von *Smith, Johnson & Sarason* (1978) Rechnung getragen: Die Autoren gingen von der naheliegenden Annahme aus, daß Personen mit einer hohen Toleranz für Veränderungen (d. h. mit hohen Variationsmotiv- bzw. Neugiermotiv-Kennwerten) die mit einem Lebensereignis einhergehenden Veränderungen als weniger belastend erleben dürften als Personen mit einer geringen Veränderungstoleranz. Nur für die letztgenannte Gruppe wiesen kritische Lebensereignisse signifikante Zusammenhänge mit Unwohlbehagen sowie mit Angst und Feindseligkeit (*Johnson & Sarason* 1978) auf. Daraus läßt sich ableiten, daß Personen mit einer hohen Variationsmotivation Lebensereignisse eher als „Herausforderung" und als stimulierend erleben (siehe auch *Ahammer, Angleitner, Braukmann, Filipp & Olbrich* 1980). Welche Rolle Handlungsziele eines Individuums, ihre Hierarchisierung und zeitliche Erstreckung potentiell für die Auseinandersetzung mit kritischen Lebensereignissen spielen, wurde bislang lediglich von *Thielen & Budde* (1978) sowie *Klinger* (1975) thematisiert. Gleichwohl dürfte es von zentraler Bedeutung sein, ob und in welchem Maße ein Lebensereignis mit solchen Zielen interferiert, d. h. in welcher Weise es die Erreichung individueller Ziele fördert oder behindert.

Ein weiteres Personmerkmal, welches bislang kaum Beachtung findet, ist die Art der kognitiven Strukturiertheit: Sie sollte Hinweise darauf liefern, wie eine Person Lebensereignisse wahrnimmt und inwieweit sie Ähnlichkeiten mit früheren Erlebnissen konstruiert (vgl. *Belschner & Kaiser* in diesem Band). Auch die Tatsache, welche Informationen in bezug auf das jeweilige Ereignis *(„ereignisbezogenes Wissen")* eine Person besitzt resp. welche Vorannahmen sie darüber aufgebaut hat, wird von *Danish & D'Augelli* (in diesem Band) und *Weinstein* (1980) erstmals thematisiert. Andere kognitiv-motivationale Personmerkmale (wie etwa Zeit und Zukunftsperspektive, Selbstkonzepte usw.) lassen von ihrer jeweiligen Konzeptualisierung her vermuten, daß sie ganz entscheidend für die Bewältigung von Lebensereignissen sind. Die Variable *„Selbstwertgefühl"* etwa gehört nach Ansicht vieler Autoren (z. B. *Lieberman* 1975, *Pearlin & Schooler* 1978) zu den psychischen Ressourcen, welche den Bewältigungsprozeß erleichtern und unterstützen. Häufig wird auch die Variable *„Kontrollüberzeugung"* als moderierendes Merkmal in diesem Kontext genannt. *Johnson & Sarason* (1978) konnten signifikante Beziehungen zwischen Lebensereignissen und depressiver Verstimmung resp. Angst nur für Personen mit einer externalen, nicht aber mit einer internalen Kontrollüberzeugung feststellen. In einer Studie von *Bulman & Wortman* (1977) an Personen, die durch schwere Unfälle irreversible Körperbehinderungen davongetragen hatten, zeigten sich ähnliche Effekte: Die Personen, die sich selbst Verantwortlichkeit für den Unfall zuschrieben, schienen ihre Behinderung besser zu bewältigen als die Personen, die andere dafür verantwortlich machten. *Braukmann & Filipp* (in diesem Band) setzen sich mit der Bedeutung, die Attribuierungen und Kontrollüberzeugungen in diesem Kontext spielen, weiterführend auseinander.

Die fragmentarische Darstellung einiger ausgewählter Personmerkmale, denen potentiell eine Bedeutung für die Konfrontation und Auseinandersetzung mit kritischen Lebensereignissen zukommt, mag an dieser Stelle ausreichen. Damit sollte keinesfalls einer Renaissance der „trait-Psychologie" das Wort geredet werden, doch fehlt bis heute in der Erforschung kritischer Lebensereignisse die systematische Aufklärung von Person × Ereignis-Interaktionen, wie sie innerhalb der Person × Situation-Debatte andernorts längst gang und gäbe ist. Es gilt also jeweils zu prüfen, in welchem Maße und unter welchen Bedingungen Merkmale der Person und/oder des Umweltkontextes mit Merkmalen von kritischen Lebensereignissen interagierend bestimmte Folgen für die Person oder ihre Lebenssituation produzieren. Eine isolierte Betrachtung von Person und Lebensereignis scheint auch aus „transaktionaler Perspektive" kaum angezeigt (siehe hierzu auch *Seitz* 1979). Vor diesem Hintergrund lassen sich dann auch jene Fälle erkennen, in denen dem kritischen Lebensereignis per se eine innerhalb dieses Interaktionsgefüges so dominierende Rolle zukommt, daß Merkmale der Person für die Auseinandersetzung mit diesen Ereignissen keine oder eine nur untergeordnete Rolle spielen – wie dies *Horowitz* (1976) im Zusammenhang mit der Untersuchung an Überlebenden von Konzentrationslagern festgestellt hat.

Es ist weiter zu vermuten, daß künftige Analysen weniger auf die Bedeutung einzelner Personmerkmale, sondern eher auf die Konfiguration von Personmerkmalen, die für die Auseinandersetzung mit und Bewältigung von Lebensereignissen bedeutsam sind, verweisen werden. Beispielhaft hat dies *Kobasa* (1979) mit ihrem Konzept der „Widerstandsfähigkeit" demonstriert. Dieses Konzept läßt sich durch drei Personmerkmale markieren, nämlich durch eine hohe internale Kontrollüberzeugung, ein hohes Maß der Akzeptanz eigener Lebenspläne, Einstellungen und Handlungsweisen und die Bereitschaft, Veränderungen als Möglichkeiten zur persönlichen Weiterentwicklung aufzufassen. Diese Konstellation von Personmerkmalen führt nach Ansicht der Autorin dazu, die Neuartigkeit, Mehrdeutigkeit, Unvorhersehbarkeit usw. von Lebensereignissen nicht als prinzipiell bedrohlich, sondern vielmehr als „Herausforderung" an die eigenen Kompetenzen zu erleben. Diese und ähnliche Ansätze zeigen die Richtung, in der man differenzierende Bedingungen der Ereigniswahrnehmung und -bewältigung suchen kann.

1.3.5 Die Rolle des Situationskontextes bei der Konfrontation und Auseinandersetzung mit Lebensereignissen

Die Einbeziehung von Merkmalen des sozialen und ökologischen Kontextes, innerhalb dessen sich die Konfrontation und Auseinandersetzung mit Lebensereignissen vollzieht, ist die konsequente Fortführung der ökologischen Ausweitung, wie sie sich in der Entwicklungspsychologie teilweise bereits zeigt bzw. von ihr gefordert wird (siehe *Bronfenbrenner* 1978; *Montada* nn diesem Band).[1] Auch für die Erforschung kritischer Lebensereignisse und ihrer Effekte könnte man die von *Bronfenbrenner* (1978) vorgeschlagene Unterscheidung der unterschiedlichen Ebenen des ökologischen Kontextes heranziehen; es ist evident, daß viele Vorgänge auf der Ebene des Exo- oder Makrosystems sich mittelbar auf die Art und Qualität von Lebensereignissen, mit denen eine Population zu einem gegebenen Zeitpunkt konfrontiert wird, auswirken. Obwohl wir bis heute über solche Verflechtungen nur wenig wissen, läßt sich eine Unmenge von Beziehungen konstruieren: Das individuelle Lebensereignis „Ehescheidung" erhält durch formelle, gesetzgeberische wie durch informelle Maßnahmen auf der Ebene des Exo- und Makrosystems eine bestimmte kollektive Bedeutungszuschreibung, die ihrerseits zwar über historische Zeitpunkte hinweg einem Wandel unterliegt, aber die individuelle Bewertung und damit Bewältigung solcher Ereignisse beeinflußt. Merkmale des soziökologischen Kontextes auf den unterschiedlichen Ebenen können also – analog zu den oben genannten Personmerkmalen – die Wahrnehmung und Einschätzung von Lebensereignissen (mit-)bedingen. Kontextmerkmale können aber auch Ressourcen bei der Auseinandersetzung mit und Bewältigung von Lebensereignissen darstellen, wie dies unten insbesondere am Beispiel der Einbindung in soziale Stützsysteme gezeigt werden wird, und sie mögen schließlich ihrerseits als Bedingungen für den Eintritt bzw. Nicht-Eintritt bestimmter Ereignisse anzusehen sein.

---

[1] Zugleich läßt sich im übrigen behaupten, daß die Erforschung kritischer Lebensereignisse unter entwicklungspsychologischer Perspektive ihrerseits zu einer möglichen Konkretisierung dessen beiträgt, wie der sich wandelnde bio- und soziokulturelle Kontext in seiner Interaktion mit dem sich wandelnden Individuum konzeptualisiert werden kann.

Daß Kontextmerkmale die Wahrscheinlichkeit für den Eintritt von Lebensereignissen verändern, findet in den letzten Jahren im Zusammenhang mit *epochalnormierten* Ereignissen zunehmend Beachtung („history-graded events", vgl. *Baltes* 1979, *Hultsch & Plemons* 1979). In dem Maße, in dem die jeweiligen überindividuellen Systembedingungen in die Betrachtung eingeschlossen werden, in dem Maße lassen sich Konstellationen von Kontextmerkmalen erkennen, die den Eintritt solcher durch den historischen Zeitpunkt markierten Ereignisse wahrscheinlicher machen. Beispielhaft sind hier Naturkatastrophen, Kriege oder wirtschaftliche Rezessionen (siehe *Elder* 1974) zu nennen, die zwangsläufig, wenn auch in qualitativ unterschiedlichem Maße in individuelle Betroffenheit transformiert werden (vgl. *Filipp* et al. 1980) und die die Wahrscheinlichkeit für den Eintritt bestimmter Lebensereignisse für einzelne Individuen erhöhen (z. B. Tod von Angehörigen im Kriege; Verlust des Arbeitsplatzes bei Rezessionen). Es ist unschwer vorstellbar, wie sich in solchen Fällen Ereignisketten bilden können, an deren Ende kritische Lebensereignisse stehen, die mit dem „Ausgangsereignis" scheinbar keinerlei Verbindung besitzen. Wenngleich hierfür empirische Evidenz weitgehend fehlt, läßt sich dies aus der Studie von *Janney, Masuda & Holmes* (1977), die in einem Erdbebengebiet Perus durchgeführt wurde, als naheliegende Annahme ableiten.

Aber auch weniger dramatische historisch-epochale Umstände können Bedingungen dafür darstellen, daß Lebensereignisse mit einer höheren Wahrscheinlichkeit eintreten. Säkularer Wandel in Fragen der Geburtenkontrolle, Ehescheidung usw. sind hier gleichermaßen beispielhaft zu nennen wie gesetzgeberische Maßnahmen zur Sicherheit am Arbeitsplatz. Im einen Fall mag sich dies auf Ereignisse im Familienzyklus, im anderen Falle auf die Zahl von Arbeitsunfällen oder berufsbedingten Krankheiten auswirken. Solche Ereignisse, die mittelbar oder unmittelbar Ausdruck der historischen Zeit sind, eignen sich in vorzüglicher Weise für eine Explikation des Begriffs der „Kohorte" (vgl. *Baltes, Cornelius & Nesselroade* 1979), weil unterschiedliche Kohorten zu jeweils einem anderen Alterszeitpunkt davon betroffen sind.

Unabhängig von solchen Faktoren gilt es jedoch auch, den sozioökonomischen Kontext von Personen, wie er sich etwa im Mikro- und Mesosystem darstellt, daraufhin zu analysieren, inwieweit dieser seinerseits zum Eintritt bzw. Nicht-Eintritt von kritischen Lebensereignissen beiträgt. Zwar bewegen wir uns auch hier weitgehend auf dem Boden der Spekulation, doch läßt sich eine Fülle von Beispielen denken: Die Wahrscheinlichkeit, Opfer eines Raubüberfalls zu werden, ist in der Großstadt vermutlich höher als auf dem Lande; die Wahrscheinlichkeit, in einem strukturschwachen Gebiet keinen Arbeitsplatz zu finden, ist höher als in einem industriellen Ballungsgebiet usw. In der Literatur wurde bislang dem Merkmal der *sozialen Schichtzugehörigkeit* die meiste Beachtung geschenkt, wonach Angehörige unterer sozialer Schichten stärker durch kritische Lebensereignisse belastet sein sollen als die höherer sozialer Schichten (z. B. *Dohrenwend* 1973). *Gersten* et al. (1977) argumentieren in ähnlicher Weise, daß kritische Lebensereignisse eine punktuelle Verdichtung der langanhaltenden Belastung, die mit der Zugehörigkeit zu unteren sozialen Schichten verbunden ist, darstellen. Einer Analyse von *Wheaton* (1980) zufolge ist die soziale Schichtzugehörigkeit weniger für den Ereigniseintritt per se, sondern für die Art des Umgangs mit Ereignissen bedeutsam. Danach zeigen sich bei Angehörigen unterer sozialer Schichten in höherem Maße fatalistische Tendenzen, die eine angemessene Ereignisbewältigung erschweren oder gar verhindern.

Von allen möglichen Kontextmerkmalen, die die Auseinandersetzung mit Lebensereignissen moderieren und wesentliche Ressourcen für ihre Bewältigung darstellen, scheinen die Einbindung in ein soziales Beziehungsgefüge und das damit einhergehende Ausmaß an *sozialer Unterstützung* die am meisten überprüften und berücksichtigten Aspekte zu sein. In ihrer vielzitierten Studie konnten *Nuckolls, Cassel & Caplan* (1972) nachweisen, daß Frauen, die vor und/oder während der Schwangerschaft mit kritischen Lebensereignissen konfrontiert worden waren, weit seltener Geburtskomplikationen aufwiesen, wenn ihre Ehe intakt war und sie gute Beziehungen zu Freunden und Verwandten hatten. Hingegen traten bei den Frauen, die weniger gut sozial eingebettet waren, etwa dreimal so häufig Schwierigkeiten auf. *Miller, Ingham & Davidson* (1976) zeigen, daß die Beziehung zwischen belastenden Lebensereignissen und physischer und psychischer Befindlichkeit (z. B. Kopfschmerzen, Erschöpfung) durch die Zahl der Freunde moderiert wird: Je größer diese ist, um so seltener treten diese Symptome auf. *Gore* (1973) stellte bei Männern, die unerwartet ihren Arbeitsplatz verloren hatten, fest, daß die Ereignisbewältigung eher gelang, wenn sich ihre Ehefrauen und Freunde unterstützend verhielten, als wenn dies nicht der Fall war. *Brown & Harris* (1978) sowie *Roy* (1978) sehen in der Qualität der Partnerbeziehung einen wesentlichen Faktor, der zur „Verwundbarkeit" durch kritische Lebensereignisse beiträgt. Aus einem Vergleich verheirateter mit nicht (mehr) verheirateten Personen berichten *Pearlin & Johnson* (1977), daß bei der Gruppe der unverheirateten Personen häufiger depressive Störungen anzutreffen sind. Die Autoren folgern daraus, daß Ehe- bzw. Partnerschaftsbeziehungen einen „Schutzwall" gegen die pathogene Wirkung von kritischen Lebensereignissen darstellen. Auch die höheren Sterblichkeitsraten alleinlebender Personen könnten in dieser Richtung interpretiert werden, wobei die erhöhte Sterblichkeit auch als eine mögliche Folge des Partnerverlustes angesehen werden kann (vgl. *Stroebe, Stroebe, Gergen & Gergen* 1980).

So sehr diese und andere Befunde die Bedeutung des sozialen Stützsystems (zum Überblick *Kahn & Antonucci* 1980) nahelegen, so wenig wissen wir dennoch darüber, welche Aspekte des sozialen Stützsystems in welcher Weise eine moderierende Wirkung ausüben. *Silver & Wortman* (1980) versuchen, diese einzelnen Komponenten zu spezifizieren, wonach 1. soziale Unterstützung die Wertschätzung, die man durch andere erfährt, impliziert, 2. die eigenen Überzeugungen, Interpretationen und Gefühle durch Zustimmung anderer verifiziert werden können, 3. soziale Unterstützung ermöglicht, daß man eigene Überzeugungen und Gefühle ausdrücken kann, 4. mit sozialer Unterstützung häufig materielle Unterstützung einhergeht, 5. die Person in ihrem Selbstvertrauen und in dem Bewußtsein, daß sie Teil eines Beziehungsgefüges ist, bestärkt. Gleichwohl referieren die Autoren auch einige empirische Evidenz dafür, daß soziale Stützsysteme unter bestimmten Bedingungen eine angemessene Ereignisbewältigung erschweren.

Neben der Bedeutung, die dem Ausmaß sozialer Einbindung für die Bewältigung von Lebensereignissen zukommt, betonen *Rabkin & Struening* (1976), daß Faktoren wie Zugehörigkeit zu einer sozialen Minderheit mit geringer Populationsdichte wie auch Statusinkonsistenz die angemessene Bewältigung von Ereignissen erschweren können.

Es ist nicht zu übersehen, daß die Berücksichtigung von Kontextmerkmalen (einschließlich ihrer Interaktion mit Personmerkmalen) bessere Vorhersagen darüber gestattet, mit welcher Wahrscheinlichkeit Ereignisse eintreten werden, welcher Art die jeweiligen Bewältigungsstrategien sein werden und welche Effekte Ereignisse jeweils besitzen. Gleichwohl bedarf es noch einer Reihe von Analysen, um hierzu differenziertere und empirisch eindeutig gesicherte Hinweise zu erhalten.

1.3.6 Die konzeptuelle Präzisierung kritischer Lebensereignisse und ihrer Merkmale

Bislang wurde weitgehend vermieden, das hier zentrale Konzept der „kritischen Lebensereignisse" definitorisch zu präzisieren, und es entstand womöglich der Eindruck, als sollte eine homogene Klasse von Phänomenen angesprochen sein. Zieht man sich auf die Alltagsbeobachtung zurück, dann zeigt sich, welche Vielfalt von Lebensereignissen uns entgegentritt. Dies drückt sich zum Teil auch in den Items der in der Literatur verwendeten „Ereignis-Listen" aus (siehe auch *Filipp & Braukmann* in diesem Band): Tod des Ehepartners, Auseinandersetzung mit dem Chef, Veränderung von Eßgewohnheiten, Versetzung in den Ruhestand, Abbruch religiöser Bindungen stellen nur einige Beispiele dieser Vielfalt dar. Sie reichen von „persönlichen Katastrophen" (vgl. *Hudgens* 1974) bis zu vermeintlich unbedeutenden Alltagsereignissen. Man muß sich daher zunächst fragen, ob und auf welche gemeinsamen Definitionsmerkmale sich dieses Spektrum von Lebensereignissen überhaupt reduzieren läßt. Vermutlich liegt gerade in diesem Versuch das eigentlich „Neue" dieser Forschungsrichtung, denn lange bevor sich der Terminus „kritische Lebensereignisse" (resp. „stressful life events") in der Literatur etabliert hat, wurde natürlich danach gefragt, wie Menschen beispielsweise schwere Herzerkrankungen (z. B. *Reiser* 1951) oder den Verlust geliebter Personen bewältigen (z. B. *Lindemann* 1944), wie sie sich mit der Tatsache ihrer eigenen Sterblichkeit auseinandersetzen (z. B. *Alexander* 1920) und vieles mehr.

Eine weitgehende Übereinstimmung zwischen den einzelnen Konzeptualisierungsansätzen besteht darin, daß kritische Lebensereignisse als solche im Leben einer Person auftretende Ereignisse verstanden werden, die durch Veränderungen der (sozialen) Lebenssituation der Person gekennzeichnet sind und die mit entsprechenden Anpassungsleistungen durch die Person beantwortet werden müssen. Da diese Ereignisse eine Unterbrechung habitualisierter Handlungsabläufe darstellen und die Veränderung oder den Abbau bisheriger Verhaltensmuster erfordern, werden sie als prinzipiell „streßreich" angesehen, und zwar in vielen Fällen unabhängig davon, ob es sich dabei um ein nach allgemeinen Maßstäben „positives" (z. B. Heirat) oder „negatives" (z. B. Verlust des Arbeitsplatzes) lebensveränderndes Ereignis handelt (zum Überblick siehe *Dohrenwend & Dohrenwend* 1978). Wenngleich nicht ausdrücklich betont, so scheint in diesen Definitionsansätzen mitgedacht, daß die Umwelt die aktive, sich verändernde Systemeinheit darstellt und die Person als passiv-reaktive Einheit zu sehen ist. Will man dieses Konzept jedoch nicht nur auf jene Lebensereignisse beschränken, die sich als Änderungen der dinglich-sozialen Umwelt der Person manifestieren, sondern auch Ereignisse, die sich in der Person selbst vollziehen (z. B. biophysischer Natur), als kritische Lebensereignisse begreifen, so bedarf es einer konzeptuellen Erweiterung. Zwangsläufig muß man dann aber ein hohes Maß an definitorischer Unschärfe und konzeptueller Breite in Kauf nehmen, wenn man die Heterogenität aller Formen von kritischen Lebensereignissen einem einzigen Konzept subsumieren will.

Nach unserem Vorschlag sind kritische Lebensereignisse durch folgende Aspekte gekennzeichnet: 1. Sie stellen die *raumzeitliche, punktuelle Verdichtung eines Geschehensablaufs* innerhalb und außerhalb der Person dar und sind somit im Strom der Erfahrungen einer Person raumzeitlich zu lokalisieren. Wenngleich viele Lebensereignisse eine ihnen eigene Geschichte haben und eher Prozesse denn abrupte Zäsuren im Leben einer Person darstellen (siehe auch die Unterscheidung von *Hultsch & Plemons* 1979), ist die raumzeitliche Datier- und Lokalisierbarkeit dem Ereignisbegriff logisch inhärent. 2. Kritische Lebensereignisse stellen *Stadien des relativen Ungleichgewichts* in dem bis dato aufgebauten Passungsgefüge zwischen Person und Umwelt dar (siehe oben). Diese Konzeptualisierung schließt ein, daß jedes Person-Umwelt-System durch ein bestimmtes Maß an interner Kongruenz gekennzeichnet ist, welches der Person „adaptives Funktionieren" in ihrem jeweiligen Umweltkontext ermöglicht (vgl. *French, Rodgers & Cobb* 1974). Ein kritisches Lebensereignis ist dann gegeben, wenn diese Kongruenz zwischen Person und Umwelt ein Mindestmaß unterschreitet und die Neuorganisation des Person-Umwelt-Gefüges erforderlich macht. Darin impliziert ist, daß die Quelle für das nunmehr entstandene Ungleichgewicht sowohl in der Person wie in der Umwelt liegen kann – der Verlust religiöser Überzeugungen mag gleichermaßen ein kritisches Lebensereignis darstellen wie der Verlust eines nahen Angehörigen. In jedem Falle qualifiziert die Tatsache, daß für die Herstellung eines neuen Gleichgewichts die der Person gegebene Plastizität ihres Verhaltenssystems nicht ausreicht, sondern qualitativ-strukturelle Veränderungen in der Person-Umwelt-Beziehung nötig macht, solche Ereignisse als kritisch. 3. Schließlich geht in die Konzeptualisierung von kritischen Lebensereignissen die Annahme ein, daß das Ungleichgewicht in der Person-Umwelt-Beziehung für die Person unmittelbar erlebbar und dieses Erleben von affektiven Reaktionen begleitet ist. Gerade die *Tatsache ihrer emotionalen Nicht-Gleichgültigkeit* läßt kritische Lebensereignisse in dem Strom von Erfahrungen und Einzelereignissen, wie er jedes Leben kennzeichnet, als prägnant und herausragend erscheinen. Wesentlich hierbei ist nun, daß die affektiven Reaktionen im Umfeld kritischer Lebensereignisse nicht zwangsläufig negativer Qualität sein müssen, wie es der Zusatz „kritisch" im Alltagsverständnis nahelegt. Daß man auf der definitorischen Ebene kritische Lebensereignisse nicht auf ausschließlich „negative" Ereignisse beschränkt, schließt nicht aus, daß Unterschiede in ihrer affektiven Qualität für die betroffene Person von großer Bedeutung dafür sind, wie gut sie bewältigt werden können und welche Konsequenzen sie besitzen.

Die hier vorgeschlagene Konzeptualisierung von kritischen Lebensereignissen ist, wie leicht erkennbar, auf einem sehr hohen Abstraktionsniveau angesiedelt und mag auf den ersten Blick als nur beschränkt tauglich für die definitorische Abgrenzung kritischer Lebensereignisse von anderen Erfahrungen im Leben einer Person erscheinen. Diese Konzeptualisierung gestattet es aber, das ganze Spektrum aller möglichen Lebensereignisse, wie es sich bis heute in der Literatur darstellt, einem einzigen Konzept zu subsumieren. Erst in einem zweiten Schritt sollte man den Versuch unternehmen, kritische Lebensereignisse zu differenzieren und zu ordnen, indem man durch Elaboration wesentlicher Ereignisparameter diese Vielzahl dimensionsanalytisch aufspaltet oder typologisch ordnet (vgl. *Hultsch & Cornelius* in diesem Band). Wie an anderer Stelle dieses Beitrags erwähnt, zeigt sich innerhalb der Erforschung kritischer Lebensereignisse zunehmend die Abkehr von einer eindimensionalen Abbildung von Lebensereignissen (z. B. nach dem Grad ihrer Belastung) zugunsten der Suche nach Ereignismerkmalen, die zur Beschreibung und Klassifikation von kritischen Lebensereignissen herangezogen werden können. Zwangsläufig ist dabei von entscheidender Bedeutung, welche Merkmale als Attribute von kritischen Lebensereignissen ausgewählt und wie sie ihrerseits konzeptuell präzisiert werden. Prinzipiell gelten dabei die gleichen Überlegungen, wie sie seit langem innerhalb der Situationismusdebatte angestellt werden (z. B. *Spitznagel* 1968), nämlich ob man Ereignisse in Termini ihrer „objektiven Reizqualität" oder in Termini ihrer durch die Person perzipierten Qualitäten beschreiben will. Weil in der Erforschung kritischer Lebensereignisse diese Unterscheidung bislang nicht die annähernd gleiche Beachtung gefunden hat, soll sie hier in besonderem Maße gewürdigt werden. Wir unterscheiden Ereignismerkmale danach, 1. ob sie indikativ für das Ereignis selbst und theoretisch voraussetzungsfrei zu formulieren sind, wie z. B. der Zeitpunkt eines Ereignisses in der Biographie einer Person, die Dauer eines Ereignisses usw. *(objektive Ereignisparameter)*, 2. ob sie Merkmale darstellen, die man kritischen Lebensereignissen qua intersubjektiver Konsensbildung oder qua theoretischer Setzung zuschreibt *(objektivierte Ereignisparameter)* oder 3. ob sie zur Kennzeichnung der Art und Weise, wie die jeweils betroffene Person das Ereignis wahrnimmt und interpretiert, herangezogen werden *(subjektive Ereignisparameter)*.[2] Diese Differenzierung schließt natürlich nicht aus, daß ein Merkmal gleichzeitig als objektiver, objektivierter und subjektiver Ereignisparameter heran-

---

[2] Zuweilen findet sich in der Literatur die Unterscheidung zwischen „subjektiven" und „objektiven" Ereignissen, die hier nicht angesprochen ist. Dort sollen „faktische" Ereignisse (wie z. B. Tod des Ehepartners, Wohnortwechsel) als objektiv von weniger „faktischen" Ereignissen (wie z. B. Eheschwierigkeiten) als subjektiv getrennt werden (z. B. *Hinkle* 1974).

gezogen werden kann in Abhängigkeit davon, wie es jeweils operationalisiert und gemessen wird.

Objektive Ereignismerkmale stellen solche dar, denen man überindividuelle Geltung zusprechen kann, d. h. die unabhängig von subjektiven Einschätzungen sowie jenseits theoretischer Setzungen einem Ereignis inhärent sind. Die Tatsache, Opfer eines Raubüberfalles geworden zu sein, mag sich für verschiedene Menschen qualitativ unterschiedlich darstellen, als faktisches Merkmal dieses Ereignisses bleibt bestehen, daß man um einen bestimmten Geldbetrag ärmer ist, daß man eine Beule am Kopf davongetragen hat, daß man einen zerrissenen Mantel zurückbehalten hat usw. In der Literatur wurden bislang am ehesten *zeitliche Merkmale* von Lebensereignissen berücksichtigt, die man als objektive Ereignisparameter definieren kann. Einmal wurde nach der zeitlichen Erstreckung von kritischen Lebensereignissen gefragt und zwischen Ereignissen als „Markierungspunkten" und „Prozessen" unterschieden („markers" vs. „processes", vgl. *Danish, Smyer & Nowak* 1980). Damit verwandt, wenn auch nicht deckungsgleich ist die oben bereits aufgeworfene Frage, ob Lebensereignisse plötzliche Zäsuren (z. B. Unfalltod des Partners) oder das Ende einer vorangehenden Geschehenskette (z. B. Tod nach langer Krankheit) darstellen. Die Kennzeichnung von Ereignissen nach diesem Merkmal ist entscheidend, weil mit ihm eine Reihe objektivierter und subjektiver Ereignisparameter (z. B. Eintrittswahrscheinlichkeit, Vorhersehbarkeit usw.) kovariieren. Die zeitliche Plazierung von Ereignissen ist gleichermaßen ein wichtiger Parameter, und zwar im Hinblick auf die Plazierung innerhalb des Lebenslaufs und zum anderen im Hinblick auf seine Plazierung in der Abfolge und im Umfeld anderer Ereignisse. Unterliegt z. B. die zeitliche Abfolge von Ereignissen in hohem Maße sozialen oder auch funktionalen Normen, dann mag die Tatsache, daß von dieser normierten Sequenz abgewichen wird, dem Ereignis eine ganz andere Bedeutung verleihen, als wenn dies nicht der Fall wäre: Die Geburt des ersten Kindes vor Abschluß der Berufsausbildung macht ein normatives Ereignis zu einem nicht-normativen und verleiht der Frage, wann ein Ereignis eintritt, eine größere Bedeutung, als der Tatsache, daß es überhaupt eintritt (vgl. *Hultsch & Plemons* 1979).

Neben zeitlichen Merkmalen von Ereignissen läßt sich auch ihre *Lokalisierung im Lebensraum* als objektives Ereignismerkmal konzipieren, indem man festlegt, welchen Lebensbereich ein Ereignis unmittelbar tangiert. *Elder* (1977) hat dies beispielhaft für Lebensereignisse aus dem Familienzyklus vorgestellt; andere Autoren schlagen vor, auf der Grundlage des affizierten Lebens- bzw. Rollenbereiches eine objektive inhaltliche Klassifikation von Lebensereignissen vorzunehmen (z. B. *Pearlin & Schooler* 1978). Mit dem Versuch, Lebensereignisse dem beruflichen, dem familiären oder dem ökonomischen Bereich zuzuordnen (wie dies die letztgenannten Autoren unternehmen), geht zuweilen jedoch eine willkürliche und oft ungerechtfertigte Trennung von Lebensbereichen einher, die dieses Merkmal kaum noch als objektiven Ereignisparameter qualifizieren.[3] Insbesondere bleibt dabei unberücksichtigt, daß der *Wirkungsgrad* kritischer Lebensereignisse oft recht groß ist mit der Konsequenz, daß ein in einem bestimmten Lebensbereich lokalisiertes Ereignis auf eine Vielzahl anderer Lebensbereiche ausgreift. So mag das Lebensereignis „Verlust des Arbeitsplatzes" nur vordergründig den beruflichen Bereich tangieren, weil es zugleich auch tiefgreifend mit der ökonomischen, sozialen, innerfamiliären usw. Lebenssituation der betroffenen Person verknüpft ist. In diesem Zusammenhang bietet es sich an, einem Vorschlag von *Danish, Smyer & Nowak* (1980) folgend die *„kontextuelle Reinheit"* von Ereignissen als Ereignismerkmal zu konzipieren, d. h. das Ausmaß der Isolation eines Ereignisses von anderen Ereignissen zu bestimmen. Ob und in welchem Ausmaß ein bestimmtes Lebensereignis mit der Bewältigung anderer, in unmittelbarer zeitlicher Nachbarschaft eintretender Lebensereignisse interferiert oder seinerseits sogar eine Reihe weiterer kritischer Lebensereignisse bedingt, ist ein wesentlicher Sachverhalt. Vielen Autoren zufolge gelingt die Bewältigung eines Ereignisses im Umfeld einer Reihe weiterer Ereignisse schlechter, da seine Belastungswirkung kumulativ und entsprechend höher ist. Einige Befunde verweisen darauf, daß die Bewältigung von Ereignissen mit geringer kontextueller Reinheit in der Tat schlechter gelingt (z. B. *Maddison & Raphael* 1975).

Ein weiteres objektives Ereignismerkmal kann man im *Grad der Universalität* eines Ereignisses sehen. Im Zentrum steht dabei die Frage, wie groß der Anteil der von dem Ereignis zu einem *gegebenen Zeitpunkt* betroffenen Personen innerhalb einer Population ist. Mittels dieser Unterscheidung kann man die mehrfach angesprochene Differenzierung in epochalnormierte, altersnormierte oder non-normative Ereignisse kennzeichnen: Einmal sind sehr viele Personen aller Altersgruppen von dem Ereignis betroffen (z. B. Erdbeben), zum anderen sind sehr viele Personen einer einzigen Alterspopulation von dem Ereignis betroffen (z. B. Einberufung zum Wehrdienst), und schließlich sind nur einzelne wenige Personen mit dem Ereignis konfrontiert (z. B. Scheidung). *Brim & Ryff* (1980) legen den Aspekt, ob prinzipiell viele oder nur wenige Menschen von einem Ereignis *jemals* betroffen sein werden, ihrer dreidimensionalen Ordnung von kritischen Lebensereignissen zugrunde und betonen wie andere Autoren (z. B. *Caplan* 1964, *Neugarten* 1968) das Merkmal der „sozialen Verteilung" als wesentlich im Hinblick auf das potentiell verfügbare Unterstützungssystem.

Die hier beispielhaft und ohne Anspruch auf Vollständigkeit genannten objektiven Ereignismerkmale können zum Teil mühelos auch als objektivierte oder als subjektive Ereignisparameter umdefiniert werden. Am Beispiel der zeitlichen Merkmale von Ereignissen läßt sich dies mit *Cottle* (1968) illustrieren: Der Autor verwendet zur Kennzeichnung der Dauer eines Ereignisses und der Ereignisabfolge subjektiv erlebte Zeiträume und -perspektiven und nicht die tatsächlichen Zeitspannen. Eine Vielzahl anderer Beispiele läßt sich hierzu denken.

Objektivierte Ereignisparameter stellen in unserer Terminologie im Gegensatz zu den objektiven Ereignismerkmalen solche dar, die man dem Ereignis erst auf der Grundlage intersubjektiver Konsensbildung und/oder qua theoretischer Setzung

---

[3] *Kuhl, Braukmann & Filipp* (1980) konnten bei einer inhaltsanalytischen Auswertung von frei generierten Lebensereignissen feststellen, daß diese Zuordnung um so schwieriger vorzunehmen ist, je mehr Kontextinformationen über das Ereignis zur Verfügung stehen.

zuschreibt. Im Falle der Ereigniskennzeichnung qua intersubjektiver Konsensbildung wird unmittelbar deutlich, daß die Unterscheidung zwischen objektivierten und subjektiven Ereignisparametern keine prinzipielle sein kann. Wir schlagen vor, in folgenden Fällen von objektivierten Ereignisparametern zu sprechen: 1. Auf der Grundlage von Expertenurteilen werden Lebensereignissen bestimmte Merkmale bzw. Merkmalsausprägungen zugewiesen. So wird in den Studien um die Arbeitsgruppe von *Brown* (siehe *Brown & Harris* 1978) der mit einem Ereignis verbundene Bedrohungsgrad (threat) durch Interviewer im Anschluß an das Gespräch mit der von einem Ereignis betroffenen Person festgelegt. Eine andere Möglichkeit zur Gewinnung von Ereignisparametern besteht darin, daß man ungeachtet solcher individueller Betroffenheiten das Ereignis von Experten skalieren läßt – das bekannteste Beispiel hierfür sind die von *Holmes & Rahe* (1967) mitgeteilten Veränderungs- bzw. Neuanpassungswerte von Lebensereignissen. 2. Zufallspopulationen oder nach bestimmten Merkmalen vorab selektierte Personengruppen haben eine Serie von Lebensereignissen im Hinblick auf die interessierenden Merkmale zu skalieren mit der Instruktion, wie sie selbst oder aber „durchschnittliche Personen" das Ereignis erleben und wahrnehmen würden (z. B. *Rahe* 1969). Die Einschätzung von Lebensereignissen basiert hier also nicht notwendigerweise auf der eigenen Erfahrung mit diesen Ereignissen. Auf diese Weise gewannen *Paykel, Prusoff & Uhlenhuth* (1971) eine Rangordnung von 61 Lebensereignissen danach, wie „aufgebracht" der „normale Mensch" bei ihrem Eintritt wäre. 3. Selektierte Populationen (in vielen Fällen klinische Gruppen) nehmen Einschätzungen auf den verschiedenen Merkmalsdimensionen für jene Ereignisse vor, die sie selbst in einem bestimmten Zeitraum erlebt hatten. Die über diese Einschätzungen gemittelten Werte werden zur Kennzeichnung der diversen Lebensereignisse herangezogen und zuweilen als Ereignisparameter auch in anderen Studien wieder verwendet. Meist steht jedoch bei diesem Verfahren die Frage im Vordergrund (z. B. *Lundberg & Theorell* 1976), welche Unterschiede zwischen verschiedenen klinischen Populationen und/oder zwischen klinischen und normalen Gruppen in der Einschätzung von Ereignissen bestehen (z. B. *Cochrane & Robertson* 1973, *Lundberg, Theorell & Lind* 1975). 4. Schließlich finden sich in der Literatur Beispiele, in denen der jeweilige Forscher ausschließlich auf der Grundlage seiner theoretischen Überlegungen Lebensereignisse klassifiziert oder sie auf Merkmalsdimensionen lokalisiert. *Weinstein* (1980) tut dies im Hinblick darauf, ob es sich um positive oder negative Lebensereignisse handelt; *Brim & Ryff* (1980) nehmen eine Klassifikation von kritischen Lebensereignissen auf der Grundlage von drei Merkmalen vor, nämlich nach der Höhe der Eintrittswahrscheinlichkeit von Ereignissen, nach der Enge des Zusammenhangs mit dem kalendarischen Alter und nach dem Grad ihrer Universalität.

Abgesehen davon, auf welcher Grundlage objektivierte Ereignisparameter jeweils gewonnen werden, ist es interessant zu prüfen, welche Attribute im einzelnen für die Kennzeichnung von Lebensereignissen herangezogen werden. In der Auswahl dieser Attribute ist nämlich zugleich immer auch eine – wenn auch nur implizite – Definition von Lebensereignissen mitgeliefert. Wie mehrfach erwähnt, dominiert in der Forschung die Beschreibung kritischer Lebensereignisse nach dem Ausmaß der durch sie bedingten Veränderungen im Leben einer Person. Diesem Zugang, der von *Hultsch & Cornelius* (in diesem Band) als „eindimensionale Konstruktbildung" ausführlich dargestellt und kritisch erörtert wird, liegt als zentrale Annahme zugrunde, daß ein hohes Maß an Veränderung, welches mit dem Lebensereignis gegeben ist, der Person ein hohes Maß an Neu- bzw. Wiederanpassung abverlangt und deshalb das Ereignis in hohem Maße als „belastend" ausweist. Indem man kritische Lebensereignisse nach dem so definierten Belastungsgrad unterscheidet, versucht man vermutlich, in Analogie zur laborexperimentellen Streßforschung (z. B. bei Induktion von Streßreaktionen durch Lärm) die Intensität des Stressors bzw. des Lebensereignisses zu quantifizieren. In ähnlicher Weise, gleichwohl mit stärkerer Betonung der emotionalen Korrelate stellt sich dieser Zugang dar in der Skalierung von Lebensereignissen danach, wie „bedrohlich" sie sind oder wie sehr sie die Person „aus der Fassung" bringen. Solche und ähnliche Merkmale werden oft als äquivalent betrachtet und begrifflich synonym gebraucht, obschon dies empirisch keineswegs gerechtfertigt ist: Nachdem *Ruch & Holmes* (1971) eine Gruppe Jugendliche die Veränderungswerte der in der „Social Readjustment Rating Scale" enthaltenen Lebensereignisse hatten schätzen lassen, zeigte *Ruch* (1977) – diese Daten offenbar reanalysierend – mittels der multidimensionalen Skalierung, daß die Schätzungen einen dreidimensionalen Ereignisraum aufspannen.

Die Diskussion darum, wie brauchbar Veränderungs- resp. Belastungskennwerte (alleine oder im Kanon anderer Ereignismerkmale) zur Kennzeichnung von kritischen Lebensereignissen sind, soll hier nicht nachvollzogen werden. Sie hat jedenfalls dazu geführt, daß eine Reihe weiterer Ereignismerkmale in das Blickfeld rückte, wobei insbesondere das Ausmaß der Erwünschtheit bzw. Valenz von Lebensereignissen große Beachtung fand.[4] Daß die Unterscheidung von Lebensereignissen nach positiv und erwünscht vs. negativ und unerwünscht von zentraler Bedeutung sein kann, wurde in einer Reihe von Arbeiten nachgewiesen (z. B. *Johnson & Sarason* 1978, 1979, *Mechanic* 1975, *Vinokur & Selzer* 1975) und erscheint unmittelbar einsichtig. Allerdings darf dabei nicht übersehen werden, daß diese Differenzierung immer im Hinblick auf ein spezifisches Kriterium vorgenommen und der differentielle Vorhersagewert für eine jeweils spezifische Symptomatik (z. B. Angst, depressive Verstimmung) bestimmt wurde. *Ross & Mirowsky* (1979) zeigen, daß unerwünschte Ereignisse den höchsten Vorhersagewert für einen Index psychiatrischer Symptomatik besitzen und daß – sofern man das Ausmaß der Erwünschtheit kontrolliert – die Anzahl von Lebensereignissen und ihre Veränderungswerte keinen Vorhersagewert mehr besitzen. Ähnliche Befunde berichten auch *McFarlane, Norman, Streiner, Roy & Scott* (1980) auf der Grundlage einer Längsschnittstudie im Hinblick auf das Kriterium „Gesundheitszustand". Solche Befunde mögen auch zu der Forderung veranlassen, daß man nicht die Geburt, sondern den Tod eines Kindes, nicht Heirat, sondern Scheidung und Tod des Ehepart-

---

[4] Die Systematisierung von Studien nach der Verwendung subjektiver vs. objektivierter Parameter wird hier nicht voll durchgehalten.

ners untersuchen sollte – kurzum: nicht der „normale Lebenslauf", sondern die „großen Lebenskrisen" sollten Gegenstand der Forschung sein (*Neugarten* 1970; vgl. auch *Filipp & Gräser* im Druck). Es bedarf wohl keiner gesonderten Erläuterung, daß solche Festlegungen nicht per se, sondern immer nur im Hinblick auf den Untersuchungszweck und die jeweilige Fragestellung vorgenommen werden können. Solange man kritische Lebensereignisse primär unter ätiologischen Gesichtspunkten für psychische Störungen analysiert, mag sich die stärkere Beachtung „negativer Ereignisse" als sinnvoll erweisen, obschon auch hierzu noch viele Fragen offen sind.

Mit dem Aspekt der Erwünschtheit verknüpft waren auch Versuche, Lebensereignisse in „Verlustereignisse vs. Zugewinnereignisse" zu dichotomisieren (z. B. *Chiriboga & Dean* 1978, *Paykel* et al. 1969), wobei hier ausschließlich Veränderungen im sozialen Umfeld der Person gemeint sind. Mit solchen Unterteilungen mag auch beabsichtigt sein zu präzisieren, welche Verhaltensbereiche und Handlungsabläufe durch das Ereignis unmittelbar und direkt affiziert werden, obwohl dies bislang keineswegs geleistet ist. *Stroebe* et al. (1980) versuchen eine solche Präzisierung, indem sie den Verlust des Ehepartners in seiner psychologischen Bedeutung für die betroffene Person nach unterschiedlichen Aspekten beleuchten, z. B. als Verlust positiver Verstärker, als Verlust sozialer und emotionaler Unterstützung, als Verlust aufgabenteiliger Funktionsbereiche usw. Selbstverständlich ist auch mit der Lokalisierung von Ereignissen auf der Valenzdimension nichts darüber ausgesagt, welche Aspekte ein Ereignis jeweils als positiv oder negativ qualifizieren.

In jüngerer Zeit gewinnt zunehmend das Ausmaß, in dem ein Lebensereignis durch die Person kontrolliert werden kann, Bedeutung für die Kennzeichnung und Klassifikation von Lebensereignissen. Als (objektiviertes) Ereignismerkmal konzipiert besagt dies, daß man unabhängig von den individualspezifischen Tendenzen einer Person, sich Kontrolle über Ereignisse zuzuschreiben oder nicht, Ereignisse danach klassifizieren will, wie stark sie tatsächlich der Einflußnahme einer Person unterliegen. Selbstverständlich ist dies in vielen Fällen ein sehr waghalsiges Unterfangen, denn die „faktisch" gegebene Kontrollierbarkeit oder Nichtkontrollierbarkeit von Ereignissen läßt sich nur schwer eindeutig festlegen, etwa im Falle von Naturkatastrophen. Bereits bei schweren Krankheiten ist nicht immer zu entscheiden, ob die Person nicht selbst Bedingungen für den Eintritt dieser Erkrankungen geschaffen und somit den Eintritt des Ereignisses „kontrolliert" hat. Umgekehrt gibt es Ereignisse, die gemeinhin als eindeutig kontrollierbar betrachtet werden (wie z. B. Umzug in eine bessere Wohngegend, siehe hierzu *Fischer & Fischer* in diesem Band), doch auch solche Beispiele zeigen die relative Willkürlichkeit der Lokalisierung von Lebensereignissen auf der Dimension ihrer Kontrollierbarkeit. Zwar glaubt *Dohrenwend* (1977) eine deutliche Verbindung nachweisen zu können, wonach jene Ereignisse als kontrollierbar anzusehen sind, bei denen im Zentrum des Geschehens die betroffene Person selbst steht.[5] Aber selbst der Verweis darauf, daß

---

[5] Diese Unterscheidung kann als objektivierter Ereignisparameter herangezogen und auf einer Dimension der „Systemreferenz" (*Braukmann* et al. 1980) abgebildet werden.

die Einschätzungen der Kontrollierbarkeit keine signifikanten Geschlechts-, Schicht- und Rassendifferenzen aufweisen, sollte nicht darüber hinwegtäuschen, daß die Kontrollierbarkeit eines Ereignisses in den meisten Fällen nur als subjektiver Ereignisparameter sinnvollerweise Verwendung finden kann (siehe unten).

Im Kontext der Kontrollierbarkeit von Ereignissen wird häufig auch die Frage der Vorhersehbarkeit von Ereignissen diskutiert (z. B. *Dohrenwend* 1977). In der Tat lassen sich viele Ereignisse relativ eindeutig auf dieser Dimension ansiedeln, insbesondere im Falle der sogenannten normativen Lebensereignisse: Sozial normierte Ereignisse (z. B. Eintritt in den Ruhestand) wie auch durch biologische Faktoren ausgelöste Ereignisse (z. B. Menopause) sind jeweils in hohem Maße vorauszusehen, wobei die Güte der Vorhersage in manchen Fällen nur bezüglich des Zeitpunktes des Ereigniseintritts variiert. Wie oben erwähnt, qualifiziert die Tatsache ihrer Antizipierbarkeit viele Ereignisse als weniger „kritisch", weil solche Ereignisse der Person antizipatorisches Bewältigungsverhalten ermöglichen und von vorbereitenden Maßnahmen der unterschiedlichsten Art begleitet sein können. Wie im Falle der Kontrollierbarkeit ist es aber auch bezüglich der Antizipierbarkeit nur in wenigen Fällen möglich, eindeutige und überindividuell gültige Festlegungen zu treffen, die es gestatten würden, Lebensereignisse nach diesem Aspekt verbindlich zu differenzieren. Deshalb wird auch dieses Merkmal im Rahmen der subjektiven Ereignisparameter nochmals aufzugreifen sein.

Die kurzen Ausführungen mögen deutlich gemacht haben, wie schwer es ist, a priori-Klassifikationen von Lebensereignissen vorzunehmen und Lebensereignisse auf bestimmten Merkmalsdimensionen anzusiedeln, wenn man sich nur auf objektivierte Ereignismerkmale beziehen kann. Gleichwohl sollte man nicht prinzipiell auf die Konzeptualisierung und Zuordnung solcher Merkmale zu Lebensereignissen verzichten, um Ereignisse auch unabhängig von den (mehr oder minder) individualtypischen Formen ihrer Wahrnehmung durch die betroffenen Personen kennzeichnen und beschreiben zu können.

Die Bedeutung, die der individuellen Wahrnehmung und Einschätzung von kritischen Lebensereignissen zugeschrieben wird, und die Betonung *„subjektiver Ereignisparameter"* gründen auf eine Vielzahl von Argumenten. In Anlehnung an *Thomae* (1979) läßt sich dies wie folgt darstellen: Wenn kognitive Repräsentationen der Situation das Bindeglied zwischen Reiz und Reaktion darstellen, wie es in kognitiven Verhaltenstheorien formuliert wird, dann muß man auch annehmen, daß die Wahrnehmung von Veränderungen der eigenen Lebenssituation, also die kognitive Repräsentation von Lebensereignissen bestimmt, welche Effekte diesen Ereignissen zukommen und welche Konsequenzen sie besitzen. Innerhalb der Streßforschung ist es mittlerweile hinlänglich erwiesen, daß erst die jeweiligen Prozesse der Wahrnehmung und Einschätzung einen „Stressor" von einem „Reiz" differenzieren und daß dadurch die Art der Streßreaktion und der Streßbewältigung determiniert wird (siehe *Lazarus* in diesem Band). In Analogie hierzu wird postuliert, daß erst die individuellen Prozesse der Wahrnehmung und Einschätzung von Lebensereignissen diese Ereignisse als für die Person kritisch, belastend, bedeutend, erfreulich, herausfordernd und vieles mehr qualifizieren. In dem Maße, in dem man den subjektinternen Prozessen der Verarbeitung und Bewertung von Lebensereignissen Beachtung schenkt und ihnen Bedeutung zuschreibt, in dem Maße wird auch fraglich, ob Lebensereignisse aus der Perspektive des „externen Beobachters" als distinkte Phänomene, d. h. also losgelöst von eben diesen individuellen Bewertungsprozessen zu erkennen und angemessen zu beschreiben sind. So wichtig es auch ist, die Erforschung kritischer Lebensereignisse um solche bislang eher vernachlässigte Perspektiven zu erweitern, so schwierig scheint es auch, sie forschungspraktisch in methodisch befriedigender Weise umsetzen zu können. Zwar läßt sich im varianzanalytischen Design systematisch aufklären, mit welchen relativen Anteilen Person- und/oder Ereignismerkmale die Wahrnehmung und Bewertung von Ereignissen determinieren. Doch setzt dies voraus, daß man Ereignisse vorab klassifiziert und die jeweiligen Dimensionen, auf denen Bewertungen abzugeben sind, festlegt. Ansätze der multidimensionalen Skalierung scheinen daher oft vorgezogen zu werden (*Gräser, Esser & Saile* in diesem Band, *Ruch* 1977). Schließlich wird aber auch aus „transaktionaler Sicht" argumentiert, daß in der jeweiligen Wahrnehmung und Bewertung eines Ereignisses Person, Ereignis und Ereignisbewältigung miteinander „verschmelzen", somit die Konzeptualisierung von Person und Ereignis als isolierte Entitäten nicht möglich ist (*Lazarus* in diesem Band).[6]

Unabhängig davon, ob man die Prozesse der Wahrnehmung und Bewertung von Lebensereignissen durch die betroffene Person als Interaktion oder als Transaktion konzipiert (siehe hierzu auch *Buss* 1977), sind mit der Analyse subjektiver Ereigniswahrnehmungen noch weitere Probleme verbunden. Sofern man die Wahrnehmung und Bewertung von Lebensereignissen in der aktuellen Auseinandersetzung mit Lebensereignissen in situ erfassen und beschreiben kann, wird man dem prozessualen Charakter solcher Vorgänge gerecht und in die Lage versetzt, mögliche Veränderungen in der Wahrnehmung und Bewertung von Ereignissen über die Zeit hinweg zu erfassen. Versucht man jedoch, die Wahrnehmung und Bewertung von Lebensereignissen im Rahmen retrospektiver Berichte zu erheben, dann ist nicht eindeutig zu entscheiden, ob sich diese Bewertungen auf das Ereignis selbst, auf seine (tatsächlichen oder vermeintlichen) Konsequenzen und/oder auf seine Vorgeschichte beziehen. Der Tod einer nahestehenden Person mag im Falle einer unheilbaren Krankheit als positives Ereignis erlebt werden, in einem anderen Falle mag die Tatsache des Verlustes dominieren und ihn zu einem sehr negativen Ereignis machen. Aber nicht nur die Unsicherheit, welche Aspekte in der Ereigniswahrnehmung jeweils fokussiert werden, sondern auch die in ihrem Ausmaß nicht bekannte Variabilität der Ereigniswahrnehmung über die Zeit macht die Verwendung subjektiver Ereignisparameter schwierig. *Uhlenhuth, Haberman, Balter & Lipman* (1977) zeigen die Selektivität in der Erinnerung an Lebensereignisse, wobei nicht nur die Anzahl der berichteten Lebensereignisse mit zunehmender zeitlicher Distanz abnimmt, sondern insbesondere als „schicksalhaft" erlebte Ereignisse vergessen werden. Die Tendenz, mehr positive als negative Ereignisse zu berichten, konn-

---

[6] Vermutlich kann der von *Pervin* (1976) vorgeschlagene methodische Zugang am ehesten aus dem skizzierten Dilemma helfen.

ten wir in eigenen Arbeiten ebenfalls feststellen (siehe *Braukmann, Ahammer, Angleitner, Filipp & Olbrich* im Druck), während *Casey, Masuda & Holmes* (1967) eine hohe Konsistenz in den Erinnerungen (über ein Neun-Monate-Intervall) für jene Ereignisse, die hohe Belastungswerte hatten, nachweisen konnten. *Horowitz, Schaefer & Cooney* (1974) ließen für eine Serie von Lebensereignissen angeben, wie belastend sie jeweils bei unterschiedlicher zeitlicher Distanz zum Ereigniseintritt wären. Zeitlich weniger zurückliegende Ereignisse erhalten in der Einschätzung von nicht betroffenen (!) Personen höhere Belastungswerte als zeitlich weiter zurückliegende Ereignisse. So trivial dieser Befund ist, so sehr macht er doch deutlich, daß die Vernachlässigung des Zeitkontinuums in der Analyse von Ereigniswahrnehmungen völlig widersprüchliche Befunde liefern kann.

Daß sich in der rückblickenden Einschätzung von Lebensereignissen eher die aktuelle Befindlichkeit der Person widerspiegelt, als daß sie Indikatoren für Wahrnehmungsvorgänge bei der Konfrontation mit dem jeweiligen Ereignis liefert, sollte ebenfalls nicht außer acht gelassen werden (vgl. *Braukmann* et al. im Druck). *Siegel, Johnson & Sarason* (1979) konnten durch experimentelle Induktion unterschiedlicher Stimmungen allerdings keine Veränderungen in der Einschätzung von Lebensereignissen evozieren. Hingegen verweisen die Befunde von *Schless, Schwartz, Goetz & Mendels* (1974) darauf, daß Depressive kritische Lebensereignisse als weit belastender wahrnehmen als andere klinische Gruppen – Befunde, wie sie auch in anderen Studien ermittelt und oben kurz skizziert wurden. Schließlich sollten auch Hinweise aus experimentellen Studien aufgegriffen werden (zum Überblick *Tesser* 1978), die für unsere Fragestellung nahelegen, daß Veränderungen in der Bewertung von Lebensereignissen auch eine Funktion der Aufmerksamkeitsfokussierung und des Ausmaßes der Beschäftigung mit einem Ereignis darstellen.

Es ist nicht zu übersehen, daß die Verwendung subjektiver Ereignisparameter zur Kennzeichnung und Klassifikation von kritischen Lebensereignissen viele ungelöste Probleme aufwirft. Gleichwohl können kritische Lebensereignisse nur dann einen bedeutsamen Beitrag zur Prognose und Erklärung von Verhaltensänderungen liefern, wenn man die Prozesse der subjektiven Ereigniswahrnehmung in die Betrachtung einschließt. Im folgenden sollen einige Merkmale, deren Relevanz als Dimensionen der subjektiven Ereigniswahrnehmung nachgewiesen zu sein scheint, kurz skizziert werden.

Die Dimension der *Erwünschtheit* eines Ereignisses wurde, wie bereits oben erwähnt, in vielen Studien überprüft. *Sarason, Johnson & Siegel* (1978) ließen die Valenz von Lebensereignissen individuell skalieren und berichten über eine Reihe signifikanter Zusammenhänge zwischen als negativ erlebten Ereignissen und psychischen Merkmalen wie Angst und depressive Verstimmung; *Ruch* (1977) sieht in der Erwünschtheit von Lebensereignissen eine den subjektiven Ereignisraum markierende Dimension; *Fontana, Marcus, Hughes & Dowds* (1979) ließen Lebensereignisse ebenfalls auf dieser Dimension einschätzen und zeigten, daß jene Ereignisse als positiv und wünschenswert erlebt werden, die ein geringes Maß an Wiederanpassung erfordern, die vorhersehbar sind und der Person kontrollierbar erscheinen. Aus diesen Befunden wird zugleich deutlich, daß die Dimension der subjektiven Erwünschtheit von Lebensereignissen so lange fruchtlos ist, solange man nicht weiß, welche Aspekte Lebensereignisse jeweils als positiv oder negativ qualifizieren. Einige Studien verweisen darauf, daß diese Dimension in nur geringem Maße interindividuelle Differenzen in der Ereigniswahrnehmung abbildet (z. B. *Gräser, Esser & Saile* in diesem Band, *Paykel* 1980), solange man ihre Globalität nicht durch Angabe spezifizierender Merkmale auflöst. Eine Möglichkeit hierzu mag in dem Rekurs auf die von der Person jeweils avisierten Handlungsziele liegen: Vor diesem Hintergrund sind Lebensereignisse in dem Maße erwünscht, wie sie die Erreichung von Handlungszielen unterschiedlicher zeitlicher Erstreckung der Person fördern, und in dem Maße unerwünscht, wie sie die Erreichung solcher Ziele behindern (siehe *Klinger* 1975).

Daneben wird es vor diesem Hintergrund möglich, die einem Ereignis zugeschriebene *Bedeutung* als Dimension der subjektiven Ereigniswahrnehmung zu präzisieren. Bedeutsam sollen dann nicht jene Lebensereignisse sein, die ein subjektiv hohes Maß an Wiederanpassung erfordern (*Rahe* 1974), sondern das Ausmaß ihrer Bedeutsamkeit hängt davon ab, wie stark sie mit augenblicklichen dominanten Anliegen der Person resp. mit zeitlich naheliegenden oder entfernten (Lebens-)Zielen interferieren. Indem sich solche dominanten Anliegen in Qualität und Intensität ihrerseits über die Lebensspanne hinweg ändern, in dem Maße besitzen Lebensereignisse zu unterschiedlichen Zeitpunkten der Lebensspanne dann auch unterschiedliche „Bedeutung". Lebensereignisse, die im frühen Erwachsenenalter die berufliche Entwicklung tangieren, mögen z. B. nur deshalb als kritisch erlebt werden, weil der berufliche Bereich zu diesem Zeitpunkt im Wertsystem der Person zentral ist. In jedem Falle erscheint uns die Explikation der subjektiven Bedeutung von Lebensereignissen, die auf Handlungsziele und Wertüberzeugungen der Person rekurriert, vielversprechender, als wenn man den Bedeutungsgehalt über die Veränderungsrate oder das Ausmaß der Erwünschtheit abbilden will. In ähnlicher Weise argumentieren auch *Thielen & Budde* (1978). Insbesondere aber zeigen *Silver & Wortman* (1980) in ihrem Literaturüberblick, wie sehr die Fähigkeit, in einem Lebensereignis „einen Sinn sehen" zu können und selbst bei äußerst negativen Ereignissen noch den Bezug zu solchen „Sinndeutungen" im Hinblick auf das eigene Leben herstellen zu können, die Auseinandersetzung mit und Bewältigung von kritischen Lebensereignissen (z. B. Tod des Kindes) erleichtert.

Die Wahrnehmung von Lebensereignissen unter solchen Aspekten hängt mittelbar mit Kausalattribuierungen, die Personen für den Eintritt von Lebensereignissen vornehmen, zusammen. *Bulman & Wortman* (1977) stellten bei ihrer Untersuchung an Unfallopfern fest, daß alle Personen sich gefragt hatten „Warum gerade ich?", und daß alle mit einer Ausnahme für sich eine Antwort auf diese Frage gefunden hatten. Mit der Suche nach Ursachenerklärungen einhergehend ist die Einschätzung von Ereignissen nach ihrer *Kontrollierbarkeit* durch die eigene Person. Wie erwähnt, ist die Kontrollierbarkeit von Ereignissen als subjektiver *Ereignis*parameter in einem nicht bekannten und jeweils neu zu bestimmenden Maße konfundiert mit der Höhe der Kontrollüberzeugung als *Person*parameter. Insofern mag diese Dimension der subjektiven Ereigniswahrnehmung gleichzeitig eine Differenzierung nach Ereignissen und Personen gewährleisten (siehe hierzu *Dohrenwend & Martin* 1979).

Die Frage danach, wie in der subjektiven Ereigniswahrnehmung Vorhersagbarkeit und Kontrollierbarkeit von Ereignissen konfundiert sind, wurde unseres Wissens lediglich in der Arbeit von *Fontana* et al. (1979) überprüft, wobei diese Autoren von der Annahme ausgingen, daß ein hohes Maß an Vorhersagbarkeit und Kontrollierbarkeit die Belastungswirkung von Lebensereignissen mindert. Nach ihren Befunden scheinen diese beiden Dimensionen der Ereigniswahrnehmung allerdings ohne Bedeutung für die Güte der Anpassung nach Ereignissen zu sein. Umgekehrt verweisen *McFarlane* et al. (1980) darauf, daß innerhalb der Gruppe unerwünschter Ereignisse nur diejenigen zur Vorhersage von Erkrankungen beitragen, die kaum kontrollierbar erscheinen und zugleich nicht antizipiert worden waren. Ungleich der Fülle laborexperimenteller Befunde zur Vorhersagbarkeit und Kontrollierbarkeit von Handlungsausgängen und Ereignissen ist im Zusammenhang mit der Analyse kritischer Lebensereignisse dieser Aspekt noch zu wenig erforscht, um hierzu weitergehende Annahmen treffen zu können.

Schließlich ist noch auf eine Dimension der subjektiven Ereigniswahrnehmung hinzuweisen, die insbesondere von *Lazarus* (in diesem Band) sowie von *Ahammer* et al. (1980) betont und analysiert wird, nämlich der Grad der erlebten Herausforderung. Im wesentlichen umschreibt dieses Konzept die Tendenz einer Person, kritische Lebensereignisse als Chancen für die Erprobung von Problemlöse- und Bewältigungsverhalten aufzufassen. Lebensereignisse mögen in diesem Falle als situative Anregungsbedingungen für „Effektanzmotivation" (zuletzt *Harter* 1978) oder „Kontrollmotivation" (*Braukmann* 1981) dienen. Die Wahrscheinlichkeit, kritische Lebensereignisse in diesem Sinne als herausfordernd wahrzunehmen, dürfte in erster Linie von der selbstperzipierten (Bewältigungs-)Kompetenz abhängen und von der Art und Weise, mit der die Person Ähnlichkeiten oder Äquivalenzen zu früheren erfolgreich bewältigten Ereignissen konstruiert. Insbesondere von *Kobasa* (1979) wird auf Personmerkmale hingewiesen, die solche Wahrnehmungen zu bedingen scheinen, doch fehlen auch in diesem Bereich noch viele gesicherte Hinweise.

Die Ausführungen dieses Abschnittes im wesentlichen zusammenfassend läßt sich festhalten, daß man der Vielfalt von kritischen Lebensereignissen nur dadurch begegnen kann, daß man zu ihrer Differenzierung und Klassifikation auf ein multidimensionales Beschreibungssystem zurückgreift. In vielerlei Hinsicht scheint dabei geboten, Formen der subjektiven Ereigniswahrnehmung und der individuellen Zuschreibung von Merkmalen zu Ereignissen zu berücksichtigen. Die bisher vorfindbare Beschränkung auf nur einige wenige Ereignisparameter (z. B. Belastungsgrad, Erwünschtheit) zeigt, daß die Selektion der als relevant erachteten Ereignismerkmale zu sehr am Kriterium ihres Vorhersagewertes für psychische und physische Störungen orientiert war. Wir sind heute noch weit davon entfernt, etwas über die Anzahl und Qualität der Dimensionen, die Lebensereignisse verläßlich und umfassend charakterisieren, zu wissen (vgl. *Redfield & Stone* 1979). Vielleicht gelingt es auf diesem Wege dann auch, die „versteckten Ereignisse zu entdecken" (*Brim &*

Ryff 1980, 379), die zwar die Realitäten des Lebens ausmachen, für die wir aber noch keine Namen und keine Konzepte gefunden haben.

1.3.7 Formen der Auseinandersetzung mit und Bewältigung von kritischen Lebensereignissen

Indem wir mit der Einführung der subjektiven Ereignisparameter betont haben, wie wesentlich die Beachtung der individuellen Wahrnehmung und Bewertung von kritischen Lebensereignissen sein kann, haben wir zugleich einige Probleme angesprochen, die in dem nun folgenden Abschnitt aufzugreifen und zu erörtern sein werden, nämlich die Frage danach, wie Personen sich jeweils mit kritischen Lebensereignissen auseinandersetzen und wie sie diese bewältigen. Wie von vielen Autoren betont (insbesondere *Lazarus* in diesem Band), stellt die Wahrnehmung einer Situation bzw. eines Ereignisses bereits einen ersten, oft entscheidenden Schritt in dem Prozeß der Auseinandersetzung und Bewältigung dar. So selbstverständlich und unmittelbar einsichtig es sein mag, daß ohne die Berücksichtigung der individuellen Auseinandersetzungsprozesse Aussagen zur Bedeutung und zu den Effekten von Lebensereignissen weitgehend unbrauchbar sind, so sehr verwundert die Tatsache, daß diese Prozesse in einer Vielzahl von Studien zur Erforschung kritischer Lebensereignisse nicht beachtet wurden und man sich nur auf das „Auszählen" von Ereignissen und Veränderungswerten beschränkte.

Wesentliche Anstöße zur Erforschung des Bewältigungsverhaltens hat bekanntlich die allgemein- und differentialpsychologisch angelegte Streßforschung geliefert (insbesondere auch das „Stress and Coping-Project" der Berkeley-Gruppe um *Lazarus*). Viele der heute gebräuchlichen Konzepte lassen sich gleichwohl bis zu den Anfängen der Psychoanalyse zurückverfolgen (z. B. „Verdränger"), und sie haben insbesondere mit der Betonung der Ich-Funktionen innerhalb der Neopsychoanalyse (zum Überblick *Wyss* 1966²) Eingang in die sog. Coping-Forschung gefunden.[7] Das System von *Haan* (1977) ist hierfür beispielhaft, weil die Autorin eine Klassifikation von Strategien der Bewältigung und Abwehr auf der Basis der jeweils als wirksam bzw. zugrundeliegend gedachten Ich-Mechanismen vorschlägt. Betrachtet man sich die Vielzahl der bis heute vorgelegten Coping-Ansätze (*Folkins* 1970; *Haan* 1977; *Lazarus & Launier* 1978; *Miller* 1980; *White* 1974; zum Überblick *Coelho, Adams & Hamburg* 1974), dann wird das Ausmaß der begrifflichen Verwirrung und konzeptuell-theoretischen Heterogenität in diesem Bereich voll deutlich.

„Coping" wird einmal verwendet als Sammelbegriff für alle jene Reaktionen einer Person, die sie bei Konfrontation mit einer potentiell bedrohlichen oder belastenden Situation zeigt (z. B. *Silver & Wortman* 1980). Ähnlich verstehen *Lazarus & Launier* (1978) diesen Begriff als kennzeichnend für die Summe aller problemlö-

---

[7] Wie zu zeigen ist, verschleiert der Begriff „coping" mehr als er zur Präzisierung beiträgt, gleichwohl wird er wegen seiner Verbreitung hier zum Teil unübersetzt gebraucht.

senden Anstrengungen einer Person, die sich in einer für sie bedeutsamen, gleichwohl ihre individuellen Anpassungskapazitäten überfordernden Lage befindet. In beiden Fällen handelt es sich also um eine Konzeptualisierung, in der Merkmale der *Situation* (ggfs. der Situationsinterpretation) im Zentrum stehen und den gemeinsamen Nenner für alle nunmehr mit „Coping" beschriebenen Reaktionsformen darstellen. Weil aber diese Situationsmerkmale und Klassen von Situationen ihrerseits kaum präzisiert und expliziert sind, liegt die Zirkularität dieser Definition auf der Hand. Auf der anderen Seite wird „Coping" primär unter dem Gesichtspunkt seiner Funktionalität und seiner Effektivität für ein oder mehrere jeweils definierte Kriterien gesehen: *Pearlin & Schooler* (1978) sowie *Rodin* (1980) wollen von „Coping" nur dann sprechen, wenn Reaktionsweisen eine „schützende" Funktion haben, die also verhindern, daß eine Person durch problematische Erfahrungen belastet wird oder Schaden nimmt. *Haan* (1977) macht diesen Zugang noch deutlicher, indem sie der „Bewältigung" die „Abwehr" (coping vs. defending) gegenüberstellt und von beiden Formen der Auseinandersetzung die Mechanismen der Fragmentierung abhebt, die auf ein Versagen der Ich-Funktionen hinweisen (ego-failure) und pathologische Formen annehmen können. In ähnlicher Weise differenziert auch *White* (1974) Bewältigung und Abwehr im Hinblick darauf, wie effizient die Reaktionsformen für die von ihm als wesentlich postulierten Kriterien (Erhaltung von Autonomie, Sicherung des Informationsaustausches mit der Außenwelt usw.) sind. Verbinden sich also einmal mit dem Begriff „Bewältigung" alle Reaktionsformen, deren Gemeinsamkeit darin besteht, daß sie in der Konfrontation mit einem bestimmten Ereignis beobachtbar werden, so ist im anderen Falle in dem Begriff immer gleich auch das *Gelingen* solcher Auseinandersetzungsprozesse impliziert und mit Konzepten wie „Anpassung", „Meisterung" verknüpft.[8]

Selbstverständlich wird bei dieser „bewildering richness of coping-relevant behaviors" (*Pearlin & Schooler* 1978, 4) die Forderung laut, daß man Formen der Auseinandersetzung mit und Bewältigung von streßreichen Situationen oder kritischen Lebensereignissen nach grundlegenden Dimensionen beschreiben und klassifizieren sollte. Die Vielfalt solcher Versuche ist in den einschlägigen Arbeiten jeweils erkennbar, wobei man mit *Hultsch & Plemons* (1979) vermuten darf, daß das Spektrum an Strategien der Bewältigung kritischer Lebensereignisse bis heute keineswegs voll erkannt und analysiert wurde. Zudem beginnt man erst allmählich, sich den Bewältigungsprozessen in der Konfrontation mit Ereignissen des realen Lebens wieder stärker zu widmen, und noch ist ungeklärt, ob die in den Laborexperimenten erfaßten Bewältigungsformen und -muster in ihrer Beschreibung und Konzeptualisierung vollends übertragbar sind (siehe auch *Bulman & Wortman* 1977).

---

[8] French, Rodgers & Cobb (1974) zufolge, läßt sich die Wiederherstellung des Gleichgewichts zwischen Person und Umwelt differenzieren nach Coping, Meisterung, Anpassung und Abwehr, indem eine einseitige objektiv erfaßbare Änderung auf der Umweltseite (Meisterung) oder der Personseite (Anpassung) erfolgt ist. Ist das Passungsgefüge interaktional hergestellt, sprechen die Autoren von Bewältigung, ist es nur subjektiv wahrnehmungsmäßig hergestellt, sprechen sie von Abwehr. Diese Notation scheint mir deutlich klarer zu sein als viele andere Versuche.

Sofern man in den verschiedenen Coping-Ansätzen nach Gemeinsamkeiten suchen will, so scheinen diese in den folgenden Grundannahmen zu liegen: 1. Bewältigungsprozesse werden auf allen Ebenen vermutet, d. h. sie umfassen beobachtbares Verhalten und instrumentelles Handeln ebenso wie kognitive Prozesse (z. B. Bedeutungszuschreibungen), emotionale und physiologische Reaktionen (Wut, Trauer usw.), wobei die Interdependenz dieser Ebenen unterschiedlich konzeptualisiert wird. 2. Bei der Auseinandersetzung mit und Bewältigung von kritischen Ereignissen handelt es sich um ein prozessuales Geschehen mit unterschiedlicher zeitlicher Erstreckung. Jenseits dieser ohnehin eher trivialen Feststellung gibt es aber eine Fülle von Divergenzen im Hinblick darauf, ob ein relativ universelles Reaktionsmodell mit einer inter- und intraindividuell kaum variierenden Abfolge von Stadien (vergleichbar dem „Allgemeinen Adaptationssyndrom" bei *Selye* 1956) anzunehmen ist oder nicht. *Silver & Wortman* (1980) setzen sich mit diesem Problem ausführlich auseinander und kommen nach Sichtung der einzelnen Ansätze und empirischen Evidenzen zu dem Schluß, daß solche *Phasenmodelle des Bewältigungsverhaltens* (hier bezogen auf kritische Lebensereignisse wie Partnerverlust, Krebserkrankungen, Vergewaltigung) wegen der extremen Variabilität in den Reaktionen auf die jeweiligen Ereignisse kaum Bestätigung finden können. Die Autoren verdeutlichen dies insbesondere an dem in den meisten Phasenmodellen postulierten letzten Stadium, welches durch die Akzeptierung, Lösung etc. eines (negativen) kritischen Lebensereignisses gekennzeichnet sein soll. Neben der enorm hohen Variabilität der Zeitspanne bis zum Erreichen dieses Stadiums scheint es auch eine zahlenmäßig nicht unerhebliche Population zu geben, die dieses Stadium nie erreicht – also das Postulat von der Universalität der Bewältigungsphasen fraglich erscheinen läßt. Verfolgt man diese Überlegungen ein Stück weiter, dann wird sehr deutlich, daß wir nur wenige Hinweise auf jene Faktoren haben, die solche Variabilitäten erzeugen.

Unterschiede in der Verfügbarkeit psychischer und kontextueller Ressourcen mögen zur Aufklärung der Unterschiede im Bewältigungsverhalten zwischen Personen beitragen, doch wir wissen kaum etwas darüber, wie stabil das Bewältigungsverhalten einer Person über verschiedene Ereignisse und Ereignisklassen hinweg ist. Zwar vermuten *Adams & Lindemann* (1974), daß Bewältigungsverhalten relativ ereignisunspezifisch verläuft, indem effektive Bewältigungsformen im Zusammenhang mit einer Körperbehinderung verschiedenen klinischen Populationen mit ganz anderer Ereignisproblematik vermittelt werden sollten, doch liefern uns solche Überlegungen keine Hinweise auf das Ausmaß der intraindividuellen Stabilität im Bewältigungsverhalten und seiner Effektivität. Wie sich aus den Befunden von *Pearlin & Schooler* (1978) erkennen läßt, kann zwar die Vielfalt von Bewältigungsreaktionen ungeachtet der jeweiligen Ereignisdomäne typologisch geordnet werden, doch gibt es auch klare Zuordnungen von Bewältigungsform zu Ereignisbereich hinsichtlich der Angemessenheit des Bewältigungsverhaltens.

Es gilt noch einen weiteren Aspekt zu beachten: Die Erforschung und Beschreibung des Bewältigungsverhaltens hat sich bislang primär konzentriert auf extrem negative Lebensereignisse (z. B. *Horowitz* 1974, *Silver & Wortman* 1980). Strategien der Bewältigung dürften in diesen Fällen also vor allem und in erster Linie darauf abzielen, die mit solchen Erfahrungen einhergehende emotionale Überflutung und „Traumatisierung" wieder auf ein für die Person erträgliches Maß zu reduzieren. Bei einer Vielzahl kritischer Lebensereignisse steht jedoch dieser Aspekt nicht so sehr im Zentrum: Die Geburt des ersten Kindes ist gleichermaßen ein kritisches Lebensereignis wie soziale oder biologisch ausgelöste Rollenübergänge im Leben, die von den jeweils betroffenen Personen bewältigt werden müssen. Wir wissen aber noch zu wenig darüber, ob die Konzepte zur Beschreibung der Auseinandersetzung mit „traumatischen Ereignissen" oder „persönlichen Katastrophen" auch in angemessener Weise die Bewältigungsformen im Umgang mit solchen „normalen" kritischen Lebensereignissen abbilden und erfassen. *Thomae* (1968) hat mit dem Konzept der „Daseinstechniken" vermutlich stärker auf die Bewältigung von und Auseinandersetzung mit den Anforderungen des „alltäglichen Lebens" abgehoben. Will man an der oben dargestellten Weite des Konzepts der kritischen Lebensereignisse festhalten, dann bedarf es einer Konzeptualisierung von Bewältigungsverhalten, die auch, aber nicht primär den Aspekt der emotionalen Regulation betont und die die Auseinandersetzung mit *allen* Formen kritischer Lebensereignisse zu beschreiben gestattet.

Wie oben dargelegt, lassen sich kritische Lebensereignisse dadurch charakterisieren, daß das zwischen Person und Umwelt aufgebaute Passungsgefüge wegen der personseitig und/oder umweltseitig erfolgten Eingriffe gestört ist. Die primäre Funktion von Auseinandersetzungs- und Bewältigungsprozessen ist also darin zu sehen, daß sie auf die Wiederherstellung eines neuen Passungsgefüges zwischen Person und Umwelt abzielen (siehe schon *Caplan* 1964). Diesen Überlegungen folgend und in partieller Übereinstimmung mit einigen Autoren (*French, Rodgers & Cobb* 1974, *Lazarus & Launier* 1978) haben wir Formen der unmittelbaren Auseinandersetzung mit Lebensereignissen danach unterschieden, auf welche Systemeinheit (Ereignis, Umwelt, Person) sie primär fokussieren, ob sie also nach außen gerichtet, ereigniszentriert oder auf die eigene Person gerichtet, selbstzentriert sind. Auf einer zweiten Dimension haben wir unterschieden, auf welcher Handlungsebene diese Formen der Auseinandersetzung angesiedelt werden können und dementsprechend kognitive Aktivitäten von instrumentell-zielgerichteten Handlungen abgehoben. Die Person mag also in dem einen Falle versuchen, modifizierend auf das Ereignisfeld oder auf die mit dem Ereignis einhergehenden Veränderungen einzuwirken (instrumentell, ereigniszentriert); in einem anderen Falle mag sie alles daran setzen, sich in ihrem eigenen Verhalten auf das Ereignis einzustellen, sich entsprechende Ratschläge zu beschaffen oder Informationen einzuholen (instrumentell, selbstzentriert). Auf der Ebene der kognitiven Aktivitäten können gleichermaßen eher ereigniszentrierte Abläufe (z. B. einem Ereignis einen bestimmten Sinn zuschreiben, aber auch das Ereignis leugnen) oder eher selbstzentrierte Abläufe (z. B. Befindlichkeitssteuerung via Gedankenstop) akzentuierend unterschieden werden. Schließlich soll als eigenständige Kategorie Aktivitätshemmung und Aktivitätsverweigerung Berücksichtigung finden, Formen der unmittelbaren Auseinandersetzung also, die (z. B. im Kontext von Kummerreaktionen) auf beiden

Ebenen keinerlei Aktivität erkennbar werden lassen, die in dem Prozeßgeschehen der Auseinandersetzung zu unterschiedlichen Zeitpunkten auftreten können und die in ihrer Intensität von einer momentanen Lähmung bis hin zu einer tiefergreifenden Hilflosigkeit reichen können. Mit dem hier vorgeschlagenen, in vielerlei Hinsicht sicher verbesserungswürdigen Versuch einer Systematisierung von Auseinandersetzungsprozessen soll insbesondere deutlich werden, daß mit der Beschreibung solcher Auseinandersetzungsformen nicht zugleich konfundiert sein darf die Frage ihrer tatsächlichen oder vermeintlichen *Angemessenheit*. Es soll des weiteren verdeutlicht werden, daß die emotionale Seite in Auseinandersetzungsprozessen zwar wesentlich, gleichwohl nicht immer im Zentrum solcher Auseinandersetzungsprozesse stehen muß.

Mit Sicherheit liegen die Schwierigkeiten, mit denen wir uns bei der Konzeptualisierung von Auseinandersetzungs- und Bewältigungsprozessen konfrontiert sehen, noch gar nicht so sehr in dem Versuch, solche Prozesse zu klassifizieren und zu systematisieren (obwohl uns bis heute die Heuristiken für ihre Erfassung weitgehend fehlen!). Das zentrale Problem liegt vielmehr in der „Indikationsstellung", d. h. in dem Versuch der Spezifizierung, welche Bewältigungsstrategien im Hinblick auf welche „Effizienzkriterien" unter den je gegebenen Bedingungen funktional oder dysfunktional sind. Es ist unmittelbar einsichtig, daß wir in unseren Analysen des Bewältigungsverhaltens implizit oder explizit *normative Setzungen* vornehmen bezüglich dessen, wann Personen ein gegebenes Ereignis erfolgreich bewältigt haben und wann nicht. Woher haben wir die Gewißheit, daß eine junge verwitwete Frau, die täglich das Grab des Mannes besucht und jeden Gedanken an eine Wiederverheiratung ablehnt, den Partnerverlust schlechter bewältigt hat als eine andere Frau, die sich mit verbissenem Eifer eine eigene Karriere aufbaut, oder eine dritte, die zwischenzeitlich eine neue Ehe geschlossen hat und wieder Kinder geboren hat? Solche „Effizienzkriterien" für das Bewältigungsverhalten zu formulieren, mag an dem genannten Beispiel schwieriger sein. *Lazarus* (in diesem Band) zeigt an einem anderen Fall, daß mangelnde Effektivität des Bewältigungsverhaltens auch leichter zu bestimmen ist, wenn eine Person z. B. die eigene Erkrankung leugnet und deshalb lebensnotwendige ärztliche Hilfe nicht in Anspruch nimmt. *Bulman & Wortman* (1977) haben die Effektivität, mit der durch Unfall dauerhaft behinderte Männer ihre Lage bewältigen, in ähnlicher Form konzipiert, indem sie das Pflegepersonal haben beurteilen lassen, wie bereitwillig und gewissenhaft diese Männer die einzelnen Behandlungs- und Betreuungsmaßnahmen angenommen und aufgesucht haben. Dieses Beispiel mag gleichermaßen deutlich machen, daß man tatsächlich vergleichsweise klar und mit vermutlich großem überindividuellen Konsens festlegen kann, was das Gelingen vom Mißlingen von Bewältigungsprozessen unterscheidet. Vermutlich aber sind die Fälle, in denen solche Festlegungen nicht mehr so einfach zu treffen sind, viel zahlreicher.

Wir müssen also im Auge behalten, daß unsere Aussagen über die Güte von Auseinandersetzungs- und Bewältigungsprozessen zumeist auf einem sehr wackligen Fundament stehen, weil diese Aussagen konfundiert sind mit verborgenen Annahmen darüber, was gutes psychisches Funktionieren ausmacht und was psychische

Gesundheit von psychischer Gestörtheit trennt. Daß man mit der Erforschung des Bewältigungsverhaltens in diesem Sinne also zugleich auch normative Setzungen trifft, muß jedem in diesem Bereich Tätigen bewußt bleiben, insbesondere wenn es um Fragen der primären Prävention und korrektiven Intervention im Umfeld der Auseinandersetzung mit kritischen Lebensereignissen geht.

1.3.8 Folgen der Auseinandersetzung mit und Bewältigung von kritischen Lebensereignissen

Wie soeben in den Ausführungen zur Frage nach der Effektivität von Bewältigungsprozessen deutlich wurde, ist die Antwort auf solche Fragen nicht losgelöst von der Festlegung der als wesentlich erachteten Effektivitätskriterien zu formulieren. Gleichermaßen scheint die Frage nach den Folgen der Auseinandersetzung mit und Bewältigung von kritischen Lebensereignissen, die in diesem Abschnitt aufgeworfen wird, strenggenommen zunächst eher metatheoretischer Natur, denn auch hier fließen oft ungeprüfte Prämissen ein im Hinblick darauf, was „adaptives Funktionieren" unter den jeweils veränderten Bedingungen kennzeichnet und was nicht. Die Auswahl und Festlegung jener Merkmale, die als „Folgevariablen" der Auseinandersetzung mit Ereignissen verstanden werden, scheint sich mehr an Alltagserfahrung und Vorannahmen zu orientieren, als daß sie auf der Grundlage theoretischer Überlegungen zum Wirkungsgefüge zwischen Person und Lebensereignis vorgenommen wäre. Das Spektrum der Merkmale, bezüglich derer man die Effekte von kritischen Lebensereignissen prüfen kann, ist einerseits so weit, wie die jeweilige Theorie konzeptuell das Verhalten und Erleben abbildet, und ist andererseits so eingeschränkt, wie es das aktuelle Forschungsinteresse gerade fordert. Die meisten Forschungsfragen wurden nicht in der Art formuliert „Welchen Effekt besitzt das Lebensereignis X bezüglich der Ausprägungen in der Variablen Y?", sondern sie wurden ausgehend von einem globalen Merkmalsbereich oder Reaktionssyndrom umgekehrt: „Was, falls überhaupt, leistet die Beachtung von Lebensereignissen für die Aufklärung dieses Phänomens?" Wie an vielen Stellen dieses Bandes betont, waren diese globalen Phänomene, die es zu untersuchen galt, zumeist physische und psychische Erkrankungen. Die Vielfalt möglicher Effekte der Auseinandersetzung mit kritischen Lebensereignissen wurde also eingeschränkt auf Merkmale der physischen und psychischen Gesundheit. Mit anderen Worten: Die Unterschiede zwischen beiden Fragerichtungen, die man einem konvergenten einerseits und einem divergenten Ansatz andererseits (*Montada & Silbereisen*, persönliche Mitteilung) zuordnen könnte, liegen darin, daß man einmal ein Ereignis oder eine Ereignisklasse herausgreift (z. B. Einweisung in ein Altenheim, Scheidung) und von diesem ausgehend das Spektrum potentieller Effekte in einzelnen oder einer Reihe von Merkmalsbereichen überprüft. Diese Vorgehensweise ist insbesondere typisch für die Analyse normativer Lebensereignisse, wie auch der Sammelband von *Datan & Ginsberg* (1975) an vielen Stellen dokumentiert. Zum anderen greift man ein gegebenes Merkmal bzw. eine Merkmalskonstellation als

„Effektmerkmal" heraus (z. B. Lebenszufriedenheit, psychiatrische Auffälligkeit) und versucht aufzuklären, was kritische Lebensereignisse ggf. neben anderen Faktoren zur Entstehung individueller Ausprägungen in diesen Merkmalen beigetragen haben. Es ist also in akzentuierender Formulierung einmal ein eher *ereigniszentrierter* und einmal ein eher *effektzentrierter* Zugang in der Festlegung der Folgevariablen der Auseinandersetzung mit kritischen Lebensereignissen.

In jedem Falle scheint klar, daß a priori-Zuordnungen von Lebensereignissen zu Effekten so lange nicht vorzunehmen sind, wie man kritische Lebensereignisse insgesamt auf einem sehr hohen Abstraktionsniveau konzeptualisiert. Dies besagt mit anderen Worten, daß prinzipiell jedes Personmerkmal als Effektmerkmal der Auseinandersetzung mit kritischen Lebensereignissen konzipiert werden kann, wie auch andererseits jedes Umweltmerkmal prinzipiell bezüglich seiner Beeinflußbarkeit durch kritische Lebensereignisse überprüft werden kann.[9] Die damit einhergehende Beliebigkeit in der Auswahl von Effektmerkmalen wird erst dann eingeschränkt, wenn man die vermuteten Wirkungszusammenhänge expliziert und theoretisch festlegt. Man kann hierzu mehrere Wege beschreiten, indem man 1. von den Ereignissen ausgehend Ereignisparameter spezifiziert und potentielle Effektmerkmale diesen zuordnet, 2. Personmerkmale der von dem Ereignis betroffenen Population spezifiziert und von hier ausgehend Effektmerkmale festlegt und 3. theoretische Annahmen über das Effektmerkmal selbst und seine Variabilität über die Zeit formuliert.

Im ersten Falle würde man z. B. Lebensereignisse herausgreifen, die primär das soziale Umfeld der Person tangieren und die Verfügbarkeit sozialer Kontakte mindern und dann prüfen, welche Effekte sich bezüglich sozialer Verhaltensweisen, der Anschlußmotivation, der sozialen Initiative u. v. m. nachweisen lassen; man könnte, um ein anderes Beispiel zu nennen, prüfen, welchen Effekt die Konfrontation mit nicht kontrollierbaren Ereignissen für die Kontrollüberzeugung der Person besitzt (*Braukmann & Filipp* in diesem Band). Im zweiten Falle würde man die Zielpopulation, die von einem Ereignis betroffen ist, nach wesentlichen Merkmalen charakterisieren und von hier ausgehend Effektmerkmale festlegen. Deutlich wird dies an Lebensereignissen, die für alte Menschen typisch sind (z. B. Einweisung in ein Altenheim) und deren Effekt sehr häufig in einer Veränderung der Sterblichkeitsrate bestimmter Subpopulationen gesucht wird (z. B. *Liebermann* 1975). Im dritten Falle schließlich würde man, wie man dies in der Entwicklungspsychologie seit langem tut, Variablen herausgreifen, die von ihrer konzeptuell-theoretischen Präzisierung her erwarten lassen, daß die Auseinandersetzung mit kritischen Lebensereignissen in eben diesen Variablen ihren Niederschlag finden kann. Sehr häufig hat man das in bezug auf die Variablen Selbstwertgefühl und Selbstkonzepte versucht (siehe *Filipp* 1979). Eine Vielzahl von Variablen würde sich für die Analyse ihrer Variabilität im Zuge der Ereignisbewältigung anbieten.

---

[9] Das Verfahren einer effektproportionalen Gewichtung von Lebensereignissen, wie es *Ross & Mirowsky* (1978) vorschlagen, ist ein eleganter Zugang, doch ist er nur so brauchbar, wie es das gewählte Kriterium selbst ist.

Diese Überlegungen zusammenfassend bedeutet dies, daß die Zuordnung von Lebensereignissen zu Effekten der Ereignisbewältigung so lange willkürlich und beliebig ist, solange man nicht eine Präzisierung auf der einen oder anderen Seite vornimmt. Deshalb verwundert es auch nicht, wenn man in der Literatur, die sich auf die Erörterung von Lebensereignissen allgemein konzentriert (z. B. *Brim & Ryff* 1980, *Hultsch & Plemons* 1979), keine oder nur unverbindliche Angaben über die Effekte kritischer Lebensereignisse findet. Auch wenn *Lazarus* (in diesem Band) davon spricht, daß sich das Gelingen der Bewältigung von Belastungen im „sozialen Funktionieren der Person" und in ihrem Wohlbefinden zeige, sind dies weitgehend inhaltsleer und unverbindlich formulierte Effektmerkmale. Entsprechend werden auf einem molaren Niveau Effekte zumeist nur danach dichotomisiert, ob das Gleichgewicht in der Person-Umwelt-Beziehung hergestellt ist oder nicht, ob die Person gute oder schlechte Anpassung zeigt, ob sich psychische Auffälligkeiten nachweisen lassen oder nicht usw.

Spätestens an diesem Punkte muß also deutlich werden, daß die Konzeptualisierung der Effekte kritischer Lebensereignisse deshalb so unverbindlich ausfallen muß, weil das Theoriedefizit der Lebensereignisforschung eben diese Konzeptualisierung nicht gestattet.[10] Andererseits verhindert auch die Vorliebe für „wertneutrale Aussagen" die Präzisierung der Merkmale, die „effizientes menschliches Handeln" kennzeichnen (siehe *Volpert* 1974) oder die festlegen, was eine psychisch gesunde Person charakterisiert (siehe *White* 1974). Gleichwohl sind solche normativen Prämissen eingeflossen, wenn man die Effekte der Auseinandersetzung mit kritischen Lebensereignissen prüft. So verwendet *Rodin* (1980) als Kriterium gelungener Intervention im Altenheim die Aktivitätszunahme und legt damit implizit fest, daß ein hohes Aktivationsniveau im Alter als positiver Effekt zu betrachten sei. Diese und eine Vielzahl weiterer Probleme tragen dazu bei, daß auch wir an dieser Stelle auf eine weitere Spezifikation von Effektmerkmalen und auf eine Begründung für ihre Selektion verzichten müssen. Dies ist im übrigen kein für die Erforschung kritischer Lebensereignisse typisches Problem, denn jede Forschungsrichtung, die die Effekte irgendwelcher Interventionen zu evaluieren sich vornimmt, muß Rechenschaft darüber ablegen, warum sie sich gerade für diese und nicht für andere Effektmerkmale interessiert.

Insbesondere vor einem entwicklungspsychologischen Hintergrund müssen wir uns jedoch noch mit einem ganz anderen Problem auseinandersetzen, nämlich damit, welche Zeitspanne überhaupt in die Betrachtung eingeschlossen werden soll. Was sich als Effekt der Auseinandersetzung mit einem Ereignis zu einem gegebenen Zeitpunkt darstellt (z. B. Agitiertheit, Orientierungslosigkeit), mag nur die Vorstufe zu einer Neuorganisation des Verhaltenssystems sein, die sich letztendlich in einer Erweiterung des Verhaltensrepertoires und in einer Erhöhung der Verhal-

---

[10] In einer vergleichenden Analyse von „drei Modellen" die *Hotaling, Atwell & Linsky* (1978) zum Zusammenhang von kritischen Lebensereignissen und Erkrankungen durchführten, zeigt sich – beispielhaft für die meisten Studien –, daß wir ohnehin kaum von Effekten, sondern vielmehr von Zusammenhangsmustern sprechen sollten.

tensflexibilität der Person manifestieren kann. Was sich zum einen Zeitpunkt als Orientierungsverlust und tiefgreifende Verunsicherung im Hinblick auf die eigenen Ziele und Wertvorstellungen im Zuge der Auseinandersetzung mit einem Lebensereignis erkennen läßt, mag keineswegs der Effekt dieses Ereignisses sein, sondern nur eine Phase in dem Prozeß der Auseinandersetzung, der schließlich in eine Stabilisierung von Wertüberzeugungen mündet (vgl. *Klinger* 1975). Wir haben also nicht nur die Aufgabe, die jeweiligen Merkmalsdimensionen zu bestimmen, bezüglich derer man die Effekte prüfen will, sondern wir sind auch mit dem Problem der Variabilität in diesen Merkmalen über die Zeit hinweg konfrontiert. Wie können wir vom „ultimate outcome" (*Dressler, Donovan & Geller* 1976) sprechen, den ein gegebenes kritisches Lebensereignis für eine bestimmte Person besitzen soll, wenn wir den Strom der Erfahrungen und die Veränderlichkeit dieser Person über die gesamte Lebensspanne hinweg im Auge behalten?

Wir werden vermutlich in vielerlei Hinsicht unsere Techniken der Kausal- und Konditionalanalyse verbessern und mehr Sicherheit erhalten darin, daß unsere Befunde keine methodischen Artefakte darstellen. Doch wir werden uns daran gewöhnen müssen, daß unsere im Paradigma des klassischen Experimentierens formulierte und so sauber vollzogene Trennung in abhängige und unabhängige Variablen uns die Arbeit ein gutes Stück leichter gemacht hat als die Analyse der Experimente, die das Leben arrangiert – also vielleicht doch „Streß für den Forscher" (*Montada* in diesem Band).

1.4 Anwendungsimplikationen der Erforschung kritischer Lebensereignisse

Selbstredend besitzt die Erforschung kritischer Lebensereignisse eine Vielzahl von Anwendungsimplikationen, die hier nur kursorisch und in Ergänzung zu dem bislang Gesagten aufgezeigt werden sollen. Diese Anwendungsbezüge lassen sich mit den Stichworten „Krisenprävention" und „Krisenintervention" kennzeichnen. Für *Brandtstädter* (im Druck) stellen Lebenskrisen bzw. kritische Lebensereignisse sogar Kern- und Leitbegriffe psychologischer Prävention dar – mögen Lebenskrisen doch Vorläuferbedingungen für ein breites Spektrum psychischer, physischer und psychosomatischer Störungen sein. Der vorliegende Sammelband dokumentiert sehr deutlich, daß wir bis heute sehr wenig darüber wissen, welche Ereignisse bei welchen Personen unter welchen Bedingungen Störungen welcher Art auslösen und welche Wirkungsmechanismen dabei eine Rolle spielen. Wir wissen wenig darüber, wann ein Ereignis individuelle Handlungsspielräume vergrößert, die Wahrnehmung der eigenen Kompetenz erhöht, die sozialen Bindungen festigt usw., oder unter welchen Bedingungen es umgekehrt Handlungsspielräume einengt, das Selbstwertgefühl dauerhaft beeinträchtigt, zur sozialen Isolation führt. Solches Wissen ist aber unabdingbar, will man auf der Grundlage gesicherter Erkenntnis dazu beitragen, daß die Auseinandersetzung mit und Bewältigung von kritischen Lebensereignissen in der Tat auch zu einem neuen Gleichgewicht in der Person-Umwelt-Beziehung auf qualitativ höherem Niveau beitragen, also im Sinne von *Riegel* (1979) „entwicklungsfördernde" Funktion besitzen können.

Der Sinn solcher präventiver Maßnahmen und ihre Zielsetzung würden also nicht darin liegen, die Konfrontation mit kritischen Lebensereignissen zu verhindern und ein „ereignisarmes Leben" zu fördern, sondern die Person zu konstruktivem Umgang mit solchen Ereignissen zu befähigen (siehe *Danish & D'Augelli* in diesem Band). So wichtig es forschungsgeschichtlich auch war, die einseitige Betonung der pathogenen Wirkung von kritischen Lebensereignissen in Frage zu stellen, so wenig ist es – gleichsam auf dem anderen Extrempol – gerechtfertigt, in der Konfrontation mit kritischen Lebensereignissen ausschließlich den Motor der Weiterentwicklung und die Chancen für persönliches Wachstum zu sehen. Bis heute können wir einem der beiden Standpunkte nur auf der Basis individueller Vorlieben, nicht jedoch auf der Grundlage gesicherter Erkenntnis zustimmen. Gleichwohl gilt es, einen wichtigen Aspekt nicht zu übersehen: Viele kritische Lebensereignisse sind konstitutiv für den Lebenslauf in einer gegebenen Gesellschaft und in einer gegebenen Epoche (und manche sind sogar unabhängig von sozialen und epochalen Gegebenheiten); viele Ereignisse treten deshalb mit sehr hoher Wahrscheinlichkeit, ja sogar mit absoluter Sicherheit ein. Wir brauchen also nicht Lebenskrisen „experimentell" zu induzieren, um unsere Hypothesen zu prüfen, kritische Lebensereignisse konstituieren eben auch Realitäten des Lebens (*Montada* in diesem Band). Wenn es im Rahmen primärer Prävention gelingt, Individuen auf die Auseinandersetzung mit diesen Ereignissen vorzubereiten, wenn es gelingt, die für solche Auseinandersetzungsprozesse wesentlichen Kompetenzen und angemessenen Handlungsmuster zu identifizieren und im Rahmen antizipatorischer Sozialisation zu ihrem Aufbau beizutragen – wenn all dies gelänge, dann wäre hierin schon ein ungeheurer Gewinn der grundwissenschaftlichen Forschung zu sehen.

Nun deutet vieles darauf hin, daß es solchermaßen über alle Ereignisse hinweg generalisierende Kompetenzen und Bewältigungsstrategien nicht gibt. In dem Maße, in dem sich diese Annahme als richtig erweist, in dem Maße kann man gleichwohl primäre Prävention durchführen im Hinblick auf spezifische Ereignisse oder Ereignisklassen. *Rodin* (1980) hat auf der Grundlage vieler Studien eindrucksvoll demonstriert, wie alte Menschen auf die Einweisung in Alten- und Pflegeheime vorzubereiten sind (hierzu auch *Lieberman* 1975). Die Autorin stellt hierzu ein Programm zum Training von Bewältigungsfertigkeiten vor, deren individuelle Verfügbarkeit erwarten läßt, daß ein für viele Menschen unausweichliches kritisches Lebensereignis leichter gemeistert werden kann.

Zuweilen mag es jedoch nicht so klar sein, welche Fertigkeiten und Verhaltensweisen als psychische Ressourcen in der Ereignisbewältigung wirksam werden. Am Beispiel der „sozialen Stützsysteme" konnte gezeigt werden, daß auch kontextuelle Ressourcen von großer Bedeutung sind. Primäre Prävention mag sich also auch darauf beziehen, daß die Person in die Lage versetzt wird, solche kontextuellen Ressourcen sich verfügbar zu halten und ggf. zu nutzen. Hierzu mögen Kompetenzen und Verhaltensmerkmale relevant werden, die nur noch scheinbar etwas mit der Güte der Ereignisbewältigung zu tun haben, gleichwohl als Erziehungs- und Entwicklungsziele allgemeiner Art unter primär präventiven Gesichtspunkten formuliert werden können. Im Falle des hier gewählten Beispieles müßte die Person also über Merkmale wie Bindungsfähigkeit, soziale Kompetenz, soziales Einfühlungsvermögen usw. verfügen, um selbst Teil eines engen sozialen Beziehungsgefüges werden und seine Stützfunktion in der Krisenbewältigung nutzen zu können. Der Aufweis solcher anscheinend eleganten Funktionalitätsbeziehungen steht aber letztlich noch aus; denn mit *Silver & Wortman* (1980) könnte man spekulieren, daß die Richtung des Zusammenhangs zwischen sozialer Stützung und Güte der Ereignisbewältigung genau gegenläufig ist, indem nämlich die Bereitschaft anderer Personen, einem „schlechten Bewältiger" zu helfen, geringer ist. Anscheinend gut gesicherte Erkenntnis ist also noch immer im Fokus alternativer Interpretationen, und somit wird es um so deutlicher, wie sehr die Erforschung kritischer Lebensereignisse unter präventiven Gesichtspunkten ein außerordentlich fruchtbares und für die Zukunft noch wichtiges Forschungsfeld darstellt.

Es sind jedoch nicht nur die primäre Prävention und Maßnahmen der antizipatorischen Sozialisation zur Vorbereitung auf die Auseinandersetzung mit kritischen Lebensereignissen, die die Anwendungsrelevanz dieses Forschungsbereiches verdeutlichen. Es ist vielmehr auch und vielleicht in der Praxis immer noch häufiger der Aspekt der Krisenintervention (zum Überblick siehe z. B. *Aguilera & Messick* 1977, *Lester & Prockopp* 1976, *Whitlock* 1978), welcher uns zwingen muß, Bedingungs- und Handlungswissen bereitzustellen, um die Angemessenheit und Wirksamkeit von Krisenintervention zu erhöhen. Wir müssen zum Beispiel entscheiden können, wann Trauerreaktionen in der Auseinandersetzung mit einem Verlust noch „normal" sind und von welchem Zeitpunkt an prolongierte Trauer dysfunktional für die Bewältigung der nunmehr veränderten Lebenssituation ist; wir müssen etwas darüber wissen, wie professionelle Hilfe oder die Unterstützung durch Selbsthilfegruppen aufgebaut sein müssen, damit die betroffene Person den Verlust in der Realität letztendlich akzeptieren kann; wir müssen wissen, wann und unter welchen Bedingungen unsere Intervention sogar hinderlich dafür ist, daß die Person selbst geeignete Bewältigungsstrategien erprobt und mit Erfolg einsetzt (vgl. *Cobb* 1979). Es reicht also keineswegs aus, wenn wir in der Lage sind, Formen und Merkmale der Auseinandersetzung mit und Bewältigung von kritischen Lebensereignissen zu beschreiben und zu klassifizieren (obgleich wir noch nicht einmal dies können), sondern wir müssen auch etwas zur „Indikation" von Bewältigungsreaktionen aussagen können – also dazu, welches Bewältigungsverhalten im Hinblick auf welches Kriterium „effizient" ist, wenn man Merkmale der betroffenen Person und ihres aktuellen Kontextes sowie des zu bewältigenden Ereignisses berücksichtigt. So komplex sind die Probleme, denen sich die Erforschung kritischer Lebensereignisse stellen muß, und so differenziert müssen die Antworten ausfallen, wenn man den Anwendungsbezug dieses Forschungsbereiches wirklich ernst nimmt. Sollte es denjenigen, die sich der Erforschung kritischer Lebensereignisse heute widmen oder künftig widmen wollen, gelingen, alle jene Erkenntnislücken zu füllen, die wir heute erkennen, und sollten sie künftig dazu beitragen können, daß die Auseinandersetzung mit und Bewältigung von kritischen Lebensereignissen für die betroffenen Personen erleichtert wird oder gar ihrer individuellen Weiterentwicklung dient, dann haben diese Forscher in der Tat zur Erreichung einer hohen Zielsetzung der Psychologie beigetragen, nämlich die Qualität des Lebens zu verbessern.

Literatur

Abramson, L. J., Teasdale, E. J. D. & Seligman, M. E. P., Learned helplessness in humans: Critique and reformulation. Journal of Abnormal Psychology 87, 1978, 49-74.

Adams, J. E. & Lindemann, E., Coping with long-term disability. In: *Coelho, G. V., Hamburg, D. A. & Adams, J. E.* (Hrsg.), Coping and adaptation. New York 1974, 127-138.

Aguilera, D. C. & Messick, J. R., Grundlagen der Krisenintervention. Einführung und Anleitung für helfende Berufe. Freiburg 1977.

Ahammer, I., Angleitner, A., Braukmann, W., Filipp, S.-H. & Olbrich, E., Zur konzeptuellen Präzisierung der subjektiven Ereignisparameter. Forschungsberichte aus dem E.P.E.-Projekt Nr. 2, Trier 1980.

Alexander, S., Time, space, and deity. London 1920.

Antonovsky, A., Conceptual and methodological problems in the study of resistance resources and stressful life events. In: *Dohrenwend, B. S. & Dohrenwend, B. P.* (Hrsg.), Stressful life events: Their nature and effects. New York 1974, 245-258.

Atchley, R. C., The life course, age grading, and agelinked demands for decision making. In: *Datan, N. & Ginsberg, L. H.* (Hrsg.), Life-span developmental psychology. New York 1975, 261-278.

Baltes, P. B., Prototypical paradigms and questions in life-span research on development and aging. Gerontologist 13, 1973, 458-467.

Baltes, P. B., Entwicklungspsychologie unter dem Aspekt der gesamten Lebensspanne. In: *Montada, L.* (Hrsg.), Brennpunkte der Entwicklungspsychologie. Stuttgart 1979, 42-61.

Baltes, P. B. & Schaie, K. W. (Hrsg.), Life-span developmental psychology. Personality and socialization. New York 1973.

Baltes, P. B., Cornelius, S. & Nesselroade, J. R., Cohort effects in developmental psychology. In: *Nesselroade, J. R. & Baltes, P. B.* (Hrsg.), Longitudinal research in the study of behavior and development. New York 1979, 61-87.

Bourque, L. B. & Back, K. W., Life graphs and life events. Journal of Gerontology 32, 1977, 669-674.

Bowers, K. S., Situationism in psychology: An analysis and a critique. Psychological Review 80, 1973, 307-336.

Brandtstädter, J., Kern- und Leitbegriffe psychologischer Prävention. In: *Brandtstädter, J.* (Hrsg.) Prognose und Prävention in der Psychologie. Stuttgart (im Druck).

Braukmann, W., Darstellung eines Bezugsrahmens zum Konzept der Kontrollmotivation und Entwicklung einer deutschsprachigen Version der „Desirability of Control Scale" von *Burger & Cooper.* Forschungsberichte aus dem E.P.E.-Projekt Nr. 12, Trier 1981.

Braukmann, W., Ahammer, I., Angleitner, A., Filipp, S.-H. & Olbrich, E., Bedeutende Lebensereignisse als subjektive Orientierungspunkte bei der retrospektiven Betrachtung der eigenen Biographie. Ein Forschungsansatz. In: *Löwe, H., Lehr, U. & Birren, J. A.* (Hrsg.), Psychologische Probleme des Erwachsenenalters. Berlin (Ost) 1980 (im Druck).

Brim, O. G. Jr. & Ryff, C. D., On the properties of life events. In: *Baltes, P. B. & Brim, O. G. Jr.* (Hrsg.), Life-span development and behavior, Volume 3. New York 1980, 368-389.

Bronfenbrenner, U., Ansätze zu einer experimentellen Ökologie menschlicher Entwicklung. In: *Oerter, R.* (Hrsg.), Entwicklung als lebenslanger Prozeß. Hamburg 1978, 33-65.

Brown, G. W., Meaning, measurement, and stress of life events. In: *Dohrenwend, B. S. & Dohrenwend, B. P.* (Hrsg.), Stressful life events: Their nature and effects. New York 1974, 217-243.

Brown, G. W. & Harris, T., Social origins of depression. London 1978.
Bulman, R. J. & Wortman, C. B., Attributions of blame and coping in the „real world": Severe accident victims react to their lot. Journal of Personality and Social Psychology 35, 1977, 351-363.
Burgess, A. U. & Holmstrom, L. L., Recovery from rape and prior life stress. Research in Nursing and Health 1, 1978, 165-174.
Buss, A. R., The trait-situation controversy and the concept of interaction. Personality and Social Psychology Bulletin 3, 1977, 196-201.
Caplan, G., Principles of preventive psychiatry. New York 1964.
Casey, R. L., Masuda, M. & Holmes, T. H., Quantitative study of recall of life events. Journal of Psychosomatic Research 11, 1967, 239.
Chiriboga, D. A. & Dean, H., Dimensions of stress: Perspectives from a longitudinal study. Journal of Psychosomatic Research 22, 1978, 47-55.
Cobb, S., Social support and health through the life course. In: *Riley, M. W.* (Hrsg.), Aging from birth to death. Boulder, Col., 1979, 93-106.
Cochrane, R. & Robertson, A., The Life Events Inventory: A measure of the relative severity of psychosocial stressors. Journal of Psychosomatic Research 17, 1973, 135-139.
Coelho, G. V., Hamburg, D. A. & Adams, J. E. (Hrsg.), Coping and adaptation. New York 1974.
Cottle, T., The location of experience: A manifest time orientation. Acta Psychologica 28, 1968, 129-149.
Danish, S. J., Smyer, M. A. & Nowak, C. A., Developmental intervention: Enhancing life event processes. In: *Baltes, P. B. & Brim, O. G. Jr.* (Hrsg.), Life-span development and behavior, Volume 3. New York 1980, 340-366.
Datan, N. & Ginsberg, L. H. (Hrsg.), Life-span developmental psychology: Normative life crises. New York 1975.
Datan, N. & Reese, H. W. (Hrsg.), Life-span developmental psychology. Dialectical perspectives on experimental research. New York 1977.
Dörner, D., Kognitive Merkmale erfolgreicher und erfolgloser Problemlöser beim Umgang mit sehr komplexen Stressoren. In: *Lückert, H. & Rhenius, D.* (Hrsg.), Komplexe Informationsverarbeitung. Bern 1979, 185-195.
Dohrenwend, B. S., Life events as stressors: A methodological inquiry. Journal of Health and Social Behavior 14, 1973, 167-175.
Dohrenwend, B. S., Anticipation and control of stressful life events. In: *Strauss, J. S., Babigian, H. M. & Roff, M.* (Hrsg.), The origins and course of psychopathology. New York 1977, 135-186.
Dohrenwend, B. S. & Dohrenwend, B. P., (Hrsg.), Stressful life events. Their nature and effects. New York 1974.
Dohrenwend, B. S. & Dohrenwend, B. P., Some issues in research on stressful life events. Journal of Nervous and Mental Disease 166, 1978, 7-16.
Dohrenwend, B. S. & Martin, J. L., Personal versus situational determination of anticipation and control of the occurance of stressful life events. American Journal of Community Psychology 7, 1979, 453-468.
Dressler, D. M., Donovan, J. M. & Geller, R. A., Life stress and emotional crisis: The idiosyncratic interpretation of life events. Comprehensive Psychiatry 17, 1976, 549-558.
Elder, G. H., Children of the great depression. Chicago 1974.
Elder, G. H., Family history and the life course. Journal of Family History 2, 1977, 279-304.
Filipp, S. H. (Hrsg.), Selbstkonzept-Forschung: Probleme, Befunde, Perspektiven. Stuttgart 1979.
Filipp, S. H., Ahammer, I., Angleitner, A. & Olbrich, E., Entwicklungspsychologie des Erwachsenenalters: Antrag auf Weiterförderung des E.P.E.-Projektes an die Stiftung Volkswagenwerk. Trier 1980 (unveröffentliches Projektpapier).
Filipp, S. H. & Gräser, H., Lebenskrisen. In: *Brandtstädter, J.* (Hrsg.), Prognose und Prävention in der Psychologie. Stuttgart 1981 (im Druck).

Folkins, C. H., Temporal factors and the cognitive mediators of stress reaction. Journal of Personality and Social Psychology 14, 1970, 173-184.
Fontana, A. F., Marcus, J. L., Hughes, L. A. & Dowds, B. N., Subjective evaluation of life events. Journal of Consulting and Clinical Psychology 47, 1979, 906-911.
Fontana, A., Marcus, J., Nowel, B. & Rakusin, J., Prehospitalization coping styles of psychiatric patients: The goal directedness of life events. Journal of Nervous and Mental Disease 155, 1972, 311-321.
French, J. R. P. Jr., Rodgers, W. & Cobb, S., Adjustment as person-environment fit. In: *Coelho, G. V., Hamburg, D. A. & Adams, J. E.,* Coping and adaptation. New York 1974, 316-333.
Frese, U., Industrielle Arbeitsbedingungen: Ein lange vernachlässigter Faktor in der Ätiologie und Prävention von psychischen Störungen. In: Deutsche Gesellschaft für Verhaltenstherapie. Sonderheft I/1978 der „Mitteilungen der DGVT". München 1978, 109-118.
Gersten, J. C., Langner, T. S., Eisenberg, J. G. & Simcha-Fagan, O., An evaluation of the etiologic role of stressful life-change events in psychological disorders. Journal of Health and Social Behavior 18, 1977, 228-244.
Gore, S., The influence of social support and related variables in ameliorating the consequences of job loss. University of Pennsylvania 1973 (Unpublished Doctoral Dissertation).
Gorman, B. S. & Wesman, A. L., The personal experience of time. New York 1977.
Goulet, L. R. & Baltes, P. B. (Hrsg.), Life-span developmental psychology. Research and theory. New York 1970.
Gräser, H., Entwicklungsintervention. In: *Wittling, W.* (Hrsg.), Handbuch der Klinischen Psychologie. Hamburg 1980, 16-50.
Gunderson, E. K. E. & Rahe, R. M., Life stress and illness. Springfield 1974.
Haan, N., Coping and defending: Processes of self-environment organization. New York 1977.
Hamburg, D. A. & Adams, J. E., A perspective of coping behavior: Seeking and utilizing information in major transitions. Archives of General Psychiatry 17, 1967, 277-284.
Harter, S., Effectance motivation reconsidered. Human Development 21, 1978, 34-64.
Hinkle, L. E., The effect of exposure to culture change, social change, and changes in interpersonal relationships on health. In: *Dohrenwend, B. S. & Dohrenwend, B. P.* (Hrsg.), Stressful life events: Their nature and effects. New York 1974, 9-45.
Holmes, T. H. & Masuda, M., Life change and illness susceptibility. In: *Dohrenwend, B. S. & Dohrenwend, B. P.* (Hrsg.), Stressful life events: Their nature and effects. New York 1974, 45-72.
Holmes, T. H. & Rahe, R. H., The Social Readjustment Rating Scale. Journal of Psychosomatic Research 11, 1967, 213-218.
Horowitz, M., Stress response syndromes. New York 1976.
Horowitz, M. J., Schaefer, C. & Cooney, P., Life event scaling for recency of experience. In: *Gunderson, E. K. E. & Rahe, R. M.* (Hrsg.), Life stress and illness. Springfield 1974, 125-133.
Hotaling, G. T., Atwell, S. G. & Linsky, A. S., Adolescent life changes and illness: A comparison of three models. Journal of Youth and Adolescence 7, 1978, 393-403.
Hudgens, R. W., Personal catastrophe and depression: A consideration of the subject with respect to medically in adolescents, and a requiem for retrospective life event studies. In: *Dohrenwend, B. S. & Dohrenwend, B. P.* (Hrsg.), Stressful life events: Their nature and effects. New York 1974, 119-134.
Hull, D., Life circumstances and physical illness: A cross disciplinary survey of research content and method for the decade 1965-1975. Journal of Psychosomatic Research 21, 1977, 115-139.
Hultsch, D. F. & Plemons, J. K., Life events and life-span development. In: *Baltes, P. B. & Brim, O. G. Jr.* (Hrsg.), Life-span development and behavior, Volume 2. New York 1979, 1-36.
Jäger, R. S. & Gosslar, H., Risikopersönlichkeit und Krebserkrankung. Ergebnisse einer em-

pirischen Untersuchung an Frauen mit Mammacarcinomen. Vortrag gehalten auf dem 32. Kongreß der Deutschen Gesellschaft für Psychologie, Zürich 1980.

Janney, J. G., Masuda, M. & Holmes, T. H., Impact of a natural catastrophe on life events. Journal of Human Stress 3, 1977, 22-34.

Johnson, J. H. & Sarason, I. G., Life stress, depression and anxiety: Internal-external control as a moderator variable. Journal of Psychosomatic Research 22, 1978, 205-208.

Johnson, J. H. & Sarason, I. G., Recent developments in research on life stress. In: *Hamilton, V. & Warburton, D. M.* (Hrsg.), Human stress and cognition. Chichester 1979, 205-238.

Kahn, R. L. & Antonucci, T. C., Convoys over life course: Attachment, roles, and social support. In: *Baltes, P. B. & Brim, O. G. Jr.* (Hrsg.), Life-span development and behavior, Volume 3. New York 1980, 254-287.

Kastenbaum, R., Is death a life crisis? On the confrontation with death in theory and practice. In: *Datan, N. & Ginsberg, L. H.* (Hrsg.), Life-span developmental psychology. New York 1975, 19-50.

Katschnig, H. (Hrsg.), Sozialer Streß und psychische Erkrankung. München 1980.

Klaus, G. & Buhr, M. (Hrsg.), Philosophisches Wörterbuch. Leipzig 1964 (2 Bände).

Klinger, E., Consequences of commitment to and disengagement from incentives. Psychological Review 82, 1975, 1-25.

Kobasa, S. C., Stressful life-events, personality and health: An inquiry into hardiness. Journal of Personality and Social Psychology 37, 1979, 1-11.

Kuhl, H., Braukmann, W. & Filipp, S. H., Entwurf eines Kategoriensystems zur Systematisierung frei generierter Lebensereignisse. Forschungsberichte aus dem E. P. E.-Projekt Nr. 10, Trier 1981.

Langner, T. S. & Michael, S. T., Life stress and mental health: The Midtown Manhattan Study. New York 1963.

Lantermann, E. D., Interaktionen. München 1980.

Lazarus, R. S. & Launier, R., Stress-related transactions between person and environment. In: *Pervin, L. A. & Lewis, M.* (Hrsg.), Interaction between internal and external determinants of behavior. New York 1978, 287-327.

Lehr, U., Das mittlere Erwachsenenalter – ein vernachlässigtes Gebiet der Entwicklungspsychologie. In: *Oerter, R.* (Hrsg.), Entwicklung als lebenslanger Prozeß. Hamburg 1978, 147-172.

Lester, D. & Prockopp, G. W., Crisis intervention and counseling by telephone. Springfield, Ill. 1976.

Liebermann, M. A., Adaptive processes in late life. In: *Datan, N. & Ginsberg, L. H.* (Hrsg.), Life-span developmental psychology. New York 1975, 135-160.

Lindemann, E., Symptomatology and management of acute grief. American Journal of Psychiatry 101, 1944, 141-148.

Lowenthal, F. M., Thurnher, M. & Chiriboga, D., Four stages of life: A comparative study of women and men facing transitions. San Francisco 1975.

Lundberg, U. & Theorell, T., Scaling of life changes: Differences between three diagnostic groups and between recently experienced and non-experienced events. Journal of Human Stress 2, 1976, 7-17.

Lundberg, U., Theorell, T. & Lind, E., Life changes and myocardial infarction: Individual differences in life change scaling. Journal of Psychosomatic Research 19, 1975, 27-32.

Maddison, D. & Raphael, B., Conjugal bereavement and the social network. In: *Schoenberg, B., Gerber, I., Wiener, A., Kutscher, A. H., Peretz, D. & Carr, A. C.* (Hrsg.), Bereavement: Its psychosocial aspects. New York 1975.

McFarlane, A. H., Norman, G. R., Streiner, D. L., Roy, R. & Scott, D. J., A longitudinal study of the influence of the psychosocial environment on health status: A preliminary report. Journal of Health and Social Behavior 21, 1980, 124-133.

Mechanic, D., Some problems in the measurement of stress and social readjustment. Journal of Human Stress 1, 1975, 43-48.

Miller, P. McC., Problembewältigungsverhalten (Coping). In: *Katschnig, H.* (Hrsg.), Sozialer Streß und psychische Erkrankung. München 1980, 250-261.

Miller, P. McC., Ingham, J. G. & Davidson, S., Life events, symptoms, and social support. Journal of Psychosomatic Research 20, 1976, 515-522.

Montada, L. & Filipp, S. H., Entwicklungspsychologische Grundlagen pädagogisch-psychologischer Entscheidungen. In: *Brandtstädter, J., Reinert, G. & Schneewind, K. A.* (Hrsg.), Pädagogische Psychologie: Probleme und Perspektiven. Stuttgart 1979, 525-545.

Müller-Fohrbrodt, G., Cloetta, B. & Dann, H. D., Der Praxisschock bei jungen Lehrern: Formen, Ursachen, Folgerungen. Stuttgart 1978.

Neisser, U., Cognition and reality: Principles and implications of cognitive psychology. San Francisco 1976.

Nesselroade, J. R. & Reese, H. W. (Hrsg.), Life-span developmental psychology. Methodological Issues. New York 1973.

Neugarten, B. L. (Hrsg.), Middle age and aging: A reader in social psychology. Chicago 1968.

Neugarten, B. L., Adaptation and the life cycle. Journal of Geriatric Psychiatry 4, 1970, 12-19.

Nuckolls, K. B., Cassel, J. & Kaplan, B. H., Psychosocial assets, life crisis and the prognosis of pregnancy. American Journal of Epidemiology 95, 1972, 431-441.

Paykel, E. S., Der Bedeutungsgehalt von lebensverändernden Ereignissen und die individuelle Disposition: Ihre Rolle bei der Entstehung psychischer Erkrankungen. In: *Katschnig, H.* (Hrsg.), Sozialer Streß und psychische Erkrankung. München 1980, 195-213.

Paykel, E. S., Prusoff, B. A. & Uhlenhuth, E. H., Scaling of life events. Archives of General Psychiatry 25, 1971, 340.

Pearlin, L. J. & Johnson, J. S., Marital status, life strains and depression. American Sociological Review 42, 1977, 704-715.

Pearlin, L. J. & Schooler, C., The structure of coping. Journal of Health and Social Behavior 19, 1978, 2-21.

Pervin, L. A., A free-response description approach to the analysis of person-situation interaction. Journal of Personality and Social Psychology 34, 1976, 465-474.

Rabkin, G. J. & Struening, E. L., Life events, stress, and illness. Science 194, 1976, 1013-1020.

Rahe, R. H., Multi-cultural correlations of life change scaling: America, Japan, Denmark and Sweden. Journal of Psychosomatic Research 13, 1969, 191.

Rahe, R. H., Life change and subjects' subsequent illness reports. In: *Gunderson, E. K. E. & Rahe, R. M.* (Hrsg.), Life stress and illness. Springfield 1974, 58-78.

Redfield, J. & Stone, H., Individual viewpoints of stressful life events. Journal of Consulting and Clinical Psychology 47, 1979, 147-154.

Reinert, G., Prolegomena to a history of a life-span developmental psychology. In: *Baltes, P. B. & Brim, O. G. Jr.* (Hrsg.), Life-span development and behavior, Volume 2. New York 1979, 205-256.

Reiser, M. F., Emotional aspects of cardiac disease. American Journal of Psychiatry 107, 1951, 781.

Riegel, K. F., Adult life crises: A dialectic interpretation of development. In: *Datan, N. & Ginsberg, L. H.* (Hrsg.), Life-span developmental psychology. New York 1975, 99-128.

Riegel, K. F., Foundations of dialectical psychology. New York 1979.

Rodin, I., Managing the stress of aging: The role of control and coping. *In: Levine, S. & Ursin, H.* (Hrsg.), Coping and health. New York 1980, 171-203.

Rosow, I., The social context of the aging self. The Gerontologist 13, 1973, 82-87.

Ross, C. E. & Mirowsky, J., A comparison of life-event weighting schemes: Change, undesirability, and effect proportional indices. Journal of Health and Social Behavior 20, 1979, 166-177.

Roy, A., Vulnerability factors and depression in women. British Journal of Psychiatry 133, 1978, 106-110.

Ruch, L. O., A multidimensional analysis of the concept of life change. Journal of Health and Social Behavior 18, 1977, 71-83.

Ruch, L. O. & Holmes, T. H., Scaling of life change: Comparison of direct and indirect methods. Journal of Psychosomatic Research 15, 1971, 221-227.

Sarason, J. G., Johnson, J. H. & Siegel, J. M., Assessing the impact of life changes: Development of the Life Experience Survey. Journal of Consulting and Clinical Psychology 46, 1978, 932-946.

Schaie, K. W., A general model for the study of developmental problems. Psychological Bulletin 64, 1965, 92-107.

Schless, A. P., Schwartz, L., Goetz, C. & Mendels, J., How depressives view the significance of life events. British Journal of Psychiatry 125, 1974, 406-410.

Seitz, J. A., An interaction-transaction perspective on the perception of control within select life situations. Human Development 22, 1979, 390-405.

Selye, H., The stress of life. New York 1956.

Siegel, J. M., Johnson, J. H. & Sarason, I. G., Mood states and the reporting of life changes. Journal of Psychosomatic Research 23, 1979, 103-108.

Silver, R. L. & Wortman, C. B., Coping with undesirable life-events. In: Garber, J. & Seligmann, M. E. P. (Hrsg.), Human helplessness: Theory and applications. New York 1980, 279-340.

Singer, E., Subjective evaluations as indicators of change. Journal of Health and Social Behavior 18, 1977, 84-90.

Smith, R. E., Johnson, J. H. & Sarason, I. G., Life change, the sensation seeking motive, and psychological distress. Journal of Consulting and Clinical Psychology 46, 1978, 348-349.

Spitznagel, A., Die Situation als Problem in der Persönlichkeitspsychologie. In: Groffmann, K. J. (Hrsg.), Person als Prozeß. Bern 1968, 182-212.

Stachowiak, H., Allgemeine Modelltheorie. Wien 1973.

Stegmüller, W., Hauptströmungen der Gegenwartsphilosophie. Stuttgart 1969.

Stroebe, W., Stroebe, M. S., Gergen, K. & Gergen, M., Der Kummer-Effekt: Psychologische Aspekte der Sterblichkeit von Verwitweten. Psychologische Beiträge 22, 1980, 1-26.

Tesser, A., Self-generated attitude change. In: Berkowitz, L. (Hrsg.), Advances in Experimental Social Psychology, Volume 11. New York 1978, 289-338.

Thielen, H. & Budde, H. G., Ein Beitrag zur Erfassung der subjektiven Bedeutung einer gravierenden Veränderung der individuellen Lebenssituation. Psychologische Beiträge 20, 1978, 115-128.

Thomae, H., Das Individuum und seine Welt. Göttingen 1968.

Thomae, H., The concept of development and life-span development psychology. In: Baltes, P. B. & Brim, O. G. Jr. (Hrsg.), Life-span development and behavior, Volume 3. New York 1979, 282-313.

Uhlenhuth, E. H., Habermann, S. J., Balter, M. O. & Lipman, R. S., Remembering life events. In: Strauss, J. S., Babigian, H. M. & Roff, M. (Hrsg.), The origins and course of psychopathology. New York 1977, 117-132.

Vinokur, A. & Selzer, M. L., Desirable vs. undesirable life events: Their relationship to stress and mental distress. Journal of Personality and Social Psychology 32, 1975, 329-337.

Volpert, W., Handlungsstrukturanalyse. Köln 1974.

Webb, L. J., Snodgrass, D. & Thagard, J., Sex differences and life event experiences. Psychological Reports 43, 1978, 47-53.

Weinstein, N. D., Unrealistic optimism about future life events. Journal of Personality and Social Psychology 39, 1980, 806-820.

Wheaton, B. Social genesis of psychological disorder. An attributional theory. Journal of Health and Social Behavior 21, 1980, 100–124.

White, R. W., Strategies of adaptation: An attempt at systematic description. In: Coelho, G. V., Hamburg, D. A. & Adams, J. E. (Hrsg.), Coping and adaptation. N. Y. 1974, 47-69.

Whitlock, G. E., Understanding and coping with real life crises. Monterey, Calif. 1978.

Wyss, D., Die tiefenpsychologischen Schulen von den Anfängen bis zur Gegenwart. Göttingen ²1966.

2 Identifikation und Effektanalyse von kritischen Lebensereignissen

Franz Petermann

Psychologische Erklärungsmodelle weiten sich in den letzten Jahren zunehmend aus. So konnten wir in einer Übersicht über theoretische Suchrichtungen in der Schizophrenieforschung die Tendenz feststellen, daß der Lebensraum des Patienten immer stärkere Beachtung findet (vgl. *Petermann & Bruns* 1981). Neben physiologischen und kognitionspsychologischen Erklärungsansätzen der Schizophrenie nehmen psychosoziale und sozialmedizinische eine größere Bedeutung ein. Weiterhin werden Zustands- bzw. Diskrepanzbetrachtungen (z. B. akute, paranoide vs. nicht-paranoide Schizophrenie) zugunsten komplexerer Prozeßmodelle aufgegeben (vgl. *Petermann & Bruns* 1981). Im Rahmen der Ausweitung dieser theoretischen Erklärungsansätze nimmt das Konzept „Kritische Lebensereignisse" eine zentrale Rolle ein (*Dohrenwend & Dohrenwend* 1977, *Jacobs & Myers* 1976, *Katschnig* 1980, *Strauss* 1979). In einem noch umfassenderen Sinne wird dieses von *Dressler, Donovan & Geller* (1976) verwendet, die einen Zusammenhang zwischen kritischen Lebensereignissen, subjektivem Erleben und der individuellen Biographie herzustellen versuchen.

Die Ausweitung theoretischer Erklärungsmodelle bringt jedoch auch erhebliche Schwierigkeiten mit sich. So ergeben sich methodische und methodologische Probleme bei der Beschäftigung mit kritischen Lebensereignissen gerade aus den theoretischen Vorteilen dieses Konzepts, nämlich seiner Mehrschichtigkeit und dem Versuch der Integration verschiedener Betrachtungsweisen. Kritische Lebensereignisse werden als günstige oder ungünstige Bündel sozialer Umstände angesehen, die psychologisch bedeutsam sind und sich in vielen Fällen durch ihre Effekte (z. B. psychiatrische Krankheiten, Streß) nachweisen lassen. Eine Verbindung derart verschiedener Aussageebenen muß jedoch zu so komplexen Annahmen führen, daß diese nur schwer zu überprüfen sind. Eine wesentliche Argumentationsrichtung wird im folgenden darin bestehen, die Komplexität des Gegenstandes durch eine intensive fall- und problemzentrierte Forschungsstrategie anzugehen. Solche Forschungsstrategien resultieren aus der Diskussion der Schwierigkeiten der Veränderungsmessung (vgl. *Petermann* 1978) und lassen sich unter den Stichworten „Klein-N-Methodologie" und „Einzelfallanalyse" zusammenfassen (vgl. *Barlow & Hersen* 1977, *Kratochwill* 1978, *Petermann* 1977, 1980a, *Robinson & Foster* 1979).

Im Rahmen von Einzelfallbetrachtungen erscheint es möglich, kritische Lebensereignisse in ihrer (objektiven und/oder subjektiven) Bedeutung zu identifizieren. Die Analyseebene „Einzelfall" eröffnet weiterhin eine Chance, die Effekte von kritischen Lebensereignissen zu bestimmen. Es soll dabei nicht verschwiegen werden, daß die zu bearbeitenden Fragestellungen der Identifikation und Effektanalyse von kritischen Lebensereignissen auch durch Gruppenansätze angehbar wären. Solche Ansätze wären etwa komplexe Kausalmodelle (*Kenny* 1979), Strukturgleichungsmodelle (*Jöreskog* 1979) oder die konfirmatorische Faktorenanalyse (*Upshaw* 1980). Diese Ansätze werden zwar den Ansprüchen der Veränderungsmessung weitgehend gerecht, jedoch gestatten sie nicht, die *individuelle Bedeutung* von kritischen Lebensereignissen zu bestimmen. Gerade die Frage nach der Bedeutung von kritischen Ereignissen im Leben einer Einzelperson ist jedoch ein Hauptproblem dieses Forschungsgebietes (vgl. *Katschnig* 1980). Sie soll durch den vorliegenden Beitrag angegangen werden.

2.1 Charakterisierung des Forschungsprozesses

Probleme der Identifikation und der Effektanalyse von kritischen Lebensereignissen sind auf sehr unterschiedlichen Ebenen angesiedelt, und sie stellen sich in nahezu allen Phasen des Forschungsprozesses. Auf der Grundlage der in den letzten Jahren publizierten Arbeiten sind in Abbildung 2.1 die wichtigsten Probleme zusammengestellt. Nachfolgend sollen im Rahmen einer methodenkritischen Gesamtschau des Forschungsgebietes diese Probleme ausgeführt werden.

2.1.1 Identifikationsprobleme

Die Methodendiskussion in der Erforschung kritischer Lebensereignisse wurde entscheidend von der Arbeitsgruppe um *Brown* (vgl. *Brown* 1974, *Brown, Harris & Peto* 1973, *Brown, Harris & Copeland* 1977) vorangetrieben. Diese Autoren erhoben Probleme der Kausalitätsbestimmung und Risikoabschätzung (siehe *Paykel* 1978) zum zentralen Diskussionsgegenstand. Zweifellos ist die Frage nach dem Effekt von kritischen Lebensereignissen wichtig, jedoch ist sie – wie Abbildung 2.1 illustriert – innerhalb des Forschungsprozesses ein nachgeordnetes Problem. Geht man von der dem Forschungsprozeß innewohnenden Logik aus, so werden durch die (meist implizite) Lösung von Definitions- und Kriterienproblemen im Hinblick auf die Kausalitätsbestimmung und Risikoabschätzung schon erhebliche Vorentscheidungen getroffen. Idealerweise sollten zunächst Definitionsmerkmale sowie Kriterien und Strategien der Identifikation kritischer Lebensereignisse behandelt werden, wie dies hier unter dem Stichwort „Identifikationsprobleme" vorgeschlagen wird.

Definitionsmerkmale. Brown (1974) weist darauf hin, daß die Bedeutung von kritischen Lebensereignissen nur im biographischen Kontext festgestellt werden kann, und er betont die zentrale Rolle der Begleitumstände, unter denen ein Ereignis eintritt. In ähnlicher Weise argumentiert *Katschnig* (1980), der sich gegen zu globale Maße zur Bestimmung kritischer Lebensereignisse wendet und für eine Typologie von lebensverändernden Bedingungen eintritt, die an Alltagssituationen orientiert

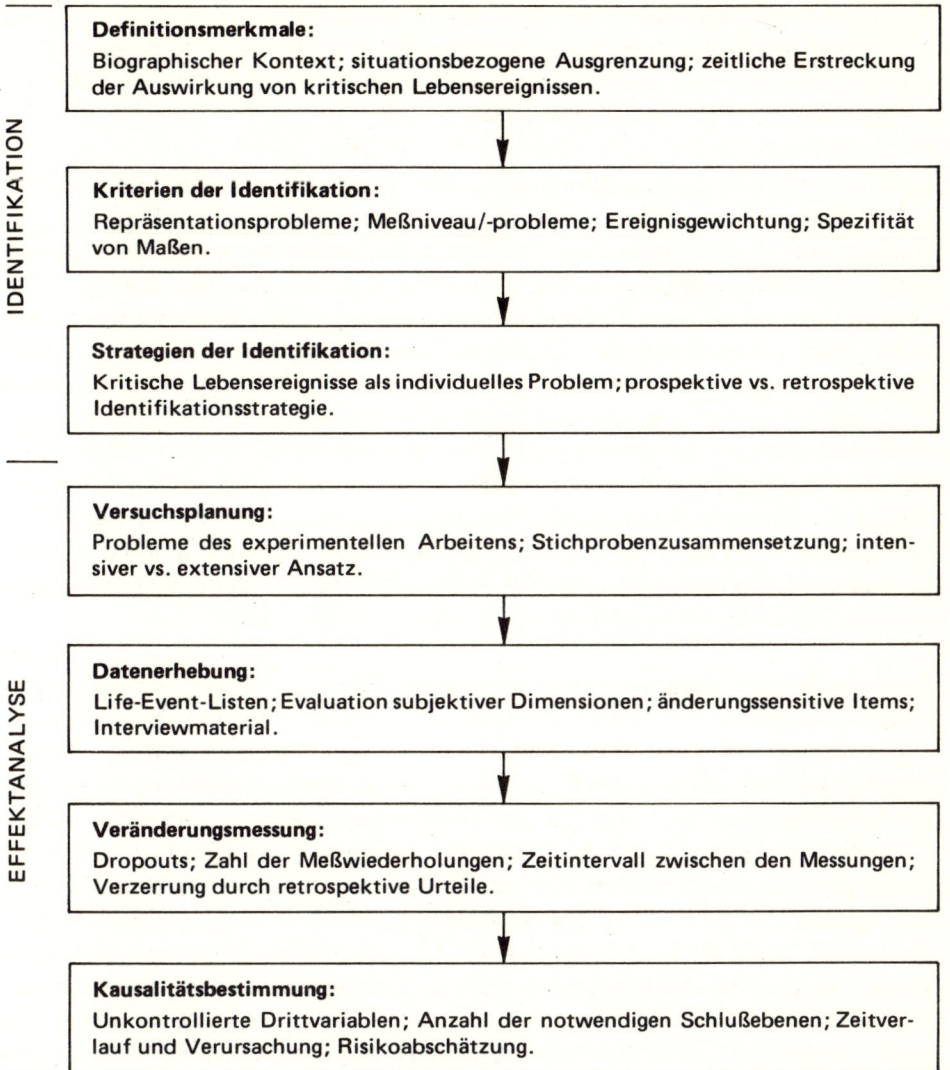

Abb. 2.1. Charakterisierung des Forschungsprozesses: Probleme bei der Identifikation und Effektanalyse von kritischen Lebensereignissen.

sein sollte. *Katschnig* (1980) unterstreicht im Rahmen der Identifikation von kritischen Lebensereignissen die Bedeutung von Veränderungen der sozialen Situation einer Person, wobei in erster Linie *kurzfristige* Auswirkungen solcher Veränderungen – schon allein aufgrund des Theoriendefizits in diesem Forschungsgebiet – beobachtet werden sollten. Damit sind zumindest drei Definitionsmerkmale angesprochen: zwei Merkmale, die die Kontextbedingungen von kritischen Lebensereignissen ansprechen (biographische und situationale Einbettung) und das Merkmal der zeitlichen Erstreckung (kurzfristige Auswirkungen). Versucht man eine Präzisierung dieser oder ähnlicher definitorischer Begriffe (vgl. auch *Hultsch & Cornelius* in diesem Band), so wird man feststellen, daß die einleitend beschriebene konzeptuelle Weite auch diesen Definitionsmerkmalen anhaftet. Es gibt vermutlich nur wenige ähnlich schwer bestimmbare Begriffe wie „Biographie" und „Situation". Nach welchen Kriterien sollen biographische und situationale Kontextbedingungen geordnet und wie soll eine solche Kassifikation individueller Ereignisfolgen auf das globale Konzept „Kritische Lebensereignisse" rückbezogen werden? Ein weiteres Problem liegt in der Bestimmung der zeitlichen Erstreckung spezifischer Auswirkungen von kritischen Lebensereignissen (über Tage, Monate oder Jahre). Die in der Literatur mitgeteilten Zeitspannen sind empirisch nicht überprüft und stellen eher Entscheidungen nach dem Common Sense dar (vgl. *Brown, Harris & Peto* 1973). Die Frage der Quantelung von Zeitspannen bzw. der Wirkungsdauer von Ereignissen und die Frage nach den Beziehungen zwischen physikalischer und psychologischer Zeit führen über in die Kriterienproblematik, z. B. von welchem Zeitpunkt an ein Ereignis nicht mehr „kritisch" ist. Weiterhin sind diese Fragen wesentlich für die Versuchsplanung und Veränderungsmessung (vgl. *Petermann* 1978), indem entschieden werden muß, wie oft und wie lange Ereignisse in ihren Auswirkungen zu prüfen sind, und somit das Zeitintervall bei Wiederholungsmessungen und das Meßbedeutungsproblem eine erhebliche Rolle spielen.

Kriterien der Identifikation. Die Kriterien der Identifikation von kritischen Lebensereignissen ergeben sich aus der Frage, woran man kritische Lebensereignisse erkennen und wie man sie identifizieren kann *(= Repräsentationsproblem)*. Repräsentationsprobleme sind in der Psychologie bei dem allgemein schwach ausgeprägten Methodenbewußtsein (vgl. *Sprung* 1979) schwer zu lösen, wobei dies auf die Erforschung kritischer Lebensereignisse in besonderem Maße zutrifft. Die meist implizit festgelegten Kriterien, die zur Identifikation kritischer Lebensereignisse herangezogen werden, lassen sich am ehesten durch die unterschiedlichen Meßniveaus illustrieren, die hierbei gewählt werden. *Katschnig* (1980) hat vier Meßniveaus in seinem Überblick zusammengestellt: 1. Ereignisse werden global kategorisiert, wobei danach dichotomisiert wird, ob ein Ereignis gravierende Auswirkungen besitzt oder nicht; 2. globale Urteile über die Höhe der Auswirkungen für die einzelnen Ereignisse werden differenziert vorgenommen, wobei nicht auf den situationalen oder individuellen Kontext eingegangen wird; 3. registrierte Ereignisse werden zusätzlich nach ihrem Kontext bzw. der Situation differenziert; eine solche Differenzierung ist z. B. gegeben, wenn der Tatbestand einer Schwangerschaft durch die situationalen Bedingungen des Schwangerschaftsverlaufes spezifiziert wird; 4. situational spezifizierte Ereignisse werden zudem durch die individuellen Bedingungen konkretisiert; eine solche Spezifikation könnte man dadurch vornehmen, daß man den Schwangerschaftsverlauf mit der Erwünschtheit des Kindes in Beziehung setzt. Es wird deutlich, daß die einzelnen Meßniveaus von (1) bis (4) immer spezifischer werden und zunehmend mehr Informationen über die Beschaffenheit und Wirkungen von kritischen Lebensereignissen aufnehmen. Man kann *Katschnig* (1980) nur zustimmen, wenn er beklagt, daß der hohe Allgemeinheitsgrad auf den Meßniveaus – insbesondere den Ebenen (1) bis (3) – sich auf die Erhellung jener Effekte, die durch kritische Lebensereignisse ausgelöst werden, negativ auswirkt.

Die Ebenen (1) bis (4) unterscheiden sich in den jeweils zugrunde gelegten Kriterien und Strategien bei der Identifikation von kritischen Lebensereignissen. So kreist die Diskussion auf der Ebene (1) und (2) um Kriterien, die sich auf die Zusammenstellung von Ereignislisten und die Zusammenfassung und Gewichtung von kritischen Lebensereignissen beziehen (vgl. dazu einige neuere Arbeiten von *Dohrenwend & Dohrenwend* 1978, *Dohrenwend, Krasnoff, Askenasy & Dohrenwend* 1978, *Lin, Simeone, Ensel & Kuo* 1979, *Ross & Mirowsky* 1979). Die empirische Gewichtung von kritischen Lebensereignissen, wie sie von *Ross & Mirowsky* (1979) diskutiert wird, ist hierbei ein wichtiges Problem. *Ross & Mirowsky* verglichen 23 Ansätze zur Gewichtung von Lebensereignissen, wobei bestimmt werden sollte, mittels welcher Gewichtungen psychiatrische Symptome am besten vorherzusagen waren. In diesen Vergleich gingen sowohl sehr einfache Gewichtungen (z. B. die gleichgewichtige Summierung von Ereignissen) wie auch solche ein, die aufgrund einer regressionsanalytischen Vorhersage der psychiatrischen Symptome bestimmt worden waren (d. h. effekt-proportionale Gewichtung). Die Autoren weisen nach, daß die effekt-proportionale Gewichtung aufgrund der linearen Regression das beste Vorhersagemodell darstellt, d. h. es wird eine lineare Gleichung aufgestellt, welche die kritischen Lebensereignisse als abhängige Variablen enthält und die mit Hilfe von Gewichtszahlen (Regressionsgewichte von -1 bis $+1$) so verbunden werden, daß die psychiatrischen Symptome möglichst gut vorhergesagt werden können. Bei dem Vorgehen von *Ross & Mirowsky* (1979) muß kritisch angemerkt werden, daß die Gewichtszahlen stichprobenabhängig sind und erst in Kreuzvalidierungsstudien an anderen Stichproben bestätigt werden müssen, um als generelle Indikatoren für die Vorhersage einer bestimmten unabhängigen Variablen (hier der psychiatrischen Symptome) herangezogen werden zu können.

Einen ganz anderen Versuch, globale Kriterien zur Identifikation kritischer Lebensereignisse zu definieren, stellen Arbeiten dar, die mit Hilfe von dimensionsanalytischen Verfahren (z. B. multidimensionale Skalierung, dreimodale Faktorenanalyse, Clusteranalyse) wesentliche Kennzeichen von Lebensereignissen herauszufiltern versuchen (vgl. *Dean & Lin* 1977, *Redfield & Stone* 1979, *Ruch* 1977). Vielzitiert ist die Arbeit von *Ruch* (1977), der mit Hilfe der nonparametrischen multidimensionalen Skalierung drei Bestimmungsstücke für kritische Lebensereignisse nennt, nämlich das Ausmaß der Veränderung durch das Ereignis, die Erwünschtheit des Ereignisses und der betroffene Lebensbereich. *Redfield & Stone* (1979) kritisieren diesen Ansatz und versuchen, ihn durch einen noch komplexeren zu übertreffen. Die Autoren wählen hierzu die dreimodale Faktorenanalyse, wobei als Analyseeinheiten Personen, Ereignisse und qualitative Dimensionen, auf denen die Ereignisse abzubilden sind (= Skalen), aufgenommen werden. Es gelingt ihnen, jeweils mehrere Ereignis-, Skalen- und Personen-Faktoren zu identifizieren. Jedoch liefert auch ein so umfassendes Analyseverfahren, wie es die dreimodale Faktorenanalyse von *Tucker* darstellt und welches u. a. die Charakterisierung bestimmter Personentypen gestattet, keine Informationen, die für einen gegebenen Einzelfall spezifische Maße (Kriterien) bereitstellen. Weiterhin muß man aufgrund der starken Stichprobenabhängigkeit faktorenanalytischer Ergebnisse mit einer Generalisierung solcher Befunde – i. S. der Ableitung von allgemeinen Kriterien für kritische Lebensereignisse – sehr vorsichtig sein.

Bislang herrscht ein großer Mangel an Kriterien, die so spezifisch sind, daß sie situationale und personale (subjektive) Bezüge abdecken können (vgl. *Singer* 1977). Die Festschreibung der Suche nach Kriterien auf einem globalen Niveau und die Annahme, daß die kataloghafte Auflistung von kritischen Lebensereignissen ausreicht, um auf Veränderungen im Individuellen rückschließen zu können, müssen zurückgewiesen werden. Nur durch die stärkere Beachtung der individuellen Bezüge (Ebene 4) wird es auch möglich sein, angemessene Identifikationsstrategien zu finden.

Strategien der Identifikation. Die Identifikationsstrategien unterstellen im Normalfall, daß kritische Lebensereignisse eine Krankheiten verursachende Wirkung besitzen. Eine solche Konzentration auf die Analyse der Auswirkungen von kritischen Lebensereignissen ist am einfachsten in retrospektiven Studien durchzuführen. Der retrospektive Charakter wird dadurch unterstrichen, daß man vom beobachteten Effekt ausgehend die Konfrontation mit vergangenen kritischen Situationen wieder aufrollt (vgl. *Paykel* 1978).

Retrospektive Studien besitzen eine Reihe von Vorteilen: Sie können auch weit in der Vergangenheit zurückliegende Ereignisse erfassen; in retrospektive Studien geht das subjektive Erleben dieser vergangenen Ereignisse ein, und damit tragen sie zur Gewinnung individuell bedeutsamer Indikatoren für kritische Lebensereignisse bei; im Vergleich zu prospektiven Studien können retrospektive Studien problemlos große Lebensabschnitte abdecken, die im Rahmen prospektiver Studien ähnlich extensiv vermutlich gar nicht abzubilden wären. Ein Nachteil retrospektiver Studien, der sich speziell bei der Erforschung von kritischen Lebensereignissen auswirkt, liegt zum ersten in der Gefahr, daß sich durch den Meßvorgang unabhängige und abhängige Variablen vermischen (vgl. *Brown* 1974). Zum zweiten: Auch wenn eine Trennung der unabhängigen und abhängigen Variablen vorgenommen werden kann, dürfte es in vielen Fällen für die Person schwer sein, den Beginn einer Störung (psychische Krankheiten, außergewöhnliche Streßreaktionen) und den Eintritt eines Ereignisses aus der Erinnerung genau zu datieren (vgl. *Katschnig* 1980).

Sieht man von entwicklungspsychologischen und sozialpsychiatrischen Längsschnittstudien ab, so dürften retrospektive Studien in der Erforschung kritischer Lebensereignisse auch künftig eine wichtige Rolle spielen. Wünschenswert wäre auch eine *kombinierte Identifikationsstrategie,* die retrospektive und prospektive Daten an einer Stichprobe oder verschiedenen Einzelfällen sammelt. Des weiteren sollte man bei der Identifikation von kritischen Lebensereignissen stärker solche Überlegungen beachten, die die Nützlichkeit von Sekundäranalysen und den Erkenntnisgewinn aus der Betrachtung von Extremsituationen (Konzentrationslager, Gefangenschaft, Krieg u. ä.) hervorheben (vgl. *Dohrenwend & Dohrenwend* 1979).

2.1.2 Probleme der Effektanalyse

Im folgenden werden Probleme der Effektanalyse unter den Stichworten „Versuchsplanung", „Datenerhebung", „Veränderungsmessung" und „Kausalitätsbestimmung" abgehandelt. Die Ausführungen illustrieren häufig auftretende Schwierigkeiten, wenn im Rahmen von quasi-experimentellen Designs die Effekte von Lebensereignissen über längere Zeitabschnitte nachgewiesen werden sollen. Als zentrale Frage wird zu klären sein, in welcher Weise sich über den Zeitablauf hinweg Effekte von kritischen Lebensereignissen auffinden lassen. Schon vorab sei auf die kritische Einschätzung des Forschungsgebietes von *Katschnig* (1980) verwiesen, der die einleitend formulierte Konzeptweite durch den Verzicht auf globale Maße zur Kennzeichnung der unabhängigen Variable („Belastung durch lebensverändernde Ereignisse") und der abhängigen Variable („psychische Gestörtheit") verringern möchte.

Versuchsplanung. Die Grundsätze des klassischen Experiments (Laborexperiment, u. U. auch Feldexperiment) lassen sich bei der Erforschung kritischer Lebensereignisse nicht realisieren. Abgesehen von den bereits angesprochenen begrifflichen Unschärfen (siehe auch *Copeland* 1980), den Stichprobenproblemen bei der Konstruktion von Ereignislisten (*Dohrenwend & Dohrenwend* 1978), den Problemen bei der Zusammenstellung von Personenstichproben und der Berücksichtigung des sozialen und historischen Kontextes von kritischen Lebensereignissen (vgl. *Hultsch & Plemons* 1979) ist experimentelles Vorgehen in der Psychologie allgemein in eine Krise geraten. So kritisiert etwa *Gergen* (1978), der den Tod des Experiments in der Sozialpsychologie postuliert, daß in Experimenten weder soziale Situationen Beachtung finden noch die Ereignisse in dem kulturellen Rahmen, in den sie als Bestandteil einer langen Ereigniskette eingebettet sind, gesehen werden. Zudem konkurriert in einer komplexen und vielschichtigen Situation der Einfluß eines bestimmten Ereignisses mit dem Einfluß anderer Ereignisse. Vor diesem Problemhintergrund kristallisieren sich für die Versuchsplanung zwei Wege heraus, nämlich entweder globale Gruppenansätze (Quasi-Experimente und Feldstudien) oder Einzelfallstudien. Die Grundentscheidung für einen Versuchsplan bezieht sich somit auf die Wahl des Gruppen- oder Einzelfallansatzes (= extensiver vs. intensiver Ansatz). Allerdings ist schon vorweg darauf zu verweisen, daß die Forschungsliteratur ausschließlich durch den extensiven Ansatz bestimmt wird (vgl. *Hultsch & Cornelius* in diesem Band). Dennoch erscheint für den vorliegenden Forschungsbereich der intensive Ansatz in vielerlei Hinsicht interessant, und als Vorgriff auf die folgenden Ausführungen sollen an dieser Stelle bereits beide Ansätze vergleichend diskutiert werden. Zur Darstellung der unterschiedlichen Vorgehensweisen kann Abbildung 2.2 herangezogen werden.

Abbildung 2.2 zeigt die Unterschiede zwischen intensivem und extensivem Ansatz auf vier Ebenen, wobei sich für die Versuchsplanung unmittelbar diese Unterschiede nur in der Anzahl der möglichen Wiederholungsmessungen pro Untersuchungseinheit und in den Planungsschritten zur Generalisierung der Ergebnisse

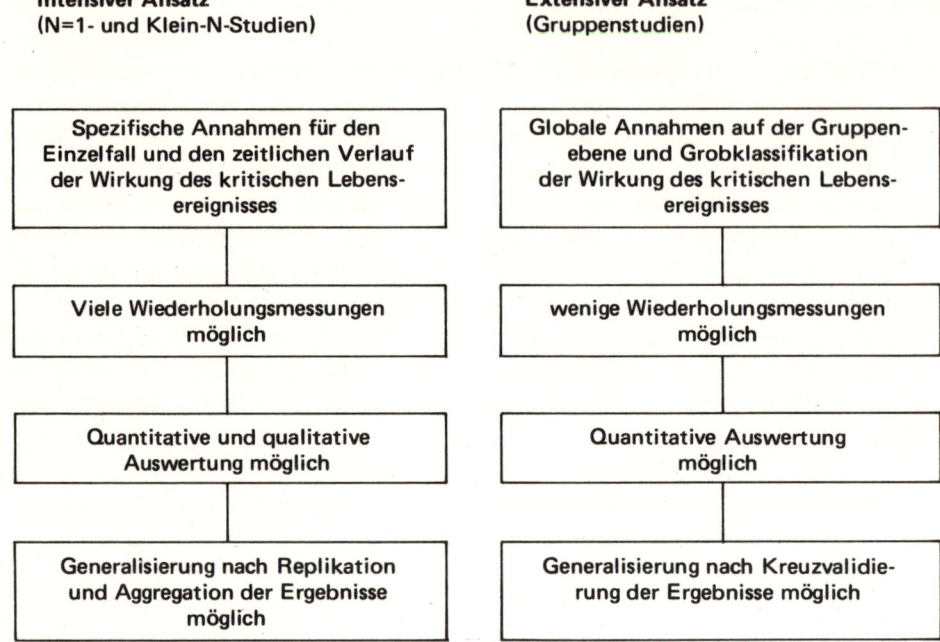

Abb. 2.2. Grundentscheidung der Versuchsplanung: Intensiver vs. extensiver Ansatz.

bemerkbar machen. Die in dem vorliegenden Forschungsbereich durchgeführten Studien gehen von globalen Annahmen auf der Gruppenebene und von einer Grobklassifikation der Auswirkungen kritischer Lebensereignisse aus. Obwohl für eine Kausalitätsbestimmung die Abbildung solcher Auswirkungen in ihrem zeitlichen Verlauf notwendig ist, werden Versuchspläne mit wenigen Meßwiederholungen gewählt, und die quantitative (statistische) Auswertung gewinnt – i. S. einer Generalisierung der Ergebnisse – erst durch Kreuzvalidierungen an Aussagewert.

Bei der Versuchsplanung wäre jedoch auch ein ganz anderes Vorgehen denkbar, welches zur Optimierung des Forschungsprozesses führen kann, nämlich ein Vorgehen, das durch die feingliedrige Abbildung des zeitlichen Verlaufs (d. h. viele Wiederholungsmessungen) für die durch kritische Lebensereignisse erzeugten Effekte sensibel ist. Ein solcher Ansatz ist als „intensiv" zu bezeichnen und geht, um die Befunde der feingliedrigen Abbildung interpretieren zu können, von spezifischen Annahmen über den Einzelfall und die Wirkung von kritischen Lebensereignissen aus. Wie in Abschnitt 2.2 noch darzustellen sein wird, sind die qualitative und quantitative Auswertung von Einzelfall- oder Klein-N-Studien und die Generalisierung ihrer Ergebnisse durch Replikationen und die anschließende Aggregation möglich.

Abschließend ist darauf hinzuweisen, daß sich die Probleme der Versuchsplanung aus der Beschaffenheit des Forschungsgegenstands selbst ergeben. So sind kritische Lebensereignisse sowohl innerhalb des zeitlichen Rahmens einer Untersuchung als auch innerhalb des Lebenslaufs selbst schwer zu planen und zu kalkulieren, da die Realisierungsbedingungen von äußeren Umständen abhängen. Ein weiteres

Problem liegt darin, daß die sich abzeichnenden Effekte von kritischen Lebensereignissen oftmals eine sehr nachhaltige Wirkung zeigen und die sich letztlich einstellenden Effekte irreversibel prägen. Damit sind zumindest zwei Kriterien des klassischen Experimentierens gegenstandslos, nämlich die experimentelle Herstellung und die Wiederholbarkeit des Effektes an einer Stichprobe.

Datenerhebung. Die Probleme der Datenerhebung liegen im wesentlichen in den verwendeten Ereignislisten. So wird von *Dohrenwend, Krasnoff, Askenasy & Dohrenwend* (1978) hinsichtlich der Konstruktion solcher Listen angemerkt, daß in den meisten Fällen weder die Auswahl der Beurteiler (zur Einschätzung von kritischen Lebensereignissen) mitgeteilt noch die Übereinstimmung zwischen den Beurteilern überprüft wird. Zudem muß stärker der Bedeutungsgehalt der Ereignisse, die in solche Listen aufgenommen werden, abgeklärt werden (vgl. *Brown* 1974). Eine Möglichkeit hierzu besteht darin, die Ereignisse stärker situationsbezogen darzustellen bzw. zu formulieren, wobei dies allerdings die Komplexität von Ereignislisten beträchtlich erhöhen und den Aufwand bei der Datenerhebung entscheidend vergrößern würde.

Eine starke Umorientierung auf der Ebene der Datenerhebung ergibt sich, wenn man subjektive Einschätzungen als Indikator für die Effekte von kritischen Lebensereignissen heranzieht. So stellt *Singer* (1977) aus dem Vergleich der mit subjektiven und objektiven Maßen gewonnenen Ergebnisse fest, daß keine Äquivalenz zwischen beiden Vorgehensweisen besteht und subjektive Einschätzungen nur zu empfehlen sind, wenn andere Maße nicht zur Verfügung stehen. Generell ist bei der Gegenüberstellung von objektiven und subjektiven Maßen jedoch zu bedenken, ob diese aufgrund ihrer unterschiedlichen Intentionen überhaupt vergleichbare Vorhersagebereiche abdecken können.

Brown (1974) unterstreicht die Notwendigkeit, die Bedeutung von kritischen Lebensereignissen zu bestimmen, und er möchte weiterhin den kurz- und langfristigen „Bedrohungsgehalt" von Lebensereignissen sowie ihre zeitliche kulturelle Abhängigkeit bei der Datenerhebung berücksichtigt wissen. Er verweist darauf, daß das Bedeutungsproblem durch die Entwicklung neuer Meßinstrumente angegangen werden muß, die den biographischen Kontext und die sozialen Begleitumstände mit erfassen. Auf der Ebene der Datenerhebung glaubt *Brown,* durch intensive Interviews, d. h. durch den Einsatz qualitativer Methoden, die Probleme eher lösen zu können.

Ein weiteres Problem der Effektanalyse, welches sich bereits auf der Ebene der Datenerhebung stellt, ergibt sich aus der Notwendigkeit, genau jene Merkmale zu erfassen, die änderungssensitiv das Einwirken von kritischen Lebensereignissen anzeigen. Der Grundgedanke der Änderungssensitivität zielt darauf ab, jene charakteristischen Wirkungsbereiche aufzudecken, die schon geringe Veränderungen reliabel anzeigen. Die methodischen Schwierigkeiten liegen darin, daß vor dem Hintergrund der klassischen Testtheorie änderungssensitive Merkmale nicht zuverlässig bestimmt werden können. Die damit zusammenhängenden Probleme der Veränderungsmessung bestehen darin, daß es bei änderungssensitiven Items nicht gelungen ist, die Meßfehler- und Merkmalfluktuation in ihrem zeitlichen Verlauf voneinander zu trennen (vgl. *Petermann* 1978).

Veränderungsmessung. Probleme der Veränderungsmessung sollen hier nur kurz erörtert werden (siehe hierzu *Petermann* 1978), da sie im Rahmen der Effektanalyse von kritischen Lebensereignissen nahezu in ihrer Gesamtheit auftreten. Für die Erforschung kritischer Lebensereignisse zeigt sich, daß zwar verschiedene Autoren Längsschnittuntersuchungen für die Identifikation und Effektanalyse von kritischen Lebensereignissen als unumgänglich fordern, Probleme der Veränderungsmessung aber nicht diskutieren (vgl. *Estes & Freeman* 1976, *Lin, Simeone, Ensel & Kuo* 1979, *Wildmann & Johnson* 1977). Nur wenige Autoren gehen darauf ein, daß die Variable „Zeit" selbst eine Anzahl von Störfaktoren beinhaltet (vgl. *Brown* 1974, *Gersten, Langner & Simcha-Fagan* 1978 zur Frage der zeitverzögerten Effekte und Kurz- vs. Langzeitwirkung von kritischen Lebensereignissen).

Die Tatsache, daß in prospektiven Studien experimentelle Ausfälle, die Zahl der Meßwiederholungen und das zwischen Messungen liegende Zeitintervall nicht diskutiert werden, erzeugt Unbehagen. Bezüglich der experimentellen Mortalität muß man unterstellen, daß die Ausfälle systematischer Natur sind, d. h. daß Personen mit guten Bewältigungsstrategien eher in der Stichprobe verbleiben als andere. Werden solche Effekte einer selektiven Stichprobenveränderung nicht beachtet, dann wird die belastende Wirkung von kritischen Lebensereignissen unter- oder überschätzt. Eine geringe Anzahl von Meßwiederholungen gestattet es weiterhin nicht, Lebensereignisse und die Dichte von Lebensereignissen abzubilden. Ebensowenig werden große Zeitintervalle zwischen einzelnen Messungen dazu beitragen, die Erlebnisweise oder die Bewältigungsstrategien unmittelbar in ihrem Zusammenhang mit kritischen Lebensereignissen entsprechend abbilden zu können. Andererseits wird im Rahmen von retrospektiven Studien selten auf die Verzerrung der Urteile durch Erinnerungs- oder Beschönigungseffekte eingegangen. Die Aussagekraft retrospektiver Daten, die nicht mit objektivierbaren Daten in Beziehung gebracht werden, muß für die Veränderungsmessung als gering veranschlagt werden. Auf die schrittweise Erhöhung der Aussagekraft retrospektiver Daten wird noch in Abschnitt 3.2. einzugehen sein.

Innerhalb der Erforschung kritischer Lebensereignisse werden keine neueren statistischen Auswertungsverfahren im Bereich der Veränderungsmessung eingesetzt, obwohl es zumindest wünschenswert wäre, wenn komplexe Zeitreihenanalysen im Rahmen von Feldstudien (vgl. *Swaminathan & Algina* 1977) und nonparametrische Ansätze zur Auswertung von Längsschnittplänen (vgl. *Ghosh, Grizzle & Sen* 1973, *Goldstein* 1979) zum Einsatz gelangten.

Kausalitätsbestimmung. Angesichts der großen Zahl unkontrollierbarer Drittvariablen unterstreichen *Hultsch & Cornelius* (in diesem Band) die Schwierigkeiten, die sich daraus für Kausalitätsbestimmungen ergeben. Neben solchen Drittvariablen, die Scheinkorrelationen zwischen kritischen Lebensereignissen und z. B. psychischen Störungen erzeugen, kann auch eine Vermischung von direkter und indirekter Variable (vgl. *Brown* 1974) zu Schwierigkeiten bei der Kausalitätsbestimmung führen. Eine weitere Schwierigkeit liegt in der Tatsache, daß eine größere Anzahl von theoretischen Schlüssen notwendig ist, um zu Kausalaussagen zu gelangen. Eine logische Kette, wonach „äußere Bedrohung" über „Streßreaktionen" zu „Krankheiten" führt, dürfte nicht selten sein. Die Problematik der theoretischen Schlüsse wird dadurch noch verschärft, daß sehr globale Konzepte miteinander verbunden werden sollen.

Brown, Harris & Peto (1973) versuchen, die Kausalbeziehungen zwischen lebensverändernden Ereignissen einerseits und psychischen Störungen andererseits dadurch zu präzisieren, daß sie Zusatzannahmen hinsichtlich des zeitlichen Verlaufs und der Verursachung machen (vgl. Abbildung 2.3). Die Autoren gehen davon aus, daß kritische Lebensereignisse eine Formierungs- und eine Auslösewirkung besitzen können. Im ersteren Falle spielen kritische Lebensereignisse für die Entstehung, im zweiten Falle für den Ausbruch einer Krankheit die zentrale Rolle. Die Entscheidung darüber, ob ein Ereignis für die Entstehung oder den Ausbruch einer Krankheit verantwortlich ist, wird anhand der sogenannten „Vorrückungszeit" entschieden. Diese ist durch den mittleren Zeitbetrag festgelegt, der sich ergibt, wenn man den vorzeitigen Ausbruch einer Krankheit, der durch ein Lebensereignis verursacht ist (= Auslösewirkung), mit dem Ausbruch einer Krankheit vergleicht, der ohne Eintritt eines kritischen Lebensereignisses zu beobachten ist. Die Autoren können für ihre Überlegungen keine exakten Beweise anführen, dennoch erscheint diese Differenzierung als Anstoß für weitere Diskussionen beachtenswert.

Einen anderen Weg im Rahmen der Kausalitätsbestimmung beschreitet *Paykel*

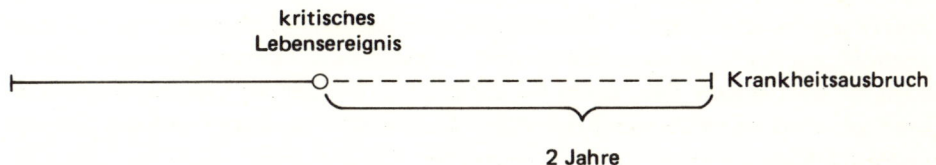

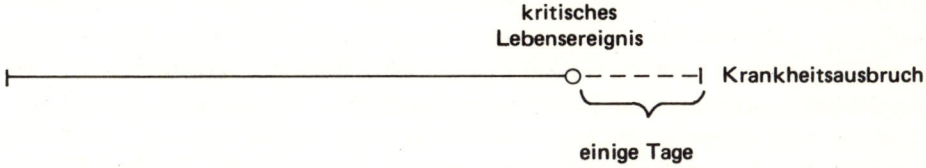

Abb. 2.3. Graphische Gegenüberstellung der Formierungs- und Auslösewirkung von kritischen Lebensereignissen.

(1978), der die Verursachung von Krankheiten durch kritische Lebensereignisse über die Höhe eines sogenannten „relativen Risikos" abschätzen möchte; dieses soll Aufschluß über die Wechselwirkung zwischen Lebensereignis und Erkrankung geben. Das *Paykel*sche Konzept, das in der medizinischen Epidemiologie schon lange bekannt ist, stellt ein Maß dafür dar, um wieviel höher das Risiko eines Krankheitsausbruchs in einer Gruppe von Personen ist, bei denen ein bestimmter Risikofaktor vorhanden ist, verglichen mit einer ansonsten gleich zusammengesetzten Gruppe, bei der dieser Risikofaktor fehlt. Unklar bleibt bei dem Konzept, warum und auf welchen Wegen es zur Erhöhung des Risikos kommt.

Im Rahmen der statistischen Analyse von Kausalbeziehungen kann auf eine Arbeit von *Eaton* (1978) hingewiesen werden. *Eaton* untersucht mit Hilfe der kreuzverzögerten Korrelationsanalyse von *Kenny* (1979) verschiedene Variablen hinsichtlich ihrer Wechselbeziehung mit kritischen Lebensereignissen. Das von *Eaton* vorgeschlagene empirische Ausloten von Verursachungsmustern sollte den methodisch wie theoretisch fragwürdigen Versuchen, wie sie von *Brown* und *Paykel* vorgeschlagen werden, vorgezogen werden (vgl. auch *Petermann* 1980a).

2.2 Optimierung des Forschungsprozesses

Nach der Darstellung des Forschungsprozesses und seiner Problematisierung ergibt sich die Frage, wie künftige Arbeiten verbessert werden können. Ein wichtiger Zugang liegt dabei in der Bestimmung der Bedeutung von kritischen Lebensereignissen (*Brown* 1974). Das Bedeutungsproblem läßt sich nur durch spezifische, auf den konkreten Einzelfall bezogene Annahmen lösen (siehe hierzu Abbildung 2.4).

Die Reduktion auf den Einzelfall ist nicht gleichbedeutend mit dem Verzicht auf experimentelles Vorgehen oder mit dem Rückzug auf das rein Subjektive. Im Rahmen der einzelfallbezogenen Erforschung von kritischen Lebensereignissen ist es sinnvoll, von der Äquivalenz der Begriffe „kritisches Lebensereignis" und „Intervention" auszugehen. Eine solche Gleichsetzung eröffnet die Chance, die weitgehend am operanten Paradigma orientierte Einzelfallmethodologie auf das hier diskutierte Forschungsgebiet zu übertragen (vgl. *Risley & Wolf* 1979). Im folgenden soll kurz auf die Einzelfallmethodologie als einen möglichen Optimierungsversuch eingegangen werden; anschließend sollen diese Ausführungen an einem Beispiel illustriert werden.

Hypothesenbildung. Das Ziel der einzelfallbezogenen Hypothesenbildung besteht darin, den Verlaufstyp bzw. die Verlaufsstruktur des Einwirkens von kritischen Lebensereignissen genauer zu bestimmen. Mit dem Begriff „Verlaufsstruktur" soll beschrieben werden, wie ein Ereignis auf den psychischen Haushalt einwirkt (abrupt oder zeitverzögert) und in welcher Form dieser Effekt über die Zeit hinweg bestehen bleibt (konstant, abschwächend oder verstärkend). Zur begrifflichen Kennzeichnung dieser Hypothesenform schlagen wir den Ausdruck „Verlaufsstrukturhypothese" vor (siehe *Petermann* 1979). Verlaufsstrukturhypothesen kön-

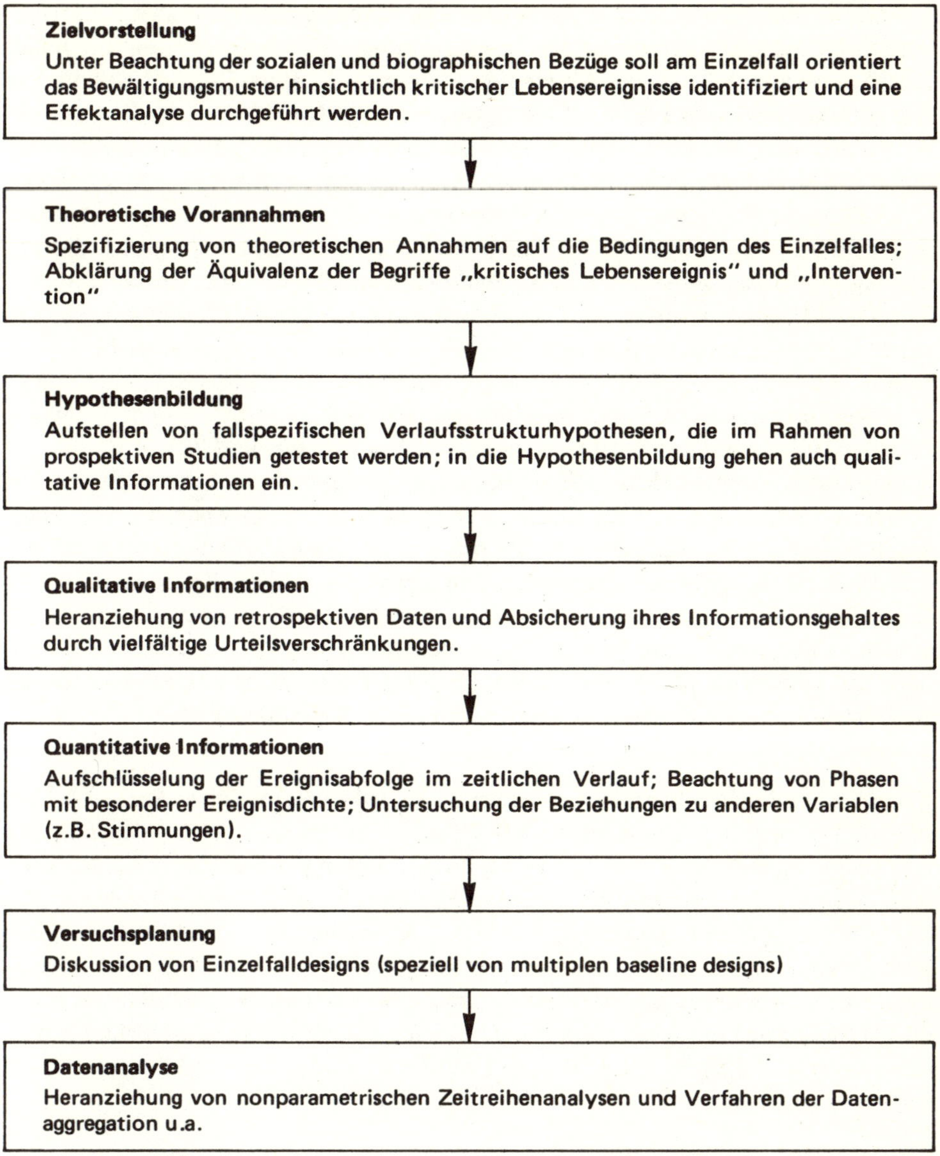

Zielvorstellung
Unter Beachtung der sozialen und biographischen Bezüge soll am Einzelfall orientiert das Bewältigungsmuster hinsichtlich kritischer Lebensereignisse identifiziert und eine Effektanalyse durchgeführt werden.

↓

Theoretische Vorannahmen
Spezifizierung von theoretischen Annahmen auf die Bedingungen des Einzelfalles; Abklärung der Äquivalenz der Begriffe „kritisches Lebensereignis" und „Intervention"

↓

Hypothesenbildung
Aufstellen von fallspezifischen Verlaufsstrukturhypothesen, die im Rahmen von prospektiven Studien getestet werden; in die Hypothesenbildung gehen auch qualitative Informationen ein.

↓

Qualitative Informationen
Heranziehung von retrospektiven Daten und Absicherung ihres Informationsgehaltes durch vielfältige Urteilsverschränkungen.

↓

Quantitative Informationen
Aufschlüsselung der Ereignisabfolge im zeitlichen Verlauf; Beachtung von Phasen mit besonderer Ereignisdichte; Untersuchung der Beziehungen zu anderen Variablen (z.B. Stimmungen).

↓

Versuchsplanung
Diskussion von Einzelfalldesigns (speziell von multiplen baseline designs)

↓

Datenanalyse
Heranziehung von nonparametrischen Zeitreihenanalysen und Verfahren der Datenaggregation u.a.

Abb. 2.4. Optimierung des Forschungsprozesses zur Identifikation und Effektanalyse von kritischen Lebensereignissen.

nen aufgrund ihrer spezifischen Annahmen nur anhand der detaillierten Kenntnis der biographischen und sozialen Situation einer Person formuliert werden. In diesem Zusammenhang besitzen auch qualitative Informationen, wie Person- oder Milieubeschreibungen, ihren Stellenwert. Solche qualitativen Informationen stellen auch in retrospektiven Studien gewonnene Daten dar.

Qualitative und quantitative Informationen. Die Einbeziehung qualitativer Informationen in Einzelfallanalysen ist nur möglich, wenn man ihren Informationsgehalt abschätzen kann. Eine solche Absicherung könnte z. B. durch folgende Schritte erfolgen (vgl. *Petermann* 1980b): 1. die Visualisierung der Problemsituation aus der Vergangenheit mit Hilfe von situationsspezifischen Items (z. B. *Petermann & Petermann* 1980), 2. die Zuordnung von positiven und negativen Erlebnissen, von Höhe- und Tiefpunkten zu einer gegebenen Zeitspanne, 3. die vergleichende Erfassung bestimmter Problematiken bezogen auf verschiedene Lebensabschnitte, 4. die Befragung von Bezugspersonen und die dadurch ermöglichten Vergleiche zwischen Fremd- und Selbsteinschätzung, 5. die Hinzunahme externer Informationsquellen, wie z. B. Archivmaterial, politische und ökonomische Daten, persönliche Dokumente. Des weiteren muß die jüngst begonnene Methodendiskussion zum Stellenwert von retrospektiven Daten beachtet werden (vgl. *Howard, Ralph, Gulanick, Maxwell, Nance & Gerber* 1979, *Goldstein* 1979, *Miettinen* 1970).

Den Daten aus prospektiven Studien, die hier als quantitative Informationen eingeführt werden sollen, kommt ein anderer Stellenwert zu. Prospektive Einzelfallanalysen, die mit retrospektiven Betrachtungen zu einer kombinierten Identifikationsstrategie für kritische Lebensereignisse verbunden werden, können zur Lösung folgender Probleme herangezogen werden: 1. der Aufschlüsselung einer Ereignisabfolge in ihrem zeitlichen Verlauf, 2. der Beachtung von Zeitperioden mit besonderer Ereignisdichte und 3. der Untersuchung der Beziehung zwischen kritischen Lebensereignissen und anderen Merkmalen (z. B. Befindlichkeiten).

Versuchsplanung. Bei Einzelfallversuchsplänen (vgl. zum Überblick *Barlow & Hersen* 1977) ist es allein schon wegen der reliablen Abschätzung einer Veränderung notwendig, eine größere Anzahl von Meßwiederholungen durchzuführen. Je nach Ausgestaltung der Versuchspläne, die von der Anzahl der Interventionen bzw. der fraglichen kritischen Lebensereignisse abhängig ist, liegt die Anzahl der Meßzeitpunkte zwischen 50 und 100. Zur Überprüfung der Effekte kritischer Lebensereignisse eignen sich besonders sogenannte „multiple baseline designs", mittels derer die Einflüsse von Lebensereignissen auf unterschiedliche Verhaltensmerkmale parallel untersucht werden können. Eine Einführung in die Konstruktionsprinzipien solcher Designs geben *Barlow & Hersen* (1977).

Datenanalyse. Die statistische Auswertung von Einzelfällen kann mit Hilfe der Zeitreihenanalyse erfolgen, wie sie kürzlich *Vigderhous* (1979) im Bereich der Sozialepidemiologie demonstrierte. In den nächsten Jahren dürften sich hierbei verstärkt nonparametrische Zeitreihenanalysen durchsetzen, die dem vorliegenden Datenniveau eher angemessen sind (vgl. *Revenstorf & Vogel* 1979). Es ist auch zu hoffen, daß eine weitergehende Abklärung der Aggregation von Einzelfalldaten in Angriff genommen wird. Ein weiteres interessantes Verfahren stellt auch die intraindividuelle Dimensionsanalyse (vgl. *Feger & Wieczorek* 1980) zur Erhellung der „Bewältigungsstruktur" von kritischen Lebensereignissen dar.

2.3 Identifikation und Effektanalyse von kritischen Lebensereignissen am Einzelfall: Illustrationsbeispiel

Die im vorangegangenen Abschnitt dargestellten Überlegungen sollen im folgenden durch ein fiktiv gewähltes Beispiel konkretisiert werden, nämlich durch das Lebensereignis „Geburt des ersten Kindes". Als theoretische Vorannahme geht ein, daß die Geburt eines Kindes eine Umorientierung für die Mutter darstellt, die als vorwiegend positiv erlebt wird und eine Erweiterung des Lebensraumes zur Folge hat (vgl. *Lehr* 1978). In vielen Fällen dürfte dies jedoch – zumindest zeitweise – mit der Einengung des Lebensraumes, dem Zurückstellen eigener Bedürfnisse und der Belastung der Partnerschaft Hand in Hand gehen (siehe *Lehr* 1978). Am gravierendsten dürfte dabei das Erleben der *ersten* Schwangerschaft sein. So ergibt sich als spezifische Fragestellung die Analyse der Bedingungen, die das Leben einer Frau im Zusammenhang mit der Schwangerschaft verändern.

Der Einfachheit halber könnte man hierbei zunächst nur Veränderungen auf der Einstellungsebene (z. B. erfaßt über Selbstberichte) als Indikatoren heranziehen. Hinweise darauf, wie die erste Schwangerschaft Einstellungsänderungen hervorruft, die einen Rückschluß auf das Erleben dieser kritischen Lebensphase ermöglichen, könnte man in folgenden Bereichen vermuten: 1. der Einstellung zum eigenen Körper, 2. der Bereitschaft, eigene Bedürfnisse zurückzustellen, 3. der Einstellung zu Kindern allgemein, zu Beruf und Familie sowie 4. der Wahrnehmung der Mutterrolle, auch bezogen auf die eigene Mutter. Es ist davon auszugehen, daß alle genannten Aspekte sich auch in der Einstellung zu dem heranwachsenden Kind in der pränatalen Phase niederschlagen.

Hypothesenbildung und Versuchsplanung. Im Vorgriff auf die Hypothesenformulierung sollen einige Bemerkungen zur Versuchsplanung vorangeschickt werden. Eine einzelfallanalytische Hypothesentestung basiert darauf, daß sich jene Phasen im zeitlichen Verlauf identifizieren lassen, in denen sich Veränderungen besonders deutlich vollziehen. Bezogen auf unser Anwendungsbeispiel wären dies Phasen, in denen sich die durch die Schwangerschaft bedingten Einstellungsänderungen abzeichnen. In solchen Phasen kann man eine Intervention vermuten, die durch die Schwangerschaft selbst ausgelöst wird. Der einfachste Zeitreihenversuchsplan, der Veränderungen dieser Art erfassen kann und die sich zudem über mehrere Phasen erstrecken können, kann als „multiples Interventions-Design" bezeichnet werden. Für die Konzipierung des Versuchsplanes und die nachfolgende Hypothesenprüfung ist es notwendig, detaillierte Annahmen über die erwartete Einstellungsänderung zu formulieren (= Verlaufsstrukturhypothesen). Anhand solcher Hypothesen lassen sich die beobachteten Effekte auf statistische Signifikanz prüfen. Auf der Grundlage von Plausibilitätserwägungen kann für den Bereich „Einstellung zum heranwachsenden Kind" folgende Hypothese formuliert werden: Mit dem Fortschreiten der Schwangerschaft ergibt sich eine intensive Beziehung der Mutter zu dem heranwachsenden Kind, die sich als Einstellungsänderung manifestiert. Zur Prüfung dieser Hypothese läßt sich eine mit der Schwangerschaft beginnende und sich fortsetzende Einstellungsänderung formulieren und annehmen, daß eine neutrale oder eher negative Einstellung durch das schrittweise Erleben der Schwangerschaft zum positiven Pol hin verändert wird. Für die Hypothesenprüfung ist es erforderlich, jene Phasen zu identifizieren, in denen sich dieser Einstellungswandel abzeichnet. Eine vermutlich hervorstechende Rolle nimmt dabei die Phase „Wochenbett" ein. Diese Phase ist am stärksten mit einer physischen wie sozialen Veränderung verbunden.

Eine einzelfallbezogene Identifikation und Effektanalyse dieses Ereignisses kann jedoch weitaus differenziertere Hinweise erbringen. So kann man neben der Phase „Wochenbett' weitere Phasen annehmen, die sich auf den gesamten Schwangerschaftsverlauf beziehen. So könnte man z. B. den Beginn der Schwangerschaft, das Feststellen physiologischer Veränderungen während der Schwangerschaft, besondere Komplikationen und die Endphase der Schwangerschaft als solche Phasen definieren. Für diese sind sodann eindeutige Annahmen im Hinblick auf ihre Wirkung erforderlich. Eine detaillierte Überprüfung dieser Annahmen ist möglich, wenn sie quantifizierbar und in eine Designmatrix umsetzbar sind. Diese Matrix enthält alle in Zahlenwerte umgesetzten Informationen über die theoretisch postulierte Einstellungsänderung gegenüber dem heranwachsenden Kind. Mit anderen Worten: Durch die Designmatrix wird ein besonders starker Einstellungswandel (gemäß der Verlaufsstrukturhypothese) innerhalb einer Phase der Schwangerschaft durch einen deutlichen Sprung in der Zahlenreihe indiziert.

Datenerhebung und -auswertung. Die für eine solche Untersuchung notwendige Datenbasis ist relativ einfach anhand von Tagebuchaufzeichnungen, Einstellungsskalen, Beobachtungen des Lebenspartners etc. zu erstellen und umfaßt bei komplexen Annahmen ca. 80 bis 100 Meßwiederholungen. Solche Daten sollten nach Möglichkeit in gleichmäßigen und kurzen Abständen (täglich oder alle zwei bis drei Tage) erhoben werden. Eine solche engmaschige Erhebungsstrategie kann sodann auch geringere Veränderungen anzeigen. Nach vorliegenden Erfahrungen (vgl. *Petermann* 1979) tritt bei Lebensbereichen mit hoher Ich-Beteiligung auf seiten der Versuchspersonen auch kein Motivationsverlust ein, wenn über lange Zeiträume hinweg Daten erhoben werden müssen. Die statistische Auswertung der Daten erfolgt mit Hilfe der Zeitreihenanalyse (vgl. *Kratochwill* 1978, *Petermann* 1978), wobei verschiedene kritische Phasen der Schwangerschaft insgesamt oder in Einzelabschnitten untersucht werden können. Eine Verallgemeinerung der Ergebnisse kann über die Durchführung weiterer Einzelfallanalysen versucht werden, wenn sich die erzielten Ergebnisse replizieren lassen.

2.4 Ausblick: Erfahrungen mit einzelfallbezogenem Vorgehen

In einigen Einzelfallanalysen zur Effektanalyse von kritischen Lebensereignissen konnten wir im Rahmen klinisch-psychologischer Fragestellungen feststellen, daß sehr hohe Zusammenhänge zwischen Stimmungsvariabilität und der Auseinandersetzung mit Lebensereignissen bestehen (vgl. *Petermann* 1979). Mit Hilfe von Einzelfallanalysen war es weiter möglich, unterschiedliche Bewältigungsmuster bei kritischen Lebensereignissen in Abhängigkeit von Persönlichkeitsmerkmalen zu identifizieren. In keiner unserer Studien gelang es, die zeitliche Erstreckung der Wirksamkeit von kritischen Lebensereignissen zu spezifizieren. Wegen der Vielzahl von Ereignissen und ihrer gegenseitigen Überlagerung konnte nicht entschieden werden, ob es sich dabei jeweils um kurz- oder längerfristige Einflüsse handelt. Unter therapeutischen Gesichtspunkten zeigte sich im Rahmen eines Programms über Selbstmodifikation, daß depressive Reaktionen und eine Hypersensibilität bezüglich kritischer Lebensereignisse verhaltenstherapeutisch reduzierbar sind. Aus der detaillierten Analyse jener Bedingungen, unter denen sich im Einzelfall eine Immunisierung gegenüber dem Einfluß kritischer Lebensereignisse erreichen läßt, kann man u. U. erste Hinweise darauf gewinnen, wie sich präzise Angaben zur Beschaffenheit von kritischen Lebensereignissen formulieren lassen.

Literatur

Barlow, D. H. & Hersen, M., Designs für Einzelfallexperimente. In: *Petermann, F.* (Hrsg.), Methodische Grundlagen Klinischer Psychologie. Weinheim 1977, 64-84.
Brown, G. W., Meaning, measurement, and stress of life events. In: *Dohrenwend, B. S. & Dohrenwend, B. P.* (Hrsg.), Stressful life events: Their nature and effects. New York 1974, 217-245.
Brown, G. W., Harris, T. O. & Peto, J., Life events and psychic disorders. Part 2: Nature of causal link. Psychological Medicine 2, 1973, 159-176.
Brown, G. W., Harris, T. O. & Copeland, J. R., Depression and loss. British Journal of Psychiatry 131, 1977, 83-99.
Copeland, J. R., Lebensverändernde Ereignisse und die Diagnose Depression. In: *Katschnig, H.* (Hrsg.), Sozialer Streß und psychische Erkrankung. München 1980, 238-249.
Dean, A. & Lin, N., The stress-buffering role of social support. Journal of Nervous and Mental Disease 165, 1977, 403-417.
Dressler, D. M., Donovan, J. M. & Geller, R. A., Life stress and emotional crisis: The idiosyncratic interpretation of life events. Comprehensive Psychiatry 17, 1976, 549-558.
Dohrenwend, B. P. & Dohrenwend, B. S., Soziale und kulturelle Einflüsse auf psychopathologische Erscheinungen. In: *Petermann, F. & Schmook, C.* (Hrsg.), Grundlagentexte der Klinischen Psychologie, Band 1. Bern 1977, 66-106.
Dohrenwend, B. S. & Dohrenwend, B. P., Some issues in research on stressful life events. Journal of Nervous and Mental Disease 166, 1978, 7-15.
Dohrenwend, B. S., Krasnoff, L., Askenasy, A. R. & Dohrenwend, B. P., Exemplification of a method for scaling life events: The Peri Life Events Scale. Journal of Health and Social Behavior 19, 1978, 205-229.
Eaton, W. W., Life events, social supports, and psychiatric symptoms: A re-analysis of the New Haven data. Journal of Health and Social Behavior 19, 1978, 230-234.
Estes, C. L. & Freeman, H. E., Strategies of design and research for intervention. In: *Binstock, R. H. & Shanas, F.* (Hrsg.), Handbook for aging and the social sciences. New York 1976, 536-561.
Feger, H. & Wieczorek, Th., Multidimensionale Skalierung in der Einstellungsmessung. In: *Petermann, F.* (Hrsg.), Einstellungsmessung – Einstellungsforschung. Göttingen 1980, 153-174.

Gergen, K. J., Experimentation in social psychology: A reappraisal. European Journal of Social Psychology 8, 1978, 507-527.
Gersten, J. C., Langner, T. S. & Simcha-Fagan, O., The power of the time. Journal of Health and Social Behavior 19, 1978, 345-346.
Ghosh, M., Grizzle, J. E. & Sen, P. K., Nonparametric methods in longitudinal studies. Journal of the American Statistical Association 68, 1973, 29-36.
Goldstein, H., The design and analysis of longitudinal studies. London 1979.
Howard, G. S., Ralph, K. M., Gulanick, N. A., Maxwell, S. E., Nance, D. W. & Gerber, S. K., Internal invalidity in pretest-posttest self-report evaluations and a reevaluation of retrospective pretests. Applied Psychological Measurement 3, 1979, 1-23.
Hultsch, D. F. & Plemons, J. K., Life events and life-span development. In: *Baltes, P. B. & Brim, O. G. Jr.* (Hrsg.), Life-span development and behavior, Vol. 2. N. Y. 1979, 1-38.
Jacobs, S. & Myers, J., Recent life events and acute schizophrenic psychosis: A controlled study. Journal of Nervous and Mental Disease 162, 1976, 75-87.
Jöreskog, K. G., Statistical estimation of structural models in longitudinal-development investigations. In: *Nesselroade, J. R. & Baltes, P. B.* (Hrsg.), Longitudinal research in the study of behavior and development. New York 1979, 303-351.
Lin, N., Simeone, R. S., Ensel, W. M. & Kuo, W., Social support, stressful life events and illness: A model and an empirical test. Journal of Health and Social Behavior 20, 1979, 108-119.
Katschnig, H., Lebensverändernde Ereignisse als Ursache psychischer Krankheiten – Eine Kritik des globalen Ansatzes in der Life-Event-Forschung. In: *Katschnig, H.* (Hrsg.), Sozialer Streß und psychische Erkrankung. München 1980, 1-93.
Kenny, D. A., Correlation and causality. New York 1979.
Kratochwill, T. R. (Hrsg.), Single subject research. Strategies for evaluating change. New York 1978.
Lehr, U., Eltern-Kind-Beziehung in der ersten Lebenszeit. Zeitschrift für Geburtshilfe und Perinatologie 182, 1978, 317-330.
Miettinen, O. S., Matching and design efficiency in retrospective studies. American Journal of Epidemiology 91, 1970, 111-118.
Paykel, E. S., Contribution of life events to causation of psychiatric illness. Psychological Medicine 8, 1978, 245-253.
Petermann, F. (Hrsg.), Methodische Grundlagen Klinischer Psychologie. Weinheim 1977.
Petermann, F., Veränderungsmessung. Stuttgart 1978.
Petermann, F., Einzelfallanalysen in der psychologischen Forschung. Habilitationsschrift, Bonn 1979.
Petermann, F., Erfassung und quantitative Beschreibung von Einstellungsveränderungen. In: *Petermann, F.* (Hrsg.), Einstellungsmessung – Einstellungsforschung. Göttingen 1980a, 195-215.
Petermann, F., Übertragung von klinischen Forschungsansätzen in die therapeutische Praxis. In: *Hautzinger, M. & Schulz, W.* (Hrsg.), 1. Kongreß für Klinische Psychologie und Psychotheraphie, München 1980b (im Druck).
Petermann, F. & Bruns, G., Theoretische Suchrichtungen in der Schizophrenieforschung unter besonderer Beachtung psychologischer Erklärungsansätze. Zeitschrift für Klinische Psychologie 10, 1981, 27-51.
Petermann, F. & Petermann, U., Erfassungsbogen für aggressives Verhalten in konkreten Situationen. Braunschweig 1980.
Redfield, J. & Stone, A., Individual viewpoints of stressful life events. Journal of Consulting and Clinical Psychology 47, 1979, 147-154.
Revenstorf, D. & Vogel, B., Zur Analyse qualitativer Verlaufsdaten – ein Überblick. In: *Petermann, F. & Hehl, F. J.* (Hrsg.), Einzelfallanalyse. München 1979, 229-251.
Risley, T. R. & Wolf, M. M., Strategien zur Untersuchung von Veränderungen des Verhaltens in der Zeit. In: *Baltes, P. B.* (Hrsg.), Entwicklungspsychologie der Lebensspanne. Stuttgart 1979, 135-145.

Robinson, P. W. & Foster, D. F., Experimental psychology: A small-N approach. New York 1979.

Ross, C. E. & Mirowsky, J. II, A comparison of life-event-weighting schemes: Change, undesirability, and effect-proportional indices. Journal of Health and Social Behavior 20, 1979, 166-177.

Ruch, L. O., A multidimensional analysis of the concept of life change. Journal of Health and Social Behavior 18, 1977, 71-83.

Singer, E., Subjective evaluations as indicators of change. Journal of Health and Social Behavior 18, 1977, 84-90.

Sprung, L., Grundlagen der Methodik – Integrative Überlegungen zum Stand der Methodik und zur Entwicklung einer allgemeinen Methodentheorie. Probleme und Ergebnisse der Psychologie 70, 1979, 5-24.

Strauss, J. S., Social and cultural influences on psychopathology. Annual Review of Psychology 20, 1979, 397-415.

Swaminathan, H. & Algina, J., Analysis of quasi-experimental time-series designs. Multivariate Behavioral Research 12, 1977, 111-131.

Upshaw, H. S., Die Anwendung der konfirmatorischen Faktorenanalyse in der Einstellungsforschung. In: *Petermann, F.* (Hrsg.), Einstellungsmessung – Einstellungsforschung. Göttingen 1980, 175-194.

Vigderhous, G., Forecasting sociological phenomena: Application of Box-Jenkins methodology to suicide rates. In: *Schuessler, K.* (Hrsg.), Sociological methodology 1978. London 1979.

Wildmann, R. C. & Johnson, D. R., Life change and *Langner's* 22-item mental health index: A study and partial replication. Journal of Health and Social Behavior 18, 1977, 179-188.

3 Kritische Lebensereignisse und lebenslange Entwicklung: Methodologische Aspekte[1]

David F. Hultsch und Steven W. Cornelius

Innerhalb der Entwicklungspsychologie der Lebensspanne besitzen Ansätze, die sich auf das Konzept der kritischen Lebensereignisse stützen, wachsende Popularität (*Baltes, Reese & Lipsitt* 1980, *Datan & Ginsberg* 1975, *Hultsch & Plemons* 1979, *Lowenthal, Thurnher & Chiriboga* 1975). Dennoch ist die Erforschung kritischer Lebensereignisse in eine Reihe methodologischer Probleme verstrickt (vgl. *Dohrenwend & Dohrenwend* 1977), die zum Teil auch aus dem Wesen von Lebensereignissen selbst resultieren. Beispielsweise gestattet der oft belastende und langfristige Charakter der Antezedentien und Konsequenzen von Lebensereignissen in der Regel aus praktischen und ethischen Gründen keinerlei experimentelle Manipulation. Dennoch sind die methodischen Schwierigkeiten auch auf das Versäumnis von Forschern zurückzuführen, effektivere methodische Techniken einzusetzen. Der Fortschritt auf diesem Gebiet ist somit in hohem Maße davon abhängig, in welchem Maße methodologischen Problemen größere Beachtung geschenkt wird und kreative Ansätze zu ihrer Lösung vorgelegt werden. Der vorliegende Beitrag behandelt zwei Methodenprobleme der Erforschung kritischer Lebensereignisse: 1. die Definition kritischer Lebensereignisse und die Explikation entsprechender Konstrukte, sowie 2. die Spezifikation von Kausalbeziehungen zwischen Lebensereignissen und verschiedenen Antezedenz- und Effektvariablen.

Die Diskussion der Validität von Inferenzen bei *Cook & Campbell* (1976) stellt einen nützlichen Rahmen für einleitende Überlegungen zu den angesprochenen methodologischen Problemen dar. *Cook & Campbell* (1976) definieren vier Arten der Validität, die bei Schlußfolgerungen aus empirischen Daten zum Tragen kommen: die Validität des statistischen Schlusses, die Konstruktvalidität, die interne Validität und die externe Validität. Forschungsarbeiten zur Entwicklungspsychologie der Lebensspanne sind wahrscheinlich am anfälligsten für Probleme der Konstrukt- und internen Validität. Konstruktvalidität kennzeichnet die Genauigkeit, mit der Ursache und Wirkung in theoretischen Termini dargestellt und/oder interpretiert werden. Sie erfordert die genaue Identifikation oder Interpretation von Ursache und Wirkung in hypothetischen Begriffen, und sie wird beeinträchtigt durch konfundierende Variablen, welche die exakte Interpretation von Ursache und Wirkung innerhalb eines beobachteten Beziehungsgefüges nicht erlauben. Interne Validität kennzeichnet, wie zutreffend und gültig aus einer beobachteten statistischen Beziehung Kausalannahmen abgeleitet werden. Sie ist gefährdet, wenn plausible Alternativinterpretationen existieren, so daß die vermutete Kausalbeziehung zwischen zwei Variablen auf andere Variablen zurückgeführt werden kann.

---

[1] Die Übersetzung erfolgte durch die Herausgeberin unter Mitwirkung von Herrn cand. psych. Thomas Klauer.

Die mit Konstrukt- und interner Validität verbundenen Probleme bei der Erforschung von kritischen Lebensereignissen werden in den folgenden Abschnitten erörtert. Insbesondere werden Fragen der Auswahl, der Messung und der Skalierung von Lebensereignissen sowie ihre definitorische Präzisierung diskutiert. Die kausalanalytische Erforschung kritischer Lebensereignisse wird im Rahmen von entwicklungspsychologischen Untersuchungsdesigns dargestellt, und potentiell brauchbare Techniken der Datenanalyse werden besprochen. Obwohl ähnliche methodische Probleme bereits erörtert wurden (z. B. *Dohrenwend & Dohrenwend* 1974, *Rabkin & Struening* 1976), wurde dort übersehen, welche Herausforderung sich bietet, wenn das Konzept der Lebensereignisse im Kontext der Entwicklung über die Lebensspanne betrachtet wird. Mit dieser entwicklungspsychologischen Orientierung gehen dabei relativ einzigartige Probleme einher, und zwar aus mehreren Gründen: aufgrund der konzeptuellen Bedeutung von Klassen bzw. Systemen von Lebensereignissen (z. B. alters-, zeitbezogene und non-normative Klassen von Ereignissen), aufgrund der wesentlichen Charakteristika von Ereignissen (z. B. Erwünschtheit, Vorhersagbarkeit, Kontrollierbarkeit), aufgrund der zeitlichen Merkmale von Ereignissen (z. B. Zeitpunkt, Sequenz, Dauer, Simultaneität), sowie aufgrund der qualitativen und quantitativen Veränderungen in Ereignissystemen über die Lebensspanne (z. B. *Baltes, Reese & Lipsitt* 1980, *Baltes, Reese & Nesselroade* 1977, *Hultsch & Plemons* 1979). Diese theoretischen Schwierigkeiten werfen spezielle Probleme der Konstrukt- und internen Validität bei der Erforschung kritischer Lebensereignisse im Rahmen einer Entwicklungspsychologie der Lebensspanne auf.

3.1 Konstruktvalidität

Bekanntlich umschreibt Konstruktvalidität die Genauigkeit, mit der Ursache und Wirkung in hypothetischen Begriffen dargestellt und/oder interpretiert werden. Die Konstruktvalidität ist durch das gefährdet, was Sozialwissenschaftler als „Konfundierungen" bezeichnen – die Möglichkeit, daß die operationalen Definitionen von Ursache und Wirkung in Beziehung zu mehr als einem Konstrukt stehen. *Cook & Campbell* (1976) bemerken, daß die Konstruktvalidität dadurch gemindert wird, daß sämtliche relevanten Dimensionen des Konstrukts nicht aufgenommen sind (Konstrukt-Unterrepräsentation) oder daß Dimensionen Eingang finden, die für das Konstrukt irrelevant sind („surplus construct irrelevancies").

Drei der bei *Cook & Campbell* (1976) diskutierten Gefahren für die Konstruktvalidität sind bei der Analyse kritischer Lebensereignisse besonders wichtig: (1) Die Auswahl von Meßoperationen ist zum Teil von einer begrifflichen Analyse der essentiellen Merkmale eines Konstrukts abhängig. Die Konstruktvalidität bei der Erfassung von Lebensereignissen wurde besonders durch derartige inadäquate präoperationale Explikationen des Konstrukts aufs Spiel gesetzt. (2) In den meisten Studien wird nur eine Meßoperation für alle in Betracht kommenden unabhängigen und abhängigen Variablen geplant. Wie *Cook & Campbell* (1976) anmerken, wird die Konstruktvalidität solcher Untersuchungen gemindert, da singuläre Operationen sowohl die Konstrukte unterrepräsentieren, wie auch irrelevante Facetten enthalten. (3) Daneben herrscht auch die Einzelmethodenforschung vor. Jede Meßtechnik enthält eine ihr eigene systematische Varianz, die im Idealfall nicht in die Erfassung der zu untersuchenden Konstrukte eingehen sollte. Ein Ansatz zur Lösung der Probleme, die mit dem systematischen Fehler in Einzeloperationen und Einzelmethoden zusammenhängen, stellt die Anwendung der „multitrait-multimethod-Technik" von *Campbell & Fiske* (1957) dar. Dieser Ansatz wurde jedoch weder auf das Konstrukt „Lebensereignis" allgemein noch auf irgendeines der Effektmerkmale angewendet, die im Rahmen solcher Studien typischerweise untersucht werden.

3.1.1 Die Definition von kritischen Lebensereignissen

Viele Definitionen dessen, was ein Lebensereignis konstituiert, wurden bislang vorgelegt. *Holmes & Rahe* (1967, 217) definieren streßreiche Lebensereignisse als solche, „deren Eintritt entweder eine bedeutsame Veränderung im aktuellen Lebensmuster des Individuums erfordert oder auf eine solche hindeutet". *Myers, Lindenthal, Pepper & Ostrander* (1972, 399) betonen „Erfahrungen, die eine Rollentransformation, Veränderungen in Status oder Umgebung oder die Aufbürdung von Kummer beinhalten". *Antonovsky & Kats* (1967, 16) bezeichnen „Lebenskrisen" als „objektiv beschreibbare Situationen, bei deren Konfrontation allgemein Streß eintritt... und die eine Erfahrung (einschließen), die entweder Leid aufbürdet oder eine Rollentransformation erfordert". Diese Definitionen haben gemeinsam, daß ein Lebensereignis die Veränderung in den üblichen Aktivitäten einer Person beinhaltet. Dennoch besteht jenseits dieser allgemeinen Feststellung wenig Übereinstimmung (*Dohrenwend & Dohrenwend* 1977).

Typischerweise wurden kritische Lebensereignisse dadurch operationalisiert, daß Personen vom Forscher vorgegebene Inventare mit Lebensereignissen zu beantworten hatten (*Antonovsky & Kats* 1974, *Brown & Birley* 1968, *Holmes & Rahe* 1967, *Jarvik, Bennett & Blumner* 1973, *Lowenthal & Chiriboga* 1973). Zwei Hauptargumente wurden angeführt, um die Konstruktvalidität solcher Ereignislisten zu belegen (vgl. *Dohrenwend* 1974). Zum ersten wurde auf die Übereinstimmung verschiedener Beurteiler darin hingewiesen, daß die einzelnen Ereignisse in der Tat streßreich seien (*Antonovsky & Kats* 1967, *Brown & Birley* 1968). Zum zweiten wurde auf den Zusammenhang zwischen den Antworten auf die Ereignislisten und den retrospektiven Berichten von Personen unterschiedlicher klinischer Populationen über ihre Lebensereignisse verwiesen (*Cochrane & Robertson* 1973, *Holmes & Rahe* 1967).

Obwohl zwischen den einzelnen Ereignisinventaren Überlappungen bestehen – Heirat, Geburt des ersten Kindes und Tod eines Familienmitgliedes sind sehr häufig genannte Ereignisse –, sind sie keineswegs identisch. Sie variieren in der Zahl der Ereignisse: beispielsweise enthält die von *Murphy, Robins, Kuhn & Christenson*

(1962) verwendete Liste 27, die von *Holmes & Rahe* (1967) konstruierte Liste 43 Items, die von *Myers* et al. (1972) verwendete 62 und die von *Dohrenwend, Krasnoff, Askenasy & Dohrenwend* (1978) insgesamt 102 Items. Ebenso unterscheiden sich die Listen inhaltlich: Beispielsweise schlossen *Antonovsky & Kats* (1967) bei Untersuchungen in Israel Ereignisse ein, die auf Erfahrungen in Konzentrationslagern bezogen waren; *Lowenthal & Chiriboga* (1973) nahmen in ihre Studie über die „vier Stadien des Lebens" für Jugendliche und Senioren passende Ereignisse auf; *Sarason, Johnson & Siegel* (1978) verwandten bei Studenten Ereignisse aus dem akademischen Leben. Einige dieser Unterschiede spiegeln zweifellos die einzigartigen Erfahrungen der jeweiligen Population wider. Dennoch zeigen sie auf einem allgemeineren Niveau, daß Lebensereignisse vor ihrer Erfassung in inadäquater Weise theoretisch expliziert worden waren.

3.1.2 Merkmale von Lebensereignissen

Die Explikation des Konstrukts „Lebensereignis" ist abhängig von Überlegungen, hinsichtlich welcher Aspekte sich Lebensereignisse unterscheiden. Neben der Festlegung, wie Lebensereignisse zu definieren sind, muß ein zweites Problem angegangen werden, nämlich die Auswahl von Ereignissen aus einer Ereignispopulation. Trotz der äußerlichen Unterschiede zwischen den einzelnen Ereignislisten basieren die meisten Ansätze zur Operationalisierung von ‚kritischen Lebensereignissen' offensichtlich auf der impliziten Annahme, daß es nur eine Population von Ereignissen gibt oder daß es zumindest beträchtliche Überlappungen gibt, soweit es die häufigsten Lebensereignisse anbelangt (*Dohrenwend & Dohrenwend* 1977). So sind in der weit verbreiteten „Social Readjustment Rating Scale" von *Holmes & Rahe* (1967) Ereignisse enthalten, die als subjektiv wie objektiv, als freiwillig wie unfreiwillig, als positiv wie negativ usw. charakterisiert werden können.

Ein Ansatz, die mangelnde Differenzierung zwischen Subpopulationen von Lebensereignissen aufzuheben, liegt in der begrifflichen Eingrenzung von „Lebensereignis". Diese Einschränkung wird beispielsweise von *Hudgens* (1974) auf Lebensereignisse als „persönliche Katastrophen" (wie lebensbedrohende Krankheiten) vorgenommen. In einem anderen Ansatz wird die spezifische Charakterisierung des Bereichs, in dem Lebensereignisse eintreten, vorgenommen (*Dohrenwend* 1974, *Dohrenwend & Dohrenwend* 1974, 1977, *Lowenthal & Chiriboga* 1973). So unterscheiden *Dohrenwend* et al. (1978) zwischen Ereignissen, die in den meisten soziokulturellen Settings eintreten (z. B. Heirat, Geburt, Krankheit), und solchen, die für einzelne soziokulturelle Settings spezifisch sind (z. B. ökonomischer Ereigniszyklus im Leben, Ereignisse im Beruf oder in der Erziehung). Innerhalb jeder Subpopulation von Ereignissen können sich diese wiederum in einer Vielzahl von Merkmalen unterscheiden. Bei diesem Ansatz würde dann die Domäne von Lebensereignissen in einer Weise definiert, die *Cattells* (1966) Definition der „Persönlichkeitssphäre" ähnelt. Unter Rekurs auf diese Definition von Ereignispopulationen könnten dann mit Hilfe unterschiedlicher Selektionsstrategien feste, geschichtete oder randomisierte Ereignisstichproben zusammengestellt werden.

Aus der Perspektive der Entwicklungspsychologie der Lebensspanne können Lebensereignisse mindestens drei Klassen zugeordnet werden (z. B. *Baltes, Cornelius & Nesselroade* 1979, *Hultsch & Plemons* 1979). Zum ersten gibt es auf das Alter bezogene Lebensereignisse, die mit der ontogenetischen Entwicklung des Individuums korrespondieren und eine hohe Korrelation mit dem chronologischen Alter aufweisen. Solche Ereignisse (z. B. Heirat, Geburt eines Kindes, Schulanfang, Pubertät, Menopause, Eintritt in den Ruhestand) verleihen dem Lebenslauf und seinen Übergangsstadien seine Form. Der Eintritt einiger dieser Ereignisse beruht teilweise auf biologischen Faktoren und auf sozialen Normen (*Neugarten & Hagestad* 1976). Zum zweiten gibt es auf die historische Zeit bezogene Lebensereignisse, die mit biokulturellen Veränderungen einhergehen. Solche Ereignisse (z. B. Kriege, technologischer Wandel, ökonomische Krisen, Völkerwanderungen) differenzieren die Lebenskontexte unterschiedlicher Geburtskohorten. Zum dritten lassen sich non-normative Ereignisse nennen, die nur lose mit ontogenetischen oder soziokulturellen Veränderungen verbunden sind. Sie umfassen Lebensereignisse, die auf relativ kleine Gruppen einer Population begrenzt sind (z. B. Fluten, Dürrezeiten, temporäre Arbeitslosigkeit) oder die für einzelne Personen hinsichtlich ihres Zeitpunkts im Lebenslauf einzigartig sind (z. B. Scheidung, Tod des Ehegatten, beruflicher Aufstieg/Abstieg). Lebensereignisse können einer dieser drei Kategorien zugeordnet werden, indem man prüft, in welchem Maße sie mit chronologischem Alter, historischer Zeit oder Epoche kovariieren.

Um den Wert dieses Klassifikationsansatzes zu illustrieren, kann man auf die Unterschiede zwischen Altersgruppen oder die altersbezogenen Veränderungen in der Konfrontation mit kritischen Lebensereignissen verweisen. *Lowenthal, Thurnher & Chiriboga* (1975) berichten beispielsweise von Unterschieden zwischen jüngeren und älteren Erwachsenen in der Häufigkeit streßreicher Lebensereignisse innerhalb der dem Interview vorausgegangenen zehn Jahre. Im allgemeinen geben junge Erwachsene mehr streßreiche Lebensereignisse an als ältere Personen. Ebenso sind Altersunterschiede in der Art der Lebensereignisse bedeutsam. Zum Beispiel enthält eine für Kinder konstruierte Liste von Lebensereignissen (siehe *Yamamoto* 1979) eine Reihe von Ereignissen, die nur für dieses Alter typisch sind. Anhand einer anderen Altersgruppe zeigt *Rosow* (1973), daß Lebensereignisse, die von älteren Erwachsenen erfahren werden, mit größerer Wahrscheinlichkeit Verluste beinhalten sowie eine Minderung und Restriktion ihres sozialen Kontextes mit sich bringen.

Für jede dieser Klassen von Lebensereignissen (d. h. altersbezogene, zeitbezogene und non-normative) wurden weitere wesentliche Merkmale beschrieben. Hierbei wurde zwischen subjektiven und objektiven Ereignissen unterschieden (*Brown* 1974, *Hinkle* 1974, *Lowenthal & Chiriboga* 1973, *Thurlow* 1971), weiterhin zwischen Gewinn- und Verlustereignissen (*Dohrenwend* 1973a, *Lowenthal & Chiriboga* 1973), sowie zwischen Ereignissen, für deren Eintritt die Person selbst verantwortlich ist, und solchen, über die sie keine Kontrolle hat (*Brown, Sklair, Harris & Birley* 1973, *Dohrenwend* 1973b, *Lowenthal & Chiriboga* 1973) – um nur einige Beispiele zu nennen. *Dohrenwend* (1977) untersuchte z. B. das Ausmaß, in dem die Vorhersehbarkeit und Kontrollierbarkeit von Lebensereignissen als Merkmal der mit dem Ereignis konfrontierten Person oder als Merkmal des Ereignisses selbst darzustellen sind. Sie fand heraus, daß die Vorhersehbarkeit eines Ereignisses weitgehend durch Personfaktoren, die Kontrollierbarkeit des Ereignisses dagegen weitgehend durch Ereignisfaktoren bestimmt ist. Somit sind offenbar bestimmte Variablen, wie Kontrollierbarkeit von Ereignissen, eine Funktion der Art dieser Ereignisse selbst.

Neben der Klassifikation von Lebensereignissen nach ihrer Anbindung an das chronologische Alter oder die historische Zeit betont eine an der Lebensspanne orientierte Entwicklungspsychologie aber auch Veränderungsmuster in Ereignissen (z. B. Zeitpunkt innerhalb der Biographie, Sequenz, Dauer und Simultaneität von Lebensereignissen). Dies impliziert eine Beachtung des Zeitpunkts von Ereignissen innerhalb der Lebensspanne und des historischen Kontextes, in dem sie auftreten. Vor diesem Hintergrund besitzen Lebensereignisse nicht notwendigerweise uniforme Bedeutung. Der Zeitpunkt innerhalb der Lebensspanne, in dem ein Ereignis eintritt, ist womöglich wichtiger, als die Frage, ob es überhaupt eingetreten ist. Ein Beispiel hierfür ist die Untersuchung von *Elder* (1974) zur Wirkung der Weltwirtschaftskrise auf die berufliche Karriere von amerikanischen Männern, die dieses Ereignis zu verschiedenen Zeitpunkten in ihrem Lebenslauf erfahren hatten. Innerhalb der Mittelschicht waren jüngere Männer durch die Wirtschaftskrise stärker negativ betroffen als ältere. Jene hatten gerade ihre berufliche Karriere begonnen, während die älteren Männer bereits etabliert waren. Zu einem späteren Zeitpunkt zeigten die Männer, die die Wirtschaftskrise in frühen Jahren erlebt hatten, ein wesentlich höheres Maß an Instabilität ihres Berufsweges und andere Beeinträchtigungen als solche Männer, die die Wirtschaftskrise im höheren Alter erlebt hatten. Nach *Elder* war dieses Wirkungsmuster bei den Männern aus der Unterschicht umgekehrt: Ältere Männer waren danach durch das Ereignis der Weltwirtschaftskrise stärker negativ getroffen als Männer, die zum Zeitpunkt dieses Ereignisses noch jünger waren. Dies spiegelt das historische Muster der Altersbenachteiligung in ungelernten Berufen wieder.

Wann innerhalb der Lebensspanne Ereignisse eintreten, ist zum Teil durch soziale Normen bestimmt. Altersnormen definieren bestimmte Zeitpunkte für den Eintritt bestimmter Lebensereignisse, wie z. B. das Verlassen der Herkunftsfamilie, das Erreichen ökonomischer Unabhängigkeit, Heirat, Geburt von Kindern und Ruhestand (vgl. *Neugarten & Datan* 1973). Auf ihrem Weg durch den Lebenslauf wird Personen über ein informelles System von positiven und negativen Sanktionen vermittelt, ob sie bezogen auf bestimmte Lebensereignisse von diesen Altersnormen nach unten oder oben abweichen oder nicht. Wiederum sind aus entwicklungspsychologischer Perspektive nicht nur der Eintritt oder Nichteintritt eines Ereignisses, sondern auch seine zeitlichen Charakteristika entscheidend. *Hogans* (1978) Forschung betont beispielsweise die Bedeutung der zeitlichen Abfolge von Ereignissen im Lebenslauf. Er untersuchte die Effekte der verschiedenen Abfolge von drei Lebensereignissen, nämlich Beendigung der Ausbildung, Aufnahme einer Arbeit, erste Heirat. Seine Ergebnisse zeigen, daß eine non-normative Abfolge dieser Lebensereignisse (als normative Abfolge wurde festgelegt: Beendigung der Ausbildung, Aufnahme der Arbeit, erste Heirat) mit größerer Wahrscheinlichkeit zu ehelicher Instabilität zu einem späteren Zeitpunkt führt als die normative Abfolge. Gleichermaßen zeigen *Lowenthal, Thurnher & Chiriboga* (1975), daß Männer mittleren Alters, die nach eigenen Angaben für beruflichen Aufstieg schon „zu alt" gewesen seien, darin einen Hauptgrund für eine Verringerung ihrer Lebenszufriedenheit sehen. Dennoch ist bislang die empirische Evidenz für altersnormierte Erwartungen und Sanktionen über die Lebensspanne hinweg sehr gering (vgl. *Elder* 1977). Insbesondere wissen wir wenig über die Unterschiede in den Altersnormen zwischen verschiedenen, nach demographischen Merkmalen geordneten Gruppen, wie Geschlecht, Rasse, Wohngemeinde usw. Des weiteren werden sich Altersnormen und Sanktionen, wie sie von *Neugarten & Moore* (1968) beschrieben wurden, über die historische Zeit hinweg für verschiedene Kohorten unterschiedlich darstellen.

Schließlich gehen auch Veränderungsmuster in der Abfolge von Ereignissen über die Ebene des Einzelindividuums hinaus. So ist nicht allein die Abfolge und das Muster von Ereignissen in einem einzelnen Lebenszyklus wichtig, sondern auch die Art und Weise, in der diese Ereignisse mit den Lebensereignissen „signifikanter Anderer" interagieren (synchroner Verlauf). *Elder* (1977) hebt diesen Punkt im Zusammenhang mit dem Familienzyklus hervor, innerhalb dessen es beispielsweise häufig Probleme der zeitlichen Planung von Lebensereignissen gibt. So können Ereignisse im Frühstadium einer beruflichen Karriere mit Ereignissen, wie der Erziehung von Kindern, konfligieren. *Lowenthal, Thurnher & Chiriboga* (1975) berichten, daß gerade für Frauen solche Lebensereignisse, die im Leben signifikanter anderer Personen eintreten, besonders wichtig sein können.

Zusammenfassend läßt sich festhalten, daß ein an der Entwicklungspsychologie der Lebensspanne orientiertes Modell der Analyse von kritischen Lebensereignissen zwischen altersbezogenen, zeitbezogenen und non-normativen Klassen von Lebensereignissen und ihrer Interaktion über die Lebensspanne und die historische Zeit hinweg unterscheidet. Vor diesem Hintergrund muß den wesentlichen Merkmalen von Lebensereignissen (z. B. Erwünschtheit, Kontrollierbarkeit, Vorhersehbarkeit) und ihren zeitlichen Charakteristika (Zeitpunkt, Dauer, synchroner Verlauf) Beachtung zukommen. Mit Ausnahme von *Lowenthal & Chiriboga* (1973) haben nur wenige Autoren zwischen vergangenen, noch andauernden und für die Zukunft antizipierten Ereignissen unterschieden. Aus entwicklungspsychologischer Perspektive sind solche Unterscheidungen wesentlich (siehe *Baltes* 1973, *Bortner & Hultsch* 1974). Die angemessene Explikation des Konstrukts „Kritisches Lebensereignis" erfordert also die Spezifikation seiner qualitativen und zeitlichen Charakteristika, noch bevor Ansätze zu seiner Operationalisierung vorgeschlagen werden. Sofern ein Inventar zur Erfassung von kritischen Lebensereignissen konstruiert ist, besteht die nächste wichtige Aufgabe darin, typologische oder dimensionsanalytische Abbildungen des Konstrukts vorzunehmen.

3.1.3 Typologische und dimensionale Repräsentationen des Konstrukts „Kritisches Lebensereignis"

Merkmale von Lebensereignissen können in vielfacher Weise beachtet werden. In eindimensionalen Abbildungen von Lebensereignissen, wie sie etwa in den „life-change units" von *Holmes & Rahe* (1967) dargestellt werden, können Ereignismerkmale als Indexvariablen für Stichproben von Lebensereignissen aus einer Ereignispopulation dienen (vgl. *Dohrenwend* et al. 1978). In mehrdimensionalen Abbildungen können Ereignismerkmale entweder zur Erstellung von Ereignistypologien oder zur Beschreibung von allgemeinen Ereignisdimensionen, hinsichtlich derer sich Lebensereignisse unterscheiden, verwendet werden.

Eindimensionale Konstruktbildungen. Eindimensionale Konzeptualisierungen sind unausgesprochen in Untersuchungen enthalten, die den Effekt einzelner Ereignisse (z. B. Verwitwung, Scheidung, Eintritt in den Ruhestand) auf andere Merkmale prüfen oder die sich der Konstruktion von Omnibus- oder agglomerierten Messungen von Lebensereignissen widmen. Die Erforschung einzelner Lebensereignisse stellt den elementarsten Ansatz zur Konzeptualisierung von kritischen Lebensereignissen dar. Dieser Ansatz behandelt das Ereignis als eine Art „natürliches Treatment" und stützt sich auf quasi-experimentelle Forschungsdesigns, um Aussagen über die Effekte des Ereignisses machen zu können. Wie bei vielen anderen nicht-experimentellen Indexvariablen ist es oft schwer, jene Merkmale des Ereignisses zu spezifizieren, die für die Entstehung von Veränderungen verantwortlich gemacht werden können, bzw. zu unterscheiden zwischen den Auswirkungen des Ereignisses per se und anderen Variablen, die mit dem Ereignis korreliert sein mögen. Diese Probleme werden im folgenden Abschnitt über interne Validität aufgegriffen.

Omnibus- oder agglomerierte Messungen konzentrieren sich primär auf das Ausmaß von Streß oder von Verhaltensänderungen, die mit einem Lebensereignis einhergehen. Eindimensionalen Konstruktbildungen von Lebensereignissen liegt die Annahme zugrunde, daß andere Merkmale von Lebensereignissen unabhängig voneinander verteilt sind. Somit kann eine geschichtete oder randomisierte Erhebung von Lebensereignissen aus irgendeiner Ereignispopulation zur Selektion einer Ereignisstichprobe herangezogen und ein Merkmal dieser Ereignisstichprobe eindimensional skaliert werden. In Ansätzen, die auf eindimensionale Konstruktbildungen abzielen, ist das Problem der Ereignisstichprobe zentral. Andernfalls könnten sonst Beurteilungen des Ereignismerkmals, welches gerade untersucht wird, durch andere Ereignismerkmale beeinflußt werden (vgl. *Dohrenwend* et al. 1978). *Holmes & Rahe* (1967) haben eine eindimensionale Skala zur Erfassung von streßreichen Lebensereignissen entwickelt, die auf dem psychophysikalischen Prinzip der Größenschätzung beruht. Bei diesem Verfahren erhält ein bestimmter Zielstimulus einen festgesetzten Wert, und andere Stimuli müssen von Beurteilern in Relation zu diesem Zielstimulus eingeschätzt werden. Der so gewonnene mittlere Schätzwert für irgendeinen gegebenen Stimulus (hier: ein gegebenes Lebensereignis) wird dazu benutzt, die Streßbelastung anderer Ereignisse, die jeweils von einer

Person berichtet werden, zu indizieren. Aus der Summierung dieser Indizes wird für eine gegebene Zeitspanne ein sogenannter life-change-unit-Wert gewonnen. Solche Kennwerte können über verschiedene Zeitperioden hinweg gebildet werden und ergeben eine agglomerierte Messung der Streßbelastung, die mit den Lebensereignissen einhergeht. Die Wahrscheinlichkeit, daß verschiedene Effekte dieser Lebensereignisse beobachtbar werden, soll direkt mit der Höhe dieser Kennwerte variieren (vgl. *Holmes & Masuda* 1974). *Holmes & Masuda* (1974) betonen das hohe Maß an Übereinstimmung in den Beurteilungen verschiedener Personengruppen aus der ursprünglichen Skalierungsstudie der „Social Readjustment Rating Scale". Sie berichten von Übereinstimmungen zwischen Männern und Frauen in Höhe von .79, zwischen verschiedenen Altersgruppen von 30 bis 60 Jahren in Höhe von .92 bis .97 und zwischen Schwarzen und Weißen in Höhe von .82.

Gegenstand der Kritik an diesem Ansatz war vor allem die Behauptung, daß verschiedene Ereignisse im Hinblick auf ihre Streßbelastung für alle Personen identisch und das Ausmaß der mit ihnen einhergehenden Veränderungen in universeller Weise gegeben sei. Die über diese Skala errechneten life-change-unit-Werte stellen Mittelwerte aus subjektiven Einschätzungen dar, die die starke interindividuelle Variabilität zwischen den Beurteilern ignorieren (*Brown* 1974, *Rahe, Lundberg, Theorell & Bennett* 1971). Diese Variabilität macht die Verwendung von an Gruppen gewonnenen Skalierungsdaten problematisch, insbesondere im Falle kleiner Stichproben. Zur Lösung dieses Problems entwickelte *Rahe* (1974) das Verfahren der „subjective life-change-unit"-Skalierung. Dieselben Personen, die über ihre Lebensereignisse berichten und die Angaben zu ihren bisherigen Krankheiten machen, werden aufgefordert, das Ausmaß der mit den Ereignissen erlebnismäßig verbundenen Veränderungen in ihrem Leben einzuschätzen. Diese individuellen Veränderungskennwerte werden anstelle der Gruppenwerte verwendet, um die Bedeutung von Lebensereignissen anzugeben. *Rahe* (1974) berichtet, daß die subjektiven Veränderungs- bzw. Belastungswerte bessere Prädiktoren für spätere Krankheiten darstellen als die entsprechenden Kennwerte aus dem Gruppenskalierungsverfahren. Dennoch ist in einem retrospektiven Design, wie es auch *Rahe* (1974) anwendet, die Kenntnis der Folgen eines Ereignisses mit der Einschätzung des Ereignisses selbst konfundiert.

Brown (1974) tritt dafür ein, die Bedeutung von Lebensereignissen für das Einzelindividuum stärker zu berücksichtigen, und er entwickelte hierzu ein aufwendiges Interviewverfahren. In diesem Rahmen werden Lebensereignisse von der Person selbst beschrieben und zeitlich datiert. Sodann „füllt der Interviewer in möglichst frei fortschreitender Weise einen umfangreichen Fragenkatalog aus über die mit dem Ereignis verbundenen Umstände, über das, was zu dem Ereignis führte und was ihm folgte, sowie über Gefühle und Einstellungen im Umfeld des Ereignisses und seiner Umstände" (*Brown* 1974, 228). Auf diese Weise soll die Bedeutung eines Ereignisses für die Person und seine kontextuelle Einbettung erhellt werden. Anhand dieser Daten werden sodann für jedes Ereignis die Vorerfahrung und Vorbereitung auf das Ereignis, die unmittelbare Reaktion der Person, die Konsequenzen und Implikationen für die Person sowie mögliche Bedrohungen im Umfeld des

Ereignisses über Rating-Verfahren beurteilt. Die Beurteilung der möglichen Bedrohungen wird von Personen vorgenommen, die am Interview nicht beteiligt waren, ohne Berücksichtigung der Reaktionen der Betroffenen selbst. *Brown* berichtet, daß Messungen der langfristigen Bedrohungen im Umfeld des Ereignisses am besten den Ausbruch einer depressiven Erkrankung vorhersagen. Problematisch an dieser Methode ist ihre Komplexität und ihr idiosynkratischer Charakter. Das Verfahren ist in einer Weise von Interviewern und Beurteilern abhängig, daß die damit gewonnenen Befunde nicht vollständig replizierbar sind. Es muß somit expliziter gemacht werden, um für weitere Arbeiten nützlich zu sein.

Die Verfahren von *Holmes & Rahe* (1967), *Rahe* (1974) und *Brown* (1974) stellen Ansätze dar, eindimensional konzipierte Lebensereignisse zu operationalisieren. Aus unserer Sicht, wonach für die Datenerhebung verschiedene Verfahren wünschenswert sind, ist die Wahl nur einer dieser drei oder anderer Techniken (z. B. *Sarason* et al. 1978) nicht empfehlenswert. Multiple Meßverfahren und Methoden sind in der Tat vorzuziehen, und jede der drei beschriebenen Methoden ist mit Sicherheit noch zu verbessern. Die individuelle Varianz ist womöglich auch dadurch noch beträchtlich zu reduzieren, daß vollständige Beschreibungen der jeweiligen Lebensereignisse vorgegeben werden. So ist beispielsweise das Ereignis „Veränderung des Einkommens" (*Holmes & Rahe* 1967) danach zu differenzieren, ob damit eine Erhöhung oder Verringerung des Einkommens gemeint ist.

Mehrdimensionale Konstruktbildung. Es gab bislang nur wenige Versuche, kritische Lebensereignisse als mehrdimensionale Konstrukte darzustellen (z. B. *Redfield & Stone* 1979, *Ruch* 1977). Dennoch wurde darauf verwiesen, daß eine Reihe qualitativer und zeitlicher Merkmale von Lebensereignissen (z. B. Erwünschtheit, Kontrollierbarkeit, Zeitpunkt, Dauer) von Bedeutung seien. Auf dieser Grundlage könnte eine Taxonomie von Lebensereignissen erstellt werden, um Ereignisse mit ähnlichen Ereignischarakteristika zu ordnen. Eine brauchbare Alternative hierzu wäre es, Merkmale von Lebensereignissen dimensional zu repräsentieren und zu bestimmen, welche Zusammenhangsmuster zwischen Ereignischarakteristika bestehen.

Für eine multidimensionale Abbildung von Lebensereignissen kann eine dreidimensionale Datenmatrix (Personen × Ereignisse × Ereignischarakteristika) als typisch gelten, wobei eine Gruppe von Personen eine Reihe von Lebensereignissen hinsichtlich verschiedener Ereignischarakteristika einschätzt oder beurteilt. Obwohl Verfahren zur Analyse dreidimensionaler Datenmatrizen verfügbar sind (z. B. *Bentler & Lee* 1978, *Caroll & Wish* 1974), können dabei erhebliche Probleme mit der Datenmatrix selbst auftreten. Insbesondere ist die Frage der subjektiven vs. objektiven und retrospektiven vs. prospektiven Einschätzung von Lebensereignissen von Bedeutung. Wenn Personen nur Lebensereignisse einschätzen, die sie tatsächlich erlebt haben, kann die Menge der „fehlenden Daten" in einer dreidimensionalen Matrix zu hoch sein. So würden Analysen, die auch non-normative Ereignisse einschließen, eine Matrix mit sehr vielen „fehlenden Daten" erzeugen. Zudem ist auch hier das Problem zu sehen, daß die Kenntnis der Folgen eines Ereignisses mit der späteren Bewertung des Ereignisses konfundiert ist (z. B. *Dohrenwend* et al. 1978).

Die Erstellung einer Typologie von Lebensereignissen oder – alternativ hierzu – die Plazierung von Lebensereignissen in einem mehrdimensionalen Raum wird die kreative Anwendung multivariater Analysetechniken erfordern. Clusteranalyse, multidimensionale Skalierung, Faktorenanalyse (z. B. *Nesselroade* 1977) oder verschiedene Formen der Gittertechnik (z. B. *Fransella & Bannister* 1977) sind vielleicht fundamentale Analysemethoden, die sinnvoll zu diesem Zweck eingesetzt werden können. Die Wahl typologischer gegenüber dimensionalen Abbildungen von Lebensereignissen ist von theoretischen Präferenzen des Forschers ebenso abhängig wie von der Art und Weise, wie der Zusammenhang zwischen Lebensereignissen und Merkmalen der davon betroffenen Personen (z. B. Persönlichkeitscharakteristika, intellektuelle Fähigkeiten) erklärt werden soll. Entwicklungspsychologen müssen ihr Augenmerk also auf die Probleme der Äquivalenz von Messungen und der strukturellen Kontinuität bzw. Diskontinuität in solchen Abbildungen richten (z. B. *Baltes, Reese & Nesselroade* 1977). Obwohl beispielsweise altersbezogene Lebensereignisse per definitionem für verschiedene Altersgruppen unterschiedlich sind, können einige Dimensionen von Lebensereignissen relativ invariant für unterschiedliche Altergruppen sein, während andere sprunghafte Veränderungsmuster aufweisen. Identische Situationen oder Ereignisse erfordern auf der Verhaltensebene die Erhellung genotypischer Invarianz/Veränderung unter der Bedingung phänotypischer Diskontinuität (vgl. *Kagan* 1969, *Livson* 1973) oder die Erhellung struktureller Kontinuität/Diskontinuität unter der Bedingung phänotypischer Stabilität (vgl. *Cunningham* 1978, *Kagan* 1969).

Aus der Perspektive einer Entwicklungspsychologie der Lebensspanne sind zeitliche Charakteristika von Lebensereignissen mindestens ebenso wichtig wie qualitative. Bedauerlicherweise gibt es nur wenige Versuche, solche zeitlichen Charakteristika von Lebensereignissen strukturell abzubilden (vgl. *Hogan* 1978, *Modell, Furstenberg & Hershberger* 1977). Innerhalb der Entwicklungspsychologie wurden jedoch verschiedene Stufenmodelle von Entwicklungssequenzen vorgestellt (z. B. *Van den Daele* 1969, 1974, *Wohlwill* 1973). Wenn man Lebensereignisse als Zustände einer spezifischen Qualität betrachtet, die psychologischen Stufen sehr ähnlich sind, dann sind konzeptuelle Modelle qualitativer Veränderungen verfügbar (z. B. *Coan* 1966, *Loevinger* 1976, *Wohlwill* 1973), welche zur Bildung von Theorien über die Abfolge von Lebensereignissen führen können. Darüber hinaus gibt es verschiedene multivariate datenanalytische Methoden (z. B. Skalogrammanalyse, *Markov*-Kettenmodelle, Faktorenanalyse), die zur empirischen Analyse qualitativ-struktureller Modelle eingesetzt werden können. Einige dieser Methoden können dem schwer zu lösenden Problem der interindividuellen Unterschiede in der Abfolge oder Dauer qualitativer Zustände gerecht werden (z. B. *Singer & Spilerman* 1979). Die mehrdimensionale Abbildung von kritischen Lebensereignissen, die auf qualitativen und zeitlichen Ereignischarakteristika beruht, würde voraussichtlich die konzeptuell-theoretische Präzisierung von Lebensereignissen erhöhen. Die so gewonnenen Typologien oder Dimensionalitäten von Lebensereignissen sowie die qualitativen Veränderungsmodelle von Lebensereignissen selbst wären auf einem höheren Abstraktionsniveau angesiedelt als Einzelereignisse selbst oder Ereignischarakteristika. Die Konstruktion von multidimensionalen strukturellen Abbildungen von Lebensereignissen wird, so ist zu hoffen, die Theoriebildung innerhalb der Erforschung von Lebensereignissen fördern.

3.2 Interne Validität

Wie erwähnt, kennzeichnet interne Validität, in welchem Maße ein beobachteter Zusammenhang zwischen zwei Variablen kausaler Natur ist. Der Nachweis von Kausalbeziehungen ist ein Hauptproblem bei der Analyse von kritischen Lebensereignissen. In vielerlei Hinsicht ist die Kovariation von Lebensereignissen mit verschiedenen Folgen solcher Lebensereignisse beobachtbar (z. B. *Hultsch & Plemons* 1979).

Der Nachweis solcher globaler Beziehungen selbst ist jedoch von geringer theoretischer und praktischer Bedeutung. Ein Netzwerk von Antezedenz-Prozess-Konsequenz-Beziehungen ist nötig, um bestimmen zu können, welche Merkmale von Lebensereignissen welche Folgen unter welchen Bedingungen über welche Prozesse verursachen und welche Antezedentien über welche Prozesse zeitliche und qualitative Merkmale von Lebensereignissen beeinflussen. Eben diese komplexen Beziehungen sind mit Hilfe der bei der Analyse von Lebensereignissen typischerweise eingesetzten Korrelationsmethodologie nur schwer zu erhellen.

Die meisten einschlägigen Studien basieren auf retrospektiven Designs, bei denen kritische Lebensereignisse und ihre Folgen zeitlich vor der Datenerhebung liegen. In diesen Studien werden – in Abhängigkeit von der untersuchten Effektvariablen – mehrere oder nur einzelne Gruppen von Personen untersucht. Im ersten Falle werden Personengruppen mit bestimmten Charakteristika (z. B. physische Erkrankung) in die Studie aufgenommen, um retrospektive Angaben zu kritischen Lebensereignissen dieser Gruppe mit entsprechenden Informationen aus einer Kontrollgruppe zu vergleichen. Im zweiten Falle wird eine bestimmte Effektvariable (z. B. Lebenszufriedenheit) bei einer einzigen Personenstichprobe gemessen, und zugleich werden Informationen über kritische Lebensereignisse retrospektiv erhoben. Solche retrospektiven Designs mit Einzelgruppen werden oft dann verwendet, wenn die interessierende Effektvariable hinreichend hohe Varianz innerhalb der Untersuchungsgruppe aufweist.

In einigen wenigen Untersuchungen wurden prospektive Designs verwendet, wobei Personen, die mit bestimmten Lebensereignissen (z. B. Scheidung) konfrontiert sind, a priori identifiziert werden sollen. Diese Personen werden dann über die Zeit hinweg untersucht, und die relative Häufigkeit bestimmter Folgen dieses Ereignisses (z. B. physische Erkrankung) wird bestimmt. Noch seltener sind Längsschnittstudien, in denen sowohl die kritischen Lebensereignisse wie auch die Effektvariablen wiederholt erfaßt werden. Während beide Untersuchungsansätze die Verfolgung einer Personenstichprobe über eine längere Zeit beinhalten, konzentriert sich erstere auf die Erhellung interindividueller Unterschiede, letztere auf die Analyse intraindividuellen Wandels und der interindividuellen Differenzen im Ausmaß dieses intraindividuellen Wandels.

3.2.1 Validitätsminderung durch „Drittvariablen"

Alle bislang genannten Untersuchungsdesigns sind mit dem Problem der internen Validität konfrontiert. Am deutlichsten wird dies durch Faktoren bewirkt, die *Cook & Campbell* (1976) als historische Zeit und Reifung bezeichnet haben. Ersterer bezieht sich auf externe, letzterer auf interne Ereignisse, die während der gleichen Zeitspanne wie die interessierenden Lebensereignisse selbst eingetreten, jedoch von diesen unabhängig sind. Anstelle einer Kausalverknüpfung eines einzelnen Lebensereignisses mit einer Folgevariablen (X→O) kann somit eine dritte Variable oder ein Variablensystem sowohl mit dem einzelnen Lebensereignis wie auch mit der Folgevariablen in Beziehung stehen (X→Y→O). So kann beispielsweise der Eintritt eines kritischen Lebensereignisses wie auch die Lebenszufriedenheit eine Funktion äußerer Prozesse (z. B. technologischer Wandel) oder interner Vorgänge (z. B. Arteriosklerose) sein. Damit existieren eine Vielzahl plausibler Erklärungsalternativen, die eine gesicherte Kausalbeziehung zwischen Lebensereignissen und verschiedenen Effektvariablen gefährden. Andere Störvariablen – *Cook & Campbell* (1976) nennen hier beispielhaft Testungseffekte, statistische Regressionseffekte, Selektion und experimentelle Mortalität – können unter bestimmten Bedingungen die Gültigkeit der aus solchen Designs gewonnenen Befunde beeinträchtigen. Retrospektive Studien etwa, die sich auf den Vergleich einer klinischen Population mit einer Kontrollgruppe stützen, sind am ehesten durch Selektionsprobleme gefährdet. So können Unterschiede zwischen beiden Gruppen in der Häufigkeit kritischer Lebensereignisse wie auch in den erfaßten Effektvariablen auf Persönlichkeitsunterschiede zwischen den Personen beider Gruppen zurückzuführen sein (z. B. hohe vs. niedrige Ängstlichkeit). Längsschnittstudien werden bekanntlich am stärksten durch Testungseffekte und experimentelle Mortalität beeinträchtigt.

3.2.2 Kausalitätsrichtung

Die interne Validität solcher Untersuchungsdesigns wird ebenso durch ein Problem gemindert, das *Cook & Campbell* (1976, 228) als „die Mehrdeutigkeit der Kausalitätsrichtung" bezeichnen. Hierbei ist nicht von Interesse, ob die Beziehung zwischen Lebensereignis und Effektvariablen durch eine dritte Variable zustande kommt, sondern es wird gefragt, ob X die Variable O bedingt oder umgekehrt. Hier ist also die Unterscheidung zwischen Lebensereignis und den Folgen eines Lebensereignisses zu betrachten. Sowohl „subjektive" Ereignisse (z. B. sexuelle Schwierigkeiten in der Ehe) wie auch „objektive" Ereignisse (z. B. Scheidung) können einerseits als Konsequenzen, andererseits auch als Ursachen angesehen werden. Somit können bestimmte physische Krankheiten, klinische Auffälligkeiten usw. kritische Lebensereignisse ebenso erzeugen, wie dies umgekehrt möglich ist (vgl. *Costa & McCrae* 1980). In der Tat bemerkt *Hudgens* (1974), daß mehr als die Hälfte der in der Ereignisliste von *Holmes & Rahe* (1967) enthaltenen Lebensereignisse häufig Symptome oder Konsequenzen einer Krankheit darstellen.

Wie auch von anderen Autoren ausgeführt, setzt das Problem der Kausalitätsrichtung den Schlußfolgerungen, die man aus Korrelationen mit Lebensereignissen zieht, enge Grenzen (*Brown* 1974, *Dohrenwend* 1974, *Dohrenwend & Dohrenwend* 1977, *Lowenthal & Chiriboga* 1973). Diese Schwierigkeit betrifft alle eben diskutierten Untersuchungsdesigns, insbesondere die mit retrospektivem Charakter, für die die zeitliche Abfolge äußerst unklar ist. Prospektive oder Längsschnittstudien ermöglichen in höherem Maße die Bestimmung einer zeitlichen Abfolge, sie eliminieren aber nicht notwendigerweise das Problem. Das trifft insbesondere für die Analyse von Folgeerscheinungen zu, deren Entstehungsprozeß (z. B. im Zusammenhang mit psychiatrischen Erkankungen) von langer Dauer ist. Die wirkungsvollste Möglichkeit zur Überwindung dieser Schwierigkeiten ist das klassische Experiment (*Campbell & Stanley* 1966, *Cook & Campbell* 1976), aber solche Ansätze sind aus praktischen und ethischen Gründen in der Regel nicht einzusetzen. An ihre Stelle traten notwendigerweise quasiexperimentelle Designs wie die eben genannten, in denen die Manipulation der unabhängigen Variablen und eine zufallsbedingte Zuweisung zu verschiedenen Untersuchungsgruppen nicht vorgenommen wird. Die Effektivität quasi-experimenteller Designs in der Erforschung von kritischen Lebensereignissen wurde jedoch oft durch den Einsatz univariater deskriptiver Analysetechniken eingeschränkt. Diese liefern weder erschöpfende Hinweise auf das multiple Beziehungsnetz eines Konstruktes noch solche, die zur Bestimmung der Kausalbeziehungen zwischen Ereignissen und Folgevariablen geeignet sind. Letztere erfolgt beispielsweise häufig alleine auf der Grundlage von einfachen oder partiellen Korrelationskoeffizienten. Eine einfache Korrelation enthält aber keinerlei Information über die Richtung der Kausalität, die häufig empfohlene Strategie der Berechnung von Partialkorrelationen wurde ebenfalls als irreführend kritisiert (*Duncan* 1975).

Verfahren zur Konstruktion von Kausalmodellen (vgl. *Bentler* 1980, *Horn & McArdle* 1980), wie etwa die kreuzverzögerte Korrelationsanalyse (*Kenny* 1975, *Rogosa* 1979) und die Strukturgleichungsanalyse (*Duncan* 1975, *Jöreskog* 1975), stellen nützliche Alternativen zu rein deskriptiven Ansätzen dar, da sie die Formulierung von Kausalbeziehungen aus nichtexperimentellen Untersuchungsdesigns erlauben. So analysierte z. B. *Eaton* (1978) die aus Längsschnittstudien gewonnenen Daten über kritische Lebensereignisse und psychiatrische Symptome, die in den Jahren 1967 und 1969 mit Hilfe von Panel-Regressionsmodellen erhoben worden waren. Er zeigte, daß zu beiden Meßzeitpunkten die kritischen Lebensereignisse einen Einfluß auf die beobachteten Symptome hatten und daß diejenigen Ereignisse, die 1967 eingetreten waren, einen geringen direkten Effekt auf die Symptome, die 1969 erfaßt worden waren, besaßen. Der Autor interpretiert seine Befunde als Hinweis darauf, daß kritische Lebensereignisse bei den Personen, die eine ähnliche Streßbelastung niemals vorher erfahren haben, mit größerer Wahrscheinlichkeit zu Störungen führten als bei Personen mit einer entsprechenden Vorerfahrung.

Wesentlich für die angemessene Anwendung von Strukturgleichungsmodellen ist ein explizites Modell der zwischen den fraglichen Variablen angenommenen Kausalbeziehungen. Solche Modelle unterscheiden zwischen dem Aspekt der Messung einerseits und dem Aspekt der Kausalität andererseits. Der erste Aspekt beinhaltet die Erfassung einer latenten Variablen über multiple Messungen und steht in unmittelbarem Zusammenhang mit dem diskutierten Problem der Konstruktvalidität (vgl. *Bentler* 1978). Der zweite Aspekt betrifft das Gefüge von Kausal- und Korrelationsbeziehungen zwischen den latenten Variablen. In der rechnerischen Analyse wird sodann die Güte der Anpassung von beobachteten Daten an das hypothetische Modell überprüft. Ein Gegenstand dieser Analyse ist die vergleichende Bewertung verschiedener hypothetischer Modelle zum Zwecke der Eliminierung einer oder mehrerer konkurrierender Kausalannahmen. Dieser Ansatz erfordert eine klare Konzeption dessen, wie latente Variablen bzw. Konstrukte identifiziert werden müssen, und die Präzisierung der angenommenen Kausalbeziehungen. Der Einsatz solcher Verfahren ist zur Überprüfung theoriegeleiteter Modelle sinnvoller als zur Generierung von hypothetischen Kausalbeziehungen (vgl. *Bentler* 1980, *Rogosa* 1979).

Mit der Betonung individueller und kultureller Ereignisse und ihrer Interaktion über die Zeit wird schließlich der Einsatz von sequentiellen Untersuchungsdesigns nahegelegt (vgl. *Baltes* 1968, *Schaie* 1965, 1977). Sequenzmodelle, die die Analyse des intraindividuellen Wandels und der interindividuellen Unterschiede im Ausmaß dieses Wandels gestatten, sind sehr angemessen. Da es sich dabei um allgemeine Forschungsdesigns handelt (vgl. *Baltes, Cornelius & Nesselroade* 1979), ist ihr Nutzen nicht nur auf die Feststellung von Kohorten- und Alterseffekten beschränkt. Vielmehr stellt die Geburt nur eines der vielen Lebensereignisse dar, die zur Bestimmung einer „Ereigniskohorte" verwendet werden können. Ebenso stellt das chronologische Alter nur einen Spezialfall des „Ereignisalters" dar. So können beispielsweise unterschiedliche Kohorten anhand des Zeitpunktes ihrer ersten Eheschließung („Ehekohorten") und das „Ehealter" als Differenz zwischen Meßzeitpunkt und zugehöriger Ehekohorte definiert werden. Die Analyse einer „Ehekohorte" × „Ehealter"-Datenmatrix könnte so historische Differenzen zwischen Ehekohorten, Veränderungen innerhalb dieser Ehekohorten (z. B. dyadische Veränderungen, intraindividueller Wandel) und Unterschiede zwischen jeder Kohorte erhellen. Man sollte aber nicht übersehen, daß Sequenzmodelle im Prinzip deskriptiver Natur sind und Unterschiede zwischen Kohorten oder Veränderungen innerhalb von Kohorten nicht erklären, solange nicht zusätzliche Parameter aufgenommen werden (vgl. *Baltes, Cornelius & Nesselroade* 1979). Dennoch ermöglicht der Einsatz sequentieller Designs bei der Datenerhebung in Kombination mit Kausalmodell-Techniken bei der Datenanalyse eine relativ anspruchsvolle Strategie zur Untersuchung der Rolle von kritischen Lebensereignissen in der lebenslangen Entwicklung von Menschen.

Literatur

Antonovsky, A., Conceptual and methodological problems in the study of resistance resources and stressful life events. In: *Dohrenwend, B. S. & Dohrenwend, B. P.* (Hrsg.), Stressful life events. Their nature and effects. New York 1974, 245-259.

Antonovsky, A. & Kats, R., The life crisis history as a tool in epidemiological research. Journal of Heath and Social Behavior 8, 1967, 15-21.

Baltes, P. B., Longitudinal and cross-sectional sequences in the study of age and generation effects. Human Development 11, 1968, 145-171.

Baltes, P. B., Prototypical paradigms and questions in life-span research on development and aging. The Gerontologist 13, 1973, 458-467.

Baltes, P. B., Cornelius, S. W. & Nesselroade, J. R., Cohort effects in developmental psychology. In: *Nesselroade, J. R. & Baltes, P. B.* (Hrsg.), Longitudinal research in the study of behavior and development. New York 1979, 61-87.

Baltes, P. B., Reese, H. W. & Lipsitt, L. P., Life-span developmental psychology. Annual Review of Psychology. 31, 1980, 65-111.

Baltes, P. B., Reese, H. W. & Nesselroade, J. R., Life-span developmental psychology: Introduction to research methods. Monterey (Cal.) 1977.

Bentler, P. M., The interdependence of theory, methodology, and empirical data: Causal-modeling as an approach to construct validation. In: *Kandel, D. B.* (Hrsg.), Longitudinal research on drug abuse: Empirical findings and methodological issues. New York 1978.

Bentler, P. M., Multivariate analysis with latent variables. Causal modeling. Annual Review of Psychology 31, 1980, 419-457.

Bentler, P. M. & Lee, S. Y., Statistical aspects of a threemode factor analysis model. Psychometrica 43, 1978, 343-352.

Bortner, R. W. & Hultsch, D. F., Patterns of subjective deprivation in adulthood. Developmental Psychology 10, 1974, 534-545.

Brown, G. W., Meaning, measurement, and stress of life events. In: *Dohrenwend, B. S. & Dohrenwend, B. P.* (Hrsg.), Stressful life events: Their nature and effects. New York 1974, 217-245.

Brown, G. W. & Birley, J. L. T., Crisis and life changes and the onset of schizophrenia. Journal of Health and Social Behavior 9, 1968, 203-214.

Brown, G. W., Sklair, F., Harris, T. O. & Birley, J. T. L., Life events and psychiatric disorders. Part 1: Some methodological issues. Psychological Medicine 3, 1973, 74-87.

Campbell, D. T. & Fiske, D. W., Convergent and discriminant validation by the multitrait-multimethod matrix. Psychological Bulletin 56, 1959, 81-105.

Campbell, D. T. & Stanley, J. C., Experimental and quasiexperimental designs for research. Chicago 1966.

Caroll, J. D. & Wish, M., Models and methods for three-way multidimensional scaling. In: *Krantz, D. H., Atkinson, R. C., Luce, R. B. & Suppes, P.* (Hrsg.), Contemporary developments in mathematical psychology, Volume 2. San Francisco 1974, 57-106.

Cattell, R. B., The data book: Its ordering of total resources in terms of possible relational systems. In: *Cattell, R. B.* (Hrsg.), Handbook of multivariate experimental psychology. Chicago 1966, 67-129.

Coan, R. W., Child personality and developmental psychology. In: *Cattell, R. B.* (Hrsg.), Handbook of multivariate experimental psychology. Chicago 1966, 732-753.

Cochrane, R. & Robertson, A., The life events inventory: A measure of the relative severity of psycho-social stressors. Journal of Psychosomatic Research 17, 1973, 135-139.

Cook, T. C. & Campbell, D. T., The design and conduct of quasiexperiments and true experiments in field settings. In: *Dunnette, M. D.* (Hrsg.), Handbook of industrial and organizational research. Chicago 1976, 223-326.

Costa, P. T. & McCrae, R. R., Still stable after all these years: Personality as a key to some issues in adult development and aging. In: *Baltes, P. B. & Brim, O. G.* (Hrsg.), Life Span development and behavior, Volume 3. New York 1980, 65-102.

Cunningham, W. R., Principles for identifying structural differences: Some methodological issues related to comparative factor analysis. Journal of Gerontology 33, 1978, 82-86.
Datan, N. & Ginsberg, L. H. (Hrsg.), Life span developmental psychology: Normative life crisis. New York 1975.
Dohrenwend, B. P., Problems in defining and sampling the relevant population of stressful life events. In: *Dohrenwend, B. S. & Dohrenwend, B. P.* (Hrsg.), Stressful life events: Their nature and effects. New York 1974, 275-313.
Dohrenwend, B. P. & Dohrenwend, B. S., The conceptualization and measurement of stressful life events: An overview of the issues. In: *Strauss, I. S., Babigan, H. M. & Roff, M.* (Hrsg.), The origins and course of psychopathology: Methods of longitudinal research. New York 1977, 93-115.
Dohrenwend, B. S., Life events as stressors. A methodological inquiry. Journal of Health and Social Behavior 14, 1973, 167-175.
Dohrenwend, B. S., Social status and stressful life events. Journal of Personality and Social Psychology 28, 1973, 225-235.
Dohrenwend, B. S., Anticipation and control of stressful life events: An exploratory study. In: *Strauss, J. S., Babigian, H. M. & Roff, M.* (Hrsg.), Proceedings of conference on methods of longitudinal research in psychopathology. New York 1977, 135-187.
Dohrenwend, B. S. & Dohrenwend, B. P., Overviews and prospects for research on stressful life events. In: *Dohrenwend, B. S. & Dohrenwend, B. P.* (Hrsg.), Stressful life events: Their nature and effects. New York 1974, 313-333.
Dohrenwend, B. S., Krasnoff, L., Askenasy, A. R. & Dohrenwend, B. P., Exemplification of a method for scaling life events: The Peri Life Events Scale. Journal of Health and Social Behavior 19, 1978, 205-229.
Duncan, O. D., Introduction of structural equation models. New York 1975.
Eaton, W. W., Life events, social supports, and psychiatric symptoms: A reanalysis of the New Haven data. Journal of Health and Social Behavior 19, 1978, 230-234.
Elder, G. H. Jr., Children of the Great Depression. Chicago 1974.
Elder, G. H. Jr., Age differentiation and the life course. Annual Review of Sociology 1, 1975, 165-190.
Elder, G. H. Jr., Family history and the life course. Journal of Family History 2, 1977, 279-304.
Fransella, F. & Bannister, D., A manual for repertory grid technique. London 1977.
Hinkle, L. E. Jr., The effects of exposure of cultural change, social change, and changes in interpersonal relationships on health. In: *Dohrenwend, B. S. & Dohrenwend, B. P.* (Hrsg.), Stressful life events: Their nature and effects. New York, 1974, 9-45.
Hogan, D. P., The variable order of events in the life course. American Sociological Review 43, 1978, 573-586.
Holmes, T. H. & Masuda, M., Life change and illness susceptibility. In: *Dohrenwend, B. S. & Dohrenwend B. P.* (Hrsg.), Stressful life events: Their nature and effects. New York 1974, 45-73.
Holmes, T. H. & Rahe, R. H., The Social Readjustment Rating Scale. Journal of Psychosomatic Research 11, 1967, 213-218.
Horn, J. L. & McArdle, J. J., Perspectives on mathematical/statistical model building (*Masmob*) in research on aging. In: *Poon, L. F.* (Hrsg.), Aging in the 1980s: Selected contemporary issues in the psychology of aging. American Psychological Association, Washington (D.C.) 1980 (im Druck).
Hudgens, R. W., Personal catastrophe and depression: A consideration of the subject with respect to medically ill adolescents, and a requiem for retrospective life-event studies. In: *Dohrenwend, B. S. & Dohrenwend, B. P.* (Hrsg.), Stressful life events: Their nature and effects. New York 1974, 119-135.
Hultsch, D. F. & Plemons, J. K., Life events and life-span development. In: *Baltes, P. B. & Brim, O. G. Jr.* (Hrsg.), Life span development and behavior, Volume 2. New York 1979, 1-38.

Jarvik, L. F., Bennett, R. & Blumner, B., Design of a comprehensive life history interview schedule. In: *Jarvik, L. F., Eisdorfer, C. & Blum, J. E.* (Hrsg.), Intellectual functioning in adults: Psychological and biological influences. New York 1973, 127-137.

Jöreskog, K. G., Statistical estimation of structural models in longitudinal-development investigations. In: *Nesselroade, J. R. & Baltes, P. B.* (Hrsg.), Longitudinal research in the study of behavior and development. New York 1979, 303-351.

Kagan, J., The three faces of continuity in human development. In: *Goslin, D. A.* (Hrsg.), Handbook of socialization theory and research. Chicago 1969, 983-1005.

Kenny, D. A., Cross-lagged panel correlation: A test for spuriousness. Psychological Bulletin 82, 1975, 887-903.

Livson, N., Developmental dimensions of personality: A life-span formulation. In: *Baltes, P. B. & Schaie, K. W.* (Hrsg.), Life-span developmental psychology: Personality and socialization. New York 1973, 98-124.

Loevinger, J., Ego-development: Conceptions and theories. San Francisco 1976.

Lowenthal, M. F. & Chiriboga, D., Social stress and adaptation: Toward a life-course perspective. In: *Eisdorfer, C. & Lawton, M. P.* (Hrsg.), The psychology of adult development and aging. Washington 1973, 281-311.

Lowenthal, M. F., Thurnher, M. & Chiriboga, D., Four stages of life. San Francisco 1975.

Modell, J., Furstenberg, F. F. Jr., Hershberger, T., Social change and transitions to adulthood in historical perspective. Journal of Family History 1, 1976, 7-32.

Murphy, G. E., Robins, E., Kuhn, N. O. & Christenson, R. F., Stress, sickness, and psychiatric disorder in a „normal" population: A study of 101 young women. Journal of Nervous and Mental Disease 134, 1962, 228-235.

Myers, J. L., Lindenthal, J. J., Pepper, M. P. & Ostrander, D. L., Life events and mental status: A longitudinal study. Journal of Health and Social Behavior 13, 1972, 398-406.

Nesselroade, J. R., Issues in studying developmental change in adults from a multivariate perspective. In: *Birren, J. E. & Schaie, K. W.* (Hrsg.), Handbook of the psychology of aging. New York 1977, 59-70.

Neugarten, B. L. & Datan, N., Sociological perspectives on the life cycle. In: *Baltes, P. B. & Schaie, K. W.* (Hrsg.), Life-span developmental psychology: Personality and socialization. New York 1973, 53-72.

Neugarten, B. L. & Hagestad, G. O., Age and the life course. In: *Binstock, R. H. & Shanas, E.* (Hrsg.), Handbook of aging and the social sciences. New York 1976, 35-58.

Neugarten, B. L. & Moore, J. W., The changing age-status system. In: *Neugarten, B. L.* (Hrsg.), Middle age and aging. Chicago 1968, 5-22.

Rabkin, J. G. & Struening, E. L., Life events, stress, and illness. Science 194, 1976, 1013-1020.

Rahe, R. H., Lundberg, U., Theorell, T. & Bennett, L. K., The Social Readjustment Rating Scale: reports: Representative results and methodological issues. In: *Dohrenwend, B. S. & Dohrenwend, B. P.* (Hrsg.), Stressful life events: Their nature and effects. New York 1974, 73-87.

Rahe, R. H., Lundberg, U., Theorell, T. & Bennett, L. K., The social readjustment rating scale: A comparative study of Swedes and Americans. Journal of Psychosomatic Research 15, 1971, 241-249.

Redfield, J. & Stone, A., Individual viewpoints of stressful life events. Journal of Consulting and Clinical Psychology 47, 1979, 147-154.

Rogosa, D., Causal models in longitudinal research: Rationale, formulation and interpretation. In: *Nesselroade, J. R. & Baltes, P. B.* (Hrsg.), Longitudinal research in the study of behavior and development. New York 1979, 283-302.

Rosow, I., The social context of the aging self. The Gerontologist 13, 1973, 82-87.

Ruch, L. O., A multidimensional analysis of the concept of life change. Journal of Consulting and Clinical Psychology 47, 1979, 147-154.

Sarason, I. G., Johnson, J. H. & Siegel, J. M., Assessing the impact of life changes: Development of the life experiences survey. Journal of Consulting and Clinical Psychology 46, 1978, 932-946.

Schaie, K. W., A general model for the study of developmental problems. Psychological Bulletin 64, 1965, 92-107.

Schaie, K. W., Quasi-experimental research designs in the psychology of aging. In: *Birren, J. E. & Schaie, K. W.* (Hrsg.), Handbook of the psychology of aging. New York 1977, 39-59.

Singer, B. & Spilerman, S., Mathematical representations of development theories. In: *Nesselroade, J. R. & Baltes, P. B.* (Hrsg.), Longitudinal research in the study of behavior and development. New York 1979, 155-177.

Thurlow, H. J., Illness in relation of life situation and sick-role tendency. Journal of Psychosomatic Research 15, 1971, 73-88.

Van den Daele, L. D., Qualitative models in developmental analysis. Developmental Psychology 1, 1969, 303-310.

Van den Daele, L. D., Infrastructure and transition in developmental analysis. Human Development 17, 1974, 1-23.

Wohlwill, J. F., The study of behavioral development. New York 1973.

Yamamoto, K., Children's ratings of the stressfulness of experiences. Developmental Psychology 15, 1979, 582-582.

II Formen und Merkmale kritischer Lebensereignisse

Mit der Formulierung und Abgrenzung des Forschungsbereiches, wie es im vorliegenden Sammelband versucht wird, wird zunächst der Varianten- und Facettenreichtum kritischer Lebensereignisse vernachlässigt und ein scheinbar homogener Bereich vorgestellt. Zentrales Thema der folgenden Beiträge ist es hingegen, Formen und Merkmale von kritischen Lebensereignissen unter verschiedenen Blickwinkeln darzustellen, zu differenzieren und exemplarisch zu verdeutlichen.

Sigrun-Heide Filipp und *Walter Braukmann* geben in Kapitel 4 einen Überblick über die in der Literatur gebräuchlichen „Ereignislisten", deren vergleichende Betrachtung erkennen läßt, wie groß die Unterschiede in der Konzeptualisierung kritischer Lebensereignisse und in der Berücksichtigung einzelner Ereignismerkmale sind.

Horst Gräser, Helmut Esser und *Helmut Saile* beschäftigen sich im Kapitel 5 mit den subjektiven Formen der Wahrnehmung und Einschätzung von Lebensereignissen und lenken damit das Augenmerk auf einen bislang eher vernachlässigten Forschungsaspekt. Die Autoren berichten über zwei Studien, in denen sie Einschätzungen von Lebensereignissen mit Hilfe unterschiedlicher Analysemodelle differenziert haben. Anhand ihrer Befunde verweisen sie auf die Notwendigkeit, innerhalb der Lebensereignisforschung den globalen Ansatz endgültig aufzugeben und stärker differentialpsychologische Aspekte zu betonen.

Erhard Olbrich thematisiert in Kapitel 6 normative Übergange im menschlichen Lebenslauf, die als eine spezifische Klasse von Lebensereignissen verstanden werden können. Er stellt exemplarisch zwei Übergangsperioden dar (Menopause, Jugendalter) und setzt sich ausführlich mit der Frage auseinander, wie Entwicklung und Krisenbewältigung in solchen Übergangsperioden gelingen.

Manfred Fischer und *Ulrike Fischer* behandeln in Kapitel 7 ein spezifisches kritisches Lebensereignis, nämlich den Wohnortwechsel und Verlust der Ortsidentität, welches paradigmatisch für non-normative Lebenskrisen stehen soll. Auf der Grundlage einer Vielfalt von Befunden aus der ökopsychologischen Forschung elaborieren die Autoren jene Faktoren, die für das Gelingen oder Mißlingen von Ablöse- und Anpassungsprozessen, wie sie bei jedem Wohnortwechsel erforderlich sind, verantwortlich gemacht werden können. Wie für andere Lebensereignisse gilt auch hier, daß das Spektrum der psychosozialen Auswirkungen eines Wohnortwechsels noch keineswegs erforscht zu sein scheint.

4 Verfahren zur Erfassung kritischer Lebensereignisse: Eine Übersicht

Sigrun-Heide Filipp und Walter Braukmann

In den vorangegangenen Beiträgen dieses Bandes *(Filipp, Hultsch & Cornelius, Petermann)* wurden die Erfassung von kritischen Lebensereignissen sowie Versuche der Quantifizierung wesentlicher Ereignisparameter aus unterschiedlicher Perspektive und mit unterschiedlicher Akzentsetzung problematisiert. Auch andernorts wurden zwischenzeitlich viele Arbeiten vorgelegt, die Methodenproblemen in der Erforschung kritischer Lebensereignisse gewidmet sind (*Dohrenwend & Dohrenwend* 1978, 1979, *Hough, Fairbank & Garcia* 1976, *Katschnig* 1980, *Rabkin & Struening* 1976, *Stegie* 1980).

Es erscheint uns an dieser Stelle nicht erforderlich, die in diesen Arbeiten formulierten kritischen und teilweise konstruktiven Einwände gegen das methodische Vorgehen in der Erforschung kritischer Lebensereignisse auch nur näherungsweise wiederzugeben. Im Zentrum unserer Ausführungen sollen die Instrumente stehen, die als sogenannte „Ereignis-Listen" in der Forschung zum Einsatz gelangt sind, mit dem Ziel, dem interessierten Leser einen Überblick über diese Verfahren zu liefern. Dieser Zielsetzung entsprechend mag es genügen, wenn im folgenden diese Instrumente tabellarisch aufgeführt und weitgehend unkommentiert dargestellt werden. Die zwischen den einzelnen Erhebungsinstrumenten bestehenden wesentlichen Unterschiede liegen in der Anzahl der aufgenommenen Ereignisse, in der Differenzierung nach berücksichtigten Ereignisklassen, in der Art der erfaßten Ereignisparameter und ihrer Spezifikation, in der Art der Quantifizierung von Ereigniskennwerten und ggf. in der Spezifikation der Personenstichproben, bei denen diese Ereignis-Listen zur Anwendung gelangen sollen. Diese differenzierenden Gesichtspunkte sind in der Übersicht in Tabelle 4.1 als Tabellenspalten enthalten und sollen im folgenden noch kurz erläutert werden.

In der ersten Spalte befinden sich die Quellenangaben zu den einzelnen Erhebungsinstrumenten; wir haben uns dabei vorwiegend auf jene Arbeiten bezogen, in denen das entsprechende Verfahren entweder erstmalig vorgestellt und/oder besonders ausführlich kommentiert ist. Die Arbeiten sind chronologisch geordnet, wobei wir auch einige bislang nicht veröffentlichte Angaben berücksichtigt haben. Insbesondere für die im Rahmen dieser Arbeiten entwickelten Verfahren gilt, daß sie sich noch im Erprobungsstadium befinden und eine endgültige Fassung noch aussteht.

In der zweiten Spalte sind die in der Literatur eingeführten Bezeichnungen der einzelnen Erhebungsinstrumente aufgeführt. Insgesamt vier Verfahren sind nicht näher bezeichnet worden (*Myjer, Mirowksy & Wheaton* 1979, *Mummendey & Sturm* 1980, *Paykel, Prusoff & Uhlenhuth* 1971, *Weinstein* 1980). Die „Social Readjustment Rating Scale" und die „Schedule of Recent Experience" sind Verfahren, die ursprünglich aus dem in der Literatur oft genannten „Social Readjustment Rating Questionnaire (SRRQ)" von *Holmes & Rahe* (1967) abgeleitet wurden. Dieses Verfahren ist hier nicht mehr genannt, da es lediglich eine Itemsammlung und Konstruktionsgrundlage für diese beiden Verfahren darstellte.

In der dritten Spalte ist die Anzahl der in den jeweiligen Instrumenten aufgeführten Lebensereignisse enthalten. Bei einigen Verfahren (*Brown* 1974, *Cottle* 1968, *Filipp, Braukmann, Ahammer, Angleitner & Olbrich* 1980) wird auf die Vorgabe bestimmter Lebensereignisse verzichtet: Die Aufgabe der Probanden besteht darin, subjektiv bedeutsame Lebensereignisse selbst zu generieren bzw. zu rekognizieren. Im Vergleich zu den Anfängen der Erforschung kritischer Lebensereignisse zeigen die neueren Verfahren in der Regel eine größere Anzahl an Ereignissen, was u. a. darauf zurückzuführen ist, daß man Lebensereignisse zunehmend spezifischer formuliert und den ursprünglich großen Interpretationsspielraum zu verringern sucht. Bei anderen Verfahren ist wiederum wegen der Spezifität der untersuchten Personenstichprobe die Anzahl der Ereignisse eher gering (*Amster & Krauss* 1974).

In der vierten Spalte ist aufgeführt, ob in den einzelnen Erhebungsinstrumenten eine a priori-Differenzierung nach Ereignisklassen vorgenommen wird und ggf. welcher Art diese ist. Diese thematischen Differenzierungen sind teilweise sehr unterschiedlich und in ihrer Ableitung und Zielsetzung nicht immer begründet. Bei den meisten Verfahren wird jedoch eine solche Differenzierung nicht vorgenommen; bei manchen erscheint sie redundant, weil die Instrumente selbst populationsspezifische Verwendung finden. Die Kategorisierung der Lebensereignisse haben wir nur dann aufgeführt, wenn sie von dem/den jeweiligen Autor(en) explizit vorgenommen worden war. A priori-Unterteilungen von Lebensereignissen wurden vorwiegend unter folgenden Aspekten durchgeführt. Es erfolgte eine Trennung 1. nach altersnormierten, non-normativen und historischen Ereignissen, 2. nach für Geschlechter oder Altersgruppen spezifischen Ereignissen, 3. nach universellen vs. kulturspezifischen Ereignissen und 4. nach inhaltlich-thematischen Aspekten bzw. Lebens- und Rollenbereichen (Spalten 1 bis 4). Sofern die Erhebungsinstrumente im Rahmen epidemiologischer Fragestellungen eingesetzt wurden, ist die Differenzierung danach, inwieweit ein Lebensereignis mit der psychischen und/oder physischen Verfassung des Individuums konfundiert ist, nicht unwesentlich (z. B. *Brown* 1974, *Dohrenwend, Askenasy, Krasnoff & Dohrenwend* 1978).

In Spalte 5 ist die Art der Ereignisparameter genannt, wobei wir hier auf die bei *Filipp* (in diesem Band) näher erläuterte Differenzierung nach objektiven, objektivierten und subjektiven Ereignismerkmalen zurückgegriffen haben.

In Spalte 6 ist angegeben, inwieweit jeweils Ereignischarakteristika von den einzelnen Autoren näher spezifiziert worden sind; auch hierzu ist auf die ausführliche Darstellung bei *Filipp* (in diesem Band) zu verweisen. Innerhalb der Gruppe der objektivierten Ereignisparameter haben wir die Begriffe „Wiederanpassungswert", „Belastungswert", „Neuanpassungswert" und „Grad der Lebensveränderung" synonym verwendet, da die in der Literatur vorfindbare Unterschiedlichkeit in der Terminologie keine Entsprechung in der operationalen Definition dieser Kennwerte besitzt. Lediglich *Brown* (1974) beschreibt mit seiner detaillierten Beschreibung des

Konzeptes der „Bedrohung" einen anderen Weg, weil er auf der Grundlage ausführlicher Interviews zu Lebensereignissen die Interviewer den Bedrohungsgehalt von Lebensereignissen unter Beachtung des jeweiligen Ereigniskontextes skalieren läßt. Wie die tabellarische Übersicht zeigt, werden bislang vorwiegend objektive und objektivierte Ereignisparameter berücksichtigt; Aspekte der subjektiven Zuschreibung von Merkmalen zu Ereignissen bleiben weitgehend außer acht.

Auch bei Inspektion der Spalte 7 zeigt sich, daß die Kennwerte, mit denen vorzugsweise gearbeitet wird, als überindividuell verbindlich betrachtet werden und sich zumeist auf die Veränderungsrate, die Wiederanpassungswerte etc. beziehen. Die einzelnen Verfahren unterscheiden sich vor allem darin, ob über die den jeweils berichteten Ereignissen zugeordneten Werte ein gewichteter oder ungewichteter Summenwert gebildet wird und ob eine oder mehrere Ereignisdimensionen Beachtung finden. Eine andere Unterscheidung liegt auch in der Dehnung der Zeitspanne, bezüglich derer von den Probanden Berichte über Lebensereignisse gefordert werden: Diese Zeitspanne schwankt zwischen sechs Monaten und der gesamten Lebensspanne.

In der Spalte 8 sind Merkmale der Personenpopulation beschrieben, auf die das jeweilige Verfahren zugeschnitten ist und/oder an der es zum Einsatz gelangt ist. Im Rahmen epidemiologischer Fragestellungen wurden meist klinische Populationen als Zielstichprobe gewählt. Teilweise wurden solche Stichproben lediglich zur Bestimmung der Ereigniskennwerte (i. S. objektivierter Ereignisparameter) herangezogen, mit der Absicht, diese Kennwerte sodann für andere Studien an anderen Populationen zu verwenden (z. B. *Cochrane & Robertson* 1973). Andere Verfahren zielen speziell auf die Erfassung von Lebensereignissen einer spezifischen Population, z. B. einer studentischen Population bei *Costatini* et al. (1974) ab. Das Verfahren von *Amster & Krauss* (1974) enthält vorwiegend solche Lebensereignisse, die im höheren Erwachsenenalter wahrscheinlich werden, während *Hibler* (1975) sich auf für Kinder typische Lebensereignisse beschränkt. Die im Rahmen unserer Projektgruppe erarbeiteten Ereignislisten sind auf männliche Probanden unterschiedlicher Geburtenjahrgänge zugeschnitten und enthalten somit Ereignisse, die prinzipiell die gesamte Lebensspanne repräsentieren können. Ein ähnliches Vorgehen wählten auch *Antonovsky & Kats* (1974).

In der Spalte 9 sind Besonderheiten vermerkt, die außerhalb der spaltenweisen Systematik erwähnenswert scheinen. Entsprechend groß ist die Heterogenität dieser Anmerkungen, indem z. T. Unterschiede in der theoretischen Orientierung und der Zielsetzung der einzelnen Autoren wiedergegeben sind, z. T. auch methodische und operationale Besonderheiten bei der Konstruktion, bei dem Einsatz und der Auswertung des Verfahrens erwähnt werden. Besonders erwähnt wird, wenn mittels der Ereignis-Listen auch prospektive Einschätzungen zu Eintritt und Qualität von Lebensereignissen erhoben werden und/oder retrospektive Berichte aus unterschiedlichen Zeitperspektiven gefordert werden.

Bei Inspektion der in der Übersicht enthaltenen Verfahren drängt sich die keineswegs neue Frage auf, ob und in welchem Maße mit der Vorgabe standardisierter Instrumente zur Erfassung kritischer Lebensereignisse den idiosynkratischen Formen der Wahrnehmung, Interpretation und Bewältigung von Lebensereignissen überhaupt angemessen Rechnung getragen werden kann. Die Ökonomie einer „nomothetischen Ereignisforschung" ist bestechend und die Versuchung, von einfachen Kennwerten ausgehend Vorhersagen für die unterschiedlichsten Phänomene zu formulieren, ist groß. Solange wir keine (Entwicklungs-)Theorie der Konfrontation und Auseinandersetzung mit sowie Bewältigung von kritischen Lebensereignissen haben, in der die Trias „Person, Situationskontext und Lebensereignis" in ihrem Beziehungsgefüge konzeptualisiert und dieses Gefüge in seiner Variabilität über die Zeit beschrieben ist, können die hier dargestellten Verfahren nur – in mehr oder minder hohem Maße – als Hilfsmittel bei der Konstruktion einer solchen Theorie dienen.

Tabelle 4.1. Übersicht über Ereignislisten.

Quelle	Bezeichnung des Erhebungsinstruments	Anzahl der Ereignisse	Differenzierung nach Ereignisklassen	Art der Ereignisparameter
Holmes & Rahe (1967)	Social Readjustment Rating Scale (SRRS)	43	keine	objektiviert
Holmes & Rahe (1967)	Schedule of Recent Experience (SRE)	43	keine	objektiv objektiviert
Antonovsky & Kats (1967)	Life Crisis History (LCH)	30	1. Physikalische Traumata 2. Umweltveränderungen 3. Veränderungen in primären interpersonellen Beziehungen 4. Statusveränderungen	objektiv objektiviert
Cottle (1968)	Experiental Inventory (EI)	nicht vorgegeben; max. zehn frei generierte Ereignisse	keine	subjektiv
Paykel, Prusoff & Uhlenhuth (1971)	nicht näher bezeichnet	61	keine	objektiv objektiviert
Cochrane, Robertson (1973)	Life Events Inventory (LEI)	55	1. Universelle Ereignisse 2. Ereignisse, die Verheiratete betreffen 3. Ereignisse, die Nicht-Verheiratete betreffen	objektiv objektiviert
Costatini, Braun, Davis & Iervolino (1974)	Life Change Inventory (LCI)	50	keine – nur populationsspezifiziert	objektiv objektiviert

Spezifikation der Ereignisparameter	Kennwerte	Stichprobenmerkmale	Besonderheiten Bemerkungen
differentielle Gewichtung nach Grad der Lebensveränderung standardisierte Neuanpassungswerte pro Ereignis	differentielle Neuanpassungswerte für Ereignisse (Life Change Units)	Raterversion Zielgruppe: Erwachsenenpopulation	Rangreihe der Ereignisse nach Höhe der Neuanpassungswerte
Ereigniseintritt standardisierte Neuanpassungswerte pro Ereignis	Summenscores der Neuanpassungswerte für Ereignisse aus einem festgelegten Zeitintervall	Probandenversion Zielgruppe: Erwachsenenpopulation	hinsichtlich der aufgeführten Lebensereignisse identisch mit dem SRRS
1. Anzahl der Ereignisse 2. Alter zum Zeitpunkt des Ereignisses 3. Zeitliche Dichtezentren von Ereignissen 4. Schwere der Ereignisse 5. Festlegen sog. gravierender Ereignisse	Summenscore für Schwere aller Lebensereignisse Subscore für die vier Ereignisklassen Summenscores der gravierenden Lebensereignisse Subscores für die vier Ereignisklassen Summenscores für zeitliche Dichtezentren	Probandenversion (für alle Altersgruppen verwendbar)	teilweise sehr kulturspezifische Ereignisse Pretest-Interview bei der Ermittlung des Krisenwerts werden alle Ereignisse aus der bisherigen Lebensgeschichte einbezogen
Zeitorientierung	Anzahl von Ereignisse in fünf vordefinierten Zeitzonen	Zielgruppe: Erwachsenenpopulation	inhaltsanalytische Auswertung nach *Cottle, Pleck & Kakar* (1968)
Eintritt, Häufigkeit Beunruhigung 1. Erwünschtheit 2. Verlust vs. Gewinn 3. Interpersonelle Konflikte 4. Kontrollierbarkeit	Beunruhigungswerte (upsettingness)	Klientenstichprobe als Raterpopulation	(siehe auch *Paykel* 1979) bei depressiven Klienten multidimensionale Betrachtung der Ereignisse
Ereigniseintritt Neuanpassungswerte	Summenscores der Neuanpassungswerte für eingetretene Ereignisse aus einem festgelegten Zeitintervall	Zielgruppe: Erwachsenenpopulation	Modifizierte Form der SRRS; Scores gewonnen über drei unabhängige Raterstichproben
Eintritt und Häufigkeit von Ereignissen standardisierte Neuanpassungswerte pro Ereignis	Summenscore der Neuanpassungswerte	Zielgruppe: Studentenpopulation	Ein-Jahres-Intervall zur Hälfte stichprobenspezifische Ereignisse

Fortsetzung Tabelle 4.1.

Quelle	Bezeichnung des Erhebungsinstruments	Anzahl der Ereignisse	Differenzierung nach Ereignisklassen	Art der Ereignisparameter
Amster & Krauss (1974)	Geriatric Social Readjustment Questionnaire (GSRQ)	35	keine	objektiv objektiviert
Brown (1974)	Structured Events Questionnaire (SEQ) Life Event Schedule (LES)	keine Ereignisvorgabe	konfundiert oder nicht konfundiert mit der psychischen Störung	subjektiv objektiviert
Hibler (1975)	Life Event Record	39	nicht bekannt	objektiv subjektiv
Tennant & Andrews (1976)	Life Events Inventory	67	nach acht Lebensbereichen geschlechtsspezifisch nach Familienstand	objektiviert
Sarason, Johnson & Siegel (1978)	Life Experiences Survey (LES)	57	1. Universale Ereignisse 2. Populationsspezifische Ereignisse (Akademische Umwelt)	objektiv subjektiv
Dohrenwend, Askenasy, Krasnoff & Dohrenwend (1978)	PERI Life Events Scale (PERI-LES)	102	universale vs. kulturspezifische Ereignisse aus elf Lebensbereichen	objektiviert
Myjer, Mirowsky II & Wheaton (1979)	nicht näher bezeichnet	95	1. universal 2. kulturspezifisch	objektiviert
Mummendey & Sturm (1980)	nicht näher bezeichnet	18	Ereignisse aus drei Lebensbereichen: 1. persönlicher Bereich 2. Beruf 3. Freizeit	objektiv

Spezifikation des Ereignisparameter	Kennwerte	Stichprobenmerkmale	Besonderheiten
Eintritt und Häufigkeit von Ereignissen Neuanpassungswerte	gewichtete Neuanpassungswerte summativer Neuanpassungswert	heterogene Raterpopulation bei der Kennwertbestimmung Zielgruppe: ältere Menschen	Das Erhebungsinstrument wird von Angehörigen ausgefüllt und bezieht sich auf Ereignisse aus einem Zehn-Jahres-Zeitraum
Ereignisse, die chronische Schwierigkeiten darstellen Ausmaß der Umweltbedrohung und Lebensveränderung	objektivierter Kennwert von „Bedrohung"	Patientenpopulation Interviewer	Kennwerte werden über ein strukturiertes Interview bestimmt präzise Beschreibung der Ereignisse Unterscheidung nach: – Auslösewirkung – Formierungswirkung – Vorrückzeit
Eintritt, Häufigkeit affektive Qualität	Anzahl von Lebensereignissen	Zielgruppe: Kinder	
Grad der Belastung Grad der Lebensveränderung	Differentielle Lebensveränderungswerte für Ereignisse Differentielle Belastungswerte für Ereignisse	Raterversion	standardisierte Kennwerte für neuseeländische und australische Stichproben
Eintritt Erwünschtheit	1. Positiver Veränderungsscore 2. Negativer Veränderungsscore 3. Totaler Lebensveränderungsscore (d. h. Differenz zwischen 1. und 2.)	Studentenpopulation	Spezifikation einzelner Ereignisse Offene Ereigniskategorien
1. Neuanpassungswerte 2. Valenz des Ereignisses 3. Grad der Konfundierung mit der psychischen und physischen Verfassung 4. Systemreferenz des Ereignisses	Summenscore der Neuanpassungswerte Rangscores	Erwachsenenpopulation	Scores gewonnen über drei unabhängige Raterpopulation
Grad der Lebensveränderung	Neuanpassungsscores	Raterpopulation aus vier verschiedenen Kulturen	Ermittlung des Neuanpassungsscores auf einer siebenstufigen Lebensveränderungsskala
Ereigniseintritt	Anzahl der Ereignisse	Erwachsenenpopulation	Itempool z. T. aus SRRS

Fortsetzung Tabelle 4.1.

Quelle	Bezeichnung des Erhebungsinstruments	Anzahl der Ereignisse	Differenzierung nach Ereignisklassen	Art der Ereignisparameter
Weinstein (1980)	nicht näher bezeichnet	42	positive und negative Ereignisse	subjektiv
Filipp, Braukmann, Ahammer, Angleitner & Olbrich (1980) *Kuhl, Braukmann & Filipp* (1981)	Forschungsinstrument zur Erfassung bedeutender Lebensereignisse Form A (FEBL A)	keine Ereignisvorgabe	1. altersnormierte 2. non-normative 3. epochalnormierte	objektiv objektiviert subjektiv
Ahammer, Angleitner, Braukmann, Filipp & Olbrich (1980)	Forschungsinstrument zur Erfassung bedeutender Lebensereignisse Form B/C (FEBL B/C)	151	Elf Inhaltskategorien Stellenwert in der Privatsphäre des Probanden (zentral – peripher)	objektiv objektiviert subjektiv
Ahammer, Angleitner, Braukmann, Filipp & Olbrich (1979)	Forschungsinstrument zur Erfassung bedeutender Lebensereignisse Form D (FEBL D)	46	Lebensereignisse im Umfeld historischer Veränderungen	objektiv subjektiv
Ahammer, Angleitner, Braukmann, Filipp & Olbrich (1979)	Forschungsinstrument zur Erfassung bedeutender Lebensereignisse Form E (FEBL E)	39	Historische Ereignisse	subjektiv

Spezifikation der Ereignisparameter	Kennwerte	Stichprobenmerkmale	Besonderheiten
vergleichende Einschätzung zu: – Ereigniseintritt – Valenz des Ereignisses – Ereigniswahrscheinlichkeit – Ereignisvorerfahrung – perzipierte Kontrolle – mit dem Ereignis verbundenes Personstereotyp – kognitive Strukturiertheit zu einem Ereignis	vergleichende Einschätzung in Relation zu einer Bezugspopulation Individuelle Abweichung von mittleren Wahrscheinlichkeitswerten einer Population	Studenten	Gewinnung multipler Kennwerte unrealistischer Zukunftsorientierung in bezug auf Lebensereignisse
temporale Orientierungsdimension affektive thematische	Bedeutungsstruktur subjektiver Rekonstruktion der Biographie über drei Orientierungspräferenzen und ihre Interdependenz	Männliche Erwachsenenpopulation aus vier Geburtskohorten	Auswertung nach dem Modell des „Life History Cubus" Inhaltsanalysen zur thematischen Klassifikation
Zeitpunkt, Häufigkeit, Dauer Dichte Positiv/Negativ Gewinn/Verlust Eintritt/Austritt Normativ/Non-Normativ Systemreferenz Interpersoneller Konflikt Bedeutung Erwünschtheit Kontrolle Herausforderung Beschäftigung mit dem Ereignis	Multiple Kennwerte zu allen drei Ereignisparametern Differenzierung nach Kohorten- und Berufsgruppenzugehörigkeit	Vier Geburtsjahrgänge männlicher Probanden	Gewinnung der subjektiven Kennwerte aus zwei Zeitperspektiven
Eintritt Bedeutung Erwünschtheit Kontrolle Herausforderung Beschäftigung mit dem Ereignis	Kennwerte zu den subjektiven Ereignisparametern Differenzierung nach Kohorten- und Berufsgruppenzugehörigkeit	Vier Geburtsjahrgänge männlicher Probanden	Ereignisse aus dem Umfeld des I. und II. Weltkrieges Gewinnung der subjektiven Kennwerte aus zwei Zeitperspektiven
Bedeutung Erwünschtheit Gedächtnisrepräsentanz Beschäftigung mit dem Ereignis individuelle Betroffenheit	Kennwerte zu den subjektiven Ereignisparametern Differenzierung nach Kohorten- und Berufsgruppenzugehörigkeit	Vier Geburtsjahrgänge männlicher Probanden	

Fortsetzung Tabelle 4.1.

Quelle	Bezeichnung des Erhebungsinstruments	Anzahl der Ereignisse	Differenzierung nach Ereignisklassen	Art der Ereignisparameter
Braukmann, Filipp, Ahammer, Angleitner & Olbrich (1980)	Forschungsinstrument zur Erfassung bedeutender Lebensereignisse Form F (FEBL F)	176	altersnormiert non-normativ epochalnormiert	subjektiv

Literatur

Ahammer, I., Angleitner, A., Braukmann, W., Filipp, S.-H. & Olbrich, E., 1979. Zur Explikation des Konzepts der „Kohorte" – Entwicklung der Formen „FEBL D" und „FEBL E". Forschungsberichte aus dem E.P.E.-Projekt, Nr. 3, Trier 1979.

Ahammer, I., Angleitner, A., Braukmann, W., Filipp, S.-H. & Olbrich, E., Klassifikation von Lebensereignissen nach objektivierten Ereignisparametern – Ergebnisse eines Expertenratings. Forschungsberichte aus dem E.P.E.-Projekt, Nr. 4, Trier 1980.

Amster, L. E. & Krauss, H. H., The relationship between life crises and mental detoriation in old age. International Journal of Aging and Human Development 5, 1974, 51-55.

Antonovsky, A. & Kats, R., The life crisis history as a tool in epidemiological research. Journal of Health and Social Behavior 8, 1967, 15-21.

Braukmann, W., Filipp, S.-H., Ahammer, I., Angleitner, A. & Olbrich, E., „Vorhersagbarkeit" und „Kontrollierbarkeit" als Merkmale prospektiv perzipierter Lebensereignisse – Entwicklung des „FEBL F". Forschungsberichte aus dem E.P.E.-Projekt, Nr. 6, Trier 1981.

Brown, G. W., Meaning, measurement, and stress of life events. In: *Dohrenwend, B. S. & Dohrenwend, B. P.* (Hrsg.), Stressful life events: Their nature and effects. New York 1974, 217-243.

Cochrane, R. & Robertson, A., The Life Events Inventory: A measure of the relative severity of psychological stressors. Journal of Psychosomatic Research 17, 1973, 135-139.

Costatini, A. F., Braun, J. R., Davies, J. E. & Iervolino, A., The Life Change Inventory: A device for quantifying psychological magnitude of changes experienced by college students. Psychological Reports 34, 1974, 991-1000.

Cottle, T., The location of experience: A manifest time orientation. Acta Psychologica 28, 1968, 129-149.

Cottle, T. J., Pleck, J. & Kakar, S., Time and content of significant life experiences. Perceptual and Motor Skills 27, 1968, 155-171.

Dohrenwend, B. S. & Dohrenwend, B. P., Some issues in research on stressful life events. Journal of Nervous and Mental Disease 166, 1978, 7-16.

Dohrenwend, B. S., Krasnoff, L., Askenasy, A. R. & Dohrenwend, B. P., Exemplification of a method for scaling life events: The Peri Life Events Scale. Journal of Health and Social Behavior 19, 1978, 205-229.

Filipp, S.-H., Braukmann, W., Ahammer, I., Angleitner, A. & Olbrich, E., Zur Struktur des „Life History Cubus". Forschungsberichte aus dem E.P.E.-Projekt, Nr. 1, Trier 1980.

Hibler, R. J., Life events and coping ability: A problem solving approach. Dissertation Abstracts International 36 (8-E), 1975, 4158.

Spezifikation der Ereignisparameter	Kennwerte	Stichprobenmerkmale	Besonderheiten
Kontrolle Ereigniseintritt Kontrolle Ereignisverlauf Generelle Vorhersagbarkeit des Ereignisses Zeitliche Vorhersagbarkeit des Ereignisses Vorhersagbarkeit der affektiven Ereignisqualität Prospektiv perzipierte Bedeutung	Kennwerte zu den subjektiven Ereignisparametern Differenzierung nach Kohorten- und Berufsgruppenzugehörigkeit	Vier Geburtsjahrgänge männlicher Probanden	Subjektive Einschätzungen zu *prospektiv* perzipierten Lebensereignissen

Holmes, T. H. & Rahe, R. H., The Social Readjustment Rating Scale. Journal of Psychosomatic Research 11, 1967, 213-218.

Hough, R. L., Fairbank, D. T. & Garcia, A. M., Problems in the ratio measurement of life stress. Journal of Health and Social Behavior 17, 1976, 70-82.

Katschnig, H., Sozialer Streß und psychische Erkrankung. München 1980.

Kuhl, H., Braukmann, W. & Filipp, S.-H., Entwurf eines Kategoriensystems zur Systematisierung frei generierter Lebensereignisse. Forschungsberichte aus dem E.P.E.-Projekt, Nr. 10, Trier 1981.

Mummendey, H. D. & Sturm, G., Erster Bericht über eine Längsschnittuntersuchung zu kritischen Lebensereignissen und Selbstbildänderungen jüngerer Erwachsener. Bielefelder Arbeiten zur Sozialpsychologie, Nr. 58, Bielefeld 1980.

Myer, D., Mirowsky II J. & Wheaton, B., A comparative confirmatory factor analysis of life event rating data in a Mexican-American population: Working paper No. 29. Life Change and Illness Research Project, Brentwood VA Medical Center, Los Angeles 1979.

Paykel, E. S., Recent life events in the development of the depressive disorders. In: *Depue, R. A.* (Hrsg.) The psychobiology of the depressive disorders. New York 1979, 245-262.

Paykel, E. S., Prussoff, B. A. & Uhlenhuth, E. H., Scaling of life events. Archives of General Psychiatry 25, 1971, 340-347.

Rabkin, G. J. & Struening, E. L., Life events, stress, and illness. Science 194, 1976, 1013-1020.

Sarason, J. G., Johnson, J. H. & Siegel, J. M., Assessing the impact of life changes: Development of the Life Experience Survey. Journal of Consulting and Clinical Psychology 46, 1978, 932-946.

Stegie, R., Probleme der Life-event-Forschung. Medizinische Psychologie 6, 1980, 20-32.

Tennant, C. & Andrews, G., A scale to measure the stress of life events. Australian and New Sealand Journal of Psychiatriy 10, 1976, 27-32.

Weinstein, N. D., Unrealistic optimism about future life events. Journal of Personality and Social Psychology 39, 1980, 806-820.

5 Einschätzung von Lebensereignissen und ihren Auswirkungen

Horst Gräser, Helmut Esser und *Helmut Saile*

5.1 Zur Bedeutung der Einschätzung von Lebensereignissen

Seit der Ausdehnung des Gegenstandes der Entwicklungspsychologie von den universellen Wachstumsverläufen des Kindesalters auf die weit variableren Veränderungen des Erwachsenenalters ist es üblich geworden, sich zur Beschreibung und Erklärung von Entwicklungsprozessen auch an objektiv faßbaren Lebensereignissen zu orientieren. In dem Prozeß der Auseinandersetzung eines Individuums mit solchen Ereignissen wird ein wesentlicher Motor für seine Entwicklung gesehen (*Baltes, Reese & Lipsitt* 1980). Den Auseinandersetzungsprozeß stellt man sich eingebettet in historische und lebensgeschichtliche Rahmenbedingungen vor, innerhalb derer sein Verlauf und sein Ergebnis durch die vom Individuum vorgenommenen Regulationen bestimmt werden. Daß dabei der Kontext der Auseinandersetzung mit Lebensereignissen berücksichtigt wird, darf aber nicht darüber hinwegtäuschen, daß man sich dabei an einem mechanistischen Modell orientiert, also Ereignisse als unabhängige Variablen und den Auseinandersetzungsprozeß und sein Ergebnis als abhängige Variablen auffaßt, ohne daß das Zustandekommen von Lebensereignissen selbst erklärt würde (*Hultsch & Plemons* 1979).

Die Vereinfachung gegenüber einer echt entwicklungsorientierten Theorienbildung mag zunächst durchaus Vorteile bringen. Sie eröffnet etwa die Möglichkeit der Nutzung von Konzepten und Modellen der psychologischen Streßforschung (*Folkman, Schaefer & Lazarus* 1979, *Lazarus* in diesem Band, *Lazarus & Launier* 1978), der Lebensereignisforschung der psychiatrischen Epidemiologie (*Dohrenwend & Dohrenwend* 1974, *Katschnig* 1980a) und bietet sogar Möglichkeiten der Konzipierung optimierender Intervention (*Danish & D'Augelli* in diesem Band, *Danish, Smyer & Nowak* 1980). Insbesondere in der psychologischen Streßforschung ist die Theorienbildung weit fortgeschritten. Der Auseinandersetzungsprozeß wird dort als rückgekoppelter Vorgang mit den folgenden Komponenten verstanden: Einschätzung des Grades der Bedrohung (primary appraisal), Einschätzung der eigenen problembezogenen Handlungsmöglichkeiten (secondary appraisal) und schließlich evaluative Einschätzung des Erfolges eigenen Handelns (reappraisal). Einschätzungen spielen also in Auseinandersetzungsprozessen eine zentrale Rolle. Weil eine Einschätzung der Bedrohung durch ein konkretes Lebensereignis nur auf dem Hintergrund individueller Wertvorstellungen und individueller Konzeptualisierungen der Umwelt und der eigenen Person möglich ist, diese aber wiederum von den Lebensumständen und der Lebensgeschichte des Individuums abhängen (siehe z. B. *Brandtstädter & Schneewind* 1977), muß man mit unterschiedlichen Einschätzungen des gleichen Ereignisses durch verschiedene Personen rechnen. Das gleiche gilt natürlich auch für die Einschätzung der eigenen Handlungsmöglichkeiten und als Folge davon auch für das eigentliche Handeln.

Unterschieden in der Einschätzung von Lebensereignissen kommt also, weil sie eng mit der Handlungsplanung verknüpft sind, erhebliche Bedeutung zu. Sie sind deshalb Gegenstand dieses Kapitels. Zunächst werden Forschungsarbeiten zu Lebensereignissen im Rahmen der psychiatrischen Epidemiologie hinsichtlich brauchbarer Ansätze zu diesem Thema gesichtet, weil sie bei weitem die meisten empirischen Untersuchungen enthalten. Im Anschluß daran stellen wir zwei eigene Untersuchungen zum Problem der Unterschiedlichkeit der Einschätzung von Lebensereignissen vor.

5.2 Methodische Gesichtspunkte

Die klassische Lebensereignisforschung ist epidemiologisch orientiert, sucht also nach statistischen Zusammenhängen zwischen Lebensereignissen und Erkrankungen. Sie ist zunächst nicht prozeßorientiert. Wegen der Festlegung auf das Konzept der unspezifischen Wirkung von Streßreizen ist sie darüber hinaus zunächst auch nicht auf eine Differenzierung der Ereignisse und eine Differenzierung ihrer Wirkungen angelegt, sondern sie tendiert zu globalen Maßen für Belastung und zu globalen Effektaussagen (siehe z. B. *Katschnig* 1980b). Allerdings hat die Kritik an diesem Ansatz auch zu Differenzierungen geführt, die für die Frage nach den Unterschieden in der Einschätzung von Lebensereignissen zwischen Probanden (Pbn) wichtig sind.

5.2.1 Auswahl und Formulierung von Lebensereignissen

Bei der Zusammenstellung ihrer klassischen Ereignisliste beriefen sich *Holmes & Rahe* (1967) auf die klinische Erfahrung und ließen die Ereignisse nach der erforderlichen Wiederanpassung (readjustment) beurteilen. Weil Wiederanpassungsleistungen als unabhängig von der Erwünschtheit der mit einem Ereignis einhergehenden Veränderung aufgefaßt wurden, enthält diese Liste hinsichtlich der Richtung der Veränderung (positiv oder negativ) mehrdeutige Items (z. B. „größere Änderung des Lebensstandards"). Von Kritikern wurde das regelmäßig moniert und vielfach durch die Aufnahme von Items, die nach der Richtung der Veränderung differenzieren, „korrigiert" (z. B. *Dohrenwend, Krasnoff, Askenasy & Dohrenwend* 1978, *Hough, Fairbank & Garcia* 1976, *Sarason, Johnson & Siegel* 1978). Am Beispiel der Veränderungsrichtung zeigt sich jedoch nur das allgemeine Problem, daß die Auswahl und Formulierung von Lebensereignissen durch theoretische Vorannahmen über ihre wirksamen Merkmale bestimmt wird.

Zur Lösung dieses Problems bietet sich die Erstellung einer Taxonomie von Lebensereignissen an, die möglichst alle in Frage kommenden Klassifikationsgesichtspunkte zu berücksichtigen hätte und anhand der dann für konkrete Fragestellungen passende und nach allen theoretisch relevanten Merkmalen stratifizierte Stichproben zu ziehen wären (*Dohrenwend* et al. 1978). Übliche Klassifikationsgesichtspunkte sind solche, die auch wir zur Auswahl der Lebensereignisse für unsere beiden Untersuchungen herangezogen haben. Sie sind in Tabelle 5.1 dargestellt. Der Hinweis von *Ross & Mirowsky* (1979) verdient aber Beachtung, daß es sich dabei meist um subjektive Gesichtspunkte und nicht etwa um objektive Merkmale von Ereignissen (wie Häufigkeit oder Dauer) handelt. Auch die Zuordnung einzelner Ereignisse zu den Kategorien bleibt natürlich subjektiv.

Tabelle 5.1. Liste der Lebensereignisse.

Ereignis	Ereignismerkmal				Betroffener Lebensbereich							
	Richtung der Veränderung	Betroffene Person	Vorhersehbarkeit	Kontrollierbarkeit	Arbeit	Familie	Wohnung	Soziale Aktivitäten	Finanzen	Gesundheit	Schule	Rechtsangelegenheiten
Beendigung der Schullaufbahn	?	Indiv.	ja	nein				*			*	
Berufliche Beförderung	pos.	Indiv.	?	nein	*				*			
Heirat zwischen 20 und 30 Jahren	pos.	Dyade	ja	ja	*	*						
Umzug an einen fremden Ort	?	Indiv.	ja	?			*	*		?		
Schöner dreiwöchiger Urlaub	pos.	Indiv.	ja	ja	*			*				
Führerscheinverlust infolge von Trunkenheit am Steuer	neg.	Indiv.	?	ja				?	?			*
Opfer eines Diebstahls (100 DM)	neg.	Indiv.	nein	nein					*			*
Blinddarmoperation	neg.	Indiv.	nein	nein						*		
Mitteilung über Krebserkrankung	neg.	Indiv.	nein	nein						*		
Tod eines Elternteils	neg.	Indiv.	?	nein	*				?	?		
Geburt des ersten Kindes	?	Indiv.	ja	ja	*				?	*		
Ehescheidung	neg.	Dyade	ja	ja	*	*	*	*				*
Sitzenbleiben in der Schule	neg.	Indiv.	ja	ja				*			*	
Arbeitslosigkeit	neg.	Indiv.	?	nein	*				?	*		
Auseinandersetzung mit dem Chef	neg.	Dyade	?	?	*							
Erbschaft in Höhe von 10 000 DM	pos.	Indiv.	ja	nein					*			
Sonntagsfahrverbot für Autos	neg.	Gruppe	ja	nein				*				
Bau eines Atomkraftwerks, 10 km von Ihrem Wohnort entfernt	neg.	Gruppe	ja	nein						?		?
Erdbeben, bei dem Häuser Ihres Wohnorts einstürzen	neg.	Gruppe	nein	nein			*		*	*		
Pensionierung zwischen 60 und 65 Jahren	?	Indiv.	ja	nein	*			*	*			
Aufnahme einer weiteren Person in Ihrer Wohnung	?	Dyade	ja	ja		*	*					
Entlassung aus dem Krankenhaus nach zwei Monaten	pos.	Indiv.	ja	nein			*			*		
Renovierung Ihrer Wohnung	pos.	Indiv.	ja	ja			*		*			

Einige Versuche, Taxonomien empirisch zu begründen, verdienen ebenfalls Beachtung. Leider haben alle ihre besonderen Schwächen. Der Versuch von *Ruch* (1977), über eine multidimensionale Skalierung zu den Dimensionen zu kommen, nach denen Pbn Lebensereignisse spontan ordnen, ist im Ansatz richtig. Um Ähnlichkeiten zwischen Ereignissen auszudrücken, hatte *Ruch* jedoch deren Interkorrelationen über die von den Pbn geschätzte Wiederanpassung verwendet. Das Ergebnis, daß zur Abbildung der Ereignisse drei Dimensionen nötig sind, von denen das „Ausmaß der Veränderung" die wichtigste ist, sagt deshalb nichts weiter aus, als daß die Pbn bei der Beurteilung der Wiederanpassung instruktionswidrig noch andere Gesichtspunkte (nämlich „Erwünschtheit" und „betroffener Lebensbereich") herangezogen hatten. Eine echte Ähnlichkeitsschätzung erhoben *Sandler & Ramsay* (1980) für eine Reihe von Lebensereignissen, die für Kinder bedeutsam sind. Beurteiler waren jedoch *Klinische Psychologen*, und beurteilt werden sollte die Ähnlichkeit, die *Kinder* zwischen den Lebensereignissen wahrnehmen. Eine wahrlich verwegene Konstruktion! Das Ergebnis ist gegen das Argument, daß sich hier vor allem die theoretischen Überzeugungen der Kliniker widerspiegeln, nicht zu verteidigen.

Ein weiterer Versuch wurde von *Redfield & Stone* (1979) mittels der dreimodalen Faktorenanalyse unternommen. Da bei diesem Verfahren die Beurteilungsskalen vorgegeben werden müssen, hängen die Ergebnisse stark davon ab, wie sinnvoll diese Skalen ausgewählt wurden. In dieser Studie wurden sechs bipolare Skalen nach Art des semantischen Differentials verwendet, von denen nicht ohne weiteres angenommen werden kann, daß sich Lebensereignisse danach erschöpfend klassifizieren lassen.

Die Ereignisliste von *Holmes & Rahe* (1967) enthält auch Items, die von Kritikern eher als Symptome einer Erkrankung denn als Lebensereignis selbst angesehen wurden (z. B. „sexuelle Schwierigkeiten"). Wenn diese Kritik auch berechtigt ist, so bleibt es doch eine plausible Annahme, daß auch Folgen von Lebensereignissen selbst wieder Auslöser, also Ereignisse, sein können (vgl. *Dohrenwend* 1978). Die Empfehlung, solche hinsichtlich der Zuordnung zu Ursache und Effekt unsicheren Items zu eliminieren, ist keine Lösung des Problems. Sie belegt nur die Unmöglichkeit, Prozesse durch Aufteilung in unabhängige und abhängige Variablen abzubilden. *McFarlane, Norman, Streiner, Roy & Scott* (1980) berichten sogar, daß die Aufnahme gesundheitsbezogener Items in die Ereignisstichprobe den Vorhersagewert solcher Ereignislisten für spätere Erkrankungen nicht mindert.

5.2.2 Wahl der Beurteilungsdimensionen

Das klassische Maß der *Wiederanpassung* (*Holmes & Rahe* 1967) wurde inzwischen durch eine ganze Reihe von anderen Maßen ergänzt. Diese werden hier – ohne Anspruch auf Vollständigkeit und ohne daß die Reihenfolge bedeutsam wäre – kurz genannt: *Bedrohung* wird von *Brown* (1974), *Beunruhigung* von *Lundberg & Theorell* (1973), *Streßhaftigkeit* von *Stone & Neale* (1978) verwendet, *Erwünscht-*

heit und *Bedeutsamkeit* werden von *Sarason, Johnson & Siegel* (1978), *Antizipierbarkeit* und *Kontrollierbarkeit* von *Dohrenwend & Martin* (1979) verwendet.

Meist sind die Untersuchungen auf ein oder nur wenige Maße beschränkt. Multivariate Ansätze mit begründeter Auswahl einer Variablenstichprobe bleiben die Ausnahme. Wie nützlich sie jedoch sein könnten, soll an zwei Beispielen gezeigt werden. *Fontana, Hughes, Marcus & Dowds* (1979) fanden heraus, daß Pbn solche Ereignisse als erwünscht einstufen, die wenig Wiederanpassung erfordern sowie antizipierbar und kontrollierbar erscheinen. Nicht antizipierbaren Ereignissen wurde ein hoher Wiederanpassungswert zugeschrieben. *McFarlane* et al. (1980) berichten, daß erwünschte Ereignisse nicht zur Vorhersage von Erkrankungen beitragen, sondern nur unerwünschte Ereignisse hoch mit diesem Kriterium korrelierten. Aber auch bei den unerwünschten Ereignissen ist zu differenzieren: Unerwünschte Ereignisse trugen dann ebenfalls nichts zur Vorhersagbarkeit bei, wenn sie den Pbn völlig kontrollierbar erschienen; wenn sie nur mäßig kontrollierbar erschienen, trugen sie zur Vorhersagbarkeit des Kriteriums nur dann etwas bei, wenn sie *nicht* antizipiert worden waren.

5.2.3 Gewinnung von Meßwerten für Lebensereignisse und Personen

Das gebräuchlichste Vorgehen zur Erstellung von Meßwerten für bestimmte Lebensereignisse ist die Verhältnisskalierung: Pbn skalieren das Ausmaß der erforderlichen Wiederanpassung durch Nennung einer Zahl, die das Verhältnis dieses Ausmaßes zum willkürlich gleich 500 festgesetzten Ausmaß des Standardreizes „Heirat" angibt (*Holmes & Rahe* 1967). Die in einer Eichstichprobe auf diese Weise gefundenen Zahlenwerte wurden als feste Größen betrachtet (sogenannte „Life-Change-Units") und den von den Pbn angegebenen Lebensereignissen später stereotyp ohne Berücksichtigung des Kontextes zugeordnet. Durch Aufsummieren der Zahlenwerte der in ein bestimmtes Zeitintervall fallenden Ereignisse läßt sich dann ein Maß für die Belastung von Pbn in diesem Zeitraum bilden.

Ein differenzierteres Vorgehen wird von *Brown* (1974) beschrieben (siehe *Katschnig* 1980b): Einzelnen Lebensereignissen wird je nach Kontext, in dem sie stattfinden, ein unterschiedlicher Belastungswert zugeschrieben. Beurteiler ist aber auch hier nicht die Person, die das Ereignis erlebt hat, sondern der Forscher, der sich an einem vorab per Konsens zusammengestellten Leitfaden für die Vergabe von Belastungswerten zu orientieren hat. Als Kontext werden dabei nur andere *Ereignisse* berücksichtigt und nicht Merkmale der Person, die ein Ereignis erlebt.

Man mag sich fragen, weshalb den Pbn nicht erlaubt wird, die erlebten Ereignisse und ihre Effekte selbst einzustufen. Damit wären ja ihre Lebensumstände und ihre Persönlichkeit als Moderatorvariablen implizit berücksichtigt. Im Vergleich zu dieser grundsätzlichen Frage nehmen sich skalierungstechnische Detailfragen, wie etwa die Zufallsfolge der Darbietung (*Hough, Fairbank & Garcia* 1976) oder das Training der Verhältnisherstellung (*Stone & Neale* 1978), wie methodische Spitzfindigkeiten aus. Tatsächlich plädieren *Sarason, Johnson & Siegel* (1978) auch für individualisisierte Skalierung. Mindestens zwei Kritikpunkte muß man aber auch für diese Schätzungen gelten lassen. Erstens enthalten individualisierte Schätzungen für bereits erlebte Ereignisse den für die Retrospektive typischen Fehler, daß die Vergangenheit nicht objektiv, sondern so rekonstruiert wird, daß sie mit der weiteren Entwicklung stimmig ist. Zweitens bleiben auch in prospektiven Untersuchungen Unterschiede zwischen Pbn in der Einschätzung von Lebensereignissen so lange nicht recht brauchbar, wie nicht bekannt ist, mit welchen Kontext- und Persönlichkeitsbedingungen sie in Zusammenhang stehen, d. h. in welche Konstruktgefüge sie einzupassen wären.

Das Theoriedefizit ist auch der wesentliche Kritikpunkt an dem ansonsten eleganten Zugang, einen Meßwert für die Belastung durch Lebensereignisse in echten Längsschnittstudien statistisch, nämlich über die Regressionsgewichte der als Prädiktoren aufgefaßten Ereignisse bei Vorgabe einer bestimmten Erkrankung als Kriterium, zu berechnen (*Ross & Mirowsky* 1979). Gerade wegen der Unkenntnis der theoretischen Zusammenhänge ist nie zu sagen, ob die Regressionsgewichte bei Ziehung einer anders zusammengesetzten Stichprobe einem Kreuzvalidierungsversuch standhalten würden.

5.2.4 *Das Problem der personspezifischen Skalierung von Lebensereignissen*

Erste Vergleiche der mittleren Wiederanpassungswerte verschiedener demographischer Gruppen innerhalb von Gelegenheitsstichproben hatten durchweg Korrelationen über .90 ergeben (*Holmes & Rahe* 1967), und auch interkulturelle Vergleiche mit Gelegenheitsstichproben ergaben sehr hohe Werte (siehe z. B. *Hough, Fairbank & Garcia* 1976). Es wurde allerdings auch nachgewiesen, daß sich diese hohen Werte *nicht* beim Vergleich von Pbn-Stichproben ergeben, die für soziale und ethnische Gruppen repräsentativ sind (*Askenasy, Dohrenwend & Dohrenwend* 1977). *Hough, Fairbank & Garcia* (1976) konnten außerdem zeigen, daß hohe Korrelationen zwischen Pbn-Gruppen für die *Gesamtstichprobe* der Ereignisse nicht bedeuten, daß sich diese Gruppen bei *Teilstichproben* nicht doch erheblich unterscheiden könnten. Im Prinzip ist es auch möglich, die Übereinstimmung zwischen Gruppen für jedes einzelne Ereignis zu überprüfen. *Dohrenwend* et al. (1978) verwendeten dazu Varianzanalysen mit den Faktoren „soziale Schicht", „ethnische Gruppe" und „Geschlecht". Sie fanden für viele Ereignisse sowohl Haupteffekte als auch Interaktionen und empfehlen, in Zukunft gruppenspezifische Belastungswerte zu vergeben.

Die Varianzanalyse setzt eine Entscheidung darüber voraus, anhand welcher Personmerkmale nach Unterschieden in der Einschätzung von Lebensereignissen gesucht werden soll. Von demographischen Variablen ist vermutlich kein allzu hoher Erklärungswert für solche Unterschiede zu erwarten. Das umgekehrte Vorgehen, daß man zuerst Personengruppen ausfindig macht, die sich in ihren Einschätzungen in typischer Weise unterscheiden und dann nach Personmerkmalen sucht, die diese Unterschiede erklären könnten, hat den Vorteil, daß diese Suche gezielt erfolgen kann. In der ersten der im folgenden vorgestellten Untersuchungen wird diese Strategie unter Verwendung eines multivariaten Designs verfolgt.

5.3 Erstes Beispiel: Differenzierung der Einschätzung von Lebensereignissen mittels dreimodaler Faktorenanalyse

Die Fragestellung der im folgenden vorgestellten Untersuchung lautet: Welche Unterschiede lassen sich zwischen Pbn bezüglich der Einschätzung von Lebensereignissen und ihren Folgen nachweisen, wenn als Datenerhebungsstrategie die Vorgabe verschiedener Skalen gewählt wird, und wie sind diese Unterschiede zu interpretieren? Die zweite Untersuchung (Abschnitt 5.4) gilt dann der analogen Frage unter der Bedingung, daß das Beurteilungsverhalten nicht durch die Vorgabe von Skalen eingeschränkt wird.

5.3.1 Durchführung

Die Auswahl der Lebensereignisse für beide Untersuchungen orientierte sich an dem Prinzip, daß eine sinnvolle Stichprobe aus einer Population von möglichen Ereignissen zu ziehen sei. In Anlehnung an *Dohrenwend* et al. (1978) wurde die in Tabelle 5.1 dargestellte Taxonomie erstellt, um eine möglichst ausgewogene Auswahl hinsichtlich wichtiger Ereignismerkmale und der betroffenen Lebensbereiche zu gewährleisten. Bei den Formulierungen wurde darauf geachtet, daß die Richtung der mit dem Ereignis einhergehenden Veränderung möglichst nicht offen blieb. Die Ereignisse sollten einerseits so präzise beschrieben werden, daß die Vorstellungen, die verschiedene Pbn damit verbinden, noch sinnvoll miteinander zu vergleichen sind. Andererseits mußten die Beschreibungen so allgemein gehalten werden, daß die Pbn, die ein Ereignis noch nicht erlebt haben, sich darunter eine für sie spezifische Situation vorstellen können. Da diese beiden Ziele miteinander unverträglich sind, konnten sie nur annähernd verwirklicht werden.

Auch der Auswahl der Beurteilungsskalen lag das Prinzip zugrunde, daß eine sinnvolle Stichprobe aus einer Population möglicher Beurteilungsgesichtspunkte gezogen werden soll. Da in den Untersuchungen zum semantischen Differential vielfach nachgewiesen wurde, daß Menschen zur Beurteilung beliebiger Begriffe die drei universalen Gesichtspunkte „Bewertung", „Gewichtigkeit" und „Aktivität" benutzen, wurde erwartet, daß diese auch in die Beurteilung von Lebensereignissen einfließen würden. Im Unterschied zu *Redfield & Stone* (1979) verwendeten wir aber statt der im semantischen Differential üblichen bipolaren Skalen (z. B. „aktiv – passiv") eine einheitliche unipolare Skala „trifft nicht zu – trifft zu", weil damit das Problem der arbiträren Polung beim Vergleich zweier Lebensereignisse über die Skalen hinweg vermieden werden kann, ohne spezielle Ähnlichkeitskoeffizienten zu berechnen (siehe z. B. *Cohen* 1969). Die Items, deren „Zutreffen" beurteilt werden sollte, wurden ich-nah formuliert, so daß die Pbn einzuschätzen hatten, inwieweit ein vorgegebenes Item auf sie zutreffen würde, wenn sie das beschriebene Ereignis erleben würden (z. B. „macht mich traurig").

Der Gesichtspunkt „Bewertung" wurde durch vier Items repräsentiert, die die „*Erwünschtheit*" der Ereignisse erfaßten, und der Gesichtspunkt „Gewichtigkeit" durch vier Items, die die „*Bedeutsamkeit*" des Ereignisses für den Beurteiler erfaßten. Der Gesichtspunkt „Aktivität" wurde nicht wie bei *Redfield & Stone* (1979) als Äquivalent zum „Ausmaß der Veränderung" aufgefaßt, sondern als Möglichkeit, die erwarteten „*Aktivitäten bei der Auseinandersetzung*" mit dem Lebensereignis und seinen Folgen zu erfassen. Hierzu wurden Items zu vier verschiedenen Formen der Auseinandersetzung formuliert, die sich aus der Literatur (z. B. *Haan* 1977, *Lazarus* in diesem Band, *Murphy* 1974) herleiten lassen. Aus dem Bereich der Auseinandersetzung durch direktes Handeln wurde das Aufsuchen von professioneller und informeller Hilfe gewählt, aus dem Bereich der innerpsychischen Regulationen die „aktiven" und „passiven" Bewältigungsversuche. In Vorversuchen ließ sich die faktorielle Trennbarkeit dieser Aspekte belegen.

In der Untersuchung wurden den Pbn 20 der in Tabelle 5.1 aufgeführten Ereignisse (siehe Tabelle 5.2) und 18 Skalen (siehe Tabelle 5.3) vorgelegt. Die Reihenfolge der Ereignisse war für jeden Pbn nach dem Zufall variiert, und für jeden Pbn und jedes Ereignis war auch die Reihenfolge der Skalen nach dem Zufall variiert. Die Beurteilung erfolgte auf einer siebenstufigen Skala danach, wie „zutreffend" jedes Item ist.

Der Teil der Fragestellung, der sich auf die Interpretation von Unterschieden in der Einschätzung von Lebensereignissen zwischen den Pbn bezieht, setzt natürlich voraus, daß über die Pbn noch anderes bekannt ist als nur ihr Beurteilungsverhalten. Die Teilnehmer beider Untersuchungen erhielten deshalb einen Fragebogen („Fragen zur Person"), der solche *externen* Variablen erfaßte, denen ein Erklärungswert für die Unterschiede in der Einschätzung von Lebensereignissen zugeschrieben worden war. Die Variablenauswahl orientierte sich an der entwicklungspsychologischen Literatur (z. B. *Haan* 1977, *Hultsch & Plemons* 1979), der Literatur zur Streßbewältigung (z. B. *Folkman, Schaefer & Lazarus* 1979, *Lazarus* in diesem Band) sowie der Literatur zu Lebensereignissen im engeren Sinne (z. B. *Dohrenwend & Dohrenwend* 1974, *Katschnig* 1980a). Im Unterschied zur Mehrzahl der Untersuchungen zur Wirkung von Lebensereignissen beschränkten wir uns jedoch nicht auf demographische Variablen, sondern erfaßten systematisch drei weitere Bereiche: erstens *Personmerkmale* in den beiden Klassen „wahrgenommene körperliche Verfassung" und „psychologische Merkmale", zweitens die *Erfahrung mit Lebensereignissen* in den beiden Klassen „selbst erlebte Ereignisse" und „miterlebte Ereignisse" und drittens das *soziale Stützsystem*, wie es sich in der Wahrnehmung der Pbn darstellt. Das Vorbild für die theoriegeleitete Zusammenstellung der erfaßten Variablen stellt die Untersuchung von *Jessor & Jessor* (1977) zur Entwicklung von Problemverhalten bei Jugendlichen dar. Die Einzelheiten sind bei *Saile* (1979) mitgeteilt.

5.3.2 Ergebnisse

Insgesamt 91 Pbn nahmen an der ersten Untersuchung teil, von denen aber nur 80 (38 Männer, 42 Frauen) vollständige Datensätze ausgewertet werden konnten. Zwar sind die Pbn über die Altersklassen vom frühen bis ins späte Erwachsenenalter etwa gleich verteilt, und auch hinsichtlich demographischer Variablen wie etwa Berufstätigkeit und Einkommen besteht eine erhebliche Streuung, jedoch darf in beiden Fällen nicht von einer Repräsentativität für die Gesamtbevölkerung ausgegangen werden.

Die Beurteilungsdaten wurden einer dreimodalen Faktorenanalyse unterzogen. Nach einer Standardisierung zur Elimination von Mittelwerts- und Streuungsunterschieden zwischen den Skalen wurden für die Ereignisse, die Skalen und die Pbn Produktmatrizen gebildet (siehe z. B. *Bartussek* 1973), von denen nur diejenige der Skalen eine Korrelationsmatrix ist. Die Hauptkomponentenanalyse der Ereignisse führte nach dem Scree-Test (*Cattell & Vogelmann* 1977) zu vier Faktoren, die nach einer Varimax-Rotation die in Tabelle 5.2 mitgeteilte Struktur aufwiesen. Sie wurden wie folgt benannt: *Bereicherung, Verlust, öffentliche Ereignisse* und *Krankheit*. Sie können als Ereignistypen gelten.

Tabelle 5.2. Ereignisfaktoren.

Ereignis[1]	Ereignisfaktor			
	1	2	3	4
Beförderung	.83	−.15		
Urlaub	.82	−.28		
Heirat	.79			
Erbschaft	.76	−.21	.28	
Geburt	.74		−.32	.44
Schullaufbahnende	.72			
Pensionierung	.50	.21		
Scheidung		.74		
Krebserkrankung	−.24	.70	−.39	.51
Arbeitslosigkeit		.70		
Tod eines Elternteils		.68		
Sitzenbleiben		.66		
Führerscheinverlust		.60	.20	
Erdbeben		.57		.24
Bau eines Atomkraftwerks		.44		
Auseinandersetzung mit Chef		.39	.33	
Umzug	.30	.36	.22	
Sonntagsfahrverbot	.18		.84	
Opfer eines Diebstahls		.20	.81	
Blinddarmoperation			.54	.92
Prozentanteil an der gemeinsamen Varianz	35	33	20	12
Prozentanteil an der Gesamtvarianz	21	19	11	7

Anmerkung: Es sind nur Ladungen größer als .15 mitgeteilt.
[1] Ausführliche Formulierungen in Tabelle 5.1.

Die analoge Analyse der Skalen ergab sechs Faktoren, deren Varimax-Rotation in Tabelle 5.3 mitgeteilt ist. Während die ersten beiden Faktoren für *Erwünschtheit* und *Bedeutsamkeit* wie erwartet durch die ihnen zugerechneten Items klar markiert werden, weichen die Items zu den „Aktivitäten bei der Auseinandersetzung" von den Ladungshypothesen etwas ab. Immerhin lassen sich die erwarteten vier Aktivitätsaspekte noch orthogonal trennen. Sie wurden wie folgt benannt: *professionelle Hilfe, informelle Hilfe, Inaktivität* und *innerpsychische Regulation*.

Tabelle 5.3. Skalenfaktoren.

Skala	Skalenfaktor						h²
	1	2	3	4	5	6	
ist zufriedenstellend	.89						.82
ist erwünscht	.87					−.20	.81
ist unangenehm	−.85					.20	.76
macht mich traurig	−.74	.20	.15	.20		.28	.72
ist für mich wichtig	.48	.42		.16			.46
ist geringfügig		−.82					.69
ist bedeutungslos		−.81					.68
hat langfristige Auswirkungen		.56	.19	.43			.55
verlangt die Hilfe eines Arztes			.86				.78
macht psychologische Beratung notwendig	−.19		.66	.37			.62
erfordert die Ratschläge von anderen			.15	.83			.73
erfordert Gespräche mit Freunden				.82			.73
ich muß darüber nachdenken		.25		.57	−.28	.31	.57
ich weiß nicht was ich tun soll	−.28		.19	.42	.34	.22	.47
brauche mich nicht damit auseinanderzusetzen				−.16	.86		.80
ich darf mich nicht gehen lassen			.16			.76	.64
ich versuche, damit fertigzuwerden	−.32			.17	−.22	.67	.67
ich versuche, mich mit anderen Dingen abzulenken	−.31					.61	.52
Prozentanteil an der gemeinsamen Varianz	28	17	11	20	9	15	
Prozentanteil an der Gesamtvarianz	19	11	7	13	6	10	

Anmerkung: Es sind nur Ladungen größer als .15 mitgeteilt.

Bei den Pbn wurden drei Faktoren mit einem Anteil von 42 Prozent an der Gesamtvarianz extrahiert und schiefwinklig nach dem „Primary Product Functionplane"-Algorithmus von *Katz & Rohlf* (1975) rotiert. Weil in der dreimodalen Faktorenanalyse Pbn-Faktoren als Pbn-Typen interpretiert werden und die Interpretation der Kernmatrix um so leichter möglich ist, je besser die Typen realen Pbn entsprechen, wurden zur Verbesserung der Einfachstruktur relativ hohe Faktoreninterkorrelationen (.43, .44 und .75) in Kauf genommen. Als Strategien zur Interpretation der Pbn-Faktoren wurden einerseits multiple Regressionen mit den Ladungsvektoren als Kriterien und externen Variablen als Prädiktoren eingesetzt sowie andererseits Diskriminanzanalysen zur Trennung der Gruppen der rein ladenden Pbn anhand der externen Variablen durchgeführt. Beide Strategien führten zu übereinstimmenden Ergebnissen, die wie folgt zusammengefaßt werden können:

Typ 1 ist jung, hat ein niedriges Einkommen und wenig Erfahrung mit Lebensereignissen. Es ist für ihn wichtig, sich Pläne über sein zukünftiges Leben zu machen. Seine Beziehungen zu anderen beruhen nur in geringem Ausmaß auf Gegenseitigkeit. Verglichen mit den beiden anderen Typen ist er introvertiert. Rein ladende Pbn besitzen bezüglich Bildung und Berufsstatus ein typisches Profil. Es überwiegen Abiturienten und Personen ohne oder mit nur geringer Berufserfahrung.

Typ 3 stellt einen gewissen Gegensatz zu Typ 1 dar: Er ist älter, hat mehr Ereignisse erlebt und verfügt über ein höheres Einkommen als Typ 1. Zukunftsplanung steht für ihn nicht im Vordergrund, er wohnt mit anderen Menschen zusammen und hat zudem noch viele Bekannte, die ihn als guten Freund betrachten. Er ist relativ ängstlich und hat eine externale Kontrollüberzeugung. Die demographischen Variablen weisen einige Pbn mit hohen Ladungen als Rentner aus.

Typ 2 liegt in vielerlei Hinsicht zwischen Typ 1 und Typ 3, z. B. hinsichtlich Einkommen, Erfahrung mit Lebensereignissen und Sozialbeziehungen. Von Typ 3 unterscheidet ihn die starke internale Kontrollüberzeugung. Verhältnismäßig viele Pbn mit hohen Ladungen sind Angestellte oder Arbeitslose.

Die Kernmatrix der dreimodalen Faktorenanalyse gibt die Beziehungen zwischen den Ereignistypen, Beurteilungsgesichtspunkten und den Pbn-Typen an. Die Kernmatrix-Elemente sind in Abbildung 5.1 als Profile für die drei Pbn-Typen wiedergegeben. Dabei bedeutet die Nullinie einen mittleren Grad des Zutreffens. Alle Teile der Abbildung sind untereinander vergleichbar, beliebige Unterschiede also direkt interpretierbar. Die Profile für *Krankheit* unterscheiden sich kaum: Alle Pbn-Typen halten professionelle Hilfe für wesentlich und informelle Hilfe für weniger als durchschnittlich wesentlich. Krankheit wird außerdem übereinstimmend als ein weniger als durchschnittlich bedeutsames Ereignis angesehen. Bei *öffentlichen Ereignissen* stimmen die Profile zwar noch in der Tendenz überein, jedoch sind sich die Pbn-Typen nicht mehr so einig darin, inwieweit Inaktivität am Platze ist, wie sie sich darin einig sind, daß es sich um nicht bedeutsame Ereignisse handelt. Bei *Bereicherung* und *Verlust* stimmen die Pbn-Typen nur noch darin überein, daß ersteres erwünscht und letzteres unerwünscht sei, sowie daß Verluste relativ bedeutsame Ereignisse darstellten. Hinsichtlich der Auseinandersetzungsstrategien gibt es große Unterschiede: Typ 1 sieht bei Bereicherungs- und Verlustereignissen im Gegensatz zu den anderen Typen informelle Hilfe als wesentlich an, Typ 3 hält Bereicherungsereignisse für weniger bedeutsam als die anderen Typen und glaubt außerdem, daß er sich damit nicht auseinanderzusetzen brauche. Letzteres gilt in geringerem Maße auch für die Verlustereignisse. Die Typen 1 und 3, die anhand der externen Variablen als Gegensätze erkannt wurden, stellen auch hinsichtlich Inaktivität und informeller Hilfe bei Bereicherungs- und Verlustereignissen Gegensätze dar. Schließlich fällt auf, daß Typ 3 konsistent der inaktivste ist, was gut mit seiner externalen Kontrollüberzeugung übereinstimmt.

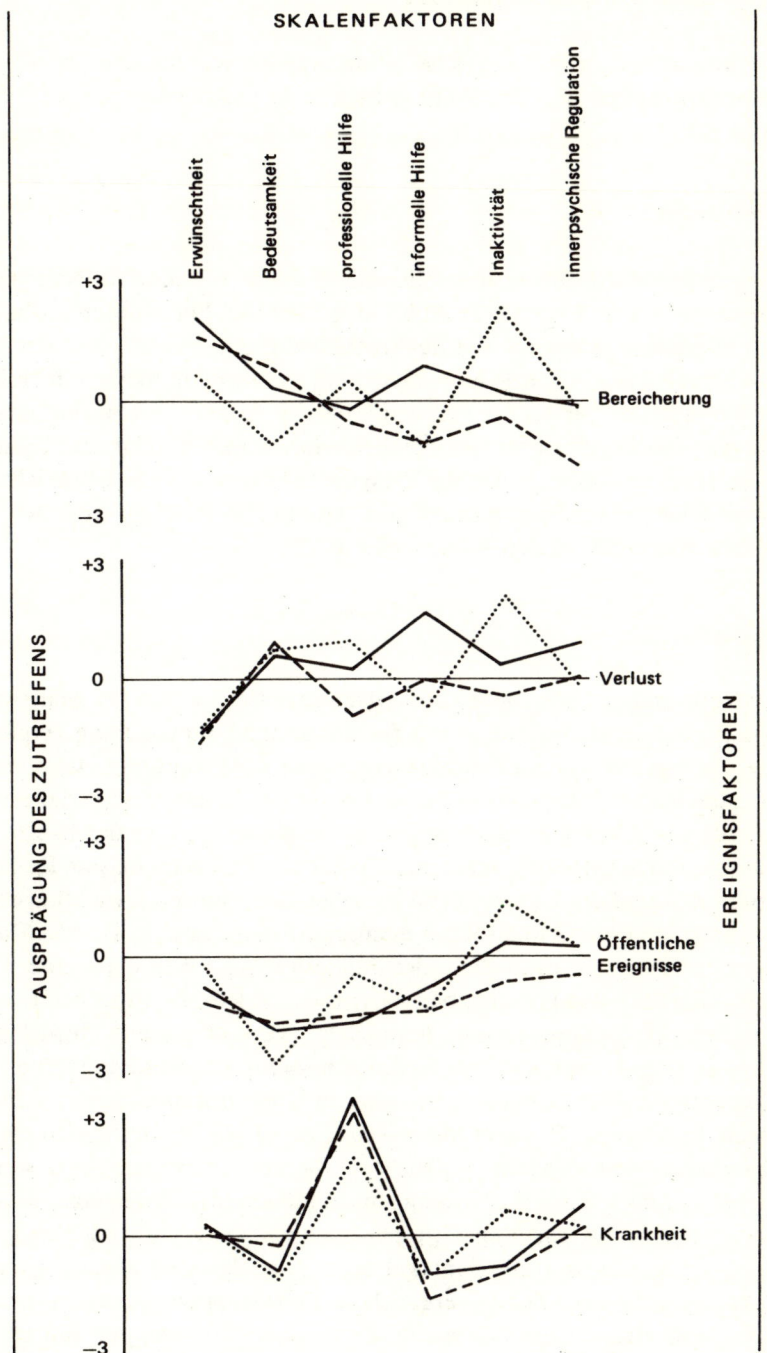

Abb. 5.1. Graphische Darstellung der Kernmatrix. Durchgezogenes Profil: Pbn-Typ 1; gestricheltes Profil: Pbn-Typ 2; gepunktetes Profil: Pbn-Typ 3.

5.4 Zweites Beispiel: Differenzierung der Einschätzung von Lebensereignissen mittels multidimensionaler Skalierung

Die zweite Untersuchung gilt der gleichen Fragestellung wie die eben berichtete, das Beurteilungsverhalten der Pbn sollte jedoch nicht durch vorgegebene Skalen eingeschränkt werden.

5.4.1 Durchführung

Die Ereignisstichprobe wurde hier ebenfalls anhand der in Tabelle 5.1 dargestellten Taxonomie gezogen (siehe Legende zu Abbildung 5.2). Den Pbn wurden in Zufallsfolge je zwei Ereignisse vorgelegt mit der Instruktion, die „Ähnlichkeit der Wirkung" abzuschätzen. Hierzu wurde eine nicht weiter unterteilte Skala von Null bis 100 Prozent vorgegeben, auf der die Pbn den Grad der Ähnlichkeit markieren sollten. Weil die Anzahl der erforderlichen Ähnlichkeitsurteile bei steigender Zahl der Ereignisse sehr stark anwächst, mußte die Ereignisstichprobe auf 16 (entspricht 120 Ähnlichkeitsurteilen) beschränkt werden. Es wurden die gleichen externen Variablen erhoben wie in der ersten Untersuchung.

5.4.2 Ergebnisse

Insgesamt 79 vollständige Datensätze konnten ausgewertet werden (42 Männer, 37 Frauen). Die Probandenstichprobe ist mit der der ersten Untersuchung vergleichbar. Zur Auswertung der Ähnlichkeitsmatrizen wurde das Programm *Alscal* in der Version 3 benutzt (siehe *Takane, Young & de Leeuw* 1977), das verschiedene Möglichkeiten bietet, aus Ähnlichkeitsurteilen eine räumliche Struktur der beurteilten Reize abzuleiten. Zunächst wurde versucht, eine für alle Pbn gemeinsame Reizkonfiguration zu finden und die Unterschiede zwischen den Pbn in Gewichtungen für die Dimensionen des gemeinsamen Raumes auszudrücken (siehe z. B. *MacCallum* 1977). Dieses Verfahren führte zu einer dreidimensionalen Lösung mit einem Satz von Gewichten, die für jeden Pbn angeben sollen, wie stark er die einzelnen Dimensionen bei seinen Ähnlichkeitsurteilen heranzieht. Versuche, diese Gewichte als Personmerkmale aufzufassen und über Regressionsanalysen mit den externen Variablen in Beziehung zu setzen, blieben erfolglos. In Übereinstimmung mit der Literatur zu diesem Problem (z. B. *MacCallum* 1977, *Rösler* 1979) stellte sich heraus, daß den Gewichten keine faßbare inhaltliche Bedeutung beigemessen werden konnte. Die beste Strategie zur Aufdeckung interindividueller Unterschiede wurde deshalb darin gesehen, zunächst Pbn-Gruppen nach den externen Variablen zu bilden und deren Ähnlichkeitsurteile dann getrennt zu analysieren und die resultierenden Strukturen untereinander zu vergleichen. Zur Gruppenbildung wurde eine Clusteranalyse nach *Ward* (1963) benutzt, die zu drei Pbn-Gruppen führte. Die Einzelheiten sind bei *Esser* (1980) mitgeteilt.

Wie in der ersten Untersuchung wurde auch hier die Bedeutung der Gruppenzu-

Einschätzung von Lebensereignissen und ihren Auswirkungen

gehörigkeit über eine diskriminanzanalytische Trennung anhand der externen Variablen und der Interpretation der Diskriminanzfunktionen sowie der Mittelwertsunterschiede zwischen den Gruppen bestimmt. Im Unterschied zur ersten Untersuchung beruht die Gruppenbildung hier allerdings nicht auf dem Beurteilungsverhalten gegenüber Lebensereignissen, sondern auf den externen Variablen. Die Gruppen können wie folgt charakterisiert werden:

Gruppe 1 hat 19 Mitglieder. Es sind überwiegend Frauen, die nicht oder nur teilweise berufstätig sind, geringe Schulbildung und niedriges Einkommen haben. Sie schätzen ihren Selbstwert gering ein, haben eine eher externale Kontrollüberzeugung und erscheinen ängstlich und introvertiert. Sie wohnen mit mehreren anderen Personen zusammen.

Gruppe 2 hat 22 Mitglieder. Es sind überwiegend Männer, die voll berufstätig sind, ein hohes Bildungs- und Einkommensniveau haben. Sie sind verheiratet und mit vielen Lebensereignissen vertraut. Der Altersdurchschnitt liegt erheblich höher als bei den beiden anderen Gruppen.

Gruppe 3 hat 38 Mitglieder, die sich zum größten Teil noch in der Ausbildung befinden, noch relativ jung und unverheiratet sind. Sie besitzen eine gute Schulbildung, aber ein geringes Einkommen. Personen dieser Gruppe erscheinen wenig ängstlich, dagegen extravertiert, optimistisch und zukunftsplanend. Sie haben eine internale Kontrollüberzeugung, verfügen über ein reziprokes soziales Stützsystem und kennen relativ viele professionelle Hilfsdienste.

Die dreidimensionalen *Alscal*-Lösungen für die drei Gruppen weisen deutliche Übereinstimmungen auf, beispielsweise stimmen alle Gruppen in der Lokalisation der Ereignisse „Scheidung" (I) und „Erbschaft" (G) fast genau überein. Diese Übereinstimmungen rechtfertigen die Projektion der verschiedenen Lösungen in einen gemeinsamen Raum. Obwohl die multidimensionale Skalierung vor allem auf eine Gruppierung von Objekten in einem Raum abzielt – siehe z. B. die Ereignisse „Scheidung" (I), „Tod eines Elternteils" (K) und „Krebserkrankung" (L) – könnte anhand der Koordinaten der Ereignisse die Achse X als „Erwünschtheit" und die Achse Y als „Bedeutsamkeit" interpretiert werden. In beiden Fällen bedeuten geringe Werte hohe Ausprägungen.

Interessante „Wanderungen" von Lebensereignissen zwischen den Gruppen wurden mit Pfeilen markiert. So gehört etwa das Ereignis „Arbeitslosigkeit" (D) für die Gruppe 2 zu den sehr bedeutsamen, unerwünschten Ereignissen [wie „Scheidung" (I), „Tod eines Elternteils" (K) und „Krebserkrankung" (L)], für die beiden anderen Gruppen jedoch eher zu den wenig bedeutsamen unerwünschten Ereignissen. Aus der oben beschriebenen Lebenssituation der Mitglieder der Gruppe 2 (berufstätige, gut verdienende Familienväter) läßt sich das gut ableiten.

Beim Vergleich der Gruppe 2 mit der Gruppe 3 (jung, in Ausbildung, zukunftsorientiert, unverheiratet) ergeben sich noch weitere plausible Unterschiede: Veränderungen wie „weitere Person in der Wohnung" (A), „Renovierung der Wohnung" (C) und „Umzug" (N) werden von Gruppe 3 jeweils positiver eingeschätzt als von Gruppe 2, „Pensionierung" (F) hingegen umgekehrt von Gruppe 3 weniger positiv als von Gruppe 2.

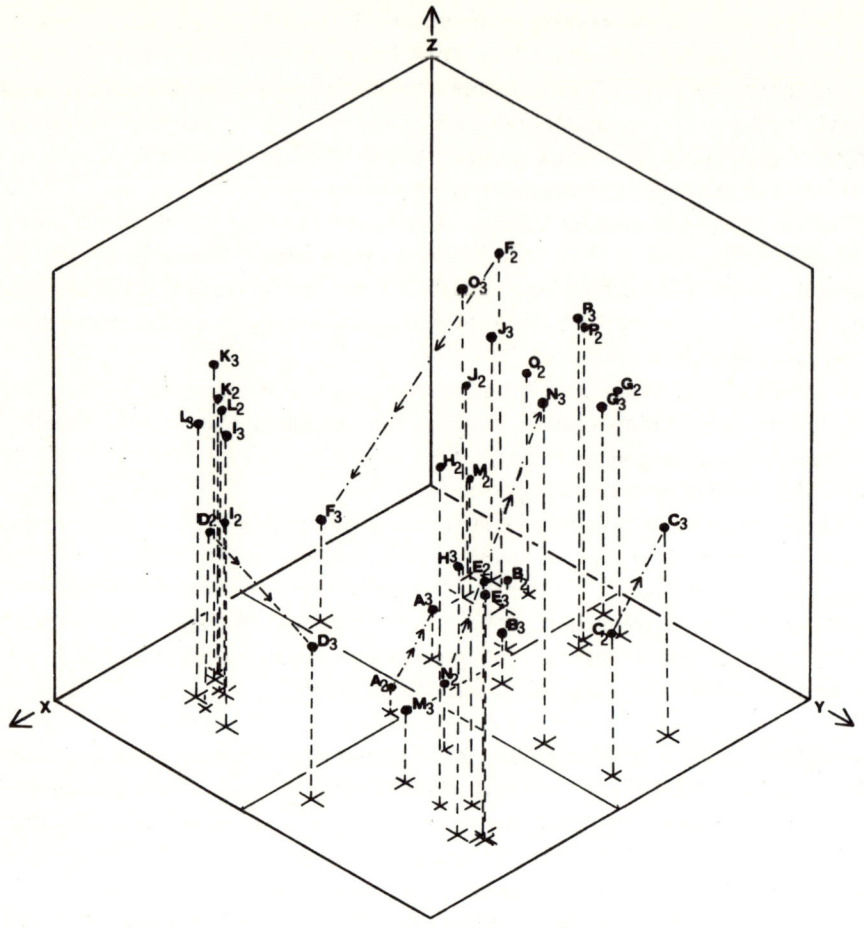

Abb. 5.2. Projektion der dreidimensionalen Lösungen der Pbn-Gruppen 2 und 3 in einen gemeinsamen Raum. Die Indizes geben die Gruppenzugehörigkeit an.
A Weitere Personen in der Wohnung
B Krankenhausentlassung
C Renovierung der Wohnung
D Arbeitslosigkeit
E Opfer eines Diebstahls
F Pensionierung
G Erbschaft
H Auseinandersetzung mit dem Chef
I Scheidung
J Geburt
K Tod eines Elternteils
L Krebserkrankung
M Blinddarmoperation
N Umzug
O Heirat
P Beförderung

Einschätzung von Lebensereignissen und ihren Auswirkungen

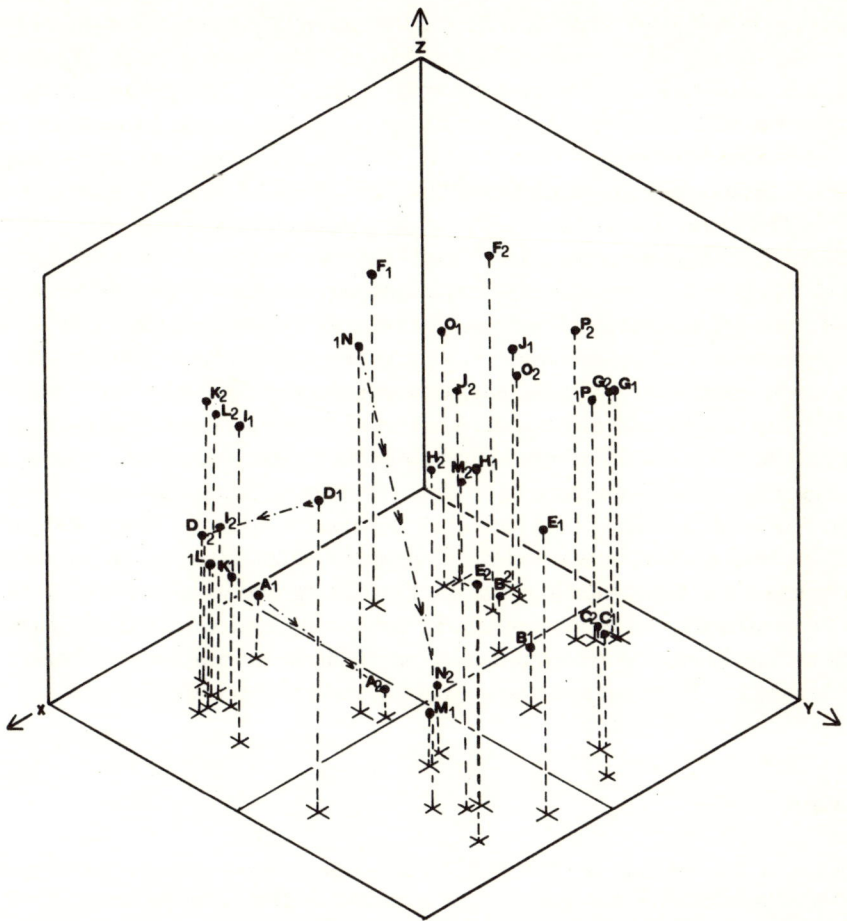

Abb. 5.3. Projektion der dreidimensionalen Lösungen der Pbn-Gruppen 1 und 2 in einen gemeinsamen Raum. Die Indizes geben die Gruppenzugehörigkeit an. Legende wie bei Abbildung 5.3.

Vergleicht man schließlich Gruppe 2 mit Gruppe 1 (überwiegend nicht berufstätige Frauen), so fallen die Unterschiede bezüglich der Einschätzung von „weitere Person in der Wohnung" (A) und „Umzug" (N) auf, die beide von Gruppe 1 als bedeutsamer eingeschätzt werden als von Gruppe 2.

5.5 Schlußfolgerungen

Die beiden hier vorgestellten Untersuchungen belegen die Notwendigkeit eines differenzierten Vorgehens zur Erfassung der Einschätzung von Lebensereignissen. Die erste Untersuchung zeigt, daß eine Differenzierung nach Ereignistypen ebenso notwendig ist wie eine solche nach Beurteilungsgesichtspunkten: Obwohl es Ereignisse gibt, die von allen Personen ähnlich eingeschätzt werden (z. B. „Krankheit" und – wenn auch weniger übereinstimmend – „öffentliche Ereignisse"), treten Unterschiede in der Einschätzung anderer Ereignisse (z. B. „Bereicherung" und „Verlust") sehr deutlich zutage. Interessant ist, daß diese Unterschiede sich weniger in der Einschätzung der „Erwünschtheit" und der „Bedeutsamkeit" zeigen, als vielmehr in den erwarteten „Aktivitäten bei der Auseinandersetzung" mit Lebensereignissen. Der Zusammenhang von Einschätzungsunterschieden mit der Lebenssituation des Beurteilers wird besonders in unserer zweiten Untersuchung deutlich.

Auch die Durchsicht der Forschungsliteratur zu Lebensereignissen im Rahmen der psychiatrischen Epidemiologie hatte ergeben, daß Differenzierungen des bislang vorherrschenden globalen Ansatzes angezeigt sind (siehe auch *Katschnig* 1980b). Eine stärkere Beachtung der konkreten Auseinandersetzungs*prozesse* und hier insbesondere der differential-psychologischen Gesichtspunkte erscheint dringend geboten. Eine Annäherung an diese Problemstellung versuchten beispielsweise *Pearlin & Schooler* (1978) mit einer Untersuchung zu der Frage, welche Personen in welchen Situationen welche Auseinandersetzungstechniken mit welchem Erfolg einsetzen. Untersuchungen zu der Frage, aufgrund welcher Persönlichkeits- und Lebenssituationsmerkmale welche Personen aufgrund welcher *Einschätzungen* die jeweilige Wahl von Auseinandersetzungstechniken vornehmen, könnten den Verlauf solcher Prozesse und ihren Ausgang noch weiter aufklären.

Literatur

Askenasy, A. R., Dohrenwend, B. P. & Dohrenwend, B. S., Some effects of social class and ethnic group membership on judgments of the magnitude of stressful life events: A research note. Journal of Health and Social Behavior 18, 1977, 432-439.

Baltes, P. P., Reese, H. W. & Lipsitt, L. P., Life-span developmental psychology. Annual Review of Psychology 31, 1980, 65-110.

Bartussek, D., Zur Interpretation der Kernmatrix in der dreimodalen Faktorenanalyse von R. L. Tucker. Psychologische Beiträge 15, 1973, 169-184.

Brandtstädter, J. & Schneewind, K. A., Optimal human development: Some implications for psychology. Human Development 20, 1977, 48-64.

Brown, G. W., Meaning, measurement, and stress of life events. In: *Dohrenwend, B. S. & Dohrenwend, B. P.* (Hrsg.), Stressful live events: Their nature and effects. New York 1974, 217-243.

Cattell, R. B. & Vogelmann, S., A comprehensive trial of the scree and KG criteria for determining the number of factors. Multivariate Behavioral Research 12, 1977, 289-325.

Cohen, J., A profile similarity coefficient invariant over variable reflection. Psychological Bulletin 71, 1969, 281-284.

Danish, S. J., Smyer, M. A. & Nowak, C. A., Developmental intervention: Enhancing life-event processes. In: *Baltes, P. B. & Brim, O. G. Jr.* (Hrsg.), Life-span development and behavior, Volume 3. New York 1980, 339-366.

Dohrenwend, B. S., Social status and responsibility for stressful life events. In: *Spielberger, C. D. & Sarason, I. G.* (Hrsg.), Stress and anxiety, Volume 5. New York 1978, 25-42.

Dohrenwend, B. S. & Dohrenwend, B. P. (Hrsg.), Stressful life events: Their nature and effects. New York 1974.

Dohrenwend, B. S. & Martin, J. L., Personal versus situational determination of anticipation and control of the occurance of stressful life events. American Journal of Community Psychology 7, 1979, 453-468.
Dohrenwend, B. S., Krasnoff, L., Askenasy, A. R. & Dohrenwend, B. P., Exemplification of a method for scaling life events: The Peri Life Events Scale. Journal of Health and Social Behavior 19, 1978, 205-229.
Esser, H., Eine Untersuchung zur Beurteilung von Lebensereignissen mit Hilfe der mehrdimensionalen Skalierung. Fachgebiet Psychologie an der Universität Trier (Diplomarbeit), Trier 1980.
Folkman, S., Schaefer, C. & Lazarus, R. S., Cognitive processes as mediators of stress and coping. In: *Hamilton, V. & Warburton, D. M.* (Hrsg.), Human stress and cognition. An information processing approach. Chichester 1979, 265-298.
Fontana, A. F., Hughes, L. A., Marcus, J. L. & Dowds, B. N., Subjective evaluation of life events. Journal of Consulting and Clinical Psychology 47, 1979, 906-911.
Haan, N., Coping and defending. Processes of self-environment organization. New York 1977.
Holmes, T. H. & Rahe, R. H., The Social Readjustment Rating Scale. Journal of Psychosomatic Research 11, 1967, 213-218.
Hough, T. H., Fairbank, D. T. & Garcia, A. M., Problems in the ratio measurement of life stress. Journal of Health and Social Behavior 17, 1976, 70-82.
Hultsch, D. F. & Plemons, J.K., Life events and life-span development. In: *Baltes, P. B. & Brim, O. G.* (Hrsg.), Life-span development and behavior, Volume 2. New York 1979, 1-36.
Jessor, R. & Jessor, S. L., Problem behavior and psychosocial development. A longitudinal study of youth. New York 1977.
Katschnig, H. (Hrsg.), Sozialer Streß und psychische Erkrankung. Lebensverändernde Ereignisse als Ursache seelischer Störungen? München 1980 (a).
Katschnig, H., Lebensverändernde Ereignisse als Ursache psychischer Krankheiten – Eine Kritik des globalen Ansatzes in der Life-Event-Forschung. In: *Katschnig, H.* (Hrsg.), Sozialer Streß und psychische Erkrankung. Lebensverändernde Ereignisse als Ursache seelischer Störungen? München 1980 (b), 3-93.
Katz, J. O. & Rohlf, F. J., Primary Product Functionplane: An oblique rotation to simple structure. Multivariate Behavioral Research 10, 1975, 219-232.
Lazarus, R. S. & Launier, R., Stress-related transactions between person and environment. In: *Pervin, L. A. & Lewis, M.* (Hrsg.) Perspectives in interactional psychology. New York 1978, 287-327.
Lundberg, U. & Theorell, T., Scaling of live events in three diagnostic groups. Reports from the Psychological Laboratories. The University of Stockholm, Number 387, Stockholm 1973.
MacCallum, R. C., Effects of conditionality on *Indscal* and *Alscal* weights. Psychometrika 42, 1977, 297-305.
McFarlane, A. H., Norman, G. R., Streiner, D. L., Roy, R. & Scott, D., A longitudinal study of the influence of the psychosocial environment on health status: A preliminary report. Journal of Health and Social Behavior 21, 1980, 124-133.
Murphy, L. B., Coping, vulnerability, and resilience in childhood. In: *Coelho, G. V., Hamburg, D. A. & Adams, J. E.* (Hrsg.), Coping and adaptation. New York 1974, 69-100.
Pearlin, L. I. & Schooler, C., The structure of coping. Journal of Health and Social Behavior 19, 1978, 2-21.
Redfield, J. & Stone, A., Individual viewpoints of stressful life events. Journal of Consulting and Clinical Psychology 47, 1979, 147-154.
Rösler, F., Identifying interindividual judgment differences: *Indscal* or three-mode factor analysis? Multivariate Behavioral Research 14, 1979, 145-167.
Ross, C. E. & Mirowsky II, J., A comparison of life-event-weighting schemes: Change, undesirability, and effect-proportional indices. Journal of Health and Social Behavior 20, 1979, 166-177.

Ruch, L. O., A multidimensional analysis of the concept of life change. Journal of Health and Social Behavior 18, 1977, 71-83.
Saile, H., Zur Struktur der Einschätzung von Lebensereignissen. Eine Untersuchung über Beurteilungsunterschiede mittels dreimodaler Faktorenanalyse. Fachgebiet Psychologie an der Universität Trier (Diplomarbeit), Trier 1979.
Sandler, I. N. & Ramsay, T. B., Dimensional analysis of children's stressful life events. American Journal of Community Psychology 8, 1980, 285-302.
Sarason, I. G., Johnson, J. H. & Siegel, J. M., Assessing the impact of life changes: Development of the Life Experiences Survey. Journal of Consulting and Clinical Psychology 46, 1978, 932-946.
Stone, A. A. & Neale, J. M., Life events scales: Psychophysical training and rating dimension effects on event-weighting coefficients. Journal of Consulting and Clinical Psychology 46, 1978, 849-853.
Takane, Y., Young, F. W. & de Leeuw, J., Nonmetric individual differences multidimensional scaling: An alternating least squares method with optimal scaling features. Psychometrika 42, 1977, 7-67.
Ward, J. H., Hierarchical grouping to optimize an objective function. Journal of the American Statistical Association 58, 1963, 236-244.

6 Normative Übergänge im menschlichen Lebenslauf: Entwicklungskrisen oder Herausforderungen?

Erhard Olbrich

Der Gedanke, den menschlichen Lebenslauf zu gliedern, ist älter als die wissenschaftliche Entwicklungspsychologie selbst. Einschnitte oder Zäsuren im Entwicklungsgeschehen wurden noch in der frühen Kinderpsychologie hervorgehoben und in den verschiedenen Phasen- oder Stufenlehren propagiert. Allerdings erfuhren solche Konzeptionen dann in den 60er Jahren eine herbe Kritik (vgl. *Trautner* 1978). Rückblickend meint *Heckhausen* (1974, 86), „daß die Phasenlehren eine naive Entwicklungspsychologie befestigt haben, die in einer ganzen Reihe von Punkten falsch oder zumindest irreführend ist." Dieser Kritik ist zuzustimmen, vor allem dann, wenn eine prozessuale Sicht von Entwicklung vertreten wird, die ein Veränderungsgeschehen zwischen Geburt und Tod beschreiben und erklären will.

Nun legt es auch die Konzeption von Übergangsperioden – zumindest auf den ersten Blick – nahe, Abschnitte der Entwicklung voneinander abzuheben. Ohne Zweifel suggeriert sie Diskontinuität qualitativer oder quantitativer Art. Ziel dieses Beitrages ist es, einer solchen Problematik weiter nachzugehen und zu untersuchen, ob ein prozessuales Verständnis von Übergängen erreicht werden kann. Es wird argumentiert werden, daß sich der Übergang in *Verhaltensmerkmalen,* ausgedrückt in einer besonders rasch ablaufenden bzw. besonders intensiven Änderung von Verhaltensmerkmalen, darstellt. In *Prozeßmerkmalen* ausgedrückt zeigt er sich an einer quantitativen oder qualitativen Veränderung der Entwicklungsdynamik, also in einer Beschleunigung der Entwicklungsgeschwindigkeit oder in einem Wechsel von Entwicklungsrichtung und -art.

An zwei Perioden des Überganges im Lebenslauf soll außerdem die Frage diskutiert werden, inwieweit qualitative und quantitative Veränderungen als belastende oder als herausfordernde bzw. gar als fördernde Geschehnisse wirken. Übergangsperioden sollen unter Aspekt „Krise oder Störung" vs. „Entwicklungsreiz und Wachstum" diskutiert werden.

6.1 Gliederung des menschlichen Lebenslaufes: Vorläufer der Konzeption vom Übergang?

Der menschliche Lebenslauf ist sowohl im alltäglichen Verständnis als auch in der wissenschaftlichen Analyse überwiegend als gegliedert aufgefaßt und dargestellt worden. Die Sicht eines kontinuierlichen, vielleicht gar linear verlaufenden Prozesses findet sich kaum.

Seit der Antike sind in großer Zahl Versuche bekannt, die Biographie nach Stadien oder Abschnitten zu gliedern. *Rosenmayr* (1978) beschreibt beispielsweise aus kulturgeschichtlicher Perspektive verschiedene Aufteilungen in Sieben-Jahres-Einheiten oder in sieben Stadien/Lebensalter. Bei Solon, Ptolemäus oder Shakespeare – um nur einige der von *Rosenmayr* angeführten Autoren zu nennen – fällt allerdings sofort auf, daß sie relativ willkürlich herausgegriffenen Einzelereignissen im menschlichen Leben die Bedeutung von „Markierungen" zusprechen, um nach Sieben-Jahres-Intervallen gliedern zu können. Ebenso sind Charakterisierungen der sieben Lebensalter weder universell, noch über verschiedene historische Epochen hin nachweisbar. Es sind also nicht etwa generelle, tatsächlich im Laufe von Biographien auftretende Übergangsperioden, die hinter solchen Gliederungsversuchen stehen. Vielmehr haben wir es mit einem „aus der Kosmologie bzw. Astrologie entlehnten, also auf populär einleuchtende Argumente gestützten Entwurf einer Lebensordnung" zu tun (*Rosenmayr* 1978, 33).

Erstaunlicherweise haben sich gerade Siebenergliederungen bis in die jüngste Zeit gehalten. *Lehr* (1978a) weist sie bei Künkel, v. Tilling, Hellpach, Busemann, Bühler, Moers und Kretschmer nach. Selbst bei *Sears & Feldmann* (1973) oder bei *Sheehy* (1976) tauchen sie noch auf. *Lehr* (1978b, 317) sieht darin den Ausdruck eines Bestrebens, die Gliederung des Lebenslaufes „mit Hilfe einer mythologischen Zahlenlehre" zu erkennen. Doch reicht eine solche Interpretation nicht aus. Wie *Lehr* weiter feststellt, wurde „der Eintritt in jede neue Altersstufe... als ‚innere Wende', als ‚Neugeburt' gesehen" (1978b, 317). Damit wird ein psychischer Übergang postuliert, wenngleich eine Beschreibung oder gar Erklärung der angedeuteten Veränderungsprozesse unterbleibt.

In diesem Punkt führen auch die bekannten *Stufenmodelle* der Kinderpsychologie und der frühen Entwicklungspsychologie nicht weiter. Wohl heben auch sie einzelne Entwicklungsabschnitte voneinander ab, zwischen denen „mehr oder weniger tiefe Einschnitte oder plötzliche Niveauveränderungen" (*Bergius* 1959, 107) erkennbar werden. Diese werden indessen eher registriert als prozessual verstanden. Wie *Bergius* ausführt, dürfte neben der auf Beobachtungen oder anderen Erfassungsmethoden gestützten Erkenntnis von Verhaltensänderungen bzw. von „Entwicklungsschüben" ein Bemühen um Übersichtlichkeit der Beschreibung und um Bereitstellung von leicht rekapitulierbaren Markierungspunkten bzw. Phasen des Entwicklungsgeschehens derartige Ordnungsversuche beeinflußt haben. Die Praktikabilität solcher Einteilungen, die bei pädagogischen oder therapeutischen Maßnahmen eine raschere Orientierung erlaubte, dürfte schließlich zur Verfestigung von Phasen- oder Stufengliederungen beigetragen haben. Allerdings darf nicht übersehen werden, daß sehr unterschiedliche, ja widersprüchliche Stufenmodelle vorgelegt wurden. Dies kann als Ausdruck der divergierenden theoretischen Orientierungen der einzelnen Autoren gedeutet werden, die keine universellen, keine über Kulturen und über historische Zeiten hinweg invarianten Entwicklungseinteilungen erkannten. Es ist *Lehr* (1978b) zuzustimmen, die bei vielen Stufentheoretikern eine eminente Vernachlässigung der entwicklungsrelevanten Einzelphänomene kritisiert.

Soweit wird deutlich, daß Stufenmodelle nicht etwa Übergangsperioden näher beschreiben; auch befassen sie sich weniger mit dem Prozeß des Übergangs selbst.

Sie betonen eher zwischen Übergängen liegende, relativ statisch gesehene Entwicklungsabschnitte. Die Fragen nach den Auslösern des Weitergangs von einer Stufe zur nächsten und nach Erklärung des Übergangs werden nur sekundär erkennbar.

Demgegenüber betont das Konzept des Übergangs unmittelbarer den Veränderungsprozeß. Vor allem intensive, krisen- oder konflikthaft erlebte Übergänge bieten eine Chance zu seiner Erfassung. Deutlicher als in Perioden des „glatten adaptiven Funktionierens" werden bei krisenhaften Übergängen die Einflußfaktoren auf das Veränderungsgeschehen und der Verlauf des Prozesses für die betroffene Person erfahrbar und damit auch für den Wissenschaftler klarer registrierbar. Von daher erklärt sich wohl die in jüngerer Zeit vermehrte Untersuchung von Übergängen, von kritischen Lebensereignissen oder von belastenden Einflüssen auf die Entwicklung (vgl. *Brim* 1978, *Braukmann, Ahammer, Angleitner, Filipp & Olbrich* 1980, *Olbrich & Thomae* 1978). Natürlich kann nicht sicher gesagt werden, inwieweit unter Belastung oder krisenhaft ablaufende Entwicklungsprozesse mit dem normalen Entwicklungsgeschehen gleichgesetzt werden können. Gleichwohl wird in solchen Perioden der „beschleunigten" und durch größeren Umbruch gekennzeichneten Entwicklung der Blick auf das dynamische Geschehen gelenkt. Damit wird einer prozeßorientierten Konzeption von Entwicklung Vorschub geleistet und jene statische Interpretation zurückgedrängt, in der nur noch aus Differenzen zwischen den Verhaltensmerkmalen verschiedener Stufen „Entwicklung" erschlossen wird.

Um die Bedeutung von Übergängen in der Entwicklung näher zu analysieren, scheint es zunächst notwendig, nach ihren Auslösern zu suchen. Für die Untersuchung *normativer* Übergangsphasen (vgl. *Filipp* im Kapitel 1) gilt es, jene sozialen, somatischen und psychischen Bedingungen zu bestimmen, die relativ universell in bestimmten Lebensaltern auftreten und auf den Entwicklungsprozeß einwirken. Diese Wirkmechanismen gilt es einzeln und in ihrer Gesamtheit (Interaktion) zu erfassen.

6.2 Soziale Normierungen als Auslöser von Übergängen

In der Anthropologie sind die Konzepte der Alterseinstufung und des Überganges von einer zu nächsten Stufe – mit den in voralphabetischen Gesellschaften häufig zu findenden Ritualen – seit langem eingeführt. Schon *Benedict* (1938) stellt in ihrem klassischen Aufsatz über Kontinuität und Diskontinuität im kulturellen Sozialisationsprozeß fest, daß sich alle Kulturen in ihrer Weise mit dem Wachstumszyklus des Individuums auseinanderzusetzen haben, innerhalb dessen aus einem verwundbaren, physiologisch und sozial mit geringen Kompetenzen ausgestatteten Neugeborenen ein erwachsener Mensch wird – fähig, sich mit den Anforderungen seiner Umwelt auseinanderzusetzen. Die spezifischen Sozialisationspraktiken einer Kultur sorgen dafür, daß dem heranwachsenden Individuum je altersadäquate Verhaltensweisen abverlangt werden und daß ihm entsprechendes Modellverhalten vorgegeben wird.

Die Soziologie hat solche Beobachtungen aufgegriffen und belegt, daß Übergänge im Lebenslauf durch die „gesellschaftliche Gliederung in Altersgruppen mit ihren unterschiedlichen normativen Anforderungen" (*Friedrichs & Kamp* 1978, 191) ausgelöst werden. Charakteristisch für eine durch sozial normierte Anforderungen vorangetriebene Verhaltensentwicklung sind in erster Linie „Diskrepanzen": Personen werden immer neuen Altersschichten und -gruppen zugewiesen, „deren Aktivitäten alle auf das in diesem Alter verlangte Verhalten hin orientiert sind" (*Benedict* 1938; dt. 1978, 203).

Atchley (1975) sieht Art und Wirkung solcher sozialen Mechanismen differenzierter. Neben sozialen Anforderungen und Spannungen gibt es Verhaltensmöglichkeiten und -freiräume. Nach seiner Auffassung existieren in jeder Gesellschaft Konzeptionen („ideas") davon, was altersadäquat, d. h. was für ein bestimmtes Alter verpflichtend und was gestattet sei: „Diese Konzeptionen sind in der Art von groben Zeittafeln organisiert, von denen jede einen alternativen Pfad durch ein Labyrinth von präskriptiven, beschränkenden und erlaubenden Normen repräsentiert, die altersgemäße Positionen, Rollen, Gruppierungen, soziale Situationen, Fertigkeiten, Einstellungen, Strebungen und ein ganzes Bündel anderer Merkmale charakterisieren" (1975, 262). – Mit ausdrücklichem Bezug auf „turning points" im Lebenslauf stellt *Atchley* schließlich die Unterstützung heraus, die Gleichaltrige dem Individuum bei der Bewältigung normativer Übergänge geben: „Entscheidungen über die Ausbildung, die berufliche Karriere, die Partnerwahl, die Erziehung der Kinder, die Zeit nach dem Auszug des letzten Kindes aus dem Haushalt, die Pensionierung und Verwitwung sind zum Beispiel an ein bestimmtes Lebensalter gebundene Ereignisse, die die meisten Menschen betreffen, allerdings nicht allein, sondern in der Gemeinschaft der Altersgenossen, die versuchen, mit ähnlichen Situationen fertigzuwerden. Ein Teil der möglichen Belastung und ein Teil des potentiellen Selbstzweifels wird in diesem Zusammenhang durch die Unterstützung, die Altersgleiche einander geben, reduziert" (1975, 276). Hier finden wir erste Hinweise auf einen gesellschaftlichen Mechanismus, der dem Individuum bei der Bewältigung von Krisen hilft. *Neugarten & Datan* (1978) sprechen ihn ebenfalls an. Sie beziehen allerdings psychologische Prozesse der Altersgruppenidentifikation, der Übernahme von Altersnormen und der Nutzung altersspezifischer sozialer Netzwerke ein, um jene „Zugkraft" zu erklären, die bewirkt, daß Übergänge „in time" durchlaufen werden und vermieden wird, daß das Individuum „off time" – und so mit größerem Risiko krisenhafter Verwirrung – einen Wendepunkt (wie Heirat, Geburt von Kindern, Ausscheiden aus dem Berufsleben etc.) erfährt.

Indem nicht allein die gesellschaftlich vorgegebene Altersnormierung als Auslöser von Übergängen vorgestellt, sondern auch deren individuelle Aufnahme und Verarbeitung beachtet wird, kann eine gewisse Variationsbreite bei der Zuordnung von Übergangsperioden und Lebensaltern erklärt werden. Darauf wird noch kurz eingegangen werden. Zunächst sollen einige sozial mitdefinierte Übergänge samt ihrer zeitlichen Einordnung im Lebenslauf benannt werden. *Friedrichs & Kamp* (1978) berechnen Mediane des Heiratsalters und des Alters von Frauen bei der Geburt der ersten beiden Kinder aufgrund von Erhebungen des Statistischen Bundesamtes zu Beginn der 70er Jahre. Todeszeitpunkte der Ehegatten und Alter bei der Verwitwung schätzten die Autoren nach Sterbetafeln. Ebenso schätzten sie den Zeitpunkt des Auszuges des zweiten Kindes aus der elterlichen Familie. Ihre Angaben sind in Abbildung 6.1 wiedergegeben.

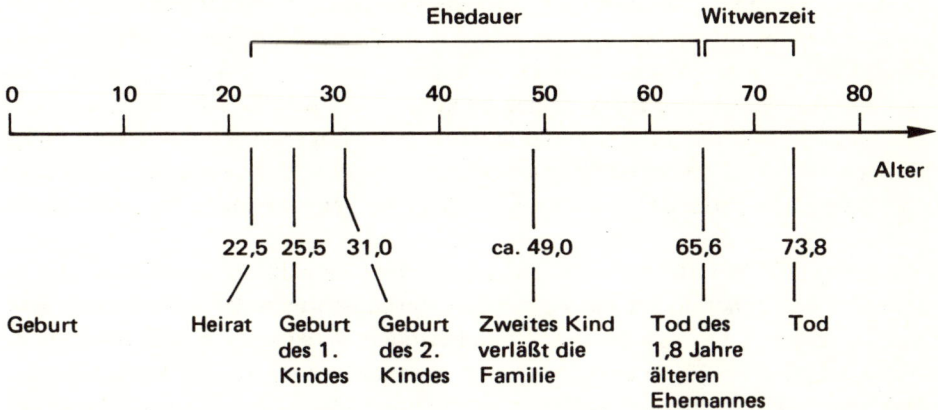

Abb. 6.1. Hypothetischer Lebenszyklus einer bundesdeutschen Frau 1973. Mediane für Heiratsalter und Alter bei der Geburt des 1. und 2. Kindes errechnet nach Daten des Statistischen Bundesamtes; Lebensalter geschätzt nach Sterbetafeln (aus *Friedrichs & Kamp* 1978, 181).

Vergleichbare Daten errechnete *Glick* (1978) für die USA. Geringe Vorverlegungen des Alters bei der ersten Heirat (21,2 Jahre) und bei der Geburt des ersten Kindes (22,7 Jahre) fallen auf. Dagegen unterscheidet sich der durchschnittliche Zeitpunkt der Verwitwung in den USA kaum von dem in der BRD (65,2 Jahre).

In einer Arbeit von *Feichtinger* (1978) werden Kohorten- und Geschlechtsgruppendifferenzen anhand von Vergleichen der Geburtsjahrgänge 1870 bis 1970 prägnant herausgearbeitet.

Kohorten-, Geschlechtsgruppen-, aber auch Kultur- und Rassendifferenzen werden in anderen Arbeiten differenzierter behandelt (etwa *Atchley* 1975, *Lehr* 1978a, 1978b, *Modell, Furstenberg & Hershberg* 1978, *Neugarten & Datan* 1978, *Neugarten, Moore & Lowe* 1978, *Neugarten & Hagestad* 1976); Klassendifferenzen arbeitete *Olsen* (1969) heraus.

Nur kurz soll dargestellt werden, welche Erklärungen von Übergangsprozessen aus soziologischer bzw. sozialpsychologischer Perspektive angeboten wurden. *Riley* (1976) geht von der Altersschichtung sozialer Systeme aus. Diese ist einerseits eine Folge des Alterns von Personen in einer Gesellschaft, sie ergibt sich andererseits aus der Dynamik des Kohortenflusses, aufgrund dessen im Verlaufe der historischen Zeit das Gefüge wie auch die Altersstruktur von Rollen verändert werden. *Riley* stellt die gesellschaftlichen Prozesse der *Allokation* und der *Sozialisation* ins Zentrum ihrer Erklärungen für das Zustandekommen von Veränderung (generell) und von Übergängen in neue Rollen (speziell). Personen eines bestimmten Alters mit ihren altersbezogenen Kapazitäten und Handlungsweisen stehen Rollen gegenüber, die ihrerseits für Personen eines bestimmten Alters vorgesehen sind. Die Übernahme und Ausführung von Rollen werden – je nach Lebensalter unterschiedlich – erwartet. Erfüllt das Individuum solche Erwartungen nicht, kann es mit altersadäquaten Sanktionen belegt werden. Allokation und Sozialisation – Prozesse, die ihrerseits einem kontinuierlichen historischen Wandel unterliegen – sind bei *Riley* indessen nur Elemente, nur Teilprozesse im Entwicklungsgeschehen und beim Übergang von einer Altersschicht in die andere. Sie verweist ausdrücklich auf ein „komplexes System von Rückkoppelungen", in dem gesellschaftliche, historische und personspezifische Prozesse interagieren. Allerdings werden mit einem bloßen Hinweis darauf die gesamten Programme, nach denen soziale, epochale, psychische und biologische Prozesse bei einem Übergang ins Spiel kommen, nur ungenügend erklärt.

Atchley (1975) vertritt – wie schon angedeutet – eine differenzierte Position, indem er von vornherein auf die vielfältigen Verlaufsformen der individuellen Biographie verweist. Übergänge sind für ihn Perioden, in denen dem Individuum in einem kontrollierten Maße abverlangt bzw. ermöglicht wird, in bestimmte Gruppen überzuwechseln, bestimmte Rollen zu übernehmen sowie Zugang zu sozial und kulturell definierten Situationen und Vorgängen zu erhalten. Insoweit beschreibt *Atchley* noch den sozial vorgegebenen Rahmen. Zusätzlich betont er allerdings den Entscheidungsdruck, der in Übergangsperioden sowohl von der Gesellschaft als auch von näheren Bezugspersonen auf das Individuum ausgeübt wird. Dieser Druck sorgt dafür, daß die Person aktiv wird, Entscheidungen fällt und damit soziale Vorschriften bzw. Chancen in Änderungen des eigenen Verhaltens umsetzt. Nähere Ausführungen zum Entscheidungsprozeß indessen bleibt *Atchley* schuldig. So bleibt es bei einer Erweiterung der Erklärung des Überganges durch nicht näher beschriebene Vorgänge innerhalb des Individuums. – Auch im symbolisch-interaktionistischen Ansatz, auf den hier nicht näher eingegangen werden soll, wird einer psychischen Komponente Rechnung getragen. Ausführungen zur symbolischen Repräsentation sozialer Gegebenheiten und zur symbolisch vollzogenen Interaktion bleiben jedoch unscharf (vgl. *Glaser & Strauss* 1971).

6.3 Biologische Veränderungen als Basis von Übergängen

Während des gesamten Lebenslaufes verändert sich der menschliche Organismus. Solche Veränderungen verlaufen nicht nur kontinuierlich-linear, vielmehr sind positive und negative Beschleunigungen festzustellen. Sofern sich eine relativ eindeutige Zuordnung zu einzelnen Altersabschnitten vornehmen läßt, sind sie für unser Thema von Interesse.

Beschleunigungen bzw. Verlangsamungen von Wachstumsfunktionen werden z. B. in der frühen Adoleszenz relativ universell beobachtet. Allerdings zeigen sich interindividuelle Unterschiede hinsichtlich des zeitlichen Auftretens, hinsichtlich der „normativen" Zuordnung zu einem Lebensalter. *Faust* (1978) belegt überdies qualitative interindividuelle Unterschiede, die sich als verschiedenartige Verlaufsformen von (puberalen) Wachstumskurven darstellen. Hier sei bereits angemerkt, daß Wachstumsbeschleunigungen selbstverständlich erlebnismäßige Begleiterscheinungen auslösen. *Tanner* hat sie (1971) für das Jugendalter beschrieben.

Ein weiteres Verständnis biologisch bedingter Übergänge wird bei Betrachtung der *sensorischen* Entwicklung möglich. Die Sinne stellen – in einer von *Lawton* (1977) aus der Elektronik übernommenen Analogie – „interfaces" zwischen Person und sachlicher/sozialer Umwelt dar; sie transformieren auch propriozeptive Stimulation. Veränderungen der Sinnesfunktionen sind während der frühen Kindheit sehr prägnant. *Bower* (1977) gibt einen faszinierenden Einblick in die Heranbildung sensorischer Systeme und nachgeordneter kognitiver und affektiver Prozesse in der frühen Kindheit. – Auch im Erwachsenenalter sind linear und nicht-linear verlaufende Veränderungen der Sinnesfunktionen nachgewiesen worden. Zwischen 50 und 60 Jahren wurden negative Beschleunigungen der Veränderungen im optischen und akustischen Bereich und in anderen sensorischen Bereichen belegt. Sie gelten als determinierende Faktoren der nachlassenden Geschwindigkeit der Informationsverarbeitung im Alter (*Corso* 1977, *Fozard, Wolf, Bell, McFarland & Podolsky* 1977, *Ordy & Brizzee* 1979). Allerdings darf nicht übersehen werden, daß psychische Prozesse der Informationsverarbeitung identifiziert wurden, die derartige sensorische Defizite augleichen können.

Das organische Wachstum und besonders die Reifung des „komplexen Nervensystem-Hormonsystems" heben *Piaget & Inhelder* (1977) als Einfluß auf die kognitive Entwicklung hervor. Allerdings erscheinen hier somatische Veränderungen eher als Basis oder als Vorbereitung auf den Übergang, der sich im kognitiven Bereich umfassend manifestiert. Selbstverständlich gilt Wachstum nur als ein Kausalfaktor. Erfahrung und Einübung, Sozialisation und nicht zuletzt Selbstregulation werden als weitere, mit der organischen Veränderung interagierende Prozesse genannt und zur Erklärung von Übergängen in der kognitiven Entwicklung herangezogen. Andere Autoren beschreiben die Reifung des Nerven- und Hormonsystems auch in ihren Auswirkungen auf motivationale und persönlichkeitsspezifische Funktionen. Eine gute Zusammenfassung, die allerdings den Aspekt des Überganges nicht explizit hervorhebt, findet sich schon bei *Nickel* (1972). *Hamburg* (1980) untersucht neben den abrupt einsetzenden endokrinologischen Veränderungen auch Hautprobleme, Magengeschwüre, neuromuskuläre Gelenkbehinderungen und Bluthochdruck in ihren Effekten auf die Verhaltens- und Erlebensänderung im Jugendalter. Sie stellt die frühe Adoleszenz aufgrund der somatischen Veränderungen als eine „genuine Periode des großen Streß, der reduzierten Bewältigungskapazität und in Folge davon hoher Verletzlichkeit" dar (*Hamburg* 1980, 101). Sie belegt dies mit dem deutlichen Anstieg des Drogenmißbrauches, der Delinquenz, der Selbstmordziffern, aber auch mit Beobachtungen subtiler Indices, wie z. B. Beunruhigungen über das eigene körperliche Aussehen bei Jugendlichen, geringerer Selbstakzeptierung und Problematisierung der Beziehungen zu Autoritätspersonen.

Derartige „Übergangsprobleme" treffen auf eine Reihe von Jugendlichen durchaus zu. Allerdings braucht Adoleszenz keinesfalls allein unter dem Aspekt eines „Störreizmodells" (*Thomae* 1967) gesehen zu werden. Eine generelle Charakterisierung scheint adäquater, wonach diese Periode als Entwicklungsabschnitt der zunehmenden Verflüssigung des Verhaltens gelten kann: Neue Erfahrungsmöglichkeiten und ihre aktive Nutzung sowie gestärkte Kompetenzen im somatischen, kognitiven, persönlichkeitsspezifischen etc. Bereich erlauben die Erarbeitung neuer „Verhaltensprogramme" und eine Weiterentwicklung – vor allem dann, wenn dem Jugendlichen soziale Unterstützung zuteil wird. Natürlich geht die soeben beschriebene Sicht, die anstelle eines „Störreizes" den „Entwicklungsreiz" im Übergangsgeschehen hervorhebt, über die bloße Betrachtung somatischer Faktoren hinaus; sie legt bereits eine integrierte Betrachtung sozialer, somatischer und psychischer Prozesse nahe.

6.4 Die Menopause: Eine Übergangsperiode im mittleren Erwachsenenalter

Ausgehend von somatischen Faktoren sei jetzt beispielhaft an einem Übergang des mittleren Erwachsenenalters, nämlich an der Menopause, die Interaktion körperlicher mit sozialen und psychischen Prozessen dargestellt. Hormonelle Veränderungen wurden in der medizinischen und populärwissenschaftlichen Literatur oft beschrieben. Erlebnismäßige Beschwerden (etwa Ermüdungsgefühle, heftiges Transpirieren, Nervosität, vgl. *van Keep* 1970) oder somatische Symptome (z. B. Hitzewellen, Schmerzen in Leib und Brust, Kurzatmigkeit, vgl. *Neugarten & Kraines* 1965) werden häufig ausschließlich auf die hormonelle Umstellung zurückgeführt. Das muß differenziert werden. *Newman & Newman* (1975) betonen etwa, daß neurotische, psychisch fehlangepaßte Frauen häufiger über menopausale Beschwerden im körperlichen Bereich klagen als „normale" Frauen. Dies legt es nahe, Interaktionen zwischen somatischen und psychischen (sowie sozialen) Faktoren zu erhellen. Man sollte etwa an ein vermehrtes Gewahrwerden der eigenen Verletzlichkeit denken: Zum einen ist die Wahrscheinlichkeit, ernsthaft zu erkranken, Ende der 40er und Anfang der 50er Jahre größer als in früheren Lebensabschnitten; zum anderen nehmen in dieser Altersperiode Erkrankungen und Pflegebedürftigkeit der Eltern der betroffenen Frau zu. Auch kann vermutet werden, daß angesichts der in unserem Jahrhundert stark reduzierten Sterbequoten innerhalb der ersten vier Lebensjahrzehnte eine Konfrontation mit Tod und Sterblichkeit heute oft erst in den Jahren des mittleren Erwachsenenalters erfolgt – wenn entweder die Elterngeneration stirbt oder die ersten Gleichaltrigen einem frühen Tod erliegen (demographische Daten vgl. *Feichtinger* 1978).

Im Familienzyklus ist dies die Zeit, in der die Kinder das Elternhaus verlassen, in der also ein tiefgreifender Wandel der familiären Situation stattfindet („empty nest"). Vor allem Frauen, die sich ganz auf ihre Mutter- und Hausfrauenrolle eingestellt hatten und ihre Selbstdefinition sowie ihren Selbstwert aus damit verbundenen Aktivitäten ableiteten, verlieren um die Zeit der Menopause ihren zentralen Lebenssinn (vgl. *Lopata* 1973, *Lowenthal, Thurnher & Chiriboga* 1975). Hinzu kommt in diesem Lebensabschnitt die Aufgabe, die eigene Partnerschaft neu zu de-

finieren. Schließlich ist der somatisch und sozial ausgelöste Übergang Men[opause]
auch noch häufig mit Ängsten verbunden, die sich auf den „Verlust der We[iblich]-
keit", das Nachlassen der Attraktivität, eine verlorene „Jugendlichkeit" und d[ie da]-
mit verbundene Selbstabwertung gründen (*Lehr* 1961, *Neugarten* 1963).

Mit der Beschreibung solcher körperlichen, sozialen und psychischen Veränderungen wird deutlich, daß die Frau um die Menopause relativ tiefgreifende Veränderungen erfährt – mehr noch: sie muß Umorientierungen vornehmen, die weit über eine Anpassung an veränderte soziale und körperliche „Äußerlichkeiten" hinausgehen. Entwicklung wird in einem umfassenden Sinne einerseits gefordert, andererseits wird sie ermöglicht. Die relativ normativ auftretenden biologischen, sozialen und erlebnismäßigen Übergänge vermitteln neue Erfahrungen, die wir als Basis bzw. als Auslöser von Entwicklung ansehen können. Allerdings zeigen empirische Studien, daß Frauen die Erfahrungen der Menopause recht unterschiedlich aufnehmen und verarbeiten (*Hamburg, Coelho & Adams* 1974, *Schatzschneider* 1979). Relativ häufig wird beispielsweise festgestellt, daß Frauen der Veränderung kaum gewahr werden, weil sie entweder den Beginn der Menopause nicht wahrhaben wollen (zumindest sprechen ihn einige Frauen in der Exploration nicht an) oder weil sie direkte Tendenzen der Vermeidung oder Verdrängung erkennen lassen.

Bei der Analyse der *Verarbeitungsformen* zeigt sich ein großes Spektrum von Möglichkeiten. *Hamburg, Coelho & Adams* (1974) erwähnen an erster Stelle medikamentöse Therapien (etwa Östrogengaben), die bei der hier im Vordergrund stehenden Umorientierung und Entwicklung kaum dienen. Eine primär intellektuelle Verarbeitung (Lesen, Gespräche mit Ärzten, Frauen etc.) kann Grundlage für eine umfassende Bearbeitung der Übergangsphase sein. Neue Aktivitäten und Interessen können dem Alltagsverhalten neue Inhalte und neue Strukturen geben, sie können ebenso wie neue soziale Aktivitäten Quellen für Selbstbestätigung und neues Sinnerleben werden. Eine umfassende Akzeptierung der veränderten Situation und der eigenen veränderten Person führt bei vielen Erwachsenen zu neuen Formen des Verhaltens. Diese Verarbeitungsform erinnert an *Eriksons* (1950) Generativität. Sie führt dazu, daß der erwachsene Mensch stärker als in den Jahren vor der Lebensmitte libidinös besetzte Energien anderen Personen, Ideen, Werken, gesellschaftlichen Zielen etc. widmen kann, und erlaubt Weiterentwicklung in einem sehr umfassenden Sinne. Gelingt diese, so kann die Person angstfreier, weniger gezwungen durch Karriereforderungen, durch Abhängigkeiten von Personen und durch eigene Impulse leben (*Brim* 1978, *Levinson* 1978). Allerdings stellt sich Generativität nicht „automatisch" ein, sie muß aktiv, unter Einsatz von Ich-Prozessen erarbeitet werden. Über diese Prozesse wird später noch kurz gesprochen werden.

6.5 Jugend: Die „traditionelle" Übergangsperiode

Sowohl im Alltagsverständnis als auch in der wissenschaftlichen Literatur gilt das Jugendalter als eine Periode des Überganges von der fremdbestimmten Kindheit zum selbstbestimmten und stärker eigenverantwortlichen Erwachsenenleben. In früheren Arbeiten wurde dieser Übergang vorwiegend nach einem „Störreizmodell" beschrieben, d. h. es wurde dargestellt, welche Störungen die adaptiven Orientierungen und das Verhalten des Jugendlichen aufgrund der vielfältigen biologischen, sozialen und psychischen Veränderungen erfahren. Begriffe wie „Sturm und Drang" (*Hall* 1904), „Identitätskrise" (*Erikson* 1950), „Generationenkluft" (noch bei *Adelson* 1979) usw. kennzeichnen diese Auffassung.

Jenseits der Betonung von Krisenhaftigkeit sind Ansätze zur Erklärung von Entwicklung in der Jugend noch sehr heterogen und z. T. widersprüchlich. Es stimmt nachdenklich, wenn *Grinder* (1975) nach einer Analyse von 30 Jahren Jugendforschung den Eindruck formuliert, daß der Übergang im Jugendalter weniger gut verstanden sei; vielmehr stellt er eher einen „fröhlichen Jagdgrund von Sentimentalisten und Fanatikern" dar. Trägt hier die Konzeption vom Übergang dazu bei, in die für Theoretiker und Praktiker diffuse Situation mehr Ordnung zu bringen und ein besseres Verständnis des Entwicklungsprozesses im Jugendalter zu ermöglichen?

Einen einfachen Schritt in diese Richtung zeigt die „Fokaltheorie" *Colemans* (1978). Er weist globale Charakterisierungen des Überganges, wie sie in den Begriffen „Sturm und Drang", „Identitätskrise" oder „Generationenkluft" anklingen, zurück. *Coleman* akzeptiert ein vieldimensionales Veränderungsgeschehen, sieht jedoch nicht nur nach dem „Störreizmodell" zu umschreibende Umwälzungen. Anstatt einem globalen Krisengeschehen ausgeliefert zu sein, nimmt der Jugendliche dieser Theorie zufolge aktiv an diesem Geschehen teil, fokussiert die Veränderung des Entwicklungsabschnittes der Reihe nach und bearbeitet sie kontinuierlich.

Die aktive Bearbeitung von Übergängen – durch Individuum wie Gesellschaft – ist auch für *Hamburg* ein Schlüssel zum Verständnis der Entwicklung in der Adoleszenz. „Es gibt jetzt einen Rahmen, um die Aufgaben und die Herausforderungen konzeptuell zu erfassen, die aufgrund der Belastungen der frühen Adoleszenz gestellt werden. Wenn wir dies mit dem Wissen über Coping und soziale Unterstützung verbinden, dann haben wir die Möglichkeit, unsere Fähigkeit zur Verhütung vieler Störungen der Adoleszenz einzusetzen" (*Hamburg* 1980, 140). Als „Rahmen" dient das Grundlagenwissen über die biologischen Veränderungen des Organismus sowie die sozialen Auslöser von Übergängen. Inwieweit die überdies erwähnten Prozesse des „Coping" und der sozialen Unterstützung dazu beitragen, den Übergang im Jugendalter im Sinne einer Weiterentwicklung zu gestalten, soll wenigstens ausschnittweise beschrieben werden.

Gehen wir noch einmal kurz auf die normativen Anforderungen in der frühen Adoleszenz zurück: Körperliche Veränderungen werden oft mit Beunruhigung wahrgenommen. Die Asynchronie einzelner Veränderungsfunktionen beim Individuum oder Abweichungen gegenüber Gleichaltrigen im Sinne beschleunigter oder verzögerter Entwicklungen werden ernster genommen, als es – objektiv betrachtet – ihrer kurzen Dauer und ihrer geringen Bedeutung entspricht. Dies hängt mit dem in der frühen Adoleszenz hohen Maß an Egozentrismus zusammen. Wie *Elkind* (1967) ausführt, kann sich der Jugendliche nur schwer aus einer „objektiven" Perspektive mit den eigenen körperlichen Veränderungen beschäftigen. Wenn wir weiter annehmen, daß das Stadium der formalen Denkoperationen in der Regel erst zwischen 15 und 16 Jahren erreicht wird, wird verstehbar, daß dem Pubertierenden nur eingeschränkte kognitive Bewältigungskapazitäten, ineffektivere kognitive Strategien verfügbar sind.

Auch im sozialen Bereich muß der Adoleszent neuartige Anforderungen verarbeiten (zum Überblick vgl. *Seiffge-Krenke* 1979, *Turner & Helms* 1979). In der Familie treten Auseinandersetzungen um das Ausmaß elterlicher Kontrolle gegenüber eigener Unabhängigkeit auf. In der Peer-Gruppe wird die Akzeptierung durch Gleichaltrige, der Wunsch nach Aufnahme heterosexueller Beziehungen zum Thema; die Übernahme von Gruppennormen wird gefordert. In der Schule müssen Unsicherheiten und Ängste hinsichtlich der Erfüllung von Leistungsforderungen, der Zusammenarbeit mit Lehrern und Gleichaltrigen und hinsichtlich der erweiterten Rollenanforderungen bearbeitet werden. Im weiteren gesellschaftlichen Bereich geht es um die Übernahme der Rechte und Pflichten des Adoleszenten – und bald auch des Erwachsenen. *Moriarty & Toussieng* (1976) weisen zu Recht darauf hin, daß es in einer sich ständig wandelnden Zeit dabei weniger um eine „passive" Anpassungsleistung als vielmehr um aktive Bewältigung (Coping) geht, also um den Erwerb von Verhaltensprogrammen, welche effektive, flüssige und realitätsabgestimmte Auseinandersetzungen mit je spezifischen Anforderungen erlauben. Schließlich muß der Adoleszent in seiner Persönlichkeitsentwicklung eine erneute, dem Entwicklungsabschnitt angemessene Auseinandersetzung zwischen psychodynamischen Strebungen und sozialen Bindungen bearbeiten. Er muß – in *Eriksons* (1950) Terminologie – die psychosoziale Krise der Identitätsfindung vs. Rollendiffusion lösen. In all diesen Aufgaben wird die aktive Person betont, die sowohl die Perzeption der Veränderung als auch die eigentliche Bearbeitung durch „Umprogrammierung" der eigenen Verhaltensmuster leistet. Welcher Art die Prozesse sind, die bei einer solchen „Umprogrammierung" ablaufen, soll im folgenden anhand einer Diskussion der Konzepte „Krisenverarbeitung" und „Coping" umrissen werden.

6.6 Entwicklung in der Übergangsphase: Krisenbewältigung und Coping

Mit *Caplan* (1964) gehen wir davon aus, daß Menschen in einer vertrauten Situation wohlangepaßt und eingespielt auf die jeweiligen Anforderungen reagieren. Habitualisierte Verhaltensweisen und routinemäßige Programme der Problemlösung überwiegen. Drastische Veränderungen der Lebenssituation stören diesen ausgewogenen Zustand, sie stellen sich erlebnismäßig als Gefühle der Unsicherheit, der Bedrohung und Angst dar, im Verhalten können sie zur Desorganisation von kognitiven und motivationalen Funktionen führen. Krisen bringen indessen auch Chancen für Weiterentwicklung mit sich: Sie fordern einen verstärkten Einsatz von Energien, verlangen neue Sichtweisen, gewähren aber auch neue Erfahrungen und bieten so eine Voraussetzung für das Erarbeiten neuer Verhaltensprogramme. Diese grundsätzliche Betrachtung ist natürlich differenziert worden. So hängt nach

Erhard Olbrich

Aguilera & Messick (²1978) der Ausgang einer Krise – und damit die weiterführende Herstellung effektiver Verhaltensprogramme – von drei Bedingungen ab: von der realistischen Perzeption des verändernden Ereignisses, einer adäquaten situativen und sozialen Unterstützung und von effektiven Bewältigungsmechanismen (Coping-Stilen) der Person. *Lieberman* (1975) legt es nahe, Übergangsperioden als Krisen aufzufassen, d. h. als Perioden, in denen routinemäßige Formen des Verhaltens durch soziale oder biologische Veränderungen unterbrochen werden. Die Krise bringt das Individuum in die Situation einer Herausforderung. Sie erstreckt sich im kognitiven Bereich darauf, bisherige Sichtweisen über die Umwelt und die eigene Person aufzugeben, sie zu ändern bzw. neue Sichtweisen zu erarbeiten. Gleichermaßen fordert die Krise eine Umorientierung im affektiven Bereich. Solche Konzeptionen scheinen - in Verbindung mit persönlichkeits- und entwicklungspsychologischen Analysen des Bewältigungsprozesses – geeignet, den Übergang als *Entwicklungsprozeß* zu verstehen. Exemplarisch sei an dieser Stelle die Theorie von *Haan* (1977) referiert, um dies zu belegen.

Haan geht davon aus, daß die Wahrnehmung einer „normativen" (d. h. hier einer die Person nicht überfordernden, sondern in Relation zu ihren Bewältigungspotentialen noch unterkritischen) Veränderung oder Anforderung die kognitiven, wert- und sozialbezogenen Strukturen bzw. Verarbeitungsprogramme der Person aktiviert. Zugleich wird eine affektive Bewertung der wahrgenommenen Situation ausgelöst. Sie kann im Falle einer erfolgreichen Bewältigung verstärkend mit den ablaufenden Bearbeitungsprogrammen koordiniert werden – mit anderen Worten: Sie

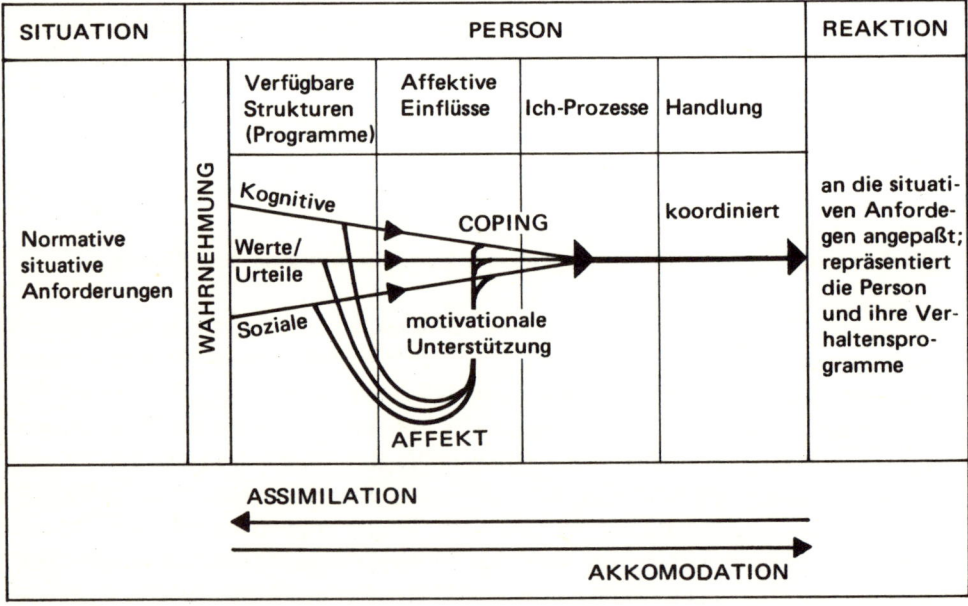

Abb. 6.2. Personenspezifische Bewältigungsprozesse des Coping bei „normativen Anforderungen" (modifiziert nach *Haan* 1977).

kann den Bearbeitungsprozeß motivational unterstützen. Die Koordination aller Programme erfolgt im Coping-Prozeß. Die resultierende Aktion bzw. Reaktion auf die situativen Anforderungen ist an diese angepaßt bzw. berücksichtigt die situativen Veränderungen.

Die Prozesse, die dann ablaufen, wenn eine Person mit „non-normativen" (d. h. hier mit überkritischen, die Verhaltenspotentiale der Person überfordernden) Anforderungen konfrontiert ist, stellt die Autorin so dar: Die nach Wahrnehmung der Anforderungssituation ausgelösten Einzelprogramme können nicht koordiniert werden. Im Falle des Übergangs sind die Veränderungen so gravierend, daß die Person damit nicht fertigwerden kann. Abwehr und – in Extremfällen – Fragmentierung sind die Folge; die Person zeigt ein der Anforderung bzw. Veränderung inadäquates Verhalten.

Zusätzlich zur gelingenden oder mißlingenden Bearbeitung aktuell gestellter Anforderungen macht *Haan* Aussagen zur diachronischen Veränderung der Bearbeitungsprogramme. Ausgehend von den *Piaget*schen Begriffen der Assimilation und Akkomodation postuliert sie zwei äquilibrierte Prozesse der adaptiven Veränderung psychischer Verarbeitungsprogramme. Es ist davon auszugehen, daß eine einmal erfolgte Reaktion – und damit die mehr oder minder gute Erfüllung von Anforderungen – einen neuen Input darstellt, der von der Person wahrgenommen wird. Eine solche Rückmeldung kann veränderte Reaktionen auslösen, sie kann aber auch zu einer qualitativen, relativ dauerhaften Veränderung der Bearbeitungsprogramme der Person führen: Eine solche Veränderung betrifft die subjektive Per-

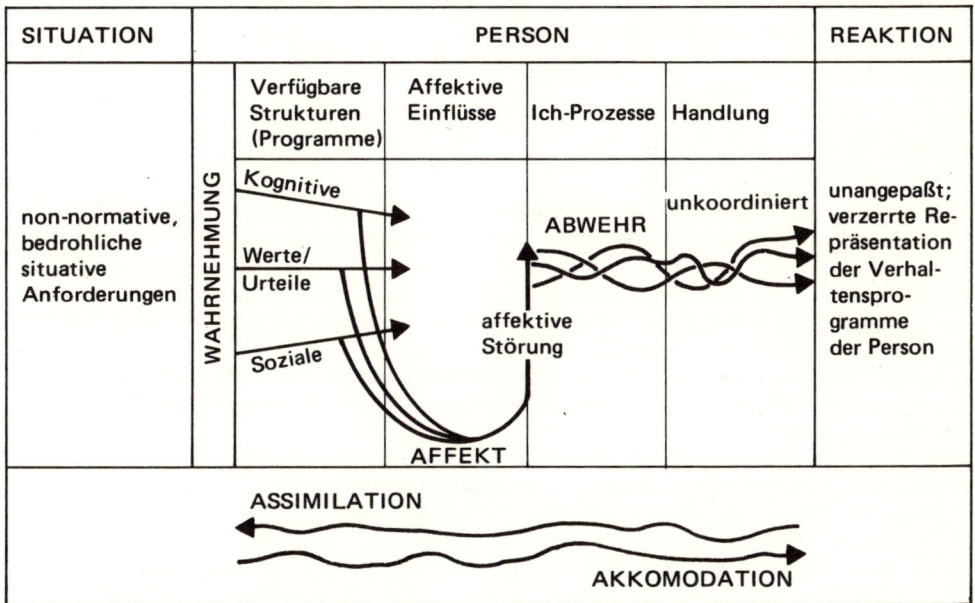

Abb. 6.3. Personenspezifische Prozesse der Abwehr bei „non-normativen" Anforderungen (modifiziert nach *Haan* 1977).

zeption der neuen Anforderungen, die Aktivierung bereits verfügbarer (kognitiver, wert- und sozialbezogener sowie affektiver) Programme, die koordinierte Interaktion dieser Programme und die Rückmeldung der Handlungseffekte und damit neuen Input.

Ein entscheidender Teil des Entwicklungsgeschehens wird bei *Haan* (1977) in den Bereich der Verarbeitungsprogramme für situative Anforderungen verlegt: Veränderungen der Anforderungen sind Voraussetzung für Entwicklung. Das Verhalten der Person wird zunächst von den ihr verfügbaren Programmen und deren Koordination bestimmt. Veränderungen (sozialer und sachlicher sowie somatischer Art) kommen als kognitiv repräsentierte Anforderungen ins Spiel. Auf der Ebene der kognitiven Repräsentation interagieren soziale, sachliche, biologische und psychische Faktoren. Kognitiv repräsentierte Anforderungen gewinnen vor allem dann Bedeutung für Entwicklung, wenn das Individuum nicht mehr mit „routinemäßigen" Reaktionen antworten kann. Bei normativen und non-normativen Übergängen kann eine Veränderung der personspezifischen Programme und ihrer Koordination erfolgen. Übergangsphasen stellen nach dieser Konzeption Phasen einer intensiveren und beschleunigten Veränderung der an das Individuum gestellten Anforderungen dar. Entwicklung in Übergangsphasen gelingt, wenn das Individuum in dosiertem Maße mit Veränderung und situativer Belastung konfrontiert wird. Im Sinne der eingangs gestellten Frage heißt dies, daß ein *„Entwicklungsreiz"* von einem aktiven, mit bestimmten Verhaltensprogrammen ausgestatteten Individuum zur Um- und Weiterprogrammierung seines Verhaltensrepertoires genutzt wird. Soziale Maßnahmen können bei der Festlegung der neuen Anforderungen helfen, die richtige Dosierung zu finden. Soziale Unterstützung kann aber auch den gesamten Prozeß der Bewältigung fördern.

Literatur

Adelson, J., Adolescence and the generation gap. Psychology Today, 13, 1979, 33-37.
Aguilera, D. C. & Messick, J. M., Crisis intervention: Theory and methodology. St. Louis, ²1978.
Atchley, R. C., The life-course, agegrading, and agelinked demands for decision making. In: *Datan, N. & Ginsberg, L. H.* (Hrsg.), Life-span developmental psychology. Normative life crises. New York 1975, 261-278.
Benedict, R., Kontinuität und Diskontinuität im Sozialisationsprozeß. In: *Kohli, M.* (Hrsg.), Soziologie des Lebenslaufs. Darmstadt/Neuwied 1978, 195-205 (Original in: Psychiatry 1, 1938, 161-167).
Bergius, R., Entwicklung als Stufenfolge. In: *Thomae, H.* (Hrsg.), Handbuch der Psychologie, Band 3: Entwicklungspsychologie. Göttingen 1959, 104-195.
Bower, T., The perceptual world of the child. London 1977.
Braukmann, W., Ahammer, I., Angleitner, A., Filipp, S.-H. & Olbrich, E., Bedeutende Lebensereignisse bei der retrospektiven Betrachtung der eigenen Biographie: Ein Forschungsansatz. In: *Löwe, H., Lehr, U. & Birren, J. E.* (Hrsg.), Psychologische Probleme des Erwachsenenalters. Berlin 1980 (im Druck).
Brim, O. G., Krisentheorien des mittleren Alters. In: *Rosenmayr, L.* (Hrsg.), Die menschlichen Lebensalter: Kontinuität und Krisen. München 1978, 410-427.

Caplan, G., Principles of preventive psychiatry. New York 1964.
Coleman, J. C., Current contradictions in adolescent theory. Journal of Youth and Adolescence, 1978, 1-11.
Corso, J. F., Auditory perception and communication. In: *Birren, J. E. & Schaie, K. W.* (Hrsg.), Handbook of the psychology of aging. New York 1977, 535-553.
Elkind, D., Egocentrism in adolescence. Child Development 4, 1967, 1025-1034.
Erikson, G. H., Childhood and society. New York 1950 (Dt.: Kindheit und Gesellschaft, ²1965).
Faust, M. S., Somatic development of adolescent girls. Monographs of the Society for Research in Child Development, 42, 1977.
Feichtinger, G., Altersstrukturen, Lebenserwartung und Familienlebenszyklus – Grundlagen aus der Demographie. In: *Rosenmayr, L.* (Hrsg.), Die menschlichen Lebensalter: Kontinuität und Krisen. München 1978, 125-164.
Fozard, J. L., Wolf, E., Bell, B., McFarland, R. A. & Podolsky, S., Visual perception and communication. In: *Birren, J. E. & Schaie, K. W.* (Hrsg.), Handbook of the psychology of aging. New York 1977, 497-534.
Friedrichs, J. & Kamp, K., Methodologische Probleme des Konzeptes „Lebenszyklus". In: *Kohli, M.* (Hrsg.), Soziologie des Lebenslaufs. Darmstadt/Neuwied 1978, 154-191.
Glaser, B. G. & Strauss, A. L., Status passage. London 1971.
Glick, P. C., Neue Entwicklungen im Lebenszyklus der Familie. In: *Kohli, M.* (Hrsg.), Soziologie des Lebenslaufs. Darmstadt/Neuwied 1978, 140-153.
Grinder, R. E., Epilogue: Two models for the study of youth – 1944 versus 1975. In: *Havighurst, R. J. & Rehage, K. J.* (Hrsg.), Youth. Chicago 1975, 435-442.
Haan, N., Coping and defending. Processes of self-environment organization. New York 1977.
Hall, G. S., Adolescence (2 vols.). New York 1904.
Hamburg, D. A., Early adolescence as a life stress. In: *Levine, S. & Ursin, H.* (Hrsg.), Coping and health. New York 1980, 121-143.
Hamburg, D. A., Coelho, G. V. & Adams, J. E., Coping and adaption: Steps toward a synthesis of biological and social perspectives. In: *Coelho, G. V., Hamburg, D. A. & Adams, J. E.* (Hrsg.), Coping and adaptation. New York 1974, 403-440.
Heckhausen, H., Entwicklung psychologisch betrachtet. In: *Weinert, F. E., Graumann, C. F., Heckhausen, H. & Hofer, M.* (Hrsg.), Pädagogische Psychologie 1. Frankfurt 1974, 67-99.
Kohli, M. (Hrsg.) Soziologie des Lebenslaufs. Darmstadt/Neuwied 1978.
Lawton, M. P., The impact of environment on aging and behavior. In: *Birren. J. E. & Schaie, K. W.* (Hrsg.), Handbook of the psychology of aging. New York 1977, 276-301.
Lehr, U., Veränderungen der Daseinstechniken der Frau im Erwachsenenalter. Vita Humana 4, 1961, 193-228.
Lehr, U., 1978 (a). Das mittlere Erwachsenenalter: Ein vernachlässigtes Gebiet der Entwicklungspsychologie. In: *Oerter, R.* (Hrsg.) Entwicklung als lebenslanger Prozeß. Hamburg 1978 (a), 147-177.
Lehr, U., Kontinuität und Diskontinuität im Lebenslauf. In: *Rosenmayr, L.* (Hrsg.), Die menschlichen Lebensalter: Kontinuität und Krisen. München 1978 (b), 315-339.
Levinson, D. J., The seasons in a man's life. New York 1978.
Lieberman, M. A., Adaptive processes in later life. In: *Datan, N. & Ginsberg, L. H.* (Hrsg.), Life-span developmental psychology. Normative life crises. New York 1975, 135-159.
Lopata, H. Z., Widowhood in an American city. Cambridge (Mass.) 1973.
Lowenthal, M. F., Thurnher, M. & Chiriboga, D., Four stages of life. San Francisco 1975.
Modell, J., Furstenberg, F. F. Jr. & Hershberg, T., Sozialer Wandel und Übergänge ins Erwachsenenalter in historischer Perspektive. In: *Kohli, M.* (Hrsg.), Soziologie des Lebenslaufs. Darmstadt/Neuwied 1978, 225-250.
Moriarty, A. E. & Toussieng, P. W., Adolescent coping. New York 1976.
Neugarten, B. L., Women's attitudes towards the menopause. Vita Humana 6, 1963, 140-151.
Neugarten, B. L., Moore, J. W. & Lowe, J. C., Altersnormen, Alterszwänge und Erwachse-

nensozialisation. In: *Kohli, M.* (Hrsg.), Soziologie des Lebenslaufs. Darmstadt/Neuwied 1978, 122-133.

Neugarten, B. L. & Kraines, R. J., Menopausal symptoms in women of various ages. Psychosomatic Medicine 27, 1965, 266-273.

Neugarten, B. L. & Hagestad, G. O., Age and the life course. In: *Binstock, R. H. & Shanas, E.* (Hrsg.), Handbook of aging and the social sciences. New York 1976, 35-55.

Neugarten, B. L. & Datan, H., Lebenslauf und Familienzyklus – Grundbegriffe und neuere Forschung. In: *Rosenmayr, L.* (Hrsg.), Die menschlichen Lebensalter: Kontinuität und Krisen. München 1978, 165-188.

Newman, B. M. & Newman, P. R., Development through life. A psychological approach. Homewood 1975.

Nickel, H., Entwicklungspsychologie des Kindes- und Jugendalters, Band 1. Bern 1972.

Nickel, H., Entwicklungspsychologie des Kindes- und Jugendalters, Band 2. Bern 1975.

Olbrich, E. & Thomae, H., Empirical findings to a cognitive theory of aging. International Journal of Behavioral Development 1, 1978, 67-82.

Olsen, K. M., Social class and age groups differences in the timing of family status changes: A study of agenorms in American society. University of Chicago 1969. Dissertation. (zit. nach *Neugarten, B. L. & Hagestad, G. O.* 1976).

Ordy, J. M. & Brizzee, K. R., Sensory systems communication in the elderly. New York 1979.

Piaget, J. & Inhelder, B., Die Psychologie des Kindes. Frankfurt 1977.

Riley, M. W., Age strata in social systems. In: *Binstock, R. H. & Shanas, E.* (Hrsg.), Handbook of aging and the social sciences. New York 1976, 189-217.

Rosenmayr, L., Die menschlichen Lebensalter in Deutungsversuchen der europäischen Kulturgeschichte. In: *Rosenmayr, L.* (Hrsg.), Die menschlichen Lebensalter: Kontinuität und Krisen. München 1978, 23-79.

Schatzschneider, K., Das Heranwachsen der Kinder und ihr bevorstehender Wegzug aus dem Elternhaus im Erleben der Mutter. Unveröffentliche Diplomarbeit. Bonn 1979.

Sears, R. R. & Feldman, S. S., The seven ages of man. Los Altos (Calif.) 1973.

Seiffge-Krenke, I., Entwicklung des sozialen Verhaltens. In: *Hetzer, H., Todt, E., Seiffge-Krenke, I. & Arbinger, R.* (Hrsg.), Angewandte Entwicklungspsychologie des Kindes- und Jugendalters. Heidelberg 1979, 254-296.

Sheehy, G., In der Mitte des Lebens. München ²1976.

Tanner, J. M., Sequence, tempo, and individual variation in the growth of boys and girls aged twelve to sixteen. Daedalus, 1971, 907.

Thomae, H., Ansätze zu einer Theorie der Reifezeit. In: *Thomae, H.* (Hrsg.), Vita Humana, Frankfurt 1969, 213-237.

Trautner, H. M., Lehrbuch der Entwicklungspsychologie. Göttingen 1978.

Turner, J. S. & Helmes, D. B., Life span development. Philadelphia 1979.

van Keep, P. A., De menopause, een oderzoek naar attitudes in Belgie. International Health Foundation, Genève 1970.

7 Wohnortwechsel und Verlust der Ortsidentität als nicht-normative Lebenskrisen

Manfred Fischer und Ulrike Fischer

7.1 Wohnortwechsel als sozialer und individueller Stabilisierungsmechanismus

Die Verlegung des Wohnstandortes, von Soziologen auch „geographische Mobilität" oder schlicht „Wanderung" (vgl. *Horstmann* 1976) genannt, muß in engem Zusammenhang mit gesellschaftlicher Arbeitsteilung und deren Wandlungen gesehen werden. Das sich ständig wandelnde Angebot an Arbeitsplätzen in den Städten bei gleichzeitiger Verknappung von Arbeitsmöglichkeiten in ländlichen Regionen, die Verdrängung der Wohnnutzung aus den Innenstädten, die Zentralisierung von Ausbildungsstätten, der sich über den Lebenszyklus hinweg verändernde Bedarf an Wohnraum usw. sind für die moderne Industriegesellschaft typische Prozesse, die ohne hohe geographische Mobilität der Bevölkerung nicht denkbar sind. Wohnortwechsel ist zu einem Massenphänomen geworden (in der Bundesrepublik Deutschland fanden 1971 3,7 Millionen Umzüge von einer Gemeinde in eine andere statt, vgl. *Horstmann* 1976), dem eine gesellschaftliche Stabilisierungsfunktion zuzukommen scheint und das nach *König* (1969) als Ausdruck des aktiven Sich-Einrichtens der Gesellschaft in ihrer physischen und kulturellen Umwelt gelten kann (siehe hierzu auch *Albrecht* 1972).

Auch der Umzug einer einzelnen Person mag in der Regel mit einer Verbesserung ihrer Umweltbeziehung einhergehen und zur Herstellung eines Gleichgewichts zwischen subjektivem Wohnbedarf und tatsächlicher Wohnversorgung führen. Nahegelegt wird diese Bewertung zum Beispiel durch die Ergebnisse einer Repräsentativumfrage in österreichischen Großstädten (*Kaufmann* 1976). Drei Viertel der befragten Wohnortwechsler gaben als Folge des Umzugs eine Erhöhung der Wohnzufriedenheit an, zumindest soweit sie Größe und Ausstattung der Wohnung betraf. Wohnortwechsel kann daher auf Gruppen- wie auf Individualebene als Prozeß der Selbstoptimierung verstanden werden; diese Vorstellung sollte aber nicht darüber hinwegtäuschen, daß auf Optimierung ausgerichtete Prozesse ihr Ziel über gewisse Zeitstrecken hinweg oder auch ganz verfehlen können. Zum einen kann das, was die Gesellschaft im Gleichgewicht hält, für einzelne ihrer Mitglieder zur Lebenskrise geraten, die je nach verfügbaren Bewältigungsmöglichkeiten mehr oder minder große psychische und/oder physische Kosten verursacht. In welchem Umfang zum anderen durch geographische Mobilität bedingte Verschlechterungen der Lebensqualität für Individuen, Familien oder Gemeinden auch als gesellschaftliche Kosten zu Buche schlagen, ist ungeklärt. Insofern scheint es – zumindest unter der Zielsetzung „gesellschaftlicher Planung" (*Klages* 1971) – notwendig zu sein, Art und Ausmaß von Nebenwirkungen im Auge zu behalten.

Diese Forderung wird durch die Auffassung des Soziologen *Hamm* (1980) unterstrichen, wonach die gegenwärtige Entwicklung der großen Städte letztlich zu ihrem Zusammenbruch zu führen droht. Der Autor sieht in der politischen Steuerung der Stadtentwicklungsprozesse, in denen der Wohnortwechsel vieler Menschen eine wichtige Rolle spielt, die einzige Möglichkeit, der urbanen Krise Herr zu werden. Wohnortwechsel als Teilphänomen krisenhafter gesellschaftlicher Veränderungen zu untersuchen, gewinnt an Bedeutung, wenn man ergänzend fordert, daß die jeweiligen politischen Entscheidungen auf der Grundlage wissenschaftlicher Erkenntnisse getroffen und kontrolliert werden sollten.

Es steht außer Zweifel, daß mit einer Verlegung des Wohnstandortes eine Vielfalt von Vorgängen verknüpft ist, deren Analyse von einer einzelnen wissenschaftlichen Disziplin nie vollständig geleistet werden kann. Soziologische Forschung beispielsweise liefert zwar Informationen darüber, für welche Bevölkerungsgruppen ein Wohnortwechsel wahrscheinlicher ist als für andere und über welche Regionen hinweg sich derartige „Bevölkerungswanderungen" bevorzugt erstrecken. Soll aber zugleich auch erklärt werden, warum bestimmte Personen umziehen, in welcher Weise sie sich innerlich auf den bevorstehenden Wechsel einstellen und wie sie sich an die neue Situation anpassen, wird man auf eine ergänzende Analyse durch die Psychologie schwerlich verzichten können.

Der vorliegende Beitrag verfolgt das Ziel, aus ökopsychologischer Perspektive die Bedingungen herauszuarbeiten, unter denen ein Wohnortwechsel den Charakter einer Lebenskrise annimmt und dadurch eine Gefährdung der psychischen und/oder körperlichen Gesundheit der betroffenen Individuen darstellt. Eine Orientierung an der Ökopsychologie scheint dabei nahezuliegen, denn sie bemüht sich stärker als andere psychologische Disziplinen um die Erhellung der Beziehungen des Menschen zu seiner alltäglichen Umwelt. Einschneidende Veränderungen dieser Umweltbeziehungen sind aber gerade jenes Merkmal, durch das Wohnortwechsel aller Art gekennzeichnet sind. Im folgenden wird davon abgesehen, daß es kaum einen Wohnortwechsel geben dürfte, der einem zweiten in allen Einzelheiten gleicht. Vielmehr soll in idealtypischer Betrachtungsweise das Phänomen einer durch Ortswechsel bedingten Wandlung von Umweltbeziehungen dargestellt werden. Dabei genügt es nicht, sich allein auf ökopsychologische Erkenntnisse zu stützen. Will man den Randbedingungen geographischer Mobilität Beachtung schenken, muß auf sozial-ökologische Ansätze der Soziologie (*Friedrichs* 1977, *Hamm* 1979) zurückgegriffen werden. Zur Erweiterung des Erklärungswertes dieser Ansätze wiederum sollen gelegentlich auch sozialpsychologische Erkenntnisse einbezogen werden.

7.2 Wohnortwechsel als Ablösungs- und Anpassungsprozeß

Ein Wohnortwechsel besteht nicht einfach nur im Verlassen der bisherigen und dem Umzug in eine neue Wohnung, er schließt meist auch die Veränderung einer Vielzahl kognitiver, emotionaler und behavioraler Umweltbeziehungen ein. Indem die Ablösung vom alten Wohnstandort und die Anpassung an eine neue Wohnumgebung über komplexe intrapsychische Prozesse gesteuert sind, die sich wechselseitig beeinflussen und über längere Zeiträume hinweg erstrecken, bieten sie störenden Einwirkungen eine weite Angriffsfläche. Die Vielschichtigkeit und Langfristigkeit der mit einem Wohnortwechsel einhergehenden Veränderungen machen ihn zu einem Lebensereignis, dem Krisenhaftigkeit innewohnt. Wohnortwechsel ist – wie am Titel dieses Beitrags erkennbar – der Gruppe der „nicht-normativen" kritischen Lebensereignisse zuzurechnen (siehe hierzu *Filipp* in diesem Band). Denn die Veränderung des Wohnstandortes ist nicht unbedingt an bestimmte Stadien im Lebenszyklus gebunden und meist auch keine unausbleibliche Folge epochaler Geschehnisse.

7.2.1 Verlust der Ortsidentität – Wohnortwechsel als Ablösungsprozeß

Jeder von uns definiert sich als Individuum innerhalb einer Gruppe, als Mitglied einer Gruppe gegenüber anderen Gruppen und nicht zuletzt auch in Termini seiner geographischen Herkunft. Die Frage „Wo stammst du her?" wird daher oft als gleichbedeutend mit „Wer bist du?" verstanden (*Greenbie* 1973). Gerade im Zusammenhang mit einer psychologischen Analyse des Wohnortwechsels wird dieser Komponente der Selbstidentität – von *Proshansky* (1978) als „Ortsidentität" eingeführt – Beachtung zukommen müssen. Dieser Begriff umschreibt die kognitive Repräsentation und affektive Bewertung jener Ausschnitte der physischen Umwelt, die das Individuum in seine Selbstkonzeption einbezieht. Ortsidentität umfaßt dabei auch die innere Abbildung jener Räume und Dinge, an die die Ausübung sozialer Rollen gebunden ist, also z. B. des Arbeitsplatzes. *Proshansky* nimmt an, daß jene Merkmale der Umwelt vom Individuum als ihm zugehörig erlebt werden, die seine Selbstverwirklichung fördern, aber auch hemmen. Identität schließt danach auch negative Bewertungen ein, und dies gilt es zu berücksichtigen, will man die Folgen eines Wohnortwechsels unverzerrt untersuchen. „Verlust" der Ortsidentität kann nämlich dann auch heißen, daß sich die Person nach einem Umzug nicht mehr als Bewohner eines baufälligen Hauses oder eines Slums definieren muß.

Welche Prozesse spielen sich in einem Menschen ab, der – freiwillig oder gezwungenermaßen – seine gewohnte Umwelt verläßt? Dieser Frage sind *Kaplan, Wapner & Cohen* (1976) sowie *Wofsey, Rierdan & Wapner* (1979) nachgegangen. Aus den Ergebnissen der Untersuchungen an Studenten, die sich anschickten, ihren Studienort zu wechseln bzw. die Universität zu verlassen, läßt sich verallgemeinernd schließen, daß mit der gedanklichen Vorbereitung eines Umzugs zweierlei psychische Veränderungen im Individuum einhergehen. Zum einen neigt der künftige Wohnortwechsler dazu, die innere Repräsentation seiner gegenwärtigen Wohnumwelt zu entdifferenzieren. In Zeichnungen und Beschreibungen der Studenten zeigte sich etwa, daß an die Stelle individuumspezifischer und subjektiv bedeutsamer Umweltdarstellungen objektivierte, d. h. den offiziellen Campusplänen angelehnte Darstellungen treten. Idiosynkratische Ortsbezeichnungen werden also durch kollektiv vereinbarte ersetzt. Zum zweiten scheint mit der Planung eines

Wohnortwechsels eine Lockerung der Beziehungen zwischen internem Umweltmodell und Selbstmodell einherzugehen. Eine zunehmende Distanzierung zwischen „Selbst" und „Umwelt" zeigt sich nach den genannten Autoren am deutlichsten darin, daß die Personen ihre Umwelt aus der Vogelperspektive oder als Punkt auf der Landkarte darstellen. Der Grad der Ablösung des internen Umweltmodells vom internen Selbstmodell ist im übrigen um so höher, je weiter die Person in ihrer Umzugsplanung fortgeschritten ist.

Die beschriebenen Prozesse, von *Wapner* und Mitarbeitern unter dem Begriff „self-world distancing" zusammengefaßt, können im hier gewählten konzeptionellen Rahmen als schrittweiser Abbau der Ortsidentität gedeutet werden. Ob und inwieweit eine derartige innere Ablösung vom alten Wohnstandort funktionalen Wert für die Anpassung an eine neue Wohnumgebung besitzt, bedarf der empirischen Klärung. Erste Belege für die naheliegende Annahme, daß eine Neuanpassung um so leichter gelingt, je vollständiger eine Person ihre alte Ortsidentität aufgegeben hat, lassen sich aus bereits vorliegenden Untersuchungsergebnissen gewinnen. So beobachtete etwa *Haeberlin* (1971) an Flüchtlingen aus der Deutschen Demokratischen Republik das Phänomen der „nostalgischen Reaktion" (*Zwingmann* 1962), d. h. eine Überbewertung der am Herkunftsort aufgebauten Umweltbeziehungen bei gleichzeitiger Abwertung der neuen Umwelt. *Fried* (1963) stellte bei einer Befragung der ehemaligen Bewohner einer abgerissenen städtischen Siedlung fest, daß die Trauer um das verlorene Zuhause bei jenen Umgesiedelten am häufigsten und mit größerer zeitlicher Erstreckung (ein halbes bis zu zwei Jahre) auftrat, die die stärkste emotionale Bindung an das frühere Wohngebiet zeigten.

Die psychische Ablösung von der früheren Umwelt scheint dann zu einer unabdingbaren Voraussetzung für die erfolgreiche Anpassung an die neue Umgebung zu werden, wenn die kulturellen Normen beider Umwelten einander widersprechen. Eine fortdauernde Orientierung an den für die neue Umgebung nun nicht mehr gültigen Verhaltensstandards führt zum „Kulturkonflikt", der besonders dann zum Tragen kommt, wenn die betreffende Person eine Mitgliedschaft in neuen Sekundärgruppen (in der Nachbarschaft, am Arbeitsplatz) anstrebt. Anpassung an und Identifikation mit neuen Normen scheinen für den Wohnortwechsler, der konträre Verhaltensstandards internalisiert hat, eine überaus schwierige Aufgabe zu sein. Indem er in ein „soziales Vakuum" vorstößt, wird nämlich das Festhalten an eingeübten Verhaltensnormen eine zunächst unverzichtbare Quelle für das Erleben personaler Kontinuität und Identität (siehe *Taft* 1957). Daß hier ein Normkonflikt vorprogrammiert ist, der nur auf Kosten eines vorübergehenden Identitätsverlustes bewältigt werden kann, wird auch von *Haeberlin* (1971) in der erwähnten Studie an jugendlichen Flüchtlingen aus der DDR beschrieben.

Das Bestreben, durch Festhalten an eingeübten Verhaltensmustern seine Identität zu wahren, scheint jedoch nicht auf Personen begrenzt zu sein, die von einer Kultur in eine andere umsiedeln. Wie eine Untersuchung von *Harrington* (1965) zeigt, kann auch ein Wohnortwechsel innerhalb desselben kulturellen Systems zu Normkonflikten führen: Die ehemaligen Bewohner eines dicht besiedelten, durch beengte Wohnverhältnisse gekennzeichneten schottischen Slums behielten jene Verhaltensweisen bei, mittels derer sie sozial-räumliche Distanz schaffen bzw. Sozialkontakte regulieren konnten (z. B. geringe Selbstöffnung, Tabuisierung des Wohnbereichs für Nachbarschaftskontakte), obwohl sie in der neuen Wohnumgebung nicht mehr funktional waren. Die Vorstadtsiedlung, in die der Umzug erfolgt war, bot den Personen größere und stärker voneinander abgetrennte Wohnungen – somit also physikalische Distanz, die eine psychische Distanzierung eigentlich überflüssig gemacht hätte. Wenn zu starker Sozialkontakt dennoch gemieden wurde, so war das nach Auffassung *Harringtons* Ausdruck des Versuchs, Unsicherheiten über die in der neuen Umwelt üblichen sozialen Umgangsformen zu bewältigen.

7.2.2 Zum Einfluß von Erwartungen an die neue Wohnumgebung

Die vorausgehenden Ausführungen haben gezeigt, daß die psychische Ablösung von der gewohnten Umwelt weit über den Zeitpunkt des Umzugs hinausreicht und noch lange den Prozeß der Neuanpassung beeinflußt. Analog dazu kann man annehmen, daß Beziehungen zu der Umgebung, in die man umzusiedeln gedenkt, aufgenommen werden, lange bevor der Wohnortwechsel tatsächlich vollzogen wird. Planung einer Wohnortveränderung schließt den Aufbau von Erwartungsstrukturen und die vorstellungsmäßige Vorwegnahme von Transaktionen mit der neuen Umwelt ein. Solche Erwartungen können selbst dann aufgebaut werden, wenn der Wohnortwechsler bislang nie in der neuen Umgebung gewesen ist. Ein Grund dafür ist sicher, daß das Wissen um bestimmte Merkmale des Zielortes kollektiv geteilte Vorstellungen über andere Merkmale weckt. Die Großstadt hat „ihr" Image; mit den Begriffen „Dorf", „Kleinstadt" oder „Trabantenstadt" verbinden sich Erwartungen im Hinblick auf das Sozialklima, auf Art und Ausmaß sozialer Kontrolle oder Freiheit usw.

Krupat & Guild (1980) sind diesem Sachverhalt systematisch nachgegangen: Sie ließen eine Stichprobe von Studenten einschätzen, inwieweit Merkmale wie „entspannte Atmosphäre", „geschwätzige Leute", „friedlicher Ort" usw. typisch für eine Millionenstadt, eine Stadt mittlerer Größe oder eine Kleinstadt sind. Eine Faktorenanalyse der Schätzwerte ergab sechs Dimensionen, auf denen Unterschiede im „Sozialklima" der drei Siedlungsformen abgebildet werden können. So läßt sich beispielsweise das Merkmalsprofil, das eine Millionenstadt in der Vorstellung der Studenten typisiert und von kleineren Städten abhebt, wie folgt skizzieren: geringe soziale Wärme, Nähe und Freundlichkeit; stark ausgeprägte Aktivität und Unterhaltung; Entfremdung und Isolation; Liberalität und Wohlhabenheit; Privatheit; soziale Gleichgültigkeit.

Die Übernahme des Images vom Zielort in der Vorstellungswelt des Wohnortwechslers kann neben der Ablösung von der alten Wohnumgebung als weitere für den Anpassungsprozeß bedeutsame Bedingung aufgefaßt werden. Denn solche Erwartungen regulieren das Verhalten, und sie gehen – durch Erfahrungen in der neuen Umwelt verfestigt oder korrigiert – in die Entwicklung des ortsspezifischen

Umweltmodells ein. Wer etwa in der Vorstellung, New York sei ein „gefährliches Pflaster", dorthin umzieht, wird in der ersten Zeit mit erhöhter Wachsamkeit und aktiv Sicherheitsvorkehrungen treffend das neue städtische Milieu „abtasten". Begegnet er häufig freundlichen Leuten, wird er das Sozialklima dieser Stadt allmählich anders bewerten. Hört er hingegen wiederholt von Gewaltverbrechen, wird er seine ursprüngliche Bewertung noch akzentuieren, seinen Aktionsraum drastisch einschränken oder der Außenwelt mit fatalistischen Erwartungen begegnen – kasuistisches Datenmaterial, das diese Annahmen stützt, findet sich bei *Ittelson, Franck & O'Hanlon* (1976).

7.2.3 Vergleichsprozesse als Anpassungsmediatoren

Alltägliche Handlungen (z. B. Fahrt zum Arbeitsplatz, einkaufen) und zufällige Ereignisse (z. B. Begegnung mit Nachbarn, Entdecken eines Parks) vermitteln dem Wohnortwechsler Erfahrungen in einer zunächst unbekannten Umwelt, die sich allmählich zu einem neuen ortsspezifischen Umweltmodell zusammenfügen. Indem er seine Erfahrungen vor dem Hintergrund persönlicher Zielsetzungen, Vorlieben und Gewohnheiten bewertet, entscheidet sich zugleich, wie das sich ausdifferenzierende Umweltmodell mit dem Selbstmodell verknüpft und damit in personspezifischer Weise ausgestaltet wird.

Die Findung einer neuen Ortsidentität kann man sich mit *Kaplan, Wapner & Cohen* (1976) als Umkehrung des Prozesses des Ortsidentitätsverlustes vorstellen. Wir vermuten, daß im Zuge der Integration in die neue Umwelt, die sich in ungünstigen Fällen (z. B. bei Zwangsumsiedlung) über fünf Jahre erstrecken kann (vgl. *Pfeil* 1971), immer wieder Vergleiche angestellt werden, die den Anpassungsvorgang fördern oder erschweren können. In Anlehnung an das Interaktionsmodell von *Thibaut & Kelley* (1959) kann man an zweierlei Vergleichsprozesse denken. Zum einen lernt der Wohnortwechsler mit zunehmender Wohndauer am neuen Ort immer mehr alternative Wohnstandorte kennen, die ihm prinzipiell auch zugänglich gewesen wären. Wie zufrieden er mit dem gewählten Standort ist, wird partiell über die Wahrnehmung dieser Alternativen vermittelt sein. Zum zweiten dürfte der Vergleich zwischen neuem und altem Wohnstandort seine Wohnzufriedenheit bestimmen. Hinweise darauf, daß solche Vergleiche Prozeßcharakter besitzen, finden sich in einer Studie von *Wohlwill & Kohn* (1976). Die Autoren konnten nachweisen, daß im Zuge der Anpassung an eine neue Umwelt das Bild von der früheren Wohnumgebung systematisch verändert wird. Sie ließen Personen, die seit acht Monaten in New York City lebten und aus unterschiedlich großen Städten dorthin umgezogen waren, ihre alten Wohnstandorte auf verschiedenen Skalen einschätzen und verglichen die Schätzwerte mit denen aus Kontrollgruppen. Die Wohnortwechsler bewerteten ihre früheren Wohnstandorte – in deutlichem Unterschied zu Personen, die nicht umgezogen waren – als ruhiger, sauberer und grüner, als weniger hektisch, dünner besiedelt und als sicherer. Zum Teil waren diese Unterschiede um so deutlicher, je kleiner der Herkunftsort der neuen Bewohner von New York war. Die Autoren erklären diese Ergebnisse unter Rückgriff auf das Konzept des Adaptationsniveaus (*Helson* 1964).

Für unsere Fragestellung gilt es festzuhalten, daß objektiv bestehende Unterschiede zwischen Wohnumwelten in der vergleichenden Bewertung akzentuiert, d. h. im genannten Falle wahrnehmungsmäßig vergrößert werden, und subjektive Wahrnehmungen somit als Determinanten des Anpassungsprozesses berücksichtigt werden müssen.

7.2.4 Wohnstandortwahl als schwierige Entscheidung

Über Vergleichsprozesse dürfte auch die Entscheidung für einen neuen Wohnstandort gesteuert sein, sofern überhaupt Wahlmöglichkeiten gegeben sind. Der Wahl eines Wohnstandortes kommt insofern eine besondere Bedeutung zu, als mit ihr der Aufbau neuer Person-Umwelt-Beziehungen für einen längeren Zeitraum vorstrukturiert wird. Denn vor einem erneuten Umzug schreckt in der Regel eine Vielzahl negativer Konsequenzen ab (z. B. Umzugskosten, Schulwechsel der Kinder u. ä.). Unterstellt man dem Wohnortwechsler, er sei sich solcher Folgen einer ungünstigen Wohnstandortwahl bewußt, sollte man annehmen können, seine Wahl erfolge mit besonders großer Sorgfalt. An der Stichhaltigkeit dieser Annahme läßt aber zumindest ein Forschungsergebnis zweifeln, über das *Barrett* (1976) berichtet. Obwohl der Kauf eines Hauses durchgängig als schwerwiegende Entscheidung erlebt wird, scheint die Suche nach einem passenden Objekt dem „Prinzip der geringsten Anstrengung" (*Zipf* 1949) zu gehorchen. Die meisten Leute entscheiden sich für ein Angebot nach sehr kurzer Suchzeit und haben nur wenige Häuser in einem zudem eng umgrenzten Areal besichtigt.

Psychologische Analysen derartiger Entscheidungsprozesse stehen bislang aus. Die Annahme, daß in den „naiven Theorien" von Personen, die ihren Wohnort verändern, eine ganze Reihe von Komponenten und Beziehungen nicht repräsentiert sind, die unter entscheidungstheoretischer Perspektive berücksichtigt werden müßten, erscheint plausibel. Vermutlich realisieren viele Wohnortwechsler Lösungen, die für einen reibungslosen Aufbau persönlichkeitskongruenter Umweltbeziehungen und für die Ausbildung einer neuen Ortsidentität nicht optimal sind. Ungünstige Entscheidungen dürften zum einen dadurch bedingt sein, daß nicht hinreichend viele Aspekte in geeigneter Gewichtung einkalkuliert werden. Zum anderen kann die Antizipation eines partiellen Identitätsverlustes und die Unsicherheit über die Beschaffenheit der neuen Umwelt den Wohnortwechsler in einen Streßzustand versetzen, der durch Einengung der wahrgenommenen Alternativen, stereotype Verhaltensmuster, Verzerrung zeitlicher und räumlicher Perspektiven, kurzum: eine Verminderung der Handlungsfähigkeit gekennzeichnet ist (vgl. hierzu *Wolpert* 1966).

7.3 Spezifische Bedingungen der Anpassung nach Wohnortwechsel

Sollten die vorangehenden Überlegungen schwerpunktmäßig auf die intrapsychischen Prozesse beim Wohnortwechsel abheben, so geht es im folgenden darum, die kritischen Bedingungen herauszuarbeiten, die für ein Gelingen bzw. Mißlingen der Neuanpassung nach einem Wohnortwechsel verantwortlich sein können. Zunächst soll von jenen sozialräumlichen Strukturen und Veränderungen die Rede sein, die den Verhaltensspielraum des Wohnortwechslers abstecken und zugleich beschränken. Dieser Abschnitt thematisiert speziell die städtische Umwelt.

7.3.1 Segregation, Sukzession und Zwangsumsiedlung als Folgen der Stadtentwicklung und Stadtentwicklungsplanung

Die Stadtentwicklung folgt bestimmten Gesetzmäßigkeiten (*Friedrichs* 1977, *Hamm* 1979), durch die die Freiheit einer Wohnstandortwahl von vornherein begrenzt wird. Einer dieser regelhaften Abläufe besteht in der *räumlichen Segregation* unterschiedlicher Bevölkerungsgruppen. Je größer der Unterschied im sozialen Rang zwischen zwei Gruppen ist, desto höher ist auch die räumliche Distanz zwischen ihren Wohnstandorten. Die Kongruenz von sozialer und räumlicher Ungleichheit ist dabei offensichtlich durch unterschiedliche Miethöhen in verschiedenen städtischen Teilgebieten bedingt (*Hamm* 1979). Übersiedelt nun beispielsweise eine Person mit niedrigem sozialen Status in eine bestimmte Stadt, so wird sie aufgrund der räumlichen Segregation mit hoher Wahrscheinlichkeit eine Wohnung in einem sozial homogenen Stadtviertel (hier: Unterschicht) finden. Nach der Theorie der sozialen Vergleichsprozesse (*Festinger* 1954) wären in diesem Wohnviertel gute Bedingungen für die soziale Bekräftigung ihrer Meinungen und ihres Selbstkonzeptes gegeben. „Wohnen unter seinesgleichen" sollte also die Anpassung an die neue Umwelt erleichtern.

Andererseits mag eine sozial homogene Nachbarschaft die Möglichkeiten zur Erweiterung des Verhaltens- und Kompetenzrepertoires durch Aufnahme und Entwicklung neuer Umweltbeziehungen von vornherein verringern. Nach Auffassung von *Gans* (1961) bewirkt Homogenität eine Verarmung der Sozialbeziehungen, eine Verstärkung sozialer Isolation, eine Einschränkung der Informationsaufnahme und der Kontaktbereitschaft sowie eine Erstarrung in der gewohnten Lebensweise. Bedeutsam dürfte aber auch sein, daß mit der Segregation der Bevölkerungsgruppen die Entstehung von Stadtteilen einhergeht, die durch eine „Kumulation von Merkmalen sozialer Benachteiligung" (*Friedrichs* 1977, 258) gekennzeichnet sind. In bestimmten Gebieten (z. B. citynahe Areale mit privater Vermietung) zeigen sich deutliche Indikatoren der Unterprivilegierung, wie überalterte Bausubstanz, hohe Personendichte im Wohnbereich, starke Fluktuation der Bevölkerung, überproportionaler Anteil von Minoritätsangehörigen u. a.

Inwieweit sich solche Charakteristika der neuen Wohnumwelt für den Wohnortwechsler als „anpassungskritisch" erweisen mögen, bedarf der empirischen Klärung. Welcher Art seine Anpassungsschwierigkeiten sein können, ist andeutungsweise aus einer Studie von *Vascovics* (1976) zu erschließen. Der Autor konnte am Beispiel von Obdachlosen zeigen, daß Angehörige der Unterschicht stigmatisiert werden, wenn sie – räumlich konzentriert – in Wohnungen mit schlechter Ausstattung leben. Die Stigmatisierung durch andere Bevölkerungsgruppen beeinflußt die Selbstwahrnehmung der Obdachlosen. Rückzugsverhalten, Aggression und Delinquenz scheinen einige der Folgen zu sein. Allgemein läßt sich festhalten, daß die räumliche Ballung einer Bevölkerungsgruppe ihre „Sichtbarkeit" erhöht und sie somit verstärkt zum Objekt sozialer Bewertung wird. Der Wohnortwechsler, der eine neue Ortsidentität zu gewinnen sucht, wird – ist er gezwungen, einen Wohnstandort in einem benachteiligten Wohngebiet zu akzeptieren – die zusätzliche Bürde der Stigmatisierung zu tragen haben.

Neben der Segregation stellt auch die *Sukzession* von Bevölkerungsgruppen eine sozialräumliche Randbedingung dar, der im Rahmen einer ökopsychologischen Analyse des Wohnortwechsels Beachtung geschenkt werden muß. „Sukzession" bezeichnet die Invasion einer statusniedrigeren Bevölkerungsgruppe in Wohngebiete statushöherer Gruppen (*Friedrichs* 1977), einen Prozeß, der sich über Jahre hinzieht und in einem fast vollständigen Austausch der Wohnbevölkerung enden kann. Als Beispiel sei das Eindringen türkischer Gastarbeiter in Berlin-Kreuzberg genannt (vgl. *Hoffmeyer-Zlotnick* 1976).

Dem statusniedrigeren Wohnortwechsler, der in einen Sukzessionsprozeß verwickelt ist, wird die Anpassung an die neue Wohnumgebung dadurch erschwert, daß die alteingesessene Bevölkerung sich von einem bestimmten Zeitpunkt an gegen das Eindringen der neuen Gruppe zu wehren beginnt. Sobald nämlich deren „Sichtbarkeit" eine gewisse Schwelle überschreitet, z. B. durch Konzentration in bestimmten Wohnblocks, scheinen die Vorurteile der statushöheren Bewohner sich zu verstärken. Sie können sich so auswirken, daß man den Verkauf von Häusern oder die Vermietung von Wohnungen an Minoritätsangehörige zu verhindern sucht. In einem feindseligen Sozialklima wird die Ortsidentität des neuen Bewohners vermutlich zunächst überwiegend durch negative Bewertungen seitens der Umwelt geprägt sein. Die Anpassung müßte allerdings erheblich dadurch erleichtert werden, daß die Einwandernden – wie die türkischen Gastarbeiter in Berlin-Kreuzberg – durch räumliche Ballung von Mehrgenerationenfamilien und Freunden ausgesprochene „Dorfgemeinschaften" bilden (*Hoffmeyer-Zlotnick* 1976). Für die Angehörigen der „verdrängten" Bevölkerung bewirkt die Sukzession eine *Zwangsumsiedlung*. Wenn sie erkennen, daß sich das Eindringen der statusniedrigeren Bevölkerungsgruppe nicht aufhalten läßt, müssen sie ihrerseits Wohnortwechsel und Anpassung an eine neue Wohnumwelt leisten. Jedoch erlaubt ihr relativ höheres Einkommen eine größere Freiheit bei der Wohnstandortwahl. Zudem dürfte die Wiederherstellung der Kongruenz zwischen sozialer und räumlicher Distanz zu der Gruppe der Statusniedrigeren den Aufbau einer neuen Ortsidentität beschleunigen.

Eine eindeutigere Form der Zwangsumsiedlung liegt dann vor, wenn ein Wohnquartier im Zuge der Stadtentwicklungsplanung zum Sanierungsgebiet erklärt und schließlich abgerissen wird. Meist zielen derartige Maßnahmen auf citynahe Wohngebiete ab, die durch viele Merkmale sozialer Benachteiligung gekennzeichnet sind (siehe oben). Die Bewohner solcher Gebiete – Alte, Alleinstehende, Gastarbeiter, kinderreiche Familien – gehören in der Regel zu den einkommensschwachen Bevölkerungsgruppen und sind in der Wahl eines neuen Wohnstandortes weitaus stärker eingeschränkt als andere Personengruppen. Häufig haben sie keine andere Möglichkeit, als in die durch Behörden zugewiesenen Neubausiedlungen umzuziehen. Diese Umsiedlung mag daher im doppelten Sinne als Zwang, als Verlust der Kontrolle über bedeutsame Umweltbeziehungen, erlebt werden. Auch wenn nicht alle Betroffenen die Reaktionen zeigen, die von *Fried* (1963) mit der ‚Trauerreaktion' nach dem Verlust einer nahestehenden Person verglichen werden (depressive Gestimmtheit, körperliche Mißempfindungen, Hilflosigkeit, Angst, Tendenz zur Idealisierung des verlorenen Orts), spricht vieles dafür, Zwangsumsiedlung als drastischen Eingriff in die personale Kontinuität eines Individuums aufzufassen. Wie die bereits erwähnte Studie von *Harrington* (1965) zeigt, sind die Konsequenzen für jene Angehörigen der Unterschicht am gravierendsten, welche die im neuen Wohngebiet herrschenden Normen der Mittelschicht (noch) nicht internalisiert haben. Insgesamt scheint es, daß eine Zwangsumsiedlung Personen häufig in eine neue Wohnumwelt verschlägt, auf deren Anforderungen sie psychisch nicht hinlänglich vorbereitet sind.

7.3.2 *Anpassungsmoderierende Merkmale der neuen Wohnumgebung*

Mit der Aussage „The environment is not in the head" verweist *Wohlwill* (siehe *Stokols* 1978) auf die Gefahr, bei der Analyse von Mensch-Umwelt-Beziehungen die objektive Beschaffenheit der Umwelt zu vernachlässigen. Eine rein subjektivistische Betrachtung dieser Beziehungen wurde hier durch die Herausarbeitung der sozialökologischen Randbedingungen eines Wohnortwechsels vermieden. Eine eher „objektivistische" Perspektive soll auch in der folgenden Darstellung der anpassungsbedeutsamen Merkmale der neuen Wohnumgebung berücksichtigt werden. Konkret gilt es zu fragen, welche Komponenten der Wohnumgebung die Anpassung erschweren bzw. erleichtern.

Überträgt man hier die Überlegungen *Jacobs'* (1961), so muß die multifunktionale Nutzbarkeit des wohnungsnahen Raums als ein entscheidender Faktor für das Hineinwachsen in die Nachbarschaft herausgestellt werden. So bewirkt die Ausstattung eines Wohnquartiers mit kleinen Geschäften, Zeitungskiosken, Obstständen usw. ein aktives soziales Leben im Straßenbereich, das durch eine Atmosphäre der sozialen Unterstützung und Hilfsbereitschaft gekennzeichnet ist. Das in vielen Trabantenstädten zu beobachtende Sozialklima der Kontaktlosigkeit (*Hubbertz* 1979) könnte u. a. darauf beruhen, daß sie als reine Wohnquartiere monofunktional genutzt werden und keine semiprivaten Kommunikationsräume bereitstellen. Der neue Bewohner eines solchen Quartiers kann daher nur zwischen sozialen Begegnungen innerhalb seiner Wohnung oder innerhalb des öffentlich-anonymen Bereichs der Straßen wählen. Während der Wohnbereich einen Grad an Intimität symbolisiert, den er in der ersten Zeit nach dem Umzug zu keinem seiner Nachbarn hergestellt haben dürfte, lädt die monofunktionale Wohnumwelt bestenfalls zu einem flüchtigen Gruß ein. Soll wechselseitiges Sich-Kennenlernen als Prozeß der „sozialen Penetration" (*Altman & Taylor* 1973) ablaufen, in dem die Beteiligten graduell mehr und mehr persönliche Informationen auszutauschen lernen, dann setzt ein reibungsloser Ablauf dieses Prozesses die Verfügbarkeit von Umwelten voraus, die – entsprechend den einzelnen Stadien der Penetration – von den Beteiligten übereinstimmend definiert werden können (zur Semiotik des Raumes vgl. *Hamm* 1981, *Moore* 1979).

Eine besondere Spielart sozialer Penetration zwischen Nachbarn liegt in der Entwicklung einer ortsbezogenen Gruppenidentität. Diese drückt sich u. a. darin aus, daß die Bewohner eines Quartiers sich als „Eigentümer" des wohnungsnahen Raums fühlen und seine Nutzung durch Fremde zu kontrollieren beginnen. Wie die viel zitierte Studie von *Newman* (1973) zum „defensible space" zeigt, kann der Aufbau einer solchen Ortsidentität durch die architektonischen Merkmale einer Siedlung erheblich eingeschränkt werden. Sofern – wie bei vielen Hochhäusern – der an die Wohnbereiche angrenzende Raum innerhalb und außerhalb der Gebäude nicht durch Zeichen die Zugehörigkeit zu den Bewohnern signalisiert, sofern dieser Raum visuell schwer zugänglich und kontrollierbar ist, sofern einzelne Gebäude sich von anderen zu stark abheben (z. B. Hochhäuser in einer Siedlung mit Einfamilienhäusern) und zur „Stigmatisierung" einladen, können die Bewohner sich in diesen Arealen nicht heimisch fühlen. Wie *Newmans* Ergebnisse über erhöhte Kriminalitätsraten vermuten lassen, werden Wohnquartiere mit solchen architektonischen Strukturen auch von Außenstehenden nicht als „fremdes Territorium" akzeptiert.

Die naheliegende Annahme, der erstmalige Einzug in ein Hochhaus gehe für den Wohnortwechsler mit sozialer Isolierung einher, wird durch Ergebnisse empirischer Forschung aus dem angloamerikanischen Bereich gestützt (zusammenfassend *Korte* 1978). Auch für den deutschsprachigen Raum liegt eine Studie vor, die für Teilaspekte der an die Arbeiten von *Jacobs* und *Newman* anknüpfenden theoretischen Überlegungen zumindest indirekt empirische Evidenz liefert. *Lantermann* (1974) stellte bei seinen Untersuchungen in verschiedenen städtischen Wohnquartieren fest, daß Aufgelockertheit der Bauweise (neben sozialer Homogenität und Stadtnähe) mit dem Grad der „sozialen Balance", d. h. der bezüglich des Aufsuchens und Vermeidens sozialer Kontakte erlebten Wahlfreiheit, korreliert. Die erlebte Kontrollierbarkeit des Sozialkontakts wies ihrerseits einen Zusammenhang mit sozialem Engagement und Hilfsbereitschaft („Solidarität") auf. Altruistische Verhaltensformen fand der Autor in den Wohnquartieren reduziert, die durch soziale Deprivation oder soziale Überbelastung gekennzeichnet waren.[1]

---

[1] Am Rande sei vermerkt, daß *Lantermanns* Studie ein gutes Beispiel für die Verbindung von objektivistischem und phänomenologischem Zugang in der Analyse des Mensch-Umwelt-Verhältnisses gibt (siehe hierzu auch *Fischer* 1979).

7.3.3 Anpassungsmoderierende Merkmale des Wohnortwechslers

Merkmale der neuen Wohnumgebung bestimmen zusammen mit personalen Merkmalen des Wohnortwechslers die Güte des Anpassungsvorgangs. Gemäß der Umweltabhängigkeitsthese („environmental docility hypothesis") von *Nahemow & Lawton* (1973) wird die Anpassung um so stärker durch die Beschaffenheit der wohnungsnahen Umwelt bestimmt, je geringer die Handlungspotenz des Wohnortwechslers ist. Der Begriff „Handlungspotenz" sollte dabei u. E. sowohl die Ausprägung von Handlungskompetenzen (z. B. Kommunikationsfähigkeit, Geschicklichkeit im Umgang mit der dinglichen Umwelt) als auch die Verfügbarkeit von Handlungsmitteln (z. B. auch materieller Art) umfassen. Daß der Anpassungsvorgang stark durch die Umwelt bestimmt ist, muß jedoch nicht notwendigerweise von mangelnder Handlungspotenz herrühren. Wie *Fried* (1965, vgl. auch *Porteous* 1977) zeigen konnte, stellt die Gebundenheit des individuellen Aktionsraums an die unmittelbare Nachbarschaft auch einen Lebensstil dar („Lokalismus"). Personen, die diese Form des Umgangs mit der alltäglichen Umwelt habitualisiert haben, werden im Falle eines Wohnortwechsels in ihren Anpassungsprozessen stärker als andere von Merkmalen der wohnungsnahen Umgebung beeinflußt sein.

In weit geringerem Maße von der unmittelbaren Umgebung abhängig dürfte die Anpassung bei jenen Wohnortwechslern verlaufen, die durch Persönlichkeitsmerkmale wie „starkes Bedürfnis nach Abwechslung" (*Fischer & Wiedl* 1973) und/oder „hohe Komplexität des Selbstkonzepts" (*Ziller* 1973) charakterisierbar sind. Im ersten Falle dürften Personen aufgrund ihrer Neigung, eine Vielzahl unterschiedlicher Settings aufzusuchen, von vornherein größere Chancen haben, persönlichkeitskongruente Bereiche in der neuen Umwelt zu entdecken. Im zweiten Falle ist zu vermuten, daß diese Personen so viele Invarianzen in ihrer Selbsterfahrung konstruiert haben (siehe hierzu *Filipp* 1979), daß der Aufbau einer Ortsidentität für sie nicht von tragender Bedeutung ist bzw. daß sie neue umweltbezogene Erfahrungen leichter assimilieren können.

7.4 Das Spektrum psychosozialer Auswirkungen eines Wohnortwechsels

Die Mehrzahl der einschlägigen Untersuchungen verweist auf die negativen Folgen eines Wohnortwechsels. So fanden die Psychiater *Müller-Fahlbusch & Ihda* (1967) in den Biographien von Patienten mit endogener Depression Wohnortwechsel überzufällig häufig unter den als bedeutsam erachteten Lebensereignissen. Ihr kasuistisches Datenmaterial verweist aber zugleich auf die Problematik, das zeitliche Zusammentreffen von Depressionen und Wohnortwechsel als substantielle Korrelation auszudeuten. Denn neben dem Wohnortwechsel traten in unterschiedlicher zeitlicher Versetzung zugleich fast immer andere kritische Ereignisse ein (z. B. Erkrankung des Ehemanns). Diese Einwände gelten auch für systematischere Studien, in denen der Wohnortwechsel untersucht, seine Auswirkungen jedoch isoliert von gleichzeitig auftretenden Veränderungen in wichtigen Umweltbeziehungen (Arbeitsplatzwechsel, Schulwechsel, Scheidung usw.) betrachtet wurden. Der Aussagewert der Befunde, die im folgenden skizziert werden, muß vor dem Hintergrund dieser methodischen Probleme gesehen werden.

Als Folge eines Wohnortwechsels stellten sich in den einzelnen Forschungsarbeiten u. a. heraus: Jugenddelinquenz und Schulschwierigkeiten (*Malewska-Peyre* 1970), Kriminalität und Alkoholismus (*Hanson & Simmons* 1969), Selbstmord (*Stack* 1980) sowie die bereits erwähnte Trauerreaktion (*Fried* 1963). Mit der Häufigkeit eines Wohnortwechsels korrelieren nach den Befunden von *Wooster & Harris* (1971) Ungenauigkeiten in der Selbst- und Personwahrnehmung, gemäß den Beobachtungen von *Sticht & Fox* (1966) Angst und Dogmatismus. Den Zusammenhang mit dogmatischen Einstellungen interpretieren die letztgenannten Autoren dahingehend, daß ein Individuum, das mit häufig wechselnden Umwelten konfrontiert ist, dasjenige zu akzentuieren beginnt, was im Leben konstant bleibt, nämlich die eigenen Meinungen und Überzeugungen.

Ein Forschungsergebnis darf nicht unerwähnt bleiben, gerade weil es in seiner Grundtendenz von den bisher berichteten Resultaten abweicht (siehe *Ittelson, Franck & O'Hanlon* 1976). Die Anpassung amerikanischer Studenten an das Leben in New York führte nicht nur dazu, daß sie sich selbst als zynischer und fatalistischer, defensiver und mißtrauischer erlebten als zuvor; sie sahen sich zugleich als durch „gewachsene Autonomie", „gesteigertes Selbstvertrauen" und einen „erweiterten Horizont" gekennzeichnet – der Wohnortwechsel lieferte mithin auch eine Chance für „persönliches Wachstum" (vgl. *Filipp* in diesem Band). Wohnortwechsel als einschneidende Veränderung von Umweltbeziehungen zwingt zur Mobilisierung von Anpassungsreserven, mit der prinzipiell eine Erweiterung des Kompetenzreservoires einer Person einhergehen kann. In welcher Konstellation welche Bedingungen zusammentreffen müssen, damit der Wechsel des Wohnstandortes Kompetenzerweiterungen und nicht psychosoziale Beeinträchtigungen zeitigt, bleibt eine durch die psychologische Forschung bisher äußerst unzureichend aufgeklärte Frage. An welchen Punkten solche Forschungsbemühungen im Rahmen einer ökologisch, entwicklungspsychologisch und soziologisch orientierten „Angewandten Sozialpsychologie" (*Fischer* 1980) ansetzen können, sollte in diesem Beitrag aufgezeigt werden.

Literatur

Albrecht, G., Soziologie der geographischen Mobilität. Stuttgart 1972.
Altman, I. & Taylor, D. A., Social penetration. The development of interpersonal relationships. New York 1973.
Barrett, F., The search process in residential relocation. Environment and Behavior 8, 1976, 169-198.
Festinger, L., A theory of social comparison processes. Human Relations 7, 1954, 117-140.
Filipp, S.-H., Entwurf eines heuristischen Bezugsrahmens für Selbstkonzept-Forschung: Menschliche Informationsverarbeitung und naive Handlungstheorie. In: *Filipp, S.-H.* (Hrsg.), Selbstkonzept-Forschung. Stuttgart 1979, 129-152.

Fischer, M., Phänomenologische Analysen der Person-Umwelt-Beziehung. In: *Filipp, S.-H.* (Hrsg.), Selbstkonzept-Forschung. Stuttgart 1979, 47-73.

Fischer, M., Angewandte Sozialpsychologie. Zur Konzeption einer vernachlässigten Disziplin. Trier 1980 (unveröffentlichtes Manuskript).

Fischer, M. & Wiedl, K. H., Variationsmotivation. Psychologische Beiträge 15, 1973, 478-521.

Fried, M., Grieving for a lost home. In: *Duhl, L.* (Hrsg.), The urban condition. New York 1963, 151-171.

Fried, M., Transitional functions of working-class communities: Implications for forced relocation. In: *Kantor, M. B.* (Hrsg.), Mobility and mental health. Springfield (Ill.) 1965, 123-165.

Friedrichs, J., Stadtanalyse. Soziale und räumliche Organisation der Gesellschaft. Reinbek 1977.

Gans, H. J., The balanced community: homogeneity or heterogeneity in residential areas? Journal of the American Institute of Planners 27, 1961, 176-184.

Greenbie, B. G., An ethological approach to community design. In: *Preiser, W. F. E.* (Hrsg.), Environmental design research. Stroudsburg 1973, 14-23.

Haeberlin, F., Zwischen Flucht und Integration. Die Eingliederung junger Flüchtlinge als Problem der Spätsozialisation. Stuttgart 1971.

Hamm, B., Landnutzung und soziale Segregation. In: *Hamm, B.* (Hrsg.), Lebensraum Stadt. Frankfurt 1979, 181-200.

Hamm, B., The neighborhood, urban development, and central city government. Ekistics 1980 (im Druck).

Hamm, B., Einführung in die Siedlungssoziologie. München 1981 (im Druck).

Hanson, R. C. & Simmons, O. G., Differential experience paths of rural migrants to the city. The American Behavioral Scientist 13, 1969, 14-35.

Harrington, M., Resettlement and self image. Human Relations 18, 1965, 115-127.

Helson, H., Adaptation-level theory. New York 1964.

Hoffmeyer-Zlotnick, J., Der Prozeß der Sukzession. Die Unterwanderung von Berlin-Kreuzberg. Hamburg 1976 (Dissertation, Photodruck).

Horstmann, K., Zur Soziologie der Wanderungen. In: *Bottomore, T. B., Bolte, K. M., Recker, H. & Horstmann, K.* (Hrsg.), Soziale Schichtung und Mobilität. Stuttgart 1976, 104-186.

Hubbertz, K. P., Wohnen und psychische Störung. Mitteilungen der Deutschen Gesellschaft für Verhaltenstherapie 11, 1979, 283-302.

Ittelson, W. H., Franck, K. A. & O'Hanlon, T. J., The nature of environmental experience. In: *Wapner, S., Cohen, S. B. & Kaplan, B.* (Hrsg.), Experiencing the environment. New York 1976, 187-206.

Jacobs, J., The death and life of great American cities. New York 1961.

Kaplan, B., Wapner, S. & Cohen, S. B., Exploratory applications of the organismic-developmental approach to transactions of men-in-environments. In: *Wapner, S., Cohen, S. B. & Kaplan, B.* (Hrsg.) Experiencing the environment. New York 1976, 207-233.

Kaufmann, A., Motive und Formen der Wohnungsmobilität. Eine Befragung von Wohnungswechslern in den sechs österreichischen Großstadtregionen. Institut für Stadtforschung, Wien 1976.

Klages, H., Planungspolitik. Stuttgart 1971.

König, R., Soziale Gruppen. Geographische Rundschau 21, 1969, 2-10.

Korte, C., Helpfulness in the urban environment. In: *Baum, A., Singer, J. E. & Valins, S.* (Hrsg.), Advances in Environmental Psychology, Volume 1. Hillsdale 1978, 85-109.

Krupat, E. & Guild, W., The measurement of community social climate. Environment and Behavior 12, 1980, 195-206.

Lantermann, E.-D., Solidarität und Wohnen. Eine Feldstudie. Darmstadt 1974.

Malewska-Peyre, H., Economic development, mobility of population, and process of social deviation in youth. The Polish Sociological Bulletin 1, 1970, 94-111.

Moore, G. T., Knowing about environmental knowing. The current state of theory and research on environmental cognition. Environment and Behavior 11, 1979, 33-70.

Müller-Fahlbusch, H. & Ihda, S., Endogene Depressionen bei Wohnungswechsel. Nervenarzt 38, 1967, 247-251.

Nahemow, L. & Lawton, M. P., Toward an ecological theory of adaptation and aging. In: *Preiser, W. F. E.* (Hrsg.), Environmental design research, Volume 1. Stroudsburg 1973, 24-32.

Newman, O., Defensible space. New York 1973.

Nitsch, J. R. & Allmer, H., Entwurf eines Prozeßmodells der Leistungsmotivierung. In: *Nitsch, J. R. & Udris, I.* (Hrsg.), Beanspruchung im Sport. Beiträge zur psychologischen Analyse sportlicher Leistungssituationen. Bad Homburg 1976, 42-59.

Pfeil, E., Die Stadtsanierung und die Zukunft der Stadt. In: *Büro für Stadtsanierung und soziale Arbeit* (Hrsg.), Sanierung – für wen? Gegen Sozialstaatopportunismus und Konzernplanung. Berlin 1971, 73-83.

Porteous, J. D., Environment and behavior. Planning and everyday urban life. Reading (Mass.) 1977.

Proshansky, H. M., The city and self-identity. Environment and Behavior 10, 1978, 147-169.

Stack, S., The effects of interstate migration on suicide. International Journal of Social Psychiatry 26, 1980, 17-25.

Sticht, Th. & Fox, W., Geographical mobility and dogmatism, anxiety and age. The Journal of Social Psychology 68, 1966, 171-174.

Stokols, D., In defense of the crowding construct. In: *Baum, A., Singer, J. E. & Valins, S.* (Hrsg.), Advances in environmental psychology, Volume 1. The urban environment. Hillsdale 1978, 111-130.

Taft, R., A psychological model for the study of social assimilation. Human Relations 10, 1957, 141-156.

Thibaut, J. W. & Kelley, H. H., The social psychology of groups. New York 1959.

Vascovics, L. A., Segregierte Armut. Randgruppenbildung in Notunterkünften. Frankfurt 1976.

Wofsey, E., Rierdan, J. & Wapner, S., Planning to move. Effects on representing the currently inhabited environment. Environment and Behavior 11, 1979, 3-32.

Wohlwill, J. F. & Kohn, I., Dimensionalizing the environmental manifold. In: *Wapner, S., Cohen, S. B. & Kaplan, B.* (Hrsg.), Experiencing the environment. New York 1976, 19-53.

Wolpert, J., Migration as an adjustment to environmental stress. Journal of Social Issues 22, 1966, 92-102.

Wooster, A. D. & Harris, G., Concepts of self and others in highly mobile service boys. Educational Research 12, 1971, 46-52.

Ziller, R. C., The social self. New York 1973.

Zipf,. G., Human behavior and the principle of least effort. New York 1949.

Zwingmann, C., Das nostalgische Phänomen. In: *Zwingmann, C.* (Hrsg.), Zur Psychologie der Lebenskrisen. Frankfurt 1962, 308-338.

III Vorbereitung auf kritische Lebensereignisse als primäre Prävention und antizipatorische Sozialisation

In vielen Ansätzen der primären Prävention ist das Krisenkonzept seit langem ein zentraler Begriff. Auch Erziehungs- und Sozialisationsmaßnahmen haben, wenngleich nur implizit, zum Ziel, Menschen auf die Anforderungen und kritischen Ereignisse ihres Lebens vorzubereiten und Kompetenzen zu vermitteln, welche die Bewältigung künftiger Lebensereignisse gestatten oder erleichtern sollen. Gegenstand der folgenden zwei Beiträge ist demgemäß die Frage, ob und gegebenenfalls wie man Menschen auf die Auseinandersetzung mit kritischen Lebensereignissen vorbereiten solle.

Steven J. Danish und *Anthony R. D'Augelli* setzen sich in Kapitel 8 zunächst mit dem Konzept der primären Prävention auseinander und formulieren alternativ hierzu ein Modell zur Optimierung menschlicher Entwicklung. Maßnahmen der Entwicklungsförderung bzw. Entwicklungsintervention wollen die Autoren an dem Konzept der kritischen Lebensereignisse festmachen, und sie demonstrieren dieses Vorhaben an einem Interventionsansatz, durch den Menschen auf den konstruktiven Umgang mit kritischen Lebensereignissen vorbereitet und ihnen entsprechende Wissensinhalte und Fertigkeiten im Sinne antizipatorischer Sozialisation vermittelt werden sollen.

Wilfried Belschner und *Peter Kaiser* stellen in Kapitel 9 ein Mehrebenenmodell primärer Prävention vor, in welchem die simultane Beachtung verschiedener Systemebenen bei der Lokalisierung kritischer Lebenssituationen möglich ist und das auf die Vermeidung von kritischen Lebenssituationen abzielt. Die Autoren greifen exemplarisch Maßnahmen der primären Prävention auf der individuellen Ebene heraus und verdeutlichen, welche Prozeßabläufe bei der Bewältigung kritischer Lebenssituationen zu vermuten und welche individuellen Kompetenzen für eine erfolgreiche Bewältigung erforderlich sind.

8 Kompetenzerhöhung als Ziel der Intervention in Entwicklungsverläufe über die Lebensspanne[1]

Steven J. Danish und Anthony R. D'Augelli[2]

Paradigmen in der wissenschaftlichen Forschung sterben nur langsam, insbesondere aber solche im psychosozialen Versorgungssystem. Auf dem Gebiet der psychischen Gesundheit erwecken sowohl neuentwickelte Strategien der Verhaltensänderung wie auch zur psychosozialen Versorgung den Eindruck eines raschen und revolutionären Wandels. Auch die ständig anwachsende Literatur über Probleme der Prävention zeigt die notwendig gewordene Akzentverschiebung weg von dem korrektiven Modell (mit ungeklärten Langzeiteffekten der Intervention) hin zu einem präventiven Modell, das der Verhinderung psychischer Störungen dienen soll. Jenseits dieser hektischen Aktivitäten bleibt die grundlegende Annahme der „mental-health"-Bewegung bestehen, nämlich daß es so etwas wie psychische Normalität gibt und daß Abweichungen von ihr entweder einer Korrektur oder der Prävention bedürfen. Diese grundlegende Annahme ist in allen gegenwärtigen Strategien und Versorgungssystemen enthalten, unabhängig davon, wie verfeinert sie im einzelnen sind.

In diesem Beitrag wollen wir ein neues Paradigma vorstellen, welches zur Neuentwicklung psychosozialer Versorgungsdienste herangezogen werden kann. Insbesondere werden wir eine Alternative zum Konzept der „Primären Prävention" vorlegen, welches zwar rein intuitiv sehr attraktiv ist, das jedoch noch schlüssig operationalisiert werden muß. Der Versuch, Kompetenz durch Intervention in lebenslange Entwicklungsverläufe zu erhöhen, gründet – im Gegensatz zu korrektiven oder präventiven Modellen – explizit auf Theorien der menschlichen Entwicklung (vgl. *Baltes & Danish* 1979). Solche Theorien legen die differenzierte Beachtung von Interventionszeitpunkten, Interventionszielen und Interventionsmaßnahmen nahe, und sie waren in die mental-health-Bewegung bislang nur implizit eingegangen. Bevor wir unser Interventionsmodell darstellen, wollen wir daher unseren konzeptuellen und entwicklungstheoretischen Bezugsrahmen erörtern.

---

[1] Das vorliegende Kapitel ist die deutsche Übersetzung des Beitrags „Promoting Competence and Enhancing Development", welcher in dem Band von Bond, L. A. & Rosen, J. C. (Hrsg.), Competence and Coping During Adulthood (Primary Prevention of Psychopathology, Vol. 4), Hanover, N. H.: University Press of New England, Copyright 1980 by the Vermont Conference on the Primary Prevention of Psychology, erschienen ist. Die Übersetzung erfolgte durch die Herausgeberin unter Mitwirkung von Herrn cand. psych. Thomas Klauer.

[2] Wir danken Paul Baltes, Carol Nowak und Michael Smyer für wichtige Hinweise und Margaret Plantz und Rachel Prunchno für konstruktive Kommentare.

8.1 Primäre Prävention und menschliche Entwicklung

8.1.1 Zur Definition von primärer Prävention

Cowen (1977b) hat unlängst in dem ihm eigenen Stil primäre Prävention als ein wirres Konzept dargestellt, das weder in der Theorie, geschweige denn in der Praxis präzise definiert werden kann. Er hatte Psychologen, die sein Forschungsinstitut besuchten, darum gebeten, den wichtigsten Ansatz zur primären Prävention zu nennen. In überwältigend großer Anzahl wurde dabei sein eigenes „Primary Mental Health"-Projekt (*Cowen, Trost, Lorion, Dorr, Izzo & Isaaccson* 1975) angegeben. Zwar vermerkt *Cowen* selbst, daß die Nennung seines eigenen Projekts durch die Situation beeinflußt war. Aber die Tatsache, daß ein Projekt zur *sekundären* Prävention so populär ist, läßt ihn zu der Annahme gelangen, daß primäre Prävention wegen ihrer Vagheit nur noch von Idealisten ernstgenommen wird.

An anderer Stelle (vgl. *Cowen* 1977a) verweist er auf erste Schritte, die man im Bereich der primären Prävention unternehmen könnte. *Broskowski & Baker* (1974), *Goldston* (1977) sowie *Kessler & Albee* (1975) haben sich neben anderen Autoren der konzeptuellen Präzisierung von primärer Prävention gewidmet. Jenseits aller verwirrenden Unterschiede scheint eine allgemeine Definition möglich: „...Aktivitäten, die auf speziell umschriebene Risikogruppen innerhalb eines sozialen Systems gerichtet sind, die als psychisch nicht gestört diagnostiziert wurden und bei denen der Eintritt emotionaler Störungen verhindert und/oder ihre psychische Gesundheit gesteigert werden soll. Programme zur Förderung psychischer Gesundheit sind von ihrer Konzeption und Durchführung her eher pädagogisch als klinisch orientiert; ihr Hauptanliegen besteht in der Erhöhung der persönlichen Kompetenzen für den Umgang mit Krisen und zur Verbesserung des eigenen Lebens." (*Goldston* 1977, 20).

Gegenwärtig werden die Versprechungen, welche primäre Prävention in dem hier definierten Sinne macht, durch die Art des Versorgungssystems nicht eingelöst. Gesundheitsbehörden und andere Institutionen halten die Förderung von Maßnahmen der primären Prävention für problematisch. Dies zeigt sich zum Teil darin, daß für diese Aufgaben keine eigene Behörde eingerichtet wurde. Aber solche Förderungen sind auch nicht zu erwarten, da die Effektivität primärer Präventionsmaßnahmen zu unbestimmt ist. Sie ist zudem auch schwieriger zu prüfen, da primäre Präventionsprogramme am Nicht-Eintritt psychischer Störungen gemessen werden. Man kann primäre Prävention mit einem Reisenden in der Bahn vergleichen, der alle 15 Minuten in eine Pfeife bläst. Auf die Frage, warum er dies tue, erwidert er, er wolle die Elefanten abhalten. Als sein Gegenüber erstaunt fragt, „Welche Elefanten?", antwortet er: „Da sehen Sie, was ich schon geleistet habe!"

Präventivmaßnahmen sind eine Investition, deren Gewinn nur schwer zu kalkulieren ist. Daher erscheinen sie weniger förderungswürdig als Maßnahmen zur Betreuung leidender Menschen, deren Probleme unmittelbar und mit gewisser Erfolgsaussicht angegangen werden können.

8.1.2 Beziehungen zwischen Psychopathologie und primärer Prävention

Die Psychopathologie hat psychische Störungen und Geisteskrankheiten zum Gegenstand, wobei wir nicht beabsichtigen zu definieren, was Störungen und Geisteskrankheiten im einzelnen eigentlich sind. Unabhängig davon läßt sich jedoch festhalten, daß sich Psychopathologie mit Fehlverhalten, Fehlanpassung und subjektivem Leiden befaßt, also – mit anderen Worten – problematische Abweichungen von der Normalität behandelt. Solche Abweichungen lassen sich kaum einhellig definieren, da es, wenn überhaupt, nur wenige eindeutige Normen für menschliches Verhalten gibt. Dennoch wird psychische Gesundheit häufig operational definiert als das Nicht-Vorhandensein von psychischer Krankheit. Präventive Maßnahmen sind in diese Probleme verstrickt, da sie auf die Verhinderung psychischer Erkrankungen abzielen, ohne die Aspekte psychischer Gesundheit zu spezifizieren. Da die Experten der mental-health-Bewegung bekanntlich hinter jeder Ecke „psychische Krankheit" oder Ereignisse, die „psychische Krankheit" erzeugen könnten, vermuten, mag es überraschen, daß primäre Prävention wie ein blinder Alarm erscheint. Während die Befürworter der primären Prävention sich an Konzepten wie „Wohlbefinden" („wellness" vgl. *Bower* 1972, *Goldston* 1977) oder „psychische Gesundheit" orientieren, wurden für diese Konstrukte keine Präzisierungen auf der Verhaltensebene angegeben; kurzum, das Konzept der primären Prävention besitzt wegen seiner grundlegenden Orientierung an der Psychopathologie eine fatale Schwäche. In seiner Grundidee schließt es die Vorstellung eines öffentlichen Gesundheitssystems ein, welches Krankheit und Leiden verhindern kann. Das Modell der primären Prävention ist von unbestrittenem Wert im Zusammenhang mit organischen Erkrankungen, da es hier klare Kriterien für normales Funktionieren gibt. Auf dem Gebiet der psychischen Gesundheit ist es jedoch nur begrenzt brauchbar, weil klare Kriterien für die Definition von psychischer Gesundheit fehlen. Im erklärten Gegensatz hierzu schlagen wir ein Modell der Förderung menschlicher Entwicklung vor, welches einen konstruktiveren Ansatz darstellt als Programme der mental-health-Bewegung.

8.1.3 Auf dem Wege zur Förderung menschlicher Entwicklung

Die meisten primären Präventionsmaßnahmen konzentrieren sich darauf, Probleme zu verhindern. Obwohl man dies nicht tun kann, ohne implizit zugleich Zielvorgaben zu machen, haben die meisten Interventionsansätze kein anderes ausdrückliches Ziel, als bestehende Probleme zu verringern oder ihr Wiederauftreten zu verhindern. Diese Ansätze greifen dabei auf ein homöostatisches Modell (*Danish* 1977) oder Balancemodell (*Riegel* 1975b) menschlichen Funktionierens zurück. Ziel ist also die Rückkehr zu Bedingungen, wie sie vor Eintritt des Problems gegeben waren. In dieser Sicht ist menschliche Entwicklung eine nur durch Krisenpunkte unterbrochene stetige Linie. Diese Krisen können in Dauer und Intensität variieren, und einige mögen zu psychopathologischen Störungen führen. Die Rückkehr zu der stetigen Linie zeigt die erfolgreiche Lösung oder Bewältigung des Problems an. Theoretisch soll primäre Prävention eine Person dazu befähigen, Krisenperioden so zu durchleben, daß psychische Belastung und Leiden gering gehalten werden.

Ein Alternativmodell der menschlichen Entwicklung muß sich durch mindestens zwei Charakteristika auszeichnen. Zum einen ist dies die Modellannahme, daß Verhalten kontinuierlichem Wachstum und kontinuierlichem Wandel unterliegt – eine Annahme, die an der Entwicklungspsychologie über die Lebensspanne orientiert ist. Diese Orientierung wurde von *Baltes* (1973) und *Danish* (1977) dahingehend charakterisiert, daß Aussagen über erstrebenswerte Ziele oder Endzustände des Verhaltens eingeschlossen sind, sequentieller Wandel betont wird, Techniken zur Optimierung von Entwicklung ein starkes Gewicht besitzen, die Person als organisierte biopsychosoziale Einheit (*Ford* 1974) betrachtet und daher ein multidisziplinärer Zugang möglich wird und gesehen wird, daß sich Personen und Systeme in einem sich wandelnden biokulturellen Kontext entwickeln. Die zweite Modellannahme beinhaltet, daß Krisen nicht per definitionem als pathogen oder problematisch gesehen werden müssen. Ein Teil dieses Problems liegt hier in der Sprache und im Bedeutungsumfeld des Begriffs „Krise". *Riegel* (1975a, 100) beschreibt das Problem, welches er bei der sprachlichen Darstellung seines neuen Modells hatte: „Als ich meinen Wortschatz überprüfte, dachte ich eine Weile, daß Begriffe wie ‚Entwicklungssprünge', ‚kritische Wendepunkte' oder ‚existentielle Herausforderungen' die uns interessierenden Lebensumstände etwas besser umschreiben könnten. Nachdem mich die Vorteile solcher Wortänderungen nicht überzeugen konnten, wurde mir klar, daß man mehr Zeit auf die Analyse des Begriffs ‚Krise' und seiner zugrundeliegenden philosophischen und ideologischen Annahmen verwenden müsse. Der Begriff der Krise ist mit dem des Gleichgewichts, der Stabilität, Konsonanz und Balance antithetisch verknüpft. Die Vorstellung von dem Gleichgewicht als einem erstrebenswerten Ziel beherrscht das Denken von Verhaltens- und Sozialwissenschaftlern und verleiht dem Begriff der Krise eine negative Konnotation."

Es scheint uns angemessener anzunehmen, daß jedem Wachstum ein Zustand des Ungleichgewichts oder der Krise vorausgeht, der künftige Entwicklung fördert. Tatsächlich scheint eine Entwicklung ohne Krisen nicht möglich. *Caplan* (1964) erkannte dies und argumentierte, daß die Art und Weise, wie Krisen bewältigt werden, von wesentlicher Bedeutung dafür ist, welchen Effekt sie letztlich für psychische Gesundheit besitzen. Das Bestreben, in Krisenzeiten wieder zu Stabilität zu gelangen, kann über die jeweiligen Bewältigungsprozesse zu einem qualitativ unterschiedlichen Zustand der „Stabilität" führen. Im Gegensatz zu der Auffassung, daß Krisen als destruktiv anzusehen sind, betrachten wir sie als Ausgangspunkt für Prozesse des Neuaufbaus und für weiteres Wachstum (vgl. *Danish* 1977). Wenn also Krisen sowohl positive wie auch negative Folgen nach sich ziehen, so besteht das Ziel der Intervention nicht darin, den Eintritt von Krisen zu verhindern, sondern vielmehr darin, die Fähigkeiten einer Person zum konstruktiven Umgang mit Krisenereignissen zu erhöhen und zu erweitern. Solche Interventionsmaßnahmen zielen dann darauf ab, Personen in die Lage zu versetzen, Krisen als Chancen zu weiterum Wachstum zu nutzen.

Mit der Einbeziehung des Konzepts der Entwicklungsförderung in die mental-health-Bewegung wird eine neue paradigmenähnliche Konzeption vorgeschlagen, nämlich die Optimierung menschlicher Entwicklung. Dadurch werden nicht nur medizinische Modellannahmen endgültig aufgegeben, sondern die Befürworter der primären Prävention finden hier auch einen direkten Weg für die weit gestreute Implementation ihrer Programme. Wir können dies an einem Beispiel illustrieren: Vermutlich würde die Teilnehmerzahl an einem Programm, welches „Effektivitätstraining für Eltern" benannt wurde, schnell zurückgehen, wenn man dieses Programm „Vorbeugung von Kindesmißhandlungen" oder „Diskussionsgruppe für neurotische Eltern" nennen würde.

Den Begriff der „Entwicklungsförderung" als konzeptuellen Rahmen zu wählen, erfordert die Formulierung einer Theorie menschlicher Entwicklung, die auch Angaben über „wünschenswertes" Verhalten enthält. Da Maßnahmen der Förderung auch eine Möglichkeit zur Optimierung menschlichen Verhaltens schaffen, ist es notwendig, über die gesamte Lebensspanne Zielzustände oder Markierungspunkte zu kennzeichnen. In dieser Hinsicht ist das heuristische Konzept der kritischen Lebensereignisse hilfreich.

8.1.4 Kritische Lebensereignisse als konzeptueller Rahmen für die Analyse menschlicher Entwicklung

Kritische Lebensereignisse sind im Zusammenhang mit der Analyse der Entwicklung im Erwachsenenalter zu einem zentralen Konzept geworden. Das Interesse an Lebensereignissen geht auf verschiedene Wurzeln zurück, und die Forschung in diesem Bereich ist rapide angewachsen. Zwei Forschungsrichtungen sind hierbei von Bedeutung. Die erste ist die Analyse streßreicher Lebensereignisse in ihrer Bedeutung für Erkrankungen (*Rahe* 1974) und psychopathologische Erscheinungen (*Dohrenwend & Dohrenwend* 1974). Die zweite Forschungsrichtung betrachtet kritische Lebensereignisse als Markierungspunkte der Entwicklung im Erwachsenenalter (*Neugarten & Hagestad* 1976, *Nowak* 1978). In beiden Forschungsrichtungen wird der Eintritt von Lebensereignissen in Beziehung gesetzt zu den Konsequenzen, die sie für Personen haben. Diese Beziehung ist bedeutsam, weil auch Maßnahmen der Förderung von Entwicklung auf diese Kausalverbindung abzielen. Im folgenden wollen wir nur einen kurzen Überblick über diesen Forschungsbereich geben (siehe hierzu auch *Datan & Ginsberg* 1975, *Hultsch & Plemons* 1979).

Streßreiche Lebensereignisse. Viele der bislang vorliegenden Arbeiten über streßreiche Lebensereignisse und ihre Begleiterscheinungen stellen Versuche dar, Korrelate der Streßbelastung in Form von physischer Krankheit und psychopathologischen Störungen festzustellen. In dieser Sicht postulierte *Selye* (1956), daß psychischer und physischer Streß in ihrem Verlauf ähnlich sind. Dieser Tradition folgend quantifizierten *Holmes & Rahe* (1967) das Ausmaß an psychischem Streß über die Anzahl und die Art der bedeutsamen lebensverändernden Ereignisse, mit denen eine Person konfrontiert war. *Rahe, McKean & Arthur* (1967) zeigten, daß solche Ereignisse kumulative Effekte besitzen und diese gravierend genug sind, um daraus vorhersagen zu können, daß eine medizinische Betreuung für die betroffenen Personen in nächster Zukunft erforderlich wird. Sie entwickelten ein Verfahren zur Gewinnung sogenannter „life-change-units", wobei jenes Ausmaß an Veränderungen in der Lebensweise von Personen skaliert wird, das zur Wiederanpassung nach Eintritt eines Lebensereignisses nötig ist. Diese Wiederanpassung kann nach Eintritt eines positiven wie negativen Ereignisses (z. B. Heirat oder Geburt eines erwünschten Kindes gegenüber Tod des Ehegatten oder Verlust des Arbeitsplatzes) erforderlich sein. In dieser Sicht müssen negative Ereignisse nicht unbedingt mit stärkeren Veränderungen im Leben einhergehen als positive. Die Studie zeigt, daß die über einen Jahreszeitraum aufsummierten „life-change-units" positiv mit dem Risiko einer ernsthaften Erkrankung im darauffolgenden Jahr korrelierten.

Dohrenwend (1973) und *Dohrenwend & Dohrenwend* (1974) überprüften die Beziehungen zwischen psychischem Streß und psychopathologischen Phänomenen, wobei Streß auch hier über streßreiche Lebenssituationen (Tod eines Familienmitglieds, Scheidung usw.) definiert wurde. In der erstgenannten Arbeit werden Studien im Überblick dargestellt, die eine positive Beziehung zwischen der Konfrontation mit streßreichen Lebensereignissen und psychiatrischer Symptomatik berichten. Trotz ihrer statistischen Signifikanz sind viele der in diesen Studien berichteten Korrelationskoeffizienten von nur bescheidener Höhe. Bislang verfügen wir auch über keine statistischen Normen darüber, wie sich streßreiche Lebensereignisse über die Jahre des Erwachsenenalters verteilen, da bislang nur Daten aus Querschnittstudien vorliegen.

Lebensereignisse als Markierungspunkte der Entwicklung. Das Konzept der kritischen Lebensereignisse wird üblicherweise mit der eben dargestellten Richtung der Erforschung streßreicher Lebensereignisse in Verbindung gebracht. Seine Bedeutung für die Entwicklung im Erwachsenenalter wird jedoch zunehmend betont, weil damit auch ein konzeptueller Umschwung verbunden ist, indem die Erwachsenenjahre in ihrem zeitlichen Verlauf weniger als biologisch denn als sozial gegliedert gesehen werden. Verstärkte Anstrengungen gelten auch der Identifikation von Lebensereignissen als sozial normierten Markierungspunkten: Es wird geprüft, ob Lebensereignisse zum „richtigen" Zeitpunkt eintreten. Weiterhin werden Lebensereignisse innerhalb des soziokulturellen Kontextes, in dem eine Person lebt, untersucht, und die Einstellungen und Befindlichkeiten von Personen werden im Zuge ihrer Auseinandersetzung mit Ereignissen beschrieben (*Neugarten* 1976, *Neugarten & Hagestad* 1976, *Nowak* 1978). „Bezüglich der Abfolge der wesentlichen Lebensereignisse gibt es einen sozial normierten Zeitplan, z. B. eine Zeitspanne innerhalb des Lebenslaufs, innerhalb derer man heiraten, Kinder erziehen oder sich in den Ruhestand zurückziehen soll. Die meisten Menschen bleiben, mehr oder minder durchgängig, diesem normativen Muster treu, obwohl der tatsächliche

Eintritt dieser Lebensereignisse durch verschiedene Faktoren beeinflußt wird und obwohl die zeitlichen Normen selbst zwischen sozioökonomischen, ethnischen oder religiösen Gruppen variieren" (*Neugarten* 1976, 16). Dieselbe Autorin führt an anderer Stelle aus (*Neugarten,* 1976, 18): „Die Tatsache, daß die regelmäßige Abfolge von Veränderungen über den Lebenslauf hinweg sich auf einer biologischen, sozialen und psychologischen Dimension abbilden läßt, ist mit dem Konzept der Anpassung und des normalen, vorhersehbaren Lebenszyklus verknüpft."

Wenn Lebensereignisse a priori als streßreich und „schädlich" definiert werden, liegt die Betonung auf Merkmalen des Ereignisses selbst und nicht darauf, wie es im Kontext der gesamten Entwicklung einer Person plaziert ist. Es ist dann ein wenig nützlicher Zugang, Lebensereignisse als Markierungspunkte des Lebenslaufs zu betrachten. *Nowak* (1978) unterscheidet, ob Lebensereignisse als „äußere Reize" betrachtet bzw. untersucht oder ob ihre strukturellen Eigenheiten analysiert werden. Nach ihren Befunden beeinflussen eine Reihe von Faktoren die Wirkung eines Lebensereignisses, nämlich Zeitpunkt, Intensität, Dauer, Abfolge und das Ausmaß der Interferenz mit anderen Lebensereignissen.

Wenn Ereignisse weniger isoliert, sondern im Gesamtkontext des Lebenslaufes betrachtet werden, dann stellen sie Ansatzpunkte zur Förderung und Optimierung der Entwicklung im Erwachsenenalter dar. Dies soll nicht implizieren, daß alle Menschen jedes Ereignis erleben werden oder daß die Ereignisse immer in der gleichen Abfolge auftreten, doch entwickeln sich informelle Normen über die Art und den Zeitpunkt von Lebensereignissen. Indem sie ihre eigenen Erfahrungen mit solchen Normen vergleichen, können Menschen bestimmte Ereignisse zu bestimmten Zeitpunkten erwarten und Unbehagen erleben, wenn ein Ereignis „zu spät" eintritt (*Elder* 1975).

Wie bereits erwähnt, muß eine entwicklungstheoretische Orientierung auch Zielvorgaben einschließen und Endzustände für Entwicklung definieren. Unter dem Aspekt der sozialen Normierung stellen Lebensereignisse Markierungspunkte dar, welche dem Lebenslauf im Erwachsenenalter Struktur und Form verleihen (vgl. *Lowenthal & Chiriboga* 1973). Als Entwicklungsziel läßt sich die Fähigkeit einer Person zur erfolgreichen Auseinandersetzung mit Lebensereignissen formulieren, unabhängig davon, ob es sich um normative oder nichtnormative Ereignisse handelt. Aus der unmittelbaren Attraktivität dieses Zugangs und aus der gut dokumentierten Tatsache, daß Lebensereignisse mit Streßbelastung verknüpft sind, läßt sich ableiten, daß es ein in hohem Maße adäquater Zugang ist, Interventionsbemühungen an kritischen Lebensereignissen anzusetzen.

8.2 Auseinandersetzung mit kritischen Lebensereignissen

In den vorhergehenden Ausführungen haben wir betont, daß kritische Lebensereignisse sowohl positive wie auch negative Effekte besitzen können. Im folgenden wollen wir jene Arbeiten sichten, die sich der Frage gewidmet haben, wodurch unterschiedliche Effekte von Lebensereignissen determiniert sind.

Hultsch & Plemons (1979) unterscheiden drei Faktoren, die die Reaktion einer Person auf ein Lebensereignis beeinflussen, nämlich biologische, psychologische und kontextuelle. Diese Faktoren sind jedoch von unterschiedlicher Bedeutung in Abhängigkeit von dem spezifischen Ereignis und von dem Zeitpunkt seines Eintritts im individuellen Lebenslauf. Insofern mögen Autoren, die bestimmte Faktoren als regelhaft mit bestimmten Effekten verbunden sehen, unberücksichtigt lassen, daß ein bestimmter Faktor hilfreich für die Bewältigung eines Ereignisses sein kann, während er im Zusammenhang mit einem anderen Ereignis sich eher nachteilig auswirkt. *Lieberman* (1975) berichtet beispielsweise, daß alte Menschen, die sich an neue Lebensumstände gut anpassen können, eine Tendenz zu aggressivem, gereiztem und forderndem Verhalten zeigen, zu Verhaltensweisen also, die üblicherweise nicht mit erfolgreicher Anpassung einhergehen. Ein weiteres Problem bei der Bestimmung jener Faktoren, die die Art der Reaktionen auf ein Lebensereignis moderieren, liegt darin, daß man die jeweiligen Effekte eines Ereignisses nicht unabhängig von der betroffenen Person und ihren Merkmalen sehen und insgesamt abhängige und unabhängige Variablen schwer trennen kann. Die Unterscheidung zwischen den für die Bewältigung eines Ereignisses relevanten und den irrelevanten Faktoren ist somit weniger klar vorzunehmen, als es den Anschein hat. Trotz der Schwierigkeiten bei der Herauspartialisierung jener Faktoren, die zu positiven Effekten von Lebensereignissen führen, liegt darin eine essentielle Frage, weil damit die Planung von Interventionsmaßnahmen verknüpft ist. Nach unserem Überblick über einschlägige Arbeiten sind zwei Faktoren hervorzuheben: die individuelle Bewältigungsgeschichte von vergangenen Lebensereignissen und die Unterstützung, die eine Person durch ihre Umwelt erfährt. Diese beiden Faktoren scheinen mit *Caplans* (1964) Konzept der psychosozialen Versorgung übereinzustimmen.

8.2.1 Individuelle Bewältigungsgeschichte von Lebensereignissen

Wenn ein kritisches Lebensereignis eintritt, werden seine Effekte durch die bisherige Erfahrungsgeschichte der Person und ihren individuellen Lebensstil bestimmt. Ungeachtet der qualitativen Unterschiede zwischen Ereignissen wird ein Ereignis mit geringerer Wahrscheinlichkeit als bedrohlich eingeschätzt, wenn eine Person insgesamt mit komplexen Lebenssituationen Erfahrung hat. *Birren* (1964) zeigt beispielsweise, daß Erfahrungen in der Auseinandersetzung mit kritischen Lebensereignissen die Fähigkeit zu einer kompetenten Bewältigung künftiger Ereignisse erhöhen. *Lawton & Nahemow* (1973) argumentieren, daß individuelle Reaktionen auf äußere Stressoren nicht nur von der kontextuellen Einbettung der Stressoren, sondern auch von der individuellen Erfahrungsgeschichte mit ähnlichen Situationen abhängen. Diese Erfahrungsgeschichte erhöht die eigene Kompetenz und befähigt somit die Person, mit einem größeren Spektrum von Umweltanforderungen erfolgreich umzugehen. Die Autoren behaupten weiter, daß sehr kompetente Personen sich schnell unterfordert fühlen und eher mittlere und höhere Grade an Herausforderung anstreben. Diese Aussage ähnelt dem Konzept der „optimalen

Diskrepanzen" von *Hunt* (1961) und Ansätzen, wie sie *Atchley* (1975) und *Janis* (1971) vorgeschlagen haben.

Zusammenfassend läßt sich also sagen, daß kritische Lebensereignisse mit einer höheren Wahrscheinlichkeit positive Effekte besitzen, wenn die betroffene Person in ihrem Leben bislang ähnliche Ereignisse bewältigt hat. Eine erfolgreiche Bewältigungsgeschichte führt nicht nur dazu, zu dem Ereignis eine „konstruktive" Einstellung zu gewinnen, sondern sie trägt auch zum Aufbau von Verhaltenskompetenzen bei. Eben weil der Rückgriff auf psychische und/oder soziale Ressourcen möglich ist, wird jedes neue Lebensereignis nicht so wahrgenommen, als übersteige es die eigenen Kräfte. Wenn eine Person also über die Lebensspanne hinweg ein Muster von erfolgreichen Bewältigungsformen aufgebaut hat, so wird ihre Verwundbarkeit durch Krisen deutlich verringert.

Die Fähigkeit einer Person, die bislang Lebensereignisse erfolgreich gemeistert hat, auch gegenwärtige Lebensereignisse erfolgreich zu bewältigen, kann zum Teil durch die (intraindividuelle) Ähnlichkeit der Reaktionen auf Lebensereignisse erklärt werden. Personen mit einem effektiven Bewältigungsverhalten mögen frühere, gegenwärtige und auch künftige Ereignisse in ihrem Leben als einander ähnlich wahrnehmen und deshalb vermuten, daß sie ähnliche Situationen schon früher bewältigt haben. Auf der kognitiven Ebene haben sie die subjektive Sicherheit erworben, daß sie erfolgreich mit Ereignissen umgehen können. Auf der Verhaltensebene zeigen sie ein Muster von Verhaltensweisen, die sich in der Vergangenheit als erfolgreich erwiesen haben. Auf diese Weise wird die psychologische Einzigartigkeit eines Lebensereignisses unterbetont und Aspekte, die allen Ereignissen gemeinsam sind, werden überbetont. Dieser Prozeß führt dazu, daß psychischer Streß und Handlungsunfähigkeit vermieden werden.

8.2.2 Soziale Stützsysteme

Der Effekt kritischer Lebensereignisse wird auch moderiert durch die Qualität des sozialen Stützsystems, welches einer Person verfügbar ist. *Gore* (1973) berichtet, daß der mit unerwarteter Arbeitslosigkeit verbundene Streß weniger negative Konsequenzen hat, wenn die davon Betroffenen mit der Unterstützung von Ehepartnern und Freunden rechnen konnten. In einer Arbeit von *Nuckolls, Cassel & Kaplan* (1972), die die Beziehung zwischen kritischen Lebensereignissen und Komplikationen während der Schwangerschaft untersuchten, wurden auch Merkmale des sozialen Stützsystems erfaßt (wie z. B. die Qualität der ehelichen Beziehung und der Interaktion mit der Familie, das Ausmaß der Integration in die Wohngemeinde). Nach diesen Befunden können weder die bisherige Erfahrungsgeschichte mit Lebensereignissen noch die sozialen Ressourcen alleine den Schwangerschaftsverlauf vorhersagen. Es zeigte sich, daß die Frauen mit einer reichen Erfahrungsgeschichte und hoher sozialer Unterstützung weitaus seltener Schwangerschaftskomplikationen hatten als die Frauen, die zwar auch eine reiche Erfahrungsgeschichte, aber nur geringe soziale Unterstützung hatten. Die Bedeutung des sozialen Stützsystems und interpersoneller Ressourcen für die Auseinandersetzung mit einem Lebensereignis wurde auch von Adams & Lindemann (1974) Hamburg, Coelho & Adams (1974) und Maddox (1977) hervorgehoben.

Die Tatsache, daß soziale Unterstützung wichtig für psychische Gesundheit ist, liegt den nunmehr überall auftauchenden Selbsthilfegruppen und der „natural-caregiving"-Bewegung³ zugrunde. Erstere machten sich dabei insbesondere den Wert sozialer Stützsysteme zunutze (siehe *Gartner & Riessman* 1978, *Lieberman & Borman* 1976). Eine Person mag in der Tat bei der Auseinandersetzung mit einem kritischen Lebensereignis von einer Selbsthilfegruppe mehr Unterstützung erfahren als von einem korrektiv orientierten Therapeuten. In seiner Gegenüberstellung der Wirksamkeit von professioneller Hilfe und von Selbsthilfegruppen kommt *Riessman* (1976) zu dem Schluß, daß erstere noch viel zu wünschen übrig läßt. Nach seiner Meinung sind Selbsthilfegruppen mehr am „Verbraucher" orientiert, unmittelbar wirksam, weniger mystifiziert, in ihrer Hilfe weniger „gönnerhaft" und elitär, wesentlich kostengünstiger, und sie zahlen sich für den Klienten – zumindest in Form momentaner Zufriedenheit – unmittelbarer aus. Unabhängig davon, welche Art der Hilfe dort tatsächlich gegeben wird (und hierzu verfügen wir kaum über Daten), scheint diese Unterstützung die Mitglieder von Selbsthilfegruppen dazu zu befähigen, mit kritischen Lebensereignissen effektiver umzugehen. Betrachtet man nur den Aspekt der kognitiven Strukturierung eines Ereignisses, so versuchen solche Gruppen, problematische Situationen oder Verhaltensweisen so umzudefinieren, daß eine erfolgreiche Bewältigung möglich wird. Sie verhindern eine Stigmatisierung des Klienten und tragen zusätzlich zum Aufbau von Gruppenkohäsion, Gruppenbindungen und schließlich zur Verteidigung einer persönlichen Ideologie bei (vgl. *Back & Taylor* 1976, *Blumer* 1969).

In jüngerer Zeit ist auch die Etablierung von „natural-caregiving"-Systemen sprunghaft angestiegen. Diese besitzen gegenüber Selbsthilfegruppen eine Reihe potentieller Vorteile, die in einem späteren Abschnitt erörtert werden sollen.

8.3 Ein Modell für Intervention in Entwicklungsverläufe

Vor dem Hintergrund des oben dargestellten Bezugsrahmens läßt sich ein Interventionsmodell mit folgenden Merkmalen ableiten: 1. Orientierung an Entwicklungsförderung, 2. zentrale Betonung von Lebensereignissen, 3. Betonung der individuellen Erfahrungen mit vielen kritischen Lebensereignissen als Möglichkeit zum Aufbau von Kompetenz und 4. Betonung des Aufbaus von sozialen Stützsystemen. In den folgenden Abschnitten soll dieses Modell detaillierter im Kontext psychosozialer Versorgungssysteme dargestellt werden.

---

³ Mit „natural-caregiving"-Bewegung sind die spontanen Formen der Unterstützung und Hilfeleistung durch Freunde, Nachbarn etc. gemeint, die sich informell und außerhalb jeder Institutionalisierung manifestieren. Deren Vorteile gegenüber Selbsthilfegruppen, auf die weiter unten verwiesen wird, sind in der Originalfassung explizit.

8.3.1 Der gegenwärtige Stand der psychosozialen Versorgung

Das gegenwärtige psychosoziale Versorgungssystem basiert auf problematischen Grundannahmen und kann als ein überlastetes und relativ ineffektives System mit korrektiver Orientierung charakterisiert werden. Zwar wurde diese Kritik andernorts bereits detailliert vorgetragen, doch scheint ein Beispiel erwähnenswert. *Ryan* (1969) berichtet, daß in Boston, einer Stadt mit der höchsten Konzentration an mental-health-Fachleuchten, die meisten Menschen mit emotionalen Störungen keinerlei professionelle Hilfe erhalten. Nach seinen Befunden haben von jeweils 1000 Einwohnern 150 Menschen Probleme irgendwelcher Art, und von diesen sind nur zehn unter professioneller Betreuung. Von den verbleibenden 140 Personen werden zwei Fünftel durch Ärzte behandelt, die keine psychologische oder psychiatrische Ausbildung haben. Ähnliche Befunde berichten *Srole, Langner, Michael, Opler & Rennie* (1962) aus New Yorks Stadtteil Manhattan. Somit scheinen in Städten, in denen professionelle Hilfe allem Anschein nach leicht verfügbar ist, die meisten Menschen, die einer Hilfe bedürfen, diese nicht zu erhalten oder in Anspruch zu nehmen.

Aber selbst wenn die meisten Menschen mit „schweren" Problemen, die der traditionellen korrektiven Therapie bedürfen, professionell betreut werden, was passiert dann mit den Personen, die Lebenskrisen zu bewältigen haben? Solche Krisen mögen in der Tat, wie oben erwähnt, zu schweren Problemen führen. Außerdem muß man fragen, was mit den Menschen passiert, die in ländlichen Gegenden leben, in denen es ohnehin weniger Therapeuten gibt. In anderen Worten: Wenn sich Menschen nicht der professionellen Hilfe bedienen, was tun sie dann? Nach den Befunden von *Warren* (1976) in Detroit stellen Nachbarn und Freunde die primären Helfer dar. *Young, Giles & Plantz* (1978) fanden ähnliches für die ländlichen Gebiete von Pennsylvania. Es sind also Nachbarn und Freunde, die Menschen bei schweren Problemen und bei den Querelen des Alltags helfen müssen! Offenbar wird also die meiste Hilfe außerhalb des professionellen Gesundheitssystems im Rahmen von informellen sozialen Beziehungen geleistet, ungeachtet der edlen Absichten der Fachleute. Wenn also Nachbarschaftshilfe häufiger in Anspruch genommen wird als die von Fachleuten, dann muß man die Wirkung von Nachbarn und Freunden als Helfer verbessern. Fachleute müssen sich abgewöhnen zu behaupten, daß solche Hilfe ineffektiv, unzureichend und möglicherweise sogar gefährlich ist (vgl. auch *Danish & Smyer* 1978).

Das gegenwärtige professionelle Gesundheitssystem legt es also nicht nur nahe, Nachbarschaftshilfe eher zu unterstützen, denn zu entmutigen, es verweist auch auf die Notwendigkeit, professionelle Hilfe insgesamt neu zu überdenken. Das professionelle Gesundheitssystem läßt sich mit einem guten Kalten Büffett vergleichen: Zu viele Leute bedienen sich zwei- oder dreimal, zu wenige gehen nach Hause und zu viele stehen in der Schlange und warten. Man kann sich fragen, wie „gesund" das ist. Eine Alternative dazu ist es, der Person den Erwerb von Fertigkeiten und den Aufbau anderer Ressourcen zu ermöglichen, so daß sie sich selbst etwas kochen könnte. Wir schätzen sehr ein Sprichwort mit ähnlicher Aussage: „Geben Sie einer

Person einen Fisch, dann wird sie heute etwas zu essen haben; bringen Sie ihr das Angeln bei, dann wird sie immer etwas zu essen haben." Hilfeleistungen haben oft zu kurzfristige Zielsetzungen, und sie führen zu einer Abhängigkeit von dem Helfer als einem Freund, der unterstützt, einsichtsvoll und verständig ist und alle Probleme löst.

8.3.2 Entwicklungsintervention und Entwicklungsförderung

Unser Ansatz betont Entwicklungsverläufe im Erwachsenenalter und betrachtet Lebensereignisse als Markierungspunkte. Intervention sollte jedoch nicht jedesmal dann einsetzen, wenn zu einem gegebenen Zeitpunkt ein kritisches Lebensereignis eingetreten ist. Dies wäre nicht nur ein unzulässig teures Unterfangen, sondern könnte auch zu einer starken Abhängigkeit von psychosozialen Versorgungseinrichtungen führen. Zur Vermeidung dessen läßt sich ein alternativer Zugang formulieren, der auf der Annahme basiert, daß bedeutsame Ähnlichkeiten zwischen verschiedenen Lebensereignissen bestehen. Während sich Lebensereignisse in ihrer jeweiligen Thematik unterscheiden mögen, sind die Fertigkeiten, Einstellungen und Bereitschaften, die man zum erfolgreichen Umgang mit diesen Ereignissen braucht, einander in hohem Maße ähnlich. Die Lebensereignisse „Heirat" und „Pensionierung" erfordern beispielsweise unterschiedliche Wissensinhalte, sehr wohl aber auch ähnliche Fertigkeiten, nämlich Entscheidungen zu treffen über das, was man gegenwärtig und künftig tun will, Risiken einzugehen usw.

Man muß also Menschen dabei helfen, die Ähnlichkeit zwischen vergangenen, gegenwärtigen und künftigen Ereignissen zu erkennen. Sie müssen sich in Erinnerung rufen, daß sie frühere Ereignisse erfolgreich bewältigt haben. Diese Erfahrung kann auch für den Augenblick helfen, indem die Person eine Verbindung zwischen dem damaligen und dem heutigen Ereignis herstellen kann. Lazarus (1979) hat dies „antizipatorische Bewältigung" genannt. Selbst wenn eine Person weniger erfolgreich in ihrer bisherigen Auseinandersetzung mit Lebensereignissen war, lohnt es sich, sie zu fragen, was sie damals hätte besser machen können, um so für die Person die Verbindung zwischen früheren und gegenwärtigen Lebensereignissen herzustellen. Diese intraindividuelle Ähnlichkeit kann bedeutsam für die effektive Auseinandersetzung mit Lebensereignissen sein. Nach unserer Auffassung gibt es somit nur eine begrenzte Anzahl an Grundfertigkeiten, die zur Bewältigung vieler Lebensereignisse von Wert sind. Wenn eine Person diese Fertigkeiten besitzt, wird der Einsatz dieser Fertigkeiten auch ihre individuelle Entwicklung fördern.

Wir wollen damit nicht aussagen, daß der Besitz solcher Fertigkeiten ausreicht, um effizient mit Lebensereignissen umzugehen. Zuweilen fehlen Menschen die nötigen Informationen, um einem Ereignis erfolgreich begegnen zu können. Derzeit werden viele Informationen über Lebensereignisse durch die Massenmedien bereitgestellt. Gegenseitige Hilfeleistung zwischen Menschen wird typischerweise als unnötig abgetan. Die Vermittlung einschlägigen Wissens wird als wesentlich erachtet, und die „Hilfe" besteht in der Verbreitung dieses Wissens. Zeitschriften und populäre Anweisungen zur Selbsthilfe stellen Informationen – zuweilen in sehr effektiver Weise – bereit. Ein anderes Beispiel ist ein derzeit durchgeführtes Programm zur Verbreitung von Informationen über die Lebenserfahrungen von Menschen in der zweiten Lebenshälfte. Diese Informationen sollen Menschen darauf vorbereiten, mit welchen Ereignissen sie in späteren Jahren konfrontiert sein werden. Die Verbreitung dieser Information erfolgt direkt über Massenmedien und nicht über Gesundheitsbehörden (siehe *Danish, Smyer & Nowak,* in Vorbereitung). Solche Ansätze stellen jedoch nicht den Aufbau neuer Verhaltensweisen oder Fertigkeiten sicher. Solange man nicht behauptet, daß Fertigkeiten zur effektiven Auseinandersetzung mit Lebensereignissen über das Lesen von Büchern oder Zeitschriften erworben werden, kann man Informationsverbreitung in Massenmedien als die vermutlich effektivste Methode zur Vermittlung von Wissen ansehen.

Wissen über kritische Lebensereignisse kann also außerhalb des professionellen Gesundheitssystems bereitgestellt werden, und wenn man neben der Wissensvermittlung auch noch den Aufbau von Fertigkeiten leistet, kann man in seinen Interventionsbemühungen sehr schnell vorankommen. Fertigkeiten können trainiert und im Umgang mit verschiedenen Lebensereignissen erprobt werden. Lebensereignisse stellen somit etwas dar, auf das man sich vorbereiten kann, und die Intervention ist ausdrücklich als *antizipatorische Sozialisation* anzusehen. In gleichem Maße, wie man Lebensereignisse zunehmend besser meistert, stellen sie auch Chancen für weiteres Wachstum dar und werden als Herausforderung erlebt. Entwicklungsintervention meint hier also, daß man Menschen planvolles Handeln in der Auseinandersetzung mit kritischen Lebensereignissen vermittelt. Ziel der Intervention ist dann nicht ein spezieller Effekt, den ein Ereignis besitzen soll, sondern die Fähigkeit zu planvollem Handeln in der Auseinandersetzung mit Lebensereignissen.

Nach unserer Konzeption können also, um es kurz zu rekapitulieren, einzelne kritische Lebensereignisse zu Lebensproblemen werden, wenn sie nicht bewältigt werden. Wenn die persönlichen Ziele in der Auseinandersetzung mit einem Lebensereignis identifiziert sind, muß man analysieren, warum sie nicht erreicht werden und wo die Hindernisse liegen. Nach unserer Auffassung gibt es nur drei Hindernisse, nämlich einen Mangel an Informationen, einen Mangel an Fertigkeiten oder die Unfähigkeit zur Abschätzung der Risiken, die mit einer Änderung des eigenen Verhaltens einhergehen.

Unser Interventionsansatz soll in Form eines Erziehungsprogramms implementiert werden. Ein solches Programm wurde von *Danish* (1977), *Guerney, Guerney & Stollak* (1971/72) und *Guerney, Stollak & Guerney* (1971) beschrieben. Die gewählte Form der Implementation benutzt die Schule als Modell und die Instruktion als Methode der Intervention (*D'Augelli* 1978). Der Helfer agiert in beratender Form und arbeitet mit Einzelpersonen oder Gruppen, um ein spezifisches Förderprogramm zu entwickeln oder ein bestehendes zu adaptieren. Programme für Erziehungsaufgaben, für eheliche Kommunikation, Sexualverhalten und Entscheidungsverhalten wurden in dieser Weise entwickelt (zum Überblick *Authier, Gustafson, Guerney & Kasdorf* 1975). Bedeutsam ist hierbei weniger der Kontext, innerhalb dessen die Intervention stattfindet, als vielmehr die Rolle des Helfers. Mit

168

anderen Worten: Wir lehnen nicht nur eine medizinisch-korrektive Orientierung zugunsten einer erzieherischen ab, sondern auch das klinische Behandlungsmodell zugunsten eines Unterrichtsmodells, welches für viele Menschen gedacht ist.

Eine Möglichkeit, ein solches Modell zu implementieren, besteht im Training der „natürlichen Helfer" (Nachbarn, Freunde usw.). Derzeit sind wir mit einem solchen Projekt befaßt, um die in örtlichen Gemeinden bestehenden Ansätze zu spontaner Hilfeleistung zu fördern. Das „Community Helpers Project"[4] ist an das Pyramidenmodell psychosozialer Versorgung (*Seidman & Rappaport* 1974) angelehnt, in welchem Fertigkeiten zur Förderung bzw. Aufrechterhaltung psychischer Gesundheit auf der örtlichen Ebene erworben werden sollen. Das Programm wurde anfänglich von professionellen Trainern durchgeführt, die die Effektivität der spontanen Hilfeleistungen erhöhen sollten. Dann wurden ausgebildete Trainer in die Gemeinden geschickt (je Gemeinde etwa 100 Trainer), um die natürlichen Helfer dort in Grundfertigkeiten der Hilfeleistung und der Krisenintervention zu trainieren. Diese sollten in die Lage versetzt werden, anderen Menschen in ihrer Umgebung effektiver helfen zu können.

Das Ziel des Projektes ist es, helfende Aktivitäten in Gemeinden auszuweiten, ohne dabei weder die informellen Beziehungen gegenseitiger Hilfeleistungen zu durchkreuzen, noch die Helfer für psychopathologische Phänomene zu sensibilisieren. Der Zugang liegt vielmehr darin, auf der „ursprünglichen" Bereitschaft zur Hilfeleistung aufzubauen und entwicklungspsychologische Perspektiven sowie Fertigkeiten zu vermitteln. Entwicklung über das ganze Leben wird mehr betont als psychische Gesundheit. Mit Sicherheit soll die Behandlung psychischer Erkrankungen nicht Gegenstand unseres Projekts sein, und wir versuchen alles zu vermeiden, um den örtlichen Postboten, der ein guter Zuhörer sein mag, nicht plötzlich zum Berater bei psychischen Störungen zu machen. Das Training umfaßt vier unterschiedliche Arten von Fertigkeiten, nämlich 1. Grundfertigkeiten der Hilfeleistung (*Danish & Hauer* 1973), 2. Fertigkeiten der Entwicklungsförderung (*Danish, D'Augelli & Hauer* 1979), 3. Fertigkeiten der Krisenbewältigung und 4. Fertigkeiten der Unterweisung.

Grundfertigkeiten der Hilfeleistung. Diese Fertigkeiten beziehen sich auf die Fähigkeit, effiziente helfende Beziehungen zu anderen Menschen aufzubauen. Gegenstand des Trainings ist es, die eigene Motivation zum Helfen erkennen zu lernen, nonverbale und verbale Verhaltensweisen effektiv einsetzen zu können, in effektiver Weise Ich-Beteiligung zu zeigen und effektive helfende Beziehungen aufbauen zu können. Diese insgesamt sechs Fertigkeiten beinhalten drei Komponenten der Rolle des Helfers, nämlich die Selbstreflektion, Kenntnis über Fertigkeiten des Helfens und Erfahrung im Einsatz dieser Fertigkeiten. Das Programm wird in strukturierter Form durchgeführt, um alle Fertigkeiten zu vermitteln, und schließt

---

[4] Das Community Helpers Project wird geleitet von T. R. Vallance, S. J. Danish, A. R. D'Augelli und C. E. Young und wird durch das National Institute of Mental Health gefördert.

folgende Aspekte ein: Definition der Fertigkeiten anhand von Verhaltensbeispielen, Darstellung der Funktionalität dieser Fertigkeiten, Spezifizierung von Lernzielen, Demonstration dieser Fertigkeiten an positiven und negativen Beispielen, Einübung dieser Fertigkeiten unter Supervision, Einübung dieser Fertigkeiten als Hausaufgaben, um ihre Generalisierung auf andere Bereiche zu fördern. Das Trainingsprogramm umfaßt 25 Stunden und wurde bislang bei professionellen und paraprofessionellen Helfern im ganzen Land erprobt, nicht aber bei natürlichen Helfern.

Fertigkeiten der Entwicklungsförderung. In diesem Programmteil steht der Aspekt des planvollen Umgangs mit Lebensereignissen im Zentrum. Die entsprechenden Fertigkeiten sollen unabhängiges und planvolles Handeln ermöglichen, welches seinerseits langfristig ein kostengünstigeres Versorgungssystem gewährleisten kann. Mit diesem Programm sollen die Helfer lernen, sich selbst als Trainer von Fertigkeiten für andere Menschen zu sehen und weniger als Berater. Ihm liegt explizit diese Orientierung zugrunde, und es soll die folgenden Fertigkeiten vermitteln: Fähigkeit zur Zielanalyse, zum Entscheidungshandeln, zum Abwägen von Risiken und zur eigenen Fortentwicklung. Das Trainingsprogramm wird in gleicher Weise wie das eben beschriebene durchgeführt.

Fertigkeiten der Krisenbewältigung. Dieser Programmteil befindet sich gegenwärtig in der Erstellung. Von der Durchführung her ist er dem eben dargestellten ähnlich, aber die konkreten Fertigkeiten, die trainiert werden sollen, sind noch nicht im Detail spezifiziert. Derzeit neigen wir dazu, folgende Aspekte aufzunehmen: Identifizieren der Quelle, der der momentane Streß bzw. die aktuelle Krise entstammt, Klärung der mit dem Streß bzw. der Krise verbundenen Gefühle, Bestimmung der Art und Weise, wie ähnliche Probleme früher gelöst wurden, Festlegung, welche Verhaltensweisen veränderbar sind und welche nicht, Anleitung zur Veränderung der entsprechenden Verhaltensweisen, Vermittlung von Fertigkeiten zur Anleitung.

Unterweisungsfertigkeiten. Nach Durchführung der eben dargestellten Programmteile sollen in zwei Sitzungen jene Fertigkeiten vermittelt werden, die der Helfer braucht, um diese Fertigkeiten an andere Menschen weiterzugeben.

Nach unserer Auffassung enthält dieses Trainingsmodell eine Reihe neuartiger Aspekte. Zum ersten werden Probleme der Menschen nicht in Termini der psychischen Gesundheit, sondern in Termini von Lebensereignissen konzeptualisiert. Zum zweiten können die Fertigkeiten an eine große Zahl von Menschen in Gemeinden weitergegeben und in „belastungsfreien" Situationen wie Schulen, Jugendzentren, Kirchen usw. vermittelt werden. Dies führt zu einem hohen Verbreitungsgrad des Interventionsprogramms. Zum dritten sollen die Menschen Fertigkeiten erwerben, bei deren erfolgreichem Einsatz der Kontakt zu dem Helfer nicht länger erforderlich ist. So werden beispielsweise die „Fertigkeiten der Entwicklungsförderung" auf einem sehr allgemeinen Niveau vermittelt und dann auf ein spezifisches Lebensereignis übertragen. Obwohl jemand vielleicht eine bestimmte Fertigkeit dazu einsetzt, um eine Entscheidung darüber zu treffen, ob er heiraten soll oder nicht, wird er angewiesen, diese Fertigkeit zwar in dieser, aber auch in einer Vielzahl anderer Entscheidungssituationen einzusetzen. Diese für die eigene Fortentwicklung relevanten Fertigkeiten sollen die Menschen weiterhin dazu befähigen, für sich selbst neue Fertigkeiten zu definieren und sie selbständig zu trainieren.

Mit der Durchführung dieses Interventionsprogramms kann die Effektivität von nicht-professionellen Helfern erhöht werden, und es können den Menschen Fertigkeiten vermittelt werden, die ihre eigene Fortentwicklung fördern. Der Verbreitungsgrad dieser Art von gemeindepsychologischer Intervention ist beträchtlich höher als der, den traditionelle Versorgungssysteme besitzen.[5]

Literatur

Adams, J. E. & Lindemann, E., Coping with long-term disability. In: *Coelho, G. V., Hamburg, D. A. & Adams, J. E.* (Hrsg.), Coping and adaptation. New York 1974, 127-139.

Atchley, R. C., Adjustment to loss of job at retirement. International Journal of Aging and Human Development 6, 1975, 17-27.

Authier, J., Gustafson, K., Guerney, B. G. & Kasdorf, J. A., The psychological practitioner as a teacher: A theoretical-historical and practical review. The Counseling Psychologist 5, 1975, 31-50.

Back, K. W. & Taylor, R. C., Self-help groups: Tool or symbol? Journal of Applied Behavioral Science, 12, 1976, 295-309.

Baltes, P. B., Prototypical paradigms and questions in life-span research on development and aging. Gerontologist 13, 1973, 458-467.

Baltes, P. B. & Danish, S. J., Intervention in life-span development and aging: Issues and concepts. In: *Turner, R. R. & Reese, H. W.* (Hrsg.), Life-span developmental psychology: Intervention. New York 1979, 49-78.

Birren, J. E., The psychology of aging. Englewood Cliffs (NJ) 1964.

Blumer, H., Social movements. In: *Mc Laughlin, B.* (Hrsg.), Studies in social movements: A social psychological perspective. New York 1969.

Bower, E. M., K. I. S. S. and kids: A mandate for prevention. American Journal of Orthopsychiatry 42, 1972, 556-565.

Broskowski, A. & Baker, F., Professional, organizational, and social barriers to primary prevention. American Journal of Orthopsychiatry 44, 1974, 707-719.

Caplan, G., Principles of preventive psychiatry. New York 1964.

Cowen, E. L., Baby steps toward primary prevention. American Journal of Community Psychology 5, 1977a, 1-22.

Cowen, E. L., Psychologists and primary prevention: Blowing the cover story. American Journal of Community Psychology 5, 1977b, 481-490.

---

[5] Im Originalbeitrag setzen sich die Autoren in einem letzten Abschnitt mit den professionellen, organisatorischen und sozialen Barrieren auseinander, die die Implementation von Maßnahmen der Entwicklungsintervention in den Vereinigten Staaten von Amerika erschweren. Dieser Abschnitt wurde in die deutsche Übersetzung nicht aufgenommen (Anm. der Herausgeberin).

Cowen, E. L., Trost, M. A., Lorion, R. P., Dorr, D. Izzo, L. D., & Isaaccson, R. V., New ways in school mental health: Early detection and prevention of school maladaption. New York 1975.

D'Augelli, A. R., Paraprofessionals as educatorconsultants: A new training model. Professional Psychology 9, 1978, 18-23.

Danish, S. J., Human development and human services: A marriage proposal. In: *Iscoe, I., Bloom, B. L. & Spielberger, C. C.* (Hrsg.), Community psychology in transition. New York 1977.

Danish, S. J., D'Augelli, A. R. & Hauer, A. L., Helping skills: A life development training program. New York 1979.

Danish, S. J. & Hauer, A. L., Helping skills: A basic training program. New York 1973.

Danish, S. J. & Smyer, M. A., The unintended consequences of requiring a license to help. Pennsylvania State University 1978 (unveröffentlicht).

Danish, S. J., Smyer, M. A. & Nowak, C. A., Primary prevention for mental health in the second half of life. Pennsylvania State University 1978 (unveröffentlicht).

Datan, N. & Ginsberg, L. H. (Hrsg.), Life-span developmental psychology: Normative life crises. New York 1975.

Dohrenwend, B. S., Social status and stressful life events. Journal of Personality and Social Psychology 28, 1973, 225-235.

Dohrenwend, B. S. & Dohrenwend, B. P. (Hrsg.), Stressful life-events: Their nature and effects. New York 1974.

Elder, G. H. Jr., Age differentiation and the life course. Annual Review of Sociology 1, 1975, 165-190.

Ford, D. H., Mental health and human development: An analysis of a dilemma. In: *Harshbarger, D. & Maley, R.* (Hrsg.), Behavior analysis and system analysis: An integrative approach to mental health programs. Kalamazoo (MI) 1974.

Gartner, A. & Riessman, F., Self-help in the human services. San Francisco 1978.

Goldston, S. E., Defining primary prevention. In: *Albee, G. W. & Joffee, J. M.* (Hrsg.), Primary prevention of psychopathology, Volume 1. Hanover (NH) 1977, 18-23.

Gore, S., The influence of social support and related variables in ameliorating the consequences of job loss. Pennsylvania State University 1973 (unveröffentlichte Dissertation).

Guerney, B. G., Should teachers treat illiteracy, hypocalligraphy and dysmathematica? The Canadian Counselor 12, 1977, 9-14.

Guerney, B. G., Guerney, L. F. & Stollak, G. E., The potential advantages of changing from a medical to an educational model in practicing psychology. Interpersonal Development 2, 1971/72, 238-245.

Guerney, B. G., Stollak, G. E. & Guerney, L. F. The practicing psychologist as educator – An alternative to the medical practitioner model. Professional Psychology 2, 1971, 276-282.

Hamburg, D. A., Coelho, G. V. & Adams, J. E., Coping and adaptation: Steps toward a synthesis of biological and social perspectives. In: *Coelho, G. V., Hamburg, D. A. & Adams, J. E.* (Hrsg.), Coping and adaptation. New York 1974, 403-441.

Holmes, T. H. & Rahe, R. H., The Social Readjustment Rating Scale. Journal of Psychosomatic Research 11, 1967, 213-218.

Hultsch, D. F. & Plemons, J. J., Life events and life-span development. In: *Baltes, P. B. & Brim, O. G. Jr.* (Hrsg.), Life-span development and behavior, Volume 2. New York 1979, 1-38.

Hunt, J. Mc. V., Intelligence and experience. New York 1961.

Janis, I. L., Stress and frustration. New York 1971.

Kessler, M. & Albee, G. W., Primary prevention. Annual Review of Psychology 26, 1975, 557-591.

Lawton, M. P. & Nahemow, L., Ecology and the aging process. In: *Eisdorfer, C. & Lawton, M. P.* (Hrsg.), The psychology of adult development and aging. Washington (D. C.) 1973, 619-675.

Lazarus, R. S., Shaping up the coping concept. In: *Bond, L. A. & Rosen, J. C.* (Hrsg.), Primary prevention of psychopathology, Volume 4. Hanover (N. H.) 1979.
Lieberman, M. A., Adaptive processes in late life. In: *Datan, N. & Ginsberg, L. H.* (Hrsg.), Life-span developmental psychology: Normative life crises. New York 1975, 135-161.
Lieberman, M. A. & Borman, L. D., Self-help groups: A special issue. Journal of Applied Behavioral Sciences 12, 1976, 261-463.
Lowenthal, M. F. & Chiriboga, D., Social stress and adaptation: Toward a life-course perspective. In: *Eisdorfer, C. & Lawton, M. P.* (Hrsg.), The psychology of adult development and aging. Washington (D. C.) 1973, 281-311.
Maddox, G. L., Community and home care: The unrealized potential of an old idea. In: Care for the elderly: Meeting the challenge of dependency. Proceedings of the Institute of Medicine, National Academy of Sciences 1977.
Neugarten, B. L., Adaptation and life cycle. The Counseling Psychologist 6, 1976, 16-18.
Neugarten, B. L. & Hagestad, G. O., Age and the life course. In: *Binstock, R. H. & Shanas, E.* (Hrsg.), Handbook of aging and the social sciences. New York 1976, 35-58.
Nowak, C. A., Research in life events: Conceptual considerations. Paper presented at the 31st Annual Scientific Meeting of the Gerontological Society, Dallas 1978.
Nuckolls, K. B., Cassell, J. & Kaplan, B., Psychosocial assets, life crisis, and the prognosis of pregnancy. American Journal of Epidemiology 95, 1972, 431-441.
Rahe, R. H., The pathways between subjects' recent life changes and their nearfuture illness reports: Representative results and methodological issues. In: *Dohrenwend, B. S. & Dohrenwend, B. P.* (Hrsg.), Stressful life events: Their nature and effects. New York 1974, 73-87.
Rahe, R. H., Mc Kean, J. D. & Arthur, R. J., A longitudinal study of life change and illness patterns. Journal of Psychosomatic Research 10, 1967, 355-366.
Riegel, K. F., Aduld life crises: A dialectic interpretation of development. In: *Datan, N. & Ginsberg, L.* (Hrsg.), Life-span development psychology: Normative life crises. New York 1975a, 99-129.
Riegel, K. F., From traits and equilibrium toward developmental dialectics. In: *Arnold W. I. & Cole, I. K.* (Hrsg.) Nebraska Symposium on Motivation. Lincoln 1975b, 349-407.
Riessman, F., How does self-help work? Social Policy 7, 1976, 41-45.
Ryan, W., Distress in the city. Cleveland 1969.
Seidman, E. & Rappaport, J., The educational pyramid: A paradigm for training, research, and manpower utilization in community psychology. American Journal of Community Psychology 2, 1974, 119-130.
Selye, H., The stress of life. New York 1956.
Srole, L., Langner, T. S., Michael, S. T., Opler, M. K. & Rennie, T. A. C., Mental health in the metropolis: The midtown Manhattan study. New York 1962.
Warren, D. I., 1976. Neighborhood and community contexts in help seeking, problem coping and mental health. Program in Community Effectiveness, Ann Arbor (Michigan) 1976.
Young, C. E., Giles, D. E. & Plantz, M., Help seeking patterns in rural communities. Pennsylvania State University 1978 (unveröffentlicht).

9 Darstellung eines Mehrebenenmodells primärer Prävention

Wilfried Belschner und Peter Kaiser

9.1 Zum Begriff „Kritische Lebenssituation"

9.1.1 Eine interaktionistische Auffassung von kritischen Lebenssituationen

Daß „kritische Lebensereignisse" vielfaches Leid und sogar psychische Störungen zur Folge haben können, ist in zahlreichen Untersuchungen aufgezeigt worden (vgl. *Danish & D'Augelli* in diesem Band). Über die Definition von „kritischen Lebensereignissen" und ihre Wirkungsweise bestehen jedoch unterschiedliche Auffassungen. Löst ein Ereignis, das außerhalb des Einflußbereiches des Individuums liegt (z. B. eine Naturkatastrophe), Kognitionen, Gefühle etc. einer bestimmten Qualität aus, so wird es unter Umständen als „kritisch" erlebt und etikettiert. Durch die Interaktion zwischen Ereignis- und Personvariablen entsteht also eine (kritische) Lebenssituation.

Wie die Interaktionismus-Debatte (vgl. *Lantermann* 1980) gezeigt hat, gibt es nicht *die* Situation und damit auch nicht *das* kritische Lebensereignis schlechthin. Situationen werden vielmehr durch Interaktionsprozesse zwischen unterschiedlichen Person-, Situation- und Umweltvariablen konstituiert. Nach interaktionistischer Auffassung begibt sich das Individuum bereits mit einem ganzen Repertoire an Vorerfahrungen in eine Situation. Von diesen Vorerfahrungen werden seine Wahrnehmungen, Kognitionen, Gefühle etc. geprägt, und sie führen dazu, daß Umwelt- bzw. situative Reize in spezifischer Weise verarbeitet werden (vgl. *Belschner* 1979). Je nach Art der Wahrnehmung werden Situationsaspekte in unterschiedlicher Weise gewichtet und interpretiert. So kann beispielsweise je nach Wahrnehmungsperspektive der freundliche Gesichtsausdruck einer anderen Person als Entgegenkommen oder als Bedrohung aufgefaßt werden, und mit der Situationswahrnehmung ändert sich auch die Situation selbst: Die Wahrnehmung löst eine Reihe von Folgereaktionen beim Individuum aus, worauf seine Interaktionspartner ihrerseits reagieren. Auf dieses Interaktionsgeschehen in einer Situation reagiert wiederum das Individuum und verändert unter Umständen sein Verhalten entsprechend. Dies geschieht im Rahmen der durch seine Vorerfahrungen gesetzten Möglichkeiten und Grenzen. Die Einschätzung einer Umweltkonstellation bzw. eines Ereignisses durch das Individuum hängt jedoch nicht nur von ihm selbst, sondern auch von situativen Gegebenheiten ab. So kann die Ansammlung vieler Menschen auf engem Raum (z. B. in einer Straßenbahn oder einem Wartezimmer) in dem einen Fall als lästige Überfüllung, in einem anderen Fall als Element zur Stärkung des Sicherheits- und des Solidaritätsgefühles (z. B. bei Streiks oder politischen

Demonstrationen) empfunden werden. Im letzteren Fall macht die hohe räumliche Dichte wesentlich das positive Erleben der Situation aus (vgl. *Kruse* 1975).

Selbst wenn wir im folgenden ein vereinfachtes handlungspsychologisches Modell (vgl. Abbildung 9.1) zugrunde legen, läßt sich eine Vielzahl von Möglichkeiten aufzeigen, wie eine kritische Lebenssituation für eine Person entsteht (vgl. *Belschner* 1980). Abbildung 9.1 enthält im Überblick jene Momente, die eine kritische Lebenssituation (mit-)bedingen können, und verdeutlicht, daß kritische Lebensereignisse nicht durch den Forscher a priori definiert werden können. Es gibt lediglich eine mehr oder minder starke Korrespondenz in der Einschätzung von Situationen durch die betroffene Person und den Forscher. Analog einer Überlegung von *Winch* (1966) ist es daher auch nicht sinnvoll, davon zu sprechen, eine Person durchlebe eine kritische Lebenssituation, wenn sie nicht selbst eine Vorstellung von dem Bedeutungszusammenhang des betreffenden Ereignisses hat. „Insoweit hängen die Zuschreibungen des Beobachters ab von den Zuschreibungen, die der Handelnde selbst vornimmt. Dieser muß ein wie immer geartetes Bewußtsein von dem haben, was er tut, damit der Beobachter sagen kann, daß er eben dies tue." (*Berger* 1978, 329)

Das in Abbildung 9.1 dargestellte Modell impliziert, daß die Person über *mangelnde* Kompetenz in einem oder mehreren Aspekten des handlungspsychologischen Modells verfügt. In der Darstellung wird noch nicht die Möglichkeit berücksichtigt, daß die Person ein Problem zu bearbeiten hat, das individuell *nicht* lösbar ist. Die in der Abbildung dargestellten Aspekte vermitteln den Eindruck, wenn man eine Person nur ausreichend instruiere (berate, therapiere), dann könne sie auch jedes Problem lösen, mit dem sie konfrontiert ist. Es gilt also daher, auch den Fall eines für die Person unlösbaren Problems mit zu berücksichtigen. Für die Transformation von unlösbaren in lösbare Probleme sind folgende Fähigkeiten notwendig: 1. Die Person muß erkennen, daß die Lösung des Problems in der bislang vorgenommenen Problemdefinition individuell nicht möglich ist. 2. Die Person muß in der Lage sein, weitere Analysegesichtspunkte aufzurufen, um das Problem neu zu definieren. Diese Neudefinition behandelt das Problem nicht mehr als eine individuelle Anforderung, sondern als eine solche, die eine Gruppe von Personen betrifft. Mit der Neudefinition des Problems findet also ein Wechsel von der Mikroebene auf die Meso- bzw. Makroebene statt (siehe Abschnitt 9.1.2). 3. Die Person muß über die sozialen Kompetenzen verfügen, sich der alternativen Problemdefinition einer Gruppe von Personen bzw. einer Institution anzuschließen, die das Problem bereits bearbeitet, oder sie muß die Gründung einer geeigneten Gruppe/Institution initiieren. Sofern eine Person nicht über diese Fähigkeiten verfügt, mißlingt die Transformation eines unlösbaren in ein lösbares Problem, und eine kritische Lebenssituation wird sich bei gegebener subjektiver Bedeutung entwickeln.

Eine kritische Lebenssituation kann also auf zwei Wegen entstehen. Zum ersten: Eine Person definiert mittels des ihr verfügbaren Wissens ein Problem in spezifischer Weise. Vor dem Hintergrund dieser Problemformulierung weist sie individuell diagnostizierbare Kompetenzdefizite bzw. -störungen (*Kaiser* 1977) auf, um die aktuell zu einem bestimmten lebensgeschichtlichen und historischen Zeitpunkt

Aspekte eines handlungspsychologischen Modells		
Informationsaufnahme	1 Kategorisierung des Inputs nicht möglich	2 Kein Ordnungsschema der Kategorisierungen vorhanden
Ziele	3 Ziel für Situation nicht bekannt	4 Entscheidung über Ziel mit Priorität nicht möglich	5 Anstreben des intendierten Ziels sanktioniert
Pläne	6 Pläne für Erreichen des Ziels nicht bekannt	7 Pläne für Erreichen des Ziels nicht generierbar	8 Kriterien für Beurteilung der Pläne nicht bekannt
Operator	9 Operator für Erreichen des Ziels nicht bekannt	10 Erfolgswahrscheinlichkeit für verfügbaren Operator wird niedrig beurteilt
Operation Verhalten	11 Pläne für Durchführung der Operation nicht vorhanden (Anwendung des Operators)	12 Störungen im Ablauf der Operation können nicht verarbeitet werden
Effekt	13 Erreichtes Ergebnis wird negativ bewertet
Selbstbewertung	14 Metaebene Feststellen der Inkompetenzen 1–12: Attribuieren von Inkompetenz als Persönlichkeitsmerkmal	15 Metaebene Nach erfolgreichem Handlungsabschluß findet eine positive Selbstbewertung nicht statt

Abb. 9.1. Momente für die Entstehung einer kritischen Lebenssituation (nach *Belschner* 1980).

Darstellung eines Mehrebenenmodells primärer Prävention

auftretenden Anforderungen zu bewältigen. Die Person verfügt entweder nicht über die Fähigkeiten zur Problemlösung *(Kompetenzdefizit),* oder sie schreibt sich diese Fähigkeiten nicht zu, oder sie ist durch innere/äußere Einflüsse behindert *(Kompetenzstörung)* und unterläßt infolgedessen Versuche der Problemlösung. Im Rahmen des von ihr benutzten Analyserasters beurteilt sie jedoch das Problem als lösbar. Aus der persönlichen Einschätzung der Lösbarkeit des Problems leitet die Person einen Anspruch an sich selbst oder an ihre Bezugsgruppe ab, die mit dem Problem gestellten Anforderungen zu bewältigen, obgleich sie einen solchen Anspruch zu der gegebenen Zeit nicht einlösen kann. Sie erlebt sich daher in einer Situation, in der sie im Hinblick auf die von ihr herangezogenen Vergleichsmaßstäbe bzw. Standards versagt. Dieser Zustand dokumentiert sich für den Beobachter in personspezifischen Anzeichen, wie z. B. mangelnder Orientierung, Verwirrung, Agitiertheit und Resignation.

Als zweite Möglichkeit der Entstehung einer kritischen Lebenssituation läßt sich folgender Weg vermuten: Eine Person ist in ein Problem involviert, für welches als Sichtweise innerhalb einer Kultur propagiert wird, daß die Person individuelle Verantwortlichkeit für die Entstehung und Regelung dieses Problems besitzt (vgl. *Berger & Luckmann* 1970). Die Lösung dieses Problems übersteigt jedoch die Kompetenzen der Person; sie ist mit einem unlösbaren Problem konfrontiert. Eine kritische Lebenssituation wird dann entstehen, wenn 1. die Person nicht erkennt, daß das Problem in seiner bisherigen Definition nicht zu lösen ist, 2. die Person zwar erkennt, daß eine alternative Problemdefinition notwendig ist, sie aber eine Umstrukturierung des Problems nicht leisten kann, oder 3. sie nicht über die Kompetenz resp. soziale Macht verfügt, um entsprechend der alternativen Problemdefinition zu handeln. Auch bei diesen Problemlagen entsteht für die Person eine ausweglose Situation, in der für den Beobachter psychische und somatische Zeichen der Hilflosigkeit, des Ausgeliefertseins und der personspezifischen Reaktionen auf diese Befindlichkeiten erkennbar werden.

Es zeigt sich, daß die in einer Situation interagierenden Person- und Umweltvariablen nicht unabhängig voneinander gesehen werden können. Dabei sind je nach Lebensbereich in jeder Situation wichtige und weniger wichtige Situationselemente zu unterscheiden. Diese Wichtigkeit variiert intra- oder interindividuell. Je nachdem welche Wahrnehmungsperspektiven und Ziele die in einer Situation beteiligten Personen haben, sieht der „Kern" einer Situation (vgl. *Schott* 1979) anders aus. Zur Bestimmung der Variableninteraktionen, die diesen Kern konstituieren, scheint es angemessen, kritische Lebenssituationen und ihre Variableninteraktionen auf mehreren Ebenen zu untersuchen.

9.1.2 Mehrebenen-Analyse kritischer Lebenssituationen

In Anlehnung an *Lazarus, Averill & Opton* (1974) und *Bronfenbrenner* (1976) haben *Belschner & Kaiser* (1980) ein Mehrebenenmodell zur Analyse und Bewältigung von Situationen vorgeschlagen. Situationen werden hier auf drei Ebenen ana-

177

lysiert, nämlich auf der Mikroebene, der Mesoebene und der Makroebene. In Abbildung 9.2 sind diese Ebenen modellhaft dargestellt.

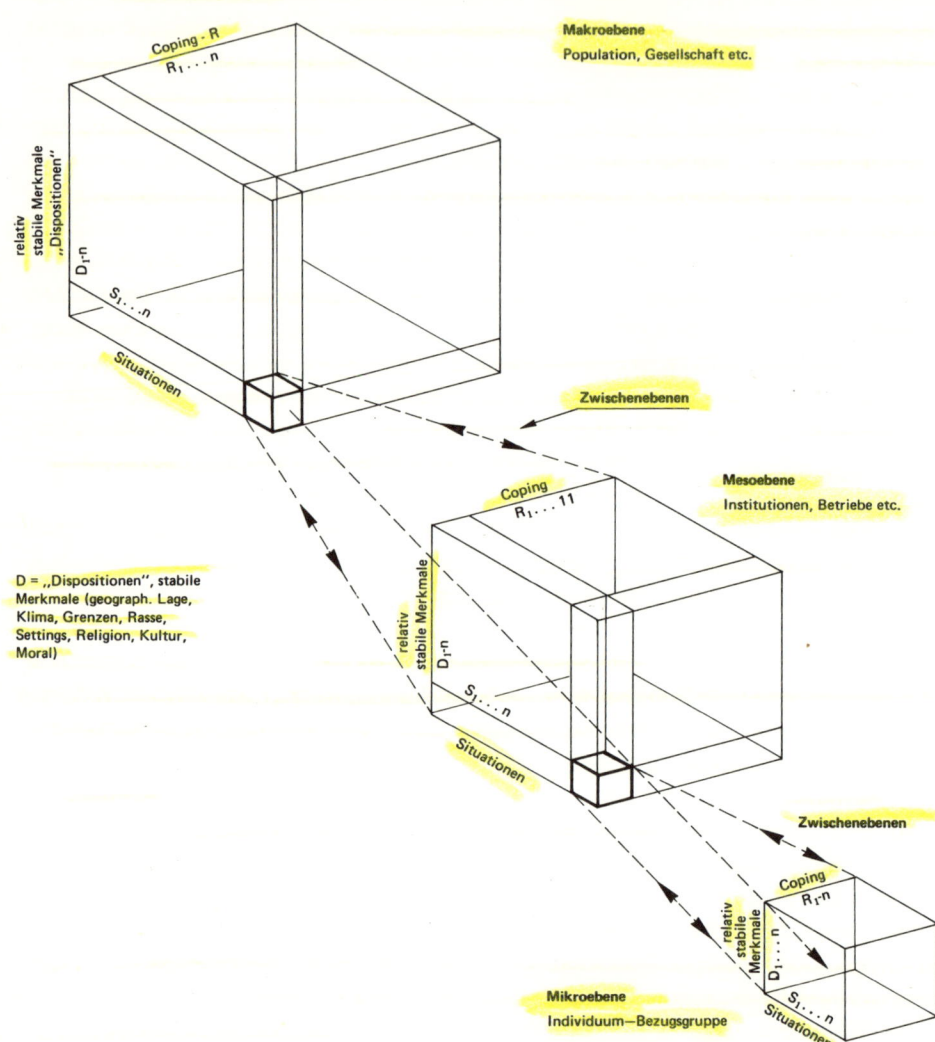

Abb. 9.2. Versuch eines Mehrebenenmodells der Analyse und Bewältigung von Lebenssituationen (Erläuterungen im Text).

Auf der *Mikroebene* sind alle Situationsaspekte anzusiedeln, mit denen sich das Individuum in seinem Lebenszusammenhang auseinandersetzt. Diese individuelle Ebene wird unter drei Perspektiven analysiert, nämlich 1. hinsichtlich zeitlich stabiler Merkmale (Dispositionen), wie beispielsweise Geschlecht, Intelligenz, Körpergröße, 2. hinsichtlich der Situationen, an denen das Individuum beteiligt ist, z. B. seiner Rolle als Lehrer, Partner, Arbeitskollege, 3. hinsichtlich der Bewältigungsreaktionen des Individuums auf diese Situationen, wie z. B. der „Trauerarbeit" oder der Neuorganisation des Alltags nach dem Tode eines Angehörigen.

Auf der *Mesoebene* befaßt sich die Situationsanalyse mit institutionellen Faktoren, die an der Entstehung eines kritischen Lebensereignisses potentiell beteiligt sein können. Diese Faktoren umfassen wiederum 1. zeitlich stabile Merkmale, wie z. B. Organisationsstruktur, Arbeitsschutzeinrichtungen im industriellen Bereich oder Prüfungsordnungen im Ausbildungsbereich, 2. Situationen, denen Organisationen bzw. Institutionen ausgesetzt sind, wie z. B. Streik, Personalmangel, 3. Bewältigungsstrategien, mit denen Organisationen bzw. Institutionen diesen Situationen begegnen, wie z. B. Aussperrung, Verschärfung von Prüfungsanforderungen.

Auf der *Makroebene* werden die Analyseeinheiten konstituiert durch Gesellschaften oder Populationen, aber auch durch übergreifende ökologische Gegebenheiten. Die fraglichen Faktoren stellen hier wiederum 1. zeitlich stabile Merkmale dar, wie z. B. Staatsform, ethnische Zusammensetzung, geographische oder klimatische Gegebenheiten, 2. Situationen, an denen das System bzw. die Populationen beteiligt sind, wie z. B. politische oder wirtschaftliche Krisen, Naturkatastrophen, 3. Bewältigungsreaktionen des Systems bzw. der Population auf solche Situationen, wie z. B. Geldentwertung, Mobilmachung, Verhängung des Ausnahmezustandes.

Es ist davon auszugehen, daß die auf allen drei Ebenen anzusiedelnden Variablen in komplexer Wechselwirkung miteinander stehen. Auch wenn man kritische Lebenssituationen als etwas betrachtet, was sich auf der individuellen Ebene manifestiert, scheint es doch unerläßlich, den Interaktionszusammenhang über alle drei Ebenen hinweg zu erfassen. Nur eine solche der Komplexität von Lebensproblemen Rechnung tragende Situationsanalyse ist geeignet, eine angemessene Grundlage für die Erforschung von Problembewältigungen und erst recht für die Prävention kritischer Lebenssituationen zu liefern.

Auch die Mehrebenen-Analyse einer kritischen Lebenssituation, wie sie das Individuum selbst vornimmt, ist hierbei als notwendig und sinnvoll anzusehen, da sie dem Individuum eine realistische Wahrnehmung und Attribuierung sichern kann, unangemessene internale Attribuierungen vermeiden hilft und zum Auffinden von Bewältigungsstrategien beiträgt, die jeder Ebene gerecht werden können. Die große Bedeutung einer angemessenen Situationsanalyse für die erfolgreiche Bewältigung von Problemen ist in zahlreichen Untersuchungen belegt worden (z. B. *Dörner* 1979, *Spivack, Platt & Shure* 1976). Die Fähigkeit zu einer angemessenen Problemanalyse und Problemlösung versetzt das Individuum unter Umständen auch in die Lage, gegen Problembedingungen auf der Meso- und Makroebene vorzugehen (z. B. durch Gründung von Bürgerinitiativen oder Selbsthilfegruppen). Die Mehrebenen-Analyse einer problematischen Situation ist jedoch nicht nur für das Individuum notwendig und sinnvoll, sondern sie sollte auch von Organisationen bzw. Institutionen sowohl auf der Mesoebene wie auf der Makroebene zur Grundlage von Entscheidungen gemacht werden. Nur so können die Auswirkungen von Entscheidungen auf den einzelnen Ebenen und über die verschiedenen Ebenen hinweg überschaubar gemacht werden.

9.1.3 Diagnostische Aspekte der Mehrebenen-Analyse

Bislang fehlt eine Diagnostik, welche der hier dargestellten Interaktion von Variablen in Lebenssituationen gerecht werden könnte. Dies trifft sowohl für die Diagnose von Individuen als auch von Institutionen zu. Die verbreiteten diagnostischen Verfahren sind individualdiagnostisch orientiert (siehe *Brickenkamp* 1975) und überwiegend dem Dispositionismus, zu einem geringeren Teil auch dem Situationismus (vgl. *Graumann* 1978, *Lantermann* 1980) verpflichtet. Auch fehlen bislang systematisierte Anweisungen zur Datenerhebung auf der Meso- und Makroebene. Vereinzelte Ansätze, in denen für die Beschreibung der Lebenssituation von Personen über eine ökonomisch orientierte Gesellschaftsanalyse ein Rahmen geschaffen werden soll, belegen die Suche nach einem geeigneten Instrumentarium (z. B. *Kaplonek & Schroeter* 1979).

Es ist hier nicht der Ort, um einen diagnostischen Leitfaden zur Mehrebenen-Analyse zu entwickeln und im Detail vorzustellen (vgl. hierzu *Gottwald, Kaiser & Belschner* 1980). Vielmehr soll beispielhaft ein Aspekt der Diagnostik auf der Mikroebene angesprochen werden. Dieses Vorgehen läßt sich auch damit begründen, daß präventive Maßnahmen auf der Meso- und Makroebene die Eintrittswahrscheinlichkeit von kritischen Situationen zwar vermindern, aber nicht völlig aufheben können. Die über die Lebensspanne natürlich auftretenden Ereignisse, wie z. B. der Tod eines Angehörigen oder die Verminderung der eigenen Leistungsfähigkeit, können von einer Person im Sinne einer kritischen Lebenssituation interpretiert werden. Damit stellt sich stets auch die Notwendigkeit, auf der Mikroebene zu diagnostizieren, ob Personen sich die Kompetenz selbst zuschreiben, belastende Situationen bewältigen zu können (siehe Abschnitt 9.2.2). *Glidewell* (1972) sieht einen Schlüssel zur psychischen Gesundheit in der Wahrnehmung eigener Kompetenz. Als Beispiel zur Diagnostik auf der Mikroebene soll hier über das Inventar zur Selbstkommunikation bei Kindern (*ISK*, vgl. *Belschner* 1980) berichtet werden. Die Skalen dieses Inventars zielen darauf ab, das Geflecht eigener Kompetenz- bzw. Inkompetenz-Attribuierungen zu erfassen. Die Items des ISK sind als Selbstkommunikationen von Schülern in leistungszentrierten Situationen aufzufassen. Der Itempool wurde gewonnen, indem Schüler und Studenten nach der Konfrontation mit schwierigen bzw. unlösbaren Aufgaben ihre Gedanken beim Lösungsversuch zu protokollieren hatten. Untersuchungen von *Tausch & Tausch* (1974), *Heckhausen* (1977) und *Belschner* (1980) weisen auf die signifikanten Zusammenhänge einer negativen Selbstkommunikation mit Psychoneurotizismus, schlechten Schulnoten, Beeinträchtigung von Prüfungsleistungen etc. hin. Vor dem Hintergrund dieser Ergebnisse ist *Briscoe, Hoffman & Bailey* (1975) zuzustimmen, die durch Trainingsmaßnahmen zur Steigerung der Problemlösefähigkeit zu einer Erhöhung der Lebensqualität beitragen wollen, wobei sich zeigte, daß die trainierten Personen sich selbst in höherem Maße Kompetenz zuschreiben. Darüber hinaus verweisen die Befunde von *Florin, Brehm & Rothfuss* (1978), *Jensen* (1971) und *Wagner* (1974) auf den positiven Effekt, den aufgabenbezogene Selbstverbalisationen auf Aufmerksamkeitsleistungen besitzen. Auch bei der Bewältigung von Schmerz, Ärger und Angst zeigt es sich, daß Interventionsansätze, die Selbstkommunikationen zum Gegenstand haben, zur Reduktion dieser unerwünschten Befindlichkeiten beitragen (vgl. *Girodo & Roehl* 1978, *Girodo & Wood* 1979, *Horan, Hackett, Buchanan, Stone & Demchick-Stone* 1977, *Meichenbaum* 1977, *Meichenbaum & Turk* 1976).

Die Skalen der ISK lassen sich nach dem in Abbildung 9.3 dargestellten Schema ordnen.

	Handlungsbezogene Kognitionen	Auf die affektive Bewertung von Handlungsausgängen bezogene Kognitionen	Auf Selbstkonzepte der eigenen Fähigkeit bezogene Kognitionen
Auf die Erlangung von Erfolg gerichtet	K 1 Selbstermutigung	K 2 Selbstberuhigung	K 3 Kompetenzbewußtsein
Auf die Vermeidung von Mißerfolg gerichtet	K 4 Aus dem Feldgehen	K 5 Antizipation negativer Handlungsresultate	K 6 Kompetenzmangel
Auf die Bearbeitung von Erfolg/ Mißerfolg gerichtet		K 7 Positive emotionale Befindlichkeit	K 9 Positive Selbstbewertung
		K 8 Somatisierung	K 10 Destruktive Selbstbewertung

Abb. 9.3. Ordnungsschema der Kognitionen des ISK (nach *Belschner* 1980).

Anhand der im folgenden dargestellten Beschreibungen des ISK soll deutlich werden, wie Problemlöseprozesse durch Selbstkommunikation beeinflußt werden können (siehe hierzu auch *Belschner* 1980).

Skala 1 Selbstermutigung. Bei der Bearbeitung von Aufgaben bzw. Problemen kann eine Person eine Barriere erleben, wobei der ungehinderte Lösungsweg fraglich und so das Erreichen des Zielzustandes gefährdet ist. Diese Barriere kann unterschiedlich wahrgenommen werden, beispielsweise als Ärgernis, Bedrohung oder Anreiz. Die Person kann die Situation, in der sie eine Barriere wahrnimmt, aber auch dadurch bestimmen, daß sie auf die Aufgabe bzw. das Problem orientiert bleibt und die Überzeugung verbalisiert, sie könne die Barriere erfolgreich überwinden. Dabei mögen der Lösungsweg, die einzusetzenden Mittel oder der Zielzustand zwar noch unbekannt sein, aber nach den Erfahrungen, die die Person bislang über sich gesammelt hat, wird sie sich der Zielerreichung sicher sein.

Skala 2 Selbstberuhigung. Eine andere Möglichkeit der Auseinandersetzung mit einer Barriere besteht darin, zunächst einmal die durch das Hindernis hervorgerufene Erregungserhöhung zu dämpfen. Die Person spricht sich selbst beruhigend zu und ist überzeugt, die Barriere erfolgreich überwinden zu können. Es gibt hierzu mehrere Möglichkeiten, indem die Person sich einmal selbst klar macht, man könne sich Zeit lassen, die Aufgabenschwierigkeit sei nicht so groß, wie es auf den ersten Blick zu vermuten ist, man dürfe jetzt nicht beim Erleben der Barriere verharren usw. Eine Person, die Selbstverbalisationen dieser Art vornimmt, verfügt vermutlich über eine sehr vorteilhafte Strategie zur erfolgreichen Problemlösung. Auch in anderen Anleitungen, bei denen über eine kognitive Beeinflussung Ärger, Schmerz etc. verändert werden sollen, wird auf die Herabsetzung der emotionalen Erregung abgezielt (vgl. z. B. *Meichenbaum* 1976, 1977, *Meichenbaum & Turk* 1976, *Novaco* 1976).

Skala 3 Kompetenzbewußtsein. Die Person ist überzeugt, daß sie Aufgaben bzw. Probleme lösen kann, und sie weiß, daß sie etwas bewirken kann (self-efficacy, vgl. *Bandura* 1977). Wesentlich ist ihre Überzeugung, daß sie die Belastungen, denen sie ausgesetzt ist, wirkungsvoll kontrollieren kann (vgl. *Averill* 1973, *Geer, Davidson & Gatchel* 1970). Diese Wahrnehmung, selbst wenn sie nicht veridikal ist, beeinflußt Reaktionen auf Belastungen in positiver Weise (vgl. *Girodo & Wood* 1979). In leistungsthematischen Situationen wird die Person bevorzugt „Hoffnung auf Erfolg" besitzen und ihren Erfolg auf ihre eigene Fähigkeit als internalen, zeitlich stabilen Faktor zurückführen (vgl. *Weiner, Friese, Kukla, Reed, Rest & Rosenbaum* 1971). Daneben wird sie ihre Leistung bewerten und aus dem Vergleich mit einem Gütemaßstab sich selbst bekräftigen. Man kann hierzu auch auf die von *Mischel* (1973) eingeführten Encodierungsstrategien verweisen und auf den bei *Mischel* (1979) berichteten Befund, wonach sich depressive von nicht-depressiven Personen dadurch unterscheiden, daß erstere oft eine realistischere Selbstwahrnehmung haben als letztere. Nicht-depressive Personen schätzen sich dabei noch positiver ein, als sie von Beobachtern beurteilt werden.

Skala 4 Aus-dem-Felde-gehen. Im Gegensatz zu den ersten drei Skalen steht hier, wie bei den folgenden zwei Skalen, eine Mißerfolgsorientierung im Vordergrund. Um einen Mißerfolg als Ergebnis einer Handlung zu vermeiden, möchte die Person ihre Konzentration auf die Aufgabe bzw. das Problem abbrechen. Eine Person, die solche Selbstverbalisierungen verwendet, möchte aus dem Felde gehen; sie möchte die unlustvolle Tätigkeit beenden und sich Aufgaben zuwenden, deren Schwierigkeitsgrad für sie eher mittelhoch ist.

Skala 5 Antizipation negativer Handlungsresultate. Die Person antizipiert bei der Bearbeitung von Aufgaben bzw. Problemen Mißerfolg. Zur Erklärung dieses vorweggenommenen negativen Handlungsresultats zieht sie „Pech" als externalen, zeitlich instabilen Ursachenfaktor heran.

Skala 6 Kompetenzmangel. Während die Person bei den Items der Skala 5 Aussagen über sich hinsichtlich eines einzelnen Ereignisses macht, stellen die Items der Skala 6 wiederholte, situationsspezifische Beobachtungen dar, die sich die Person als stabile Persönlichkeitseigenschaften zuschreibt. Sie schreibt sich Kompetenzmangel (Unfähigkeit) als zeitlich stabiles Merkmal ihrer Person zu. Wie sich solche Selbstzuschreibungen auf die Wahrnehmung von Lernumwelten auswirken, beschreibt *Schwarzer* (1979, 189): „Schüler ohne Selbstvertrauen erleben ihre Lernumwelt als unangenehm, sie empfinden Leistungsdruck, Konkurrenz, Anonymität und einen negativ getönten Unterrichtsverlauf. Emotionales Befinden ist stark an den schulischen Kontext und didaktische Situationen gebunden."

Skala 7 Positive emotionale Befindlichkeit. Die Items dieser Skala betonen emotionale Reaktionen, die Person interpretiert ihre aktuelle psychische Befindlichkeit als positiv und lustvoll. Im Gegensatz zu Skala 9 bleibt hier der Leistungsaspekt in der Selbstbewertung und Interpretation der eigenen Befindlichkeit unberücksichtigt.

Skala 8 Somatisierung. Die Items dieser Skala stellen solche Selbstkommunikationen dar, in denen negative psychische Befindlichkeiten in somatisierenden Umschreibungen verbalisiert werden.

Skala 9 Selbstbewertung. Die Items dieser Skala beinhalten Selbstverbalisationen, nachdem die Person das Handlungsresultat mit dem von ihr antizipierten Zielkriterium verglichen hat. Sie kann feststellen, daß ihr Handlungsergebnis dem eingeführten Standard genügt. Als unmittelbare Folge hiervon bewertet sich die Person selbst positiv (vgl. *Halisch, Butzmann & Posse* 1976). Die hier erfaßten Selbstkommunikationen enthalten Hinweise auf Zufriedenheit und Stolz. Die Person bestätigt mit dieser den Handlungsprozeß abschließenden Bewertung ihr Kompetenzbewußtsein. Sie hat die aus ihrem Selbstmodell abgeleiteten Erwartungen an das eigene Handeln erfüllt.

Skala 10 Destruktive Selbstbewertung. Im Gegensatz zu Skala 9 beinhalten diese Items Selbstverbalisationen, wonach die Person ihr gesetztes Ziel nicht erreicht und die an sich selbst gestellten Erwartungen nicht erfüllt hat. Sie hält sich für das schlechte Handlungsresultat persönlich verantwortlich und bewertet sich selbst negativ. Ihre Unzufriedenheit zeigt sich in Selbstherabsetzungen und der Zuweisung destruktiver Prädikate. Befunde von *Kaplan* (1978) verweisen auf die Zusammenhänge zwischen selbstherabsetzenden Aussagen (self-derogation) mit nachfolgendem devianten Verhalten bei Kindern der Mittelschicht. Mittels dieses devianten Verhaltens versuchen die Kinder, das einmal aufgebaute negative Selbstbild zu verbessern und sich selbst aufzuwerten, um weniger Anlässe zu negativer Selbstbewertung vorzufinden.

Die Skalen des ISK zeigen Fragerichtungen für die Analyse von Problemlösevorgängen auf der Mikroebene auf. Entsprechend müssen diagnostische Instrumente für die Analyse auf der Meso- und Makroebene entwickelt werden, um die Einbeziehung dieser Ebenen künftig gewährleisten zu können. Diese Aspekte sind in Theorien zu Problemlöseprozessen bislang relativ wenig behandelt worden. Viele Situationen, die auf der individuellen Ebene problematisch sind und die Person vor unlösbare Schwierigkeiten stellen, lassen sich als ausgelöst denken durch Entwicklungen auf der Meso- und Makroebene. Solche Vorgänge auf der Makroebene, die für die Person ein kritisches Lebensereignis (mit)bedingen, sind z. B. Naturkatastrophen, Kriege oder Wirtschaftskrisen (historische Ereignisse, vgl. *Filipp* in diesem Band). Vorgänge auf der Makroebene können aber auch zu Ereignissen auf der Mesoebene führen, um erst dann auf der Mikroebene kritische Lebenssituationen auszulösen. Beispielhaft läßt sich hier der Beschluß von Behörden anführen, gemeindenahe Modelleinrichtungen der psychosozialen Versorgung nicht ausreichend zu fördern. Auch andere Ereignisse auf der Mesoebene (z. B. Akkorderhöhung in der industriellen Fertigung, Verschärfung von Prüfungsordnungen) führen auf der Mikroebene zu kritischen Lebenssituationen. Schließlich führt auch ein Ereignis auf der Individualebene (z. B. Verlust des Partners) zu der kritischen Lebenssituation.

Es ist wichtig zu betonen, daß die genannten Möglichkeiten der Entstehung kritischer Lebensereignisse zumeist keine monokausalen Zusammenhänge darstellen, sondern vielmehr subjektiv und/oder objektiv besonders wichtige Ursachenfaktoren kennzeichnen. Schließlich „erleidet" das Individuum zumeist nicht passiv den Eintritt eines kritischen Lebensereignisses, sondern es ist in der Auseinandersetzung mit diesem Ereignis überfordert, und erst dadurch wird die Situation für die Person zu einem kritischen Lebensereignis.

9.2 Ansätze und Möglichkeiten primärer Prävention

9.2.1 Mehrebenen-Prävention in kritischen Lebenssituationen

Primäre Prävention kann im Zusammenhang mit kritischen Lebenssituationen auf zweierlei Weise erfolgen, nämlich einmal durch Verhinderung des Eintritts kritischer Situationen und zum anderen dadurch, daß Ereignisse, mit denen ein Individuum konfrontiert ist, für dieses nicht kritisch werden. Um diese Ziele zu erreichen, müssen die Bedingungen auf der Makro-, Meso- und Mikroebene gleichermaßen und gleichzeitig berücksichtigt werden. Auf der Mikroebene bedeutet dies u. a., daß das Individuum im Zuge seiner Sozialisation möglichst früh Kompetenzen erwirbt, die es erlauben, auch kritische Lebenssituationen gut zu überstehen und zu bewältigen (vgl. *Kaiser* 1980). Dies bedeutet aber auch, daß das Individuum in die Lage versetzt wird, seine unmittelbare Umwelt so zu gestalten oder zu verändern, daß das Auftreten kritischer Lebenssituationen möglichst vermieden wird. Zur Vermeidung bzw. Überwindung kritischer Lebenssituationen muß es aber auch auf die Meso- und Makroebene einwirken können. So bedarf es besonderer Kompetenzen, die nicht unmittelbar mit der Bewältigung einer kritischen Lebenssituation in Zusammenhang stehen müssen (wie z. B. juristische Kenntnisse, Kontaktaufnahme mit einflußreichen Personen oder Institutionen, Gründung oder Mitarbeit in Initiativen). Entgegen der Auffassung vieler Autoren, welche die Prävention auf dem Gebiet kritischer Lebensereignisse lediglich als Vorbereitung des Individuums zu einer erfolgreichen Bewältigung schwieriger Lebenssituationen verstehen (z. B. *Danish & D'Augelli* in diesem Band), vertreten wir die Meinung, daß eine effiziente Prävention auch die Gestaltung von Situations- und Umweltvariablen auf allen drei Ebenen einschließt (siehe auch *Gottwald, Kaiser & Belschner* 1980, *Munoz, Snowden & Kelley* 1979). Zahlreiche Untersuchungen haben belegt, daß z. B. das Vorhandensein eines Kreises von Vertrauenspersonen (Partner, Freunde, Verwandte) dazu führt, daß kritische Lebenssituationen wesentlich leichter bewältigt werden können, als dies bei Fehlen eines sozialen „Auffangnetzes" der Fall ist (z. B. *Gore* 1973, *Hetherington* 1980, *Nuckolls, Cassel & Kaplan* 1972).

Daneben spielen bei einer Reihe von kritischen Lebensereignissen Vorgänge auf der Meso- bzw. Makroebene sicherlich auch eine bedeutsame ursächliche Rolle. Arbeitslosigkeit, Schulprobleme und Kriegsereignisse sind hier beispielhaft zu nennen (vgl. *Brenner* 1979, *Grinker & Spiegel* 1963, *Kohlscheen, Buff & Hellemann* 1975). So zeigten *Myers & Roberts* (1959) bei einer ausgewählten Stichprobe der New Haven-Studie, daß sowohl die Sorge um den Arbeitsplatz bzw. die Angst vor Verlust des Arbeitsplatzes wie auch ein Gefühl des „Ausgebeutetseins" einerseits umgekehrt mit der Höhe der sozialen Schicht und andererseits direkt mit dem Ausmaß der psychischen Gestörtheit variierte. Entsprechendes zeigt sich, wenn der Arbeitsplatz tatsächlich verlorengeht. Mehrere Untersuchungen belegen, daß mit dem Anstieg der Arbeitslosenziffern auch die Zahl der Aufnahmen in psychiatrische Kliniken zunimmt (z. B. *Fried* 1969). *Brenner* (1979) analysierte die Aufnahmeraten staatlicher psychiatrischer Kliniken in den Vereinigten Staaten von Amerika im Zeitraum von 1922 bis 1968 und stellte einen deutlichen Zusammenhang zwischen Arbeitslosenquote und der Zahl der Aufnahmen in psychiatrische Kliniken fest. Umgekehrt zeigte sich, daß Personen, die bereits einmal in eine psychiatrische Klinik aufgenommen worden waren, bei einer Wirtschaftsrezession mit der geringsten Wahrscheinlichkeit hospitalisiert wurden. Diese Beispiele machen deutlich, daß für das Individuum kritische Lebenssituationen sowohl auf der Makroebene (z. B. Wirtschaftspolitik einer Regierung) wie auf der Mesoebene (z. B. Unternehmensführung) (mit-)bedingt sein können. Auch in anderen Gebieten wird die Bedeutung dieser Ebenen evident: Umweltkatastrophen oder Unfälle sind in ihrer Eintrittswahrscheinlichkeit und dem Grad ihrer Auswirkungen auch über gesetzliche und administrative (Makroebene) oder betriebliche und organisatorische (Mesoebene)

Maßnahmen und Vorkehrungen zu beeinflussen. Auf diese Weise werden Art, Anzahl und Ausmaß der kritischen Lebensereignisse, mit denen ein Individuum konfrontiert sein wird, gleichermaßen beeinflußt.

Aufgabe eines präventiven Versorgungssystems ist es demnach, darauf hinzuwirken, daß auf der Makro- und Mesoebene möglichst viele Maßnahmen zur Vermeidung von solchen Entwicklungen durchgeführt werden, die kritische Auswirkungen auf der Mikroebene besitzen bzw. das Ausmaß schädlicher Einwirkungen minimieren. So kann z. B. der sogenannte „Pensionierungsschock" vermieden werden, wenn Arbeitnehmer den Zeitpunkt ihrer Pensionierung selbst bestimmen können und der Rückzug aus dem Arbeitsleben schrittweise, z. B. durch Reduzierung der Arbeitszeit oder der Aufgabenbereiche, erfolgt (siehe auch *Bell* 1974). Hierdurch wäre nicht nur ein gesamtwirtschaftlicher und betrieblicher Nutzen zu erzielen, weil wertvolle und erfahrene Arbeitskräfte unter Umständen erhalten bleiben und die Rentenzahlungen verringert würden, sondern es bliebe dem Individuum selbst auch die Schwierigkeiten einer abrupten Umstellung auf sein Dasein als Rentner und die damit oft verbundenen Gefühle der Wertlosigkeit, materiellen Abhängigkeit und Selbstwertbeeinträchtigung erspart. *Bell* (1974) konnte im Rahmen einer Befragung von gerade pensionierten Männern feststellen, daß nur zwei Fünftel der Betroffenen ihre Berufstätigkeit beenden, jedoch drei Fünftel ihre Arbeit weiterführen wollten.

9.2.2 *Präventionsmaßnahmen auf der individuellen Ebene*

Da sich auch bei einer „optimalen" Gestaltung von Umwelten für das Individuum kritische Lebensereignisse nicht verhindern lassen, muß es eine wichtige Aufgabe primärer Prävention sein, Individuen möglichst früh und möglichst umfassend dazu zu befähigen, den Eintritt kritischer Lebenssituationen selbst zu verhindern und/oder mit unvermeidlichen bzw. dennoch eintretenden kritischen Lebenssituationen möglichst konstruktiv umzugehen und diese zu bewältigen. Ein Beispiel für die erstgenannte Möglichkeit stellen Eltern- oder Partnertrainingsprogramme dar, die auf die Vermeidung von familiären Krisen oder Scheidungen abzielen. Zur wirksamen Bewältigung von kritischen Lebenssituationen braucht das Individuum eingeübte Fähigkeiten (Kompetenzen), die es in die Lage versetzen, die mit Lebenssituationen verbundenen Probleme zu lösen, Ziele zu formulieren und zu erreichen. Wegen seiner zentralen Bedeutung wollen wir uns mit dem Konzept der Kompetenz etwas näher befassen.

9.2.3 *Zur Bedeutung von Kompetenzen für die Bewältigung von Lebenssituationen*

Kompetenzen sind verallgemeinerte Verfahren, die es ermöglichen, Kenntnisse und Können zu reproduzieren und einzusetzen (vgl. *Kaiser* 1980). Neue Situationen müssen zunächst auf der intellektuellen Ebene analysiert und bewältigt werden. Mit der zunehmenden Wiederholung von Situationselementen und der damit verbundenen Vertrautheit können Problemlösestrategien und einmal gefundene Lösungen für Probleme oder Teilprobleme wiederholt genutzt werden; sie werden auf bestimmte Signale hin aus dem Gedächtnis abgerufen und können sofort umgesetzt werden. Situative Regelhaftigkeiten können – auch wenn sie nur teilweise wiederkehren – fixierte Bewältigungsformen zulassen. Diese sind ökonomisch und tragen dem Umstand Rechnung, daß redundante Situationsbestandteile auch unter wechselnden Bedingungen enthalten sind. So ist das Individuum der Notwendigkeit enthoben, bei jeder Situation in einem bestimmten Lebensbereich jeweils aufs Neue eine detaillierte Problemanalyse vornehmen zu müssen. Der Problemlöseprozeß kann insoweit abgekürzt werden, als die aktuelle Situation lediglich auf ihre Unterschiede zu den für diese Situationsklasse üblichen Charakteristika untersucht und die Bewältigungstätigkeit darauf abgestimmt werden muß (vgl. *Dörner* 1979, *Hakker* 1978, *Ichheiser* 1932, *Kaiser* 1980).

Kompetenzen sind jeweils bestimmte *Fertigkeiten* zugeordnet. Sie erlauben es, Handlungen zur Bewältigung von Einzelsituationen oder zur Erreichung von einzelnen Zielen in effektiver Weise auszuführen. Solchen Handlungsfertigkeiten können jeweils hierarchisch organisierte Teilfertigkeiten zur Erreichung von Teilzielen oder zur Bewältigung einzelner Situationsaspekte zugeordnet werden. Die Bewältigung einer Situation ist dann „wirksam", wenn sie kurz-, mittel- und langfristig sowohl für das Individuum selbst, die anderen an der Situation beteiligten Personen sowie für die übrige Umwelt zu einem Maximum an positiven und einem Minimum an negativen Konsequenzen führt (siehe *Kaiser* 1980). Grundlegende Merkmale von Kompetenzen zur Situationsbewältigung sind die Steuerungsprozesse, die die Analyse und Bewältigung von Situationen regulieren. Diese Steuerungsprozesse lassen sich nach ihrem perzeptiv-begrifflichen, intellektuellen und sensumotorischen Charakter unterscheiden (vgl. *Kaiser* 1980). Sie bilden aber zugleich auch Ansatzpunkte für präventive und therapeutische Maßnahmen.

Zur perzeptiv-begrifflichen Steuerung. Die Effektivität der Situationsbewältigung wird wesentlich durch Menge und Art der aufgenommenen situativen Signale bestimmt. Signale sind all diejenigen Reize, die Informationen über notwendige und mögliche Eingriffe in den Situationsverlauf vermitteln. Sie können als Anzeichen für die Möglichkeit und/oder Notwendigkeit von Handlungen aufgefaßt werden. Eine wesentliche Rolle spielt hierbei auch das Situationswissen. Informationen über die Wirkung des eigenen Verhaltens auf andere Personen, die Kenntnis der betreffenden Settings und der ökologischen Bedingungen können für die Erklärung wie für den Verlauf von Situationen bedeutsam sein. Dieses Situationswissen beeinflußt einen weiteren Aspekt perzeptiv-begrifflicher Steuerung, nämlich die Ursachenzuschreibung für Ereignisse. Die Art und Weise dieser Zuschreibungen folgt bestimmten Gesetzmäßigkeiten (vgl. *Jones, Kanouse, Kelley, Nisbett, Valins & Weiner* 1971). Solche Ursachenzuschreibungen können unter Umständen Lebensereignisse erst zu kritischen Ereignissen machen. Wenn beispielsweise eine Person ihre psychische Störung als genetisch oder durch „Teufelsbesessenheit" determiniert betrachtet, so wird sie die damit verbundenen Probleme viel eher als unlösbar annehmen, als wenn sie ihre Störung als ein bewältigbares Lebensproblem auffaßt.

Mit der Ursachenzuschreibung stehen die mit einer Situation verbundenen Gefühle in engem Zusammenhang. Diese Gefühle sind durch eine wertende Einschätzung äußerer wie innerer Reize gekennzeichnet und äußern sich etwa in Lust oder Unlust, Bevorzugung oder Ablehnung, Trauer oder Bestürzung. Diese gefühlsmäßige Bewertung von Ereignissen trägt wesentlich zu ihrer Charakterisierung als „kritische" Ereignisse bei. Mit *Cullberg* (1978) kann man eine kritische Lebenssituation in vielerlei Hinsicht auch als emotionale Krise verstehen. Nach seiner Auffassung besitzt diese einen charakteristischen Verlauf: In der *Schockphase* bemüht sich das Individuum, die Wirklichkeit von sich fernzuhalten. Zuweilen ist dies so ausgeprägt, daß sämtliche psychischen Energien von der Auseinandersetzung mit der schmerzlichen Realität abgezogen werden. Die *Reaktionsphase* hält meist einen bis mehrere Monate an. Das Individuum ist gezwungen, sich der schmerzlichen Realität zu stellen. Hierbei werden Abwehrmechanismen mobilisiert, wie etwa Verdrängung, Verleugnung, Rationalisierung des Geschehens, Abhängigkeitswünsche, Regressionen mit selbstdestruktiver Qualität durch Einnahme von Alkohol, Tabletten etc. In günstigeren Fällen wird diese Reaktionsphase von einer konstruktiven *Bearbeitungsphase* mit „psychischer Wiederherstellung" abgelöst. Diese Phase dauert nach Erfahrungen des Autors sechs bis zwölf Monate, und sie wird nach und nach durch eine Neuorientierung ersetzt. Kennzeichen einer *Neuorientierung* ist es unter anderem, daß neue Personen bzw. Objekte an die Stelle des Verlustes treten, das erschütterte Selbstwertgefühl wieder aufgerichtet ist und enttäuschte Hoffnungen überwunden sind. Das Individuum hat Erkenntnisse über Möglichkeiten und Grenzen im konkreten Umgang mit Krisen gewonnen und unter Umständen erfahren, daß Freunde und Bezugspersonen sich mit ihm solidarisiert haben.

Kritische Lebenssituationen sind häufig dadurch gekennzeichnet, daß die Bedürfnisse des Individuums und die mit dem Ereignis einhergehenden Fakten in krassem Gegensatz zueinander stehen (z. B. „Es darf einfach nicht sein, daß mein Ehemann tot ist"). Kritische Lebenssituationen sind weiterhin dadurch gekennzeichnet, daß sie auch Veränderungen in den Bedürfnissen erfordern. Mit dem Verlust einer bedeutsamen Bezugsperson oder eines wichtigen Objekts, dem Eintritt in ein neues Lebensstadium oder einer sonstigen einschneidenden Veränderung der Lebenssituation müssen oft auch neue Ziele entworfen und neue Bedürfnisse entwickelt werden.

Zur intellektuellen Steuerung der Situationsbewältigung. Sowohl für die Verhinderung kritischer Lebenssituationen wie für die konstruktive Bewältigung bereits eingetretener Situationen ist es von großer Bedeutung, die Situation selbst sorgfältig zu analysieren, zu antizipieren und das eigene Handeln angemessen zu organisieren und zu planen (vgl. *Belschner* 1979, *Hacker* 1978, *Miller, Galanter & Pribram* 1973). Die dabei beteiligten Prozesse können als intellektuelle Steuerungsprozesse aufgefaßt werden, wobei sich einzelne wichtige Schritte unterscheiden lassen (vgl. hierzu auch *Dörner* 1979, *D'Zurilla & Goldfried* 1973).

Wilfried Belschner und Peter Kaiser

Voraussetzung einer wirksamen Verhinderung oder Bewältigung eines kritischen Lebensereignisses ist eine umfassende (Mehrebenen-)Analyse der eingetretenen Situation *(Situationsanalyse)*. Daß falsche Situationseinschätzungen für den Eintritt kritischer Lebensereignisse von höchster Bedeutung sind, läßt sich aus der Geschichte an vielen Beispielen zeigen. So unterließen es viele jüdische Bürger in den dreißiger Jahren, aus Deutschland zu emigrieren, weil sie die Politik der nationalsozialistischen Machthaber falsch eingeschätzt hatten; Che Guevara scheiterte mit seinem Guerillakrieg nicht zuletzt deshalb, weil er übersehen hatte, daß ihm die lebensnotwendige Unterstützung durch die Landbevölkerung versagt bleiben würde. Die in diesen Beispielen enthaltene Festlegung auf eine bestimmte falsche Situationseinschätzung gilt auch für den Lebensalltag. Er ist voll von Beispielen, die uns auf die Selbstverständlichkeit von Sichtweisen, Auffassungen, Geboten etc. hinweisen und die uns ihrer scheinbaren Richtigkeit versichern. Aus solchen Normierungen auszubrechen, ist nicht nur ein individuell schwieriges, sondern in manchen Bereichen auch ein gefährliches Unterfangen, wie die Theorie von *Scheff* (1963) über psychische Störungen zeigt. Dort wird angenommen, daß psychiatrische Symptome Verletzungen sozialer Normen darstellen, und eine andauernde psychische Krankheit eine soziale Rolle ist. Es gehört unter anderem zu den Aufgaben des Klinischen Psychologen, die „Selbstverständlichkeit" von Sichtweisen und Situationsdefinitionen zu analysieren.

Seit einigen Jahren zeigt sich zunehmend, daß das Konzept des Problemlösens auch in die Klinische Psychologie übernommen wird (z. B. *Belschner* 1976, *D'Zurilla & Goldfried* 1971, *Heppner* 1978, *Hoffmann* 1978, *König* 1979, *Platt & Spivack* 1972). Dabei wird der gesamte Therapieprozeß als Problemlöseprozeß aufgefaßt (*Fiedler* 1979), oder das Problemlöse-Konzept stellt den Kern einer spezifischen Therapiemethode dar (*Krause & Simons* 1980). In dem Prozeß der Problemlösung werden fünf Phasen unterschieden, nämlich 1. allgemeine Orientierung, 2. Problemdefinition, 3. Entwicklung von Lösungsvorschlägen, 4. Bewertung der Lösungsvorschläge und Entscheidung für einen Vorschlag und 5. Realisierung der Entscheidung und Bewertung des Resultats. Für unsere Belange sind die beiden ersten Phasen von besonderer Bedeutung. Wir vertreten die Auffassung, daß zur Prävention von kritischen Lebenssituationen Personen dahingehend zu sensibilisieren sind, daß sie den „Suchraum" erweitern und die Problemdefinition auf der Mikroebene um eine solche auf der Meso- und/oder Makroebene ergänzen.

In der ersten Phase der allgemeinen Orientierung verschafft sich die Person auf der Grundlage ihrer Problemdefinition die Informationen über die Situation, in der sie sich befindet. Die von *Duncker* (1935) entwickelte Situationsanalyse bietet ein Hilfsmittel, die Gegebenheiten der Situation (Materialanalyse), die Merkmale der Barriere (Konfliktanalyse) und mögliche Zielzustände (Zielanalyse) zu ermitteln. Die von der Person vorgenommene Definition des Problems und die folgende Suche nach geeigneten Lösungsmöglichkeiten können dennoch unzureichend sein, da das selbstverständliche Vorverständnis über das Problem einen zu begrenzten Problemraum eröffnet. Für die Person mag sich der Eindruck einstellen, sie habe „technisch richtig" den Problemlöseprozeß durchlaufen. Die Problemdefinition ruft einen Suchraum auf, der eine Problemlösung nicht enthält. Die Mehrebenen-Analyse ist als ein Vorschlag aufzufassen, die gewohnte Einbettung von Problemen in die Mikroebene in Frage zu stellen. Sie regt an, die Wissensstruktur für Realitätsbereiche zu erweitern. Anstatt ein Problem lediglich unter dem Mikroaspekt zu betrachten, soll eine Ausdifferenzierung des Wissens nach weiteren Aspekten auf der Meso- und Makroebene erfolgen.

Das Gesagte läßt sich am Beispiel der „strukturellen Arbeitslosigkeit" verdeutlichen. Ein Arbeitnehmer, der wegen struktureller Wirtschaftsprobleme seinen Arbeitsplatz verliert, mag die Ursache dafür nicht in der mangelnden Wirtschaftsstruktur seiner Region, sondern in seiner eigenen Person sehen (ungenügende Qualifikation etc.). Er kann die damit einhergehende „Depression" nur dadurch überwinden, daß er die „wahren" Ursachen seiner Lage erkennt. Viele der Betroffenen müssen dies freilich erst lernen. Würde man die Problemdefinition lediglich auf der Mikroebene akzeptieren, so würde man die Lösungssuche bevorzugt darauf konzentrieren, die „mangelnde Qualifikation" der betroffenen Personen zu erhöhen oder andere Merkmale ihrer Person zu verändern. Überschreiten wir jedoch die Problemdefinition auf der Mikroebene, so erweitert sich der Problemraum z. B. auf die Ebene des Betriebes. Man kann dann danach fragen, warum der Betrieb mit weniger Arbeitskräften gleich viel oder mehr produziert. Es wird dann deutlich, daß nicht mehr nur eine einzelne Person betroffen ist, und daß Versuche, den Verlust des Arbeitsplatzes individuell zu erklären, nicht mehr am Platze sind. Die so vorgenommene Problemdefinition („Sollen im Betrieb weitere Rationalisierungsmaßnahmen durchgeführt werden?") ist nun zum Anliegen einer Mehrzahl von Personen geworden und erfordert eine organisierte Bearbeitung und/oder wirtschaftspolitische Maßnahme.

Eine weitere wichtige Variable im Rahmen der Situationsanalyse ist auch die Bestimmung der gesetzten Ziele. Solche Ziele können bereits mit in die Situation als Determinanten eingehen oder aus dem situativen Geschehen heraus erst entwickelt werden (vgl. *Hacker* 1978, *Kaiser* 1980). Zur Vermeidung bzw. Bewältigung kritischer Lebenssituationen ist es notwendig, diese Ziele und die ihnen zugrundeliegenden Beweggründe auf ihre Realisierbarkeit und Angemessenheit zu überprüfen.

Die Einbeziehung der Mesoebene und die damit verbundenen alternativen Problem- und Zieldefinitionen verdeutlichen das hier angestrebte Prinzip: Prävention von kritischen Lebenssituationen wird häufig nur dann ein erfolgreiches Unterfangen sein, wenn es gelingt, eine *Reformulierung* des Problems zu finden. Auch im sozialen Bereich sind Probleme und Ziele oft in traditioneller Weise wohl definiert, wobei diese Definitionen die Aufmerksamkeit oft auf falsche Fährten im Problemlöseprozeß lenken. Es gilt daher, auch für soziale Probleme Trainingsmaßnahmen zur Reformulierung von Problemen zu entwerfen, wie dies für den Bereich des einsichtigen Lernens bereits geschehen ist (siehe *Wicker* 1978). Ziel dieser durch die Umstrukturierung von Problemen eröffneten präventiven Arbeit ist es, eine neue Balance zwischen physischen, soziokulturellen und psychosozialen Kräften innerhalb eines Gemeinwesens zu erreichen (vgl. *Clark & Viney* 1979, *Wagenfeld* 1972). Entsprechend der Ausdifferenzierung des Problems durch Berücksichtigung der Mesoebene könnte man eine weitere Ausdifferenzierung auch durch Einbeziehung der Makroebene vornehmen. Aus Platzgründen soll dies hier aber nicht weiter ausgeführt werden.

Neben der Situationsanalyse spielt die *Situationsbewältigung* eine wesentliche

Rolle. Zur Ermittlung angemessener bzw. optimaler Bewältigungsstrategien ist es sinnvoll, zunächst eine große Anzahl möglicher Vorgehensweisen zu sammeln (vgl. *Lüer* 1973). Bei der Auswahl von Strategien zur Vermeidung bzw. Bewältigung schwieriger Lebenssituationen ist darauf zu achten, daß diese sinnvoll aufeinander abgestimmt sind, in ihrer Abfolge richtig geplant und zeitlich koordiniert sind, sowie die eigenen Möglichkeiten (z. B. Kompetenz, äußere Voraussetzungen, Hilfestellung anderer Personen) nicht überschätzt werden. Im Rahmen unseres Beispiels „Arbeitslosigkeit" impliziert die Anwendung des Mehrebenen-Modells, daß nicht mehr über ein Einzelschicksal verhandelt wird, sondern die Rationalität der betrieblichen Maßnahmen (z. B. Rationalisierungsmaßnahmen) untersucht wird. Um Arbeitslosigkeit als kritische Lebenssituation zu verhindern, ist in dem hier dargestellten Zusammenhang eine Anzahl präventiver Aufgaben gestellt: Vermittlung von Wissen über Zusammenhänge zwischen Beschäftigungspolitik und unternehmerischer Zielsetzung; Vermittlung von Fertigkeiten zum Aufbau von Gruppen, welche eine organisierte Interessenvertretung wahrnehmen; Vermittlung von Fertigkeiten, um die Interessen wahrzunehmen, die sich aus einer Problemdefinition auf der Mesoebene ergeben und die Interessen als Gruppe zu artikulieren und durchzusetzen. Die Problembewältigung erfolgt also nicht mehr ausschließlich individuell, sondern sie fordert unter Berücksichtigung der Mesoebene die Bildung einer Solidargemeinschaft – sei es der bereits betroffenen oder aller potentiell betroffenen Personen. Diese alternative Problemdefinition ermöglicht die Abkehr von isolierenden Strategien und die Hinwendung zu vermittelnden Strukturen (mediating structures; vgl. *Berger & Neuhaus* 1977, *Newbrough* 1980). Solche werden dargestellt durch Familie, Nachbarschaft oder freiwillige Organisationen, die das Wissen und die Unterstützung bereithalten, um eine wirksame Bewältigung zu gewährleisten.

Die Entscheidung darüber, welche Strategie für eine spezifische Situation angemessen ist, erfolgt anhand der Analyse der mit dieser Strategie vermutlich verknüpften Konsequenzen. Dabei ist zu berücksichtigen, welche Auswirkungen – für das Individuum selbst wie auch für seine soziale Umwelt – kurzfristig, mittelfristig und langfristig zu erwarten sind. Kriterien für diese Entscheidung liefern darüber hinaus persönliche oder soziale Werte und Normen, Umweltanforderungen sowie andere mit dem Situationskontext verknüpfte Notwendigkeiten (vgl. *D'Zurilla & Goldfried* 1971, *Kaiser* 1980, *Sommer* 1976). Hat die Person eine Entscheidung getroffen, kommt es darauf an, Pläne zu ihrer Realisierung zu entwerfen. Pläne zur Verwirklichung einer Entscheidung können als Problemlösungen betrachtet werden, die der Entscheidung selbst hierarchisch untergeordnet sind. Gegebenenfalls kann die Realisierung von Entscheidungen den Erwerb neuer Kompetenzen (z. B. durch Umschulung) erforderlich machen.

Zur sensumotorischen Steuerung. Neben den perzeptiv-begrifflichen und intellektuellen Steuerungsprozessen im Rahmen der Situationsanalyse und -bewältigung spielen ergänzend auch sensumotorische Regulationsprozesse eine Rolle. Diese beziehen sich auf die (Fein-)Motorik wie z. B. Mimik, Gestik, Stimmlage, Haptik. Allerdings dürfte diese Steuerungsebene für die Bewältigung kritischer Lebenssituationen nur von untergeordneter Bedeutung sein.

Kompetenzbewußtsein. Hat eine Person in einem bestimmten Lebensbereich aufgrund ihrer Kompetenzen mehrfach Erfolgserlebnisse erfahren, vergrößert sich ihr (Selbst-)Vertrauen in die eigene Kompetenz. Sie entwickelt also das Bewußtsein bereichsspezifischer Kompetenz. Dieses Kompetenzbewußtsein trägt seinerseits zur Festigung und Erweiterung der betreffenden Kompetenz bei (vgl. *Belschner* 1979): Je mehr Kompetenz sich eine Person für den betreffenden Bereich zuschreibt, um so höher ist die Wahrscheinlichkeit, daß sie die ihr tatsächlich zur Verfügung stehenden Kompetenzen auch erfolgreich einsetzt. Zudem sind Personen, die über ein gefestigtes Kompetenzbewußtsein verfügen, eher zum Erwerb neuer Kompetenzen bzw. Fertigkeiten bereit. Da eine Person die ihr verfügbaren Kompetenzen und Fertigkeiten nur dann erfolgreich einsetzen kann, wenn sie Art und Ausmaß ihrer Kompetenzen richtig einschätzt, d. h. ein realistisches Kompetenzbewußtsein besitzt, ist die Einschätzung der eigenen Kompetenz zugleich wesentlicher Bestandteil der Situationsanalyse und damit auch der Kompetenz selbst. In diesem Sinne ist Kompetenz ohne Kompetenzbewußtsein nicht denkbar (vgl. *Belschner* 1979, *Kaiser* 1980).

Ziel der primären Prävention auf der individuellen Ebene muß es daher sein, die Person durch Vermittlung der geeigneten Kompetenzen dazu zu befähigen, kritische Lebenssituationen – soweit es in ihrer Macht steht – zu verhindern oder in einem möglichst frühen Stadium des Ereignisses konstruktiv zu bewältigen. Zusammenfassend läßt sich also festhalten, daß die hier vorgeschlagene Mehrebenen-Analyse zu einer umfassenderen Sicht des Präventions*bedarfs* führt, auf deren Grundlage dann die Präventions*planung* einsetzen kann.

9.2.4 Planung von Mehrebenen-Präventionsprogrammen

Analog der Analyse des Präventionsbedarfs auf allen drei Ebenen wird nun eine Auflistung von Bewältigungsstrategien, die jeder Ebene zugeordnet werden können, vorgenommen (siehe auch *Gottwald, Kaiser & Belschner* 1980). Auf der Makroebene kommen etwa gesetzgeberische Maßnahmen, auf der Mesoebene institutionelle Maßnahmen (z. B. *Bloom* 1980) und auf der Mikroebene Maßnahmen zur Kompetenzvermittlung in Frage. Bei einer solchen Sammlung von Strategien ist zu berücksichtigen, daß die Maßnahmen von unterschiedlichem Wirkungsgrad und von unterschiedlicher Wirkungsbreite sein können, daß sie einen unterschiedlich hohen Aufwand erfordern, daß sie sinnvoll aufeinander bezogen sein müssen und ähnliches mehr. Um zu entscheiden, welche Maßnahmen realisiert werden sollen, müssen sie auf die kurz-, mittel- und langfristigen Konsequenzen, die sie auf allen drei Ebenen besitzen, untersucht werden. Hierzu sind alle jene Kriterien zu berücksichtigen, die sowohl populationsübergreifend wie populationsspezifisch bedeutsam sind (z. B. Menschenrechte, Brauchtum einer Kultur u. ä.)

Da Präventionsprogramme in erster Linie auf die Steigerung des Wohlbefindens und die Reduktion psychischer Störungen bei möglichst vielen Personen abzielen, sind die Betroffenen möglichst früh und möglichst weitgehend in den Entscheidungs- und Planungsprozeß einzubeziehen. Nur so kann sichergestellt werden, daß die jeweiligen Maßnahmen auch von der Zielpopulation mitgetragen werden (vgl. *Kaiser* 1977, 1980, *Gottwald, Kaiser & Belschner* 1980). Im Mittelpunkt aller Präventionsbemühungen muß immer die Population resp. deren Mitglieder mit ihren ethnischen, kulturellen und sonstigen Besonderheiten stehen. Umwelten sollten so verändert bzw. gestaltet werden, daß sie von den Mitgliedern einer Population möglichst positiv erlebt werden können und den vorhandenen Verhaltensrepertoires weitestgehend entsprechen.

Zur Erweiterung des individuellen Handlungsspielraums und für die Fälle, daß Ereignisse bzw. Umstände, die potentiell zu kritischen Lebenssituationen führen, nicht mehr ausgeschlossen werden können, sollen geeignete Bewältigungskompetenzen vermittelt werden. Diese geben dem Individuum die Möglichkeit, schwierige Lebenssituationen nicht oder in geringem Maße „kritisch" werden zu lassen. Solche Programme zur Kompetenzvermittlung müssen in den meisten Fällen begleitet sein von anderen Maßnahmen, etwa von sozialer und materieller Unterstützung (z. B. durch Freunde, Nachbarn, staatliche Hilfen). In jedem Falle muß die Planung wirksamer Präventionsmaßnahmen bürgernah sein und in der Gemeinde erfolgen. Daraus ergibt sich die Notwendigkeit, daß 1. Gemeindepsychologen und Zielpopulation ein partnerschaftliches und vertrauensvolles Verhältnis aufbauen, 2. eine geringe räumliche und psychische Distanz zwischen Gemeindepsychologen und Zielpopulation besteht, 3. die Betroffenen aktiv aufzusuchen sind, 4. eine Hilfe zur Selbsthilfe gegeben wird und eine Anleitung von sowie Unterstützung durch Laien möglich ist, 5. informelle Hilfen bereitgestellt werden und eine Kooperation mit Berufsgruppen außerhalb des psychosozialen Gesundheitssystems (z. B. Gastwirten, Pfarrern) erfolgt und 6. Aufklärungsarbeit über Bedingungen der Entstehung und Veränderung von psychosozialen Problemen und über Möglichkeiten der Förderung psychosozialer Gesundheit geleistet wird.

Soll präventive Arbeit von gemeindenahen Einrichtungen bürgernah betrieben werden, so bedeutet dies den Aufbau einer dezentralisierten, d. h. regionalen bzw. lokalen Organisation. Dabei sollte durch Kooperation zwischen einzelnen gemeindenahen Einrichtungen und anderen Stellen die Möglichkeit zur Einflußnahme auf der Meso- und Makroebene geschaffen werden. Dies setzt allerdings ein Umdenken aller an der psychosozialen Versorgung Beteiligten voraus.

Literatur

Averill, J. R., Personal control over aversive stimuli and it's relationship to stress. Psychological Bulletin 4, 1973, 286-303.

Bandura, A., Self-efficacy: Toward a unifying theory of behavioral change. Psychological Review 84, 1977, 191-215.

Belschner, W., Kreativitätstraining als transferorientierte Behandlungstechnik. Bildung und Erziehung 29, 1976, 216-228.

Belschner, W., Ein Denktraining als präventive Maßnahme. In: *Trimm, K.* (Hrsg.), Sport und Gesundheit. Zentrum für pädagogische Berufspraxis, Oldenburg 1979, 7-25.
Belschner, W., Konstruktion und Bearbeitung pädagogischer Situationen. In: *Belschner, W., Dross, M., Hoffmann, M. & Schott, F.* (Hrsg.), Verhaltenstherapie in Erziehung und Unterricht, Band 2: Anwendung. Stuttgart 1980, 16-18.
Belschner, W. & Kaiser, P., A multi-level model of community psychological acting. Vortrag gehalten beim 1. Internationalen Congress of Behavior Therapy, Jerusalem 1980.
Berger, J., Intersubjektive Sinnkonstitution und Sozialstruktur. Zeitschrift für Soziologie 7, 1978, 327-339.
Berger, P. L. & Luckmann, T., Die gesellschaftliche Konstruktion der Wirklichkeit. Frankfurt 1970.
Berger, P. L. & Neuhaus, R. J., To empower people: The role of mediating structures in public policy. American Enterprise Institute for Public Policy Research, Washington 1977.
Bloom, B. L., Social and community interventions. Annual Review of Psychology 31, 1980, 111-142.
Brenner, M. H., Wirtschaftskrisen, Arbeitslosigkeit und psychische Erkrankung. München 1979.
Brickenkamp, P., Handbuch psychologischer und pädagogischer Tests. Göttingen 1975.
Briscoe, R. V., Hoffman, D. B. & Bailey, S., Behavioral community psychology: Training a community board to problemsolving. Journal of Applied Behavior Analysis 8, 1975, 157-168.
Bronfenbrenner, U. Ökologische Sozialisationsforschung. Stuttgart 1976.
Clark, A. M. & Viney, L. L., The primary prevention of illness: A psychological perspective. Australian Psychologist 14, 1979, 7-21.
Cullberg, J., Krisen und Krisentherapie. Psychiatrische Praxis 5, 1978, 25-34.
Dörner, K., Problemlösen als Informationsverarbeitung. Stuttgart 1979.
Duncker, K., Zur Psychologie des produktiven Denkens. Berlin 1935.
D'Zurilla, T. J. & Goldfried, M. R., Problemsolving and behavior modification. Journal of Abnormal Psychology 78, 1971, 107-126.
D'Zurilla, T. J. & Goldfried, M. R., Cognitive processes. Problem solving and effective behavior. In: *Goldfried, M. R. & Merbaum, M.* (Hrsg.), Behavior change through self-control. New York 1973.
Fiedler, P. A., Diagnostische und therapeutische Verwertbarkeit kognitiver Verhaltensanteile. In: *Hoffmann, N.* (Hrsg.), Grundlagen kognitiver Therapien. Bern 1979, 205-252.
Florin, I., Brehm, P. & Rothfuss, M., Die Wirkung videodemonstrierter Selbstverbalisationsstrategien auf die Aufmerksamkeitsleistungen lernbehinderter Sonderschüler. Zeitschrift für Entwicklungspsychologie und Pädagogische Psychologie 10, 1978, 328-335.
Fried, M., Social differences in mental health. In: *Kosa, J., Antonovsky, A. & Zola, J. K.* (Hrsg.), Poverty and health. Cambridge (Mass.) 1969, 113-168.
Geer, J. H., Davidson, G. C. & Gatchel, R. J., Reduction of stress in humans through non-veridical perceived control of aversive stimulation. Journal of Personality and Social Psychology 16, 1970, 731-738.
Girodo, M. & Roehl, J., Cognitive preparation and coping self-talk: Anxiety management during the stress of flying. Journal of Consulting and Clinical Psychology 46, 1978, 978-989.
Girodo, M. & Wood, D., Talking yourself out of pain: The importance of believing that you can. Cognitive Therapy and Research 3, 1979, 23-33.
Glidewell, J. C., A social psychology of mental health. In: *Goleman, S. E. & Eisdorfer, C.* (Hrsg.), Handbook of community mental health. New York 1972, 211-246.
Gore, S., The influence of social support and related variables in ameliorating the consequences of job loss. Pennsylvania State University 1973 (unveröffentlichte Dissertation).
Gottwald, P., Kaiser, P. & Belschner, W., Kompetenz des Klinischen Psychologen zur Prävention und Präventionsforschung. In: *Minsel, W. R. & Scheller, R.* (Hrsg.), Brennpunkte der Klinischen Psychologie. München 1980 (im Druck).
Graumann, D. F. (Hrsg.), Ökologische Perspektiven in der Psychologie. Bern 1978.

Grinker, R. R. & Spiegel, J. P., Men under stress. New York 1963.
Hacker, W., Allgemeine Arbeits- und Ingenieurpsychologie. Bern 1978.
Halisch, F., Butzkamm, K. & Posse, N., Selbstbekräftigung I. Theorieansätze und experimentelle Erfordernisse. Zeitschrift für Entwicklungspsychologie und Pädagogische Psychologie 8, 1976, 145-164.
Heckhausen, H., Vorkommen und Wirksamkeit aufgabenlösungsfremder Kognitionen während einer Prüfung. In: *Tack, W. H.* (Hrsg.), Bericht über den 30. Kongreß der Deutschen Gesellschaft für Psychologie, Band 1. Göttingen 1977, 422-423.
Heppner, P. P., A review of the problem-solving literature and its relationship to the counseling process. Journal of Counseling Psychology 25, 1978, 366-375.
Hetherington, E. M., Scheidung aus der Perspektive des Kindes. Report Psychologie 2, 1980, 16-23.
Hoffmann, M., Zur Genese von Verhaltensstörungen aufgrund fehlgeschlagener Problemlösestrategien. Mitteilungen der DGVT, Sonderheft 1, Weinheim 1978.
Hoffmann, M., Beobachten und Protokollieren von Verhalten. In: *Belschner, W., Dross, M., Hoffmann, M. & Schott, F.* (Hrsg.), Verhaltenstherapie in Erziehung und Unterricht, Band 1: Grundlagen. Stuttgart 1976, 109-133.
Horan, J. J., Hackett, G., Buchanan, J. D., Stone, C. I. & Demchick-Stone, D., Coping with pain: A component analysis of stress inoculation. Cognitive Therapy and Research 1, 1977, 211-221.
Ichheiser, G., Das Können, die Bedingungen des Könnens und das Erlebnis des Könnens. Zeitschrift für Angewandte Psychologie 44, 1932, 364-378.
Jensen, A., The role of verbal mediation in mental development. Journal of Genetic Psychology 118, 1971, 39-70.
Jones, E. E., Kanouse, E. E., Kelley, H. H., Nisbett, R. E., Valins, S. & Weiner, B., Attribution: Perceiving the causes of behavior. New York 1971.
Kaiser, P., Kompetenzepidemiologie – Überlegungen zu einer Epidemiologie psychosozialer Fertigkeiten. In: *Sommer, G. & Ernst, H.* (Hrsg.), Gemeindepsychologie. München 1977, 97-119.
Kaiser, P., Kompetenz als verallgemeinertes Verfahren zur Bewältigung von Lebenssituationen. Heidelberg 1980 (unveröffentlichte Dissertation).
Kaplan, H. B., Social class, self-derogation, and deviant response. Social Psychiatry 13, 1978, 19-28.
Kaplonek, H. & Schroeter, R., Psychische Probleme als Probleme der Lebensbewältigung. In: *Keupp, H.* (Hrsg.), Normalität und Abweichung. München 1979, 277-311.
König, F., Problemlösen und kognitive Therapie. In: *Hoffmann, N.* (Hrsg.), Grundlagen kognitiver Therapien. Bern 1979, 155-176.
Kohlscheen, G., Buff, H. & Hellemann, R., Untersuchungen zur Bedarfsermittlung eines Versorgungssystems für somatisch und psychisch auffällige Kinder und Jugendliche. Drucksache des Deutschen Bundestages Nr. 7/4201, 1975, 432-457.
Krause, R. & Simons, D., Problemlösen: Eine Analyse des Konzepts und seiner Anwendung in der Psychotherapie. Zeitschrift für Klinische Psychologie 1980 (im Druck).
Kruse, L., Crowding – Dichte und Enge aus sozialpsychologischer Sicht. Zeitschrift für Sozialpsychologie 6, 1975, 2-30.
Lantermann, E. D., Interaktionen. Person, Situation und Handlung. München 1980.
Lazarus, R. S., Averill, J. R. & Opton, E. M., The psychology of coping: Issues and assessment. In: *Coelho, G. V., Hamburg, D. A. & Adams, J. E.* (Hrsg.), Coping and adaptation. New York 1974, 249-315.
Lüer, G., Gesetzmäßige Denkabläufe beim Problemlösen. Weinheim 1973.
Meichenbaum, D., Toward a cognitive theory of self-control. In: *Schwartz, G. & Shapiro, D.* (Hrsg.), Consciousness and self-regulation. London 1976, 223-261.
Meichenbaum, D., Methoden der Selbstinstruktion. In: *Kanfer, F. H. & Goldstein, A. P.* (Hrsg.), Möglichkeiten der Verhaltensänderung. München 1977, 407-450.
Meichenbaum, D. & Turk, D., The cognitive-behavioral management of anxiety, anger, and

pain. In: *Davidson, P. O.* (Hrsg.), The behavioral management of anxiety, depression, and pain. New York 1976, 407-450.

Miller, G. A., Galanter, E. & Pribram, K. H., Strategien des Handelns. Stuttgart 1973.

Mischel, W., Toward a cognitive social learning reconceptualization of personality. Psychological Review 80, 1973, 252-283.

Mischel, W., On the interface of cognition and personality. Beyond the person X situation debate. American Psychologist 34, 1979, 740-754.

Munoz, R. F., Snowden, L. R. & Kelley, J. G. (Hrsg.), Social and psychological research in community settings. Designing and conducting programs for social and personal well-being. San Francisco 1979.

Myers, J. K. & Roberts, B. H., Family and class dynamics in mental illness. New York 1959.

Newbrough, J. R., Community psychology and the public interest. American Journal of Community Psychology 8, 1980, 1-17.

Novaco, R. W., Treatment of chronic anger through cognitive and relaxation controls. Journal of Consulting and Clinical Psychology 44, 1976, 681.

Nuckolls, K. B., Cassell, J. & Kaplan, B., Psychosocial assets, life-crisis, and the prognosis of pregnancy. American Journal of Epidemiology 95, 1972, 431-441.

Platt, J. J. & Spivack, G., Social competence and effective problem-solving thinking in psychiatric patients. Journal of Clinical Psychology 28, 1972, 3-5.

Scheff, T., The role of the mentally ill and the dynamics of mental disorder: A research framework. Sociometry 26, 1963, 436-453.

Schott, E., Situation. Heidelberg 1979 (unveröffentlichte Dissertation).

Schwarzer, R., Schüler ohne Selbstvertrauen. Zeitschrift für Pädagogik 25, 1979, 181-189.

Sommer, G., Hilfe zur Selbsthilfe. Funkkolleg „Beratung in der Erziehung", Studienbegleitbrief Nr. 9. Deutsches Institut für Fernstudien, Tübingen 1976, 37-64.

Spivack, G., Platt, J. J. & Shure, M. B., The problem solving approach to adjustment. San Francisco 1976.

Tausch, R. & Tausch, A. M., Intrapersonale Kommunikationsprozesse: Zusammenhang mit Psychoneurotizismus. In: *Eckensberger, L. H. & Eckensberger, M. S.* (Hrsg.), Bericht über den 28. Kongreß der Deutschen Gesellschaft für Psychologie, Band 4: Klinische Psychologie. Göttingen 1974, 154-160.

Wagenfeld, M. P., The primary prevention: A sociological perspective. Journal of Health and Social Behavior 13, 1972, 195-203.

Wagner, I., Aufmerksamkeitstraining mit impulsiven Kindern. Stuttgart 1974.

Weiner, B., Friese, J., Kukla, A., Reed, L., Rest, S. & Rosenbaum, R. M., Perceiving the causes of success and failure. New York 1971.

Wicker, F. W., Problem-reformulation training and visualization training with insight problems. Journal of Educational Psychology 70, 1978, 372-377.

Winch, P., Die Idee der Sozialwissenschaften und ihr Verhältnis zur Philosophie. Frankfurt 1966.

IV Auseinandersetzung mit und Bewältigung von kritischen Lebensereignissen

Eine triviale, wenngleich forschungspraktisch bislang kaum berücksichtigte Feststellung ist, daß wir über den Effekt der Konfrontation mit kritischen Lebensereignissen nichts aussagen können, solange wir nicht die jeweiligen Formen der Auseinandersetzung mit und Bewältigung von diesen Ereignissen hinreichend berücksichtigen und erfassen. Die folgenden Kapitel sind diesem Thema gewidmet, wobei die potentiellen Effekte der Konfrontation mit kritischen Lebensereignissen exemplarisch angesprochen werden.

Richard S. Lazarus berichtet in Kapitel 10 über seinen Forschungsansatz zu Streß und Streßbewältigung, wobei es sich hier um eine umfassende und die wesentlichen Annahmen seiner Theorie rekapitulierende Darstellung handelt. Er verweist auf die methodologischen Prämissen, die nach seiner Ansicht der Erforschung von Streß und Streßbewältigung zugrunde liegen müssen, und zeigt auf, daß Streßforschung außerhalb laborexperimenteller Bedingungen partiell identisch mit der Erforschung kritischer Lebensereignisse ist. Die grundlegenden theoretischen Konzepte, die seinen Ansatz kennzeichnen, werden im einzelnen erörtert, und ihr Wert wird unter Rekurs auf eine Vielzahl von Studien dokumentiert.

Walter Braukmann und *Sigrun-Heide Filipp* widmen sich in Kapitel 11 dem Konzept der personalen Kontrolle und der Bedeutung, die diesem Konzept in der Analyse von Bewältigungsprozessen mit kritischen Lebensereignissen zukommen kann. Im Zentrum ihrer Ausführungen steht zunächst die Konzeptualisierung von personaler Kontrolle nach strukturellen wie prozessualen Aspekten und der Versuch, andere gebräuchliche Konzepte, wie etwa gelernte Hilflosigkeit, zu subsumieren. Die Autoren versuchen schließlich, Zusammenhänge zwischen depressiven Störungen und der Konfrontation mit kritischen Lebensereignissen durch Berücksichtigung der personalen Kontrolle theoretisch klarer zu explizieren.

Hans Dieter Mummendey zeigt in Kapitel 12 exemplarisch ein Effektmerkmal der Konfrontation mit kritischen Lebensereignissen, nämlich Veränderungen in Selbstkonzepten der Personen. Er berichtet über zwei Untersuchungen, in denen Selbstkonzeptänderungen und die Konfrontation mit Lebensereignissen einerseits retrospektiv über unterschiedliche Zeiträume, andererseits im Rahmen einer Längsschnittstudie untersucht wurden. Die Befunde beider Studien verweisen darauf, daß im Zuge der Konfrontation mit kritischen Lebensereignissen gerade bei jüngeren Erwachsenen Selbstbildänderungen zu erwarten sind.

10 Streß und Streßbewältigung – Ein Paradigma[1]

Richard S. Lazarus

Wenn ich *Kuhn* (1970) und andere, die sich mit seinen Ideen beschäftigt haben, richtig verstehe, so stellt ein wissenschaftliches Paradigma ein System von Annahmen (eine Meta-Theorie) dar, die sich auf bestimmte Klassen von Phänomenen beziehen, und es schließt zugleich ein System von Methoden und Regeln zur Erfassung dieser Phänomene ein. Meine eigenen Arbeiten seit den 50er Jahren zu psychischem Streß und seiner Bewältigung illustrieren die Entstehung eines Paradigmas – eines Paradigmas, das weniger Elemente und Verknüpfungen enthält, als ich mir je hätte vorstellen können. Im folgenden werde ich darstellen, wie meine gegenwärtige Position zur Dynamik von Streß und Streßbewältigung entstanden ist. Ich werde auch auf die Konsequenzen meiner Position für die Psychiatrie und Psychologie oder – wie ich lieber formuliere – für die wissenschaftliche Analyse der Funktionsfähigkeit von Menschen eingehen. Von einer Entstehungsgeschichte zu sprechen impliziert, daß man heute andere Fragen formuliert als früher. Es haben sich nicht nur meine Forschungsfragen geändert; während jeweils ein neues Konzept in das sich erweiternde Annahmegefüge eingebaut wurde, wurde ich zunehmend radikaler, und es traten sogar tiefgreifende Veränderungen in meiner allgemeinen Sichtweise ein. Ich fühlte mich gezwungen, Phänomene in einer anderen Weise zu sehen und einen von üblichen Forschungsansätzen abweichenden Weg zu gehen. Ich will zunächst meine Auffassung darstellen, die ich etwa 1950 hatte, als ich mich für psychischen Streß zu interessieren begann.

10.1 Streß und Streßbewältigung – um 1950

Zu Beginn der 50er Jahre betrachteten Psychologen das Phänomen „Streß" vorwiegend als Unterbrechung des einmal aufgebauten Verhaltensablaufs einer Person. In der Psychiatrie und der Klinischen Psychologie wurde Angst als zentrale Ursache für pathologische Formen der Anpassung gesehen. Streß bzw. Angst wurde als ein Zustand betrachtet, der zu pathologischen Abwehrmechanismen (wie etwa Verdrängung, Verleugnung, Isolation, Apathie, rationalisierte Abwehr, Projektion

---

[1] Der vorliegende Beitrag ist die überarbeitete Fassung eines Vortrages, der anläßlich einer Konferenz zu „The Critical Evaluation of Behavioral Paradigms for Psychiatric Science" im November 1978 in Salishan Lodge, Gleneden Beach, Oregon, gehalten wurde (Organisatoren: Carl Eisdorfer, Arthur Kleinman und Donna Cohen, University of Washington at Seattle). Die Erstellung dieses Beitrages wurde teilweise durch Forschungsmittel des National Cancer Institute (CA 19362) ermöglicht. Die Übersetzung erfolgte durch die Herausgeberin.

usw.) führt und mit einer Zerstörung des Realitätsbezuges einhergeht. Solche Abwehrmechanismen sollten die Triebspannung (die Angst) reduzieren mit der Folge, daß sie resistent gegen Verlernen oder Gegenkonditionierung wurden. Kurzum: Psychopathologische Erscheinungen wurden weithin betrachtet als Resultat einer intensiven und/oder lang andauernden Streßbelastung, welche speziell bei verwundbaren Personen zu dysfunktionalen Verhaltens- und Anpassungsformen führte. Des weiteren war es üblich anzunehmen, daß solche pathogenen Streßzustände vorwiegend durch intrapsychische Vorgänge und Konflikte verursacht und weniger durch äußere Faktoren bestimmt seien (vgl. auch *Roskies & Lazarus* 1980). Als zentrale Forschungsfragen stellten sich für meine Mitarbeiter und mich: „Unter welchen Bedingungen führt Streß zu einer Zerstörung normalen Funktionierens? Welche Menschen sind hiervon am stärksten betroffen?" Während des Korea-Krieges und des Zweiten Weltkrieges, in deren Verlauf Soldaten eine Reihe emotionaler Störungen entwickelten und sogar ihren Dienst nicht mehr verrichten konnten, waren solche Fragen zugleich auch von größter praktischer Bedeutung. Aber selbst im Alltagsleben werden solche Phänomene häufig beobachtet. So treten starke Angst und eine Blockierung des Denkens und der Sprache typischerweise in Prüfungssituationen und bei „Bewährungsproben" auf. Es war also wichtig, jene allgemeinen Gesetzmäßigkeiten zu entdecken, nach denen Streß die Funktionstüchtigkeit von Menschen beeinträchtigt.

Wir kamen jedoch bald darauf, daß Streßzustände mindestens drei unterschiedliche Effekte zeitigten, nämlich keinen nachweisbaren Effekt besaßen, zu einer Verringerung oder zu einer Erhöhung der Leistungsfähigkeit führten. Trotz aller Bemühungen waren die Faktoren, die diese Unterschiede hervorbrachten, schwer zu bestimmen – abgesehen von einigen theoretischen Ansätzen, die jedoch in ihrem Aussagewert auf wenige Situationen beschränkt sind (z. B. *Child & Waterhouse* 1953, *Easterbrook* 1959, *Spence & Spence* 1966, *Yerkes & Dodson* 1908). Die traditionelle S-R-Perspektive lieferte keine brauchbaren Hinweise darauf, wie Streß und Leistungsfähigkeit speziell in natürlichen Situationen zusammenhängen. So mußten wir unsere ursprünglichen Fragestellungen ändern, und wir glaubten niemals verstehen zu können, in welcher Weise Streß das Leistungsvermögen beeinflußt, solange wir nicht individuelle Differenzen als vermittelnde Faktoren der Reaktion auf streßerzeugende Bedingungen einbezogen. Als vermittelnde Variablen nahmen wir damals motivationale und emotionale Merkmale und deren Interaktion mit Aufgabencharakteristika an (vgl. *Lazarus, Deese & Osler* 1952).

Interessanterweise vollzogen sich damals gleichzeitig in der Psychologie allgemein zwei metatheoretische Veränderungen, die bis heute speziell in der Differentiellen und Klinischen Psychologie gelten. Zum ersten war ein Wechsel von einer ausschließlich normativen Forschungsperspektive zu einer größeren Betonung individueller Differenzen beobachtbar. Natürlich war dieser Wechsel eher problematisch für jene Wissenschaftler, die – am Positivismus orientiert – nach exakten normativen Aussagen suchten, die auf jedermann anwendbar waren. Dieser Wandel manifestierte sich in der „New look"-Bewegung innerhalb der Wahrnehmungspsychologie, die einige Anregungen aus der europäischen Gestaltpsychologie erhielt, aber in den 50er Jahren aufblühte und auch auf die Differentielle und Klinische Psychologie überging. Traditionelle Wahrnehmungspsychologen fragten damals: „Wodurch kommt es, daß wir die Welt so sehen, wie sie ist, um uns in ihr angepaßt verhalten zu können?". Dies ist eine normative Frage, die man in bezug auf Menschen oder Tiere allgemein formuliert. Zudem schließt sie die Annahme der Veridikalität, d. h. der akkuraten Wahrnehmung ein. Überprüft wurde sie in einer „kalten" Umwelt (d. h. im Laboratorium), in welcher Emotionen typischerweise nicht vorhanden sind, weil die Person ohne genuines Interesse an dem Wahrgenommenen ist. Die neue Bewegung stellte eine ganz andere, scheinbar unangemessene Frage: „Wie kommt es, daß eine gegebene Umweltkonstellation von Personen unterschiedlich wahrgenommen, erinnert oder interpretiert wird?" Eine solche Frage betont interindividuelle Differenzen, und ihr Kontext ist „heiß" (sprich: emotional), weil individuelle Motive angesprochen werden – wie dies bei Formen der Wahrnehmungsabwehr beobachtbar ist (siehe *Folkman, Schaefer & Lazarus* 1980).

Bis heute ist es nicht gelungen, diese beiden offenbar widersprüchlichen Annahmen in *einer* Theorie der Wahrnehmung abzubilden, und die gleiche Widersprüchlichkeit scheint gegenwärtig in der Erforschung von informationsverarbeitenden Prozessen einerseits und von Streß und Bewältigungsverhalten andererseits zu bestehen. Bei der Analyse der Informationsverarbeitung werden allgemeingültige, mechanistische Schlußfolgerungen gezogen und angenommen, daß eine effektive Anpassung mit der „korrekten" Verarbeitung der verfügbaren Informationen einhergeht (Veridikalität). Die Analyse von Streß erfolgt in einem „heißen" (emotionalen) Setting mit der Annahme, daß eine effektive Anpassung auch unter Bedingungen der Nicht-Veridikalität (z. B. Verleugnung oder Hoffnung bei trüben Aussichten) möglich ist. Betont werden die verschiedenen Formen, in denen Personen einen identischen Reiz wahrnehmen in Abhängigkeit von ihren unterschiedlichen Motivationszuständen, Überzeugungen oder Denk- und Anpassungsstilen.

Die zweite grundlegende Veränderung in der Psychologie war die Abkehr von Konzepten wie Trieb oder Triebreduktion und die Hinwendung zu kognitiven Prozessen als zentralen Faktoren in der menschlichen Anpassung. Während das vor 30 Jahren dominierende Verhaltensmodell defizitäre Zustände (wie Hunger, Durst und Sexualität) und sekundäre oder erlernte Triebe (*Dollard & Miller* 1950) betonte, sprechen wir heute mit Überzeugung von der Untrennbarkeit von kognitiven und motivationalen Prozessen (*Bolles* 1974) und von der „kognitiven Wende" (*Dember* 1974). In der Zwischenzeit waren kognitive Prozesse zumindest als Moderatorvariablen, wenn auch nur zögernd, eingeführt worden. In den späten 50er Jahren hatte noch *White* (1959) versucht, die schon zusammenbrechende Triebtheorie aufrechtzuerhalten, indem er neue „kognitive Triebe", wie etwa Effektanz, vorschlug und argumentierte, daß man das Triebkonzept nicht angemessen ohne Beziehung zu kognitiven Prozessen bestimmen könne.

Heute dominiert in der Psychologie die „kognitive Richtung" – selbst in Bereichen, die einst ausschließlich triebtheoretisch konzipiert waren (vgl. *Folkman, Schaefer & Lazarus* 1980, *Klinger* 1975, *Lazarus* 1966, *Lazarus, Averill & Opton*

1970, *Lazarus, Kanner & Folkman* 1980). Durch diese dramatischen Veränderungen wurden die Ideen von William James, Kurt Lewin, Edward Tolman, Fritz Heider, George Kelly und Henry Murray offenbar endgültig verwirklicht.

Mein eigener Ansatz zur Erforschung von Streß und Streßbewältigung ist explizit kognitiv-phänomenologisch orientiert. Meine Fragen haben sich geändert, wie sich auch in gewissem Umfang die Konzepte und die Art ihrer Definition und Beziehung zu anderen Konzepten geändert haben. Während 1950 etwa das Bewältigungsverhalten nahezu einhellig als Folge einer Emotion und diese wiederum als Triebzustand betrachtet wurde, argumentieren wir heute, daß Emotionen (und Streß) das Resultat von Kognitionen sind, d. h. das Ergebnis dessen, wie eine Person ihre Beziehung zu ihrer Umwelt bewertet oder konstruiert. Dies heißt jedoch nicht, daß dies ein einseitig gerichteter Zusammenhang von Kognition und Emotion sein muß. Vielmehr werden Kognitionen rückwirkend beeinflußt, wenn sich eine Person im Zustand emotionaler Erregung befindet. Darüber hinaus determinieren Motive und Formen des Denkens die kognitive Einschätzung aller Situationen, mit denen eine Person konfrontiert ist.

In einem anderen Punkte hat sich meine Auffassung geändert, nämlich in der geringeren Betonung von Struktur- oder Eigenschaftstheorien, die die Vorgänge zwischen Person und Umwelt beschreiben, und in der stärkeren Betonung des prozessualen Charakters der Auseinandersetzung einer Person mit ihrer Umwelt. Früher lag unser Bemühen darin, stabile Motivdifferenzen zwischen Personen als Prädiktoren für Folgephänomene zu untersuchen (siehe *Lazarus, Deese & Osler* 1952). Solche Variablen konnten in der Tat differentielle Effekte von Streßbelastung auf das Leistungsvermögen vorhersagen (siehe *Vogel, Raymond & Lazarus* 1959). Wenngleich solche Eigenschaftskonzepte noch immer wichtig sind, sind wir heute wesentlich weniger von ihrem Wert überzeugt; wir plädieren weniger für Stabilität als für Veränderungen, die sich sowohl in der Person selbst wie auch in ihrem Verhältnis zu ihrer Umwelt über die gesamte Lebensspanne vollziehen. Wie zu zeigen sein wird, besitzen solche Änderungen der theoretischen Konzeption weitreichende Konsequenzen für die Art der empirischen Forschung. Um dies zu illustrieren, will ich im folgenden einige grundsätzliche Anmerkungen zu unserer gegenwärtigen Konzeption und Forschungspraxis vorstellen.

10.2 Gegenwärtige Grundannahmen zu Streß und Streßbewältigung

Vier Grundannahmen kennzeichnen die heutige Fassung meiner Theorie, die folgenden Punkten zugeordnet sind: 1. naturalistische Perspektive, 2. Transaktion und Prozeß, 3. multiple Analyseebenen und 4. ipsativ-normative Forschungsstrategie. Wenngleich sich diese aus einer explizit kognitionstheoretischen Orientierung entwickelt haben, will ich diesen theoretischen Hintergrund erst später darstellen.

10.2.1 Die naturalistische Perspektive

Im letzten Jahrhundert waren die Psychologen so vom Laboratorium fasziniert, daß sie zu vergessen oder zu übersehen drohten, was laborexperimentelle Forschung erreichen kann und was nicht. Der starke Einfluß der Ethologen (*Tinbergen* 1951, *Lorenz* 1953, *Eibl-Eibesfeldt* 1970) hat an diesem Verständnis von Forschung gerüttelt. Aber auch die wachsende Einsicht, daß Laborforschung häufig eintönig war und irrelevante, inkonsistente und instabile Befunde lieferte (vor allem in der Persönlichkeits- und Sozialpsychologie), ist dafür verantwortlich. Man hört häufig von einer „Krise" in der Persönlichkeits- und Sozialpsychologie (z. B. *Carlson* 1971, 1975). Schon früher haben *Klein & Schlesinger* (1949) eine Unruhe stiftende Arbeit mit dem Titel „Wo ist der Wahrnehmende in Wahrnehmungstheorien?" vorgelegt und auf die vielen Implikationen der Tatsache verwiesen, daß man einzelne menschliche Funktionen anstelle von „ganzen" Menschen analysierte. Es gibt mindestens fünf wesentliche Argumente gegen die Erforschung von Streß und Streßbewältigung unter Laborbedingungen:

1. Im Laboratorium lassen sich keine Hinweise auf die Quellen der Streßbelastung für Menschen allgemein oder für bestimmte Populationen (nach Alter, Geschlecht usw.) gewinnen. Trotz jahrelanger multidisziplinärer Erforschung des Phänomens kennen wir noch immer nicht jene streßerzeugenden Umstände, mit denen Menschen im Alltag konfrontiert sind, nicht ihre alltäglichen Belastungen, nicht die Anlässe für positive Gefühle, nicht die Art ihrer alltäglichen emotionalen Reaktionen. Solange wir so wenig grundlegende Informationen aus dem alltäglichen Leben haben, können wir wohl kaum viel wissen darüber, wodurch streßreiche Erfahrungen und ihre emotionalen Folgen erzeugt werden (d. h. über ihre sozio- und psychodynamischen Aspekte), oder darüber, wie sich Anpassungsprozesse auf körperliche Gesundheit, soziale Anpassung und Wohlbefinden auswirken. Was können wir Gesichertes sagen zu dem Vers von Charles Bukowski: „Es sind nicht die großen Dinge, die Menschen ins Irrenhaus bringen... nein, es ist die Serie kleiner Tragödien, die Menschen ins Irrenhaus bringen... nicht der Tod seiner Geliebten, sondern ein Schnürsenkel, der reißt, wenn keine Zeit mehr ist..." Obwohl – wie auch ich glaube – Menschen in Panik geraten bei Dingen, die im Moment so trivial erscheinen, sind diese Dinge in ihrer Bedeutung keineswegs trivial, denn sie symbolisieren etwas, was für die Person zentral ist. Der Schnürsenkel mag reißen, aber ein wesentlicher Aspekt des damit verbundenen Streß mag die Implikation sein, daß man sein Leben nicht kontrollieren kann, daß man den dümmsten Kleinigkeiten hilflos gegenübersteht oder – noch schlimmer – daß die eigenen Unzulänglichkeiten das Unglück erst heraufbeschworen haben. Dies sind die mächtigen, streßerzeugenden und pathogenen Botschaften, die das Wohlbefinden stören. Wie jedenfalls soll man solche Momentereignisse in der traditionellen Laborforschung studieren? Es gibt keine Möglichkeit dazu.

2. Desgleichen kann Laborforschung niemals die ganze Breite von Bewältigungsprozessen aufzeigen – jenes Konglomerat aus Gedanken und Aktionen, welches Menschen gewöhnlich zeigen, wenn sie mit kleinen Alltagsschwierigkeiten oder

großen Lebenskrisen, wie etwa dem Verlust geliebter Personen, fertig werden müssen. Im Laboratorium können wir nur einen oder bestenfalls einige wenige solcher Bewältigungsprozesse studieren und nur jene, die sich der Laborsituation anpassen lassen. Unerforscht bleibt das komplexe Muster von Bewältigungsprozessen, wie es im Leben gewöhnlich vorherrscht.

3. Effekte der Bewältigung von Streß (wie etwa Krankheit bzw. Gesundheit, Wohlbefinden und soziale Anpassung) stellen sich erst in einem großen zeitlichen Abstand zu jenen streßreichen Ereignissen ein, mit denen Personen konfrontiert sind. Sie zeigen sich nicht innerhalb jener kurzen Zeiträume, in denen wir Personen im Laboratorium zur Verfügung haben. Experimentelle Stressoren mögen beispielsweise momentane Blutdruckerhöhungen zur Folge haben, aber damit können wir nicht jenen für die Gesundheit relevanten Effekt nachweisen, an dem wir am meisten interessiert sind, nämlich den Sprung von einer temporären Blutdruckerhöhung hin zu chronischem Überdruck (*Lazarus* 1978, *Stahl, Grim, Donald & Neikirk* 1975). Die Erforschung der Prozesse, welche die Streßbelastung überführen in Krankheit oder Dysfunktionalität des Verhaltens, läßt sich nur über Feldstudien oder Feldexperimente durchführen, die die simultane Beobachtung der Streß-Effekte (in ihrem Auf und Ab) und der fortlaufenden ursächlichen psychischen und sozialen Prozesse gestatten (*Lazarus, Cohen, Folkman, Kanner & Schaefer* 1980, *Luborsky, Docherty & Penick* 1973). Normalerweise können wir die Person nicht durch alle alltäglichen Anpassungsprozesse verfolgen, wie dies zuweilen in der Tierforschung getan wird (z. B. *Schaller* 1964, *Van Lawick-Goodall* 1971, *Washburn & De Vore* 1961). Wir können jedoch andere naturalistisch orientierte Methoden entwickeln. Eine unserer Methoden besteht darin, daß wir regelmäßig und über einen längeren Zeitraum hinweg Personen aus ihrem Gedächtnis jene Erfahrungen rekonstruieren lassen, die von ihnen in dieser Zeit wesentliche Anpassungs- und Bewältigungsanstrengungen erfordert haben. Inzwischen hat es sich verbreitet, daß eine stärker naturalistische Forschungsmethodik zur Beantwortung dieser und manch anderer psychologischer Fragen dringend angeraten ist (siehe *Willems & Raush* 1969).

4. Die stärkste Beschränkung der Laboratoriumsmethode liegt vermutlich darin, daß es sich aus ethischen und praktischen Gründen verbietet, Menschen jenen Arten und Intensitäten von Streßbelastungen auszusetzen, wie sie zuweilen im Alltag auftreten. Der im Labor erzeugte Streß ist oft nur ein Abklatsch der realen Alltagsbelastungen, und insofern sind die Erkenntnisse, die man daraus gewinnt, nur schwer anzuwenden auf natürliche Situationen.

5. Schließlich ist vieles von dem, was wir für eine exakte Kontrolle der Meßoperationen und der Konfundierung von Variablen halten, nichts als Illusion, vor allem, wenn es um psycho- oder soziodynamische Prozesse geht. Dennoch gilt diese angebliche Kontrollierbarkeit als Hauptargument für die Labormethode. Ein bestimmter experimenteller Stimulus muß noch lange nicht eine Reaktion auslösen, nur weil wir das so behaupten. Mit ihm mag eine Unmenge irrelevanter, aber wirksamer Faktoren konfundiert sein – einschließlich dessen, was die Person über das Geschehen denkt, einschließlich der komplexen intrapsychischen Anpassungspro-

zesse und der sich wandelnden Beziehung zu dem Versuchsleiter. Vieles von dem, was psychologisch interessant ist, vollzieht sich in solchen „unbeabsichtigten" Zusammenhängen, und die meisten bleiben unerkannt und nicht erfaßt. Wir müssen uns hüten, diesen Forschungstyp als eine Strategie hoher Präzision mehr zu schätzen als naturalistische Feldstudien, die – gut geplant und sorgsam analysiert – eine weit größere ökologische Validität besitzen.

10.2.2 Transaktion und Prozeß

Sicher wird niemand bezweifeln, daß das, was eine Person denkt, fühlt oder tut, Folge des Wechselspiels zwischen Merkmalen der Situation und Merkmalen der Person ist. Merkmale einer Person werden über ein ganzes Leben hinweg herausgeformt und sind eingebettet in eine genetisch determinierte physische Konstitution. Situationen sind durch drei wesentliche Merkmale gekennzeichnet, auf die Personen reagieren und die sie wahrnehmen können: Anforderungen, Beschränkungen und Ressourcen (vgl. *Klausner* 1971). Wenn es um Streß und Anpassung geht, wird eine Person mit einer bestimmten Ausstattung an Überzeugungen, Wertvorstellungen, Fertigkeiten und Bindungen mit einer solchen Situation konfrontiert. Um mit dem Leben fertig werden und um sich weiterentwickeln zu können, müssen endlos viele solcher Konfrontationen über die Lebensspanne hinweg von einer Person bewältigt werden. Wenn eine Person eine solche Konfrontation als niederschmetternd, bedrohlich oder herausfordernd wahrnimmt, entsteht das, was wir mit „psychischem Streß" meinen; wenn sie diese als angenehm bewertet, hat dies in der Regel einen positiven Affekt zur Folge. Psychischer Streß gründet weder in der Situation noch in der Person, obschon er von beiden abhängt. Er entsteht vielmehr aus der Art, wie die Person die adaptive Beziehung einschätzt. Diese Beziehung läßt sich am besten als *Transaktion* bezeichnen.

Wir ziehen den Begriff „Transaktion" dem der „Interaktion" vor, weil Interaktion eine Varianzaufteilung unter der Annahme eines kausalen Wechselgefüges zwischen beiden Variablengruppen (hier: Person- und Situationsmerkmalen) impliziert. Hingegen sind in dem Begriff der Transaktion zwei Bedeutungselemente mitgedacht, nämlich einmal, daß nicht nur die Situation auf die Person einwirkt (analog der S-R-Sequenz), sondern daß auch die Person die Situation bestimmt; beide beeinflussen sich wechselseitig im Zuge ihres Aufeinandertreffens. Es handelt sich nicht länger um ein lineares, einseitig gerichtetes, sondern um ein transaktionales Modell. Zum zweiten enthält der Begriff Transaktion eine wesentliche Bedeutung, die ihn von dem der Interaktion unterscheidet (siehe auch *Pervin* 1968). „Interaktion" faßt die kausal-antezedenten Variablen als separate Entitäten, während im Konzept der Transaktion mitgedacht ist, daß diese Variablen selbst verändert werden oder gar verschwinden. Im Kern trifft dies den Spruch der Gestaltpsychologen, daß „das Ganze mehr ist als die Summe seiner Teile". Wenn Zellen sich zu einem Organ organisieren, verlieren oder verändern sie in dieser neuen Einheit ihre Einzelmerkmale. Ein Organ ist nicht nur eine Ansammlung von Zellen, sondern ein organisiertes System mit ihm eigenen speziellen Charakteristika. Die in der Beziehung zwischen Person- und Situationsmerkmalen liegende Transaktion stellt eine neue Entität dar und drückt die speziellen Relationen zwischen den interagierenden Merkmalen aus, die wir nun neu benennen (z. B. „Organsystem" in der Physiologie).

In meiner Streßtheorie werden die Beziehungen zwischen Person und Umwelt durch verschiedene Formen der Wahrnehmung und Bewertung seitens der Person definiert. Diese Formen sind Bedrohung, Verlust oder Herausforderung. Das Konzept „Bedrohung" stellt eine neue Analyseeinheit dar. Es bezieht sich weder auf die Person noch auf die Umwelt allein, sondern auf das spezielle Beziehungsgefüge zwischen beiden. Beide Begriffe (Interaktion und Transaktion) beinhalten, daß eine wechselseitige Beeinflussung stattfindet. Transaktion impliziert darüber hinaus die Verschmelzung von Person und Umwelt zu einer neuen Einheit, einem System. Obwohl „System" als umfassender Begriff geeigneter wäre, bevorzuge ich „Transaktion", weil dieser weniger allgemein ist und sich auf ein spezielles System, nämlich die adaptive Beziehung zwischen Person und Umwelt bezieht.

Die Konzeptualisierung von Streß und Streßbewältigung als Transaktion ist noch aus einem anderen Grunde wichtig. Anstelle der Betonung jener Aspekte in der Beziehung zwischen Person und Umwelt, die stabil sind, liegt hier die Betonung auf prozessualen oder dynamischen Vorgängen, d. h. darauf, was tatsächlich in einer streßvollen Beziehung abläuft und wie sich dieses Geschehen verändert. In meiner Terminologie umschreibt „Prozeß" all das, was über die Zeit und über Situationen hinweg geschieht. Dieser Begriff enthält zwei Elemente, nämlich einmal den aktuellen Austausch zwischen Person und Umwelt (oder zwischen Kräften innerhalb der Person) und zweitens die Transformation und Veränderung dieses Austausches über die Zeit hinweg. Der Aspekt des aktuellen Austauschs läßt sich anhand einer Studie illustrieren, in der geprüft wurde, wie Patienten, die eine Operation zu erwarten hatten, mit dieser Bedrohung umgingen und wie dies ihre postoperative Erholungsdauer beeinflußte (siehe *Cohen & Lazarus* 1973). Die Patienten konnten danach differenziert werden, wie sehr sie zu einer Vermeidung bzw. Verleugnung einerseits oder zu einer Aufmerksamkeitssteigerung gegenüber der Bedrohung andererseits neigten, indem wir ein traditionelles Persönlichkeitsmaß, nämlich die Represser-Sensitizer-Skala (*Byrne* 1961, 1964) einsetzten. Zusätzlich erhoben wir über ein Interview mit den Patienten am Abend vor der Operation ein „Prozeßmaß". Es wurde erfragt, wieviel die Patienten über ihre Krankheit und die Behandlungsmethoden wissen und welche Erwartungen sie an ihr Befinden nach der Operation hatten. Manche Patienten wußten sehr viel und suchten nach weiteren Informationen; andere wußten so gut wie nichts und schienen an solchen Informationen uninteressiert. Wir erhielten dadurch in der Tat eher ein „Prozeßmaß" in dem oben genannten Sinne und weniger ein „Eigenschaftsmaß" der Bewältigung. Das Erhebungsverfahren konzentrierte sich darauf, wie die Personen *aktuell* die spezifische Bedrohung, der sie im Moment ausgesetzt sind, bewältigen. Es zeigte sich, daß der übliche Bewältigungsstil (im Sinne eines Trait-Maßes) keinerlei Beziehung zu dem Prozeßmaß oder zu den postoperativen Zuständen aufwies. Darüber hinaus konnte das Prozeßmaß das postoperative Befinden (in mittlerer Höhe) vorhersagen. Personen, die die Bedrohung mit Vermeidung bzw. Verleugnung bewältigten, hatten eine kürzere postoperative Erholungsdauer, weniger Komplikationen und ein geringeres Maß an Belastung als jene Personen, die mit vermehrter Aufmerksamkeitszuwendung reagierten.

Ein zweites Element zum Verständnis dessen, was hier mit Prozeß gemeint ist, ist nach meiner Einschätzung zentral, nämlich die Betonung von Veränderung und Wandel über die Zeit und unterschiedliche Situationen. In streßreichen Auseinandersetzungen mit der Umwelt sind psychische Vorgänge permanent im Fluß und im Wandel. In Abhängigkeit von den jeweiligen Ereignissen, die in der Umwelt oder in der Person selbst lokalisiert sein mögen, geht Ärger über in Angst oder Schuld, er verschwindet oder wird mit jeder nachfolgenden Auseinandersetzung stärker. Ein streßreiches Ereignis ist nicht ein augenblicklicher statischer Zustand, auf den die Person mit einer einfachen Reaktion (mit einem Gedanken, einer Handlung oder einer physischen Reaktion) antwortet. Vielmehr ist es ein ständiger Strom von Ereignissen über die Zeit hinweg, manche sind von nur kurzer Dauer (z. B. der Streit mit einer Person), manche stellen einen langen, mühsamen, komplizierten und sich häufig wiederholenden Prozeß dar, bis ein neues Gleichgewicht in einer Beziehung erreicht worden ist.

Ich bin der festen Überzeugung, daß sich diese Auffassung des Bewältigungsprozesses am besten am Beispiel der Trauer nach schweren Verlusten illustrieren läßt. Dieser Prozeß mag sich über eine sehr lange Zeit, zuweilen über Jahre hinweg erstrecken, und er schließt viele psychische Veränderungen ein. Was zu dem Zeitpunkt, da ein Verlust erlebt wird, zu beobachten ist – Schock, Konfusion, Bestürzung, hektische Aktivität –, verändert sich über die Zeit ganz deutlich. Am Ende dieses Prozesses muß die volle Einsicht in die Tatsache des Verlustes vorhanden sein, er muß akzeptiert werden und schließlich muß man sich – vielleicht nach einer Phase der Depressivität und Zurückgezogenheit – wieder um das eigene Leben kümmern und neue Verpflichtungen aufsuchen. Diese Aufgaben werden in vielfältigen Situationen bewältigt, mit den Kindern, den Anwälten, den Freunden, der Familie usw., von denen selbst viele erneut belastend sind und unterschiedliche Bewältigungsprozesse erfordern. Es bestehen gewisse Ähnlichkeiten zwischen der Betonung von Transaktion, Prozeß und Wandel einerseits und der dialektischen Perspektive in Arbeiten zur Entwicklungspsychologie der Lebensspanne (z. B. *Riegel* 1972, 1975) und zur Sozialpsychologie (z. B. *Gergen* 1977). Für diejenigen, die sich an solchen Perspektiven orientieren, liegt das Problem in der Entwicklung geeigneter Methoden, die Wandel und Veränderung im Gegensatz zu Stabilität abbilden. Für wissenschaftliche Analysen sind beide Konzepte, nämlich Struktur und Prozeß wesentlich, aber die Psychologie hat das Konzept „Struktur" zu Lasten des Konzepts „Prozeß" überbetont, vermutlich weil es leichter zu erfassen ist. Dennoch kann die Unterscheidung zwischen Wandel und Stabilität auch empirisch getroffen werden. So haben wir versucht, Bewältigungsprozesse zu analysieren, indem wir dieselben Personen in vielen streßreichen Situationen über die Zeit hinweg immer wieder untersucht haben. Dadurch können wir das Ausmaß an Stabilität bzw. Veränderbarkeit eines bestimmten Bewältigungsverhaltens erfassen und jene Situationen festhalten, die diesen Wandel im Bewältigungsverhalten beeinflussen. Kliniker tun nichts anderes, wir können es jedoch auf der Grundlage eines Forschungsplanes systematischer tun. Solche Forschungsarbeiten sind am besten in einem transaktionalen Bezugsrahmen angesiedelt, und es müssen nur jene Meßverfahren entwickelt werden, welche Prozesse und Veränderungen von einem Augenblick zum nächsten, in einer Situation oder über Situationen hinweg erfassen.

10.2.3 Multiple Analyseebenen

Arbeiten zu Streß, Streßbewältigung und Anpassung lassen sich auf drei unterschiedlichen, jedoch teilweise miteinander verbundenen Analyseebenen ansiedeln: auf der sozialen, psychischen und physischen Ebene. Vermutlich finden die wichtigsten und potentiell pathogenen streßreichen Transaktionen im interpersonellen Bereich statt, wenn nicht unmittelbar, dann zumindest mittelbar im sozialen Kontext. Auf der individuellen psychischen Ebene nimmt die Person solche Ereignisse wahr und bewertet sie auf ihren persönlichen Bedeutungsgehalt und ihre Wichtigkeit, wodurch sowohl emotionale Reaktionen wie auch weitere Handlungen beeinflußt werden. Eben dieser Prozeß der Handlungssteuerung, der durch solche mentalen Vorgänge in Gang gesetzt wird, hat substantielle Auswirkungen auf körperliche Vorgänge (eine Wechselwirkung, die gemeinhin als psychosomatisch bezeichnet wird), und dieser Prozeß führt zu effizientem Bewältigungsverhalten genauso wie zu pathologischen Formen der Anpassung.

Die Unterscheidung zwischen den Analyseebenen ist von vitaler Bedeutung, weil ihre gegenseitige Abhängigkeit zugleich beträchtlich ist. Man kann in der Erforschung von Streßphänomenen nicht willkürlich von einer Analyseebene zur anderen übergehen, da bislang unklar ist, wie alle drei Ebenen miteinander verbunden sind (zur weiteren Diskussion vgl. *Lazarus* 1966, 1971, *Smelser* 1963). Nehmen wir als Beispiel eine Familie, in der die Scheidung bevorsteht. Obgleich diese Belastung bei einem oder mehreren Familienmitgliedern zu psychischem Streß führen wird, werden dessen Qualität und Intensität, die jeweiligen Bewältigungsstrategien wie die psychischen Auswirkungen von Person zu Person beträchtlich variieren. Der Ehemann mag erheblich deprimiert sein, während die Ehefrau sich erleichtert fühlt oder umgekehrt. Ein Kind mag relativ unberührt erscheinen, während ein anderes in hohem Maße gestört oder sogar suizid-gefährdet erscheint. Selbst wenn beide Eheleute hohen Streß erleben, mag er bei einem zu Blutüberdruck, beim anderen zu einem Ulcus führen oder keinerlei körperliche Effekte besitzen.

Die Tendenz, Effekte auf der einen Ebene als repräsentativ für solche auf der anderen Ebene anzusehen – oft ohne diese Vertauschung der Ebenen zu bemerken –, hat zu großer Verwirrung innerhalb der Streßforschung geführt und eine Reihe von Epidemiologen die Brauchbarkeit und Tragbarkeit des Konzepts „Streß" bezweifeln lassen (z. B. *Cassel* 1974, *Hinkle* 1973). So wird z. B. sozialer Druck mit psychischem Streß gleichgesetzt, oder physiologische Streßindikatoren werden als

Hinweise auf psychischen Streß betrachtet, ungeachtet dessen, daß dieselbe körperliche Reaktion viele nicht-psychische Ursachen haben könnte. Es ist jedoch in dem Konzept „Streß" nichts enthalten, was nicht durch eine präzise Differenzierung der drei Analyseebenen geklärt werden könnte, speziell in Arbeiten, die alle Ebenen einschließen.

Lazarus & Cohen (1976) haben dieses Problem im Detail behandelt und an Forschungsbeispielen illustriert. Ein Beispiel entstammt der Untersuchung von Statusdifferenzen als Streßfaktoren in der Ehe (*Pearlin* 1975). Durch Interviews erhielt der Autor Informationen über den sozialen Status beider Herkunftsfamilien (zugeschriebener Status), über die Bedeutung des Sozialstatus für die Befragten, über ihr Eheleben allgemein und das Ausmaß an Streß, das sie in ihrer Ehe erlebten. *Pearlin* setzt so ein soziologisches Merkmal (nämlich Ungleichheit des zugeschriebenen Status) in Beziehung zu Streß über psychische Mediatoren. Seine Befunde zeigen drei wesentliche Aspekte auf: Zum ersten produziert Statusungleichheit nur dann Streß in der Ehe, wenn der status-höhere Partner dieses Merkmal als wichtig erachtet (psychologische Mediatorvariable); nur in diesem Falle fühlt er sich „um etwas gebracht". Zweitens führt Statusungleichheit bei einem leicht beeinflußbaren Ehepartner zu subjektivem Streß, der sich auf vier Aspekte der ehelichen Interaktion auswirkt, nämlich Reziprozität, Austausch von Zuneigung, emotionale Expressivität und Gemeinsamkeit von Überzeugungen. So wurde in den Ehen, für die Streben nach hohem Status wichtig war, der status-niedrige Partner von dem anderen als wenig reziprok in der Beziehung beurteilt; der status-höhere Partner fühlte sich im Vergleich mit seinem Ehepartner, der „nach oben" geheiratet hatte, als „Verlierer". In diesen Ehen führte Statusungleichheit zu geringerer gegenseitiger Zuneigung und zu unangemessenen Kommunikationsformen. In solchen Ehen dauerte der subjektive Streß an, obwohl die Eheschließung mit sozialer Mobilität und einer Reduktion der ursprünglichen Statusungleichheit verbunden war. *Pearlin* (1975, 356) faßt seine Ergebnisse wie folgt zusammen: „Um Eheproblemen und Streß in der Ehe Rechnung tragen zu können, muß man zuallererst erkennen, daß Statusungleichheit an sich keine oder nur geringe Konsequenzen hat. Ihre Bedeutung für Eheprobleme hängt nur davon ab, welche Bedeutung man diesem Aspekt zuschreibt."

Diese Arbeit demonstriert nicht nur die ausdrücklich vorgenommene Kombination von Analyseebenen, sondern sie trägt auch zur Klärung der Effekte bei, die die auf beiden Ebenen (soziale und psychische) gemessenen Variablen besitzen: Die soziale Variable (nämlich Statusungleichheit) erzeugt selbst keinen Streß; sie tut dies nur bei den Personen, für die Streben nach Status (die psychologische Variable) wichtig ist. Ohne Berücksichtigung dieser psychologischen Mediatorvariable erweist sich die soziale Variable als unbrauchbar zur Vorhersage von Streß in der Ehe. Um den Streß in der Ehe angemessen erklären zu können, ist es darüber hinaus nötig, jene interpersonellen oder sozialen Prozesse (z. B. die Qualität des Miteinanderlebens) zu untersuchen, die Streßreaktionen erzeugen. Wenn die Partner glauben, sie seien um etwas betrogen worden, wenn sich ihre Zuneigung und ihre gemeinsamen Wertvorstellungen verringern, erleben sie ihre Beziehung als streßreich. Auch hier handelt es sich jedoch um keine Einbahnstraße von der sozialen zur psychischen Ebene. Es wäre auf der anderen Seite gleichermaßen unangemessen, die Prozesse und Effekte auf der psychischen Ebene zu betrachten, ohne auch die Merkmale des sozialen Systems als eine Determinante von Streß zu berücksichtigen. Der Befund, daß manche Ehepaare ihre Beziehung als streßreich erleben, wäre wertlos ohne Einbeziehung der sozialen Variablen (Statusungleichheit). Mit der Anmerkung, daß ehelicher Streß auch auf Statusungleichheit zurückgeht, haben wir auch den natürlichen sozialen Kontext in den Blick gerückt, der in erster Linie Streßreaktionen auslöst. Wie bereits betont, ist die Wechselwirkung zwischen beiden Ebenen keineswegs automatisch, und nur die sorgfältige, gleichzeitige Betrachtung beider Ebenen macht es möglich, die Phänomene zu erklären.

Das zweite Beispiel stammt aus einer neueren Arbeit von *Mason* (1974, siehe auch *Mason, Maher, Hartley, Mougey, Perlow & Jones* 1976) über endokrine Veränderungen bei Affen und Menschen unter verschiedenen Streßbedingungen (z. B. Anstrengung, Hunger, Hitze und Kälte). *Mason* versuchte zu bestimmen, ob diese verschiedenen Belastungen zu einer allgemeinen endokrinen Reaktion führen (im Sinne des „Allgemeinen Adaptationssyndroms" von *Selye*), oder ob sich für jeden Belastungsfaktor ein spezifisches Reaktionsmuster nachweisen läßt. Aus unserer Perspektive ist der interessanteste Aspekt dieser Arbeit der Versuch, „die unabhängigen Variablen zu säubern", wie es der Autor formuliert. Mit anderen Worten: Psychische Reaktionen auf Belastung sind normalerweise konfundiert mit körperlichen Streßreaktionen, und insofern ist es schwer zu entscheiden, wodurch erhöhte Adrenalinausschüttung und ähnliche Effekte produziert werden. In seinen Untersuchungen, in denen er männliche Versuchspersonen körperlicher Anstrengung aussetzte bzw. Affen Hitze und Kälte induzierte, versuchte *Mason*, andere Einflußfaktoren wie Neuartigkeit, Unsicherheit, äußere Reize und Unbehagen möglichst niedrig zu halten, kurzum eine psychische Belastung so weit wie möglich zu reduzieren, die mit den induzierten Streßfaktoren hätte verknüpft sein können. So wurde z. B. versucht, Wettbewerb und allzu starke Anstrengung in dem Belastungsexperiment mit jungen Männern zu vermeiden, um die psychische Belastung zu reduzieren. Die Versuchstiere erhielten Placebos, um ihre Erregung zu reduzieren, wenn der Versuchsleiter der Kontrollgruppe im Hungerexperiment Futter brachte. In dem Experiment, in dem Hitze bzw. Kälte induziert wurde, wurden die Temperaturunterschiede allmählich herbeigeführt, um die Affen nicht zu plötzlich in Panik zu versetzen. Unter diesen Bedingungen minimaler psychischer Bedrohung zeigte sich, daß jeder physikalische Stressor ein ihm eigenes Profil hormoneller Veränderungen erzeugte, und es gab keine allgemeine oder unspezifische hormonelle Reaktion auf alle Reize – im Gegensatz zu den Annahmen, wie sie aus der Theorie des Allgemeinen Adaptationssyndroms abgeleitet werden müssen. Bemerkenswerterweise zeigte sich auch keine Erhöhung der Corticosteroid-Ausschüttung, mit Ausnahme unter der Kältebedingung.

Wie in dem oben genannten Beispiel zeigt sich auch hier die Verbindung von zwei Ebenen der Streßanalyse, nämlich der physiologischen und psychologischen, und zwar hier auf der Seite des Stimulus bzw. Stressors. Bislang waren beide Ebenen gewöhnlich unbeabsichtigt vertauscht worden, indem die psychologische Ebene (Bedrohung) konfundiert wurde mit der physiologischen (Hitze, Kälte, Hunger). Diese Konfundierung hat Forscher bislang in die Irre geführt, wenn sie physische Reaktionen auf unterschiedliche Streßbedingungen analysierten. Die Corticosteroid-Reaktion scheint besonders sensitiv auf psychische Bedrohung zu erfolgen, die wiederum mit anderen äußeren Stressoren konfundiert ist (vgl. *Lazarus* 1966, 1974). Durch seine systematische Versuchsplanung, welche Konfundierungen ausschloß und den Erklärungsbeitrag jedes Faktors getrennt erfaßte, hat *Mason* wesentlich zum Verständnis der psychophysischen Reaktionen auf Streß beigetragen. Wir können daraus lernen, daß nicht nur die gezielte Vermischung der Analyseebenen wünschenswert ist, sondern daß umgekehrt die unabsichtliche Vertauschung der Analyseebenen zu einer deutlichen Verwirrung über die tatsächlich zu beobachtenden Phänomene führen kann.

10.2.4 Ipsativ-normative Untersuchungsstrategien

Die Psychologie war traditionellerweise in ihrer Zielsetzung überwiegend normativ, indem sie nach Gesetzen suchte, die auf alle Menschen gleichermaßen generalisierten. Daß ein solcher Zugang häufig nicht sehr ergiebig ist, wurde von Klinischen Psychologen, die mit individuellen Anpassungsprozessen befaßt sind, sehr gut verstanden. So sagt man beispielsweise, daß eine Person unangepaßt reagiert, weil sie im Vergleich mit anderen Personen oder in Relation zu irgendeinem normativen Standard des „idealen Funktionierens" wenig angepaßt erscheint. Diese normative Perspektive berücksichtigt nicht die aktuellen Umstände, unter denen Verhalten abläuft. Wenn sich das Verhalten einer Person unter Bedingungen starker Deprivation oder Umweltstreß vollzieht oder wenn die Person einer Subkultur angehört, deren Wertvorstellungen sich von denen der Majorität unterscheiden, ist ein strikt normativer Ansatz in vielerlei Hinsicht unangemessen. Auf der anderen Seite können wir aber auch feststellen, daß sich eine Person in Schwierigkeiten befindet, wenn wir einen intraindividuellen Vergleich anstellen und bemerken, daß es ihr schlechter geht als in früheren, „besseren" Zeiten. Der normative Ansatz entspricht dem der klassischen Wahrnehmungspsychologie, in dem Gesetzmäßigkeiten aufgesucht werden, die für alle Menschen oder – in einer arroganten reduktionistischen Betrachtung – sogar für alle Organismen gelten sollen (z. B. *Skinner* 1938). Dadurch werden weder Personmerkmale noch Kontextmerkmale berücksichtigt, die gerade in der „Newlook"-Bewegung betont wurden.

Paradoxerweise hat sich sogar die Persönlichkeitsforschung des normativen Standpunktes bedient, indem der Effekt von Persönlichkeitsvariablen, die statisch konzipiert und durch einmalige Messungen erfaßt worden waren, auf irgendwelche Verhaltensweisen überprüft wurde. Diese Forschungsstrategie zerlegt die Person in eine begrenzte Zahl von Persönlichkeitseigenschaften (selbst wenn sie korrelativ-multivariat und weniger experimentell arbeitet, vgl. *Cronbach* 1957, 1975), anstatt die spezifische Organisation von Merkmalen (oder Facetten) und Funktionen zu erfassen, welche die Person als Ganzes ausmachen. Diese Strategie wurde in den Auseinandersetzungen um den nomothetischen vs. idiographischen Forschungsansatz heftig diskutiert (vgl. *Allport* 1962, *Holt* 1962). Hierbei wurde jedoch ein zentraler Punkt übersehen, nämlich die Tatsache, daß ein Forschungsansatz nicht zwangsläufig nomothetisch oder idiographisch sein muß. Der nomothetische Ansatz dominiert noch immer in der Persönlichkeitsforschung, und diese Orientierung ist übergegangen auf epidemiologische und klinisch-psychologische Arbeiten, in denen nach den Ursachen von Fehlanpassung und Krankheiten gefragt wird. Typischerweise werden große Personenstichproben erfaßt, um entweder Person- oder Umweltmerkmale in kausale Beziehung zum Krankheitsrisiko zu setzen. Die Betonung liegt hierbei auf Menschen allgemein und nicht auf intraindividuellen Differenzen über Situationen oder Zeit.

Meines Erachtens wird es für viele Forscher offenkundig, daß viele Fragestellungen eine Kombination aus nomothetischer und idiographischer Vorgehensweise erfordern. Weniger extreme Standpunkte wurden vertreten, indem zur Kennzeichnung der intraindividuellen Perspektive der Begriff „ipsativ" und zur Kennzeichnung der interindividuellen Perspektive der Begriff „normativ" vorgeschlagen wurde (vgl. *Broverman* 1962, *Marceil* 1977). Ipsativ bezieht sich auf die vielen Facetten, die eine Person kennzeichnen, oder darauf, wie sie sich in einer Vielzahl von Situationskontexten verhält. Forschungsarbeiten können zur gleichen Zeit ipsativ und normativ sein.

Wie wir andernorts dargestellt haben (vgl. *Lazarus* 1978, *Lazarus & Cohen* 1976, *Lazarus* et al. 1980), werden wir nie jene fortwährenden Prozesse analysieren können, die zu unterschiedlichen Anpassungseffekten (wie Krankheit, Wohlbefinden, soziales Funktionieren) führen, solange wir diese Prozesse nicht über eine Vielzahl von Beobachtungszeiten hinweg für eine Person analysieren. Hierzu müssen wir die zahlenmäßig großen Personenstichproben opfern, die wir zur statistischen Signifikanzprüfung brauchen, wenn die Varianzquelle schwach ist und einen von vielen Kausalfaktoren darstellt. Statt dessen müssen wir eine intensive Analyse derselben Personen über viele Situationen und Zeitpunkte hinweg durchführen. Ipsativ-normative Forschungsstrategien mit ihrer Verpflichtung zu wiederholten Messungen erfordern, daß wir die Zahl der untersuchten Personen reduzieren und die Zahl der Beobachtungszeitpunkte erhöhen.

Wenn unser Anliegen ist festzustellen, wie effektiv Bewältigungsprozesse sind, müssen wir überprüfen können, ob eine spezifische Gruppe von Personen (unterschieden z. B. nach Alter, Geschlecht, Persönlichkeit oder soziokulturellen Merkmalen) mit einer Vielzahl streßreicher Ereignisse in einer bestimmten konsistenten Weise umgeht (z. B. im Sinne eines konsistenten Bewältigungsmusters) oder ob effektive im Gegensatz zu ineffektiven Bewältigungsformen nur bei bestimmten Ereignissen auftreten. Um dies feststellen zu können, müssen wir Personen wiederholt über die Zeit hinweg beobachten, anstatt sie nur ein- oder zweimal zu untersuchen. Wir müssen intraindividuelle Daten so analysieren können, daß sich daraus sinnvolle Verhaltensmuster über unterschiedliche Ereignisse und Situationskontexte wie auch über unterschiedliche Personengruppen hinweg feststellen lassen. Hierzu brauchen wir innovative Analysemethoden, die derzeit noch nicht vorhanden oder nur bedingt tauglich sind. Was ich einleitend zur naturalistischen Perspektive, zur transaktional-prozessualen Sichtweise und zur Notwendigkeit der gleichzeitigen Berücksichtigung unterschiedlicher Analyseebenen bemerkt habe, konvergiert in diesen einen methodologischen Grundsatz des ipsativ-normativen Forschungsdesigns.

10.3 Grundlegende Konzepte im Forschungsbereich Kognition und Bewältigung

Wie eingangs bemerkt, hat die kognitive Orientierung in der Psychologie eine bemerkenswerte Renaissance erfahren. Die Psychologie war stets mit den Verknüpfungen zwischen Kognition, Emotion und Motivation befaßt, aber die Art dieser Verknüpfungen wurde in verschiedenen Zeiten unterschiedlich konzipiert. Erst unlängst jedoch wurde klar erkannt, daß Emotion und Motivation deutlich dadurch geformt werden, wie eine Person die Beziehungen zu ihrer Umwelt konstruiert – also durch kognitive Prozesse (siehe *Lazarus* 1966, *Lazarus* et al. 1970, *Lazarus & Launier* 1978). Zunehmend mehr Theoretiker (*Arnold* 1969, 1970, *Mandler* 1975) – eingeschlossen die kognitiven Verhaltenstherapeuten wie *Beck* (1971), *Ellis* (1962), *Goldfried* (1980), *Mahoney* (1977), *Meichenbaum* (1977) – akzeptieren die Prämisse, daß Emotionen das Produkt kognitiver Vorgänge sind. Emotionen stellen in dieser Betrachtung das Resultat von oder die Reaktionen auf kognitiv vermittelte Transaktionen mit der tatsächlichen, vorgestellten oder antizipierten Umwelt dar. Seit 1966 verwende ich für diese Sichtweise den Terminus „kognitive Einschätzung", die in zwei wesentlichen Formen erscheint, nämlich als primäre und sekundäre Einschätzung.

10.3.1 *Primäre Einschätzung und Neueinschätzung*

Primäre Einschätzung umschreibt den Vorgang, innerhalb dessen die Bedeutung einer Transaktion mit der Umwelt für das eigene Wohlbefinden eingeschätzt wird. Solche Einschätzungen treten in drei Formen auf, indem diese Transaktion entweder als irrelevant, positiv oder streßreich bewertet wird. Innerhalb der Einschätzung als streßreich lassen sich drei Subtypen unterscheiden, nämlich Schädigung/Verlust, Bedrohung oder Herausforderung. Schädigung/Verlust bezieht sich auf ein bereits eingetretenes Ereignis, z. B. den Verlust einer geliebten Person, den Verlust körperlicher Funktionstüchtigkeit, den Verlust der sozialen oder Selbstwertschätzung oder den Verlust der existentiellen Sinngebung. Bedrohung kann sich auf die gleichen Arten von Ereignissen beziehen, aber dieser Begriff schließt ein, daß diese Ereignisse noch nicht eingetreten, wohl aber antizipiert sind. Herausforderung bezieht sich darauf, etwas als Möglichkeit zu persönlichem Wachstum, Gewinn oder Meisterung einer Situation aufzufassen. Die Unterscheidung zwischen diesen drei Subtypen ist nicht nur in ihrer Bedeutung für Bewältigungsprozesse selbst und für die

Effektivität, mit der vorhandene Fertigkeiten zur Bewältigung von sozialen Transaktionen eingesetzt werden, wichtig, sondern sie besitzen vermutlich auch unterschiedliche Effekte für das physische und psychische Wohlergehen.

Bislang wissen wir zu wenig darüber, welche Menschen typischerweise streßreiche Ereignisse als herausfordernd und weniger als bedrohlich einschätzen oder umgekehrt. Wir wissen zu wenig über jene Typen von streßreichen Ereignissen, die eine Einschätzung als herausfordernd eher nahelegen als eine Einschätzung als bedrohlich, und wir wissen wenig über die Konsequenzen jeder dieser Einschätzungen. Als Arbeitshypothese zu den Antezedentien solcher Einschätzungen bietet sich an, daß eine Person Bedrohung wahrnimmt, wenn sie ihre Umwelt als feindselig und gefährlich erlebt und keine Kompetenz zu ihrer Meisterung besitzt. Hingegen dürfte die Einschätzung als herausfordernd wahrscheinlicher sein, wenn Anforderungen als schwierig, aber nicht unerfüllbar gesehen werden und wenn eine Person vermutet, daß der Einsatz bereits vorhandener oder noch zu erwerbender Fertigkeiten eine echte Chance zur Meisterung eines Ereignisses bietet. Neben solchen Annahmen über spezifische Ereignisse mögen Personen auch sehr allgemeine Überzeugungssysteme besitzen, die sich auf ihre eigene Person und ihre Umwelt beziehen und die ihrerseits die Bewertung spezifischer Ereignisse beeinflussen (vgl. *Bandura* 1977, *Ellis* 1962, *Lazarus* 1966).

Allgemein gesehen bezieht sich psychischer Streß auf (u. U. miteinander konkurrierende) Anforderungen, die in der Einschätzung der betroffenen Person interne oder externe Ressourcen auf die Probe stellen oder überschreiten. Der Begriff „kognitive Einschätzungen" macht diese Definition von Streß zu einer genuin psychologischen. Das zentrale Element ist, daß eine Person bewußt oder unbewußt spürt, daß sie in Gefahr ist. In analoger Weise bezieht sich Streß auf der sozialen Ebene auf Anforderungen von außen oder innen, die die Kräfte eines sozialen Systems auf die Probe stellen oder überfordern. Auf der physischen Ebene resultiert Streß aus unmittelbaren physischen Anforderungen, selbst wenn diese auf einer anderen Ebene angesiedelt sind. Damit ist Streß weder gleichbedeutend mit einem Umweltreiz, einem Personmerkmal oder einer Reaktion, sondern Streß stellt ein relationales Konzept dar, indem ein Gleichgewicht hergestellt werden muß zwischen Anforderungen und der Fähigkeit, mit diesen Anforderungen ohne zu hohe Kosten oder destruktive Folgen fertigzuwerden. Ein grundlegender Aspekt jeder psychologischen Analyse von Streß ist es, daß die primäre Einschätzung die Intensität und Qualität der emotionalen Reaktionen bestimmt. Einschätzungen einer Transaktion als positiv führen zu positiven emotionalen Reaktionen wie Freude, Zufriedenheit usw. Einschätzungen als streßvoll führen zu negativ getönten Emotionen, wie Angst, Furcht, Ärger, Schuld, Neid, Eifersucht, Mißtrauen usw. Jeder emotionalen Qualität und Intensität liegt ein ihr eigenes Bewertungsmuster zugrunde (vgl. auch *Beck* 1971). Angst beispielsweise resultiert aus einer erwarteten Bedrohung, die in Bezug auf das, was geschehen wird oder was man dagegen tun kann, vieldeutig ist; Angst ist im Vergleich zu Furcht in hohem Maße symbolisch (siehe *Lazarus & Averill* 1972).

Primäre Einschätzungen schließen auch Rückmeldungen über Veränderungen in der Person-Umwelt-Beziehung und über die fortlaufenden Transaktionen ein, die potentiell mit Veränderungen in der Qualität und Intensität von Emotionen einhergehen. Ich habe diese kognitiven Aktivitäten „Neueinschätzungen" genannt. Ein Forschungsbeispiel stellt die Arbeit von *Folkins* (1970) dar, in welcher Personen auf einen angekündigten Elektroschock unterschiedlich lange (von 30 Sekunden bis 20 Minuten) zu warten hatten. Ihre intrapsychischen Vorgänge wurden im Rahmen von Interviews nach Abschluß dieser Wartezeit rekonstruiert. Die psychophysischen Streßreaktionen variierten in ihrer Höhe in Abhängigkeit von der Wartezeit, wobei die stärksten Reaktionen etwa bei einer Minute und die geringsten Reaktionen bei drei und fünf Minuten mit einem nachfolgenden Anstieg bei einer Wartezeit von zwanzig Minuten aufschienen. Die per Interview gewonnenen Daten legen nahe, daß die Variabilität in den psychophysischen Streßreaktionen davon abhing, was die Personen während des Wartens jeweils dachten. So war beispielsweise eine Minute für die Person ausreichend, die bedrohliche Vorstellung über den erwarteten Schmerz voll zu assimilieren; diese Zeit war jedoch zu kurz, diese Vorstellung wieder in Zweifel zu ziehen. Mußten die Personen jedoch fünf Minuten warten, begannen sie über die Situation stärker nachzudenken oder sie neu einzuschätzen und sich selbst zu beschwichtigen („ein Professor wird mir sicherlich nicht zu starke Schmerzen bereiten"). Bei einer Wartezeit von zwanzig Minuten schien sich das Problem wiederum zu verändern, die Personen bekamen Angst, vermutlich weil sie eine solch lange Wartezeit als Hinweis auf irgendein gravierendes Ereignis interpretierten. Unser ganzes Leben hindurch sind wir dabei, Ereignisse auf ihre Bedeutung und ihren Sinn einzuschätzen und umzubewerten. Dies ist ein Grund dafür, warum Emotionen fortwährend im Fluß sind und sich in Intensität und Qualität verändern, abhängig davon, wie die sich wandelnden Merkmale von Ereignissen und Situationen von Personen eingeschätzt werden.

10.3.2 Sekundäre Einschätzung

Primäre Einschätzung bezog sich auf die Bedeutung einer Transaktion für das subjektive Wohlbefinden; sie ist eine Frage der Art „liegt irgend etwas an?" Ist die Antwort darauf „ich bin in Gefahr" (d. h. wenn eine Situation als Schädigung/Verlust, Bedrohung oder Herausforderung bewertet wird), dann beginnt ein zentraler adaptiver Prozeß, nämlich der der Bewältigung. Die Person muß – absichtlich und bewußt oder unbewußt und automatisch – eine Entscheidung treffen, was zu tun ist. Da sich die meisten streßreichen Transaktionen aus vielen spezifischen Ereignissen zusammensetzen, die sich über lange Zeiträume erstrecken können, braucht die Person Informationen über ihre persönlichen und sozialen Ressourcen, auf die sie zurückgreifen kann. Sie muß wissen, wie bestimmte Bewältigungsformen mit den streßreichen Anforderungen zusammenpassen, und sie muß berücksichtigen, daß mit ihrem Bewältigungsverhalten neue Probleme entstehen können. Dies alles erfordert offensichtlich eine Fülle komplexer Einschätzungsprozesse, die sich auf die Entscheidung für ein bestimmtes Bewältigungsverhalten beziehen. Ich habe diese kognitiven Prozesse „sekundäre Einschätzungen" genannt, um sie in ihrer Funktion von primären Einschätzungen abzugrenzen. Verschiedene Formen der sekundären Einschätzung und deren Konsequenzen für nachfolgende Handlungen sind ausführlich bei *Lazarus & Launier* (1978) dargestellt.

In einem kognitiven System, das, wie das hier dargestellte, dynamisch und auf zeitliche Verläufe bezogen ist, sind Prozesse der sekundären und primären Einschätzung voneinander abhängig und scheinen sogar untrennbar. Die einzige Unterscheidung liegt darin, daß sich diese Prozesse auf unterschiedliche Sachverhalte beziehen. Wenn eine Person ein Bewältigungsverhalten zeigt, das mit hoher Wahrscheinlichkeit einen Schaden überwindet, eine Bedrohung meistert oder sogar eine Herausforderung erleben läßt, wird sich in gleichem Maße auch die primäre Einschätzung als Bedrohung selbst verändern. Man fühlt sich nicht mehr länger bedroht, wenn man einen potentiellen Schaden als relativ einfach abzuwenden erkannt hat. Wenn man andererseits keine Informationen gefunden hat, die Hinweise auf effiziente Bewältigungsformen liefern oder wenn man zu der Überzeugung gelangt ist, man könne nichts tun, wird die Bedrohung selbst wie auch der Wunsch, ihr zu entfliehen, immer stärker.

Dieses dynamische Wechselspiel läßt sich an einer Person illustrieren, die allmählich erkennt, daß ihre Krankheit keine harmlose Zyste, sondern ein bösartiger Tumor ist. Ein operativer Eingriff mag zunächst die Stärke der Bedrohung verringern, aber weitere Hinweise auf ein Wachstum des Tumors verändern sofort die Einschätzung der Bedrohung. Erweist sich die Krankheit als metastatisches Zellwachstum, so wird der Wunsch nach Meisterung dieser Situation immer geringer und das Gefühl von Ungerechtigkeit und höchster Bedrohung verstärkt sich. Intrapsychische Bewältigungsprozesse wie Verleugnung, Hoffnung und Akzeptierung werden bedeutsamer als Bewältigungsaktionen, die die Situation verändern sollen.

Für manche Autoren ist das Konzept der kognitiven Einschätzung wegen seiner scheinbaren Zirkularität zweifelhaft, da sich Einschätzungen erst nachträglich durch Inferenzschlüsse oder Selbstberichte erfassen lassen. Dies trifft jedoch nicht zu. Als ich zuerst dieses Konzept einführte (siehe *Lazarus* 1966), habe ich darauf verwiesen, daß – wie bei jedem psychischen Vorgang – Einschätzungen durch die Interaktion von Umwelt- und Personmerkmalen determiniert werden. Mögliche Umweltfaktoren sind z. B. das unmittelbare Bevorstehen einer Bedrohung und ihre Mehrdeutigkeit (vgl. *Folkman, Schaefer & Lazarus* 1979) sowie die Stärke von Situationsanforderungen und ihre Dauer. Die zeitliche Dauer spielt bei chronischem Streß eine Rolle, der mit höherer Wahrscheinlichkeit zu Magengeschwüren führt als akuter Streß (vgl. *Mahl* 1952, 1953), und viele Hinweise deuten darauf, daß die hormonellen und psychischen Reaktionen auf Streßbelastung von dieser Unterscheidung „chronisch vs. akut" abhängen (vgl. *Gal & Lazarus* 1975). Von den personseitigen Determinanten der Streßreaktionen erscheinen zwei wichtig, nämlich generalisierte oder spezifische Konzepte über die eigene Person und die Umwelt und die Qualität und Intensität von Wertüberzeugungen und moralischen Verpflichtungen.

An dieser Stelle sollen die Determinanten der Einschätzungsprozesse nicht im

Detail ausgeführt werden, wobei unser diesbezügliches Wissen ohnehin nicht sehr groß ist. Wichtig ist jedoch, daß kognitive Einschätzungen ihrerseits im Hinblick auf ihre Ursachen und Effekte analysiert werden können, und es ist wichtig zu betonen, daß die Interaktion zwischen beiden Determinanten, nämlich zwischen Person und Umwelt, ausschlaggebend dafür ist, wie die Ereignisse eingeschätzt und bewertet werden.

10.3.3 Bewältigungsstrategien

Das Konzept „Streß" ist meines Erachtens von weit geringerer Bedeutung für Anpassungsprozesse als das Konzept der „Bewältigung". Streß ist ein universelles Phänomen, ein unvermeidlicher Aspekt des alltäglichen Lebens, auch wenn manche Personen häufiger, intensiver und substantieller Streß erleben als andere. Der wesentliche Unterschied liegt jedoch in den Folgen von Streß, und diese werden durch die jeweiligen Bewältigungsstrategien erzeugt; deswegen sollten wir ihnen unsere Aufmerksamkeit widmen. Ich will zunächst die wesentlichen Funktionen des Bewältigungsverhaltens darstellen und dann eine Grobklassifikation von Bewältigungsstrategien vorschlagen.

Funktionen des Bewältigungsverhaltens. In einem wesentlichen Punkt unterscheide ich mich von kognitiven Verhaltenstherapeuten wie *Ellis* (1962), anderen Autoren wie *Haan* (1977) und von dem traditionellen psychiatrischen Zugang. Nach meiner Meinung ist die effektivste Art der Bewältigung nicht notwendigerweise „realitätsnah", sondern sie muß flexibel sein. Wenn man wie *Ellis* (1962) annimmt, daß pathologische Formen unseres Erlebens auf falschen oder irrationalen Annahmen über das Leben beruhen, dann muß der Therapeut solche Annahmen an die Realität annähern, und Bewältigungsverhalten muß letztlich auf eine akkurate Erfassung der Realität bezogen sein. Ich stimme darin überein, daß Verhaltensweisen, die eine gestörte Beziehung zu der Umwelt verändern, für nachfolgende Effekte von größter Bedeutung sind; insbesondere gilt dies für das sogenannte „antizipatorische Bewältigungsverhalten", welches bedrohliche Konfrontationen mit hoher Wahrscheinlichkeit zu verhindern oder abzuschwächen in der Lage ist. Es gibt jedoch sehr viele Ereignisse, bezüglich derer man wenig oder nichts tun kann, selbst wenn man das Problem in seiner vollen Breite erkennt. In diesen Fällen ist es angemessen oder sogar optimal, wenn wir die starke Mehrdeutigkeit von Situationen tolerieren oder uns sogar in Selbsttäuschungen flüchten (vgl. *Hamburg & Adams* 1967). Deshalb besteht die Funktion von Bewältigungsverhalten nicht nur in einer problemlösenden oder instrumentellen Funktion, sondern auch in der Selbstregulation von negativen emotionalen Zuständen.

Bewältigungsprozesse besitzen daher zwei Grundfunktionen, nämlich einmal die Verbesserung einer Situation, indem man seine eigenen Aktionen darauf einstellt oder die bedrohliche Situation selbst verändert, und zum zweiten in der Veränderung der physischen und erlebnismäßigen Komponenten der durch den Streß erzeugten Emotionen selbst, so daß sie unter Kontrolle bleiben und nicht das Wohlbefinden und soziale Funktionieren beeinträchtigen. Beide Funktionen von Bewältigungsprozessen sind zuweilen miteinander unvereinbar, und dann besteht die Gefahr einer Fehlanpassung. Zum Beispiel versuchen wir im Angesicht einer Gefahr, unser Unbehagen zu lindern, indem wir Verleugnung, Intellektualisierung, Vermeidung negativer Gedanken, Einnahme von Alkohol oder Tabletten als Bewältigungsverhalten zeigen. Durch all diese Dinge fühlt man sich besser, obwohl dadurch die Situation selbst nicht verändert wird. Sofern diese Bewältigungsformen andere adaptive Handlungen nicht verhindern, mögen sie sehr hilfreich sein.

In einer Arbeit von *Cohen & Lazarus* (1973) erwiesen sich zur Bewältigung bevorstehender operativer Eingriffe Verleugnung und Vermeidung höher korreliert mit postoperativem Wohlbefinden als erhöhte Aufmerksamkeitszuwendung zu diesem Ereignis. Diese ist unter solchen Bedingungen von nur geringem Wert, weil es keine Möglichkeiten zu direktem Handeln gibt, um das Problem einer raschen Genesung zu meistern. Den gegenteiligen Aspekt zeigt die Arbeit von *Katz, Weiner, Gallagher & Hellmann* (1970): Solche „lindernden" Bewältigungsformen führen auch zu einer Unterbindung oder Verzögerung direkter Handlungen, die nötig wären, um Personen vor ernsthafteren Erkrankungen zu schützen. In dieser Studie erwies sich als ein meist verbreiteter Bewältigungsmechanismus bei Frauen, die möglicherweise an Brustkrebs erkrankt waren, eine Art Verleugnungs-/Vermeidungsverhalten mit der Folge, daß zu spät medizinische Betreuung aufgesucht wurde. Zu große zeitliche Verzögerungen waren dann mit viel geringeren Heilungschancen verbunden. Ähnliches beobachteten *Hackett & Cassem* (1975) bei Männern mit erkennbaren Symptomen von Herzerkrankungen: Sie vollführten anstrengende Körperübungen und rannten Treppen hinauf und hinab mit dem Argument, sie könnten keine Herzerkrankung haben, denn sonst würden solche Betätigungen sie umbringen. Diese Männer versuchten also, ihr subjektives Unbehagen zu lindern auf Kosten einer effizienteren Verhaltensweise, die im Aufsuchen medizinischer Betreuung liegt. Wie sich zeigte, erlitten diese Männer in der Tat einen Herzanfall, den sie zwar überlebten, aber ihr spezifisches Bewältigungsverhalten hatte ihr Leben gefährdet.

Die zwei Funktionen von Bewältigungsprozessen, nämlich Problemlösung und Regulation negativer Affekte (Linderung), wurden von verschiedenen Autoren kommentiert (z. B. *Kaplan, Cassel & Gore* 1973, *Mechanic* 1962, *Parsons & Bales* 1955). Wenngleich beide Funktionen oft einander widersprechen (wenn z. B. die lindernde Funktion die Ausführung adaptiv notwendiger Handlungen verhindert), stützen sie sich auch gegenseitig. Wenn man beispielsweise in einer Prüfungssituation oder bei einer Rede vor anderen die Streßbelastung durch Einnahme von Beruhigungstabletten oder durch kognitive Prozesse, die die Angst mindern, verringern kann, ist die Leistungshöhe sogar zu steigern, zumindest aber ist sie nicht geringer. Des weiteren können Handlungen, die Probleme in der Person-Umwelt-Beziehung lösen, zur Reduktion von emotionalem Unbehagen führen. Als brauchbare Arbeitshypothese bietet sich die Annahme an, daß effektive Bewältigungsformen beide Funktionen erfüllen müssen, also sowohl direkte Aktionen wie auch „lindernde" Bewältigungsmechanismen umfassen. Diese Annahme gilt trotz der in unserer Gesellschaft verbreiteten Wertschätzung für realistische Orientierungen und direkte Aktionen.

Der Ansatz von *Ellis* (1962) und der kognitiven Verhaltenstherapeuten allgemein ist in Hinblick auf die Annahme der kognitiv vermittelten Emotionen in zweierlei Weise problematisch, was aus der einseitigen Beschäftigung mit psychopathologischen Phänomenen herrührt. *Ellis* betrachtet Emotionen als die pathologische Folge von irrationalen Annahmen über die eigene Person und die Umwelt. Es scheint daher naheliegend, daß das Ziel der Therapie in der Veränderung solcher Annahmen liegt und die Person zu einer exakteren Wahrnehmung der Wirklichkeit gelangen muß. Die Betonung des Realitätsbezugs läßt jedoch keinen oder nur geringen Raum für lindernde, emotionsregulierende Prozesse als gleichermaßen angemessene und brauchbare Formen der Bewältigung. Meines Erachtens setzen alle wohlangepaßten Menschen gelegentlich solche Bewältigungsformen ein, vermutlich häufig zusammen mit instrumentellen oder aktiven Formen der Bewältigung. Da wir wenig über optimale Anpassung im Alltag wissen, nehmen wir fälschlicherweise an, daß Linderung notwendigerweise pathologisch ist, nur weil sie zu weniger guten adaptiven Effekten führt. Dennoch muß eine solche Generalisierung nicht auf alle Personen zutreffen, die ihr Leben gut bewältigen.

Das zweite Problem in *Ellis'* Ansatz liegt darin, daß Emotionen nicht immer negativer Qualität oder pathologisch sein müssen, wie er offensichtlich annimmt und wie es weithin in Psychologie und Psychiatrie verbreitet zu sein scheint. Positiv getönte Emotionen haben in solchen Ansätzen keinen Platz, noch ist ihr Wert für allgemeine Anpassungsprozesse bislang berücksichtigt worden – eine Sichtweise, die wir andernorts scharf kritisiert haben (vgl. *Lazarus, Kanner & Folkman* 1980). Wenn wir unsere Erkenntnisse ausschließlich aus dem klinischen Kontext beziehen, laufen wir Gefahr, einseitige und inkorrekte Annahmen zu machen über jene effektiven Anpassungsprozesse, wie sie sich bei Menschen zeigen, die nie psychologische Betreuung aufsuchen. Zum besseren Verständnis der alltäglich ablaufenden wie auch der „optimalen" Anpassungsprozesse müssen wir mehr darüber wissen, wie Menschen ihr Alltagsleben meistern und welche Rolle sowohl positive wie negative Ereignisse in ihrem Leben spielen.

Bewältigungsformen. Unlängst haben wir vier Bewältigungsformen herausgearbeitet (vgl. *Lazarus & Launier* 1978), von denen jede sowohl problemlösende wie emotionsregulierende Funktionen erfüllt, jede sich auf die eigene Person wie die Umwelt beziehen kann und jede sowohl auf augenblickliche oder vergangene Ereignisse (Schädigung/Verlust) wie auf künftige Ereignisse (Bedrohung/Herausforderung) gerichtet ist. Diese vier Bewältigungsformen sind Informationssuche, direkte Aktion, Aktionshemmung und intrapsychische Prozesse.

Informationssuche umschreibt die Herausfilterung jener Chrakteristika einer streßreichen Situation, deren Kenntnis die Person zur Wahl bestimmter Bewältigungsstrategien oder zur Neueinschätzung der Schädigung bzw. Bedrohung braucht. Neben ihrer problemlösenden Funktion besitzt Informationssuche auch den Effekt, daß sich eine Person durch Prozesse der Rationalisierung oder Rechtfertigung einer bereits getroffenen Entscheidung besser fühlt (vgl. *Janis* 1968, *Janis & Mann* 1977). Diese lindernde Funktion steht paradoxerweise im Gegensatz zu jenen Annahmen, die in Theorien der Informationsverarbeitung über Entscheidungsprozesse gewöhnlich formuliert werden (vgl. *Folkman, Schaefer & Lazarus* 1979). Beschönigung bzw. Linderung schließt häufig ein, daß man die negativen Seiten seines Wissens oder seiner verfügbaren Informationen übersieht. Daneben erfordert die Regulation von affektivem Unbehagen häufig, daß man auch Mehrdeutiges akzeptiert. Zuweilen stellen Mehrdeutigkeit und Ungewißheit eher eine Linderung denn eine Quelle für Angst dar. Es ist weder zufällig, noch dient es lediglich der eigenen Bequemlichkeit, wenn ein Arzt einem Patienten nicht alle grausamen Einzelheiten seines Zustandes mitteilt. Wenn sich eine Situation nicht verändern läßt, trägt der Zustand der Unsicherheit dazu bei, Hoffnung, Wohlbefinden und Interesse am Leben aufrechtzuerhalten, und er hilft der Person, Schmerzen oder Unbehagen zu tolerieren oder zu verringern. Andererseits kann die Vermeidung totaler Aufrichtigkeit auch großen Schaden anrichten, indem sie die Glaubwürdigkeit dauerhaft zerstört oder indem sie verhindert, daß sich der Patient mit dem Tod oder seinem unumgänglichen Schicksal auseinandersetzen kann. Die Tatsache, daß Unsicherheiten auch positive Aspekte besitzen, kann jedoch nicht wie ein Rezept angewandt werden. Einfühlsame Ärzte werden, so glaube ich, zu erforschen versuchen, was für den einzelnen Patienten erforderlich ist. Will ein Patient weitere, vorsichtig dargebotene Informationen nicht mehr aufnehmen, so ist dies ein wichtiger Hinweis. Einfühlsame Ärzte wissen auch, daß sich das Bedürfnis, etwas über die eigene Krankheit zu erfahren, von einem Zeitpunkt zum anderen ändern kann. Wir dürfen nicht vergessen, daß es auch andere Formen der Bewältigung einer Bedrohung gibt, als „alles zu wissen", und daß Ungewißheit in der gesamten Bewältigungsstrategie einer Person nützlich sein kann. Noch wissen wir auch zu wenig über die Kovariaten erfolgreicher Bewältigungsmuster, um allgemein postulieren zu können, daß eine exakte Überprüfung der Realität die beste Strategie für alle Personen darstellt.

Unter *direkte Aktionen* fallen alle – ausgenommen kognitive – Aktivitäten, mittels derer eine Person streßvolle Situationen in den Griff zu bekommen versucht. Solche Aktivitäten sind so verschieden, wie es Umweltanforderungen und persönliche Ziele von Menschen sind – einschließlich des Auslebens von Ärger, der Suche nach Revanche, der Flucht, des Selbstmordes, der Einnahme von Tabletten usw. Die Liste ließe sich beliebig fortsetzen. Direkte Aktionen können sowohl auf die eigene Person wie auf die Umwelt gerichtet sein, da beide potentiell veränderbar sind und zur Verbesserung einer streßreichen Person-Umwelt-Beziehung beitragen können. Solche Aktionen können zum Ziel haben, vergangenes Leid oder Unrecht zu bewältigen (z. B. wenn eine Person sich aus Kummer in die Arbeit stürzt oder eine neue Partnerschaft sucht), sie können sich aber auch auf künftige Gefahren richten. Solchen antizipatorischen Bewältigungsaktionen wurde, gemessen an ihrer Bedeutung für menschliche Anpassung, bislang zu wenig Aufmerksamkeit geschenkt.

Es mag eigenartig erscheinen, daß auch *Aktionshemmung* als Bewältigungsform eingeführt wird, da diese doch Inaktivität einschließt. Jedoch stellt effektive Bewältigung häufig eher die Unterdrückung eines Handlungsimpulses dar, der nur Schaden anrichten kann, als daß sie aus Handlungen besteht, die der Situation nicht gerecht werden könnten. In einer komplexen sozialen und innerpsychischen Welt kann jede Handlung potentiell an moralische, soziale oder physische Grenzen stoßen. Die Entscheidung für bestimmte Handlungen ist nur möglich, wenn starke Handlungsimpulse (wie bei Ärger oder Wut) zugunsten anderer Handlungsziele unterdrückt werden können.

Alle kognitiven Prozesse, die der Regulation von Emotionen dienen (also alles, was eine Person sich selbst einredet), sind in die Kategorie der *intrapsychischen Bewältigungsformen* einzuordnen, eine äußerst heterogene Kategorie. Sie schließt nicht nur Mechanismen der Selbsttäuschung oder Abwehrmechanismen wie Verleugnung, Projektion und Reaktionsbildung ein, sondern auch Vermeidung und Versuche der Distanzierung von einer Bedrohung (wie im Falle von Isolierung, Intellektualisierung und Untätigkeit), welche das Gefühl der subjektiven Kontrolle über die Bedrohung vermitteln. Diese Bewältigungsformen sind meist lindernder Art, indem sie das Wohlbefinden der Person steigern und die emotionale Belastung reduzieren oder minimieren. Auch diese Bewältigungsformen können sich auf vergangene Ereignisse beziehen (z. B. Neueinschätzung eines dramatischen Ereignisses) oder auf künftige Ereignisse richten (z. B. Leugnung einer Gefahr); sie mögen auf die eigene Person bezogen sein („ich bin nicht inkompetent") wie auf die Umwelt („diese Situation ist nicht gefährlich").

10.3.4 Probleme der Erfassung von Bewältigungsprozessen

Zur Erfassung von Bewältigungsprozessen benötigen wir Forschungs- und Meßmethoden, die von den üblichen Verfahren der Persönlichkeitsforschung zur Erfassung von Bewältigungsstilen oder Eigenschaften sehr verschieden sind. Man muß Möglichkeiten finden zur Beschreibung dessen, was eine Person in spezifischen Situationen tut und denkt. Die meisten verfügbaren Erhebungsmethoden zu Bewältigungsprozessen sind eigenschaftsorientiert, d. h. sie erfassen, wie sich eine Person gewöhnlich verhält und nicht, wie sie sich in spezifischen Situationen verhält (vgl. *Moos* 1974). Sie sind gewöhnlich nur auf begrenzte Bewältigungsformen beschränkt, beispielsweise auf spezifische intrapsychische Merkmale wie Verdrängung vs. Sensibilisierung und zuweilen auch auf ein Gemisch von intrapsychischen Verteidigungsformen. Fast nie decken sie die ganze Breite der Bewältigungsformen ab, wie ich sie oben dargestellt habe. Es stellen sich eine Vielzahl von Problemen, wenn man Bewältigungsformen in natürlichen Situationen und in ihrem Prozeßverlauf erfassen will. Einige dieser Grundprobleme will ich im folgenden kurz erörtern, nämlich (1) Bewältigung als Konstellation verschiedener Handlungen, (2) Analyse individueller Bewältigungsprozesse, (3) Mehrdeutigkeiten in der Definition von Bewältigungsprozessen und (4) Bewertung der Effektivität von Bewältigungsprozessen.

Bewältigung als Konstellation verschiedener Handlungen. Bewältigung stellt nicht eine einzige Handlung, sondern eine Konstellation aus vielen Handlungen und Gedanken dar, die ihrerseits aus einem komplexen Anforderungsgefüge über unterschiedliche Zeiträume hinweg resultieren. Zweifellos mag es Bewältigungsmuster oder Bewältigungsstile geben, die für eine Person mehr oder weniger charakteristisch sind, aber auch diese sind eher eine Kombination verschiedener Handlungen und Gedanken und nicht eine einzige Handlung selbst. Daher müssen wir alles erfassen, was Personen tun oder denken in der Konfrontation mit einem oder mehreren Ereignissen. Auf dieser Grundlage können wir Vergleiche zwischen oder innerhalb von Personen anstellen (ipsativ-normativ). Die Behauptung, daß eine Person verleugnet, vermeidet oder intellektualisiert, ist eine Seite, die Beschreibung der spezifischen Kognitions- und Handlungsmuster, die sie in verschiedenen Phasen des Ereignisses oder über verschiedene Ereignisse hinweg zeigt, ist die andere Seite. Ein streßreiches Ereignis kann sehr einfach oder sehr komplex, von kurzer oder von langer Dauer sein. Aber selbst im einfachsten Falle sind mehrere und nicht nur eine Person involviert, auf die sich Gedanken und Aktionen beziehen, und das Wechselspiel zwischen Gedanken und Aktionen vollzieht sich innerhalb des Bewältigungsprozesses mehr als nur einmal. Bevor wir Vereinfachungen und Verallgemeinerungen insgesamt kritisieren können, müssen wir in der Lage sein, anzugeben, was tatsächlich im Verlaufe eines Ereignisses passiert ist. Nehmen wir als Beispiel die Auseinandersetzung mit dem Lebenspartner. Die Person, deren Bewältigungsverhalten wir analysieren wollen, mag dabei Humor, Verleugnung, Drohung, Beschimpfungen, Ärger, Rückzug, Suche nach Informationen, Selbsttäuschung, Tränen, Passivität und Abhängigkeit, Flucht, Liebesbeteuerungen und vieles mehr zeigen. Wenn wir diese unterschiedlichen interpersonellen und intrapsychischen Manöver nicht erfassen können, können wir auch nicht den nächsten Schritt tun und die Konstellation von Bewältigungsprozessen beschreiben, die die Person in der spezifischen Situation einsetzt. Dieses Vorgehen erfordert die Registrierung von Detailinformationen und ihrer Konstellation über das prozessuale Geschehen hinweg. Erst dann lassen sich Bewältigungsmuster und globale Bewältigungsstile aus solchen Informationen abstrahieren. Im klinischen Bereich haben solche Vorgehensweisen Tradition: In der Transaktionsanalyse von *Berne* (1964) werden etwa nicht nur die Arten der Wechselbeziehungen beschrieben, sondern auch mit interpretativen Benennungen belegt, um die Qualität der „zwischenmenschlichen Spiele" zu kennzeichnen. Es ist also nicht das Problem, daß solche Beschreibungsversuche gar nicht, sondern daß sie unsystematisch und ohne meßtheoretischen Hintergrund unternommen wurden. Deshalb können sie letztlich in der Forschung nicht eingesetzt werden, wenn es um die Prüfung der Determinanten und Effekte von Bewältigungsprozessen oder um die Analyse der Stabilität vs. Variabilität von Bewältigungsprozessen über verschiedene Situationen hinweg geht. Derzeit gibt es keine Möglichkeit, dieses Meßproblem systematisch anzugehen; gleichwohl arbeiten wir an der Entwicklung solcher Methoden, um intra- und interindividuelle Differenzen für spezifische Ereignisse und über unterschiedliche Ereignisse hinweg erfassen und um ipsativ-normative Daten auch angemessen analysieren zu können.

Die Analyse des individuellen Bewältigungsverhaltens. Es scheint nicht sehr fruchtbar, Personen nach ihrem Bewältigungsverhalten zu befragen, mit Ausnahme vielleicht jener begrenzten Anzahl von Personen, die – im klassischen Sinne – der Introspektion und Verbalisation fähig sind und im Gebrauch unserer Konzepte von Bewältigung trainiert wurden. Es ist unsinnig, Personen danach zu fragen, ob sie in einer bestimmten Situation verleugnet, intellektualisiert oder was auch immer getan haben. Wir können sie jedoch fragen, was sie in einer Situation gedacht oder getan haben, zum Beispiel ob sie glaubten, etwas tun zu müssen, obwohl die Situation unveränderbar schien, ob sie scherzten, ob sie gute Miene zum bösen Spiel machten, ob sie die Situation als hoffnungslos betrachteten, über das Problem nicht nachdenken wollten und vieles mehr. Für unsere Forschungszwecke haben wir Checklisten konstruiert, die Dutzende solcher Taktiken enthalten und die auf unserem eigenen Klassifikationsschema wie auf klinischen und anderen Forschungsberichten beruhen. Wir haben uns dabei auf einige Ereignisse gestützt, die die Personen selbst als Beispiel aus ihrer unmittelbaren Vergangenheit gewählt haben. Im Rahmen von Tiefeninterviews sollte unabhängig davon zugleich beobachtet und bewertet werden, was die Personen aus der Sicht der Interviewer im einzelnen getan haben. Bei der Erfassung von Bewältigungsprozessen werden wir immer mit dem grundlegenden Problem des Selbstberichts gegenüber Beobachtungs- und anderen Erhebungsmethoden konfrontiert sein. Es ist nur zu lösen, wenn man Selbstberichte in Beziehung setzt zu anderen Datenquellen. Zusätzlich können solche Informationen an Außenkriterien (Bewältigungseffekte wie Krankheit/Gesundheit, Wohlbefinden, soziales Funktionieren, Persönlichkeitsbeschreibungen) und an anderen Kriterien validiert werden.

Mehrdeutigkeiten in der Definition von Bewältigungsprozessen. Indem wir von Verleugnung, Vermeidung oder anderen Bewältigungsformen sprechen, erwecken wir den Anschein, als wüßten wir Genaues über diese Vorgänge und ihre Erfassung. Natürlich existieren solche Klarheiten nicht, und in der Praxis ist jede Erhebung mit Mehrdeutigkeiten und Verwirrungen belastet. Dies läßt sich leicht am Beispiel von Verleugnung und Vermeidung illustrieren. Das Problem hat dabei zwei Aspekte, die meines Erachtens auf falsche Konzeptualisierungen zurückgehen. Zum ersten: Verleugnung und Vermeidung sind ganz unterschiedliche Prozesse, obwohl sie leicht miteinander verwechselt und oft so behandelt werden, als seien sie einander ähnlich oder in enger Relation zueinander. Verleugnung umschreibt die mehr oder minder erfolgreiche Anstrengung, ein Problem schlicht zu negieren. Die Person redet sich auf die eine oder andere Weise ein, daß sie nicht ärgerlich ist, nicht sterben wird, nicht in Gefahr ist usw. Demgegenüber umschreibt Vermeidung das Akzeptieren einer realen Bedrohung, aber es liegt im Ermessen der Person, darüber nicht nachzudenken. Eine Person mag leugnen, daß sie schwer erkrankt ist; wenn sich dies nicht mehr leugnen läßt, mag sie leugnen, daß sie sterben wird, und letzendlich mag sie daran glauben, daß dies noch kein Ende bedeuten muß, und in der einen oder anderen Weise auf ein Weiterleben nach dem Tode hoffen (vgl. *Weisman* 1972). Im Falle der Vermeidung jedoch verleugnet eine Person nicht die Fakten oder Konsequenzen einer Krankheit, aber wann immer möglich wird sie darüber nicht sprechen oder nicht daran denken wollen. Im Falle einer oberflächlichen oder mechanischen Erfassung mag Vermeidung als Verleugnung erscheinen, obwohl es sich tatsächlich um Vermeidung handelt. Zum zweiten: Ein noch wesentlicheres Problem liegt darin, daß die eigenschaftsorientierte, statische Forschungsstrategie Verleugnung als ein „etabliertes Faktum", als eine „Bewältigungsfähigkeit" erscheinen läßt, und so sprechen wir lieber von „Verleugnern" als von dem *Prozeß* der Verleugnung. Dies ist irreführend, weil nur selten ein Verleugnungsprozeß sich als Bewältigungsform so konsolidiert, daß er forthin gegen Verunsicherungen, Herausforderungen oder Entkräftung immunisiert. Am Beispiel von krebskranken Personen läßt sich dies gut illustrieren. Einer unserer Patienten erweckte während des gesamten Interviews den Eindruck, als leugne er seinen bevorstehenden Tod schlichtweg. Der Interviewer, dessen sicher, klassifizierte den Patienten daraufhin als „Verleugner". Doch just nach Abschluß des Interviews traf der Patient eine ihm sehr vertraute Person und brach in ihrer Anwesenheit wegen seines nahen Todes in Tränen aus. Was passierte mit dem „Verleugner"?

Wir können zwei spekulative Ansätze anbieten. Einerseits mag der Interviewer aufgrund seiner eigenen Verwundbarkeit den Patienten zur Verleugnung ermutigen – ein Phänomen, wie es von *Hackett & Weisman* (1964) vorzüglich beschrieben wurde. Ärzte, Freunde, Familienmitglieder und Besucher tragen selbst zu Verleugnungen bei, da sie den Tatsachen nicht ins Auge sehen können, ohne selbst durch sie belastet zu werden. Statt dessen besänftigen sie sich selbst und meinen, es sei zum Schutz des Patienten. Auf diese Weise distanzieren sie sich selbst bereits von der Person, die nicht mehr zu lange unter ihnen sein wird. Unmerklich trifft dies den Patienten als der Verlust wichtiger persönlicher Beziehungen, während er zugleich durch seinen nahen Tod in Angst versetzt ist. Sobald er weniger verwundbare und die Tatsachen eher akzeptierende Personen trifft, kann er seinen Gedanken und Ängsten freien Lauf lassen. Die Verleugnung, die er zuvor gezeigt hatte, war nur an der Oberfläche. *Weisman* (1972) hat das Konzept des „mittleren Wissensstandes" ausführlich dargestellt, wonach ein Patient vordergründig etwas glaubt, letztlich aber und vielleicht sogar nur unterschwellig „weiß", daß sein Ende nah ist. Eine andere Möglichkeit mag sein, daß während des erwähnten Interviews der Patient in der Tat die Situation in günstigerem Licht sieht, d. h. zu verleugnen versucht, wenn auch nicht sehr erfolgreich. Indem er seinen eigenen Berichten zuhört, mag er vielleicht selbst nicht mehr glauben, was er sagt.

In diesen Punkten liegt die konzeptuelle Verwirrung. Wir betrachten den Bewältigungsprozeß als statisches Ereignis und sahen nicht die kontinuierliche Suche nach Möglichkeiten, das Geschehene so zu begreifen, daß die Wirklichkeit getestet wird und zugleich die Hoffnung erhalten bleibt. Solche kognitiven Prozesse sind ständig im Fluß, abhängig von dem Augenblick, den Umständen, den Tatsachen, dem sozialen Druck und der individuellen Persönlichkeit; sie gehen einmal in die eine und dann wieder in eine andere Richtung. Nur stark gestörte Personen zeigen wohl konsolidierte Verteidigungsmechanismen, die jedem Angriff auf Dauer widerstehen können. Wenn wir das ganze Problem als ständiges Streben nach Sinngebung

(*Frankl* 1955, 1963) verstehen, kommen wir der Annahme von *Erikson* (1956) näher, wonach der Konflikt des Alterns im Erreichen von Integrität gegenüber Verzweiflung liegt. Man steht gewöhnlich nicht ein für allemal auf der einen oder anderen Seite, sondern befindet sich stets im Spannungsfeld zwischen beiden Polen – in *Eriksons* (1956, 69) Worten: „...die Suche nach Identität hat weder Anfang noch Ende während der Jugendzeit; sie ist ein lebenslanger Prozeß, der für das Individuum und die Gesellschaft weitgehend unbemerkt verläuft."

Indem wir das Bild des zwischen Polen bestehenden Spannungsfeldes benutzen und das ständige Streben von Menschen nach Erkenntnis der eigenen Existenz berücksichtigen, gelangen wir zu einer gänzlich anderen Sicht von Bewältigungsprozessen, die nichts mehr mit der traditionellen Orientierung an Eigenschaften, Stilen oder Strukturen gemeinsam hat. Sie erfordert deshalb auch eine ganz andere Forschungsstrategie. Man muß eine Person zu verschiedenen Augenblicken, in verschiedenen Situationen und über verschiedene Zeiträume hinweg beobachten, um eine angemessene Beschreibung ihres Bewältigungsmusters, welches sie wieder und wieder zeigt, liefern zu können. Fälschlicherwiese haben wir bisher Menschen in „Stile" oder „Formen" gepreßt. Natürlich kann man Stile erkennen, aber um sie valide abbilden zu können, muß man eine Person gründlich und über viele Situationen hinweg und nicht nur zu einem einzigen Zeitpunkt beobachten. Man muß auch bereit sein, die häufig wechselnden Formen von Bewältigungsprozessen und -mustern erkennen zu können.

Die Bewertung der Effizienz von Bewältigungsprozessen. Das letzte Problem ist vermutlich das schwierigste und stellt die stärkste Herausforderung dar; auch Theorien der sozialen Anpassung haben ihm bislang die geringste Beachtung geschenkt. Es ist leichter zu erfassen, wenn wir uns auf pathologische Phänomene beschränken, da wir im klinischen Bereich davon ausgehen können, daß Menschen leiden und relativ ineffektiv handeln. Wir können unsere Versuche, solche unerwünschten Symptome zu beseitigen, vielleicht gut rechtfertigen, obgleich wir uns auch hier auf unsicherem Boden bewegen. Will man beispielsweise ein bestimmtes Verhalten vom Typ A (gespannt, aggressiv und übermäßig leistungsorientiert) eliminieren, weil es das Risiko eines Herzinfarkts erhöht, dann vergißt man zu leicht, daß für die Person vom Typ A damit einhergeht, daß sie Wertvorstellungen und Maßstäbe aufgeben muß, denen sie sich lebenslang verpflichtet gefühlt hatte. Auf der anderen Seite weisen die Befunde von *Clark* (1967) darauf hin, daß ältere Personen, die ein Bewältigungsverhalten zeigen, welches gewöhnlich nur jüngeren Personen zugestanden wird, eher riskieren, wegen „emotionaler Probleme" in Institutionen eingewiesen zu werden, als die Personen, die ihrem Alter angemessene Bewältigungsmuster zeigen. Für mich besteht kein Zweifel mehr daran, daß Wertvorstellungen unausweichlich mit der Bewertung der Effizienz von Bewältigungsprozessen verknüpft sind. Wir müssen daher fragen, in Hinblick worauf Bewältigungsprozesse „effizient" sein sollen und auf welche Kosten. Auf dem Spiel stehen körperliche Gesundheit/Krankheit, Wohlbefinden und soziales Funktionieren, und zuweilen erreicht man ein Ziel auf Kosten des anderen. Die Tugenden der Person A, die fest verwurzelten sozialen und persönlichen Wertvorstellungen verpflichtet ist, stehen einem höheren Krankheitsrisiko gegenüber; die Auflösung einer Partnerschaft mag der Gesundheit dienen, aber sie verhindert vielleicht emotionale Befriedigung und Engagement, welche das Leben wertvoll machen.

Das große Dilemma besteht also darin, daß wir weder die Bewältigungsformen der meisten Menschen kennen noch wissen, welche Bewältigungsformen für welche Menschen, in welcher Weise und unter welchen Umständen effizient sind. In therapeutischen Situationen wird um solche Informationen nahezu gerungen (vgl. *Roskies & Lazarus* 1980), aber der Therapeut kann wenigstens hoffen, daß er in dem für den Patienten problembeladenen Bereich eine Verbesserung erreicht. Für die Erarbeitung präventiver Maßnahmen, seien sie primär, sekundär oder tertiär, stellt der Mangel an wissenschaftlich begründeten Anweisungen ein weit schwierigeres Problem dar (vgl. *Bower* 1977). Unsere Aufgabe im Zusammenhang mit der Erforschung von Bewältigungsprozessen besteht also darin, die Effizienz verschiedener Bewältigungsformen für nachfolgende Anpassung zu bewerten. Aber offensichtlich kann man dies nicht tun, bevor man nicht die grundlegenden Bewältigungsmuster, wie sie bei allen Arten von Menschen, Populationen oder Situationen auftauchen, hinreichend erfaßt und beschrieben hat.

10.4 Zusammenfassung und Schlußfolgerungen

Welche Implikationen besitzt das hier dargestellte Paradigma zur Analyse von Streß und Streßbewältigung für die Erforschung menschlichen Verhaltens? Viele Implikationen sind in den vorangegangenen Ausführungen bereits enthalten, aber ich werde sie im folgenden noch einmal kurz skizzieren, um sie dem Leser zu verdeutlichen.

Ich muß einleitend darauf verweisen, daß viele, wenn auch nicht alle meine Überlegungen in der klinischen Praxis bereits reflektiert wurden, und zuweilen wird dieser Ansatz auch als „Klinische Methode" bezeichnet. Therapeuten sehen beispielsweise unweigerlich die vielen streßreichen Beziehungen einer Person zu ihrer Umwelt über die Zeit hinweg, wenn sie mit einem Klienten länger arbeiten. Der Kliniker ist somit gewöhnlich intraindividuell bzw. ipsativ in seiner Grundorientierung, obgleich diese Perspektive auch den Vergleich einer Person mit anderen Patienten einschließen mag (normativ). Gleichermaßen sind die Situationen, die der Kliniker mit seinem Patienten analysiert, aus dem natürlichen Lebenskontext der Person herausgegriffen und keine experimentellen Laborsituationen. Die klinische Praxis schließt auch die implizite Erfassung der dynamischen Vorgänge und die Betrachtung von Bewältigungsprozessen einschließlich ihrer dysfunktionalen Aspekte ein. In diesem Sinne hat mein Forschungsansatz viel mit der traditionellen klinischen Methode gemeinsam, obwohl diese zwangsläufig durch therapeutische Erfordernisse, aber auch durch den Zufall, welche Klienten gerade um Hilfe nachsuchen, geschwächt ist. Der klinische Praktiker kann sich seine Klienten nicht so sehr aussuchen, noch kann sich der Klient den Luxus erlauben, lediglich „Versuchsperson" zu spielen, wenn er selbst Hilfe braucht. Obgleich also die klinische Praxis eine wesentliche Quelle für die Konzeptualisierung psychodynamischer Vorgänge war, kann sie schwerlich in gleicher Weise systematisch und in ihren Aussagen explizit sein wie Feldforschung. In meinen Ausführungen sind mindestens sieben wesentliche Implikationen für die Analyse menschlichen Verhaltens enthalten, die nunmehr dargestellt werden sollen.

1. Streß an sich kann nicht vereinfachend als Ursache für menschliche Fehlanpassung betrachtet werden, da er von einer Reihe von Bewältigungsprozessen begleitet wird und er umgekehrt eine Folge ineffektiver Bewältigungsprozesse wie auch das Produkt von Umweltanforderungen oder Stressoren darstellt (vgl. *Lazarus & Cohen* 1977). Es ist daher unfruchtbar, pathologische Phänomene schlichtweg auf Streß zurückzuführen – vielleicht mit einer Ausnahme, nämlich Extremsituationen, wie schwere Deprivation oder menschliche Grausamkeit, die kaum den Aufbau oder Einsatz effektiver Bewältigungsformen ermöglichen. Ein Beispiel hierzu sind Konzentrationslager (vgl. *Dimsdale* 1980), wo Bewältigungsprozesse wenig oder nichts mit dem Überleben einer Person zu tun hatten, sondern dieses von Glück oder anderen durch die Person nicht kontrollierbaren Faktoren abhing. Aus meiner Perspektive sind für die Beziehung zwischen Streßbelastung und Fehlanpassung weniger die Stressoren, als vielmehr kognitive Einschätzungen und Bewältigungsprozesse bedeutsam, welche die Reaktion auf Streß vermitteln.

2. Die hier vorgeschlagene Betrachtung betont die außerordentliche Bedeutung naturalistischer Forschungsstrategien zu Streß und Streßbewältigung. Solche Strategien sollten jedoch nicht eingegrenzt werden auf den klinischen Bereich. Vielmehr sollten alltägliche Streßerfahrungen wie auch positive Erfahrungen des „normalen Menschen" erforscht und überprüft werden, in welcher Weise Menschen „optimal" funktionieren und wie sie Ereignisse bewältigen. Es gibt eine Reihe schwerwiegender konzeptueller und empirischer Probleme, die mit der ausschließlichen Betrachtung von pathologischen oder dysfunktionellen Phänomenen verknüpft sind. Die größte Gefahr liegt in der Gleichsetzung von effizientem Funktionieren mit akkurater Wahrnehmung der Wirklichkeit und in der Unterschätzung des Wertes, den lindernde Bewältigungsformen und positive Emotionen besitzen. Selbst wenn man diese Annahme in ihrer Gültigkeit bezweifelt, kann sie niemals überprüft werden ohne eine intensive Analyse der Bewältigungsformen von normalen und gut funktionierenden Menschen.

3. In künftigen Forschungsarbeiten muß auf die theoretische Beschreibung der Transaktionen zwischen Person und Umwelt mehr Gewicht gelegt werden. Eine transaktionale Betrachtung wurde unlängst durch Ursache-Wirkungs-Analysen und die Suche nach Determinanten verdrängt mit der Folge, daß wir nicht wissen, wie jene fundamentalen Prozesse beschrieben und erfaßt werden sollen, deren Determinanten wir natürlich gleichermaßen identifizieren müssen. Es gibt faktisch keine prozeßorientierten Strategien zur Erfassung von Bewältigung und anderer transaktionaler Konzepte, wie etwa Bedrohung oder Herausforderung.

4. Wenn es um die Ursachen menschlicher Dysfunktionalität geht, lenkt die transaktionale Perspektive unseren Blick von rein endogenen oder intrapsychischen

Faktoren und Prozessen auch hin zu exogenen Einflüssen. Freuds wichtige Entdekkung des Unbewußten, der intrapsychischen Prozesse und ihres Einflusses auf Gedanken, Gefühle und Handlungen haben Klinische Psychologen auf die Analyse innerer Vorgänge eingeengt. Nunmehr beginnen wir die Bedeutung von Umwelteinflüssen für Anpassung und Fehlanpassung wieder zu erkennen. Allerdings wäre es wenig vorteilhaft, zwischen beiden Extrempositionen jeweils hin und her zu schwanken. Die Trennung der Persönlichkeitspsychologie von der Sozialpsychologie war eine unglückliche Folge dieser „entweder-oder"-Einstellung. Transaktion schließt die sogar etwas banale Annahme ein, daß wir beiden Einflußfaktoren Rechnung tragen müssen, obwohl diese Banalität dadurch gemindert wird, daß man hier bislang nur Lippenbekenntnisse abgegeben hat.

5. Versuche der Erklärung menschlichen Verhaltens sollten viel häufiger drei Analyseebenen einschließen, die soziale, psychische und physische gleichzeitig, ohne dabei reduktionistisch zu verfahren und ohne die auf einer Ebene erfaßten Variablen als Merkmale einer anderen Ebene mißzuverstehen. Nur bei gleichzeitiger Berücksichtigung dieser Ebenen können wir auch die Art ihrer Verknüpfungen analysieren. Auf diese Weise erfahren wir auch etwas über die Entstehung psychosomatischer Erkrankungen und die Verknüpfungen zwischen sozialen Faktoren und psychischen Vorgängen. Formen der Fehlanpassung weisen immer auf eine vollständige Anpassung zwischen der Person (physisch und psychisch) und dem sozialen System hin, und alle diese Faktoren tragen zu menschlicher Funktionstüchtigkeit bei.

6. Zwei Forschungsstrategien sollten bei der Analyse menschlichen Verhaltens kombiniert werden. Die erste, normative Strategie verwendet große Stichproben von Kohorten oder Personen zu Fragebogenaktionen und kategorisiert diese Personen auf der Grundlage der jeweils interessierenden sozialen oder Persönlichkeitsmerkmale. In der Streßforschung sind solche Merkmale typischerweise Veränderungen der Lebenssituation, Alltagsbelastungen und ihre kognitive Einschätzung, Wertvorstellungen usw. Die zweite Methode beinhaltet die Analyse von Einzelfällen (oder wenigen Personen) über Zeitpunkte und Lebensumstände hinweg, in denen verschiedene Bewältigungs- und Anpassungsprozesse gefordert sind. Wir brauchen eingehende Analysen der Art und Weise, wie Personen die Aufgaben und Ereignisse in ihrem Leben bewältigen und welche Folgen diese Prozesse schließlich für Gesundheit, Wohlbefinden und soziales Funktionieren besitzen.

Fragebogenverfahren und andere Erhebungsmethoden zielen auf die Erfassung allgemeiner Charakteristika von Personen ab und liefern uns keine oder nur geringe Möglichkeiten zur Beobachtung dessen, wie kompetente und flexible Personen in einer Vielzahl von adaptiven Transaktionen in einer sich wandelnden Umwelt handeln. Solche Forschungsstrategien werden aus Gründen der Repräsentativität und Ökonomie eingesetzt, und wir erfahren das, was wir wissen wollen, nur auf eine oder zwei Testsituationen bezogen. Wenn solche Methoden uns im Idealfall ein vergleichsweise vollständiges Bild von der Person liefern würden oder uns genau vorhersagen könnten, wie sie auf Lebensereignisse emotional reagiert und diese bewältigt, gäbe es keine wesentlichen Einwände gegen strukturorientierte Forschungsstrategien. Der ökonomische Vorteil wäre dann in der Tat gegeben. Wenn wir uns jedoch ein vollständiges Bild über die Streßsituationen, denen Menschen ausgesetzt sind, machen wollen, wenn wir ihre Bewältigungsformen und die Stabilität bzw. Variation solcher Prozesse erhellen wollen, ist die nomothetische und auf Fragebogenverfahren basierende Methode von äußerst begrenztem Wert.

Die Alternative der Einzelfallanalysen oder Klein-N-Methodologie ist für sich genommen auch wenig akzeptabel, da sie uns die Generalisierung auf andere Fälle kaum erlaubt. Zudem ist die intensive Analyse vieler Personen über Zeit und Situationen hinweg aufwendig. Ein Kompromiß würde uns jedoch erlauben, eine hinreichend große Zahl von Personen zu beobachten und gleichzeitig grundlegende Informationen zu erhalten, die wir zum Verständnis der Prozesse von Streß und Streßbewältigung brauchen. In dieser Lösung würde die Strategie mit großen Personenstichproben und Fragebogenaktionen beibehalten bleiben, während gleichzeitig einige umgrenzte Subpopulationen für eine intensivere Analyse ausgewählt würden. Forschungsdesigns sollten also sowohl ipsativ wie normativ sein. Auf der Grundlage einer ipsativen Analyse mit vielen Wiederholungsmessungen würden die Prozesse der Auseinandersetzung und Bewältigung von streßreichen Ereignissen in ihrem tatsächlichen Verlauf erfaßt und ihre Effekte unmittelbar überprüft werden können. Zusätzlich könnten solche intensiven Studien auch in höherem Maße die positiven Seiten der menschlichen Beziehung zwischen „Versuchsperson" und „Versuchsleiter" gewährleisten und zu einer größeren Offenheit und Selbstreflektion führen.

7. Schließlich erfordert die Analyse menschlichen Verhaltens auch die Bewertung dieses Verhaltens nach bestimmten Kriterien. Wir müssen in der Lage sein, etwas über die Angemessenheit und Güte eines Bewältigungsmusters auszusagen und darüber, in welchem Maße es Überleben oder persönliches Wachstum erleichtert oder verhindert. Wenn wir die Effektivität von Bewältigungsverhalten und sozialer Kompetenz erhöhen wollen (z. B. durch Präventivmaßnahmen, therapeutische und/oder erzieherische Ansätze), müssen wir selbstverständlich mehr darüber wissen, welche Bewältigungsstrategien in der Tat effektiv und welche wenig effektiv sind. Die Antwort auf diese Frage mag von Person zu Person und über Ereignisse und Situationen hinweg variieren und hängt auch davon ab, wie wir Krankheit und Störung definieren. „Optimales" menschliches Funktionieren mag einschließen, daß alle drei Aspekte gelungener Anpassung, nämlich soziale Funktionstüchtigkeit, Wohlbefinden und physische Gesundheit, in harmonischer Beziehung zueinander stehen. Das Problem ist, daß manche Bewältigungsformen im Hinblick auf einen Aspekt (z. B. Wohlbefinden) sehr angemessen sind, aber effektive instrumentelle Handlungen verhindern. Gleichermaßen mögen die Bewältigungsmuster einer Person zu größtem Erfolg im sozialen und beruflichen Bereich führen, aber zu Lasten ihrer physischen Gesundheit gehen. Solange wir nicht besser dazu in der Lage sind, solche Fragen für verschiedene Personen und Ereignisse zu beantworten, werden wir nahezu blind unsere Interventionsbemühungen vornehmen, gleichgültig ob diese präventiv, korrektiv oder erzieherisch angelegt sind. Wenngleich wir eine Fülle von Ideen zu diesen Fragen haben, sind sie durch empiri-

sche Daten kaum abgesichert, weil in dieser Richtung bislang zu wenig Forschungsarbeiten durchgeführt wurden.

Gegenwärtig hat niemand, der einen Forschungsansatz oder eine neue theoretische Konzeption zur Analyse menschlichen Handelns vorlegt, Grund zum vorzeitigen Frohlocken. Wir brauchen innovative Ansätze und müssen Wege gehen, die bislang noch nicht beschritten wurden. Es gibt nicht *das* Paradigma zur Erforschung von Streß und Streßbewältigung und mit Sicherheit keines, das von allen Seiten Zustimmung finden wird. Ich möchte jedoch annehmen, daß ich hier eine sinnvolle konzeptuelle Analyse und brauchbare methodologische Prinzipien vorgestellt habe, die erprobt und auf ihren heuristischen Wert hin überprüft werden können und sollten.

Literatur

Allport, G. W., The general and the unique in psychological science. Journal of Personality 30, 1962, 405-422.
Arnold, M., Emotion and personality. New York 1960.
Arnold, M. (Hrsg.), Feelings and emotion. New York 1970.
Bandura, A., Self-efficacy: Toward a unifying theory of behavioral change. Psychological Review 84, 1977, 191-215.
Beck, A. T., Cognition, affect and psychopathology. Archives of General Psychiatry 24, 1971, 495-500.
Berne, E., Games people play. New York 1964.
Bolles, R. C., Cognition and motivation: Some historical trends. In: *Weiner, B.* (Hrsg.), Cognitive views of human motivation. New York 1974, 1-20.
Bower, E. M., Mythologies, realities, and possibilities in primary prevention. In: *Albee, G. W. & Joff, J. M.* (Hrsg.), Primary prevention of psychopathology, Volume 1: The issues. Hanover 1977, 18-23.
Broverman, D. M., Normative and ipsative measurement in psychology. Psychological Review 69, 1962, 295-305.
Byrne, D., The repression-sensitization scale: Rationale, reliability and validity. Journal of Personality 29, 1961, 334-349.
Byrne, D., Repression-sensitization as a dimension of personality. In: *Maher, B. A.* (Hrsg.), Progress in Experimental Personality Research, Volume 1. New York 1964, 170-220.
Carlson, R., Where ist the person in personality research? Psychological Bulletin 75, 1971, 203-219.
Carlson, R., Personality. Annual Review of Psychology 26, 1975, 393-414.
Cassel, J., Psychosocial processes and „stress": Theoretical formulations. International Journal of Health Services 4, 1974, 471-482.
Child, I. L. & Watherhouse, I. K., Frustration and the quality of performance: II. A theoretical statement. Psychological Review 60, 1953, 127-139.
Clark, M. M., The anthropology of aging. The Gerontologist 7, 1967, 55-64.
Cohen, F. & Lazarus, R. S., Active coping processes coping dispositions and recovery from surgery. Psychosomatic Medicine 35, 1973, 375-389.
Cronbach, L. J., The two disciplines of scientific psychology. American Psychologist 12, 1957, 671-648.
Cronbach, L. J., Beyond the two disciplines of scientific psychology. American Psychologist 30, 1975, 116-127.

Dember, W. N., Motivation and the cognitive revolution. American Psychologist 29, 1974, 161-168.
Dimsdale, J. E. (Hrsg.), The holocaust: A. multi-disciplinary study. Washington (D. C.) 1980.
Dollard, J. & Miller, N. E., Personality and psychotherapy. New York 1950.
Easterbrook, J. A., The effect of emotion an cue utilization and the organization of behavior. Psychological Review 66, 1959, 183-201.
Eibl-Eibesfeldt, I., Ethology: The biology of behavoir. New York 1970.
Ellis, A., Reason and emotion in psychotherapy. New York 1962.
Erikson, E. H., The problem of ego identity. Journal of the American Psychoanalytic Association 4, 1956, 58-121.
Folkins, C. H., Temporal factors and the cognitive mediators of stress reaction. Journal of Personality and Social Psychology 14, 1970, 173-184.
Folkman, S., Schaefer, C. & Lazarus, R. S., Cognitive processes as mediators of stress and coping. In: *Hamilton, V. & Warburton, D. M.* (Hrsg.), Human stress and cognition: An information-processing approach. London 1980, 265-298.
Frankl, V., The doctor and the soul. New York 1955.
Frankl, V., Man's search for meaning. New York 1963.
Gal, R. & Lazarus, R. S., The role of activity in anticipating and confronting stressful situations. Journal of Human Stress 1, 1975, 4-20.
Gergen, K. J., Stability, change, and chance in understanding human development. In: *Datan, N. & Reese, H. W.* (Hrsg.), Life-span developmental psychology: Dialectical perspectives on experimental research. New York 1977, 135-158.
Goldfried, M. R., Anxiety reduction through cognitive-behavioral interventions: Theory, research and procedures. New York 1980.
Haan, N., Coping and defending. New York 1977.
Hackett, T. P. & Cassem, H., Psychological management of the myocardial infarction patient. Journal of Human Stress 1, 1975, 25-38.
Hackett, T. P. & Weisman, A. D., Reactions to the imminence of death. In: *Grosser, G. H., Wechsler, H. & Greenblatt, M.* (Hrsg.), The threat of impending disaster. Cambridge (Mass.) 1964, 300-311.
Hamburg, D. A. & Adams, J. E., A perspective on coping: Seeking and utilizing information in major transitions. Archives of General Psychiatry 17, 1967, 277-284.
Hinkle, L. E., The concept of „stress" in the biological and social sciences. Sciences, Medicine and Man 1, 1973, 31-48.
Holt, R. R., Individuality and generality in the psychology of personality. Journal of Personality. 30, 1962, 377-404.
Janis, I., Stages in the decision-making process. In: *Abelson, R., Aronson, E., McGuire, W., Newcoib, T., Rosenberg, M. J. & Tannenbaum, P.* (Hrsg.), Theories of cognitive consistency: A sourcebook. Chicago 1968, 577-588.
Janis, I. & Mann, L., Decision making. New York 1977.
Kaplan, B. H., Cassel, J. C. & Gore, S., Social support and health. Vortrag gehalten bei „American Public Health Association Meeting", San Francisco 1973.
Katz, J. L., Weiner, H., Gallagher, T. G. & Hellman, L., Stress, distress and ego defenses. Archives of General Psychiatry 23, 1970, 131-142.
Klausner, S. Z., On man in his environment. San Francisco 1971.
Klein, G. S. (Hrsg.), Assessment of human motives. New York. 1958.
Klein, G. S. & Schlesinger, H., Where is the perceiver in perceptual theory? Journal of Personality 18, 1949, 32-47.
Klinger, E., Consequences of commitment to and disengagement from incentives. Psychological Review 82, 1975, 1-25.
Kuhn, T. S., The structure of scientific revolutions. Chicago 1970.
Lazarus, R. S., Psychological stress and the coping process. New York 1966.
Lazarus, R. S., The concepts of stress and disease. In: *Levi, L.* (Hrsg.), Society, stress and disease, Volume 1. London 1971, 53-58.

Lazarus, R. S., Psychological stress and coping in adaption and illness. International Journal of Psychiatry in Medicine 5, 1974, 321-333.
Lazarus, R. S., A strategy for research on psychological and social factors in hypertension. Journal of Human Stress 4, 1978, 35-40.
Lazarus, R. S. & Averill, J. R., Emotion and cognition: With special reference to anxiety: In: *Spielberger, C. D.* (Hrsg.), Anxiety: Current trends in theory and research, Volume 2. New York 1972, 242-263.
Lazarus, R. S., Averill, J. R. & Opton, E. M. Jr., Toward a cognitive theory of emotion. In: *Arnold, M. B.* (Ed.) Feelings and emotions. New York 1970, 207-231.
Lazarus, R. S. & Cohen, J. B., The study of stress and coping in aging. Vortrag, gehalten auf der 5. Konferenz der Weltgesundheitsorganisation, Stockholm 1976.
Lazarus, R. S. & Cohen, J. B., Environmental stress. In: *Altman, I. & Wohlwill, J. F.* (Hrsg.), Human behavior and the environment: Current theory and research, Volume 1. New York 1977, 89-127.
Lazarus, R. S., Cohen, J. B., Folkman, S., Kanner, A. & Schaefer, C. Psychological stress and adaptation: Some unresolved issues. In: *Selye, H.* (Hrsg.) Guide to stress research. New York 1980, 90-117.
Lazarus, R. S., Deese, J. & Osler, S. F., The effects of psychological stress upon performance. Psychological Bulletin 49, 1952, 293-317.
Lazarus, R. S., Kanner, A. D. & Folkman, S. Emotions: A cognitive-phenomenological analysis. In: *Plutchik, R. & Kellerman, H.* (Hrsg.), Theories of emotion. New York 1980, 189-217.
Lazarus, R. S. & Launier, R., Stress-related transactions between person and environment. In: *Pervin, L. & Lewis, M.* Perspectives in interactional psychology. New York 1978, 287-327.
Lorenz, K., King Solomon's ring. New York 1953.
Luborsky, L., Docherty, J. P. & Penick, S., Onset conditions for psychosomatic symptoms: A comparative review of immediate observation with retrospective research. Psychosomatic Medicine 35, 1973, 187-204.
Mahl, G. F., Relationship between acute and chronic fear and the gastric acidity and blood sugar levels in macada mulatta monkeys. Psychosomatic Medicine 14, 1952, 182-210.
Mahl, G. F., Physiological changes during chronic fear. Annuals of the New York Academy of Science 56, 1953, 240-249.
Mahoney, M., Cognitive therapy and research: A question of questions. Cognitive Therapy and Research 1, 1977, 5-17.
Mandler, G., Mind and emotion. New York 1975.
Marceil, J. C., Implicit dimensions of idiography and nomothesis: A reformulation. American Psychologist 32, 1977, 1046-1055.
Mason, J. W., Specificity in the organization of neuroendocrine response profiles. In: *Seeman, P. & Brown, G. M.* (Hrsg.), Frontiers in neurology and neuroscience research. First International Symposium of the Neuroscience Institute. Toronto 1974.
Mason, J. W., Maher, J. T., Hartley, L. H., Mougey, E. H., Perlow, M. J. & Jones, L. G., Selectivity of corticosteroid and catecholamine responses to various natural stimuli. In: *Serban, G.* (Hrsg.), Psychopathology of human adaptation. New York 1976, 147-171.
Mechanic, D., Students under stress. New York 1962.
Meichenbaum, D., Cognitive-behavior modification: An integrative approach. New York 1977.
Moos, R. H., Psychological techniques in the assessment of adaptive behavior. In: *Coelho, G. V., Hamburg, D. A. & Adams, J. E.* (Hrsg.), Coping and adaptation. New York 1974, 334-399.
Parsons, T. & Bales, R. F., The family: Socialization and interaction process. Glencoe (Ill.) 1955.
Pearlin, L. I., Status inequality and stress in marriage. American Sociological Review 40, 1975, 344-357.

Pervin, L. A., Performance and satisfaction as a function of individual-environment fit. Psychological Bulletin 69, 1968, 56-68.

Riegel, K. F., Time and change in the development of the individual and society. In: *Reese, H. W.* (Hrsg.), Advances in Child Development and Behavior, Volume 7. New York 1972, 81-113.

Riegel, K. F. (Hrsg.), The development of dialectical operations. Basel 1975.

Roskies, E. & Lazarus, R. S., Coping theory and the teaching of coping skills. In: *Davidson, H. & Davidson, S. M.* (Hrsg.), Behavioral medicine: Changing health life styles. New York 1980, 38-69.

Schaller, G. B., Year of the gorilla. Chicago 1964.

Skinner, B. F., The behavior of organisms. New York 1938.

Smelser, N. J., Theory of collective behavior. New York 1963.

Spence, J. A. & Spence, K. W., The motivational components of manifest anxiety: Drive and drive stimuli. In: *Spielberger, C. D.* (Hrsg.), Anxiety and behavior. New York 1966, 291-326.

Stahl, S. M., Grim, C. E., Donald, S. & Neikirk, H. J., A model for the social sciences and medicine: The case for hypertension. Social Science and Medicine 9, 1975, 31-38.

Tinbergen, N., The study of instincts. New York 1951.

Van Lawick-Goodall, J., In the shadow of man. New York 1971.

Vogel, W., Raymond, S. & Lazarus, R. S., Intrinsic motivation and psychological stress. Journal of Abnormal and Social Psychology 59, 1959, 225-233.

Washburn, S. L. & De Vore, I., The social life of baboons. Scientific American 204, 1961, 62-71.

Weisman, A. D., On dying and denying. New York 1972.

White, R. W., Motivation reconsidered: The concept of competence. Psychological Review 66, 1959, 297-333.

Willems, E. P. & Raush, H. L., Naturalistic viewpoints in psychological research. New York 1969.

Yerkes, R. M. & Dodson, J. D., The relation of strength of stimulus to rapidity of habit formation. Journal of Comparative and Neurological Psychology 18, 1908, 459-482.

11 Personale Kontrolle und die Bewältigung kritischer Lebensereignisse

Walter Braukmann und Sigrun-Heide Filipp

11.1 Einleitung

In den letzten Jahren und Jahrzehnten hat sich bei der Frage nach den Entstehungsbedingungen für die unterschiedlichsten Formen von somatischen und psychischen Erkrankungen das Interesse zunehmend auf psychosoziale Faktoren verlagert, und die Monopolstellung des „medizinischen Krankheitsmodells" wird zunehmend in Frage gestellt (vgl. *Keupp* 1974). Innerhalb der Epidemiologie wurden diese psychosozialen Faktoren unter anderem auch in der Belastung durch kritische Lebensereignisse gesehen und im Rahmen der sogenannten „life event-Forschung" thematisiert (zum Überblick vgl. *Katschnig* 1980).

Indem man kritische Lebensereignisse als Korrelat verschiedener Formen von Erkrankungen darstellt, verzichtet man allerdings bislang auf Erklärungsmodelle, welche die ätiologische und symptomatologische Beziehungsstruktur im einzelnen spezifizieren würden. Damit erweist sich diese Forschungsrichtung als eklektischer Zweig epidemiologischer Ansätze, deren Entwicklung weitgehend unabhängig von einer psychologischen Theoriebildung stattgefunden hat. Dies läßt sich beispielhaft für die Entwicklung psychologischer Theorien zu depressiven Störungen darstellen.

In den letzten Jahren wurde eine Reihe von psychologischen Ansätzen vorgestellt, die der Klärung der Genese und Struktur depressiver Symptomatik dienen sollen (zum Überblick vgl. *Bloeschl* 1978, *Friedman & Katz* 1974, *Hofmann* 1976), sich jedoch in ihrer theoretischen Orientierung zum Teil erheblich voneinander unterscheiden. Im Zentrum der Ansätze von *Ferster* (1973) und *Lewinsohn* (1974) steht etwa der Begriff des Verstärkers: Depressive Störungen werden auf eine geringe Rate positiver Verstärkung zurückgeführt. Demgegenüber betont *Beck* (1976) die Bedeutung kognitiver Faktoren: Die spezifische Art der Selbst- und Weltsicht soll konstitutiv sein für die Genese depressiver Störungen. Der Ansatz von *Seligman* (1975) baut ursprünglich auf dem Kontingenzlernen auf, wenngleich später vermittelnde kognitive Prozesse stärker betont werden (*Abramson, Seligman & Teasdale* 1978). Allen diesen psychologischen Ansätzen ist gemeinsam, daß sie sich primär auf psychogene Depressionsformen (vgl. *Kielholz* 1971) beziehen und nahelegen, daß sich das breite Spektrum depressiver Störungen auf einem Kontinuum abbilden läßt, das sich von vorklinischer Dysphorie bis zur schweren klinischen Depression erstreckt.

Innerhalb der Lebensereignisforschung ist man nicht zuletzt auf der Grundlage der vielbeachteten Studie von *Paykel, Myers, Dienelt, Klerman, Lindenthal & Pep-*

per (1969) in vielen Untersuchungen der Frage nachgegangen, in welcher Weise und unter welchen Bedingungen depressive Störungen im Kontext von kritischen Lebensereignissen auftreten. *Paykel* und Mitarbeiter konnten etwa nachweisen, daß bei Depressiven in einem bestimmten Zeitraum vor Ausbruch ihrer Erkrankung signifikant mehr kritische Lebensereignisse eingetreten waren als bei einer Vergleichsgruppe nicht depressiver Personen. Aus anderen Studien werden ähnliche Ergebnisse berichtet (z. B. *Brown & Harris* 1978), so daß man zunächst vermuten muß, daß lebensverändernde Ereignisse zumindest *einen* bedeutsamen Faktor bei der Entstehung depressiver Störungen darstellen – eine Annahme, die seit langem innerhalb der Psychiatrie im Konzept der „reaktiven Depression" enthalten ist. Allerdings sind Hinweise auf solche globalen Zusammenhangsmuster so lange wenig brauchbar, wie nicht spezifizierende Bedingungen formuliert bzw. theoretische Ansätze zu ihrer Erklärung vorgelegt werden. Eine erste Spezifikation nannte z. B. *Paykel* (1979), indem er nachwies, daß kritische Lebensereignisse, die „exits from the social field" darstellten (z. B. Tod des Ehepartners), im Umfeld depressiver Störungen häufiger anzutreffen sind als „entrances into the social field" (z. B. Geburt des ersten Kindes). Damit wird vorläufig deutlich, daß eine Differenzierung von Lebensereignissen nach bestimmten Merkmalsdimensionen bessere Hinweise auf die Art des Zusammenhangs mit psychischen Störungen liefert als einfache Häufigkeitskennwerte bzw. globale Belastungsmaße durch Lebensereignisse, wie sie bislang in der Forschungsliteratur dominieren. *Fontana, Marcus, Hughes & Dowds* (1979) belegen etwa, daß das Ausmaß der Wiederanpassung nach Eintritt eines Ereignisses deutlich variiert mit der Erwünschtheit des Ereignisses: In der Einschätzung der Personen erfordern erwünschte Ereignisse wesentlich geringere Wiederanpassung als unerwünschte Ereignisse. In differenzierender Weise versuchen auch *Frese & Mohr* (1979) die Rolle, die das Lebensereignis „Arbeitslosigkeit" bei der Genese depressiver Störungen spielt, darzustellen.

Die Faktoren, die den Zusammenhang zwischen kritischen Lebensereignissen und depressiven Störungen moderieren, sind jedoch nicht nur in der Art der jeweiligen Ereignisse zu suchen, sondern auch in Merkmalen der von einem Ereignis betroffenen Personen. Begriffe wie die unterschiedliche „Verwundbarkeit" von Personen durch kritische Lebensereignisse (*Brown* 1974) werden zur Umschreibung dieses Sachverhalts herangezogen. Dessenungeachtet muß man berücksichtigen, daß depressive Personen bezogen auf eine Vergleichsgruppe zwar häufiger kritischen Lebensereignissen ausgesetzt sein mögen, daß kritischen Lebensereignissen aber nur ein geringer Erklärungswert zugeschrieben wird, wenn man die Gesamtpopulation der Depressiven betrachtet (siehe *Paykel* 1979). Schließlich ist auch hier der Verweis angebracht, daß in den einzelnen Untersuchungen eine Unterscheidung zwischen „Ursache" (kritisches Lebensereignis) und „Wirkung" (depressive Störung) aus methodischen Gründen kaum möglich ist (siehe *Hudgens* 1974, vgl. auch *Filipp* in diesem Band).

Die unterschiedliche Orientierung innerhalb der psychologischen Theorien zur depressiven Symptomatik und thematisch ähnlichen Fragestellungen der Lebensereignisforschung läßt sich sehr gut am Beispiel der Theorie der gelernten Hilflosigkeit darstellen. Während in der Lebensereignisforschung (*Brown* 1974, *Paykel* 1974) auf ein explizites theoretisches Fundament für die Genese depressiver Störungen verzichtet wird, die Untersuchungsergebnisse aber im ökologischen Kontext gewonnen werden, stellt *Seligman* (1975) mit dem zentralen Konzept des Kontrollverlustes bzw. der Nichtkontrollierbarkeit von Ereignissen einen differenzierten theoretischen Bezugsrahmen für die Genese und Aufrechterhaltung depressiver Störungen vor. Allerdings stützt sich seine Modellkonstruktion fast ausschließlich auf laborexperimentelle Studien, und eine Generalisierung auf klinische Fälle depressiver Symptomatik, wie sie im ökologischen Kontext zu beobachten sind, ist umstritten (vgl. *Blaney* 1977, *Depue & Monroe* 1978, *Costello* 1978).

11.2 Das Konzept „Personale Kontrolle"

Wohl kaum ein anderes Konstrukt aus der Motivationspsychologie ist in den letzten Jahren so stark in den Brennpunkt gerückt, wie das der „Personalen Kontrolle" (*Averill* 1973), welches – im weitesten Sinne – das Bedürfnis umschreibt, Einfluß auf Ereignisse und Veränderungen in der Umwelt auszuüben. Es wurde in verschiedenen theoretischen Ansätzen aufgegriffen, und nicht zuletzt durch die richtungweisende Arbeit von *White* (1959) zum Konzept der Kompetenz bzw. Effektanz wurden viele Arbeiten in diesem Bereich angeregt. Sie lassen sich alle dem übergeordneten Terminus „Personale Kontrolle" subsumieren, sofern man eine so weitreichende Definition akzeptiert, wie sie von *Baron & Rodin* (1979) vorgelegt wird, die Kontrolle als die Fähigkeit zur Regulation oder Beeinflussung intendierter Ereignisse bzw. Effekte durch selektives Reagieren umschreiben. Es muß allerdings bezweifelt werden, ob eine solchermaßen weite Konzeptualisierung zu einem fundierten Verständnis dessen, was personale Kontrolle umfaßt, beiträgt.

Die begriffliche und konzeptuelle Verwirrung in diesem Forschungsbereich läßt sich unseres Erachtens hauptsächlich auf drei Gründe zurückführen: 1. Aufgrund der unterschiedlichen theoretischen Orientierungen und der entsprechend divergierenden Grundannahmen sind die zahlreichen empirischen Befunde nur bedingt miteinander vergleichbar. So wird Kontrolle als entweder situationsabhängiges oder als situationsunabhängiges, dispositionales Merkmal aufgefaßt, und die Diskussion um die Angemessenheit interaktionistischer Modellbildungen (*Magnusson & Endler* 1977) hält erst langsam Einzug in diesen Forschungszweig. 2. Ein weiterer Umstand, der eine vergleichende Betrachtung und Präzisierung erschwert, ist die Heterogenität in der Terminologie zur Beschreibung von personaler Kontrolle und ihrer Korrelate. So verwenden *Garber, Miller & Seaman* (1979) den Begriff „subjektive Kontrolle", wobei unklar bleibt, ob der konnotative Gehalt von „subjektiv" diese Kontrollform von der „wahrgenommenen Kontrolle" (*Glass & Singer* 1972) differenziert. Des weiteren sind Überschneidungen und Ähnlichkeiten zwischen den Konzepten „Bewältigung" (coping) und „Kontrolle" aufgrund identischer Operationalisierungen und Kennzeichnungen in empirischen Arbeiten unübersehbar, auch wenn die Untersuchungsziele jeweils auf unterschiedliche theoretische Überlegungen zurückgehen oder die Befunde theoretisch unterschiedlich interpretiert werden. Als dominierende Tendenz läßt sich hier eher der Versuch einer gegenseitigen Abgrenzung als der einer Integration gemeinsamer Forschungsinteressen aufzeigen. Dieselben Studien, die beispielsweise *Averill* (1973) bei der Ausdifferenzierung seines Konzeptes personaler Kontrolle heranzieht, werden auch von *Seligman* (1975) bei der Erläuterung seines Kontrollmodells zitiert, obwohl die Kompatibilität beider Ansätze keineswegs gesichert ist. Der Ansatz von *Averill* ist insofern umfassender, als er kognitive und behaviorale Kontrollformen in ein Strukturmodell integriert (wie dies auch in der Analyse von Bewältigungsformen bei *Lazarus & Launier* 1978 versucht wird), während *Seligman* den Schwerpunkt auf behaviorale Kontrollreaktionen und die Effekte dieser Reaktionen legt. 3. Erschwerend wirkt sich weiterhin aus, daß bei der Analyse von Kontrollmerkmalen statische und dynamische Konzeptualisierungsansätze konfligieren, ja oft sogar vermischt werden. Während das Konzept der „generalisierten Kontrollüberzeugungen" (*Rotter* 1966) eine statisch konzipierte Persönlichkeitsdisposition darstellt und somit eher im Rahmen von Strukturmodellen abgebildet werden kann, dominiert bei Kontrollkonzepten, die im Rahmen von Problemlöseparadigmen formuliert werden, stärker der prozessual-sequentielle Charakter.

11.2.1 Gelernte Hilflosigkeit als Merkmal geringer personaler Kontrolle

Das Konzept der gelernten Hilflosigkeit wurde erstmals von *Seligman* (1975, deutsch 1979) umfassend in seinem theoretischen und methodologischen Kontext dargestellt. Die Theorie kann *Seligman* (1978) zufolge ein Modell zur Beschreibung und Erklärung reaktiver Depressionsformen darstellen, und er postuliert, daß die Genese und Aufrechterhaltung einer spezifischen Form depressiver Störungen nämlich die sogenannte „Hilflosigkeitsdepression" im Rahmen dieser Theorie erklärt und vorhergesagt werden kann. Mit der Neuformulierung der Theorie (siehe *Abramson, Seligman & Teasdale* 1978) sollte eine konzeptuelle Erweiterung erreicht werden, die mit den Annahmen der Theorie inkonsistente Befunde zu assimilieren gestatten sollte. Gleichwohl ist die Angemessenheit dieses Zugangs für die Beschreibung und Erklärung klinischer Symptomatik noch immer umstritten (siehe *Depue & Monroe* 1978).

Eine theoretische Grundannahme ist, daß die Konfrontation mit Situationen, in denen keine der Reaktionen eines Individuums „etwas bewirkt" und somit eine nicht-kontingente Beziehung zwischen eigenem Verhalten und intendierten Konsequenzen besteht, gravierende Folgen hat. Gelernte Hilflosigkeit soll dann entstehen, wenn Personen auf nicht kontrollierbare Situationen oder Ereignisse treffen, wenn sie keine Möglichkeiten besitzen, das Ereignis oder die Situation entsprechend zu beeinflussen. Je nach der Häufigkeit, Dauer, Intensität und Bedeutsamkeit solcher Erfahrungen kann eine Person diese Erfahrungen auch auf andere Kontexte generalisieren, d. h. sie wird potentiell oder tatsächlich kontrollierbare Ereignisse als gleichermaßen unkontrollierbar wahrnehmen. Sie baut damit eine generalisierte

Überzeugung resp. Erwartung der Nicht-Kontrollierbarkeit von Ereignissen durch eigenes Verhalten auf, sie lernt Hilflosigkeit. Hilflosigkeit soll sich der Theorie zufolge in drei typischen Symptomen manifestieren, nämlich in einem kognitiven, einem motivationalen und einem emotionalen Defizit (siehe *Seligman* 1975). Das kognitive Defizit wird darin gesehen, daß die Person faktisch kontrollierbare Ereignisse in zunehmendem Maße als nicht kontrollierbar wahrnimmt. Das motivationale Defizit soll in einer Verminderung der Bereitschaft liegen, Einfluß nehmen und kontrollierende Reaktionen ausführen zu wollen. Das emotionale Defizit soll die damit einhergehenden Gefühle umschreiben, wie etwa Resignation, Hilflosigkeit oder Hoffnungslosigkeit, die weitgehend depressiven Verstimmungen entsprechen.

Während kognitives und motivationales Defizit im Rahmen laborexperimenteller Untersuchungen vergleichsweise gut dokumentiert sind, zeigen sich bezüglich des emotionalen Defizits widersprüchliche Befunde. *Gatchel, Paulus & Maples* (1975) berichten von einem Anstieg der Ängstlichkeit, weniger jedoch die für Hilflosigkeit typischen affektiven Reaktionen. Der Theorie zufolge sollte Angst weniger im Kontext nicht kontrollierbarer Situationen auftreten, sondern eher eine typische Reaktion auf *nicht vorhersehbare* Ereignisse darstellen. Diese Nicht-Vorhersehbarkeit ist dadurch gekennzeichnet, daß ein zuverlässiger Hinweisreiz fehlt, der Eintritt, Dauer oder den Belastungsgrad des betreffenden Ereignisses signalisieren könnte. Die Tatsache, daß ein Ereignis nicht antizipiert werden kann, wird per se bereits als belastend definiert. Gleichwohl ist nicht eindeutig expliziert worden, in welcher Weise diese Tatsache zum Aufbau gelernter Hilflosigkeit beiträgt. Sowohl auf der konzeptuellen Ebene wie in der experimentellen Anordnung werden die Nicht-Vorhersagbarkeit und die Nicht-Kontrollierbarkeit von Ereignissen nicht stringent voneinander abgegrenzt. Zwar läßt sich eine Vielzahl von Ereignissen denken, die gleichermaßen unvorhersehbar wie unkontrollierbar sind, doch gilt für andere Ereignisse, daß beide Parameter voneinander unabhängig variieren. Als Zentralpostulat der Theorie läßt sich also festhalten, daß über die Konfrontation mit faktisch nicht kontrollierbaren Ereignissen hinaus bei der Person generalisierte Wahrnehmungen aufgebaut werden derart, daß zwischen ihrem eigenen Verhalten und den eingetretenen Konsequenzen keine Beziehungen bestehen. Diese generalisierte Überzeugung, daß Situationen und Ereignisse außerhalb der eigenen Kontrollmöglichkeiten liegen, wird mit dem Konzept des „Kontrollverlustes" als Zentralpostulat umschrieben (siehe auch *Garber, Miller & Seaman* 1979).

Die in der Neuformulierung der Theorie vorgenommene Erweiterung bezieht sich zum ersten darauf, daß nunmehr unterschieden wird, ob eine Situation für alle Personen in gleichem Maße nicht kontrollierbar ist, oder ob sie nur von einigen Personen als nicht kontrollierbar erlebt wird. Hierzu werden Kausalattribuierungsprozesse als wesentlich angenommen, die Person soll nach den Gründen für ihre „Hilflosigkeit" suchen und dabei einen Vergleich zwischen ihren eigenen „Kontrollkompetenzen" und den Kompetenzen, die sie einer relevanten Bezugsperson oder -gruppe zuschreibt, vornehmen. Gelangt sie im Zuge dieses sozialen Vergleichsprozesses zu der Annahme, daß andere Personen erfolgreicher und kompetenter mit dem fraglichen Ereignis umgehen, und führt sie diesen Sachverhalt etwa auf ihre eigene Unfähigkeit zurück, dann wird als Folge dieser Attribuierungen *personale Hilflosigkeit* angenommen. Gelangt die Person jedoch zu der Überzeugung, daß weder sie selbst noch andere Personen an dem Ereignis etwas in der beabsichtigten Weise verändern können, dann wird als Folge *universale Hilflosigkeit* angenommen. Dementsprechend soll personale Hilflosigkeit mit einer mehr oder minder gravierenden Reduktion des Selbstwertgefühls einhergehen, hingegen universale Hilflosigkeit die Symptome des kognitiven und motivationalen Defizits erzeugen. Indem in der Neuformulierung die Kausalattribuierungen, die eine Person in einer faktisch oder vermeintlich nicht kontrollierbaren Situation vornimmt, in das Blickfeld gerückt werden, sollen auch spezifische Hinweise darauf gewonnen werden, wie stark gelernte Hilflosigkeit über Situationen generalisiert ist und wie „chronisch" die Symptome gelernter Hilflosigkeit sind.

Ungeachtet der Tatsache, daß bislang ungeklärt ist, auf welche Formen von depressiven Störungen sich die Theorie eigentlich bezieht (was auch auf die Heterogenität der nosologischen Schemata im Umfeld depressiver Störungen zurückgeführt werden muß – vgl. *Depue & Monroe* 1978), bleibt die ökologische Validität der laborexperimentellen Befunde bislang umstritten (vgl. *Blaney* 1977). Dennoch liegt ein Verdienst von *Seligman* und Mitarbeitern darin, daß sie die Ereignis- bzw. Situationsmerkmale der Vorhersagbarkeit und Kontrollierbarkeit in das Blickfeld gerückt und ihre Erforschung in erheblichem Maße stimuliert haben. Mit der Frage nach der ökologischen Validität ihrer Befunde verbindet sich zugleich die Frage, ob beide Merkmale wesentliche Parameter von „real-world"-Ereignissen darstellen und in welchem Maße sie Auseinandersetzungsprozesse mit solchen Ereignissen zu prädizieren gestatten.

Wie eingangs erwähnt, dominierten innerhalb der epidemiologischen Richtung zur Erforschung kritischer Lebensereignisse globale Belastungsmaße resp. Wiederanpassungswerte, deren Brauchbarkeit als Prädiktoren für die jeweils untersuchten Folgeeffekte zunehmend in Zweifel gezogen wird (z. B. *Hough, Fairbank & Garcia* 1976, *Rabkin & Struening* 1976, *Vinokur & Selzer* 1975). Damit geht das Bemühen einher, Lebensereignisse oder Belastungssituationen nach spezifischen Merkmalen zu beschreiben und zu klassifizieren und jene universellen Dimensionen aufzuspüren, auf denen sich Ereignisse der unterschiedlichsten Art abbilden lassen (z. B. *Prystav* 1979). In der Erforschung kritischer Lebensereignisse haben in der Zwischenzeit auch die Parameter „Kontrollierbarkeit" und „Vorhersagbarkeit" zunehmendes Interesse gefunden (z. B. *Dohrenwend & Martin* 1979, *Paykel* 1979) – ob durch die Arbeiten um *Seligman* erst ausgelöst oder nicht, ist von hier aus nicht zu beurteilen. In jedem Falle ist für die Erforschung kritischer Lebensereignisse der Ansatz von *Seligman* insofern nur begrenzt brauchbar, als sich die laborexperimentellen Untersuchungen primär darauf bezogen haben, den Effektivitätsverlust einer spezifischen Kontrollform, nämlich der *behavioralen Kontrolle* zu überprüfen, sie jedoch andere Formen der Kontrolle nicht beachtet haben. Dies kann im folgenden anhand weitergehender Ansätze verdeutlicht werden.

11.2.2 Strukturelle Aspekte personaler Kontrolle

Aus der Theorie der gelernten Hilflosigkeit lassen sich differenzierte Prognosen über die Effekte fehlender Kontingenz zwischen instrumentellen Kontrollreaktionen und intendierten Konsequenzen ableiten. Die Kontrollkompetenz eines Individuums, also seine personale Kontrolle, umfaßt aber nicht nur Formen instrumenteller Kontrollreaktionen, mit denen der Grad der subjektiven Belastung durch ein Ereignis modifiziert werden kann, sondern personale Kontrolle umfaßt auch eine *Struktur von Kontrollreaktionen,* die je nach dem Grad ihrer eingeschätzten Effizienz bei der Konfrontation mit einem unangenehmen und negativen Ereignis aktiviert werden können. Dies kann im folgenden an dem Ansatz zur personalen Kontrolle von *Averill* (1973) verdeutlicht werden.

Averill (1973) stellt einen taxonomischen Ansatz unterschiedlicher Kontrollebenen vor, die er als „dezisionale Kontrolle", „behaviorale Kontrolle" und „kognitive Kontrolle" einführt. Das Konzept der *dezisionalen Kontrolle* läßt sich in mindestens vier Facetten darstellen: Es bezeichnet zum einen den Entscheidungsfreiraum einer Person, allgemein zwischen der Ausübung oder Unterlassung einer Handlung wählen zu können. Es kennzeichnet zum zweiten den Entscheidungsfreiraum, den eine Person bezüglich der Wahl einer bestimmten Kontrollreaktion hat, sofern ihr ein Spektrum von Kontrollreaktionen verfügbar ist und in der gegebenen Situation indiziert erscheint. Zum dritten läßt sich dezisionale Kontrolle aber auch als Situationsmerkmal auffassen, indem es den potentiellen Handlungsspielraum, den eine Situation aufgrund ihrer spezifischen Struktur objektiv und tatsächlich zuläßt, umschreibt. Schließlich kann das Konzept der dezisionalen Kontrolle aber auch eine relativ überdauernde und generalisierte Einstellung bezüglich der Beeinflußbarkeit von Verhaltenseffekten auf unterschiedlichen Kontrollebenen beinhalten.

Behaviorale Kontrolle entspricht weitgehend der Konzeptualisierung von Kontrolle im Rahmen des „learned helplessness"-Paradigmas. Hiermit wird die Relation zwischen einer beobachtbaren Reaktion und den Effekten bzw. Konsequenzen, die diese Reaktion in der Umwelt besitzt, angesprochen. *Averill* unterscheidet zwei Formen der behavioralen Kontrolle: „Regulative Administration" bezeichnet, ob die Kontrolle über den Ereigniseintritt selbst- oder fremdbestimmt ist. Ein Arbeiter, dem aufgrund der schlechten Wirtschaftslage seiner Firma gekündigt wird, unterliegt fremdbestimmter Kontrolle, während ein Arbeiter, der wegen des Wechsels zu einem besser bezahlten Arbeitsplatz selbst kündigt, über selbstbestimmte Kontrolle verfügt. Die zweite Form der behavioralen Kontrolle ist die „Stimulusmodifikation". Sie kennzeichnet die Beeinflußbarkeit der objektiven Merkmale des Ereignisses wie Zeitpunkt, Dauer, Häufigkeit usw. Bezogen auf das obige Beispiel würde dies bedeuten, daß ein Arbeiter kündigt, weil er weiß, daß sein Arbeitsplatz nicht krisensicher ist, d. h. er besitzt Kontrolle über den Zeitpunkt des Ereignisses.

Kognitive Kontrolle umschreibt die Beeinflußbarkeit von unangenehmen Affekten via Kognitionen, wobei als Grundannahme eingeht, daß Emotionen (z. B. als affektive Komponenten von Streßreaktionen) über Kognitionen gesteuert werden (*Beck* 1976; *Ellis* 1962). Der elementare Wirkfaktor im Prozeß der kognitiven

Kontrolle ist die Kontingenz zwischen Kognition und Affekt. Ähnlich wie bei behavioraler Kontrolle sind auch hier zwei Unterformen zu unterscheiden. „Informationssuche" als kognitive Kontrollreaktion kann dann eingesetzt werden, wenn der Bedeutungsgehalt oder die Struktur eines Ereignisses bzw. einer Situation sehr komplex sind, eine eindeutige Interpretation nicht möglich ist und die Situation deshalb als belastend oder gar bedrohlich erlebt wird. Ein Individuum sucht dann aktiv nach Informationen, die eine eindeutige Situationsinterpretation zulassen. Dies kann z. B. der Fall sein, wenn ein Arbeiter unsicher ist, ob er seine Kündigung wegen seiner schlechten Leistungen oder wegen der schlechten wirtschaftlichen Lage seiner Firma erhalten hat. Die zweite Form der kognitiven Kontrolle ist die „Neubewertung". Wird eine Situation eindeutig als bedrohlich oder belastend wahrgenommen und gibt es keine oder nur geringe Möglichkeiten, qua behaviorale Kontrolle aktiv handelnd den Belastungsgrad zu reduzieren, so stellt eine „Neubewertung" oft die einzige Form der Ereignisbewältigung dar. Eine Neubewertung kann dabei durch Vergleichsprozesse erreicht werden, die zu einer Bedeutungsminderung der Situation führen. Ein Arbeiter kann seine Kündigung dahingehend neu interpretieren, daß sein Arbeitsplatz gefährlich oder gesundheitsschädlich war und seine Gesundheit ihm nunmehr wichtiger als dieser Arbeitsplatz ist. *Averill* betont, daß die verschiedenen Ebenen und Formen der Kontrolle in einer komplexen Art und Weise miteinander verwoben sind und sie auch in Kombination auftreten können.[1] Untersuchungen über die Effizienz der einzelnen Kontrollformen in verschiedenen Situationen und von Personen einer spezifischen Merkmalsstruktur haben bisher keine eindeutigen Befunde gebracht (vgl. *Averill* 1979).

11.2.3 Prozessuale Aspekte personaler Kontrolle

Bei der Auseinandersetzung mit einem Lebensereignis sind unter dem Aspekt personaler Kontrolle mindestens drei Punkte innerhalb des zeitlichen Verlaufs zu beachten. Zum einen kann die Kontrolle über den *Eintritt* eines Lebensereignisses wichtig sein, zum anderen die Kontrolle über den *Verlauf* der Auseinandersetzung mit einem Lebensereignis und schließlich die Kontrolle über die mit einem Lebensereignis verbundenen *Konsequenzen*.

Individuen haben in unterschiedlichem Ausmaß Kontrolle über den Eintritt von Lebensereignissen. Die meisten der sogenannten normativen Lebensereignisse (wie z. B. Heirat) treten intendiert und vorhersagbar ein und ermöglichen eine antizipatorische Kontrolle im Hinblick auf die veränderte Lebenssituation. Viele der nonnormativen Lebensereignisse liegen dagegen außerhalb individueller Kontrollmöglichkeiten. *Parkes* (1975) hat bereits darauf verwiesen, daß bei fehlender Kontrolle über den Eintritt eines Ereignisses zumindest die *Vorhersagbarkeit* seines Eintritts

---

[1] Einen Beleg für die übergeordnete Stellung von dezisionaler Kontrolle liefern auch Studien von *Frese* (1978) sowie *Frese & Mohr* (1979): Ein wesentlicher Aspekt im Umfeld der Arbeitslosigkeit scheint die Einschränkung der dezisionalen Kontrollierbarkeit und der damit verbundene Verlust bzw. die Reduktion dezisionaler Kontrolle zu sein.

die streßvollen Konsequenzen verringern kann. Verwitwete Frauen, für die der Zeitpunkt des Todes ihres Ehepartners vorhersehbar gewesen war, bewältigten weitaus besser die Konsequenzen des Alleinseins als Frauen, für die der Tod des Ehepartners völlig unvorhersagbar eingetreten war.

Auf der Grundlage theorieinkonsistenter Befunde im Rahmen der empirischen Überprüfung der Theorie gelernter Hilflosigkeit entwickelten *Wortman & Brehm* (1975) ein Prozeßmodell über Bedingungszusammenhänge und Verlaufsparameter zur Erklärung von Effekten gelernter Hilflosigkeit und Reaktanz bei nicht kontrollierbaren Ereignissen. Wenn auch ihr Ansatz auf einsichtigen, gleichwohl weitgehend unüberprüften Prämissen beruht, lassen sich daraus doch zwei forschungsleitende Hinweise gewinnen: Zum einen wird darauf verwiesen, daß die interindividuelle Variabilität in den Reaktionen auf nicht kontrollierbare Ereignisse stärkere Berücksichtigung finden muß. Zum anderen wird argumentiert, daß es sich bei „Kontrolle" um ein vielschichtiges Prozeßgeschehen handelt, das bereits vor der eigentlichen *Handlungsaktivierung* beginnt. Damit werden Prozesse aufgezeigt, die Kontrollverlust zu einem komplexeren Phänomen werden lassen. Kontrollverlust hängt danach nicht ausschließlich von der Erfahrung der Nichtkontrolle von Ereignissen ab, sondern auch vom Grad der anfänglichen *Kontrollmotivation* und der Bedeutung des Ereignisses. Die Kontrollmotivation selbst wird entscheidend davon beeinflußt, inwieweit ein Individuum ein belastendes Ereignis als Herausforderung wahrnimmt. Bei nicht kontrollierbaren Ereignissen wird die Kontrollmotivation so lange aufrechterhalten, wie Unsicherheit über die Kontrolle des Ereignisses besteht. Gelangt ein Individuum zu der Überzeugung, daß das Ereignis nicht kontrollierbar ist, stellt sich als Folge Kontrollverlust oder Hilflosigkeit ein.

Im Rahmen der Diskussion um den Stellenwert der Theorie gelernter Hilflosigkeit ist in verschiedenen Arbeiten auf die Notwendigkeit einer Prozeßanalyse beim Aufbau gelernter Hilflosigkeit zumindest implizit hingewiesen worden. *Wortman & Dintzer* (1978) schlagen vor, die Ausführung von Kontrollreaktionen als hypothesentestendes Vorgehen zu konzipieren, bei dem ein Individuum verschiedene und alternative Möglichkeiten der Situationsanalyse, Situationsstrukturierung, Situationsdefinition, Zieldefinition, Wahl der Mittel und konkrete Handlungsalternativen gegeneinander abwägt, sich schließlich für einen konkreten Handlungsplan entscheidet und diesen auch ausführt. Dieser Gesichtspunkt wird auch von *Levine, Rotkin, Jankovic & Pitchford* (1977) aufgegriffen, die alternativ zum Zentralpostulat der Theorie gelernter Hilflosigkeit die Auffassung vertreten, daß die Nichtverfügbarkeit situationsangemessener und handlungsrelevanter Hypothesen bzw. die mangelnde Flexibilität, bei der Problemstrukturierung, Handlungsplanung und Evaluation von Handlungsausgängen auf alternative, situationsangemessene Hypothesenräume zu rekurrieren, zu Symptomen gelernter Hilflosigkeit führt. Es wird argumentiert, daß „Performanzdefizite" oder geringe Kontrollperformanzen bei belastenden Ereignissen sich als rigides Festhalten an einem inadäquaten Hypothesenraum bei der Planung von Kontrollreaktionen interpretieren läßt, was nicht notwendigerweise mit einem selbstperzipierten Verlust personaler Kontrolle einhergehen muß.

Die Bewältigung von oder Auseinandersetzung mit Lebensereignissen läßt sich auch als sequentiell ablaufender Prozeß auffassen, wenn man das Problemlöseparadigma von *van Quekelberghe* (1979) oder *D'Zurilla & Goldfried* (1971) als theoretischen Bezugsrahmen für eine Prozeßanalyse personaler Kontrolle über ein Lebensereignis heranzieht. Die Bewältigung eines Ereignisses wird hier als *Problemlöseprozeß* verstanden, der sich in verschiedene Phasen unterteilen läßt. Bereits in der ersten Phase, der *Problemanalyse* und -definition, sind Möglichkeiten denkbar, die die Bewältigung eines belastenden Ereignisses erschweren oder beeinträchtigen. So postuliert *Beck* (1967), daß bei depressiven Klienten eine „verzerrte" Wahrnehmung die adäquate Problemstrukturierung verhindert. Oftmals gehen dabei Prämissen in eine Problemdefinition ein, die aufgrund der objektiven Merkmale eines Ereignisses nicht gerechtfertigt sind. Ein wesentliches konstitutives Element des Problemlöseprozesses stellt die *Zieldefinition* dar. Ein Individuum definiert hierbei den Stellenwert eines Lebensereignisses in Relation zu der Struktur persönlicher Ziele und Bedürfnisse. Es wird einem Lebensereignis also jeweils in einem bestimmten Ausmaß persönliche Bedeutung zugeschrieben. Bei nicht kontrollierbaren Ereignissen mit hoher persönlicher Bedeutung kann eine *Zielneudefinition* bereits Merkmal der Problemlösung sein. *Klinger* (1975) postuliert, daß das Nichterreichen eines persönlich bedeutenden Ziels einen „disengagement"-Prozeß nach sich zieht, der erst mit der Formulierung eines neuen Lebensziels beendet wird.

In einem nächsten Schritt erfolgt eine *Analyse der Handlungsmöglichkeiten* und -alternativen. Diese wird bestimmt durch den Grad der subjektiv erlebten Belastung und der damit einhergehenden Notwendigkeit, überhaupt mit Kontrollhandlungen zu reagieren, sowie durch die Verfügbarkeit von Kontrollreaktionen und die eingeschätzte Wirksamkeit von Handlungen (*Bandura* 1977) in bezug auf intendierte Ziele. Hierbei scheint wesentlich zu sein, ob Individuen überhaupt zur Handlungsaktivierung bereit sind, d. h. einen hohen Grad an Kontrollmotivation aufweisen und nicht auf Kontrolle bei der Konfrontation mit einem belastenden Ereignis verzichten (*Preiser* 1980). Bei der *Handlungsausführung* werden die instrumentellen Kontrollreaktionen aktiviert. Die verschiedenen Ebenen von Kontrolle können dabei synchron oder sequentiell aktiviert werden. Das hängt weitgehend von vorausgegangenen Einschätzungsprozessen bezüglich der Effizienz singulärer und kombinierter Kontrollreaktionen ab. Schließlich erfolgt die Evaluation und *Attribuierung von Handlungskonsequenzen* im Hinblick auf die intendierten Ziele und verursachenden Faktoren. Die Kontrolle der Konsequenzen eines Lebensereignisses kann dabei bedeutender sein als die Kontrolle über das Ereignis selbst, die z. B. bei dem Ereignis „Tod eines Ehepartners" oftmals nicht gegeben ist. Kausalattribuierungen im Rahmen der Bewältigung eines Lebensereignisses determinieren dabei sowohl den weiteren Verlauf der Auseinandersetzung und können bei „prädepressiven Attribuierungsstilen" einen vorzeitigen Verlust personaler Kontrolle bedeuten wie auch die Bewältigung der Konsequenzen eines Lebensereignisses beeinträchtigen. Letzteres konnten *Bulman & Wortman* (1977) demonstrieren, die Personen untersuchten, die nach einem Unfall querschnittgelähmt waren.

Zusammenfassend sei an dieser Stelle noch einmal herausgestellt, daß eine prozessuale Betrachtung unterschiedliche Aspekte personaler Kontrolle erhellt, die auf die Kontrollmotivation und den Verlauf aktiver Bewältigung einwirken können. Hierzu gehören ebenso problemlösungsirrelevante Kognitionen (*Diener & Dweck* 1978) wie das kognitive Defizit, relevante Handlungsmittel bei der Auseinandersetzung mit einem Lebensereignis zu generieren (*Platt & Spivack* 1975), oder eine generalisierte Überzeugung der Nichtkontrolle aversiver Ereignisse. Diese unterschiedlichen Einflußfaktoren, einschließlich der ereignisspezifischen Merkmale wie Kontrollierbarkeit oder Vorhersagbarkeit, vermögen vielleicht auch in der Lebensereignisforschung in bezug auf das Bewältigungsverhalten die interindividuellen Differenzen bei gleichen und die intraindividuelle Variabilität bei verschiedenen Lebensereignissen zu erklären.

11.2.4 Die Effizienz von Kontrollreaktionen

In der Diskussion um den Stellenwert verschiedener Kontroll- und Bewältigungsreaktionen bei der Auseinandersetzung mit Lebensereignissen und dem Erwerb gelernter Hilflosigkeit rücken zwangsläufig folgende Fragen in den Mittelpunkt des Interesses: 1. Lassen sich aus bisherigen Untersuchungen Hinweise auf eine differentielle Effizienz verschiedener Kontrollreaktionen ableiten? Sind bestimmte Kontrollreaktionen anderen hinsichtlich ihrer Effizienz überlegen? 2. Unter welchen Bedingungen wird die Erfahrung der Nichtkontingenz wahrscheinlicher, und wann führt sie zu welchen streßvollen Konsequenzen? 3. Lassen sich aus der Literatur Hinweise gewinnen, wodurch die Effekte wahrgenommener Nichtkontingenz kompensiert oder verstärkt werden können, lassen sich z. B. auch sogenannte „kritische Persönlichkeiten" oder „Lebenskontexte" identifizieren? Wie sieht das Zusammenwirken welcher Persönlichkeiten mit welchen Bewältigungsreaktionen in welchen Kontexten aus?

Für die Beantwortung der ersten beiden Fragen lassen sich aus der Literatur verschiedene Hinweise ableiten. *Sherrod, Hage, Halpern & Moore* (1977) untersuchten die Effekte unterschiedlicher Grade von dezisionaler Kontrollierbarkeit. Zwei Gruppen von Versuchspersonen hatten die Möglichkeit, entweder Eintritt oder Beendigung eines aversiven Stimulus zu kontrollieren. Eine dritte Gruppe besaß die Kontrolle über beides, d. h. sie konnte sowohl Beginn als auch Beendigung des Stimulus beeinflussen. Die Ergebnisse ihrer Untersuchung fassen *Sherrod* et al. in dem Titel ihrer Studie zusammen „The more control, the better" – mit anderen Worten: Weniger der Aspekt der differentiellen Effektivität, sondern der der bloßen Zunahme von Kontrolle soll entscheidend sein.

Ähnliche Anhaltspunkte lassen sich auch aus der Studie von *Pearlin & Schooler* (1978) gewinnen. In dieser Untersuchung zu den normativen Belastungen der „real world" unterscheiden die Autoren zunächst einmal zwischen sozialen Ressourcen, psychischen Ressourcen und spezifischen Bewältigungsreaktionen. Die Bewältigungsreaktionen werden je nach fokussiertem Bezug in Situationskontrolle, Bedeutungskontrolle und Emotionskontrolle unterteilt und hinsichtlich ihrer Effizienz für die Bewältigung von vier Lebensbereichen (Ehe, Erziehung, Haushalt und Beruf) untersucht. Die Autoren erfaßten zunächst den Grad der bereichsspezifischen Belastung und das Ausmaß an erlebtem Streß – unter der Annahme, daß der Grad der Belastungsreduktion und das Ausmaß an erlebtem Streß eine Funktion verfügbarer und eingesetzter Bewältigungsreaktionen ist, wobei sie sich auf kognitive Bewältigungsmechanismen beschränkt haben. Die Ergebnisse dieser Studie lassen sich dahingehend zusammenfassen, daß sich alters- und geschlechtsspezifische Unterschiede in den Bewältigungsreaktionen zeigen, verschiedene Bewältigungsreaktionen unterschiedliche Effizienz in den einzelnen Lebensbereichen besitzen und die Wahrscheinlichkeit der erfolgreichen Bewältigung mit der Anzahl verfügbarer und eingesetzter Bewältigungsreaktionen zunimmt. Die Studie zeigt aber auch, daß in Lebensbereichen, die sich durch eine geringe dezisionale Kontrollierbarkeit hervorheben (hier Beruf), Bewältigungsreaktionen einen geringen Effekt auf die Belastungsreduktion bzw. Streßvermeidung hatten. Die referierten Befunde sprechen für die Effizienz kognitiver Kontrollreaktionen. Ein Vergleich hinsichtlich der Wirksamkeit behavioraler und kognitiver Kontrollformen ist allerdings nicht möglich. Hierzu gibt die Arbeit von *Sanchez-Craig* (1976) Aufschluß: Beim Vergleich eines kognitiven, behavioralen und kombinierten Kontrolltrainingsprogramms zur effizienten Bewältigung interpersoneller Problemsituationen erwiesen sich behaviorale und kombinierte Kontrollreaktionen als wesentlich wirksamer im Vergleich zu kognitiven Kontrollformen. In diesem Zusammenhang scheint allerdings auch der Befund bei *Spivack, Platt & Shure* (1976) wichtig, wonach nicht primär das Wissen um die Effizienz bestimmter Mittel, sondern vielmehr die aktuelle Generierung solcher Mittel den entscheidenden Faktor darstellt.

Insgesamt gesehen sind also die bisherigen Hinweise auf die Effizienz der einzelnen Kontrollreaktionen sehr widersprüchlich. Zu beachten ist hier vor allem auch die Vielzahl von Moderatorvariablen, die für eine erfolgreiche Auseinandersetzung mit kritischen Ereignissen wesentlich sind (Persönlichkeitsmerkmale, Merkmale der sozialen Umwelt usw.). *Kobasa* (1979) konnte nachweisen, daß Individuen mit einer hohen Ausprägung von „hardiness" einen wesentlich besseren Gesundheitsstatus nach der Auseinandersetzung mit kritischen Lebensereignissen aufwiesen. Die „hardiness"-Persönlichkeit zeigt als typische Charakteristika eine hohe Kontrollüberzeugung, eine ausgeprägte Selbstakzeptanz und die Fähigkeit, Lebensereignisse und Veränderungen als Herausforderung wahrzunehmen. *Pearlin & Schooler* (1978) differenzierten das Konstrukt der psychischen Ressourcen nach einem hohen Selbstwertgefühl, geringer Tendenz zur Selbstabwertung und einem hohen Grad selbstperzipierter Kompetenz. Diese Persönlichkeitsmerkmale erwiesen sich teilweise als bessere Prädiktoren für die Bewältigung von kritischen Lebensereignissen als spezifische Bewältigungsreaktionen, und zwar insbesondere dann, wenn kritische Lebensereignisse ein geringes Maß an dezisionaler Kontrollierbarkeit besitzen.

Die Ausgangshypothese in vielen Untersuchungen war oft, daß Personen mit einem hohen Grad internaler Kontrollüberzeugung erfolgreicher Lebensereignisse bewältigen als Individuen mit einem hohen Grad an externaler Kontrollüberzeugung. Die Ergebnisse hierzu sind nicht eindeutig. So geht aus der Studie von *Kobasa* zwar hervor, daß „Internale" erfolgreicher Lebensereignisse bewältigen. Doch weisen *Smith* (1970) und *Houston* (1972) auf die Möglichkeit hin, daß Personen mit internaler Kontrollüberzeugung bei faktisch nicht kontrollierbaren Ereignissen anfälliger für extreme Streßreaktionen sind als solche mit externaler Kontrollüberzeugung. Wegen der Verwendung retrospektiver Untersuchungsdesigns sind die Befunde allerdings nicht eindeutig interpretierbar. So hat *Smith* (1970) festgestellt, daß die erfolgreiche Bewältigung von Lebensereignissen zwar mit einem Anstieg der internalen Kontrollüberzeugung einhergeht, allerdings läßt sich dieser Befund nicht als Hinweis auf etwaige Veränderungen in der Kontrollüberzeugung als Folge der Ereignisbewältigung interpretieren.

Fazit: Zur Zeit lassen sich keine gesicherten Erkenntnisse darüber ableiten, welche Persönlichkeitsmerkmale als wichtig für die Auseinandersetzung mit Lebensereignissen anzusehen sind. Die Effizienz der verschiedenen Bewältigungsreaktionen scheint zumindest partiell von Persönlichkeitsmerkmalen abzuhängen. *Averill* (1979) weist z. B. darauf hin, daß die Konsequenzen einer Kontrollform wie „Informationssuche" in medizinischen Belastungssituationen (operative Eingriffe) stark von Persönlichkeitsmerkmalen wie „Represser vs. Sensitizer" abhängen.

Im Hinblick auf relevante *Kontextaspekte* für den Erwerb von Kontrollüberzeugungen scheinen Individuen, die in dichtbesiedelten Gebieten aufwachsen oder leben, verwundbarer für Kontrollverlust als eine Vergleichsgruppe zu sein (*Rodin* 1976). *Wheaton* (1980) versucht dies mit dem Konzept des fatalistischen Attribuierungsstils zu erklären. Doch auch hier fehlen weitergehende Analysen.

11.3 Die Brauchbarkeit des Konzeptes „Personale Kontrolle" für die naturalistisch orientierte Lebensereignisforschung

Die meisten Befunde zum Konzept „Personale Kontrolle" wurden in laborexperimentellen Untersuchungen gewonnen; ihre Generalisierbarkeit auf naturalistische Phänomene erscheint nicht immer gegeben. Allerdings lassen sich einige Untersuchungen nennen, bei denen vor allem die strukturale Perspektive von personaler Kontrolle für die Lebensereignisforschung einen fruchtbaren Orientierungsrahmen eröffnet. Anhand von zwei Studien soll zunächst aufgezeigt werden, daß die hier vorgeschlagene Unterscheidung der einzelnen Kontrollebenen wesentlich für die Erklärung unterschiedlicher Effekte von „Kontrollverlust" ist.

So untersuchten *Langer & Rodin* (1976) bei älteren, in Institutionen lebenden Menschen, welchen Stellenwert *dezisionale Kontrolle* für ihre psychische und physische Verfassung besitzt. Sie teilten die Bewohner eines Altersheimes per Zufall in zwei Gruppen. Eine Gruppe wurde aufgefordert, für die eigene Lebensgestaltung und Planung des Alltags selbst verantwortlich zu sein, und es wurde ein großer Verhaltensfreiraum eingeräumt. Die andere Gruppe wurde informiert, daß das Personal des Altenheims sich um den Alltagsablauf kümmert und ihre Lebensumwelt so weit wie möglich gestaltet und arrangiert. Ein Vergleich der beiden Gruppen nach einiger Zeit zeigte, daß die Gruppe mit induzierter dezisionaler Kontrolle wesentlich positivere Befindlichkeitsmaße und höhere Aktivitätsmaße aufwies als die Vergleichsgruppe. Auch aus einer Untersuchung von *Ferrari* (1963) läßt sich die Bedeutung dezisionaler Kontrolle bei älteren Menschen aufzeigen. Die Sterblichkeitsrate war höher bei älteren Menschen, denen die Möglichkeit genommen worden war, selbst Entscheidungen für Veränderungen in ihrem Leben zu übernehmen, z. B. für den Eintritt ins Altersheim. Auch die Befunde von *Lieberman* (1975) weisen darauf hin, daß die Anpassung an ein neues Setting (hier Altenheim) um so besser gelingt, je mehr die Personen selbst über den Eintritt in das Altersheim entscheiden konnten.

Ein Beispiel für die Effekte *behavioraler Kontrolle* findet sich bei *Schulz* (1976). Hier wurden ältere Menschen, die in einem Altersheim lebten, drei verschiedenen Experimentalgruppen zugeordnet. Für die erste Gruppe war der Besuch eines Studenten (vom Versuchsleiter intendiert als „positives Lebensereignis") bezüglich des Zeitpunktes sowohl vorhersagbar als auch kontrollierbar. Die zweite Gruppe wurde über den Zeitpunkt des Besuchs informiert, hatte aber keine Möglichkeit, den Zeitpunkt selbst zu bestimmen. Diese Gruppe verfügte nur über Vorhersagbarkeit. Die dritte Gruppe wurde weder über den Zeitpunkt des Besuches informiert, noch hatte sie die Möglichkeit, diesen selbst zu bestimmen. Ähnlich wie bei *Langer & Rodin* zeigten auch hier die Kontrollierbarkeits-/Vorhersagbarkeitsgruppe und die Vorhersagbarkeitsgruppe bessere Werte in den Kriteriumsvariablen, wie allgemeine Befindlichkeit und tägliche Aktivitäten. Dieses Experiment kann als Beleg für die Effekte regulativer Administration gewählt werden, da die Probanden nur zwischen Kontrolle über den Eintrittszeitpunkt des Ereignisses, nicht jedoch über das Ereignis an sich besaßen.

Vergleicht man die Befunde von *Langer & Rodin* und von *Schulz,* so zeigen sich auf den ersten Blick keine differentiellen Effekte der verschiedenen induzierten Kontrollformen. Unabhängig davon, welche Ebenen der Kontrolle experimentell manipuliert worden waren, zeigten sich bei allen Gruppen, die ein höheres Maß an Kontrolle besaßen, günstigere Werte in den jeweiligen Kriteriumsvariablen. Im Hinblick auf die Langfristigkeit der beobachteten Effekte unterscheiden sich die Befunde aber deutlich. Im ersten Falle (berichtet bei *Rodin & Langer* 1977) konnten die positiven Effekte des Programms zur Kontrollinduktion noch nach einem Jahr nachgewiesen werden. Hingegen zeigen sich dramatische Veränderungen bei den von *Schulz* untersuchten Probanden: Diejenigen Personen, denen Kontrolle induziert worden war und die das Ereignis hatten vorhersehen können, zeigten über einen Zeitraum mit wiederholten Messungen (24, 30 und 42 Monate) drastische Verschlechterungen in den Befindlichkeits- und Aktivitätsmaßen, während sich die beiden anderen Gruppen über die Zeit hinweg in diesen Werten verbesserten (vgl. *Schulz & Hanusa* 1978). Offenbar ist hier der *Verlust* von Kontrollmöglichkeiten gravierender als die Tatsache, vorher keine oder nur beschränkte Kontrollmöglichkeiten gehabt zu haben! Sollten sich diese Befunde replizieren lassen, so machen sie deutlich, wie gravierend Lebensereignisse gerade für alte Menschen sein mögen: Da wir annehmen müssen, daß mit zunehmendem Alter der Grad dezisionaler Kontrolle und Kontrollierbarkeit geringer wird, wirkt sich der Entzug von spezifischen Kontrollreaktionen um so drastischer aus, da er oft durch den Erwerb neuer Kontrollkompetenzen kaum kompensiert und seine Wirkung auch kaum durch die von außen gesteuerte Herbeiführung „positiver" Ereignisse (hier: Besuch des Studenten) gemildert werden kann. Die Einweisung in ein Altenheim kann so oft als ein kritisches Lebensereignis höchster Brisanz erlebt werden (vgl. *Schulz & Brenner* 1977).

11.4 Ausblick

Innerhalb der allgemeinen Kognitions- bzw. Denkpsychologie ist die Unterscheidung zwischen Struktur- und Prozeßmodellen inzwischen längst als Untersuchungsthema verankert. Hingegen ist für das Konzept der personalen Kontrolle diese Unterscheidung bislang nicht auf ihre theoretische und empirische Brauchbarkeit hin überprüft worden. Kehren wir deshalb noch einmal kurz zum Ausgangspunkt unserer Überlegungen zurück.

Ein Kritikpunkt an der Lebensereignisforschung bezieht sich auf ihr Theoriedefizit, insbesondere auf die Tatsache, daß die differentielle Reaktivität von Personen auf kritische Lebensereignisse bislang kaum erklärt und prognostiziert werden kann. Dies gilt auch für die Ätiologie depressiver Störungen, weil das Beziehungsgefüge zwischen der Konfrontation mit kritischen Lebensereignissen und depressiver Symptomatik noch weitgehend unklar ist und die dabei vermuteten Wirkungszusammenhänge noch nicht annähernd elaboriert wurden. Psychologische Theorien depressiver Störungen, wie sie etwa von *Beck* (1967) und *Seligman* (1975) vorgelegt wurden, sind von einer Integration noch weit entfernt. Trotz ihrer unterschiedlichen Akzentsetzung können sie beide jedoch heuristisch nützlich sein, wenn es um die Explikation des Wirkungsgrades und der Wirkungsmechanismen von kritischen Lebensereignissen für individuelles Verhalten und Erleben geht.

Innerhalb der Theorie der gelernten Hilflosigkeit werden insbesondere strukturale Aspekte betont; es werden vorwiegend Parameter spezifiziert, die für die Analyse des Phänomens relevant sind (z. B. Nicht-Kontingenz) und die zugleich zur Kennzeichnung ihrer Beziehungsstruktur herangezogen werden können. Dynamische und prozeßhafte Aspekte, insbesondere jene Prozesse, die an der Genese und Aufrechterhaltung gelernter Hilflosigkeit beteiligt sind und/oder Hinweise auf die differentielle Anfälligkeit von Personen für Hilflosigkeit liefern, bleiben weitgehend unberücksichtigt.

Der kognitive Ansatz von *Beck* (1967) unterscheidet sich in dieser Hinsicht. Die Theorie war ursprünglich aus dem Konzept der kognitiven Strukturiertheit (i. S. von *Harvey, Hunt & Schroder* 1961) abgeleitet worden, und Prozeßparameter bilden die konstitutiven Theorieelemente. So lassen sich die von *Beck* postulierten kognitiven Verzerrungen (z. B. arbiträre Inferenz) als Störungen grundlegender informationsverarbeitender Prozesse, also als Störungen der Differenzierung, Diskrimination und Integration von eingehenden Informationen auffassen.

Eine umfassende Konzeptualisierung von personaler Kontrolle erfordert die systematische Berücksichtigung beider Aspekte, sowohl des strukturalen wie des prozessualen Aspekts. Vermutlich kann erst dann die Brauchbarkeit dieses Konzepts innerhalb einer Theorie depressiver Störungen als zentrales Bindeglied zu der Konfrontation mit kritischen Lebensereignissen postuliert und überprüft werden. Dies läßt sich auch aus einer neueren Arbeit von *Cornelius & Averill* (1980) ableiten, in welcher auf die verschiedenen Ebenen personaler Kontrolle abgehoben und darauf hingewiesen wird, daß diese in komplexer Art und Weise miteinander verwoben sind und ihre unterschiedliche Wirksamkeit nicht auf einen gemeinsamen grundlegenden Mechanismus zurückzuführen ist. So heuristisch wertvoll und in vielerlei Hinsicht vielversprechend dieses Konzept auch sein mag, so läßt sich doch mit *Cornelius & Averill* (1980, 515; Übersetzung durch die Autoren) abschließend feststellen: „Wir treten nicht dafür ein, daß das Konzept der personalen Kontrolle als wertlos zu betrachten ist oder daß man es aufgeben sollte. Seine weite Verbreitung spricht im Gegenteil dafür, daß dieses Konzept innerhalb der psychologischen Theorienbildung und Forschung eine deutliche Lücke füllt. Wir vermuten jedoch, daß es solche Popularität nicht wegen seines Erklärungswertes oder seiner theoretischen Präzision erhalten hat, sondern wegen seiner Vagheit".

Literatur

Abramson, L. Y., Seligman, M. E. P. & Teasdale, J. D., Learned helplessness in humans: Critique and reformulation. Journal of Abnormal Psychology 87, 1978, 49-74.

Averill, J. R., Personal control over aversive stimuli and its relationship to stress. Psychological Bulletin 80, 1973, 286-303.

Averill, J. R., A selective review of cognitive and behavioral factors involved in the regulation of stress. In: *Depue, R. A.* (Hrsg.), The psychobiology of the depressive disorders. New York 1979, 365-387.

Bandura, A., Self-efficacy: Toward a unifying theory of behavioral change. Psychological Review 84, 1977, 191-215.

Baron, R. M. & Rodin, J., Personal control as a mediator of crowding. In: *Baum, A., Singer, J. E. & Valins, S.* (Hrsg.), Advances in environmental psychology, Volume 1. New York 1978, 145-190.

Beck, A. T., Depression: Clinical, experimental and theoretical aspects. New York 1967.

Beck, A. T., Cognitive therapy and emotional disorders. New York 1976.

Blaney, P. H., Contemporary theories of depression. Critique and comparison. Journal of Abnormal Psychology 86, 1977, 203-223.

Blöschl, L., Psychosoziale Aspekte der Depression. Bern 1978.

Brown, G. W., Life events and the onset of depressive and schizophrenic conditions. In: *Gunderson, E. K. E. & Rahe, R. H.* (Hrsg.), Life stress and illness. Springfield 1974, 164-188.

Brown, G. W. & Harris, T. Social origins of depression. London 1978.

Bulman, R. J. & Wortman, C. B., Attributions of blame and coping in the „real world": Severe accident victims react to their lot. Journal of Personality and Social Psychology 35, 1977, 351-363.

Cornelius, R. R. & Averill, I. R. The influences of various types of control on psychophysiological stress reactions. Journal of Research in Personality 14, 1980, 503-517.

Costello, C. G., A critical review of *Seligman's* laboratory experiments on learned helplessness and depression in humans. Journal of Abnormal Psychology 87, 1978, 21-31.

Depue, R. A. & Monroe, S. M., Learned helplessness in the perspective of the depressive dis-

orders: Conceptual and definitional issues. Journal of Abnormal Psychology 87, 1978, 3-20.
Diener, C. I. & Dweck, C. S., An analysis of learned helplessness: Continuous changes in performance, strategy and achievement cognitions following failure. Journal of Personality and Social Psychology 36, 1978, 451-462.
Dohrenwend, B. S. & Martin, J. L., Personal vs. situational determination of anticipation and control of the occurance of stressful life events. American Journal of Community Psychology 7, 1979, 453-468.
D'Zurilla, T. J. & Goldfried, M. R., Problem solving and behavior modification. Journal of Abnormal Psychology 78, 1971, 107-126.
Ellis, A., Reason and emotion in psychotherapy. New York 1962.
Ferrari, N., Freedom of choice. Social Work 8, 1963, 105-106.
Ferster, C. B., A functional analysis of depression. American Psychologist 28, 1973, 857-870.
Fontana, A. F., Marcus, J. L., Hughes, L. A. & Dowds, B. N., Subjective evaluation of life events. Journal of Consulting and Clinical Psychology 47, 1979, 906-911.
Frese, M., Industrielle Arbeitsbedingungen: Ein lange vernachlässigter Faktor in der Ätiologie und Prävention von psychischen Störungen. In: Deutsche Gesellschaft für Verhaltenstherapie, Sonderheft I. München 1978, 109-118.
Frese, M. & Mohr, G., Soziale Maßnahmen für Arbeitslose: Überlegungen im Rahmen einer psychologischen Untersuchung. Psychosozial 1, 1979, 22-34.
Friedman, R. J. & Katz, M. M., The psychology of depression. Contemporary theory and research. Washington 1974.
Garber, J., Miller, W. R. & Seaman, S. F., Learned helplessness, stress, and the depressive disorders. In: *Depue, R. A.* (Hrsg.), The psychobiology of the depressive disorders. New York 1979, 335-363.
Gatchel, R. J., Paulus, P. B. & Maples, C. W., Learned helplessness and self-reported affect. Journal of Abnormal Psychology 84, 1975, 732-734.
Glass, D. C. & Singer, J. E., Urban stress: Experiments on noise and social stress. New York 1972.
Harvey, O. J., Hunst, D. E. & Schroder, H. M., Conceptual systems and personality organisation. New York 1961.
Hoffmann, N., Depressives Verhalten. Salzburg 1976.
Hough, R. L., Fairbank, D. T. & Garcia, A. M., Problems in the ratio measurement of life stress. Journal of Health and Social Behavior 17, 1976, 70-82.
Houston, B. K., Control over stress, locus of control, and response to stress. Journal of Personality and Social Psychology 21, 1972, 249-255.
Hudgens, R. W., Personal catastrophe and depression: A consideration of the subject with respect to medically in adolescents, and a requiem for retrospective life-event studies. In: *Dohrenwend, B. S. & Dohrenwend, B. P.* (Hrsg.), Stressful life events: Their nature and effects. New York 1974, 119-134.
Katschnig, H., Sozialer Streß und psychische Erkrankung. München 1980.
Keupp, H., Verhaltensstörung und Sozialstruktur. München 1974.
Kielholz, P., Diagnose und Therapie der Depressionen für den Praktiker. München 1971.
Klinger, E., Consequences of commitment to and disengagement from incentives. Psychological Review 82, 1975, 1-25.
Kobasa, S. C., Stressful life events, personality, and health: An inquiry into hardiness. Journal of Personality and Social Psychology 37, 1979, 1-11.
Langer, E. J. & Rodin, J., The effects of choice and enhanced personal responsibility for the aged: A field experiment in an institutional setting. Journal of Personality and Social Psychology 34, 1976, 191-198.
Lazarus, R. S. & Launier, R., Stress-related transactions between person and environment. In: *Pervin, L. A. & Lewis, M.*, Perspectives in interactional psychology. New York 1978, 287-327.
Levine, M., Rotkin, L., Jankovic, I. N. & Pitchford, L., Impaired performance by adult hu-

mans: Learned helplessness or wrong hypotheses? Cognitive Therapy and Research 1, 1977, 275-285.

Lewinsohn, P. M., A behavioral approach to depression. In: *Friedman, R. J. & Katz, M. M.* (Hrsg.), The psychology of depression: Contemporary theory and research. Washington (D. C.) 1974.

Lieberman, M. A., Adaptive processes in late life. In: *Datan, N. & Ginsberg, L. H.* (Hrsg.), Life-span developmental psychology. New York 1975, 135-160.

Magnusson, D. & Endler, N. S., Personality at the crossroads. Hillsdale 1977.

Parkes, C. M., Unexpected and untimely bereavement: A study of young Boston widows and widowers. In: *Schoenberg, B., Gerber, I., Wiener, A., Kutscher, A. H. Peretz, D. & Carr, A. C.* (Hrsg.), Bereavement: Its psychosocial aspects. New York 1975, 65-83.

Paykel, E. S., 1974. Recent life events and clinical depression. In: *Gunderson, E. K. E. & Rahe, R. H.* (Hrsg.), Life stress and illness. Springfield 1974, 134-163.

Paykel, E. S., Recent life events in the development of the depressive disorders. In: *Depue, R. A.* (Hrsg.), The psychobiology of the depressive disorders. New York 1979, 245-262.

Paykel, E. S., Myers, J. K., Dienelt, M. N., Klerman, G. L., Lindenthal, J. J. & Pepper, M. P., Life events and depression. Archive of General Psychiatry 21, 1969, 753-760.

Pearlin, L. I. & Schooler, C., The structure of coping. Journal of Health and Social Behavior 19, 1978, 2-21.

Platt, J. J. & Spivack, G., Manual for the Means-Ends-Problem-Solving Procedure *(Meps)*. A measure of interpersonal cognitive problem-solving skill. Hahnemann Community Mental Health/Mental Retardation Center, Department of Mental Health Sciences, Hahnemann Medical College and Hospital, 1975.

Preiser, S., Verzicht auf Kontrolle – aus Angst vor Kontrollverlust? Vortrag, gehalten auf dem 32. Kongreß der Deutschen Gesellschaft für Psychologie, Zürich 1980.

Prystav, G., Die Bedeutung der Vorhersagbarkeit und Kontrollierbarkeit von Stressoren für Klassifikationen von Belastungssituationen. Zeitschrift für Klinische Psychologie 8, 1979, 283-301.

Rabkin, G. J. & Struening, E. L., Life events, stress, and illness. Science 194, 1976, 1013-1020.

Rodin, J., Density, perceived choise, and response to controllable and uncontrollable outcomes. Journal of Experimental Social Psychology 35, 1976, 564-578.

Rodin, J. & Langer, E. J., Long-term effects of a control-relevant intervention with the institutionalized aged. Journal of Personality and Social Psychology 35, 1977, 897-902.

Rotter, J. B., Generalized expectancies for internal versus external control of reinforcement. Psychological Monographs: General and Applied 80, 1966.

Sanchez-Craig, B. M., Cognitive and behavioral strategies in the reappraisal of stressful social situations. Journal of Counseling Psychology 23, 1976, 7-12.

Schulz, R., Effects of control and predictability on the physical and psychological well-being of the institutionalized aged. Journal of Personality and Social Psychology 33, 1976, 563-573.

Schulz, R. & Brenner, G., Relocation of the aged: A review and theoretical analysis. Journal of Gerontology 32, 1977, 323-333.

Schulz, R. & Hanusa, B. H., Long-term effects of control and predictability-enhancing interventions: Findings and ethical issues. Journal of Personality and Social Psychology 36, 1978, 1194-1201.

Seligman, M. E. P., Helplessness. San Francisco, 1975 (Dt. Erlernte Hilflosigkeit. München 1979).

Seligman, M. E. P., Comment and integration. Journal of Abnormal Psychology 87, 1978, 165-179.

Sherrod, D. R., Hage, J. N., Halpern, P. L. & Moore, B. S., Effects of personal causation and perceived control on responses to an aversive environment: The more control, the better. Journal of Experimental Social Psychology 13, 1977, 14-27.

Smith, R. E., Changes in locus of control as a function of life crisis resolution. Journal of Abnormal Psychology 75, 1970, 328-332.

Spivack, G., Platt, J. J. & Shure, M. B., The problemsolving approach to adjustment: A guide to research and intervention. San Francisco 1976.

Van Quekelberghe, R., Systematik der Psychotherapie. München 1979.

Vinokur, A. & Selzer, M. L., Desirable vs. undesirable life events: Their relationship to stress and mental distress. Journal of Personality and Social Psychology 32, 1975, 329-337.

Wheaton, B., The sociogenesis of psychological disorder. An attributional theory. Journal of Health and Social Behavior 21, 1980, 100-124.

White, R., Motivation reconsidered: The concept of competence. Psychological Review 66, 1959, 297-330.

Wortman, C. B. & Brehm, J. W., Responses to uncontrollable outcomes: An integration of reactance theory and the learned helplessness model. In: *Berkowitz, L.* (Hrsg.), Advances in Experimental Social Psychology, Volume 8. New York 1975, 277-336.

Wortman, C. B. & Dintzer, L., Is an attributional analysis of the learned helplessness phenomenon viable? A critique of the *Abramson-Seligman-Teasdale* reformulation. Journal of Abnormal Psychology 87, 1978, 75-90.

12 Selbstkonzept-Änderungen nach kritischen Lebensereignissen

Hans Dieter Mummendey

12.1 Problemstellung

Die Erforschung von Veränderungen des Selbstbildes im Verlaufe des menschlichen Lebens ist entwicklungspsychologisch interessant, weil das Selbstbild bzw. Selbstkonzept als Inbegriff selbstbezogener Kognitionen seit längerem (vgl. zuletzt die Beiträge in *Filipp* 1979) als wichtige, menschliches Verhalten mitsteuernde und Beziehungen zwischen psychologischen Variablen moderierende Einflußgröße (an)erkannt worden ist. Mit dem Selbstkonzept geht es uns dabei ähnlich wie mit den Einstellungen (attitudes): Man vermutet einen bedeutsamen Beitrag zur Beeinflussung menschlichen Verhaltens und erwartet daher einen bedeutenden Beitrag zur Erklärung und Vorhersage – und über Einstellungsänderung auch zur Veränderung – menschlichen Verhaltens.

Die hier vorgenommene analoge Betrachtung von *Selbstbildern* und sozialen *Einstellungen* erscheint nicht als willkürlich und geschieht nicht zufällig. Fragt man nämlich einmal, woraus Selbstkonzepte bzw. Selbstbilder, Selbsteinschätzungen, Selbstbeurteilungen eigentlich funktional bestehen, so stößt man auf eben jene kognitiven, affektiven und konativen Komponenten, die zum schwer wegdiskutierbaren Definitionsbestand von Einstellungen bzw. Attitüden gehören: Jemand nimmt sich selbst in ganz bestimmter Weise wahr, attribuiert sich z. B. bestimmte Eigenschaften in mehr oder weniger starkem Maße; man bewertet seine eigene Person, d. h. zeigt ein mehr oder weniger hohes Maß an Selbstwertschätzung oder Selbstachtung (self-esteem); schließlich geht auch der verhaltens-intentionale Aspekt in eine mehr oder weniger umfassende Bestimmung des Selbstkonzeptes insofern ein, als man sich bestimmte Verhaltensweisen mehr oder weniger zutraut, bzw. bestimmte Verhaltensabsichten mehr oder weniger stark zuschreibt.

Ist es daher durchaus vernünftig, Selbstkonzepte oder Selbstbilder als Inbegriff selbstbezogener Kognitionen, Evaluationen und Intentionen zu bezeichnen, so erscheinen Selbstbilder als nichts wesentlich anderes als *Selbst-Einstellungen,* d. h. Einstellungen zur eigenen Person. Unterstützt wird diese Auffassung noch dadurch, daß sich die methodischen Möglichkeiten, Einstellungen gegenüber x-beliebigen sozialen Objekten und gegenüber der eigenen Person zu erfassen, prinzipiell sehr ähnlich sind: Die meisten der zur Einstellungsmessung herangezogenen Methoden und Verfahren lassen sich gleichfalls zur Selbstkonzept-Erfassung verwenden (vgl. *Mummendey* 1979a).

Die Analogie zwischen Selbstbildern und sozialen Einstellungen ist jedoch nicht nur durch die psychologische Definitions- und Meßpraxis begründbar. Sie läßt sich weiter stützen durch die theoretische und in bestimmten Bereichen psychologischer

Forschung bereits empirisch bestätigte These von der funktionalen Äquivalenz von Selbst- und Fremdwahrnehmungsprozessen (*Bem* 1972, *Mead* 1934). Man kann die Wahrnehmung und Beurteilung der eigenen Person in gewisser Weise in Analogie zur Fremdwahrnehmung und -beurteilung auffassen, indem man sich vorstellt, das Individuum nähme vorübergehend die Position einer anderen, es beobachtenden bzw. beurteilenden Person ein. Die „Summe" (oder der „Durchschnitt") solcher perzipierten Fremdwahrnehmungen könnte mit einem generellen, situationsunspezifischen Selbstbild identisch sein – daneben ließen sich selbstverständlich eine ganze Reihe von situationsspezifischen Selbstbildern bzw. partiellen Selbst-Modellen postulieren (vgl. *Filipp & Brandtstädter* 1975), die durch situationsgebundene Funktionen eines „Spiegelbild-Selbst" mitzubestimmen wären. Als Hinweis auf die hier behauptete funktionale Entsprechung von Selbstwahrnehmung und Personwahrnehmung mag neben anderem das Ergebnis einer experimentellen Untersuchung zur Veränderung der Selbstwahrnehmung in Analogie zur Veränderung der Personwahrnehmung dienen (*Mummendey & Isermann-Gerke* 1979).

Sollen damit Selbstbilder in psychologischer Perspektive einmal als Selbst-Einstellungen aufgefaßt werden, so bietet sich ein Großteil des jahrzehntelang zusammengetragenen Wissens über soziale Einstellungen und insbesondere den Zusammenhang zwischen *Einstellungen* und offenem *Verhalten* zur Anwendung auf Selbstkonzeptprobleme an. Auf eine plausible These, die sich auf dem Hintergrund der Attitude-Behavior-Relationen formulieren ließe, wurde bereits eingangs hingewiesen: Wenn Selbstbilder das Verhalten der Individuen zu beeinflussen vermögen, dann werden Selbstbildänderungen in gewissem Maße zu Verhaltensänderungen beitragen. Diese gewissermaßen idealistische Annahme bzw. Hypothesenrichtung, daß Kognitionen (daneben auch Bewertungen und Intentionen) Verhalten steuern, stellte bislang einen Schwerpunkt experimentell und empirisch begründeter psychologischer Forschung dar. Die Ergebnisse von vielen Untersuchungen der Einstellungs-Verhaltens-Relation in experimentellen Situationen und auch in natürlicher Umgebung (vgl. zuletzt *Mummendey* 1979b) zeigen, daß nur dann, wenn eine Reihe weiterer, „günstiger" Bedingungen gegeben ist, Vorhersagen von Verhalten aus (überwiegend durch Kognitionen und Evaluationen bestimmten) Einstellungen gemacht werden können.

Auf der anderen Seite gibt es bereits viele Befunde aus laborexperimenteller und feldexperimenteller Forschung, die den umgekehrten Schluß, nämlich denjenigen, daß Verhaltensweisen Einstellungen beeinflussen, nahelegen. Hier lassen sich sowohl die vielfachen experimentellen Untersuchungen und Nachuntersuchungen zur Entstehung und Reduzierung kognitiver Dissonanz nach Einwilligung in einstellungskonträres Verhalten (vgl. zusammenfassend *Irle & Möntmann* 1978) als auch mehr oder weniger systematische Beobachtungen der einstellungsändernden Wirkung rollenspielartiger Manipulationen (vgl. z. B. *Elms* 1967) anführen. Daß sich beispielsweise Vorurteile gegenüber bestimmten sozialen Gruppen verändern (abbauen, neutralisieren, umkehren) lassen, wenn die Vorurteilsperson zwangsläufig längere Zeit mit den Einstellungsobjekten interagiert, läßt sich gewiß nicht nur durch kognitive, sondern gleichermaßen durch Verhaltenstheorien vorhersagen.

Auf Selbstbilder bzw. Selbsteinstellungen angewendet bedeutet dies, daß zwangsläufige Veränderungen des eigenen Verhaltens (z. B. Wechsel der Lebensführung, Wechsel der Interaktionspartner) selbsteinstellungsändernde Wirkungen zeitigen können, und das bedeutet: Verändertes offenes Verhalten kann zu Selbstbildänderungen führen.

Forschungsfragen. Diese Überlegungen zum Verhältnis von Verhalten und Selbstwahrnehmung dienten uns als Ausgangspunkt für zwei empirische Untersuchungen, in welchen das Auftreten kritischer Lebensereignisse, also in der Regel verhaltensändernder Umstände, als Bedingungsgröße für Selbstbildänderungen angesehen wird[1]. Da es als ethisch problematisch erscheinen muß, in Experimenten oder Feldexperimenten so tiefgreifende Verhaltensänderungen von Personen zu veranlassen, daß sich mit Wahrscheinlichkeit Änderungen der Selbsteinschätzung einstellen, wählten wir einen Ansatz, der Merkmale eines „natürlichen" experimentellen Plans aufweist. Wir gingen davon aus, daß kritische Lebensereignisse, wie man sie üblicherweise in der psychologischen, medizinisch-psychologischen und medizinsoziologischen Fachliteratur klassifiziert, „natürliche" verhaltensändernde – und somit vielleicht selbstbildändernde – Effekte haben können. Kritische Lebensereignisse und biographische Veränderungen wie der Wechsel der gewohnten Umgebung, Berufswechsel, Tod eines Partners, längere Krankheit usw., dienen somit als unabhängige Variablen in quasi-experimentellen Versuchsplänen.

Die Erwartung, daß kritische Lebensereignisse zu psychischen Veränderungen führen oder beitragen, scheint zunächst durch vielfache Vorarbeiten von Psychologen, Medizinern und Soziologen begründet; sie hat sich u. a. in der Theorie der „Stressful Life Events" (vgl. *Dohrenwend & Dohrenwend* 1974) und einer Fülle empirischer Untersuchungen (z. B. im „Journal of Health and Social Behavior") niedergeschlagen. Der hier vorgenommene Versuch, das Auftreten/Nichtauftreten kritischer Lebensereignisse unmittelbar mit Selbstbildänderungen in Beziehung zu setzen, muß allerdings als „naiv" in dem Sinne angesehen werden, daß eine Fülle denkbarer oder schon als wirksam bewiesener intervenierender Variablen unberücksichtigt bleibt. So scheint die Abhängigkeit der Wirkung von Lebensereignissen von der sozialen Schicht durch eine Reihe von Arbeiten, von denen hier exemplarisch nur *Thoits & Hannan* (1979) erwähnt seien, bereits gut erwiesen; das gleiche gilt für das Maß an „social support" (exemplarisch hierzu *Kobasa* 1979). Besondere Bedeutung scheint jedoch Coping-Variablen zuzukommen (exemplarisch hierzu *Kessler* 1979), denn es dürfte wohl im Einzelfall von der Art der kognitiven „Verarbeitung" abhängen, in welcher Weise und in welchem Ausmaß kritische Lebensereignisse auf Selbstbildänderungen Einfluß nehmen. Auf die explizite Kontrolle sol-

---

[1] Die hier berichteten Untersuchungen werden aus Forschungsmitteln der Universität Bielefeld (OZ 3093) gefördert. Die Befragungen und ein Großteil der Berechnungen wurden von Gabriele Sturm, ein Teil der Berechnungen wurde von Bernhard Hesener vorgenommen. Der Verfasser dankt Günther Albrecht und Heinz-Gerd Bolten, Bielefeld, für wichtige Hinweise, ferner Ralf Schwarzer, Aachen, für konstruktive Kritik.

cher Faktoren und weiterer denkbarer Person- und Situationsvariablen moderierende Effekte ausüben könnten, wird jedoch in den zu berichtenden suchungen bewußt verzichtet, da die meisten solcher Kontrollen die chungsabsicht transparent machen würden. Die Naivität des Vorgehens best beispielsweise darin, daß lediglich nach dem Eintreten des „Todes einer n henden Person", nicht aber nach der subjektiven Bewältigung dieses Ereignisses gefragt wird. Bei einigen Lebensereignissen kann dies zu größeren Interpretationsschwierigkeiten führen als bei anderen; in jedem Falle dürften sich nur äußerst deutliche Resultate interpretieren lassen. So geben die im folgenden berichteten Untersuchungen zur möglichen Auswirkung kritischer Lebensereignisse auf Selbstbildänderungen sicherlich nur erste Orientierungen über Punkte, an denen es näher nachzuforschen lohnt. Zugleich mag es sein, daß mit den angewandten Methoden mehr methodische Fragen aufgeworfen als entwicklungs- und sozialpsychologisch sinnvolle Fragen beantwortet werden.

Erhebungsinstrumente. Da in beiden Untersuchungen die gleichen Verfahren angewandt wurden, sollen diese kurz beschrieben werden.

Zur Erfassung von Lebensereignissen existiert eine Reihe von Klassifikationsschemata und Skalen wie etwa die „Social Readjustment Rating Scale" von *Holmes & Rahe* (1967) oder das „Life Events Schedule" von *Dohrenwend & Dohrenwend* (1974), über die an anderer Stelle dieses Bandes berichtet wird. Da man zwischen den verschiedenen Listen kritischer Lebensereignisse große Ähnlichkeiten wahrnehmen kann und die Klassifikationen mit Alltagskonzeptionen „wichtiger", „kritischer", „bedeutsamer" und teilweise „streßhafter" Lebensereignisse verträglich scheinen, entwickelten wir eine Ereignis-Liste, die sich an vorhandene Beschreibungen (z. B. *Dohrenwend & Dohrenwend* 1974, *Dohrenwend, Krasnoff, Askenasy & Dohrenwend* 1978, *Finkel* 1974, *Holmes & Rahe* 1967, *Lehr* 1965) anlehnt. Verzichtet wurde jedoch auf den Anspruch einer Skalierung der einzelnen Lebensereignisse, z. B. mit dem Ziel der Score-Bildung oder Gewichtung.

Die somit sowohl nach der allgemeinen Lebenserfahrung als auch nach der Fachliteratur unterschiedenen Lebensereignisse können teils als eher punktuell eingreifend (z. B. Tod des Partners), teils als eher allmähliche und erst im nachhinein konstatierbare Veränderungen von Verhaltensweisen oder Gewohnheiten (z. B. Änderung der Ernährungsweise) aufgefaßt werden. Die Liste der Lebensereignisse gibt Tabelle 12.1 wieder.

Tabelle 12.1 Liste der Lebensereignisse[a]

Wohnungswechsel, Ortswechsel etc.
Sind Sie im Zeitraum... [b] umgezogen? (neue Wohnung, neues Haus, andere Stadt?)
Änderung des Tagesablaufs
Sieht Ihr gewöhnlicher Tagesablauf gegenüber... [b] anders aus?
Änderung der Lebensweise
Haben sich bei Ihnen irgendwelche Lebensgewohnheiten geändert? (Essen? Familienzusammensetzung? Hobbies? oder...)

Änderung des Freundeskreises
Haben Sie andere Freunde als vor... b)?

Änderung sozialer Aktivitäten
Haben Sie viel mit anderen Personen als vor... b) zu tun? (am Arbeitsplatz? in der Ausbildung? im Verein? oder...)

Ende der Ausbildung
Sind Sie im Zeitraum... b) von einer Schule abgegangen oder haben eine Ausbildung beendet oder gewechselt?

Militär- oder Zivildienst
Haben Sie im Zeitraum... b) mit Bundeswehrzeit, Zivildienst oder einer sonstigen freiwilligen Verpflichtung begonnen oder geendet?

Berufswechsel
Hat bei Ihnen ein Stellenwechsel, Berufswechsel oder Berufs(wieder-)eintritt stattgefunden oder haben Sie an einer Umschulung teilgenommen?

Änderung religiöser Aktivitäten
Haben sich bei Ihnen im religiösen Bereich Veränderungen ergeben? (Kirchenaustritt? Konfessionswechsel? Engagement? oder...)

Finanzielle Veränderung
Geht es Ihnen finanziell besser/schlechter als vor... b)? (besser? schlechter? gleich gut?)

Arbeitslosigkeit
Haben Sie im Zeitraum... b) Ihren Arbeitsplatz verloren oder keine passende Stelle bekommen?

Lösung aus Lebensgemeinschaft, Trennung
Haben Sie sich im Zeitraum... b) aus Ihrer bisherigen Lebensgemeinschaft gelöst? (Trennung von Eltern? vom Partner? oder...)

Eingehen einer Bindung
Sind Sie im Zeitraum... b) eine feste Bindung eingegangen? (Verlobung? Heirat? Zusammenleben? oder...)

Geburt eines Kindes
Fiel in den Zeitraum... b) bei Ihnen selbst (oder bei Ihrer Partnerin) eine Schwangerschaft bzw. die Geburt eines Kindes?

Tod einer nahestehenden Person
Ist im Zeitraum... b) eine Ihnen nahestehende Person gestorben? (Partner? Familienangehörige? Freunde?)

Krankheit
Waren Sie im Zeitraum... b) längere Zeit krank, hatten z. B. einen Unfall oder waren im Krankenhaus?

---

a) Die Liste enthält kritische Lebensereignisse, aber auch stärker kontinuierliche biographische Änderungsmerkmale, deren Auftreten/Nichtauftreten festgestellt wird. Eine Skalierung bzw. Gewichtung der Einzelereignisse findet nicht statt.

b) Je nach Erhebungsart (Retrospektive, Längsschnitt) und bei der Erhebung erfragtem Zeitraum sind hier die entsprechenden Zeitangaben einzusetzen.

Zur *Erfassung des Selbstbildes* wurde einem mehrdimensionalen, faktoriell gewonnenen Selbstratingsystem der Vorzug vor stärker „qualitativen" Selbsteinschätzungsverfahren (wie z. B. der „Adjective Generation Technique" von *Allen & Potkay* 1973, 1977) gegeben, obgleich mittlerweile eine Kontrollstudie (*Mummendey*,

Wilk & Sturm 1979) gute Übereinstimmungen zwischen beiden Verfahrensweisen gezeigt hat; für die Anwendung des Ratingsystems spricht jedoch nicht zuletzt der Gesichtspunkt der Ökonomie.

Die Selbsteinschätzungen wurden mit einem 18teiligen Ratingverfahren ermittelt, das eine leichte Modifikation des von *John & Keil* (1972) analog den Primärfaktoren des California Psychological Inventory (CPI) von *Gough* (1964) konstruierten Selbstratingsystems darstellt. Es besteht aus 18 siebenstufigen, graphischen Ratingskalen, deren Endpunkte verbal verankert sind. Die Verankerungen bestehen aus Überschriften, die in bipolarer Form eine deutsche Übersetzung der CPI-Dimension bezeichnen sowie aus einer Reihe zusätzlicher Adjektive, die – Faktorenladungen entsprechend – die Skalenüberschriften kommentieren sollen. Die Ratingskalen-Überschriften und die zugehörigen Adjektive gibt Tabelle 12.2 wieder.

Tabelle 12.2. Übersicht über die Selbstbeurteilungsvariablen.[1]

1 Dominance (Führungsrolle)
keine Fähigkeiten, um eine Führungsrolle zu übernehmen
(zurückhaltend, bescheiden, abhängig, unschlüssig, lässig)
vs.
alle Fähigkeiten, um eine Führungsrolle zu übernehmen
(selbstsicher, persönlichkeitsbewußt, selbständig, planend, energisch)

2 Capacity for status (Person und Fähigkeiten)
geringe Einschätzung meiner Person und Fähigkeiten
(mäßig, vorsichtig, schüchtern, gewöhnlich, anspruchslos, unruhig)
vs.
hohe Einschätzung meiner Person und Fähigkeiten
(fähig, optimistisch, eigennützig, originell, überlegen, selbstvertrauend)

3 Sociability (−) (Geselligkeit) (−)
gesellig
(unternehmungslustig, gemütlich, geistreich, gesprächig)
vs.
nicht gesellig
(still, abgesondert, feinfühlig, beschaulich)

4 Social presence (−) (Ausgeglichenheit im Umgang) (−)
im Umgang mit anderen ausgeglichen
(lebhaft, selbstsicher, natürlich, gescheit)
vs.
im Umgang mit anderen nicht ausgeglichen
(höflich, unsicher, gezwungen, überlegt)

5 Self-acceptance (Selbstsicherheit)
nicht selbstsicher
(nachgiebig, verläßlich, schuldbewußt, genau)
vs.
sehr selbstsicher
(forsch, eigenständig, selbstbewußt, überzeugend)

6 Sense of well-being (−) (Sorgen, Probleme und Beschwerden) (−)
wenig Sorgen, Probleme und Beschwerden
(munter, tatkräftig, wagemutig, gewandt, schaffensfroh, lebendig)

vs.
viele Sorgen, Probleme und Beschwerden
(besorgt, verkrampft, vorsichtig, einsam, niedergedrückt, teilnahmslos)

7 Responsibility (Verantwortungsbewußtsein)

nicht immer verantwortungsbewußt
(impulsiv, ungehemmt, beeinflußbar, leidenschaftlich)
vs.
immer sehr verantwortungsbewußt
(korrekt, zuverlässig, umsichtig, pflichtbewußt)

8 Socialization (Gut in die Gesellschaft hineingewachsen)

nicht gut in unsere Gesellschaft hineingewachsen
(eigenwillig, anspruchsvoll, stolz, laut, listig)
vs.
gut in unsere Gesellschaft hineingewachsen
(anpassungsfähig, gewissenhaft, verpflichtet, maßvoll, unbestechlich)

9 Self-control (−) (Selbstbeherrschung) (−)

sehr selbstbeherrscht
(diszipliniert, besonnen, zurückhaltend, ruhig, genau, ausdauernd)
vs.
sehr impulsiv
(erregbar, schlau, ungehemmt, ichbezogen, zuversichtlich, genießend)

10 Tolerance (−) (Toleranz) (−)

tolerant
(duldsam, zwanglos, gebildet, aufgeschlossen)
vs.
nicht tolerant
(genau, skeptisch, unerbittlich, ablehnend)

11 Good impression (−) (Um guten Eindruck bemüht) (−)

sehr umgänglich und stets um einen vorteilhaften Eindruck bemüht
(freundlich, zuvorkommend, offen, unternehmungslustig, begeisterungsfähig, warmherzig)
vs.
nicht umgänglich und nicht um einen vorteilhaften Eindruck bemüht
(kühl, selbstbezogen, vorsichtig, gehemmt, reserviert, scharfsinnig)

12 Communality (−) (Schwierigkeiten in Gemeinschaft) (−)

Schwierigkeiten in einer Gemeinschaft zu leben
(vergeßlich, kompliziert, gewitzt, nervös, rastlos)
vs.
keine Schwierigkeiten in einer Gemeinschaft zu leben
(verläßlich, bescheiden, ehrlich, geduldig, vernünftig)

13 Achievement via conformance (−) (Leistungsstärke und Anpassungsfähigkeit) (−)

sehr leistungsstark und anpassungsfähig
(verständig, begabt, zielbewußt, ausdauernd, fleißig)
vs.
nicht leistungsstark und anpassungsfähig
(eigenwillig, gewöhnlich, pessimistisch, unsicher, unbeteiligt)

14 Achievement via independence (Selbständigkeit und Leistungsstärke)

keine selbständige und leistungsstarke Persönlichkeit
(unbefriedigt, abhängig, fügsam, unkritisch, besorgt)
vs.
eine sehr selbständige und leistungsfähige Persönlichkeit
(abgeklärt, frei, willensstark, intelligent)

15 Intellectual efficiency (Geistige Fähigkeiten)

geringe geistige Fähigkeiten
(schlicht, unveränderlich, behutsam, ablenkbar)
vs.
große geistige Fähigkeiten, die ich vielseitig einsetze
(intelligent, munter, erfinderisch, gründlich)

16 Psychological-mindedness (Verständnis für andere)

wenig Verständnis für die Interessen, Erlebnisse und Probleme der anderen
(unbeteiligt, ernst, wortkarg, angepaßt, besonnen)
vs.
viel Verständnis für die Interessen, Erlebnisse und Probleme der anderen
(beobachtend, unvoreingenommen, gesprächig, kritisch, spontan)

17 Flexibility (–) (Beweglichkeit und Anpassungsfähigkeit) (–)

beweglich und anpassungsfähig
(zwanglos, amüsierend, abenteuerlich, aufsässig, gewitzt, spöttisch)
vs.
nicht beweglich und anpassungsfähig
(streng, zurückhaltend, ängstlich, ehrerbietig, überlegt, emsig)

18 Femininity (Geschlechtsspezifische Interessen) (weibl.)

sehr männliche Interessen
(dirigierend, stark, barsch, nüchtern, ehrgeizig, ungeduldig)
vs.
sehr weibliche Interessen
(verständnisvoll, sanft, wohlwollend, empfänglich, lauter, helfend)

---

[1] Minuszeichen markieren solche Skalentitel, die in ihrer Formulierung niedrige und nicht hohe Merkmalsausprägungen bezeichnen. Die Skalentitel wurden von *Gough* (1964) bzw. *John & Keil* (1972) übernommen, jedoch bei der Selbstbeurteilung nicht dargeboten.

Faktorenanalysen der 18 CPI-Selbstratings ergaben immer wieder (vgl. auch *Mummendey, Mielke, Maus & Hesener* 1977) eine stabile Faktorenstruktur. Eine zuletzt vorgenommene, auf den Selbsteinschätzungen von knapp 1500 Personen beiderlei Geschlechts im Alter zwischen 15 und 80 Jahren beruhende, schließlich auf vier Faktoren begrenzte Analyse ergab folgende Faktoren:

Faktor I (52% der Varianz bei begrenzter Lösung) weist auf folgenden Ratingvariablen Ladungen über 0,50 (ein gegenüber *Fürntratt* 1969 verschärftes Kriterium) auf: 1, 2, 5, 14, 15 (*dominance, capacity for status, self-acceptance, achievement via independence, intellectual efficiency*). Er kann in Übereinstimmung mit früheren Interpretationen als „*Allgemeines positives Selbstkonzept*" bezeichnet werden und scheint vor allem leistungsorientierte Werte anzusprechen.

Faktor II (25% der Varianz) lädt die Ratingvariablen 3, 4, 11, 17 (*sociability, social presence, good impression, flexibility*) und kann als „*Soziale Kontaktfähigkeit*" tituliert werden.

Faktor III (16% der Varianz) lädt die Variablen 7, 8, 9, 12 (*responsibility, socialization, self-control, communality*) und kann in Übereinstimmung mit früheren Interpretationen als „*Anpassung an soziale Normen*" bezeichnet werden.

Der vierte Faktor zeigt Beziehungen zu den Variablen 16 und 18 (*psychological-mindedness, femininity*), doch erreicht sein Eigenwert bei auf vier Faktoren begrenzter Lösung nicht mehr das 1,0-Kriterium, so daß eine Interpretation unterbleibt.

Die erhaltene Faktorenstruktur der Selbsteinschätzungen wird durch eine Serie von Clusteranalysen gemäß zwölf unterschiedlichen Kettungsregeln übereinstimmend und vollständig bestätigt: Es treten als Cluster auf (I) die Variablen 1, 2, 5, 14, 15, (II) die Variablen 7, 8, 12 (gelegentlich 9), (III) die Variablen 3, 4, 11, 17 (gelegentlich 6).

Die Verknüpfung von Antworten auf Fragen nach Lebensereignissen und den Reaktionen auf den 18teiligen Selbsteinschätzungsbogen geschah nun in zwei unterschiedlichen Untersuchungsplänen: in einer Längsschnittstudie und in einer Retrospektivstudie.

12.2 Untersuchung der Veränderung retrospektiver Selbsteinschätzung nach kritischen Lebensereignissen

100 Personen im Alter zwischen 28 und 47 Jahren (die Hälfte von ihnen im Alter zwischen 28 und 32) beurteilten sich im Einzelversuch selbst. Anschließend an diese erste Selbsteinschätzung wurde jede Person gebeten, sich einmal *fünf Jahre* zurückzuerinnern und zu überlegen, wie sie zum damaligen Zeitpunkt gelebt hatte. Wenn sie sich – meist unter Zuhilfenahme persönlicher oder zeitgeschichtlicher Anhaltspunkte – ungefähr an den Zeitpunkt „vor fünf Jahren" erinnern konnte, kreuzte sie an, welche der in Tabelle 12.1 aufgeführten Ereignisse in den vergangenen fünf Jahren eingetreten waren. Sodann füllte die Person den Selbstratingbogen ein zweites Mal aus, und zwar schätzte sie sich so ein, wie sie glaubte, vor fünf Jahren gewesen zu sein. Die geschilderten Beurteilungsvorgänge wurden dann für die Zeit zwischen dem Zeitpunkt vor fünf und dem vor *zehn Jahren* wiederholt. Auf diese Weise wurden drei Serien von Selbstbeurteilungen, davon eine für die Gegenwart und zwei retrospektive, sowie zwei Listen dazwischenliegender Lebensereignisse gewonnen. Abschließend schätzte sich jede Person noch einmal so ein, wie sie gerne sein möchte, d. h. es wurde ein ideales Selbstbild erhoben.

Ergebnisse. Wegen möglicher Einflüsse von Lebensalter, Geschlecht und Bildungsgrad auf die Selbstbildänderungen wurden für jede der 18 Selbsteinschätzungsskalen $2 \times 2 \times 2 \times 3$-Varianzanalysen mit den (unabhängigen) zweistufigen Faktoren „Alter" (28-32, 33-47 Jahre), „Geschlecht" und „Bildungsgrad" (höhere Schulbildung ja, nein), sowie dem (abhängigen) Faktor „Zeitpunkte" (Gegenwart, vor fünf, vor zehn Jahren) gerechnet. Dabei ergab sich für „Alter" nur ein einziger Haupteffekt, und zwar bei Skala 9 (*self-control*) derart, daß sich die relativ Jüngeren durchgängig einen geringeren Grad an „Selbstkontrolle" zuschreiben. Von den insgesamt 126 möglichen Wechselwirkungen mit dem Faktor „Zeitpunkte" waren nur vier auf dem 5%- und drei auf dem 1%-Niveau signifikant; da diese Interaktionen als zufällig angesehen werden können, lassen sich Alterseffekte in bezug auf Selbstbildänderungen für die untersuchte Personengruppe ebenso vernachlässigen wie Geschlechts- und Bildungseinflüsse.

Signifikante Selbstbildänderungen bei retrospektiver Betrachtung, d. h. bei Simulation von Entwicklungsmessungen über drei Meßzeitpunkte, die zehn Jahren des Lebenslaufs (bei der Mehrzahl der Personen etwa zwischen dem 18. und 28. Lebensjahr) entsprechen, traten in großer Zahl auf. Mit Ausnahme der Variablen 3, 6, 8, 11, 13 (vgl. Tabelle 12.2) ergaben die einfaktoriellen Varianzanalysen für Meßwiederholungen in zwei Fällen auf dem 5%- und in 11 Fällen auf dem 1%-

Niveau gesicherte Selbstbildänderungen. Bezieht man in die Betrachtung dieser *mittleren* Selbsteinschätzungsunterschiede das durchschnittliche *ideale* Selbstbild ein, so läßt sich zusammenfassend feststellen: Bei retrospektiver Betrachtung stellen sich Personen des jüngeren/mittleren Erwachsenenalters durchgängig so dar, daß sie sich in ständiger Entwicklung in Richtung auf die als wünschenswert angesehenen Ausprägungen von Persönlichkeitsmerkmalen befinden. Nonparametrische Analysen *individueller* Verläufe bestätigen dieses Bild: Die individuellen Selbsteinschätzungen entwickeln sich (bei retrospektiver Betrachtung!) im jüngeren/mittleren Erwachsenenalter weitgehend in Richtung auf das durchschnittliche ebenso wie das persönliche Idealbild hin (z. B. schreibt man sich in zunehmendem Maße *dominance, capacity for status, social presence, self-acceptance* zu).[2]

Zur Prüfung der Effekte lebensgeschichtlicher Veränderungen bzw. kritischer Lebensereignisse in jüngerer Vergangenheit (zwischen der Gegenwart und vor fünf Jahren) sowie in etwas fernerer Vergangenheit (zwischen vor fünf und vor zehn Jahren) wurde wie folgt vorgegangen: Es wurden die Wechselwirkungen zwischen dem (unabhängigen) Faktor „Lebensereignis" (eingetreten, nicht eingetreten) und dem (abhängigen) Faktor „Zeitpunkte" (Gegenwart, vor fünf, vor zehn Jahren) aus 2 × 2-Varianzanalysen für jede der 18 Selbsteinschätzungen und jedes der nicht allzu schief verteilten Lebensereignisse berechnet (extrem selten in beiden Zeiträumen war nur das Ereignis „Arbeitslosigkeit"). War die statistische Interaktion zwischen Lebensereignis und Zeitpunkten mindestens auf dem 5%-Niveau signifikant, so wurde die betreffende Selbstbildänderung interpretiert. Mittels t-Test für abhängige Stichproben zwischen je zwei Zeitpunkten bei beiden Personengruppen (mit und ohne kritisches Ereignis) ließen sich Ausmaß und Richtung von Selbstbildänderungen interpretieren. Entsprechende nonparametrische Prüfungen der Überzufälligkeit verschiedenartiger Verlaufsformen („positive", „gleichbleibende", „negative" Entwicklungen) vermochten die durch die Interaktionseffekte der Varianzanalysen repräsentierten *mittleren* Unterschiede der Selbstbildänderungen weitgehend zu replizieren, so daß die im folgenden berichteten Durchschnittsergebnisse tatsächlich die große Mehrzahl *individueller* Verläufe widerspiegeln.[3]

Es ist auffallend, daß Selbstbildänderungen in Abhängigkeit von biographischen Ereignissen für bestimmte Selbsteinschätzungen entweder zwischen den Zeitpunkten „vor fünf Jahren" und „Gegenwart" oder zwischen den Zeitpunkten „vor zehn Jahren" und „vor fünf Jahren", nicht aber hinsichtlich ein und desselben Ereignis-Merkmals in beiden Zeitabschnitten, also in der näheren und fernerer Vergangenheit auftreten. Man kann annehmen, daß hier teilweise ein Regressions- bzw. Ceiling-Effekt derart auftritt, daß berichtete Veränderungen in einem bestimmten Zeitabschnitt gewissermaßen den Spielraum für Veränderungen in dem anderen Zeitabschnitt einengen. Im einzelnen zeigten sich folgende Effekte:

Tod einer nahestehenden Person. Effekte dieses Lebensereignisses sind nur inter-

---

[2] Detailliertere Ergebnistabellen finden sich bei *Mummendey & Sturm* (1978).
[3] Detailliertere Ergebnistabellen finden sich bei *Mummendey & Sturm* (1979a).

pretierbar, wenn es in der etwas ferneren Vergangenheit (zwischen vor zehn und vor fünf Jahren) eingetreten ist. Bei Personen, die in dieser Zeit den Tod einer nahestehenden Person zu beklagen hatten, nehmen *capacity for status* (Einschätzung der eigenen Person und Fähigkeiten), *sociability* (Geselligkeit) und *psychological-mindedness* (Verständnis für andere) signifikant ab, im Gegensatz zu den Personen der Gegengruppe.

Lösung aus Lebensgemeinschaft, Trennung. Das Vorhandensein dieses Merkmals geht, was den Zeitraum zwischen vor zehn und vor fünf Jahren betrifft, mit einer Zunahme an *good impression* (Bemühtsein um guten Eindruck) und *intellectual efficiency* (Zuschreibung geistiger Fähigkeiten) einher. Die Gruppe der Personen, die sich getrennt haben, schrieben sich ursprünglich signifikant weniger *good impression* zu, waren jedoch nach der Trennung der Gegengruppe angeglichen.

Eingehen einer Bindung. Das Auftreten dieser biographischen Veränderung geht mit Selbstbildänderungen einher, wenn es in den vergangenen fünf Jahren geschah. Im wünschenswerten Sinne, d. h. positiv verändert werden die Merkmale *dominance* (Fähigkeit, Führungsrolle zu übernehmen), *self-acceptance* (Selbstsicherheit), *responsibility* (Verantwortungsbewußtsein), *psychological-mindedness* und *flexibility*.

Geburt eines Kindes. Tritt dieses Ereignis in der jüngeren Vergangenheit auf, so geht es mit einer Zunahme an *social presence* (Ausgeglichenheit im Umgang) und *sense of well-being* (Abwesenheit von Sorgen, Problemen und Beschwerden) einher. Liegt die Geburt in etwas fernerer Vergangenheit, so werden „negativere" Selbstbildänderungen berichtet: *communality* (das Fehlen von Schwierigkeiten in einer Gemeinschaft), *achievement via independence* (Selbständigkeit und Leistungsstärke) und *intellectual efficiency* nehmen rückblickend ab.

Krankheit. Mit dem Auftreten längerer Krankheit im Zeitraum zwischen vor zehn und vor fünf Jahren geht eine Abnahme von *sociability* (Geselligkeit) einher.

Ende der Ausbildung. Mit dem Ende der Ausbildung in jüngerer Vergangenheit nehmen *capacity for status* und *self-acceptance* zu.

Militär- oder Zivildienst. Personen, die im Zeitraum von vor zehn bis vor fünf Jahren Vergangenheit diesen Dienst ableisteten, berichten über eine erhebliche Zunahme (bei der Gegengruppe: Gleichbleiben) von *intellectual efficiency*.

Berufswechsel. Liegt der Berufswechsel in fernerer Vergangenheit, so nimmt die Selbsteinschätzung von *communality* und *achievement via independence* ab. Bei einem in den unmittelbar vergangenen fünf Jahren erfolgten Berufswechsel verändern sich Selbsteinschätzungen, die sämtlich dem Faktor III („Anpassung an soziale Normen") zuzurechnen sind: *responsibility*, *socialization* und *self-control* nehmen ab.

Finanzielle Veränderung. Finanzielle Veränderung bedeutet in den meisten hier untersuchten Fällen finanzielle Verbesserung. Damit einhergehend nimmt das Ausmaß der Selbsteinschätzung folgender Merkmale zu, und zwar jeweils in den vergangenen fünf Jahren: *dominance, capacity for status, self-acceptance* (also sämtlich Variablen, die den Faktor I „Allgemeines positives Selbstkonzept", der leistungs- und erfolgsorientierte Werte anspricht, laden).

Ortswechsel. Das Auftreten dieses Ereignisses geht mit Selbstbildänderungen einher, wenn es länger zurückliegt; dann nimmt *sense of well-being* (d. h. Sorgenfreiheit) ab, während *socialization* (das Gefühl, gut in die Gesellschaft hineingewachsen zu sein) bei denjenigen Personen zunimmt, die keinen Ortswechsel vornehmen (Gegengruppe gleichbleibend).

Änderungen der Lebensweise. Änderungen der Lebensgewohnheiten gehen in jüngerer Vergangenheit mit einer Zunahme an *social presence* (Ausgeglichenheit im Umgang) einher. Dagegen kommt es zu einer Zunahme von *dominance* bei solchen Personen, die in fernerer Vergangenheit keine Änderung von Lebensgewohnheiten berichten; Personen, die damals ihre Lebensweise änderten, unterliegen also nicht dem allgemeinen Trend zur Zunahme von *dominance* im jüngeren Erwachsenenalter.

Änderung sozialer Aktivitäten. Veränderungen des Kontaktes mit anderen Personen (vor allem in der Freizeit) gehen mit einer Erhöhung des Grades an *psychological-mindedness* einher, wenn sie von den vergangenen fünf Jahren berichtet werden. Bezüglich der etwas ferneren Vergangenheit kommt es zu einer Zunahme von *responsibility* nur bei solchen Personen, die über keine Änderung ihrer sozialen Aktivitäten berichten.

12.3 Längsschnittuntersuchung der Veränderung von Selbsteinschätzungen nach kritischen Lebensereignissen[4]

496 Personen im Alter zwischen 15 und 28 Jahren, darunter 239 Berufs- und Handelsschüler, 181 Abgänger von Realschulen und 76 Krankenpflegschüler wurden aus einer auf fünf Jahre geplanten, laufenden Längsschnittuntersuchung ausgewählt. Es handelt sich dabei um Personen, die Ende 1979 bereits zweimal (im Abstand von einem Jahr) mit dem CPI-Selbstratingsystem untersucht worden waren. Die jeweils erste Messung geschah in der Ausbildungsinstitution, und die jeweils zweite Erhebung wurde ein Jahr später schriftlich vorgenommen. Bei dieser Gelegenheit wurde unter anderem erfragt, welche der in Tabelle 12.1 aufgeführten Lebensereignisse zwischenzeitlich eingetreten seien. Dabei wurde erwartet, daß in der Zeit nach dem Verlassen einer Ausbildungsinstitution bei jüngeren Erwachsenen voraussichtlich gehäuft Lebensereignisse im Sinne von Veränderungen des Lebenslaufs eintreten werden. Die hier erhobenen Daten stellen allerdings nur eine Teilmenge aus einem größeren entwicklungspsychologischen Untersuchungsplan im Sinne eines vollständigen sequentiellen Stichprobendesigns (*Schaie* 1965) dar; Kohorteneffekte und Meßwiederholungseinflüsse sind bei der hier vorliegenden Teilauswertung noch nicht hinsichtlich ihres Einflusses auf die Beziehung Lebensereignisse/Selbstbild kontrollierbar.

---

[4] Da die Manuskriptabgabe bereits im Januar 1980 erfolgte, stellen die folgenden Darstellungen der Längsschnittstudie den Stand der Untersuchung vor diesem Zeitpunkt dar (Anm. der Herausgeberin).

Ergebnisse. Zunächst wurde wiederum geprüft, in welcher Weise sich das Selbstbild allgemein und ohne Berücksichtigung kritischer Lebensereignisse verändert. Varianzanalysen für wiederholte Messungen, die sich auf bereits drei in Jahresabständen vorgenommene Selbsteinschätzungen bei 258 Personen der Längsschnitt-Gesamtstichprobe stützen, ergaben in sieben von 18 Fällen signifikante Veränderungen über die Zeit. Im Falle von *dominance* entsprechen Richtung und Ausmaß der Selbstbildänderung den Ergebnissen der Retrospektiv-Studie, nicht aber in den anderen Fällen. Hierbei ergibt sich, daß bei einfacher longitudinaler Messung die Merkmale *sociability, social presence* und *good impression,* die sich dem Faktor II („Soziale Kontaktfähigkeit") zurechnen lassen, im unerwünschten Sinne verändert erscheinen, d. h. die Selbsteinschätzungen der Kontaktfähigkeit abnehmen. In jedem Falle ergibt sich, daß wesentlich weniger interpretierbare Selbstbildänderungen auftreten als in der Retrospektiv-Studie.

Eine weitere, zum Zeitpunkt der Abfassung dieses Beitrages bereits mögliche Teilauswertung der Longitudinal-Studie im Sinne eines vollständigen sequentiellen Stichprobenplans, schematisch dargestellt in Abb. 12.3, erfaßt die Selbstbildmessungen dreier Kohorten (römische Ziffern) von Berufsschülern und Realschulabgängern (Stichprobengrößen in Klammern aufgeführt) zu verschiedenen Zeitpunkten (arabische Ziffern) gemäß drei verschiedenen varianzanalytischen Modellen. Hier zeigt sich, daß die Selbsteinschätzung hinsichtlich *dominance* (als Repräsentant eines „allgemeinen, positiven Selbstkonzepts") als einzige Selbstbildvariable in jedem der drei verschiedenen Sequenzmodelle signifikante Veränderungswerte über zwei Meßzeitpunkte aufweist. Dieser Effekt kann somit als vorläufig gesichert angesehen werden, insbesondere da er in keinem einzigen Falle mit signifikanten Wechselwirkungen mit anderen Faktoren einhergeht.

Zur Prüfung des Einflusses lebensgeschichtlicher Veränderungen bzw. kritischer Lebensereignisse bei den 496 Personen der Längsschnitt-Teilauswertung (siehe oben) wurden in gleicher Weise wie bei der Retrospektiv-Studie 2 × 2-Varianzanalysen mit den Faktoren „Kritisches Lebensereignis" (unabhängig) und „Zeitpunkte" (abhängig) gerechnet und mindestens auf dem 5%-Niveau signifikante Wechselwirkungen interpretiert. Da diese Ergebnisse über die *mittleren,* in der Gesamtgruppe vorherrschenden Selbstbildänderungen in Abhängigkeit vom Auftreten kritischer Lebensereignisse informieren, wurden wiederum *individuumzentrierte* Verlaufsanalysen angeschlossen: Es wurden grob „steigende" (bzw. „positive"), „gleichbleibende" und „fallende" (bzw. „negative") Verlaufstypen individueller Selbstbildänderungen unterschieden und per Chi^2-Test hinsichtlich ihrer Abweichung von der Gleichverteilung auf Personen mit und ohne kritisches Lebensereignis geprüft. Da bei der Längsschnitt-Auswertung die Übereinstimmungen zwischen dem varianzanalytischen und dem nonparametrischen Klassifikations-Ansatz wesentlich geringer sind als bei der Retrospektiv-Studie, werden hier nur die nach beiden Methoden übereinstimmenden Resultate berichtet[5].

---

[5] Weitere Resultate finden sich bei *Mummendey & Sturm* (1980).

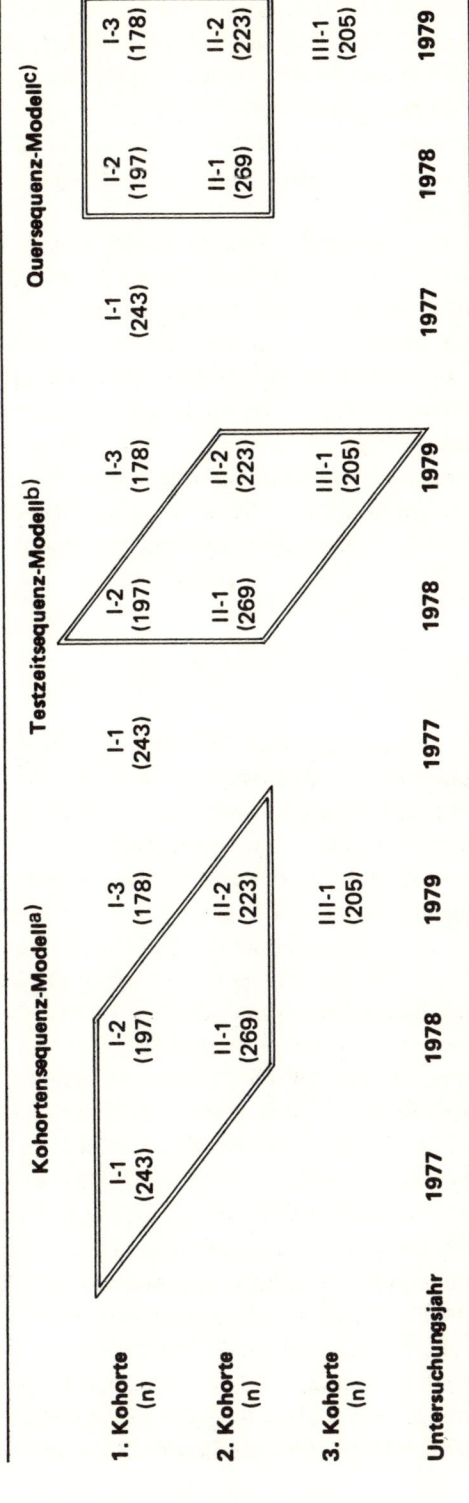

Abb. 12.1. Sequentieller Stichprobenplan nach *Schaie* (1965) für die ersten drei Untersuchungsjahre der Längsschnitt-Studie.

a) Kohorten (I, II; unabhängiger Faktor) x Messungen (1., 2.; abhängiger Faktor)
b) Testzeitpunkte (1978, 1979; unabhängiger Faktor) x Messungen (1., 2.; unabhängiger Faktor)
c) Testzeitpunkte (1978, 1979; abhängiger Faktor) x Kohorten (I, II; unabhängiger Faktor)

Krankheit. Zwar trifft das Merkmal „Krankheit" nur auf rund 50 von rund 500 Personen zu, doch zeigt sich trotz schiefer Verteilung sehr deutlich, daß *responsibility* (Verantwortungsbewußtsein) und *psychological-mindedness* (Verständnis für andere) im Jahr danach erhöht sind; allein nach nonparametrischer Trendanalyse kommen noch erhöhte Werte in *social presence* und *femininity* hinzu. Personen, die von „Krankheit" berichten, stellen sich also nach einem Jahr als gewissermaßen stärker „mitmenschlich" orientiert dar.

Finanzielle Veränderung. Nach finanzieller Verbesserung nimmt die Selbsteinschätzung hinsichtlich *femininity* („eher weibliche Interessen") ab, nach finanzieller Verschlechterung nimmt *femininity* dagegen zu; hier könnte sich der aus der Faktorenanalyse genährte Eindruck bestätigen, daß die *femininity*-Skala so etwas wie zum wirtschaftlichen Erfolg alternative Werte anzusprechen scheint.

Änderung sozialer Aktivitäten. Personen, die im Jahr nach der ersten Messung nicht häufiger mit anderen Personen als früher zu tun hatten, zeigen eine verringerte Selbsteinschätzung hinsichtlich *capacity for status* (allgemeine Einschätzung ihrer Person und Fähigkeiten). In denjenigen Fällen, in denen eine Veränderung im Umgang mit Personen berichtet wird, bleiben die Selbsteinschätzungen in dieser Hinsicht unverändert.

12.4 Diskussion

Interpretationsversuche der vorliegenden, teilweise noch vorläufigen Ergebnisse haben zunächst zu berücksichtigen, daß sich psychologische Untersuchungen der hier vorgenommenen Art nicht für Kausalschlüsse eignen. Alle Aussagen über Zusammenhänge zwischen biographischen Veränderungsvariablen und Selbstkonzeptmessungen lassen Fragen nach der Art der Interdependenz offen. Diese Einschränkungen ergeben sich nicht nur aus der Eigenart der quasi-experimentellen Designs, sondern gleichfalls aus der Methodologie der Datengewinnung. Sowohl bei der retrospektiven, d. h. auf menschlicher Rückerinnerung zu ein und demselben Zeitpunkt beruhenden, als auch bei der real-longitudinalen Datenerhebung werden nämlich sowohl die Informationen über das Auftreten kritischer Lebensereignisse als auch die Selbstbeurteilungen durch zeitlich zusammenhängende Befragungen ein und derselben Person eingeholt. Wenn auch Anstrengungen unternommen werden können, die angestrebte Verknüpfung beider Datenreihen für die befragten Personen nicht durchsichtig zu machen, so kann doch nicht ausgeschlossen werden, daß die Personen ein Gesamtbild aus Selbstbeurteilung und Beurteilung der eigenen Biographie konstruieren. Ein solches Bild muß keineswegs verzerrt sein. Die angewendete Methodik läßt jedoch ungünstigstenfalls nicht mehr zu, als daß subjektive Beschreibungen wahrgenommener Zusammenhänge zwischen Lebensereignissen und Aspekten der Selbstkonzeptentwicklung gesammelt werden.

Die Wahl zweier grundsätzlich heterogener Forschungsansätze könnte – wie dies in den berichteten Untersuchungen geschehen ist – gewisse Aufschlüsse über eine Methodenabhängigkeit der erhaltenen Ergebnisse liefern. So lassen sich retrospektiv *und* längsschnittlich übereinstimmend aufgetretene Effekte wie die bei jüngeren Erwachsenen beobachtete selbstberichtete Zunahme von *dominance* als Indikator eines „allgemeinen, positiven Selbstkonzepts" nur schwer relativieren. Allerdings sind die Retrospektiv- und Längsschnitt-Studie (noch) nicht ausreichend miteinander vergleichbar. Erstere bezieht sich z. B. auf fünf- bzw. zehnjährige Retrospektiven von Personen, die größtenteils 28 bis 32 Jahre alt sind, geht also günstigstenfalls bis ins 18. Lebensjahr zurück, während letztere bislang erst den Zeitraum eines einzigen Jahres, und zwar vorwiegend am untersten Ende der maximalen retrospektiven Zeitstrecke umfaßt.

Die mangelnde Kompatibilität der beiden gewählten Zugriffe läßt sich am Beispiel der Selbsteinschätzung der Fähigkeit, Führungsrollen zu übernehmen (*dominance*) gut verdeutlichen: Bei den Personen der *Längsschnittstudie* zeigt sich zwar ein gesicherter Anstieg von *dominance* über die Zeit, doch ergeben sich andererseits bei einer ganzen Reihe von Skalen ungünstige, „negative" Entwicklungen, wie dies bei retrospektiver Betrachtung nirgendwo der Fall ist. Darüber hinaus verändert sich das Merkmal *dominance* in „positiver" Weise nur bei solchen Personen, die das Lebensereignis „Ende der Ausbildung" nicht aufweisen; bei Personen, die ihre Ausbildung abschlossen, d. h. bei ungefähr der Hälfte der herangezogenen Personenstichprobe, steigen die *dominance*-Werte nicht an. Entsprechendes gilt für das Merkmal „Berufswechsel", und zwar hier für die Selbstbildvariablen *social presence* und *self-acceptance*. Es hat demnach den Anschein, als würden das Ende der Ausbildung oder der Wechsel des Berufs *zunächst* einmal negativere Selbsteinschätzungen mit sich bringen bzw. einen allgemein vorherrschenden Trend zu zunehmend positiver Selbstbeurteilung nivellieren. Bei *retrospektiver* Betrachtung dagegen – also gewissermaßen aus einer „Lehnstuhl-Perspektive" zu einem sehr viel späteren Zeitpunkt – mögen solche anfänglich negativeren Selbstbildänderungen dann weniger ins Gewicht fallen, da es dann leichter fallen mag, ein abgerundetes Bild bzw. eine – vielleicht auch von sozialen Erwünschtheitseffekten nicht ganz freie – „gute Gestalt" der Selbstbildentwicklung zu präsentieren. Bei echter longitudinaler Betrachtung muß naturgemäß längere Zeit vergehen, bis sich ein stabiler Eindruck von möglichen Zusammenhängen zwischen Lebensereignissen und Selbstkonzeptentwicklungen einstellen kann.

Eine weitere Eigenart retrospektiver Betrachtungsweise scheint darin zu bestehen, daß sozial erwünschte, allgemein positiv bewertete Ereignisse wie das Eingehen einer Bindung oder die Geburt eines Kindes immer dann, wenn sie in kurzem, maximal fünfjährigem Rückblick erfaßt werden, mit eher „positiven" Selbstbildänderungen, jedoch dann, wenn sie schon etwas weiter zurückliegen, mit eher „negativen" Selbstkonzeptentwicklungen zusammengehen. Hier könnte man vielleicht so etwas wie einen Erwünschtheitsdruck-Gradienten annehmen, d. h. je näher ein Ereignis an der Gegenwart liegt, desto stärker liegt es im Einflußbereich sozial erwünschter Betrachtung. Alternativ kann allerdings auch interpretiert werden, daß die mit einer neuen Bindung oder einer Geburt auftretenden Probleme erst bei zeitlich distanzierter Betrachtung angemessen kogniziert werden.

Da im Falle von Selbsteinschätzungen ohnehin nicht feststellbar ist, ob Validität der Messung vorliegt oder in welchem Maße etwa Reaktionstendenzen wie diejenige, sozial erwünscht zu antworten, in die Selbstbeurteilung eingeflossen sind, hat der Selbstkonzeptforscher die Ergebnisse der Selbstwahrnehmung ohne Argwohn zur Kenntnis zu nehmen. In den Reakionen der befragten Personen auf kritische Lebensereignisse, so „geschönt" sie auch sein mögen, äußert sich vielleicht das Ergebnis jener „Verarbeitungsprozesse", an deren quasi-experimenteller Kontrolle es den vorliegenden Studien mangelt.

Abseits mancher methodischer Unzulänglichkeit der speziellen Untersuchungen sowie allgemeiner methodischer Problematiken von Forschungsansätzen der vorliegenden Art scheinen die berichteten Ergebnisse jedoch Hinweise darauf zu geben, daß eine Reihe von Veränderungen im Selbstbild jüngerer Erwachsener mit den durch mehr oder weniger kritische Lebensereignisse bedingten Verhaltensänderungen zusammenhängen. Es wird jedoch hier noch davon abgesehen, jeden einzelnen Zusammenhang zu interpretieren. Mit weitgehenden Interpretationen sollte vielleicht so lange gewartet werden, bis sich Tendenzen, wie sie hier aufgezeigt wurden, anhand überzeugender, deutschsprachiger Verfahren zur Skalierung von Lebensereignissen überprüfen lassen. In der vorliegenden Arbeit wurde noch kein differenziertes methodisches Inventarium für mehr oder weniger „alltägliche" Verhaltensänderungen, mehr oder weniger „kritische" Ereignisse oder mehr oder weniger angenehme/unangenehme biographische Vorkommnisse angewandt (vgl. die Arbeit von *Vinokur & Selzer* 1975, bei der sich erhöhte Zusammenhänge mit psychologischen Variablen bei unangenehmen Lebensereignissen einstellten).

Als notwendig werden auch – unabhängig vom gewählten methodischen Vorgehen – systematische Altersvergleiche angesehen. So zeigte sich bei einer kürzlich vorgenommenen Ausdehnung der retrospektiven Methode auf Personen im Seniorenalter (*Mummendey & Sturm* 1979b) eine von den Selbsteinschätzungen jüngerer Erwachsener abweichende, „altenrollen"-adäquate Selbstkonzeptentwicklung bei weitgehender Übereinstimmung der idealen Selbstbilder mit denen der Jüngeren. Im Gegensatz zu diesen erfolgt nach dem Tod einer nahestehenden Person eine stärkere Hinwendung zur sozialen Gemeinschaft. Hinsichtlich „Krankheit" werden die Längsschnitt-Daten der Jüngeren bestätigt: Auch Personen im höheren Lebensalter schreiben sich nach Krankheit stärker menschlich-verständnisvolle Züge zu.

Literatur

Allen, B. P. & Potkay, C. R., Variability of self-description on a day-to-day basis: Longitudinal use of the adjective generation technique. Journal of Personality 41, 1973, 638-652.

Allen, B. P. & Potkay, C. R., The relationship between AGT self-description and significant life-events: A longitudinal study. Journal of Personality 45, 1977, 207-219.

Bem, D. J., Self-perception theory. In: *Berkowitz, L.* (Hrsg.), Advances in Experimental Social Psychology, Vol. 6. New York 1970, 1-62.

Dohrenwend, B. S. & Dohrenwend, B. P. (Hrsg.), Stressful life-events: Their nature and effects. New York 1974.

Dohrenwend, B. S., Krasnoff, L., Askenasy, A. R. & Dohrenwend, B. P., Exemplification of

a method for scaling life events: The Peri Life Events Scale. Journal of Health and Social Behavior 19, 1978, 205-229.
Elms, A. C., Role-playing, incentive, and dissonance. Psychol. Bull. 68, 1967, 132-148.
Filipp, S. H. (Hrsg.), Selbstkonzept-Forschung. Probleme, Befunde, Perspektiven. Stgt. 1979.
Filipp, S. H. & Brandtstädter, J., Beziehungen zwischen situationsspezifischer Selbstwahrnehmung und generellem Selbstbild. Psychologische Beiträge 17, 1975, 406-417.
Finkel, N. J., Stress and traumas. An attempt at categorization. American Journal of Community Psychology 2, 1974, 265-273.
Fürntratt, E., Zur Bestimmung der Anzahl interpretierbarer gemeinsamer Faktoren in Faktorenanalysen psychologischer Daten. Diagnostica 15, 1969, 62-75.
Gough, H. G., Manual for the California Psychological Inventory. Palo Alto (Cal.) 1964.
Holmes, T. H. & Rahe, R. H., The Social Readjustment Rating Scale. Journal of Psychosomatic Research 11, 1967, 213-218.
Irle, M. & Möntmann, V., Die Theorie der kognitiven Dissonanz: Ein Resümee ihrer theoretischen Entwicklung und empirischen Ergebnisse 1957-1976. In: *Irle, M. & Möntmann, V.* (Hrsg.), Leon Festinger: Theorie der kognitiven Dissonanz. Bern 1978, 274-363.
John, D. & Keil, W., Selbsteinschätzung und Verhaltensbeurteilung. Psychologische Rundschau 23, 1972, 10-29.
Kessler, R. C., A strategy for studying differential vulnerability to the psychological consequences of stress. Journal of Health and Social Behavior 20, 1979, 100-108.
Kobasa, S. C., Stressful life-events, personality, and health: An inquiry into hardiness. Journal of Personality and Social Psychology 37, 1979, 1-11.
Lehr, U., Konflikt, seelische Belastung und Lebensalter. Köln 1965.
Mead, G. H., Mind, self, and society. Chicago 1934.
Mummendey, H. D., Methoden und Probleme der Messung von Selbstkonzepten. In: *Filipp, S.-H.* (Hrsg.), Selbstkonzept-Forschung. Probleme, Befunde, Perspektiven. Stuttgart 1979 (a), 171-189.
Mummendey, H. D. (Hrsg.), Einstellung und Verhalten. Psychologische Untersuchungen in natürlicher Umgebung. Bern–Stuttgart–Wien 1979 (b).
Mummendey, H. D., Mielke, R., Maus, G. & Hesener, B., Untersuchungen mit einem mehrdimensionalen Selbsteinschätzungsverfahren. Bielefelder Arbeiten zur Sozialpsychologie, Nr. 14, 1977.
Mummendey, H. D. & Isermann-Gerke, M., Selbstwahrnehmung als interpersonelle Wahrnehmung: Experimentelle Veränderung der Urteilsdifferenziertheit. Zeitschrift für Experimentelle und Angewandte Psychologie 26, 1979, 603-612.
Mummendey, H. D. & Sturm, G., Selbstbildänderungen in der Retrospektive: I. Methode und deskriptive Ergebnisse. Bielefelder Arbeiten zur Sozialpsychologie, Nr. 33, 1978.
Mummendey, H. D. & Sturm, G., Selbstbildänderungen in der Retrospektive: III. Der Einfluß biographischer Veränderungen. Bielefelder Arbeiten zur Sozialpsych., Nr. 45, 1979 (a).
Mummendey, H. D. & Sturm, G., Untersuchungen retrospektiver Selbstbildänderungen von Senioren unter Berücksichtigung biographischer Veränderungen und von Vergleichswerten jüngerer Erwachsener. Bielefelder Arbeiten zur Sozialpsychologie, Nr. 51, 1979 (b).
Mummendey, H. D. & Sturm, G., Erster Bericht über eine Längsschnittuntersuchung zu kritischen Lebensereignissen und Selbstbildänderungen jüngerer Erwachsener. Bielefelder Arbeiten zur Sozialpsychologie, Nr. 58, 1980.
Mummendey, H. D., Wilk, W. & Sturm, G., Die Erfassung retrospektiver Selbstbildänderungen Erwachsener mit der Adjektivbeschreibungstechnik (AGT). Bielefelder Arbeiten zur Sozialpsychologie, Nr. 48, 1979.
Schaie, K. W., A general model for the study of developmental problems. Psychological Bulletin 64, 1965, 92-107.
Thoits, P. & Hannan, M., Income and psychological distress: The impact of an income-maintenance experiment. Journal of Health and Social Behavior 20, 1979, 120-138.
Vinokur, A. & Selzer, M. L., Desirable versus undesirable life events: Their relationship to stress and mental distress. Journal of Personality and Social Psychology 32, 1975, 329-337.

Epilog und Versuch einer Bilanz

Im folgenden Epilog stellt *Leo Montada* die Frage, ob kritische Lebensereignisse eine Entwicklungsaufgabe für die Entwicklungspsychologie darstellen sollen, und er bejaht sie durch Verweis auf die vielen Impulse und neuen Perspektiven, die Entwicklungspsychologie und Lebensereignisforschung einander bieten und liefern können. Mit dem Eingang des Konzepts „Kritische Lebensereignisse" in die Entwicklungspsychologie wird stärker das dynamische Element der Veränderung von Lebenssituationen und Entwicklungsumwelten beachtet, wird stärker die ökologische Perspektive betont und geraten Strategien der Ereignisbewältigung statt „situationsblinde" Eigenschaften in den Fokus entwicklungspsychologischer Forschung. Umgekehrt verdeutlicht der Autor, welche neuen Fragen sich für die Lebensereignisforschung stellen, wenn sie sich der entwicklungspsychologischen Perspektive öffnet – etwa die Altersabhängigkeit der Bedeutung von Lebensereignissen, der Frage nach ihren unmittelbaren und zeitverzögerten Effekten, der Frage der Persistenz von negativen Ereigniseffekten und vieles mehr. Der Autor skizziert hierzu ein Forschungsprogramm und schließt seine Ausführungen mit der provokativen Frage, ob die entwicklungspsychologische Erweiterung der Lebensereignisforschung nicht vielleicht zu großen „Streß für den Forscher" darstellen wird.

Wenn zwischen der Erst- und Zweitauflage eines Buches nahezu eine Dekade liegt, so mag dies willkommener Anlaß dafür sein, den Forschungsbereich neu zu sichten und eine „Bilanz" zu wagen. Zu fragen wird sein nach einem möglichen Wandel in den Forschungsfragen, Forschungsperspektiven und Forschungsmethoden, nach dem Ertrag der bisherigen Lebensereignisforschung und danach, welche Entwicklungslinien künftiger Forschung erkennbar sind.
Das an den Epilog anschließende Kapitel 14, das der zweiten Auflage angefügt ist, versucht – bei aller gebotenen Kürze – eine solche Bilanz. Diese wird sicher (vielleicht sogar notgedrungen) persönliche Gewichtungen und Bewertungen enthalten, und die daraus gezogenen Schlußfolgerungen mögen nicht von allen geteilt werden. In jedem Falle aber soll das Bemühen erkennbar werden, die bilanzierende Zusammenschau durch Verweis auf eine Vielzahl von Forschungsarbeiten, die in den letzten zehn Jahren vorgelegt wurden, für den Leser transparent zu gestalten. Absicht ist es nach wie vor, das Interesse für einen komplexen, aber nicht minder faszinierenden Forschungsbereich zu wecken oder neu zu beleben.

13 Kritische Lebensereignisse im Brennpunkt: Eine Entwicklungsaufgabe für die Entwicklungspsychologie?

Leo Montada

Werfen wir einen Blick in Biographien und Romane, so erfahren wir von Schicksalsschlägen und Glücksfällen im Leben der Helden, von ihren Taten, Untaten und von ihrem Versagen. Wir erfahren von ihren Hoffnungen, ihrem Mut und ihrer Ohnmacht, von Stolz, Scham und Schuld. Und oft begreifen wir die Biographie, sie erscheint uns schlüssig und folgerichtig: die Traumata der Kindheit und die lähmende Panik später, die Erfahrung der Not und der Wunsch nach Sicherheit, das quälende Unrecht und die Pläne der Vergeltung, vielleicht schließlich die befreiende Begegnung und die Weisheit des Alters.

Meist ist es nicht schwierig, die Logik eines Lebens zu skizzieren. Die Auswahl unter dienlichen Theorien ist groß. Die Psychologie hat den Bestand vergrößert: Freuds Epos vom Kampf zwischen Ich, Es und Überich, die traumatischen Erfahrungen der Lernpsychologie, die Trennung von der Mutter in den frühen Jahren bei Spitz, die sensiblen Perioden in den Phasenlehren, das Konzept der Stigmatisierung, das Erleben von Kontrollverlust in totalen Institutionen, der Verlust der Orientierung in der double-bind-Kommunikation und viele andere Konzepte wären zu nennen. Selbst wenn wir nun wüßten, wann das Leben welcher Person von welchen Geschehnissen tangiert wird, wüßten wir nicht, nach welchen Theorien es sich dann gestaltete: Wir sind (noch?) nicht in der Lage, eine unvollendete Biographie im Sinne einer Entwicklungsprognose fortzuschreiben. *Freud* (1920) sagt zu Recht, was retrospektiv notwendig oder gar hinreichend erklärt erscheine, sei prospektiv weder das eine noch das andere. Diese Wahrheit setzt der Forschung über bedeutsame Lebensereignisse ein anspruchsvolles Ziel: Theorien zu konstruieren, die sich nicht nur im retrospektiven Verstehen, sondern auch in der Prognose bewähren. Der Weg ist weit, und er wird beschwerlich sein, denn – wie zu zeigen sein wird – es werden Theorien benötigt, die entwicklungspsychologisches Format haben, und adäquate entwicklungspsychologische Forschung ist kostspielig. Im folgenden wird zunächst dargelegt, welchen Gewinn die Entwicklungspsychologie aus der Ereignisforschung ziehen kann. Daran anschließend wird ein entwicklungspsychologisches Forschungsprogramm an einigen ausgewählten Problemstellungen illustriert.

13.1 Impulse für die Entwicklungspsychologie durch die Forschung über Lebensereignisse

13.1.1 Veränderungen der Lebenssituation statt Unterschiede in Lebenslagen als Gegenstand der Forschung

Anders als im Roman oder in der Biographie sind einzelne Lebensereignisse in der entwicklungspsychologischen Forschung bislang selten thematisiert worden, auch nicht in jenen Schulen, die der Erfahrung eine wichtige oder die dominante Rolle zuschreiben. Konzepte traumatischer Erfahrungen in der psychoanalytischen Tradition (traumatische Konfliktangst oder Versagung und Fixierung auf eine frühe Stufe der Libido-Entwicklung bei Freud, Trennung von der Mutter und Depression bei Spitz) gehören zu den wenigen Ausnahmen. Die Sozialisationsforschung bevorzugte zur Kennzeichnung von Entwicklungsbedingungen breiter definierte Konzepte wie Erziehungsstile, Anregungsgehalte der Umwelt, Dauer und Art des Schulbesuchs, Zugehörigkeit zu ethnischen und religiösen Gruppierungen oder zu sozialen Schichten usw. Zwar kann hinter den so bezeichneten Umweltklassen oder *„Lebenslagen"* prinzipiell eine Häufung spezifischer *Einzelereignisse* angenommen werden, aber offenbar ging man davon aus, daß im Normalfall allenfalls ihre lagetypische Art und Häufung bedeutsam für die Entwicklung seien. Erst die wiederholt über einen längeren Zeitraum erfahrene Feindseligkeit der Mutter läßt eine negative Entwicklung erwarten, wie umgekehrt die dauerhaft erfahrene Unterstützung offenbar über viele Klippen des Lebens hinweghilft. Was ist anders und neu, wenn „Ereignisse" statt „Lagen" untersucht werden?

Betrachtet man Listen kritischer Lebensereignisse (z. B. *Holmes & Rahe* 1967), die in der Forschung verwendet werden, dann erkennt man sogleich, daß die hypostasierten Wirkungen (Streß, Umstellung der Ziele, der gewohnten Vollzüge usw.) nicht unmittelbar und ausschließlich aus einem datierbaren Ereignis herrühren, sondern aus einer mehr oder weniger allgemeinen Veränderung der Lebenslage. Der Zusammenbruch der Börse 1932 war ein Einzelereignis, nicht aber die nachfolgende Wirtschaftsdepression, deren Spätfolgen *Elder* (1974) untersuchte. Ereignisse wie Unfall, Heirat, Tod eines Partners lassen sich datieren, sie werden aber gefolgt von einer Vielzahl weiterer Ereignisse, die man angemessener als *Veränderung der Lebenslage* beschreiben würde. Das Gleiche mag für den Bürger gelten, der in Konflikt mit dem Gesetz gerät und sich fortan stigmatisiert fühlt. Auch durch isolierte traumatische Ereignisse mag sich die Lebenslage verändern: das Erlebnis einer Vergewaltigung mag zu nachfolgender Schwangerschaft, Störung der Beziehung zum Partner, dauerhafter Beeinträchtigung der sexuellen Genußfähigkeit usw. führen.

Worin unterscheidet sich die Ereignisforschung von der traditionellen Entwicklungs- und Sozialisationsforschung? Der Unterschied liegt sicher nicht darin, daß letztere eher die Lebenslage, erstere Einzelereignisse untersucht, sondern darin, daß in der Ereignisforschung Veränderungen der Lebenslagen ins Auge gefaßt werden, während die traditionelle Entwicklungs- und Sozialisationsforschung weniger Veränderungen als Unterschiede in den Lebenslagen untersucht hat.[1] Das ist erstaunlich, denn die Erforschung von Veränderungen der Lebenslage verspricht insofern entwicklungspsychologisch ergiebig zu sein, als die zeitliche Abfolge von Veränderungen und beobachteten Folgen eine Ursache-Wirkungs-Interpretation

---

[1] *Holmes & Rahe* (1967) rücken den Aspekt der geforderten Umstellung im Leben bei der Definition von Lebensereignissen zu Recht in den Vordergrund.

erlaubt, die bei der Analyse von Unterschieden immer problematisch ist (*Baltes, Reese & Nesselroade* 1977, *Montada & Filipp* 1976).

Die Auswirkungen von Veränderungen der Lebenslage wurden in der Entwicklungspsychologie nur sehr selten untersucht, sieht man einmal von der großen Zahl von grundwissenschaftlichen Laborexperimenten ab, die wegen fraglicher ökologischer Validität aber von beschränkter Bedeutung sind (*McCall* 1977). Follow-up-Studien nach Adoptionen (z. B. *Skeels* 1966), Studien über die Trennung von Mutter und Kind (zusammenfassend *Rutter* 1977a) und Evaluationsstudien über Vorschulprogramme (zusammenfassend *Hunt* 1979) gehören zu den erwähnenswerten Ausnahmen. Die Ereignisforschung (im Sinne von Veränderungen von Lebenslagen) könnte schon bald die typische Form entwicklungspsychologischer Bedingungsanalyse darstellen: einmal erleichtert der *quasi-experimentelle* Charakter der Lebensereignisse – es handelt sich um Experimente des Lebens – die Kausalinterpretation der beobachteten Effekte (vgl. *Petermann* in diesem Band), zum anderen ist die ökologische Validität der Lebensereignisse fraglos gegeben – und „Lebensnähe" entwicklungspsychologischer Forschung wurde in den letzten Jahren mit guten Gründen wiederholt gefordert (*Montada* 1979a).

13.1.2 Forschung im ökologischen Kontext statt im Labor

Bronfenbrenner karrikiert die Entwicklungspsychologie als „the science of strange behavior of children in strange situations with strange adults for the briefest possible periods of time" (*Bronfenbrenner* 1977, 513). Er beruft sich dabei auf eine Auszählung mehrerer Jahrgänge einschlägiger Fachzeitschriften, die ergab, daß 76 Prozent aller Untersuchungen Laborexperimente mit Kindern waren. In einer Reihe programmatischer Aufsätze der letzten Jahre wurde dieses Mißverhältnis sehr kritisiert. Die Forderung nach ökologischer Validität entwicklungspsychologischer Forschung wurde im Rahmen kontextualistischer (*Pepper* 1942) und dialektischer (*Riegel* 1976) Ansätze erhoben.

Wir können nicht von der Analyse *möglicher* Entwicklungsbedingungen in kontrollierten Laborsituationen ohne weiteres Aufschluß über die *wirklichen* Einflußfaktoren in realen Lebenssituationen erwarten. *McCall* (1977) fordert daher die Erforschung jener Faktoren, die Veränderungen in biotischen Situationen tatsächlich erzeugen. Solange die Bezüge zwischen Laborexperiment und Wirklichkeit außerhalb des Labors unklar bleiben, brauchen wir ökologische Experimente, deskriptive Analysen gegebener sozioökologischer Umwelten und die quasi-experimentelle Analyse bedeutsamer Lebensereignisse. Die Chancen für eine Simulation von ökologischen Systemen im Labor müssen als ausgesprochen gering eingeschätzt werden, wenn man mit *Bronfenbrenner* (1977) die Ökologie als eine Verschachtelung von Mikro-, Meso-, Exo- und Makrosystemen verstehen will, die in unterschiedlicher Weise miteinander interagieren.

13.1.3 Analyse von Strategien der Situationsbewältigung statt Beschreibung der Kontinuität vs. Veränderung „situationsblinder" Eigenschaften

Ein Großteil unseres entwicklungspsychologischen Wissens entstammt Längsschnittuntersuchungen, die vor der Krise des Eigenschaftskonzeptes (sensu generalisierter Persondispositionen) angelegt wurden. Das dürfte der Grund sein, weshalb so viele Daten über Kontinuität und Veränderung von Eigenschaften (wie Aggressivität, Passivität, Leistungsorientierung, kognitive Stile) über die Lebensspanne gesammelt wurden (zusammenfassend *Moss & Susman* 1980). Die Konstanz gemessener interindividueller Unterschiede über Situationen hinweg wurde modellentsprechend unterstellt, konnte aber empirisch meist nicht überzeugend belegt werden (*Hartshorne & May* 1928, *Mischel* 1968, 1973). Statt dessen wurden mannigfaltige Interaktionen zwischen Personmerkmalen und Situationsmerkmalen nachgewiesen. Forschungsfragen und Forschungsformat haben diesen Sachverhalt heute und künftig als Ausgangsdatum zu akzeptieren.

Was können wir mit entwicklungspsychologischen Informationen über Kontinuität und Veränderung gemessener Eigenschaften anfangen, wenn wir auf der Basis dieser Messungen das Verhalten der Personen in wichtigen Lebenssituationen wegen fehlender Konsistenz nicht vorhersagen können? Informationen dieser Art liefern uns auch keine Kriterien für die Bewertung der gemessenen Eigenschaften und daher auch nicht für die Formulierung von Erziehungs- und Interventionszielen. Hier könnte der Ansatz der Ereignisforschung abhelfen, indem die Art und Güte der Bewältigung bedeutsamer Lebensereignisse den Forschungsgegenstand darstellen.

Dabei wird nicht verhehlt, daß bis heute ein nicht geringer Teil der Ereignisforschung einem allenfalls kritisierbaren, nämlich dem situationistischen Ansatz folgt, der – um im varianzanalytischen Vokabular zu sprechen – lediglich nach Haupteffekten von kritischen Ereignissen sucht. Wie häufig etwa psychosomatische Erkrankungen und Suizide nach einer Scheidung zu erwarten sind, ist eine typische Frage. Das Repertoire der Personen an Ereigniskodierungen und -bewertungen und an Bewältigungsstrategien wird nicht systematisch einbezogen. Aber allenthalben gibt es Versuche, eine taxonomische Ordnung der Situationen zu erstellen, etwa nach dem Grad ihrer Vorhersehbarkeit, Kontrollierbarkeit oder Aversivität oder nach dem Ausmaß der nachfolgenden Veränderung der Lebenslage (*Filipp* in diesem Band). Dies zeigt, daß Situationen nicht ohne – zumindest implizite – Annahmen über ihre Perzeption und Verarbeitung durch die Person psychologisch sinnvoll beschrieben werden können.

In der Regel ist der Situationismus nicht „personblind". Situationen werden z. B. experimentell so gestaltet, daß eine bestimmte Interpretation der Handlungssituationen nahegelegt wird. Eine Situationsgestaltung beruht immer auf einer korrespondierenden Idee hinsichtlich der Rezeption der in ihr angebotenen Information durch die Person. Verzichtet man aber auf eine systematische Erfassung der relevanten Personunterschiede und damit der differenzierenden Situationswahrnehmungen, muß ungeprüft unterstellt werden, daß alle oder eine Mehrzahl von Personen die Situation in gleicher Weise kodiert oder klassifiziert. Daß dies problematisch sein kann, zeigt die in der Regel auch im situationistischen Ansatz beträchtlich hoch bleibende unaufgeklärte Varianz (*Mischel* 1977). Kritische Lebensereignisse bedeuten für verschiedene Personen Verschiedenes: Eine Scheidung mag den Verlust des Sexualpartners oder den Verlust der finanziellen Sicherheit darstellen, sie mag als gesellschaftliche Blamage oder als moralisches Versagen erlebt oder als Gewinn an Freiheit empfunden werden – es kommt darauf an, was jemand aus einem Ereignis macht. Die Zukunft der Ereignisforschung wird davon abhängen, ob die Kodierungen, Bewertungen und Verarbeitungen differenziert beschrieben werden können.

Es ist eine weitere vordringliche Aufgabe, die Alternativen zu Eigenschaften zu elaborieren und das Repertoire des Umgangs mit Ereignissen auszudifferenzieren. Erste Ansätze zu einer systematischeren taxonomischen Ordnung hat *Lazarus* (in diesem Band) geleistet. In der Literatur verstreut finden sich Dutzende von einzelnen Strategien erwähnt, die klassifiziert und operational definiert werden müssen. Damit der Fehler „übergeneralisierter" Eigenschaftskonzepte vermieden wird, sollte von vornherein die Beschreibung von Bewältigungsmustern nicht „situationsblind" erfolgen, sondern sich auf definierte Situationsklassen beziehen. Erfreulicherweise ist die Ereignisforschung nicht kontextblind. Sie mißt dem sozialen Kontext, in dem eine Person lebt, große Bedeutung bei, und es gehört zu den überzeugendsten und immer wieder bestätigten Befunden, daß die Existenz sozialer Stützsysteme ein entscheidender Faktor bei der Bewältigung kritischer Ereignisse ist (*Danish & D'Augelli* in diesem Band). Die Ereignisforschung wird also die Entwicklungspsychologie zur Wahl eines kontextualistischen Paradigmas drängen und damit die Entwicklungspsychologie auch öffnen für die Betrachtung historischer Einflüsse und Veränderungen, die sich in generationsspezifischen Entwicklungsverläufen niederschlagen (zum Überblick *Baltes, Reese & Lipsitt* 1980, *Elder* 1974). Insofern hat die Forschung über Lebensereignisse unmittelbare Konsequenzen für die Wahl des Forschungsparadigmas.

13.1.4 Paradigmenwechsel durch die Erforschung der Lebensereignisse

Grundlegende, zum Teil anthropologische Annahmen (Metamodelle) über die Entwicklung des Menschen bestimmen als Paradigmen (*Kuhn* 1967) die Fragestellungen und die Methoden der Forschung, die Interpretation der Ergebnisse sowie die Modell- und Theorienbildungen. Für die Entwicklungspsychologie sind endogenistische Modelle (Entwicklung als Reifung) und organismische Erfahrungstheorien (Piaget, Kohlberg), mechanistische (exogenistische) Erfahrungstheorien (*Baer* 1973, *Gewirtz* 1969) oder dialektische Modelle (*Riegel* 1976) unterschieden worden (*Montada* 1978, *Reese & Overton* 1970, zum Überblick *Schmidt* 1970). In der Behandlung kritischer Lebensereignisse zeigen sich deutliche Unterschiede zwischen diesen Modellen, worauf bereits *Hultsch & Plemons* (1979), die selbst eine mechanistische Position elaborieren, hinweisen.

Reifungs- und organismische Erfahrungstheorien konzipieren Entwicklung als strukturellen, qualitativen Wandel und betonen die universellen Aspekte der entwicklungsmäßigen Veränderungen. Ob man an einen biologisch angelegten, inneren Plan des Werdens (Reifung) denkt oder an eine sachstrukturell plausible Entwicklungslogik (Piaget oder Kohlberg), das Ergebnis bleibt insofern gleich, als Entwicklung als selbstkonstruktiver Prozeß verstanden wird, der durch äußere Faktoren nicht determinierbar ist (*Montada* 1978). Lebensereignisse werden in dieser Tradition nicht systematisch in die Betrachtung einbezogen, es sei denn als Störung des „natürlichen" Entwicklungsverlaufs. Organismische Theorien nehmen einen breiten Raum in der Entwicklungspsychologie ein. Alle Phasen- und Stadienlehren haben diesen Charakter. Sie beschreiben Entwicklung als universelle Sequenz von Veränderungen. *Eriksons* (1963) Stadien der Ich-Entwicklung, die Sequenzen der geistigen Entwicklung bei Piaget, die Sequenzen des moralischen Urteils bei Kohlberg, Levinsons Beschreibung der Stadien im Lebenslauf des Mannes (*Levinson, Darrow, Klein, Levinson & McKee* 1974), Loevingers Stadien der Ich-Entwicklung (*Loevinger* 1979), Freuds Stadien der Libido-Entwicklung – sie alle gehen von einem solchen Paradigma aus.

Relevanz für kritische Lebensereignisse haben lediglich die innerhalb dieser Theoriengruppe entwickelten Hypothesen über *kritische oder sensible Phasen der Entwicklung*, in denen der Organismus besonders empfänglich für Erfahrungen oder besonders verletzlich durch kritische Ereignisse sein soll. Spezifische Erfahrungen mögen dann zu dauerhaften Veränderungen, auch zu Schädigungen führen. Zum Beispiel wurde für die Entwicklung von Vertrauen und Bindungsfähigkeit die Zeitspanne zwischen dem sechsten Lebensmonat und dem vollendeten dritten Lebensjahr als eine kritische Periode und die Tatsache der Trennung von der Mutter oder der langdauernde Verlust der wichtigsten Betreuungsperson ohne angemessenen Ersatz als kritisches Ereignis betrachtet. In der psychoanalytisch orientierten Sozialisationsforschung wird die Kindheit insgesamt als sensible Periode betrachtet, in der die spätere Persönlichkeitsstruktur wie auch spezifische Störungsformen (Neurosen, Psychosen) ihre Grundlegung erfahren.[2]

Im Konzept der sensiblen Periode öffnet sich also das organismische Paradigma für die Untersuchung kritischer Lebensereignisse und die Analyse personspezifischer Entwicklungsverläufe. Die bisher vorliegenden empirischen Daten über Stabilität und Kontinuität (als Erhaltung interindividueller Unterschiede bzw. eines personspezifischen Merkmalsprofils – vgl. *Emmerich* 1966) belegen diese klassische Annahme einer „sensiblen Periode der Kindheit" im übrigen nicht. Es gibt faktisch kein Merkmal, das – während der ersten beiden Lebensjahre gemessen – Stabilität oder Kontinuität irgendeiner Art erkennen ließe (*Kagan* 1980), und nur wenige Merkmale zeigen mäßige Stabilitäts- und Kontinuitätswerte von der Vorschulzeit bis ins Erwachsenenalter (zum Überblick *Moss & Susman* 1980, *Robins* 1966, 1970). Deutliche Veränderungen sind also die Regel, wodurch auch immer sie bedingt sein mögen. Weder Neurosen noch Psychosen, weder soziopathische Störungen noch Persönlichkeitsmerkmale allgemein sind vor Beginn der Schulzeit halbwegs verläßlich vorhersagbar. Unter den wenigen Ausnahmen wird frühkindli-

---

[2] Die kulturanthropologische Sekundäranalyse von *Whiting & Child* (1953) liefert die wohl überzeugendsten empirischen Belege für die diesbezüglichen psychoanalytischen Hypothesen.

cher Autismus genannt, für den die Prognosen eher ungünstig sind (*Lotter* 1974). Auch für die Intelligenz wurden mehrfach nennenswerte Stabilitätskoeffizienten vom Vorschulalter bis ins Erwachsenenalter ermittelt (*Bloom* 1973), wobei offen bleibt, ob diese nicht durch die Stabilität der Lebenslage bedingt sind und durch bedeutsame Lebens*ereignisse* gemindert werden können. Die Forschung über Lebensereignisse ist ohne Vorannahmen im Hinblick auf sensible Perioden oder eine mit dem Alter wachsende Änderungsresistenz (*Glenn* 1980). Sie war vielmehr auf Veränderung im Erwachsenenalter konzentriert und steht damit im Einklang mit der Konzeption einer „life span developmental psychology", wie sie von Schaie, Baltes, Riegel, Reese, Nesselroade und anderen vertreten wird (vgl. *Baltes, Reese & Lipsitt* 1980).

Wenn wir diese Impulse aus der Ereignisforschung für die Entwicklungspsychologie begrüßen, heißt das nicht, daß das Bedürfnis nach einer generellen Orientierung über Phasen des Lebenslaufes (also das Bedürfnis nach Abstraktion von interindividuellen Unterschieden) geleugnet wird oder als unsinnig zurückzuweisen ist. Natürlich gibt es allgemeine Unterschiede zwischen den Epochen des Lebens; natürlich bleibt es auch künftig wichtig zu wissen, was man von einem Säugling, einem Schulkind, einem Jugendlichen oder einem Greis zu erwarten hat, welche Anforderungen in welchen Phasen angemessen sind, wann Schutz oder Schonung geboten ist. Die Entwicklungspsychologie hat die Aufgabe, eine umfassende Orientierung über die Psychologie unterschiedlicher Lebensperioden zu liefern. Man braucht nur einen Blick auf die vielen Altersnormen unseres Rechtssystems zu werfen (Strafrecht, Wahlrecht, Zivilrecht, Jugendschutzgesetz, Familienrecht, Arbeitsrecht, Straßenverkehrsordnung, Schulrecht), um zu erkennen, wie verbreitet das Bedürfnis nach solchen Orientierungen ist. Die Hinwendung zur differentiellen Entwicklungspsychologie und zur Ereignisforschung bedeutet nicht eine Leugnung generell zu erwartender Unterschiede zwischen Altersklassen, sondern sie stellt lediglich eine Erweiterung des Blickfeldes und einen Verzicht auf eine zum Teil hinderliche metatheoretische Vorentscheidung über die Natur des Menschen und seine Entwicklung dar.

Mechanistische Modelle konzipieren Veränderungen als Folgen von Wirkursachen, die nicht im sich verändernden System selbst liegen, sondern diesem äußerlich sind. Prinzipiell wird der Mensch in diesem Modell durch Einwirkung äußerer Kräfte jederzeit als veränderbar gesehen. Die Strukturierung in unabhängige (antezedierende) und abhängige (Folge-)Variablen und eventuell vermittelnde Variablen ist der konzeptuelle Zugang, das Experiment und Quasi-Experiment des Lebens sind der bevorzugte methodische Zugang. Die experimentelle Kinderpsychologie sowie Teile der Sozialisations- und Interventionsforschung folgen diesem Modell.

Der Ansatz von *Dohrenwend & Dohrenwend* (1974) bei der Konzeptualisierung kritischer Lebensereignisse – angelehnt an Selyes allgemeines Streßmodell – exemplifiziert das: Antezedierende Stressoren führen über vermittelnde Variablen (innere Variablen wie Gesundheit, Überzeugungen, Problemlösefähigkeiten und äußere wie soziale Stützsysteme, Status, Einkommen) zu aktuellen Anpassungsversuchen (emotionale Wertungen, Orientierungsänderungen, Aktivitätsänderungen) und weiterreichenden funktionalen oder dysfunktionalen Folgen. Typischerweise ist diese Sichtweise nicht entwicklungspsychologisch, obwohl sie durchaus entwicklungspsychologisch elaboriert werden kann (wie *Hultsch & Plemons* 1979 zeigen, und was im zweiten Teil dieses Beitrags zu demonstrieren ist). Fraglos aber werden kritische Lebensereignisse als antezedierende Ereignisse für Veränderungen aufgefaßt. Wenn sie – was ebenso denkbar ist – als Folgen konzipiert werden, werden die vorausgehenden Wirkursachen auf der Grundlage der gleichen Modellvorstellungen erforscht. Erst die dialektische Betrachtungsweise (*Riegel* 1976) begreift diese Strukturierung in Wirkursachen und Folgen als zweckgebunden oder willkürlich und damit als problematisch. Anstelle eines eigenen methodischen Zugangs wird die Willkürlichkeit der Unterscheidung in antezedierende und nachfolgende Variablen dadurch herausgestellt, daß zu einer versuchsweisen Umkehrung der Betrachtung aufgefordert wird (z. B. beeinflussen die Eltern die Kinder oder die Kinder die Eltern?). Die dialektische Betrachtungsweise tangiert also eher die Wahl der Fragestellung und die Interpretation von Ergebnissen als die Versuchsplanung und Forschungsmethodik im einzelnen.

13.1.5 Von der Beschreibung von Kontinuität und Veränderung zur Entwicklungstheorie

Die traditionelle Entwicklungspsychologie „läßt sich am besten als altersbezogene Systematisierung deskriptiver, komparativer und normativer Aussagen über ontogenetische Veränderung charakterisieren" (*Weinert* 1980, 92). Weinert verweist danach auf den Unterschied zwischen der bedingungsanalytisch orientierten Sozialisationsforschung und der praktisch orientierten „Child Guidance"-Bewegung auf der einen Seite und der „akademischen Entwicklungspsychologie" auf der anderen Seite, die vornehmlich ontogenetische Veränderungen beschrieb, statt sie *aufzuklären*. Auch im Urteil von *Sears* (1975) blieb die Entwicklungspsychologie lange Zeit im wesentlichen deskriptiv, normativ und untheoretisch, was ihre praktische Nutzung außerordentlich beeinträchtigte. Der kürzlich erschienene, sehr lesenswerte Sammelband von *Brim & Kagan* (1980) „Constancy and change in human development" enthält viele Beispiele, die diese Tradition der deskriptiv-normativen Entwicklungspsychologie illustrieren. *Moss & Susman* (1980) zum Beispiel beschäftigen sich mit der Stabilität von Persönlichkeitsmerkmalen. Fast alle von diesen Autoren referierten Longitudinaluntersuchungen beschreiben lediglich Stabilität und Veränderungen, ohne in halbwegs systematischer Weise die Frage nach den Bedingungen für Stabilität und Veränderungen aufzuwerfen. Die Ergebnismuster – in ihrer Höhe variierende, meist wenig überzeugende Stabilitätskoeffizienten, die man sowohl als Beleg für Stabilität als auch für Instabilität interpretieren kann – bleiben ohne systematischen Bezug zu Entwicklungsbedingungen (Merkmalen der Person, Merkmalen ihrer Umwelt oder ihrer spezifischen Erfahrungen), und sie sind daher ohne theoretische und praktische Bedeutung.

Untersuchungen dieser Art sind nicht geeignet, die Theoriebildung wirklich zu fördern. Sie sind nicht einmal geeignet, eine verläßliche empirische Basis für Entwicklungsprognosen abzugeben; denn Generalisierungen von deskriptiven Longitudinaluntersuchungen sind ohne theoretische Annahmen (beispielsweise die Lebensgeschichte, die Stabilität oder Veränderung von Entwicklungsbedingungen betreffend) außerordentlich riskant. Die inzwischen vielfach nachgewiesenen deutlichen Differenzen zwischen aufeinanderfolgenden Geburtenkohorten (*Nesselroade & Baltes* 1974, *Schaie* 1979) sowie die aufgezeigte Wirkung verschiedener „Moderatorvariablen" machen Generalisierungen vor der systematischen Analyse der bedingenden und moderierenden Variablen zu einem „risk gambling".

Nichts ist in dieser Situation naheliegender, als die Ansätze der Sozialisationsforschung und der eher klinisch-psychologisch orientierten Entwicklungsforschung systematisch um die Frage nach den Auswirkungen bedeutsamer Lebensereignisse zu ergänzen. Diese Forschungsansätze liefern die Bausteine, die für die Konstruktion von *Entwicklungstheorien* gebraucht werden. Deskriptive Längsschnittuntersuchungen können nicht als Lieferanten generell gültiger Fakten aufgefaßt werden, sie können nur Informationen bereitstellen, die – interpretiert und analysiert im Kontext von Sozialisationserfahrungen und Lebensereignissen – die Formulierung einer Entwicklungstheorie der Persönlichkeit vorantreiben. Für eine solche Theorie ist der rein deskriptive Nachweis von Stabilität oder Veränderung bedeutungslos. Theoretisch sinnvoll und interessant hingegen ist es, Stabilität und Instabilität in Abhängigkeit von Bedingungsfaktoren zu analysieren.

Forschungsergebnisse der die gesamte Lebensspanne umfassenden Entwicklungspsychologie (*Baltes, Reese & Lipsitt* 1980) bekräftigten Zweifel daran, ob sich die Entwicklung in Inhalt und Form für alle Generationen identisch darstellt. Unterschiede zwischen Geburtenkohorten sind, solange genetische Veränderungen ausgeschlossen werden können, auf unterschiedliche historische Entwicklungsumstände zurückzuführen. Lohnt es sich dann überhaupt, Entwicklungspsychologie zu betreiben, wenn die jeweils vorliegenden Daten doch nicht auf die nächste Generation generalisiert werden können? Zu Recht haben *Gergen* (1979) und *Riegel* (1976) darauf hingewiesen, daß wegen der historischen Unterschiedlichkeit kein beobachtetes Faktum der menschlichen Entwicklung zuverlässig replizierbar ist.

Wenn Entwicklungspsychologie überhaupt zeitüberdauernde Erkenntnis gewinnen kann, dann liegt diese nicht in den beschreibenden Daten. Wohl mag sich – und das ist die Hoffnung einer jeden wissenschaftlichen Arbeit – die Entwicklung von Konzepten lohnen, die sich für verschiedene Populationen in unterschiedlichen historischen Zeiten zur Beschreibung eignen mögen. Auch wenn sich die Ausprägungen in den Variablen von einer Generation zur nächsten wandeln mögen, die Gesetzmäßigkeiten in der Variablenverknüpfung müssen sich damit nicht verändern. Die Zahl psychosomatischer und psychiatrischer Erkrankungen mag nach dem Ausbau der psychosozialen Versorgung und geeigneter antizipatorischer Sozialisationsmaßnahmen in künftigen Generationen drastisch sinken, die theoretische Verknüpfung zwischen der Häufigkeit kritischer Lebensereignisse, der Verfügbarkeit von Bewältigungsstrategien und sozialen Stützsystemen können invariant bleiben.

13.2 Impulse für die Forschung über die Lebensereignisse durch entwicklungspsychologische Fragestellungen

Nach diesen Bemerkungen erübrigt sich ein „Plädoyer" dafür, künftig kritische Lebensereignisse zum Fokus der Forschung und Theorienbildung in der Entwicklungspsychologie zu machen. Dieser Schritt ist bereits eingeleitet, er markiert ein neues Stadium der Entwicklungspsychologie. Es bleibt nun noch die Aufgabe, Argumente und Fragestellungen zusammenzutragen und ein entwicklungspsychologisches Programm über Lebensereignisse zu skizzieren.

Für manche Kinder ist die erste Einweisung in ein Krankenhaus ein sehr belastendes und bedrohliches Erlebnis, für andere weniger. Können wir die Intensitäten und die Art der Streßreaktion der Kinder auf die Einweisung vorhersagen? Können wir von den beobachteten Reaktionen ausgehend ableiten, wie die einzelnen Kinder künftig Krankenhauseinweisungen oder andere Ereignisse, wie Einschulung, Tod der Mutter, Verlust des Arbeitsplatzes oder Geburt eines Kindes forthin verarbeiten werden? Können wir sagen, unter welchen Bedingungen das aktuelle Ereignis und die späteren Ereignisse gut oder weniger gut bewältigt werden? Wissen wir, was vor oder anläßlich der ersten Krankenhauseinweisung gelernt werden sollte, damit das aktuelle Geschehen und künftige Ereignisse weniger bedrohlich und belastend werden? Was müßte vermittelt werden, damit aus diesen ersten kritischen Ereignissen auf die Zukunft möglichst viele transferierbare Kompetenzen gewonnen werden? Muß dieses direkt selbst erfahren werden, oder genügt die stellvertretende Erfahrung durch Beobachtung, Erzählung oder Lektüre? Worin schlagen sich die Erfahrungen nieder? – Wir wissen wenig! Aber solcher Art sind die Fragen, auf denen ein entwicklungspsychologisches Forschungsprogramm aufzubauen wäre. Entwicklung meint Veränderung – Veränderung, die sich künftig auswirkt, und es sind Konzepte vorzulegen, die diese Veränderungen zu repräsentieren gestatten (Kodierungen, Bewertungen, Problemlösungskompetenzen, Abwehrmechanismen, Attribuierungsmuster usw.).

Entwicklungspsychologisch angelegte Untersuchungen zu bedeutsamen Lebensereignissen sind heute noch eher die Ausnahme. So vermißt man beispielsweise im Standardwerk von *Dohrenwend & Dohrenwend* (1974) entwicklungspsychologische Perspektiven. Im folgenden werden einige entwicklungspsychologische Fragestellungen aufgeworfen und in ihrer Bedeutung durch Argumente oder erste empirische Befunde illustriert. Blickt man auf typisch anwendungspraktische Problemstellungen, wie Prognose des Eintretens kritischer Lebensereignisse, Prognose der Art und Güte der Bewältigung von Ereignissen, Prognose der Konsequenzen von Ereignissen für den weiteren Lebenslauf, Ermittlung von Risiko- wie Schutzfaktoren in der Person und in ihrem sozialen Umfeld, Entscheidungen über die Ziele präventiver und korrektiver Interventionen, die Evaluation von Interventionsmaßnahmen usw., dann wird offenkundig, daß man an entwicklungspsychologischen Erweiterungen der Ereignisforschung nicht vorbeikommen wird. Im folgenden werden stichwortartig einige Fragestellungen erläutert, die solchen Forschungsprogrammen zugrunde liegen könnten.

13.2.1 Altersabhängigkeit des Eintritts kritischer Lebensereignisse

Daß es zum Teil kulturell, zum Teil biologisch determinierte kritische Übergänge im Lebenslauf gibt, erläutert *Olbrich* (in diesem Band). Sexuelle Reife oder Menopause sind eher biologisch determiniert, Eintritt in die Schule, Übernahme beruflicher Verantwortlichkeiten, Ende der familiären Lebensgemeinschaft mit den Kindern, Beginn des Ruhestandes sind eher kulturell bestimmte Lebensereignisse. Wissen um diese Übergänge und um die Probleme, die damit verbunden sein können, erleichtern den Betroffenen die Bewältigung, sensibilisieren und informieren das soziale Umfeld, das sodann eine angemessene Stützung eher leisten kann.

Egan & Cowan (1979) elaborieren die Bedeutung des Wissens um kritische Perioden und Ereignisse im Leben besonders anschaulich. Die Vorbereitung auf kritische Situationen ist heute zum Teil bereits institutionalisiert und wird mit mehr oder minder gutem Erfolg geleistet: der Kindergarten auf die Schule, die Eingangsstufe auf das Gymnasium, die Schwangerschaftsgymnastik auf die Geburt, Elternschulung in Medien und Volkshochschulen, Sexualpädagogik usw.

In anderen Bereichen wird auf der Basis wissenschaftlicher Untersuchungen für eine systematische Vorbereitung auf Lebensereignisse plädiert, etwa für die Vorbereitung auf Krankenhausaufenthalte von Kindern und auf schwerwiegende medizinische Eingriffe (*Schmidt* 1980), die Vorbereitung auf das Ausscheiden aus dem Berufsleben (*Baltes & Danish* 1979); in anderen Bereichen hingegen, z. B. Jugendarbeitslosigkeit, stehen wissenschaftliche Bemühungen sowie sozialpolitische Plädoyers erst am Beginn (*Frese* 1978).

Die Vorbereitung bzw. antizipatorische Sozialisation zielt ab auf jeweils unterschiedliche Aspekte und Komponenten von kritischen Lebensereignissen, und sie tut dies in jeweils unterschiedlicher Gewichtung: auf die Vermeidung unangemessener Erklärungen für das Zustandekommen der kritischen Situation (z. B. als ausschließlich selbstverschuldet); auf den Abbau der wahrgenommenen Bedrohung (etwa bei einem Krankenhausaufenthalt); auf die Vermittlung alternativer Lebenspläne (etwa bei vorzeitigem Abgang vom Gymnasium oder vor der Pensionierung); auf die Vermittlung von Fertigkeiten für die Bewältigung von Ereignissen (Sexualentwicklung); auf die Bereitstellung von Informationen via Beratungs- und Stützsystemen (etwa in den psychosozialen Diensten, der Krisenintervention).

13.2.2 Altersabhängigkeit der Bedeutung kritischer Lebensereignisse

Jede Gesellschaft hat eine Altersordnung, sie hat formelle und informelle Normen für einzelne Lebensperioden ausgebildet. Die soziale Umwelt reagiert bewertend auf Abweichungen von diesen Normen, mit Empörung, Bestrafung, Belustigung oder Anerkennung. Subjektive Bedeutungszuschreibungen mögen diesen Bewertungen angeglichen werden. Die uneheliche Schwangerschaft der Minderjährigen ist in der gesellschaftlichen Wertung wie in der subjektiven Einschätzung ein anderer Tatbestand, als wenn eine erwachsene Frau davon betroffen ist. Auch statistische Normen liefern Bezugspunkte für Bewertungen: Der Warenhausdiebstahl (16jährigen ist ein anderes Ereignis als das gleiche Delikt, von einer 50jährigen Fr begangen.

Darüber hinaus variiert das Ausmaß der Veränderung der Lebenslage durch ein kritisches Lebensereignis mit dem Entwicklungsstand der Betroffenen. Die operative Entfernung der Eierstöcke tangiert die Lebenspläne einer jungen kinderlosen Frau meist stärker als die der älteren; der Verlust der Mutter ist für den Säugling etwas anderes als für den 10Jährigen oder den Erwachsenen. Dieses sind *Trivialitäten,* doch sie dokumentieren, daß bei der Beschreibung und Klassifikation von Ereignissen ihr Bedeutungsgehalt gesehen werden muß, und in welchem Maße sich dieser über den Lebenslauf hinweg verändert.

13.2.3 Unterscheidung von unmittelbaren und zeitverzögerten Ereignisfolgen

Die Bewertung von Ereignissen orientiert sich an den Folgen, die in aktuelle und langfristige Auswirkungen unterschieden werden müssen. Erst eine entwicklungspsychologische Orientierung erzwingt diese Unterscheidung, sie ist sehr bedeutsam. Bewertungen nur auf der Grundlage aktueller Folgen, etwa auf der Basis beobachteter Streßsymptome, sind im engen Sinne des Wortes „kurzsichtig", und sie können zu kostspieligen Fehleinschätzungen führen. So hat man auf der Basis der unmittelbaren Beobachtung von Streß die Gefahren der Trennung von der Mutter im frühen Kindesalter sehr wohl dramatisiert; irreversible Schädigungen sind nicht die Regel (*Montada & Filipp* 1979). Zur Untersuchung irreversibler und langfristiger Schädigungen müssen neben dem Ereignis der Trennung weitere differenzierende Daten erhoben werden, beispielsweise der Grund der Trennung, die Qualität der vorausgehenden Mutterbeziehung sowie der Betreuung nach der Trennung, das Alter des Kindes, Vorerfahrungen mit Trennungen usw. (zum Überblick *Rutter* 1977a).

Das Wissen über langfristige Folgen würde (neben dem Wissen über aktuelle Folgen) die Bewertung mancher erzieherischer Maßnahmen berühren – etwa die Bewertung harter Strafen, die aktuell zwar scheinbar positive Effekte besitzen, z. B. Konformität, durch die langfristig aber häufig negative Auswirkungen erzielt werden (vgl. *Lefkowitz, Eron, Walder & Huesman* 1977 für den familialen Bereich).

Dieser Punkt scheint für die Bewertung kritischer Lebensereignisse zentral und verdient große Aufmerksamkeit innerhalb der Forschung. Es ist durchaus nicht so, daß wir regelhaft Langzeiteffekte kritischer Lebensereignisse nachweisen könnten. Häufiger finden wir nur aktuelle Zusammenhangsmuster, wobei wir ähnliche Befunde aus der Sozialisationsforschung kennen: Die Kovariation zwischen dem Erziehungsverhalten der Mütter – das sich über verschiedene Lebensperioden des Kindes ohnehin deutlich verändert – und dem Verhalten des Kindes ist in der Regel am höchsten, wenn beide Verhaltenssysteme zum gleichen Zeitpunkt innerhalb einer Lebensperiode erhoben werden. Das zeigt, daß wir nicht durchgängig mit langfristigen Auswirkungen von Erziehungsstilen zu rechnen haben (vgl. *Kagan & Moss*

1962). Auch in der Erforschung kritischer Lebensereignisse findet sich eine engere Kovariation von psychiatrischen Auffälligkeiten und solchen kritischen Lebensereignissen, die unmittelbar vorausgegangen waren, als mit zeitlich weiter zurückliegenden Ereignissen (*Myers, Lindenthal & Pepper* 1974). Jede Veränderung zum Negativen oder zum Positiven in bezug auf die Konfrontation mit kritischen Lebensereignissen spiegelt sich unmittelbar in einer Verschlechterung oder Verbesserung der jeweiligen Symptomatik. Es wäre aber verfrüht, diesen auf Stichprobenebene gewonnenen Befund auf Einzelindividuen zu generalisieren. Aufgabe der Forschung ist es, den „untypischen Fall" ernst zu nehmen, d. h. jene Fälle, die sich nicht mit der Entlastung von kritischen Ereignissen bessern, sowie jene Fälle, die sich nicht mit der Belastung durch Ereignisse verschlechtern. Gerade aus der Untersuchung dieser Gruppen und den varianzanalytisch als Interaktionseffekte aufscheinenden Befunden kann man sich einen Erkenntnisfortschritt erhoffen.

13.2.4 Wirkungen vorausgegangener kritischer Lebensereignisse

Die Frage lautet: Wer lernt aus welcher Lebenskrise? Sie lautet nicht: Haben Lebenskrisen im allgemeinen stärkende oder schwächende Effekte? Überraschenderweise sind Vorerfahrungen mit Krisensituationen nicht häufig untersucht worden, obwohl schon *Birren* (1964) die Bedeutung der individuellen Bewältigungsgeschichte für die kompetente Meisterung nachfolgender kritischer Ereignisse betont hat. Allerdings ist nicht ausgemacht, ob Vorerfahrungen zu einer Erhöhung oder Minderung der Wahrscheinlichkeit für gute Bewältigung führen. Wie in der Allgemeinen und Klinischen Psychologie die Bedingungen für Desensibilisierungen oder Sensibilisierungen präzise eruiert wurden, so muß auch die Ereignisforschung eine differenzierte Bedingungsanalyse vornehmen. *Engel* (1964) vermutet z. B. kumulative Wirkungen von Verlusten; *Caplan* (1964) und *Haan* (1977) stellten eine Anzahl differenzierterer Fragen nach der Ähnlichkeit zwischen früheren und aktuellen Streßereignissen und nach dem, was in früheren Krisensituationen gelernt wurde, im Vergleich zu dem, was in der aktuellen Situation gebraucht wird.

In der Tat ergeben die wenigen Untersuchungen über die Wirkungen vorausgehender Krisenerfahrungen auf die Bewältigung aktueller Krisen kein einheitliches Bild. Wir können heute nicht einmal tentativ Generalisierungen formulieren; allerdings können wir einige interessante und untersuchungswürdige Fragen aufwerfen (zum Überblick über den Forschungsstand vgl. *Silver & Wortman* 1980). So fanden *Bornstein, Clayton, Halikas, Maurice & Robins* (1973), daß die Vorerfahrung mit dem Tod von Anverwandten die Anpassung an die Verwitwung bei Männern und Frauen erhöht. *Carey* (1977) stellte fest, daß die enge Beziehung zu einer sterbenden Person einen positiven Einfluß auf die Bewältigung eigener Gebrechen hat, insbesondere wenn die sterbende Person den Tod in innerem Frieden akzeptiert hatte. Auf der anderen Seite berichten *Burgess & Holmstrom* (1978) unterschiedliche Effekte auf die Bewältigung einer Vergewaltigung in Abhängigkeit von der Qualität der vorangehenden Ereignisse. Hatten die vergewaltigten Frauen zuvor eine nahestehende Person (Vater, Mutter, Ehemann oder Kind) durch Tod, Scheidung oder Trennung verloren, so erholten sie sich relativ rasch von diesem Ereignis. Waren sie hingegen schon einmal das Opfer einer Vergewaltigung, so schienen sie noch nach vier bis sechs Jahren deutlich durch diese Erfahrung belastet. *Kennell, Slyter & Klaus* (1970) fanden, daß das Ausmaß an Trauer und Verzweiflung nach dem Verlust eines Kindes erhöht ist, wenn ein anderer Verlust (Fehlgeburt oder Tod eines Neugeborenen) vorausgegangen war.

Silver & Wortman (1980) schlagen vor, auf die Ebene der tatsächlichen Verarbeitungsprozesse zurückzugehen, um plausible Hypothesen über die solchermaßen divergierende Wirkung von Vorerfahrungen zu formulieren. So mögen Menschen auf den Verlust eines Kindes oder auf ein sexuelles Vergehen mit Selbstvorwürfen reagieren. Solche Attribuierungsmuster implizieren, daß eine Änderung des eigenen Verhaltens künftig Schutz gebieten kann. Wenn das Ereignis nun aber ein zweitesmal eingetreten ist, wird sich das Opfer in besonderem Maße schuldig (oder hilflos? – vgl. *Abramson, Seligman & Teasdale* 1978) fühlen. Auch die Reaktionen der Umwelt mögen sich im Wiederholungsfalle verändern. Treten eine Vergewaltigung oder der Verlust eines Kindes erstmalig ein, so werden bedeutsame Kontaktpersonen die betroffene Person von einer Schuld freisprechen und ihr Trost und Stütze gewähren. Im Wiederholungsfalle ist aber eher mit einem Schuldvorwurf Dritter, ja selbst mit Stigmatisierungen zu rechnen.

Es gibt weitere Hypothesen, die der Überprüfung wert scheinen. Hier soll lediglich das Argument vertreten werden, daß eine differenziertere Hypothesenbildung erforderlich ist und daß die lediglich objektive Beschreibung des Ereignisses nicht ausreicht, die Wirkung von Vorerfahrungen zu prognostizieren. Es wird offenkundig, daß die bisherige Forschung die aufgeworfenen Fragen nicht zureichend abklären kann. Das liegt wohl daran, daß die subjektive Interpretation von Ereignissen entweder gar nicht erfaßt oder nicht auf den relevanten Dimensionen beschrieben wurde und daß Art und Güte der Bewältigungsmuster, einschließlich der erfahrenen sozialen Unterstützung, nicht berücksichtigt wurden. Entsprechend den obigen Bemerkungen zur Person-mal-Situation-Interaktion würde es auch überraschen, wenn dies anders wäre.

13.2.5 Prognose der Persistenz von Störungen

Die Forschung zur Frage der Persistenz von Störungen steht noch ganz in den Anfängen. Bisher untersucht wurde lediglich die *Spontanremission* von Störungen nach kritischen Lebensereignissen, aber auch unser diesbezügliches Wissen ist eher dürftig (zum Überblick vgl. *Lambert* 1976). Normalerweise werden Abbau oder Persistenz von Störungen lediglich global auf Stichprobenebene registriert, um sie dann den langfristig erfaßten Besserungsraten bei systematischer therapeutischer Intervention gegenüberzustellen. Es ist notwendig, die Forschungsfragen differenzierter zu stellen. Bevor nicht geklärt ist, ob sich nicht Klassen von Störungen nach der Höhe ihrer Remissions- und Persistenzraten unterscheiden lassen, haben wir keine verläßliche Grundlage für Prognosen und damit für psychologisches Handeln. Prognosen werden treffsicherer, wenn sie nicht nur auf deskriptiven Persistenz- oder Remissionsdaten beruhen, sondern Faktoren einschließen, die Stabilität oder Veränderung bedingen (*Montada* 1979b), nämlich Risikofaktoren und Schutzfaktoren und nach Möglichkeit auch Zeitpunkt und Dauer ihrer Einwirkung.

Viele Untersuchungen aus dem Bereich der Psychopathologie wie der Delinquenz zeigen, daß die Qualität des sozialen Milieus beträchtliche Varianzanteile bindet. Die Rückfallhäufigkeit im Falle der Delinquenz ist um so höher, je mehr Delinquente zu den Freunden gezählt werden. Sie sinkt drastisch ab, wenn ein nichtdelinquenter Partner gefunden wird (vgl. *Cline* 1980). Die Zahl der Studien, die zeigen, daß soziale Stützsysteme zu den wichtigsten Schutz- und Besserungsbedingungen bei psychiatrischen Zustandsbildern gehören, ist in raschem Wachstum begriffen (*Danish & D'Augelli* in diesem Band).

13.2.6 Entwicklungspsychologisch orientierte Bedingungsanalyse

Nur in einem weder entwicklungs- noch differentialpsychologisch noch kontextualistisch konzipierten Modell können kritische Lebensereignisse als „Wirkursachen" für die aktuelle Streßreaktion oder die Spätfolgen verstanden werden. Auf Theorieebene wird dies auch nicht ernsthaft versucht, auch wenn in verkürzten Versuchsplänen keine weiteren Situations- oder Umweltvariablen enthalten sind, die als Moderatorvariablen (*Lieberman* 1975) oder als vermittelnde Variablen (*Dohrenwend & Dohrenwend* 1974) angesehen werden können. Das Spezifikum entwicklungspsychologischer Bedingungsanalyse ist die Ausdehnung der Zeitperspektive, so daß auch jene weiter zurückliegenden Bedingungen in das Blickfeld geraten, deren Interaktion mit aktuellen Ereignissen dann zu untersuchen ist. Die Einflußpfade solcher distaler Bedingungen können unterschiedlich sein und verschieden konzeptualisiert werden, z. B. als Vorentscheidungen innerhalb des Lebensweges, die zu Positionen unterschiedlicher Gefährdung oder Sicherheit führen (sozialer Status, Freundschaften, Partnerschaften, Isolation) und auch die Eintretenswahrscheinlichkeit kritischer Lebensereignisse tangieren – von *Rutter* (1977b) als „transaktionale" Beziehung zwischen Antezedenzvariablen benannt.

Eine andere Möglichkeit besteht darin, die Entwicklungsbedingungen von Personmerkmalen zu untersuchen, die mit der Güte der Bewältigung kritischer Lebensereignisse korrelieren. In diesem Sinne haben z. B. *Brown & Harris* (1978) einen Verwundbarkeitsfaktor ermittelt, der mit der Erfahrung des Mutterverlustes in den ersten zehn Lebensjahren erklärt wird. Auch *Quinton & Rutter* (1976) finden, daß wiederholte Krankenhausaufenthalte sowohl für die Entwicklung psychiatrischer Auffälligkeiten wie für die Delinquenzentwicklung prädisponieren. Ein konzeptuelles Gegenstück entwickelte *Kobasa* (1979), einen „Index der Widerstandsfähigkeit", der – aus Diskriminanzanalysen gewonnen und kreuzvalidiert – die Entwicklung psychosomatischer Erkrankungen bei leitenden Angestellten unter gehäuften Streßereignissen vorherzusagen gestattet. Die gegen Erkrankung immunisierende Widerstandsfähigkeit ist durch ein Bewußtsein der eigenen Ziele, Werte und Fähigkeiten, durch Glauben an die Sinnhaftigkeit des Lebens und durch die Tendenz zur aktiven Auseinandersetzung mit der Umwelt zu konkretisieren. Allerdings fehlt für dieses Konstrukt noch eine entwicklungspsychologische Bedingungsanalyse.

Ein Sonderproblem der entwicklungspsychologischen Bedingungsanalyse ist mit dem Begriff „explanatorische Diskontinuität" (*Baltes & Schaie* 1973) gekennzeichnet worden, worunter eine Veränderung in dem prozessualen Bedingungsgefüge über die Lebensspanne hinweg verstanden wird. Aus der Sozialisationsforschung sind solche Diskontinuitäten bekannt, erkennbar an den sich mit dem Alter ändernden korrelativen Beziehungen zwischen Variablen. So wurde in der Fels-Studie (*Kagan & Moss* 1962) eine größere Zahl von Diskontinuitäten gefunden: Mütterliche Protektion ist etwa während der ersten drei Lebensjahre ein guter Prädiktor des später im Alter von 10 bis 14 Jahren gemessenen Leistungsverhaltens der Söhne, während mütterliche Protektion zwischen dem vierten und zehnten Lebensjahr mit der späteren Leistungsorientierung unkorreliert ist. In diesem Sinne kommt *Lieberman* (1975) auf der Basis mehrerer Untersuchungen zur Bewältigung des Wohnortwechsels im hohen Alter zu dem Schluß, daß Personmerkmale und Bewältigungsmuster, die in früheren Lebensphasen Situationsbewältigung vorherzusagen gestatten, im höheren Alter irrelevant werden oder gar abträglich sind. Merkmale wie Ich-Stärke und Impulskontrolle, die in früheren Lebensperioden als günstige Voraussetzungen für Krisenbewältigung oder Krisenvermeidung gelten, weisen im hohen Alter sogar leicht negative Korrelationen zu den Anpassungskriterien (psychische und körperliche Gesundheit) nach Wohnortwechsel auf. Es waren die narzißtischen, die fordernden, die aggressiven und die „schwierigen" alten Leute, die die Situation des Übergangs in ein Altenheim deutlich besser bewältigten. Selbstverständlich muß man fragen, ob dies ein Spezifikum des Lebensalters, des kritischen Ereignisses „Wohnortwechsel" oder der Institution „Altenheim" ist, das zu dieser „Selektion" der erfolgreichen „Bewältiger" führt. Aber auch wenn das Ergebnismuster noch keine definitiven Antworten erlaubt, so ist Liebermans Beobachtung doch hochinteressant und warnt vor voreiligen Generalisierungen von Aussagen über verschiedene Lebensperioden.

13.2.7 Entwicklungspsychologische Interventionsforschung

Interventionen sind akzentuierend in präventive und korrektive zu trennen; sie können die Person, das soziale Umfeld der Person oder Institutionen fokussieren oder auf gesamtgesellschaftlichem Niveau ansetzen. Die Verbreitung von Informationen über normative Lebenskrisen, die Vorbereitung auf zu erwartende Lebensereignisse, der Aufbau sozialer Stützsysteme durch Verbesserung der Rechtsberatung, der psychosozialen und medizinischen Versorgung, die Einrichtung von Selbsthilfegruppen, die präventive oder korrektive Vermittlung von Bewältigungsstrategien in spezifischen Programmen bis hin zur Veränderung der Rechtsordnung (soziale Absicherungen, Änderung des Scheidungsrechts, des Sorgerechts usw.) – dies alles sind Maßnahmen, die hinsichtlich ihrer Effekte und Effizienz evaluiert werden müssen.

Die entwicklungspsychologisch angelegte Evaluationsforschung unterscheidet sich nicht grundsätzlich von der Evaluationsforschung im allgemeinen. Es sind aber insbesondere zwei Forderungen aus der Entwicklungspsychologie, die eine komplexere Anlage von Evaluationsstudien notwendig machen. Zum einen ist dies die Forderung nach einer Ausdehnung der Zeitperspektive, so daß nicht nur kurzfristige sondern auch langfristige Wirkungen von Interventionen abgeschätzt werden können, und diese müssen zweifellos mit spontanen „Remissionen" oder Verschlechterungen „unbehandelter" Kontrollgruppen verglichen werden. Die zweite Forderung leitet sich aus Überlegungen zur Beobachtung von Kontinuität und Diskontinuität in Längsschnittuntersuchungen her (*Kagan* 1980). Einzelne Entwicklungsvariablen verändern über den Lebenslauf ihre Bedeutung und/oder ihre phänotypische Gestalt. *Kagan & Moss* (1962) haben die Entwicklung mehrerer Persönlichkeitsmerkmale vom Säuglingsalter bis ins frühe Erwachsenenalter untersucht und es als sinnvoll angesehen, „Derivate" von Merkmalen des Kindesalters zu postulieren, die zwar phänotypisch mit den Merkmalen im Kindesalter nicht identisch sind, mit diesen aber sehr wohl korrelieren und in eine sinnvolle theoretische Beziehung zu bringen sind. *Kagan* (1980) spricht von der heterotypischen Kontinuität solcher Merkmale. Weiterhin wurden in der Entwicklungspsychologie Konzepte wie „Vorläufervariablen" (*Heckhausen* 1972), „Zusammenhangsmuster" (*Rauh* 1979) usw. vorgestellt, die alle auf komplizierte Verflechtungen zwischen Merkmalen oder auf „Schicksale" von Merkmalen hindeuten. Auf solchen Überlegungen und Beobachtungen fußt die Forderung nach einer multivariaten „outcome"-Forschung: Die Beobachtung mehrerer Variablen verringert die Gefahr, daß phänotypisch heterogene Auswirkungen, Nebeneffekte oder Bedeutungsveränderungen (über Validierungskorrelate erfaßt) übersehen werden.

13.3 Die entwicklungspsychologische Erweiterung: Streß für den Forscher?

Das nur knapp skizzierte Forschungsprogramm stellt gegenüber der üblichen Ereignisforschung eine deutliche Komplexitätserweiterung dar. Viele Kernfragen der Entwicklungspsychologie sind nur durch Längsschnittuntersuchungen abzuklären: nach differentiellen Veränderungen, nach Verlaufsprognosen, nach Erfolgs- und Effizienzeinschätzung, nach Nebenwirkungen, nach distalen Bedingungen und Vorläufern, nach Zusammenhangsmustern diachronischer Art usw. Zur Vermeidung von Generalisierungsfehlern über verschiedene Generationen empfiehlt es sich, Längsschnitte über mehrere Geburtskohorten zu erheben. Wir benötigen hierzu eine differentielle Entwicklungspsychologie, um differentielle Prognosen erstellen und um Entwicklungsbedingungen und Interventionsmöglichkeiten abklären zu können. Wir benötigen zur Interventionsplanung weiterhin Bedingungswissen aus Interventions- und nicht nur aus deskriptiven Studien, weil wir aus letzteren nicht mit hinreichender Sicherheit ableiten können, ob, in welcher Weise und mit welchen Effekten Entwicklungsbedingungen verändert werden können und dürfen. Wir benötigen zur Ermittlung und Evaluation von Entwicklungsbedingungen wie auch zur Konstruktion prognostisch verwertbarer Meßinstrumente follow-up-Studien anstelle von follow-back-Studien, die an präselektierten Personstichproben durchgeführt wurden. Ein Großteil der heutigen epidemiologischen Forschung krankt daran, daß präselektierte Stichproben untersucht werden und die als bedeutsam ermittelten Entwicklungsbedingungen nicht auf eine Grundgesamtheit zu beziehen sind. Generalisationen aus follow-back-Studien sind aus diesen Gründen sehr problematisch; follow-up-Studien erfordern hingegen die längsschnittliche Verfolgung und sind von daher aufwendig in Zeit und Kosten.

Daß Entwicklungsbedingungen nicht im Labor simuliert werden können, sondern im soziökologischen Kontext studiert werden müssen, wurde oben ausführlicher begründet. Das Wissen um mannigfaltige Interaktionen zwischen unterschiedlichen Aspekten des soziökologischen Kontextes stellt eine besondere Verkomplizierung dar (*Kaminski* 1979). Schließlich haben wir nicht Einzelvariablen, sondern Systeme zu untersuchen. Viele der oben aufgeworfenen entwicklungspsychologischen Fragen machen daher eine multivariate Betrachtung erforderlich. Die Konstruktion angemessener Systeme ist der notwendig zugeordnete Schritt – zur ausführlichen Darstellung der Methodenprobleme vgl. *Montada & Schmitt* (im Druck).

Bedeutet diese Komplexitätserweiterung Streß für den Forscher? Vermutlich schon. Aber der mit kritischen Lebensereignissen beschäftigte Forscher verfügt sicher über Hypothesen darüber, wie dieser Streß angemessen zu bewältigen ist, nämlich nicht durch resignative Regression auf ein einfaches situationistisches Forschungsparadigma, sondern durch den Aufbau geeigneter Problemlösungsstrategien, durch klare und positiv bewertete Arbeitsziele und durch die selbstinitiierte Etablierung weitläufiger sozialer Stützsysteme, größere Mitarbeiterstäbe, leistungsfähige Computer und eine elaborierte Software.

Literatur

Abramson, L. Y., Seligman, M. E. P. & Teasdale, J., Learned helplessness in humans: Critique and reformulation. Journal of Abnormal Psychology 87, 1978, 49-74.

Baer, D. M., The control of the developmental process: Why wait? In: *Nesselroade, J. R. & Reese, H. W.* (Hrsg.), Life-span developmental psychology: Methodological issues. New York 1973, 185-193.

Baltes, P. B. & Danish, S. J., Gerontologische Intervention auf der Grundlage einer Psychologie des Lebenslaufes. Probleme und Konzepte. Zeitschrift für Entwicklungspsychologie und Pädagogische Psychologie 11, 1979, 112-140.

Baltes, P. B., Reese, H. W. & Lipsitt, L. P., Life-span developmental psychology. Annual Review of Psychology 31, 1980, 65-110.

Baltes, P. B., Reese, H. W. & Nesselroade, J. R., Life-span developmental psychology: Introduction to research methods. Monterey (Cal.) 1977.

Baltes, P. B. & Schaie, K. W., On life-span developmental research paradigms: Retrospects

and prospects. In: *Baltes, P. B. & Schaie, K. W.* (Hrsg.), Life-span developmental psychology: Personality and socialization. New York 1973, 365-395.
Birren, J. E., The psychology of aging. Englewood Cliffs (N. J.) 1964.
Bloom, B. S., Stabilität und Veränderung menschlicher Merkmale. Weinheim 1973.
Bornstein, P. E., Clayton, P. J., Halikas, J. A., Maurice, W. L. & Robins, E., The depression of widowhood after thirteen months. British Journal of Psychiatry 122, 1973, 561-566.
Brim, O. G. jr. & Kagan, J. (Hrsg.), Constancy and change in human development. Cambridge (Mass.) 1980.
Bronfenbrenner, U., Toward an experimental ecology of human development. American Psychologist 32, 1977, 513-531.
Brown, G. W. & Harris, T., Social origins of depression. London 1978.
Burgess, A. W. & Holmstrom, L. L., Adaptive strategies and recovery from rape. American Journal of Psychiatry 136, 1978, 1278-1282.
Caplan, G., Principles of preventive psychiatry. New York 1964.
Carey, R. G., The widowed: A year later. Journal of Counseling Psychology 24, 1977, 125-131.
Cline, H. F., Criminal behavior over life-span. In: *Brim, O. G. jr. & Kagan, J.* (Hrsg.), Constancy and change in human development. Cambridge (Mass.) 1980, 641-674.
Dohrenwend, B. S. & Dohrenwend, B. P. (Hrsg.), Stressful life-events: Their nature and effects. New York 1974.
Egan, G. & Cowan, M. A., People in systems: A model for development in the human service professions and education. Monterey (Cal.) 1979.
Elder, G. H. jr., Children of the great depression. Chicago (Ill.) 1974.
Emmerich, W., Continuity and stability in early social development. II: Teacher ratings. Child Development 37, 1966, 17-27.
Engel, G. L., Grief and grieving. American Journal of Nursing 64, 1964, 93-98.
Erikson, E. H., Childhood and society. New York (N. Y.) 1963.
Frese, M., Arbeitslosigkeit, Depressivität und Kontrolle: Eine Studie mit Wiederholungsmessung. Bielefelder Arbeiten zur Sozialpsychologie 1/78. Bielefeld 1978.
Freud, S., The psychogenesis of a case of homosexuality in a woman. The complete psychological works of Sigmund Freud, Vol. 18. London 1920.
Gergen, K. J., Selbstkonzept und Sozialisation des aleatorischen Mensch. In: *Montada, L.* (Hrsg.), Brennpunkte der Entwicklungspsychologie. Stuttgart 1979, 358-373.
Gewirtz, J. L., Mechanisms of social learning: Some roles of stimulation and behavior in early human development. In: *Goslin, D. A.* (Hrsg.), Handbook of socialization theory and research. Chicago (Ill.) 1969, 57-212.
Glenn, N. D., Values, attitudes, and beliefs. In: *Brim, O. G. jr. & Kagan, J.* (Hrsg.), Constancy and change in human development. Cambridge (Mass.) 1980, 596-640.
Haan, N., Conceptualisation of Ego: State and entity. In: *Haan, N.* (Hrsg.), Coping and defending. New York 1977, 17-32.
Hartshorne, H. & May, M. A., Studies in the nature of character, Vol. I: Studies in deceit. New York (N. Y.) 1928.
Heckhausen, H., Die Interaktion der Sozialisationsvariablen in der Genese des Leistungsmotivs. In: *Graumann, C. F.* (Hrsg.), Handbuch der Psychologie, Bd. 7 (2. Halbband). Göttingen 1972, 955-1019.
Holmes, T. H. & Rahe, R. H., The Social Readjustment Rating Scale. Journal of Psychosomatic Research 11, 1967, 213-218.
Hultsch, D. F. & Plemons, J. K., Life events and life-span development. In: *Baltes, P. B. & Brim, O. G. jr.* (Hrsg.), Life-span development and behavior, Vol. 2. New York 1979, 1-36.
Hunt, J. McV., Erkenntnisse aus der kompensatorischen Vorschulerziehung in den USA. In: *Montada, L.* (Hrsg.), Brennpunkte der Entwicklungspsychologie. Stuttgart 1979, 213-230.
Kagan, J., Perspectives on continuity. In: *Brim, O. G. jr. & Kagan, J.* (Hrsg.), Constancy and change in human development. Cambridge (Mass.) 1980, 26-74.
Kagan, J. & Moss, H. A., Birth to maturity. New York 1962.

Kaminski, G., Ökologische Perspektiven in pädagogisch-psychologischer Theorienbildung und deren Konsequenzen. In: *Brandtstädter, J., Reinert, G. & Schneewind, K. A.* (Hrsg.), Pädagogische Psychologie: Probleme und Perspektiven. Stuttgart 1979, 105-130.

Kennell, J. H., Slyter, H. & Klaus, M. H., The mourning response of parents to the death of a newborn infant. The New England Journal of Medicine 283, 1970, 344-349.

Kobasa, S. C., Stressful life events, personality, and health: An inquiry into hardiness. Journal of Personality and Social Psychology 37, 1979, 1-11.

Kuhn, T. S., Die Struktur wissenschaftlicher Revolutionen. Frankfurt a. M. 1967.

Lambert, M. J., Spontaneous remission in adult neurotic disorders: A revision and summary. Psychological Bulletin 83, 1976, 107-119.

Lefkowitz, M. M., Eron, L. D., Walder, L. O. & Huesman, L. R., Growing up to be violent: A longitudinal study of the development of aggression. New York 1977.

Levinson, D. J., Darrow, C. M., Klein, E. B., Levinson, M. H. & McKee, B., The psychosocial development of men in early adulthood and the mid-life transition. In: *Ricks, D. F., Thomas, A. & Roff, M.* (Hrsg.), Life history research in psychopathology. Minneapolis (Minn.) 1974, 243-258.

Lieberman, M. A., Adaptive processes in late life. In: *Datan, N. & Ginsberg, L. H.* (Hrsg.), Life-span developmental psychology: Normative life crises. New York (N. Y.) 1975.

Loevinger, J., Theorie und Empirie in der Erfassung der Persönlichkeitsentwicklung. In: *Montada, L.* (Hrsg.), Brennpunkte der Entwicklungspsychologie. Stuttgart 1979, 386-398.

Lotter, V., Factors related to outcome in autistic children. Journal of Autism and Childhood Schizophrenia 4, 1974, 263-277.

McCall, R. B., Challenges to a science of developmental psychology. Child Development 48, 1977, 333-334.

Mischel, W., Personality and assessment. New York 1968.

Mischel, W., Toward a cognitive social learning reconceptualization of personality. Psychological Review 80, 1973, 252-283.

Mischel, W., The interaction of person and situation. In: *Magnusson, D. & Endler, N. S.* (Hrsg.), Personality at the crossroads. Hillsdale (N. J.) 1977, 333-352.

Montada, L., Piaget und die empirische Lernpsychologie. In: *Steiner, G.* (Hrsg.), Piaget und die Folgen (= Die Psychologie des 20. Jahrhunderts, Band 7). Zürich 1978, 290-305.

Montada, L., Entwicklungspsychologie auf der Suche nach einer Identität. In: *Montada, L.* (Hrsg.), Brennpunkte der Entwicklungspsychologie. Stuttgart 1979 (a), 11-30.

Montada, L., Überlegungen zu einer Angewandten Entwicklungspsychologie. Vortrag gehalten anläßlich der „Tagung Entwicklungspsychologie '79", Berlin 1979 (b).

Montada, L. & Filipp, S.-H., Implications of life-span developmental psychology for childhood education. In: *Reese, H. W.* (Hrsg.), Advances in child development and behavior, Vol. 11. New York 1976, 253-265.

Montada, L. & Filipp, S.-H., Entwicklungspsychologische Grundlagen pädagogisch-psychologischer Entscheidungen. In: *Brandtstädter, J., Reinert, G. & Schneewind, K. A.* (Hrsg.), Pädagogische Psychologie: Probleme und Perspektiven. Stuttgart 1979, 525-545.

Montada, L. & Schmitt, M., Issues in applied developmental psychology: A life-span perspective. In: *Baltes, P. B. & Brim, O. G. jr.* (Hrsg.), Life-span development and behavior. Vol. 4. New York 1981 (im Druck).

Moss, H. A. & Susman, E. J., Longitudinal study of personality development. In: *Brim, O. G. jr. & Kagan, J.* (Hrsg.), Constancy and change in human development. Cambridge (Mass.) 1980, 530-595.

Myers, J. K., Lindenthal, J. J. & Pepper, M. P., Life events and psychiatric symptomatology. In: *Ricks, D. F., Thomas, A. & Roff, M.* (Hrsg.), Life history research in psychopathology, Vol. 3. Minneapolis (Minn.) 1974, 212-229.

Nesselroade, J. R. & Baltes, P. B., Adolescent personality development and historical change: 1970-1972. Monographs of the Society for Research in Child Development 39 (1), 1974.

Pepper, S. C., World hypotheses. Berkeley (Cal.) 1942.

Quinton, D. & Rutter, M., Early hospital admissions and later disturbances of behavior: An attempted replication of Douglas' findings. Developmental Medicine and Child Neurology 18, 1976, 447-459.

Rauh, H., Zusammenhangsmuster in der frühkindlichen Entwicklung. In: *Montada, L.* (Hrsg.), Brennpunkte der Entwicklungspsychologie. Stuttgart 1979, 119-143.

Reese, H. W. & Overton, W. F., Models of development and theories of development. In: *Goulet, L. R. & Baltes, P. B.* (Hrsg.), Life-span developmental psychology. Research and theory. New York 1970, 116-149.

Riegel, K. F., Toward a dialectical theory of development. American Psychologist 31, 1976, 689-700.

Robins, L. M., 1966. Deviant children grown up. Baltimore (Md.) 1966.

Robins, L. M., Follow-up studies investigating childhood disorders. In: *Hare, E. H. & Wing, J. K.* (Hrsg.), Psychiatric epidemiology. London 1970.

Rutter, M., Individual differences. In: *Rutter, M. & Hersov, L.* (Hrsg.), Child psychiatry: Modern approaches. Oxford 1977 (a), 47-73.

Rutter, M., Surveys to answer questions: Some methodological considerations. In: *Graham, P. J.* (Hrsg.), Epidemiological approaches in child psychiatry. London 1977 (b), 1-30.

Schaie, K. W., 1979. The primary mental abilities in adulthood: An exploration in the development of psychometric intelligence. In: *Baltes, P. B. & Brim, O. G. jr.* (Hrsg.), Life-span development and behavior, Vol. 2. New York 1979, 68-115.

Schmidt, H. D., Allgemeine Entwicklungspsychologie. Berlin 1970.

Schmidt, L., Klinische Psychologie in der Medizin. Vortrag gehalten an der Universität Trier, Dezember 1980.

Sears, R. R., Your ancients revisited: A history of child development. In: *Hetherington, E. M.* (Hrsg.), Review of child development and research, Vol. 5. Chicago (Ill.) 1975, 1-73.

Silver, R. L. & Wortman, C. B., Coping with undesirable life events. In: *Garber, J. & Seligman, M. E. P.* (Hrsg.), Human helplessness – Theory and applications. New York 1980, 279-340.

Skeels, H. M., Adult status of children with contrasting early life experiences. Monographs of the Society for Research in Child Development 31 (3), 1966.

Weinert, F. E., Theoretischer Provinzialismus in der Pädagogischen Psychologie. In: *Montada, L.* (Hrsg.), Entwicklungspsychologie und Psychologieentwicklung. Trierer Psychologische Berichte, Sonderband. Trier 1980, 90-106.

Whiting, J. W. M. & Child, I. L., Child training and personality: A crosscultural study. New Haven (Conn.) 1953.

14 Lebensereignisforschung – eine Bilanz

Sigrun-Heide Filipp

14.1 Zum Status des Konzepts „kritisches Lebensereignis"

Vermutlich gibt es keinen Dissens in der definitorischen Festlegung dahingehend, daß es sich bei Lebensereignissen um „reale Lebenserfahrungen" einer besonderen affektiven Tönung handelt, die sich für die Person als Zäsuren im Geschehensablauf darstellen und die auch retrospektiv – etwa in autobiographischen Berichten – häufig als Einschnitte und Übergänge im Lebenslauf wahrgenommen werden. Über diese minimalkonsensuelle Bestimmung hinaus ist die wissenschaftliche Präzisierung dessen, was Lebensereignisse kennzeichnet und was sie gar zu „kritischen" Ereignissen macht, ein kontrovers diskutiertes Anliegen, was vielleicht auch den „Facettenreichtum" kritischer Lebensereignisse reflektiert.

14.1.1 Lebensereignisse als Streßindikatoren

Vielen Autoren geht es bis heute – zumindest wenn sie der klinisch-psychologischen respektive epidemiologisch orientierten Lebensereignisforschung verhaftet sind – strenggenommen nicht um *das* Lebensereignis per se; vielmehr erhalten Lebensereignisse in dieser Forschungstradition nach wie vor den Status von „Indikatorvariablen" für eine – wie auch immer im einzelnen zu messende – latente Variable „Streßbelastung" (um in der Terminologie neuerer Meßmodelle zu sprechen). Die Frage danach, wieviele Ereignisse oder welche Ereignisse eine Person in einem bestimmten Zeitraum erlebt hat, ist nach wie vor gleichlautend der Frage nach dem „Streß des Lebens" dieser Person, den es allerdings entsprechend zu quantifizieren gilt. Wie bereits in den 60er Jahren, wird der „life event"-Zugang noch häufig dadurch realisiert, daß *Ereignislisten* als Erhebungsverfahren eingesetzt werden (vgl. zum Überblick *Filipp & Braukmann,* 1983), obschon dies natürlich nicht zwingend ist. Betrachtet man die in den letzten 10 bis 15 Jahren erschienenen Arbeiten, so scheinen meßtheoretische Überlegungen zum „life stress" eine dominierende Rolle gespielt zu haben, die in einigen Übersichtsarbeiten systematisiert und umfassend dargestellt wurden und hier nur äußerst kurz rekapituliert werden sollen (siehe *Cohen,* 1988; *Perkins,* 1982; *Thoits,* 1983). Im wesentlichen haben drei Problembereiche die Diskussion bestimmt: (1) die Komposition des Ereignispools, (2) Möglichkeiten der Scorebildung sowie (3) die Reliabilität der jeweils gewonnenen Summenwerte.

Bezüglich der Ereignisstichprobe war oft deren mangelnde Repräsentativität für die Lebenserfahrungen der untersuchten Personen kritisiert worden. Eine Vielzahl populationsspezifischer Ereignislisten wurde zwischenzeitlich vorgestellt – etwa für Untersuchungen mit Kindern und Jugendlichen (z. B. *Steinhausen & Radtke,* 1987;

zum Überblick *Goodyer,* 1988; *Johnson,* 1986) oder mit alten Menschen (*Murrell, Norris & Grote,* 1988). Gleichwohl teilen auch diese populationsspezifischen Ereignislisten mit anderen das Problem, daß viele Einzelereignisse nicht voneinander unabhängig sind und somit „confounded measures" liefern.

Was das lange intensiv diskutierte Problem der Scorebildung anbelangt, so scheint hier wohl inzwischen Konsens zu herrschen dahingehend, daß die nach dem Wiederanpassungswert der Ereignisse gewichteten Summenwerte so hoch mit den ungewichteten Summenwerten korrelieren, daß dieses Skalierungsproblem als gelöst gelten kann (s. *Shrout,* 1984). Dabei findet allerdings die schon Ende der 70er Jahre artikulierte Auffassung zunehmend Berücksichtigung, daß es weniger um „Lebensveränderung" denn um die Frage geht, ob Ereignisse kontrollierbar, erwünscht, vorhersehbar usw. seien. Vorschläge einer umfassenden und differenzierten Beschreibung der relevanten Merkmale kritischer Lebensereignisse wurden hierzu präsentiert (z. B. *Berren, Beigel & Ghertner,* 1986; *Reese & Smyer,* 1983); zudem wurde zunehmend häufiger unterstrichen, daß die durch „Fremdratings" gewonnenen Einschätzungen durch Ereigniseinschätzungen der betroffenen Personen selbst zu ersetzen, zumindest um diese zu ergänzen seien.

Eine Vielzahl von Beiträgen ist schließlich der Reliabilität der aus Ereignislisten abgeleiteten Streßmaße gewidmet worden. Unter dem Stichwort „fall-off issue" (*Brown & Harris,* 1982) wurde z. B. immer wieder kritisiert, daß Ereignisse in einem bestimmten Zeitraum „vergessen" worden seien und entsprechend niedrige Test-Retest-Reliabilitäten resultierten (zuletzt etwa *Klein & Rubovits,* 1987). Auch fand das an klinischen Gruppen beobachtete Phänomen der „retrospective contamination" Beachtung, wonach Patienten gleichsam zur „Erklärung" ihrer eigenen Erkrankung Ereignisse berichteten, die von Angehörigen nicht genannt worden waren („effort for meaning", vgl. *Brown,* 1983). Und schließlich ist aus experimentellen Studien hinreichend bekannt (zum Überblick s. *Blaney,* 1986), daß retrospektive Berichte über belastende Ereignisse abhängig sind von der aktuellen positiven oder negativen Stimmungslage – was gleichermaßen die Reliabilität der aus Ereignislisten gewonnenen Maße in Frage stellt.

Betrachtet man die bezüglich der verschiedenen Meßprobleme von Ereignislisten geführte Diskussion zusammenfassend, so gewinnt man den Eindruck, daß die Problemsicht differenzierter geworden und die ursprüngliche Euphorie ob der ökonomischen Messung des „life stress" einer skeptischen Haltung gewichen ist. Wie letztlich die mit Ereignislisten verbundenen Meßprobleme überwunden werden sollen (etwa durch Einsatz der Interview-Methode, durch Fokussierung von Einzelereignissen oder dadurch, daß der Meßgegenstand neu definiert wird) – dazu gibt es eine Fülle konkurrierender Auffassungen.

14.1.2 Lebensereignisse vs. Alltagswidrigkeiten?

Eine andere, grundlegendere Diskussion hat die 80er Jahre beherrscht: Es wurde nämlich angezweifelt, ob Lebensereignisse in der Tat jene „Stressoren" sind, denen man unter dem Gesichtspunkt ihrer pathogenetischen Bedeutung nachgehen sollte, oder ob es nicht vielmehr die Summe jener *kleinen Alltagswidrigkeiten* („daily hassles") sei, die zu einer Beeinträchtigung des psychischen und physischen Wohlbefindens führe. Begonnen wurde diese Debatte mit der Untersuchung von *Kanner* et al. (1981), deren Ergebnisse als Beleg für die relative Überlegenheit von Alltagswidrigkeiten gegenüber „major events" in der Vorhersage psychischen Wohlbefindens interpretiert worden waren. Dies blieb nicht unwidersprochen, und zwar wurde kritisiert, daß in der Liste der Alltagswidrigkeiten eine Vielzahl von Begebenheiten enthalten sei, die ihrerseits mit dem Kriterium konfundiert seien (siehe *Dohrenwend* et al., 1984).

Zudem stellen sich für die Erfassung von Alltagswidrigkeiten und die Messung ihrer Belastungswirkung im Prinzip die gleichen Probleme, wie sie bereits die Diskussion um „Ereignislisten" bestimmt haben – so z. B. die hohe Interdependenz der Einzelitems und die Frage, ob die einzelnen Widrigkeiten gleichgewichtig in das Belastungsmaß eingehen sollten oder nicht. Wenn nun die Unterscheidung in „zentrale" vs. „periphere" Alltagswidrigkeiten vorgeschlagen wird (*Lazarus,* 1984; *Lazarus & Folkman,* 1987), so stellt sich die alte Frage danach, wer diese Unterscheidung treffen soll und ob sich in entsprechenden Einschätzungen, wenn sie die Betroffenen selbst vornehmen, nicht wiederum die „outcome"-Maße (z. B. depressive Verstimmung) manifestieren.

Übersehen wird auch weitgehend (ausgenommen *Weber & Knapp-Glatzel,* 1988; *Reicherts,* 1988), daß die Debatte um *„major life events"* vs. *„daily hassles"* ein grundsätzliches konzeptuelles Problem in sich birgt, nämlich die Tatsache, daß Alltagswidrigkeiten nicht als von Lebensereignissen isoliert zu betrachten sind und somit auch keinen „konkurrierenden" Belastungstyp darstellen. Kritische Lebensereignisse manifestieren sich in einer Fülle „kleiner Widrigkeiten" und werden oft erst über diese unmittelbar erfahrbar. *Menaghan* (1986) zeigt etwa am Beispiel „Scheidung", wie dieses Ereignis sich in alltäglichen „Widrigkeiten" konkretisiert. In ähnlicher Weise zeigen *Freudenberg, Filipp* und *Waidner* (1985) für die Krebsdiagnose als Prototyp eines kritischen Lebensereignisses, wie sich dieses in einer Vielzahl von Ereignisfolgen und Bewältigungsaufgaben niederschlägt. Umgekehrt mögen „Alltagswidrigkeiten" gleichsam die Vorläufer oder „Vorboten" eines kritischen Lebensereignisses sein, in diesem schließlich kulminieren und so entsprechende „Summationseffekte" zeitigen.

Schließlich ist weder für die großen Ereignisse des Lebens noch für die kleinen Widrigkeiten des Alltags auszuschließen, daß sie auch Manifestationen chronisch belasteter Lebenslagen von Menschen sind – worauf die Studien von *Avison* und *Turner* (1988) und von *Rutter* (1986) verweisen – und somit die Frage nach ihrer relativen Überlegenheit als Prädiktoren gesundheitlicher Probleme irrelevant wird.

Kurzum: Eine rein an *klinischen* Effektmessungen orientierte Streßforschung, die Alltagswidrigkeiten als bedeutsamer sieht denn kritische Lebensereignisse, negiert das dieser Unterscheidung inhärente *„Mikro-Makro-Dilemma" (Reicherts,* 1988, p. 75) und trägt der dynamischen Verflochtenheit unterschiedlicher Formen der Erfahrung keine Rechnung. Besondere Beachtung verdient in diesem Zusammenhang der zeitreihenanalytisch ermittelte Befund von *Caspi, Bolger* und *Eckenrode (1987)*, wonach die vorangehende Konfrontation mit „major life events" den negativen Effekt von Alltagswidrigkeiten auf Maße der emotionalen Gestimmtheit reduzierte.

Auch hat die Debatte darum, ob es die „kleinen" oder „großen" Ereignisse des Lebens sind, die für physisches und psychisches Wohlbefinden bedeutsam sind, den Blick für die „eigentliche" psychologische Relevanz individueller Lebenserfahrung verstellt: Viel bedeutsamer sind ja z. B. die Fragen, wann Ereignisse die Erreichung subjektiv wichtiger Ziele blockieren oder wann sie das Netz, das die Person umgibt, stören, wann sie von der Person als Beleg ihrer Unfähigkeit, die Dinge „im Griff zu halten", gewertet werden – die Liste ließe sich lange fortführen!

Schließlich gilt für Alltagswidrigkeiten das gleiche wie für „große Lebensereignisse": Auch sie mögen oft eher ein Charakteristikum der Person selbst abbilden (z. B. als Folge ihres Lebensstils aufzufassen sein) denn Widerfahrnisse oder Schicksalsschläge darstellen, deren schädlichen Effekte auf die Person posthoc erfaßt werden, d. h. auch für sie gilt es noch zu prüfen, welcher „Erklärungswert" ihnen für personseitige Merkmale überhaupt zugewiesen werden kann.

Zuammenfassend: Die große Zahl der Arbeiten, die in den 80er Jahren zum Thema „daily hassles" (v. a. im amerikanischen Sprachraum) erschienen sind, kann keineswegs als Beleg für gewertet werden, daß die Lebensereignisforschung „gegenstandslos" geworden sei. Dies verbietet sich aufgrund der einfachen Tatsache, daß „major life events" nach wie vor das Leben von Menschen markieren und daß damit die Frage, welche Folgen sie unter den je gegebenen Umständen zeitigen und was daraus für das Leben der Betroffenen resultiert, nach wie vor unser Forschungsinteresse verdient.

14.1.3 Lebensereignisforschung als Einzelereignisanalyse

Vielleicht hat die eben dargestellte Debatte um die adäquate Erfassung von „Streß" den Blick mancher Autoren verstellt für einen Zugang in der Lebensereignisforschung, der in mancher Hinsicht weniger problemlastig und vielversprechender ist als der Versuch der Aggregation von Ereignissen. Gemeint ist die Analyse ausgewählter Einzelereignisse und deren intensive (u. U. im Längsschnitt angelegte) Betrachtung.

Bekannterweise stellt dieser Zugang mit den frühen Arbeiten von *Lindemann* (1944) den Ausgangspunkt der Krisen- und Lebensereignisforschung dar, und *Katschnig* (1986a) kennzeichnet ihn demgemäß als den „traditionellen" Zugang, den er abheben will von dem „completely new methodological approach to establishing links between life-stress and illness..." (p. 75), wie er mit den Arbeiten seit *Holmes* und *Rahe* (1967) beschritten worden sei. Gleichwohl hat es den Anschein, als lebe mittlerweile dieser „traditionelle" Zugang wieder auf – sofern er überhaupt je vergessen worden war. In der Tat war in einschlägigen Sammelwerken zu „life events" immer auch eine Vielzahl von Beiträgen enthalten, in denen es nicht um den „Streß des Lebens" im allgemeinen ging, sondern um konkrete Einzelereignisse und die Frage, wie sich die betroffenen Personen mit diesen Ereignissen auseinandersetzen (siehe z. B. die Bände von *Brüderl,* 1988; *Moos,* 1986; *Snyder & Ford,* 1987). Daß umgekehrt Einzelereignissen ganze Monographien oder Sammelwerke gewidmet sind, kennzeichnet die Vielfalt der Perspektiven und Themenstellungen auch dann, wenn „nur" ein einzelnes Ereignis den Forschungsgegenstand konstituiert. Beispielhaft sind hier zu nennen die Untersuchungen zum Tod des Ehepartners (*Stroebe & Stroebe,* 1987), Eintritt schwerer körperlicher Erkrankungen (*Burish & Bradley,* 1983), Arbeitslosigkeit (*Ulich* et al., 1985), Scheidung (*Wallerstein & Blakeslee,* 1989).

Einzelereignisanalysen haben allerdings häufig keine grundsätzlich andere Problemstellung als die traditionell streßorientierten Arbeiten: Auch hier steht meist im Vordergrund die Frage nach der Bedeutung des Ereignisses für das physische und psychische Wohlergehen der davon betroffenen Personen, bis hin zu der Frage eines u. U. erhöhten Mortalitätsrisikos. Daß dies eine unnötige Perspektiveneinengung darstellt, soll im Zusammenhang mit der Darstellung der entwicklungspsychologischen Perspektive in der Lebensereignisforschung näher erläutert werden.

Auch Einzelereignisanalysen sind nicht a priori die Methode der Wahl, und sie teilen mit den anderen Zugängen eine Reihe von Problemen. Sind die Studien etwa so angelegt, daß eine von dem Ereignis betroffene Stichprobe mit einer entsprechenden Kontrollgruppe hinsichtlich der interessierenden Effektmaße verglichen wird, dann stellt sich – da man von einer „Zufallszuweisung" in eine der beiden Gruppen nicht von vorneherein (oder nicht immer) ausgehen kann – zum Beispiel auch hier das oft diskutierte Kausalitätsproblem. Andererseits bieten aber gerade Einzelereignisanalysen eine Chance dafür, die Folgen dieser Ereignisse differentiell zu bestimmen – etwa in Abhängigkeit von den verfügbaren personalen und/oder sozialen Ressourcen der betroffenen Personen (s. Abschnitt 14.2.3). Zudem gestatten sie – sofern im Längsschnitt mehrere Meßzeitpunkte realisiert werden – die Abbildung differentieller Verläufe in der Ereignisbewältigung und in den Ereignisfolgen. Beispielhaft für Arbeiten aus dem deutschen Sprachraum sind hier zu nennen die Tübinger Längsschnittstudie zum Partnerverlust (s. *Stroebe & Stroebe,* 1986), die Studie von *Ulich* und Mitarbeitern zu den Folgen der Arbeitslosigkeit (*Ulich* et al., 1985), die Längsschnittstudie zur Bewältigung schwer körperlicher Erkrankungen (*Filipp, Aymanns & Klauer,* 1983[1]), die Studie mit Unfallopfern von *Rogner, Frey* und *Havemann* (1987) oder die Studie mit Vergewaltigungsopfern (*Krahé,* 1985). Sind solche Analysen zudem auf vorhersehbare Ereignisse bezogen (z. B. Einweisung in ein Altenheim; Geburt des ersten Kindes), dann lassen sie sich in der Tat auch untersuchungsmethodisch als *„natürliche Experimente des Lebens"* auffassen, deren Effekte mittels quasi-experimenteller Designs geprüft und in vieler Hinsicht eindeutiger interpretiert werden können.

Ob sich in der vermehrten Hinwendung zur intensiven Analyse ausgewählter

---

[1] Die Studie wurde von der Deutschen Forschungsgemeinschaft zwischen 1985 und 1989 gefördert (Fi 346/1–3).

Einzelereignisse ein neuer Trend in der Lebensereignisforschung abzeichnet, ist schwer zu beurteilen. Allerdings könnte man in diesen Arbeiten durchaus eine Absage an die Lebensereignisforschung der 60er und 70er Jahre erkennen. Langfristig könnten Einzelereignisanalysen in eine *vergleichende Lebensereignisforschung* münden, die die Frage nach den Spezifika in der Auseinandersetzung mit den jeweils analysierten Einzelereignissen wie auch nach „Universalien" in der Ereignisbewältigung aufgreifen sollte. Dies würde natürlich voraussetzen, Ereignisse in einem gemeinsamen Merkmalsraum zu plazieren und mit dem Einsatz adäquater Untersuchungsverfahren die Basis für „Generalisierungsstudien" dieses Typs zu schaffen. Hierin könnte wohl ein nicht zu unterschätzender Fortschritt in der Lebensereignisforschung liegen, der in der Tat eine ganz „neue" Betrachtungsweise nahelegen würde.

14.2 „Alte" und „neue" Perspektiven in der Lebensereignisforschung

Während manche Themen in der Lebensereignisforschung sich nicht gewandelt haben, insbesondere die streßtheoretische Orientierung nach wie vor zu dominieren scheint, sind über die letzten zehn Jahre hinweg durchaus auch unterschiedliche Akzentsetzungen vorgenommen worden, von denen im folgenden die Rede sein wird (siehe hierzu auch den Sammelband von Montada, Filipp & Lerner, im Druck). Die klinisch-psychologische Perspektive soll bezüglich der in den letzten Jahren geführten Diskussion kurz resümiert werden, und die entwicklungspsychologische Perspektive gilt es noch einmal knapp darzustellen und ihren Ertrag zu würdigen. Neben diesen beiden „älteren" Forschungszugängen, die bei *Filipp* (in diesem Band) skizziert sind, sollen die differential- respektive persönlichkeitspsychologische Perspektive besonders herausgestellt und der Aufschwung der sozialpsychologischen Perspektive thematisiert werden. Diese beiden letztgenannten Orientierungen scheinen in der Tat die Arbeiten der letzten Jahre in hohem Maße befruchtet zu haben.

14.2.1 Die klinisch-psychologische/streßtheoretische Perspektive

Wie bekannt, lag einer der Ausgangspunkte der Lebensereignisforschung in klinisch-kasuistischen Beobachtungen, wonach psychische Störungen (insbesondere solche mit depressiver Symptomatik) als Folge belastender Ereignisse aufgetreten sein sollen. Bis heute ist diese Annahme in ihrer Grundstruktur beibehalten worden, und sie findet ihren Niederschlag in einer Vielzahl entsprechender (auch neuerer) Monographien und Sammelbände (*Cohen,* 1988; *Katschnig,* 1986b; *Lin, Dean & Ensel,* 1986). Allerdings sind – wie sich bereits in den 70er Jahren abgezeichnet hatte – die frühen, allgemeinpsychologisch orientierten Streßkonzeptionen in der Lebensereignisforschung einer differenzierteren Betrachtung gewichen, indem die Rolle moderierender Faktoren (etwa personaler oder sozialer Ressourcen) zunehmend betont wurde (vgl. Abschnitt 14.2.3).

Daneben wurden in den vergangenen Jahren auch die methodischen Unzuläng-

Abb. 1: Vier Modelle des Zusammenhangs zwischen Ereignisbelastung und einem Effektmaß.

Modell A: Linear-additives Modell

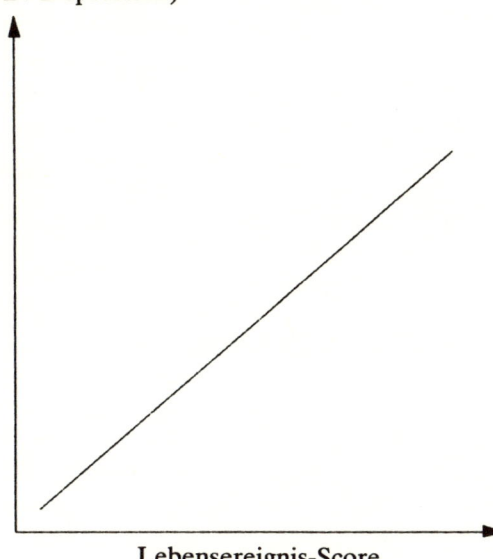

Modell B: Kurvilinearer Zusammenhang

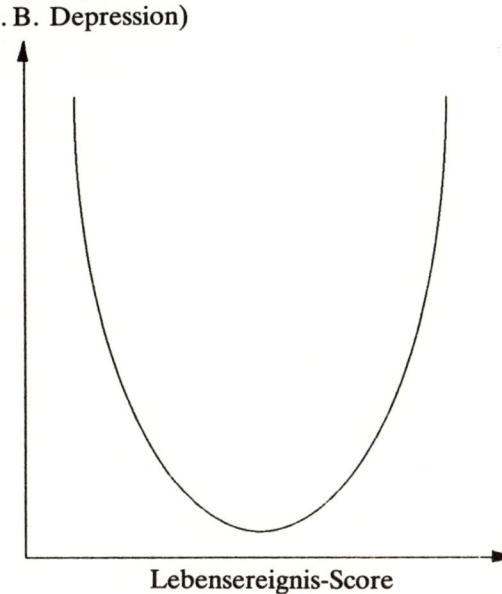

Fortsetzung Abb. 1 auf Seite 300

Modell C: Schwellenmodell   Abb. 1: Fortsetzung

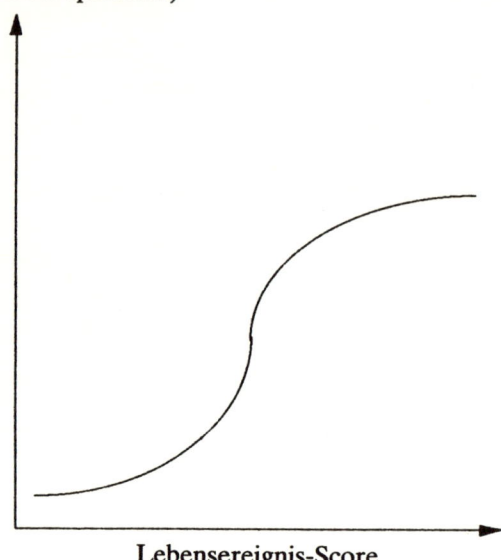

Modell D: Multiplikatives Modell

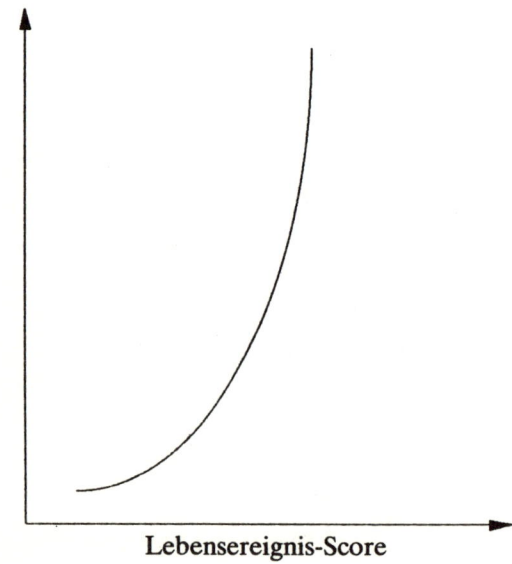

lichkeiten früherer Studien intensiv diskutiert, die den Zusammenhang zwischen der Konfrontation mit kritischen Lebensereignissen und dem Eintritt der unterschiedlichsten Störungen oder Krankheiten nachzuweisen versucht hatten (hierzu z. B. *Schroeder & Costa,* 1984). Einerseits fand dabei die Frage der Kausalitätsrichtung besondere Beachtung (zuletzt *Brown & Harris,* 1986), andererseits wurden konkurrierende Modellannahmen in die Diskussion eingebracht, die in vier unterschiedlichen Modellen (ohne Berücksichtigung von „Moderatorvariablen-Ansätzen") den Zusammenhang zwischen Ereignisbelastung und Störungsindex abzubilden trachten, wie aus Abbildung 1 ersichtlich ist.

Einmal wird ein linear-additiver Zusammenhang zwischen Ereignisbelastung (erfaßt z. B. über Wiederanpassungswerte) und etwa einem Maß depressiver Gestimmtheit postuliert (Modell A). Des weiteren wird ein kurvilinearer Zusammenhang (Modell B) vermutet, wonach eine mittlere Ereignisbelastung mit einem geringen, hingegen eine sehr geringe oder eine sehr hohe Zahl von Ereignissen mit einem erhöhten Störungsrisiko einhergehen soll. Modell B könnte somit dem von *Brim* und *Ryff* (1980) vorgetragenen Argument Rechnung tragen, daß auch sogenannte „Nicht-Ereignisse" (z. B. ungewollte Kinderlosigkeit) als „Stressoren" zu berücksichtigen seien. Vorgeschlagen wurde weiter ein „Schwellenmodell" (Modell C), wonach es zu einer Störung erst ab einer bestimmten Intensität der Ereignisbelastung oder Ereignismenge kommen soll. Schließlich wird der Zusammenhang zwischen der Höhe der Ereignisbelastung und dem gewählten Störungsmaß in Form einer Exponentialfunktion beschrieben, wonach vorauslaufende Ereignisse die negativen Effekte nachfolgender Ereignisse verstärken respektive maximieren sollen (multiplikatives Modell; Modell D).

Jenseits solcher theoretischen Erörterungen werden die Entstehung und/oder der Verlauf körperlicher Erkrankungen (auch) im Zusammenhang mit der Belastung durch kritische Lebensereignisse nach wie vor in vielen Einzelarbeiten untersucht (zum Überblick *Creed,* 1985). Dies gilt beispielsweise für den Ulcus Duodeni (z. B. *Gilligan* et al., 1987) gleichermaßen wie für koronare Herzerkrankungen (*Rahe,* 1988), den Verlauf der Erkrankung bei Rheumapatienten (*Zautra* et al., 1989) oder ein niedriges Geburtsgewicht als Folge der mütterlichen Belastung durch kritische Lebensereignisse während der Schwangerschaft (*Newton & Hunt,* 1984). Gleichwohl scheint sich als Resumée dieses Forschungszuganges herauszukristallisieren, daß der Beitrag kritischer Lebensereignisse an der Entstehung oder an dem Verlauf *körperlicher* Erkrankungen wohl als eher gering zu veranschlagen sei. Den Studien mit entsprechendem Untersuchungsziel werden entweder methodische Schwächen angelastet, oder ihre Ereignisse werden wegen der geringen Effektstärken als wenig aussagefähig gewertet (*Cole,* 1985; *Kasl,* 1983; *Schroeder & Costa,* 1984). Selbst *Rahe* (1988) resümiert in seiner Übersicht des Ertrags zehnjähriger Forschungsarbeit zum Zusammenhang zwischen kritischen Lebensereignissen und koronaren Herzerkrankungen, daß ihre ätiologische Bedeutung gering ist, sobald man den Effekt kritischer Lebensereignisse um die Kovarianz von Ereignisbelastung und Typ A-Verhalten bereinigt.

Demgegenüber ist es nach wie vor ein klassisches Thema der Lebensereignisforschung, psychische Störungen bis hin zu schwerer psychiatrischer Symptomatik mittels des Konzepts der kritischen Lebensereignisse ätiologisch zu rekonstruieren (zum Überblick s. *Katschnig, 1986b; Lin, Dean & Ensel, 1986; Kessler, Price & Wortman, 1985; Monroe & Peterman, 1988; Paykel & Dowlatshahi, 1988*). So resümieren *Paykel* und *Dowlatshahi* (1988, pp. 256/257) wie folgt: „After 20 years the general outlines of the relationship between life events and mental disorder are now well established. Life events precede and contribute to a variety of psychiatric disorders. Type of life events is only weakly related to type of disorder: those events which are more generally stressful are also more likely to produce disorder. Some disorders are certainly much more likely to be produced by life events and other psychosocial stresses than are others, which presumably are more genetically, biochemically and physically determined." In diesem Zusammenhang wird auch oft darauf verwiesen, daß das DSM III (1980) erstmals „posttraumatic stress disorders" als eigenständige nosologische Kategorie enthalte. Nicht unerwähnt darf freilich bleiben, daß neben psychischen Störungen und psychiatrischer Symptomatik in vielen Studien auch subjektives Wohlbefinden oder Stimmungsschwankungen als Streßindikatoren untersucht wurden, insbesondere im Zusammenhang mit der Analyse von Alltagswidrigkeiten (z. B. *Neale* et al., 1987).

Unabhängig davon, welches Störungsbild in den einzelnen Studien als Kriterium gewählt und wie zuverlässig dieses im einzelnen diagnostiziert worden ist, wird – wie erwähnt – das Kausalitätsproblem in diesen Arbeiten als ungelöst betrachtet (hierzu zuletzt *Brown & Harris, 1986; Kessler, 1987*). Obschon in der Lebensereignisforschung prospektive Studien (z. T. mit mehreren Meßzeitpunkten) immer wieder gefordert wurden (*Kobasa, 1985*) und zwischenzeitlich wohl auch häufiger realisiert werden (z. B. *Billings & Moos, 1982; Filipp, Aymanns & Klauer, 1983; Kobasa, Maddi & Kahn, 1982*), sind sie bekanntlich nicht per se zur Klärung dieses Problems geeignet. Oft wird nämlich versäumt, die Kriteriumsvariable – etwa Depressivität – bereits zum ersten Meßzeitpunkt zu erfassen und zu klären, welchen Beitrag sie zu der zu einem späteren Meßzeitpunkt erfaßten Depressivität leistet; erst nach deren Auspartialisierung kann der Effekt lebensverändernder Ereignisse auf Depressivität wirklich abgeschätzt werden (zur Methodologie der Längsschnittforschung vgl. *Nesselroade & Baltes, 1979*). Es scheint, daß die Zahl der Einzelarbeiten, die strengen methodischen Anforderungen standhalten können, bis heute nicht hinreichend groß ist, um abschließend und zusammenfassend die Frage nach der pathogenetischen Bedeutung kritischer Lebensereignisse beantworten zu können. Dies verbietet sich auch schon deshalb, als vielen Studien – gleichgültig, ob Lebensereignisse oder Alltagswidrigkeiten den Forschungsgegenstand konstituieren – eine insofern einseitige Streßkonzeption zu eigen ist, als dort Streß als Charakteristikum der physikalischen und/oder sozialen Umwelt definiert wird. Dieser rein stimulusorientierte Zugang (vgl. *Laux, 1983*) ist bislang nicht hinreichend um eine differentielle Perspektive ergänzt worden, die individuelle Ausgangslagen und Bewältigungsmuster berücksichtigt und die Vorhersagen darüber gestatten sollte, wann und unter welchen Bedingungen kritische Lebensereignisse in der Tat ätiologische Relevanz erhalten. Davon wird in Abschnitt 14.2.3 die Rede sein.

14.2.2 Die entwicklungspsychologische Forschungsperspektive

Die Tatsache, daß das Konzept „kritisches Lebensereignis" Ende der 70er Jahre in die entwicklungspsychologische Theoriebildung eingebracht wurde, hat zu einer beträchtlichen Perspektivenerweiterung in der Lebensereignisforschung geführt. Lebensereignisse wurden als besonderer Typus der Lebenserfahrung thematisiert (hierzu auch *Hinske*, 1986), und intraindividueller Wandel in Formen des Verhaltens und Erlebens über die gesamte Lebensspanne sollte unter Rekurs auf das Lebensereigniskonzept rekonstruierbar werden.

Zweifellos gilt es als Verdienst entwicklungspsychologischer Ansätze, Merkmale kritischer Lebensereignisse in das Blickfeld gerückt zu haben, die in den ursprünglichen streßtheoretisch orientierten Ansätzen nicht zu finden waren – etwa die Unterscheidung danach, inwieweit Ereignisse an das kalendarische Alter oder eine bestimmte historische Epoche gebunden sind (und somit eher zu „universellen Erfahrungen" werden) oder nur einzelne Personen „erwartungswidrig" davon betroffen sind. Weitere Attribute, die gerade aus entwicklungspsychologischer Sicht Beachtung finden sollten, wurden von *Reese* und *Smyer* (1983) systematisiert. Damit hat die entwicklungspsychologische Perspektive ein erweitertes Konzept von „Lebensereignis" favorisiert, welches auch „normative" Übergangsperioden im Lebenslauf (z. B. Eintritt in den Ruhestand) einschließt. Ihrer konzeptuellen Orientierung folgend sollte somit die Entwicklungspsychologie insgesamt zu einer „Entklinisierung" der Lebensereignisforschung beitragen (*McLanahan & Sørensen*, 1985), was in empirischen Arbeiten allerdings nur selten realisiert wurde (siehe unten).

Wie im folgenden kurz dargestellt werden soll, läßt sich das Konzept „kritisches Lebensereignis" in entwicklungspsychologischen Arbeiten in einem mindestens zweifachen Sinne verwenden, nämlich (1) als deskriptive Kategorie zur Abbildung individueller Lebensläufe einschließlich seiner Verwendung in der biographischen Diagnostik (*Keßler*, 1982) sowie (2) als explikatives Konzept in der Analyse intraindividuellen Wandels über die Lebensspanne.

Als deskriptives Konzept erlauben Lebensereignisse die Abbildung individueller Lebensläufe, indem die Lebensspanne dargestellt wird als zeitlich geordnete Abfolge von Lebensereignissen oder Übergangsperioden, wie dies etwa in der soziologisch orientierten Lebenslaufforschung seit langem Tradition ist (z. B. *Kohli*, 1986). Soweit Lebensereignisse aufgrund ihrer sozialen Normierung und/oder biologischen Determiniertheit in hohem Maße alterskorreliert sind, lassen sie sich auch mühelos dem „klassischen" Konzept der „Entwicklungsaufgaben" (hierzu *Oerter*, 1986) subsumieren. In dieser Sicht würden sie somit keinen genuin neuen Zugang markieren.

Jenseits des Versuchs, eine in diesem Sinne „normative Entwicklungspsychologie" zu schreiben, trägt das Lebensereigniskonzept aber gerade auch jenen Erfahrungen Rechnung, deren Eintrittswahrscheinlichkeit und -zeitpunkt nicht oder nur schwer kalkulierbar sind, die nur wenige Menschen betreffen oder deren zeitliche Anbindung an eine bestimmte Epoche oder das kalendarische Alter eher lose ist.

Von hier ausgehend lassen sich – unter Rekurs auf einen gemeinsamen konzeptuellen Rahmen – differentielle Entwicklungsverläufe beschreiben, und es läßt sich z. B. darstellen, welche Unterschiede bestehen in der Art und Qualität der Ereignisse, mit denen Menschen im Laufe ihres Lebens konfrontiert wurden, und vor allem, welche Unterschiede bestehen im Hinblick auf ihre zeitliche Plazierung und Abfolge in den individuellen Biographien. Zudem könnte der aus kontextualistischer Sicht in der Entwicklungspsychologie der Lebensspanne stets als so wichtig erachtete Sachverhalt, welcher Geburtskohorte eine Person angehört (*Baltes, Cornelius & Nesselroade*, 1979), hier gleichermaßen eine inhaltliche Präzisierung erfahren, wenn neben die Deskription individuumsspezifischer Abfolgen von Lebensereignissen auch die ihrer *generationstypischen* Abfolge tritt und gekennzeichnet wird, was den für Geburtskohorten gemeinsam Erfahrungshintergrund im einzelnen konstituiert. Mit der Betonung des Faktors „Zeit" sind somit Perspektiven in die Lebensereignisforschung eingebracht worden, die zu einer Überwindung der weitgehend „ahistorischen" Orientierung der traditionell klinisch-psychologischen Forschung führen können.

Die Deskription individueller Lebensläufe mittels des Ereigniskonzepts mag darüber hinaus nicht nur im Zuge wissenschaftlicher (oder literarischer) Analysen bedeutsam werden. Menschen selbst orientieren sich gleichermaßen an Lebensereignissen, wenn sie in der Rückschau ihr Leben betrachten oder prospektiv Lebensentwürfe gestalten. Kritische Lebensereignisse dienen in diesem Sinne als Orientierungs- und Markierungspunkte in der subjektiven (Re-)Konstruktion des eigenen Lebens. Insofern sind sie auch von hohem Wert, wenn etwa das „autobiographische Gedächtnis" den Gegenstand entwicklungspsychologischer Forschung konstituiert (vgl. *Gehringer & Strube*, 1985; *Strube*, 1985a, 1985b). Zudem mag die Selektivität in der Erinnerung an „bedeutsame Lebensereignisse" – etwa hinsichtlich ihrer affektiven Tönung – ein wesentlicher Faktor in der Regulation emotionalen Wohlbefindens sein (hierzu *Bock*, 1980; *Bower*, 1981).

Unsere eigenen Analysen innerhalb des Forschungsprojektes „Entwicklungspsychologie des Erwachsenenalters" (*Filipp* et al., 1980) haben darüber hinaus ergeben, daß die von den Probanden frei generierten, als „subjektiv bedeutsam" klassifizierten Lebensereignisse hinsichtlich ihrer affektiven Valenz eine klare Anbindung entweder an historische Zeitpunkte oder an das kalendarische Alter aufweisen. Für alle untersuchten Kohorten (Geburtsjahrgänge 1905, 1912, 1925, 1935, 1945) waren die *negativen* Ereignisse klar mit historischen Zeitpunkten assoziiert, während die retrospektiv als *positiv* erlebten Ereignisse – wiederum bei allen Kohorten – deutlich mit dem kalendarischen Alter kovariierten (s. *Braukmann* et al., 1983).

Als explikatives Konzept sollen kritische Lebensereignisse in entwicklungspsychologischen Analysen dazu dienen, interindividuelle Unterschiede in intraindividuellem Wandel über die Lebensspanne aufzuklären (hierzu z. B. *Baltes & Danish*, 1980). Grundlegende Modellvorstellung dabei ist, kritische Lebensereignisse als „natürliche Entwicklungsintervention" (oder gar als „Motor der Entwicklung") zu betrachten und Veränderungen in dem jeweils interessierenden *Entwicklungskon-*

strukt als Folge dieser Erfahrung zu rekonstruieren. Ein solcher Zugang würde Lebensereignisse keineswegs nur als „Widerfahrnisse" oder „Schicksalsschläge" konzeptualisieren, sondern sie als auch durch eigenes Handeln (einschließlich seiner nicht intendierten Nebenfolgen) herbeigeführt betrachten; er wäre also keineswegs einem rein mechanistischen Entwicklungsmodell verpflichtet und durchaus verträglich mit der Vorstellung von einem Individuum, das seinen eigenen Wandel „erzeugt" (hierzu *Lerner & Busch-Rossnagel,* 1981; *Brandtstädter,* 1984).

Allerdings darf man nicht übersehen, daß der Status kritischer Lebensereignisse als explikatives Konzept bislang eher in programmatischen Ansätzen betont denn in empirischen Studien tatsächlich überprüft worden ist. Zum einen gibt es kaum Längsschnittstudien, in denen über einen ausreichend großen Zeitraum hinweg Entwicklungsveränderungen und Lebensereignisse in ihrer diachronen oder synchronen Verschränkung betrachtet worden wären. Zum anderen sind auch in eher entwicklungspsychologisch orientierten Studien die Folgen der Konfrontation mit kritischen Lebensereignissen weniger im Sinne von *Entwicklungsveränderungen* denn im Sinne der üblichen „Streßindikatoren" konzeptualisiert worden. Die anfänglich von *Riegel* (1975) programmatisch herausgearbeitete „entwicklungsförderliche" Funktion, die in krisenhaften Lebenserfahrungen liegen könne, hat in Studien nicht die gebührende Resonanz gefunden. Nur vereinzelt sind andere Autoren dieser Programmatik gefolgt, wie unlängst *Lerner* und *Gignac* (1989). Sie argumentieren, daß gerade auch im Zuge von Verlusterfahrungen im höheren Alter „Wachstumsprozesse" erkennbar werden könnten, die in einem (selbst-)reflexiven Umgang mit Krisenerfahrungen ihren Ausgangspunkt hätten und in höherer Lebenszufriedenheit und Weisheit enden könnten. Empirische Evidenz dazu, unter welchen Bedingungen etwa „Weisheit" (hierzu *Baltes & Smith,* 1990) aus krisenhaften Erfahrungen resultiert, ist gleichwohl bislang nicht geliefert worden.

Am deutlichsten entwicklungspsychologisch orientiert ist die Studie von *Ryff* und *Dunn* (1985), die aus *Eriksons* (1966) Theorie abgeleitete Persönlichkeitskonstrukte (z. B. „sense of integration") in Beziehung setzten zu der (über Ereignislisten erfaßten) Erfahrung mit und subjektiven Belastung durch Lebensereignisse. Ihre – lediglich korrelationsstatistisch ermittelten – Befunde verweisen allerdings auf nur schwache Zusammenhänge. Ein anderer Versuch, Veränderungen in selbstbezogenen Kognitionen im Kontext der Auseinandersetzung mit aktuell eingetretenen bedeutsamen Lebensereignissen zu analysieren (vgl. *Filipp & Klauer,* 1986), hat sich angesichts der überwältigend hohen Stabilität der Selbstkonzept-Variablen als gleichermaßen wenig ergiebig erwiesen. Nur in einem (gänzlich anderen) Problemzusammenhang scheint die Rolle von Lebensereignissen als „change agents" belegt worden zu sein (siehe *Riley & Pettigrew,* 1976): Untersucht wurde in diesem Falle ein historisches Ereignis – der Mord an Martin Luther King –, das angesichts einer Vielzahl von vorher und nachher durchgeführten Messungen der abhängigen Variablen die Grundlage für ein quasi-experimentelles Design lieferte. Es zeigte sich, daß dieses Ereignis die Art und Häufigkeit (formeller und informeller) Kontakte zwischen Schwarzen und Weißen signifikant erhöht hatte (ohne daß sich dieser Effekt allerdings als stabil erwies!).

Auch andere „kollektive" Ereignisse haben im übrigen Studien nach sich gezogen – so etwa der Unfall in dem Kernkraftwerk Harrisburgh (s. *Baum, Fleming & Singer,* 1983). Doch standen hier – der Art des Ereignisses entsprechend – Indikatoren der Streßbelastung weit mehr im Vordergrund des Interesses als etwa die Frage, welche „Entwicklungsveränderungen" im weiteren Sinne solche Erfahrungen bei den betroffenen Personen produzieren. Ähnliches läßt sich auch in vielen anderen Arbeiten erkennen, die der Bewältigung von Übergangsperioden oder ausgewählten Einzelereignissen (wie etwa Einweisung in ein Altenheim oder Übergang in den Ruhestand) gewidmet sind: eine streßtheoretische Orientierung, die Gesundheit oder Wohlbefinden als Effekte fokussiert, scheint nach wie vor dominierend, und die Frage, in welchem Maße das Konzept der kritischen Lebensereignisse tatsächlich für die Erklärung intraindividuellen Wandels in ausgewählten Entwicklungsdimensionen geeignet ist oder wann gar Lebensereignisse „Zugewinn" und „Wachstum" implizieren, ist eher Thema programmatischer Ansätze geblieben denn Untersuchungsgegenstand geworden. Damit ist auch bezüglich der Frage, welche Entwicklungsdimensionen sich im Zuge der Auseinandersetzung mit kritischen Lebensereignissen als besonders „änderungssensitiv" erweisen und auf welche Bedingungen dies im einzelnen rückführbar sein könnte, entwicklungspsychologisches Wissen defizitär geblieben.

Diese eher nüchterne Bilanz des Ertrags bisheriger entwicklungspsychologischer Lebensereignisforschung soll allerdings nicht den Wert der Perspektiven schmälern, die sie in die Forschung eingebracht hat. Daß man bei den Folgen, die aus der Konfrontation mit kritischen Lebensereignissen resultieren können, zwischen proximalen und distalen Folgen zu unterscheiden habe (s. *Pruchno, Blow & Smyer,* 1984) oder daß die zeitliche, d. h. lebensgeschichtliche Plazierung eines Ereignisses häufig von größerer Bedeutung ist als sein Eintritt per se (hierzu *Reinke, Holmes & Harris,* 1985), sei nur beispielhaft genannt für den Typ von Hypothesen, der den erwähnten ahistorischen Fokus vieler klinisch-psychologischer Arbeiten überwinden helfen kann, und es ist an der Zeit, ihm künftig in empirischen Studien einen gebührenden Raum einzuräumen.

14.2.3 Die differentialpsychologische Perspektive

Obschon es seit vielen Jahren üblich ist zu betonen, daß man „Streß" als relationales Konzept gebrauchen solle, d. h. daß es einerseits die Anforderungen, denen sich eine Person gegenübersieht, und andererseits ihre Möglichkeiten, diesen Anforderungen gerecht zu werden, zu beachten gelte, hat die Lebensereignisforschung einer solchen „transaktionalen Streßkonzeption" (*Lazarus,* in diesem Band) lange nicht hinreichend Rechnung getragen. Während aber – wie eben dargestellt – die entwicklungspsychologische Orientierung empirische Arbeiten nicht in gebührendem Maße initiiert hat, ist die differentialpsychologische Perspektive gerade in den letzten zehn Jahren in einer Fülle von Arbeiten aufgegriffen worden. Welche personalen Ausgangslagen (definiert als individuelle „Ressourcen" oder "Vulnerabilitäten") in diesen Studien im einzelnen analysiert werden und an welcher Stelle in dem zeitlichen Verlauf der Konfrontation mit kritischen Lebensereignissen (siehe hierzu das Modell von *Filipp,* in diesem Band) sie als Einflußfaktoren lokalisiert werden, variiert über die einzelnen Arbeiten hinweg natürlich beträchtlich. Beispielhaft sollen einige Zugänge skizziert werden.

Zum ersten wurde postuliert, daß Personmerkmale nicht nur als Moderatorvariablen betrachtet werden dürfen, sondern daß sie auch Art und Anzahl der Ereignisse, mit denen eine Person konfrontiert ist, (partiell) determinieren, etwa vermittelt über den individuellen Lebensstil der Person (*Kasl*, 1983). Zwar ist ein solches Argument nicht neu, doch finden sich zunehmend Versuche, es auch mit empirischen Daten zu belegen.

In ihren Untersuchungen mit Jugendlichen konnten beispielsweise *Cohen, Burt* und *Bjorck* (1987) feststellen, daß die über Ereignislisten gemessene Streßbelastung mit Anpassungsproblemen kovariierte, Anpassungsprobleme aber keineswegs allein als Folge kritischer Lebensereignisse aufzufassen waren. Vielmehr erwies sich bei einer follow up-Erhebung nach fünf Monaten, daß die in dem Intervallzeitraum eingetretenen Ereignisse aus der Höhe der vorher erfaßten Anpassungsprobleme vorherzusagen waren, Anpassungsprobleme aber nun ihrerseits wieder durch die erneute Ereignisbelastung verstärkt wurden. Man hat es also hier eher mit einer reziprok deterministischen Beziehung zwischen Personfaktoren und Ereignisbelastung zu tun denn mit der einseitigen Wirkrichtung, wie sie üblicherweise betont wird.

Fergusson und *Horwood* (1987) berichten auf der Grundlage einer über sechs Jahre durchgeführten Längsschnittstudie, daß über 30 Prozent der Varianz in der über Ereignislisten gemessenen Streßbelastung durch zwei unkorrelierte „Vulnerabilitätsfaktoren" erklärt werden können, nämlich soziale Benachteiligung einerseits und Neurotizismus andererseits. Hohe Neurotizismuswerte erwiesen sich diesen Befunden zufolge als signifikante Prädiktoren der später erfaßten Ereignisbelastung und keineswegs als ihre Folge. Allerdings erlaubt – wie erwähnt – die Verwendung von Ereignislisten als Meßinstrumenten nicht die Klärung der Frage, ob ein hohes Maß an Neurotizismus tatsächlich zu einer vermehrten Konfrontation mit kritischen Lebensereignissen – vermittelt etwa über bestimmte Verhaltensmuster – führt und/oder ob es die subjektiven Ereignisberichte determiniert. Denkbar ist, daß Personen mit hohen Neurotizismuswerten zu einem „overreporting" belastender Ereignisse tendieren und/oder daß sie tatsächlich eingetretene Ereignisse als besonders belastend bewerten und in den Ereignislisten somit höhere Streßwerte erhalten als Personen mit niedrigen Neurotizismuswerten. Demgemäß stellten z. B. *Köhler, Knuth* und *Limberg* (1987) auch fest, daß subjektive Ereigniseinschätzungen hinsichtlich ihres Wiederanpassungsaufwandes um so höher ausfielen, je höher der Neurotizismuswert der Personen war.

Auch wenn Personmerkmale im Zusammenhang mit dem Eintritt und/oder der Einschätzung kritischer Lebensereignisse (aber auch Alltagswidrigkeiten; vgl. *Reich & Zautra*, 1984) nicht unbeachtet geblieben sind, ist dennoch unser Wissen hierzu noch eher spärlich, was sicher auch mit der Prädominanz retrospektiver Designs in der Erfassung der Ereignisbelastung zu tun hat.

Die bei weitem überwiegende Zahl der Arbeiten, die eine differentialpsychologische (oder persönlichkeitspsychologische) Perspektive einnehmen, wählte einen anderen Blickwinkel. Den Ausgangspunkt bildet hier in der Regel eine als „identisch" betrachtete Belastungshöhe, die entweder definiert wurde über die aus Ereignislisten abgeleiteten Streßwerte oder dadurch, daß alle Probanden das gleiche rezente Ereignis zu bewältigen haben. Konkurrent – oder im Falle prospektiver Studien bereits früher – erfaßte Personmerkmale wurden daraufhin analysiert, inwieweit sie den Effekt dieser Ereignisbelastung auf ein wie auch immer definiertes Kriterium moderieren. Ein wesentliches Unterscheidungsmerkmal innerhalb dieser Arbeiten ist allerdings, ob diese Moderatorvariablen vorwiegend als stabile Personmerkmale (im traitpsychologischen Sinne) gefaßt wurden oder ob dem in der Auseinandersetzung mit kritischen Lebensereignissen aktualisierten Bewältigungsverhalten (das nicht notwendigerweise einen persontypischen Bewältigungsstil reflektieren muß; vgl. *Filipp*, i. Dr.) die entscheidende Moderatorfunktion zugeschrieben wurde.

Innerhalb des erstgenannten Forschungszugangs wurden einmal „bewährte", d. h. umfassenderen (Persönlichkeits-)Theorien entnommene Konstrukte in das Blickfeld gerückt, wie z. B. „Offenheit für Erfahrung" (*Krauss-Whitbourne*, 1986), „dispositionale Selbstaufmerksamkeit" (*Mullen & Suls*, 1982; *Filipp & Freudenberg*, 1989), das „sensation-seeking"-Motiv (*Cohen*, 1982) oder die von *Scheier* und *Carver* (1985) auf der Grundlage von Erwartungs-Wert-Theorien konzipierte Variable des „Optimismus" – um nur einige zu nennen.

Auf der anderen Seite waren – basierend auf intensiven und umfangreichen Analysen jener Faktoren, die Personen gegen die mit Ereignissen einhergehenden Belastungen in besonderer Weise zu immunisieren scheinen – spezielle Konstrukte formuliert worden. Wohl am meisten zitiert ist in diesem Zusammenhang das Konzept der „hardiness" (ursprünglich von *Kobasa*, 1979, vorgestellt), dessen Funktion als „Streß-Puffer" in den 80er Jahren in einer Vielzahl von prospektiven Studien, die die Autorin durchgeführt hat, nachgewiesen wurde (zum Überblick *Kobasa & Puccetti*, 1983).

Ein anderes Beispiel stellt das erst unlängst von *Dienstbier* (1989) unter expliziter Bezugnahme auf physiologische Wirkmechanismen eingeführte Konzept der „toughness" dar. Dieses verdient als Ressource in der Bewältigung belastender Ereignisse insofern besondere Beachtung, als es einige tradierte Vorstellungen von der positiven Wirkung der „Entspannung" im Prozeß der Streßbewältigung fraglich erscheinen läßt.

Ein anderes, erst kürzlich in die Diskussion eingebrachtes Merkmal stellt „learned resourcefulness" dar, das *Rosenbaum* (1988) umschreibt als „personality repertoire which has been defined as a set of behaviors und skills by which individuals self-regulate internal responses that interfere with the smooth execution of an ongoing behavior" (p. 483) und das im wesentlichen also interindividuelle Unterschiede in Fertigkeiten und Überzeugungen abbilden soll, auf die Personen im Zuge selbstregulatorischer Prozesse zurückgreifen können sollten (z. B. Selbstwirksamkeitserwartungen, Fähigkeit zum Belohnungsaufschub und ähnliches). Erste Hinweise auf die Brauchbarkeit dieses Konzepts in Analysen der Krankheitsbewältigung sind zwischenzeitlich vorgelegt (z. B. *Rosenbaum & Ben-Ari*, 1986).

Schließlich ist noch der Versuch von *Holahan* und *Moos* (1986) beispielhaft dafür zu nennen, wie Personfaktoren in die Bestimmung von „Streß-Resistenz" eingegangen sind. Im Rahmen einer sorgfältig durchgeführten Längsschnittstudie konnten die Autoren nachweisen, daß ein hohes Selbstvertrauen sowie das Merkmal „easygoing manner" einen eigenständigen, d. h. von sozialen Ressourcen und Bewältigungsformen unabhängigen Beitrag in der Vorhersage geringer gesundheitlicher Beeinträchtigung durch Streß leisteten.

Während die eben genannten Autoren bevorzugt Persönlichkeitsvariablen als „Puffer" gegen die negativen Folgen streßreicher Erfahrung untersuchten, ist in anderen Studien dem Bewältigungsverhalten Aufmerksamkeit gewidmet worden, ohne dieses – zumindest explizit – persönlichkeitspsychologisch zu rekonstruieren. Daß die Folgen kritischer Lebensereignisse nicht losgelöst von den individuellen Bewältigungsmöglichkeiten zu sehen sind, ist wiederum eine keineswegs neue Idee. Doch ist in den letzten Jahren die Zahl entsprechender Arbeiten (insbesondere im Zuge von Einzelereignisanalysen) deutlich gestiegen. Dies ist nicht zuletzt darauf zurückzuführen, daß die traditionellen persönlichkeitsdiagnostischen Verfahren auch um solche zur Registrierung und Messung des Bewältigungsverhaltens ergänzt wurden. Beispielhaft ist hier zweifellos zu nennen die von *Lazarus* und Mitarbeitern vorgelegte „Ways of Coping Checklist" (siehe *Folkman & Lazarus*, 1980), die zwischenzeitlich in vielen Arbeiten zum Einsatz kam und das Augenmerk vermehrt auf individuelle Bewältigungsunterschiede (hier problem- und emotionszentrierte Reaktionen) lenkte. In der Zwischenzeit liegen für diese Skala sowohl eine revidierte Form (*Vitaliano* et al., 1985) wie auch eine deutschsprachige Version (*Ferring & Filipp*, 1989) vor.

Der häufige Einsatz dieser Skala in amerikanischen Studien, etwa in Analysen der Krankheitsbewältigung (*Felton & Revenson*, 1984), des Umgangs mit Gefühlen der Einsamkeit (*Revenson*, 1981) oder der Bewältigung von Examensstreß (*Folkman & Lazarus*, 1985), sollte aber nicht vorschnell als Beleg ihrer Überlegenheit gegenüber anderen Erhebungsverfahren gedeutet werden. Vielmehr scheint er (auch) die Tatsache zu reflektieren, daß es so wenige standardisierte und erprobte Erhebungsmethoden im Bereich der Bewältigungsforschung gibt (zur Kritik vgl. *Schmidt*, 1988). Ausnahmen stellen der „Streßverarbeitungsbogen" von *Janke, Erdmann* und *Kallus* (1985) wie auch speziell zur Erfassung der Krankheitsbewältigung entwickelte Erhebungsinstrumente (vgl. *Klauer, Filipp & Ferring*, 1989; *Muthny*, 1989) dar.

Die mangelnde Verfügbarkeit von Erhebungsverfahren ist aber nicht das einzige (und vielleicht sogar ein eher nachgeordnetes) Problem der Bewältigungsforschung. Seit sich diese von einer stark personologischen Orientierung, in der „Represser" und „Sensitizer" kontrastiert oder „coping" und „defending" gegenübergestellt worden waren, stärker entfernt hat, ist sie auch der dort implizierten theoretischen Orientierung verlustig gegangen. Seither ist sie in weiten Teilen durch eine bemerkenswerte Theoriearmut gekennzeichnet, die nur partiell überwunden wurde, z. B. dadurch, daß aus anderen Forschungsbereichen Konzeptualisierungen entlehnt und für die Bewältigungsforschung fruchtbar gemacht wurden (z. B. attributions-, kontroll- und referenztheoretische Ansätze; zum Überblick siehe *Filipp,* i.Dr.; *Braukmann & Filipp,* 1984).

Daraus resultiert bis heute – und nur so läßt sich wohl derzeit der Ertrag der Bewältigungsforschung bilanzieren – ein in vieler Hinsicht defizitärer Erkenntnisstand, der im Widerspruch steht zu der geläufigen Rede von der Notwendigkeit, individuelle Bewältigungsprozesse in der Lebensereignisforschung berücksichtigen zu müssen. Systematische Deskriptionen des Bewältigungsverhaltens im Rahmen längsschnittlich angelegter Einzelereignisanalysen und Versuche, inter- und intraindividuelle Unterschiede im Bewältigungsverhalten aufzuklären (z. B. *Filipp, Aymanns & Klauer,* 1983, für das Ereignis „Krebsdiagnose"), sollten an die Stelle treten von Versuchen, aus der meist nur einmaligen Erhebung eines „outcome"-Maßes auf den „Erfolg" des Bewältigungsverhaltens rückschließen zu wollen, ohne dieses selbst als Forschungsgegenstand erfaßt zu haben (hierzu *Filipp & Klauer,* i. Dr.).

Gleichgültig, ob die differentialpsychologische Perspektive in der Lebensereignisforschung auf eher statisch konzipierte Persönlichkeitsmerkmale rekurrierte oder eher dem Bewältigungsverhalten (oder Bewältigungs*prozeß*) entscheidende Bedeutung für die jeweiligen Ereignisfolgen zugeschrieben hat – in jedem Falle haben diese Ansätze oft ein Erklärungsmodell „auf den ersten Blick" favorisiert (*Heckhausen*, ^{2}1989). Sozial-situative Faktoren als Moderatoren der Ereigniswirkung bleiben hier oft außer acht. Daß in der Lebensereignisforschung aber auch nach entsprechenden Erklärungen „auf den zweiten (oder dritten) Blick" gesucht wurde, soll der nächste Abschnitt zeigen.

14.2.4 Die sozialpsychologische Forschungsperspektive

Es sieht so aus, als liege die wohl entscheidende Perspektivenerweiterung der letzten zehn Jahre darin, daß in der Lebensereignisforschung zunehmend häufiger eine sozialpsychologische Orientierung favorisiert wurde. Diese nimmt zunächst ganz allgemein Bezug auf den offenbar lange übersehenen Sachverhalt, daß „Opfer von Lebenskrisen" („victims of life crises", wie es in einschlägigen amerikanischen Studien oft heißt) immer auch Mitglieder sozialer (Mikro-)Systeme sind und daß diese schlichte Tatsache eine Vielzahl von Implikationen für die Art des Umgangs mit Lebenskrisen und ihre erfolgreiche Überwindung besitzt. Diesem allgemeinen Postulat entsprechend wurde eine Vielzahl von Problemstellungen formuliert und in Studien mit unterschiedlichen Akzentsetzungen aufgegriffen. Diese sollen in der hier gebotenen Kürze dargestellt werden.

Zunächst finden sich Arbeiten mit dem Verweis, daß nicht nur das einzelne Individuum durch das fragliche Ereignis belastet ist, sondern daß alle Mitglieder seiner sozialen Nahumwelt (i.d.R. die Familie) als mehr oder minder gleich belastet aufzufassen sind (wobei ohnehin lange übersehen worden ist, daß viele kritische Lebensereignisse, z. B. der Verlust des Arbeitsplatzes, ob ihrer „Breitenwirkung" und der intrafamilialen Vernetzung kaum als „individuelle" Geschehnisse fehlinterpretiert werden dürfen). Daraus resultierte fast zwangsläufig die Forderung, daß neben die Analyse individueller Bewältigungsbemühungen auch die des „familialen Bewältigungsverhaltens" („family coping") zu treten habe oder letztere überhaupt erst den Forschungsgegenstand konstituiere (vgl. hierzu *Fosson*, 1988; *Pearlin & Turner,* 1987).

Ein anderer Typus von Fragen wurde damit bedeutsam, z. B. wie sich intrafamiliale Rollenverteilungen als Folge der Ereigniskonfrontation ändern, welche Rolle negative Emotionen in der intrafamilialen Kommunikation spielen, inwieweit sich die Kommunikationsstruktur innerhalb der Familie überhaupt neu formiert und vieles mehr. Damit fordert diese systemische Perspektive auch einen veränderten methodischen Zugang, da definitionsgemäß weniger das Individuum, sondern die Familie als System die Analyseeinheit bildet, was mehr bedeutet als nur die Aggregation der Daten von Einzelindividuen (vgl. *Schneewind,* 1987; zur Familiendiagnostik s. a. *Cierpka,* 1987). Angesichts dieser Komplexitätserweiterung verwundert es auch nicht, daß der hier genannte sozialpsychologische (oder besser: familienpsychologische) Zugang in der Lebensereignisforschung bislang in nur wenigen systematischen Studien berücksichtigt worden ist. Als Ausnahmen seien lediglich beispielhaft die Arbeiten von *Peters-Golden* (1982), *Rolland* (1988) oder *Vess, Moreland* und *Schwebel* (1985) genannt, die sich alle mit Reaktionen der Familie auf die Erkrankung eines Mitgliedes befassen.

Hingegen stellt ein anderer Zugang bislang offenbar ein beliebtes Thema der Forschung dar. Er gründet auf der Annahme, daß das soziale Netz, in das Menschen eingebunden sind, eine wertvolle Ressource für die Bewältigung kritischer Lebensereignisse bereitstellen kann. Es gelte dann, im einzelnen die Bedingungen zu präzisieren, unter denen das Netzwerk seine Stützfunktion entsprechend entfalten kann. In einer kaum noch überschaubaren Fülle von Einzelarbeiten sowie in zahlreichen Übersichtswerken (z. B. *Cohen & Syme,* 1985; *Gottlieb,* 1988; *Sarason, Sarason & Pierce,* 1989) ist die Frage nach der „Pufferwirkung" sozialer Unterstützung im Visavis belastender Lebensereignisse aufgegriffen worden.

Zu Beginn der Forschung schien sich das Interesse auf eine Reihe von Themen konzentriert zu haben, die inzwischen weit seltener diskutiert werden. Erörtert wurden z. B. die unterschiedlichen Funktionen, die soziale Unterstützung für von Lebensereignissen betroffene Personen erfüllen kann (emotionale, instrumentelle, evaluative usw.; vgl. *House & Kahn,* 1985), oder die Frage nach der Besonderheit einer „Vertrauensperson" („confidant") als Quelle sozialer Unterstützung. Einen breiten Raum nahm, wie nicht verwundert, auch das Problem der angemessenen Erhebung sozialer Unterstützung ein (zum Überblick hierzu *Baumann,* 1987; *Heitzmann & Kaplan,* 1988). Zwischenzeitlich hat es den Anschein, als sei die anfängliche Euphorie ob des Ertrags der Erforschung sozialer Stützsysteme einer eher skeptischen Haltung gewichen. Dies reflektieren unter anderem die von

Schwarzer und *Leppin* (1989) vorgelegte Metaanalyse und die aus ihr abgeleitete Einschätzung der Befundlage. Die Autoren bemängeln beispielsweise, daß über die Prozesse, die zwischen sozialer Unterstützung und Merkmalen seelischer oder körperlicher Gesundheit vermitteln sollen, so gut wie nichts bekannt sei. Auch sei der Bedarf an Studien, die tatsächlich Kausalzusammenhänge aufzuklären in der Lage wären, nach wie vor sehr hoch. Und schließlich wird eine „allgemeine Konfusion über die theoretische Konzeptualisierung" sozialer Unterstützung (p. 250) konstatiert, die sich darin zeige, wie das Merkmal in den vielen Arbeiten jeweils gemessen werde.

Ein weiteres grundlegendes Problem kommt hinzu. Behauptet wird nämlich zunehmend häufiger, daß es sich bei (insbesondere wahrgenommener) sozialer Unterstützung eher um ein persönlichkeitspsychologisch relevantes Phänomen handle denn um ein Charakteristikum des sozialen Kontextes, in dem eine Person lebt (vgl. z. B. *Sarason, Sarason & Shearin,* 1986). Die Konfusion darüber, was Maße sozialer Unterstützung eigentlich abbilden, ist dadurch natürlich keineswegs geringer geworden. Doch selbst wenn sie nicht als Persönlichkeitsmaße (fehl)gedeutet werden und ihr eigenständiger Beitrag in der Vorhersage der Ereignisfolgen nicht grundsätzlich in Frage gestellt wird, gilt es doch zumindest, personseitige Voraussetzungen ihrer Verfügbarkeit wie auch ihrer differentiellen Wirksamkeit in das Blickfeld zu rücken (siehe *Filipp & Aymanns,* 1987). Doch auch hierzu fehlt es noch über weite Strecken an empirisch gewonnener Evidenz.

Schließlich scheint noch völlig unbeachtet geblieben zu sein, wie individuelles Bewältigungsverhalten und soziales Unterstützungsverhalten überhaupt „ineinandergreifen" und wie ihre (interaktiven?) Effekte auf die interessierenden Variablen im einzelnen zu bewerten sind. Gefordert wären auch hier „passungstheoretische" Zugänge (hierzu *Caplan,* 1983), die Präferenzen für Formen des Bewältigungsverhaltens und Formen des Unterstützungsverhaltens simultan betrachten und Unterstützungsbedürfnisse und Unterstützungsangebote in Relation zueinander sehen. Dadurch könnte das noch weitgehend ungelöste Problem, unter welchen Bedingungen und angesichts welcher Lebensereignisse soziales Unterstützungsverhalten tatsächlich positive Effekte zeitigt und nicht „fehlschlägt" oder unerwünschte Folgen nach sich zieht (vgl. *Rook,* 1984; *Wortman & Lehman,* 1985), besser geklärt werden. Gleichwohl bleibt es als Verdienst dieser Forschungsorientierung zu würdigen, einer u. U. einseitigen personologischen Orientierung in der differentiellen Beschreibung von Lebensereignissen und ihren Folgen entgegengewirkt zu haben.

Den genannten Forschungsarbeiten zur sozialen Unterstützung liegt wohl in den meisten Fällen als (wenngleich nicht immer explizite) Annahme zugrunde, daß die Hilfe, die Opfern von Lebenskrisen gewährt wird, aus individuellen Gefühlen der Verpflichtung resultiere, daß sie durch soziale Normen und Regeln bestimmt werde (hierzu auch *Argyle & Henderson,* 1986) und/oder daß unterstützendes Verhalten gegründet sei auf Mitleid(en) als einer „Basisemotion" angesichts des Leidens eines anderen.

Wie *Hamburger* (1985) in ihrer systematischen Analyse des Mitleidsphänomens eindrucksvoll herausgearbeitet hat, hat „Mitleid" seinerseits eine Vielzahl ganz unterschiedlicher Wurzeln, so etwa die Furcht, das Übel des anderen könne einen selbst treffen, oder schlicht „Selbstliebe". Mitleid sei daher geradezu beispielhaft für die „gemischten Gefühle", und von einer „altruistischen Reinheit des Mitleids" (p. 60) könne keineswegs immer die Rede sein. Daraus folge auch, daß die Teilnahme an dem Mißgeschick anderer auch nicht notwendigerweise ein „selbstverständliches, problemloses Verhalten aller wohlgesinnten und gefühlsfähigen Menschen" (*Hamburger*, 1985, p. 7) nach sich ziehen und sich somit auch nicht zwangsläufig in „unterstützendem" Verhalten manifestieren müsse.

Jenseits dieser philosophischen Diskussion zur „Mitleidsethik" wurden solche Überlegungen auch innerhalb von sozialpsychologischer Arbeiten angestellt, die in einem deutlichen Gegensatz stehen zu den in der Unterstützungsforschung berichteten positiven Aspekten in der sozialen Interaktion mit Opfern von Lebenskrisen. Ausgangspunkt war die Beobachtung, daß Vorwürfe an die von einem kritischen Lebensereignis betroffenen Personen und entsprechende Verantwortlichkeitszuschreibungen („blaming the victim"; vgl. schon *Ryan*, 1971) keineswegs seltene Phänomene sind. Diese wurden als „Voreingenommenheiten" im Umgang mit Opfern von Lebenskrisen rekonstruiert und auf zwei grundlegende Motive zurückgeführt (vgl. *Montada*, 1988): zum einen auf das Bedürfnis, an eine Welt glauben zu können, in der Gerechtigkeit herrscht, und zum anderen auf das Bedürfnis, den Glauben an eine Welt bewahren zu können, die geordnet ist und in der man somit auch das eigene Schicksal kontrollieren kann (vgl. *Lerner*, 1980; hierzu auch *Shaver*, 1985).

Menschen, die Opfer von Lebenskrisen geworden sind, stellen eine potentielle Bedrohung solcher Glaubenssätze dar, gegen die es sich offenbar zu wehren gilt. Die Zuschreibung von Eigenverantwortlichkeit und Schuldvorwürfe, die zugleich die Abwertung und Distanzierung von den betroffenen Personen implizieren, erfüllen (so wird vermutet) die Funktion, den Glauben an die Kontrolle über das eigene Leben nicht aufgeben zu müssen und die Welt nach wie vor als eine gerechte betrachten zu können.

In dem Maße, in dem Opfern Merkmale zugeschrieben werden, die sie als „gänzlich andersartige" Menschen ausweisen, in dem Maße sollte auch die subjektive Wahrscheinlichkeit gemindert werden können, daß einem selbst das gleiche Schicksal widerfahren könne. Zugleich könne damit auch der Glaube an die eigene Unverwundbarkeit aufrechterhalten werden, den *Weinstein* (1982) als „unrealistischen Optimismus" eingeführt hat.

Die mit solchen Zuschreibungsprozessen einhergehende Stigmatisierung der Opfer von Lebenskrisen (oder ihre „sekundäre Viktimisierung"; vgl. *Montada*, i. Dr.) ist nicht nur Gegenstand der hier knapp skizzierten theoretischen Erörterungen geblieben, sondern in einer Vielzahl von empirischen Arbeiten als Problemstellung aufgegriffen worden. Beispielhaft genannt seien die Studien von *Krahé* (1985) mit Vergewaltigungsopfern oder das an der Universität Trier begonnene Projekt „Subjektive Krankheitstheorien", innerhalb dessen bei Krebskranken, ihren Angehörigen und nicht (mit)betroffenen Vergleichspersonen Unterschiede in Verantwortlichkeitszuschreibungen analysiert werden sollen (*Filipp* et al., 1987[2]).

Es liegt auf der Hand, daß die Ambivalenz, die resultiert aus dem – im etymologischen Sinne des Wortes – „Mitleid(en)" einerseits und der Aufrechterhaltung des Glaubens an die eigene Unverwundbarkeit und an eine geordnete und gerechte Welt andererseits, weitreichende Folgen für den Umgang mit Opfern von Lebenskrisen besitzt und dementsprechend auch von gravierender Bedeutung für diese selbst ist. Daß diesem Phänomen in der letzten Dekade so große Beachtung zugekommen ist, hat zu einer wertvollen Perspektivenerweiterung geführt. Inwieweit sie letztlich auch dazu dienen kann, die im Umgang mit Opfern von Lebenskrisen nachgewiesenen Probleme künftig zu reduzieren oder gar zu beseitigen, wird dort bislang noch nicht diskutiert.

14.3 Lebensereignisforschung unter Quantitätsaspekten

Bevor die hier zusammengetragene Befundübersicht nun in Form der Formulierung von Leitlinien künftiger Lebensereignisforschung resümiert werden soll, mag ein Blick in die quantitive Entwicklung der Lebensereignisforschung in den Jahren 1978 bis 1988 illustrativ sein. Grundlage dafür bildet eine Recherche der „Zentralstelle für Psychologische Information und Dokumentation" an der Universität Trier[3]. Gefragt wurde, wie groß der prozentuale Anteil der Arbeiten an der Gesamtzahl der in einem Kalenderjahr veröffentlichten Arbeiten ist, die als Suchstichworte für die Lebensereignisforschung relevante Begriffe enthalten. Vorgegeben wurden Begriffe, die als Deskriptoren im Titel oder in der Phrase auftreten, und zwar (1) „life events" oder „life experiences", (2) „coping", (3) „social support networks" oder „social support systems" sowie (4) „stress". Die folgende Abbildung 2 zeigt, daß der prozentuale Anteil der so definierten Arbeiten über die zehn Jahre hinweg fast ausnahmslos ansteigt, und so kann ein Nachlassen des Interesses an der Lebensereignisforschung wohl keineswegs konstatiert werden. Das mag eine einfache, aber erfreuliche Bilanz am Ende dieses Abschnittes sein. Um so mehr mögen die folgenden Überlegungen zur Gestaltung künftiger Arbeiten angebracht sein.

14.4 Leitlinien künftiger Lebensereignisforschung

Am Ende dieses Kapitels stellt sich gleichsam zwingend die Frage, welche Entwicklungslinien künftiger Lebensereignisforschung erkennbar wurden und welche Per-

---

[2] Das Forschungsvorhaben wird im Rahmen des Förderschwerpunktes „Rehabilitation von Krebskranken" durch das Bundesministerium für Forschung und Technologie gefördert (Az. 0706874/6).
[3] Herrn Dipl.-Psych. Jürgen Wiesenhütter sei für seine Unterstützung herzlich gedankt.

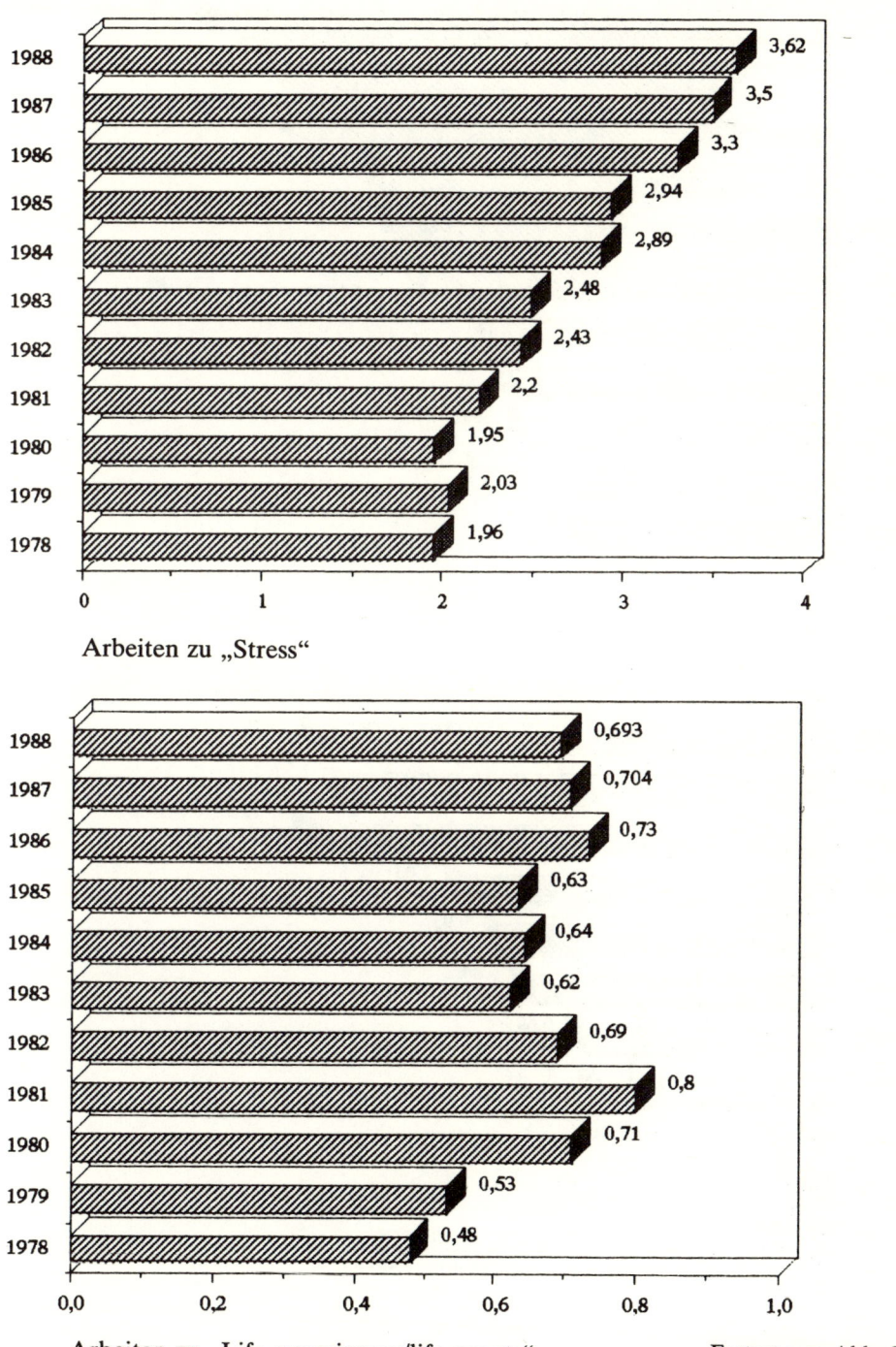

Abb. 2: Prozentualer Anteil von Arbeiten aus der Lebensereignisforschung i.w.S. an der pro Kalenderjahr erfaßten Gesamzahl psychologischer Arbeiten (Quelle: ZPID, Trier).

Arbeiten zu „Stress"

Arbeiten zu „Life experiences/life events"

Fortsetzung Abb. 2

Abb. 2: Fortsetzung

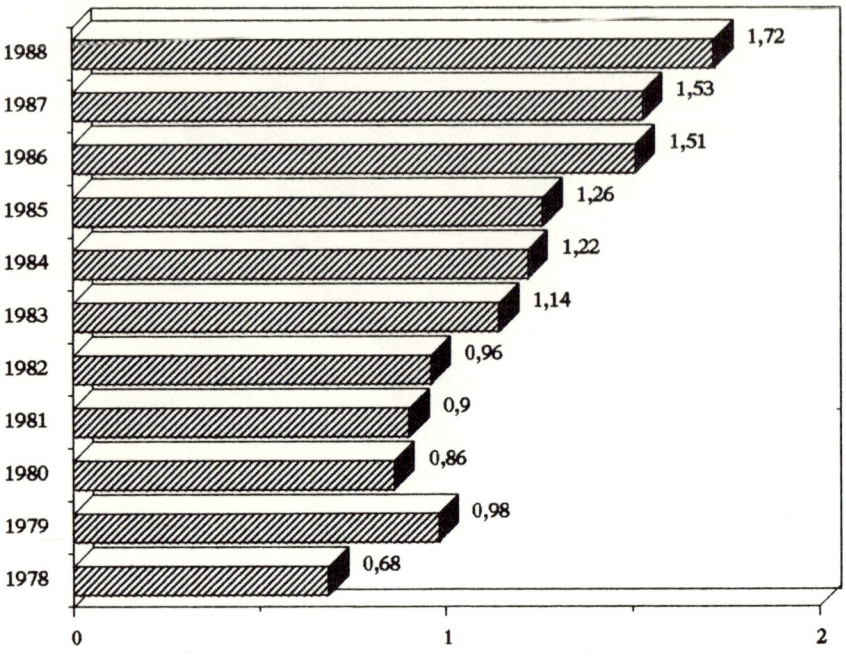

Arbeiten zu „Coping"

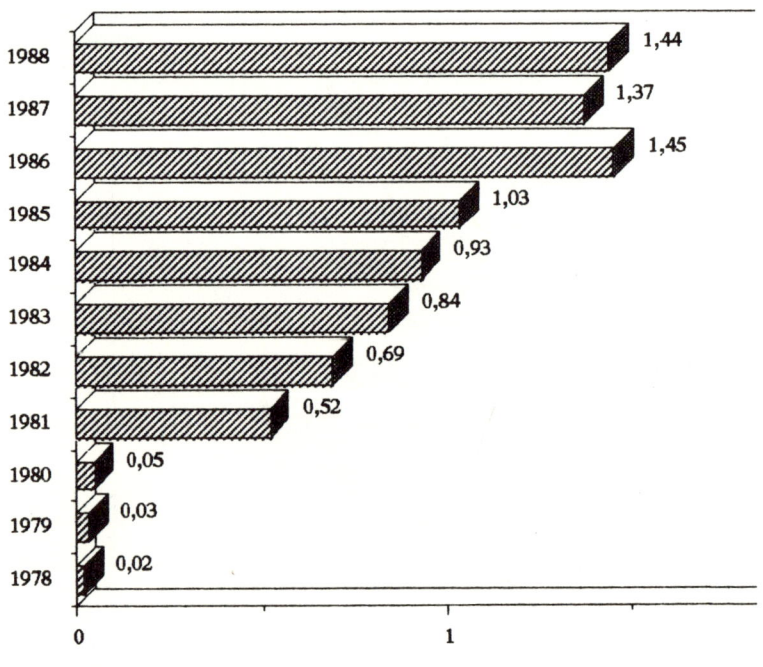

Arbeiten zu „Social support"

spektiven weiteren Arbeiten zugrunde gelegt werden sollten. Dieser Frage soll abschließend dadurch nachgegangen werden, daß in Form von zwölf Thesen Leitlinien künftiger Forschung formuliert werden, deren Ableitung und Begründung als Kondensat der vorangegangenen Darlegungen aufgefaßt werden können.

(1) Kritische Lebensereignisse sind mehr als nur „Indikatorvariablen" für die Streßbelastung einer Person – sie stellen in all ihrer Komplexität und in ihrem Facettenreichtum „reale Lebenserfahrungen" dar, die ausschließlich bezüglich ihrer pathogenetischen Wirkung zu analysieren eine unnötige Perspektiveneinengung darstellt.

(2) Sofern man einem streßtheoretischen Zugang verhaftet bleibt, ist die Frage, ob Lebensereignisse belastender sind als die Summe von Alltagswidrigkeiten (oder umgekehrt) eine pseudowissenschaftliche Fragestellung. Lebensereignisse manifestieren sich in Alltagswidrigkeiten, wie auch umgekehrt sich die Summe von Alltagswidrigkeiten zu „großen" Lebensereignissen verdichten kann und beide auch eine Reflexion chronisch belasteter Lebenslagen sein können (wenn auch nicht müssen). Eine apriorische Differenzierung in Belastungstypen nach ihrem „Schweregrad" – insbesondere ohne Beachtung der jeweiligen individuellen Ausgangslagen – scheint weder sehr erfolgversprechend noch heuristisch fruchtbar. Es ist angemessener, die zeitliche Verschränkung unterschiedlicher Lebenserfahrungen und ihre dynamische Verflochtenheit im Auge zu behalten und in der Anlage entsprechender Studien zu berücksichtigen.

(3) Will man Lebensereignisforschung weiterhin unter einer streßtheoretischen Perspektive betreiben, so gilt es, den differentialpsychologischen Ansatz weiterzuverfolgen. Dabei scheint eine Beschränkung ausschließlich auf personale Ressourcen im Sinne von Persönlichkeitseigenschaften weniger ergiebig als die simultane Berücksichtigung personaler und sozialer Ressourcen in ihrem jeweiligen Zusammenwirken wie auch die differenzierte Analyse des Bewältigungsprozesses selbst. Bewältigungsreaktionen stellen eine eigene Verhaltenskategorie dar, und es gibt keinen Hinweis, daß sie schlicht „ersetzbar" wären durch Persönlichkeitsmerkmale oder Merkmale des sozialen Kontextes.

(4) Die bisherige streßtheoretische Orientierung hat den Blick dafür verstellt, daß die Auseinandersetzung mit kritischen Lebensereignissen potentiell auch positive Folgen zeitigen kann und Menschen aus solchen Erfahrungen „lernen" können. Solange in den Studien ausschließlich negative Folgen fokussiert und durch Wahl entsprechender Indikatoren (Depressivität, Morbiditätsrisiko etc.) die Aussagekraft ihrer Ergebnisse auf eben diese negativen Folgen beschränkt ist, wird eine Perspektiveneinengung vorgenommen, die es zu überwinden gilt.

(5) Die grundsätzliche Möglichkeit, kritische Lebensereignisse als Chancen für Lerngewinn und Wachstum zu begreifen, schließt zugleich die aus entwicklungspsychologischer Sicht wohlbekannte Forderung nach einer Differenzierung proximaler und distaler Ereignisfolgen ein. Erhöhte Depressivität zu einem bestimmten Zeitpunkt nach dem Ereigniseintritt (als „frühe" Folge) schließt keineswegs den zu einem späteren Zeitpunkt erfaßten „Zugewinn" in individuellen Bewältigungsfertigkeiten aus. Die Folgen kritischer Lebensereignisse und der jeweilige „Bewälti-

gungserfolg" sind nicht nur unter verschiedener Zeitperspektive, sondern auch unter Berücksichtigung eines multikriterialen Zugangs angemessen zu bestimmen.

(6) Die Analyse ausgewählter Einzelereignisse mittels prospektiver längsschnittlicher Designs ist angesichts der Probleme, die mit der Aggregation von Ereignissen innerhalb eines bestimmten (welches?) Zeitraums verbunden sind, der Forschungszugang der Wahl. Die vertiefte Analyse von Einzelereignissen gestattet die Deskription differentieller Verläufe in der Ereignisbewältigung und ihrer zum jeweiligen Zeitpunkt erkennbaren Folgen. Einzelereignisse selbst sind facettenreich genug (z. B. hinsichtlich ihrer verschiedenen Anforderungen und „Bewältigungsaufgaben"), um beispielsweise interindividuelle Unterschiede in Bewältigungsreaktionen oder Ereignisfolgen produzieren und diese auch auf Ereignismerkmale zurückführen zu können.

(7) Die vertiefte Analyse von Einzelereignissen sollte langfristig in eine „komparative Ereignisforschung" münden. Ereignisse sollten in einem gemeinsamen Merkmalsraum plaziert werden, um anschließend überprüfen zu können, inwieweit die aus der Analyse eines einzelnen Ereignisses gewonnenen Erkenntnisse auf andere Ereignisse generalisierbar sind. Unter der Voraussetzung identischer Erhebungsmethoden und Designs könnte eine komparative Ereignisforschung unser Wissen erheblich erweitern in bezug auf grundlegendere Mechanismen einer „erfolgreichen" Ereignisbewältigung. Sie könnte z. B. klären, inwieweit bestimmte „Ressourcen" über mehrere Ereignisse hinweg in ihrer Pufferwirkung identisch sind oder welche Formen des Bewältigungsverhaltens eine ereignisspezifische Wirkung auf die gewählten Kriterien des Bewältigungserfolgs haben.

(8) Der ahistorische Fokus der Lebensereignisforschung muß überwunden werden, und zwar in mehrfacher Hinsicht. Kritische Lebensereignisse sind eingebettet in einen individuellen lebensgeschichtlichen Kontext und treffen auf Personen, die sich neben vielen anderen Merkmalen auch im Ausmaß der Vorerfahrung im Umgang mit kritischen Lebensereignissen unterscheiden. Wie wirkt sich Vorerfahrung aus, welcher Typ von Vorerfahrung immunisiert, welcher macht die Person verletzlicher? Solche Fragen gilt es zu klären. Daneben gilt es auch, die Effekte der Kohortenzugehörigkeit und der historischen Zeit zu beachten. Viele vormals „nonnormative" Lebensereignisse mögen zu stärker universell erlebten Ereignissen werden (wie man dies etwa für Scheidung beobachten kann), andere Arten von Ereignissen treffen zu einer gegebenen historischen Zeit erstmals oder einmalig auf Menschen (z. B. Unfälle in Kernkraftwerken). Was folgt aus diesen Sachverhalten für die individuelle Bewertung und Bewältigung dieser Ereignisse? Inwieweit läßt sich individuelle Vorerfahrung ersetzen (oder ergänzen) durch „stellvertretende" Erfahrung? Es ist unschwer erkennbar: Die Betonung des Faktors „Zeit" in der Lebensereignisforschung generiert andere und weiterführende Fragen.

(9) Der Zugang, Lebensereignisse in situationistisch verkürzter Sicht als „Widerfahrnisse" zu betrachten, ist zu erweitern um die Perspektive, daß Lebensereignisse auch „man-made disasters" sein können. Damit gilt es – zumindest partiell – die vorherrschenden „Ursache-Wirkungs-Relationen" zu überdenken und die zugrundeliegende mechanistische Betrachtung zu relativieren.

(10) Losgelöst von der Frage der (ggfs. objektiv prüfbaren) Entstehungszusammenhänge kritischer Lebensereignisse gilt es, den Bedingungen (individueller und u. U. sozietal geteilter) Ursachen- und Verantwortlichkeitszuschreibungen weiter nachzugehen. Insbesondere sollten die Folgen solcher Zuschreibungen für die Opfer von Lebenskrisen selbst stärker in das Blickfeld gerückt werden. Die sozialpsychologische Viktimisierungsforschung hat eine Vielzahl von Fragen hierzu aufgeworfen, die bei weitem noch nicht (einhellig) beantwortet sind – gerade auch vor dem Hintergrund eines anwendungs- (d. h. interventions-)orientierten Zugangs.

(11) Da Lebensereignisse nicht Erfahrungen isolierter Individuen darstellen, sondern auf Menschen als Mitglieder eines sozialen Netzwerkes treffen, gilt es, die Folgen kritischer Lebensereignisse auch unter systemischer Perspektive in das Blickfeld zu rücken. Diese bietet einen Facettenreichtum an Einzelfragestellungen, die bislang so gut wie nicht aufgegriffen worden sind. Nur eine so definierte systemische Perspektive wird der kontextuellen Vernetzung von Personen in ihren Bewältigungsbemühungen gerecht.

(12) Die in der Lebensereignisforschung im einzelnen betrachteten Zusammenhänge (z. B. zwischen sozialer Unterstützung und Bewältigungserfolg oder zwischen Belastungsausmaß und Depressivität) sind bislang beschrieben worden, ohne ausreichende Versuche ihrer theoretischen Rekonstruktion. Die Psychologie bietet ein reichhaltiges Inventar an (partial)theoretischen Ansätzen, das es auch für die Lebensereignisforschung fruchtbar zu machen gilt und welches die oft konstatierte „Theorienarmut" in diesem Bereich überwinden helfen könnte.

Literatur

Argyle, M. & Henderson, M. (1986). Die Anatomie menschlicher Beziehungen. Spielregeln des Zusammenlebens. Paderborn: Junfermann.

Avison, W. R. & Turner, R. J. (1988). Stressful life events and depressive symptoms: Disaggregating the effects of acute stressors und chronic strains. Journal of Health and Social Behavior, 29, 253–264.

Baltes, P. B., Cornelius, S. W. & Nesselroade, J. R. (1979). Cohort effects in developmental psychology. In J. R. Nesselroade & P. B. Baltes (Eds.), Longitudinal research in the study of behavior and development (pp. 61–87). New York: Academic Press.

Baltes, P. B. & Danish, S. J. (1980). Intervention in life-span development and aging. In R. R. Turner & H. W. Reese (Eds.), Life-span developmental psychology: Intervention (pp. 49–78). New York: Academic Press.

Baltes, P. B. & Smith, J. (1990). Weisheit und Weisheitsentwicklung: Prolegomena zu einer psychologischen Weisheitstheorie. Zeitschrift für Entwicklungspsychologie und Pädagogische Psychologie, 1.

Baum, A., Fleming, R. & Singer, J. E. (1983). Coping with victimization by technological disaster. Journal of Social Issues, 39, 117–138.

Baumann, U. (1987). Zur Konstruktvalidität der Konstrukte Soziales Netzwerk und Soziale Unterstützung. Zeitschrift für Klinische Psychologie, 16, 305–310.

Berren, M. R., Beigel, A. & Ghertner, S. (1986). A typology for the classification of disasters. In *R. H. Moos* (Ed.), Coping with life crises: An integrated approach (pp. 295–305). New York: Plenum Press.
Billings, A. G. & Moos, R. H. (1982). Stressful life events and symptoms: A longitudinal model. Health Psychology, 1, 99–117.
Blaney, P. H. (1986). Affect and memory: A review. Psychological Bulletin, 99, 229–246.
Bock, M. (1980). Angenehme und unangenehme Erfahrungen aus gedächtnispsychologischer Sicht – Bilanz einer 80-jährigen Forschung. Psychologische Beiträge, 22, 280–292.
Bower, G. H. (1981). Mood and memory. American Psychologist, 36, 129–148.
Brandtstädter, J. (1984). Personal und social control over development: Some implications of an action perspective in life-span developmental psychology. In *P. B. Baltes & O. G. Brim, Jr.,* (Eds.), Live-span development and behavior (Vol. 6, pp. 2–32). New York: Academic Press.
Braukmann, W., Ahammer, I., Angleitner, A., Filipp, S.-H. & Olbrich, E. (1983). Bedeutende Lebensereignisse als subjektive Orientierungspunkte bei der retrospektiven Betrachtung der eigenen Biographie: Ein Forschungsansatz. In *H. Löwe, U. Lehr & J. E. Birren* (Hrsg.), Psychologische Probleme des Erwachsenenalters (S. 89–103). Berlin: Deutscher Verlag der Wissenschaften.
Braukmann, W. & Filipp, S.-H. (1984). Strategien und Techniken der Lebensbewältigung. In *U. Baumann, H. Berbalk & G. Seidenstücker* (Hrsg.), Klinische Psychologie. Trends in Forschung und Praxis (Bd. 6, S. 52–87). Bern: Huber.
Brim, O. G. & Ryff, C. D. (1980). On the property of life events. In *P. B. Baltes & O. G. Brim* (Eds.), Life-span development and behavior (Vol. 3, pp. 367–388). New York: Academic Press.
Brown, G. W. (1983). Accounts, meaning, and causality. In *N. Gilbert & P. Abell* (Eds.), Accounts and action (pp. 35–68). Aldershot: Gower.
Brown, G. W. & Harris, T. (1982). Fall-off in the reporting of life events. Social Psychiatry, 17, 23–28.
Brown, G. W. & Harris, T. (1986). Establishing causal links: The Bedford College studies of depression. In *H. Katschnig* (Ed.), Life events and psychiatric disorders: Controversial issues (pp. 107–187). Cambridge: University Press.
Brüderl, L. (Hrsg.). (1988). Belastende Lebenssituationen. Untersuchungen zur Bewältigungs- und Entwicklungsforschung. München: Juventa.
Burish, T. G & Bradley, L. A. (1983). Coping with chronic disease. Research and applications. New York: Academic Press.
Caplan, R. D. (1983). Person-environment fit: Past, present, and future. In *C. L. Cooper* (Ed.), Stress research – Issues for the eighties (pp. 35–79). Chichester: Wiley.
Caspi, A., Bolger, N. & Eckenrode, J. (1987). Linking person and context in the daily stress process. Journal of Personality and Social Psychology, 52, 184–195.
Cierpka, M. (Hrsg.). (1987). Familiendiagnostik. New York: Springer.
Cohen, L. H. (1982). Life change and the sensation seeking motive. Personality and Individual Differences, 3, 221–222.
Cohen, L. H. (Ed.). (1988). Life events and psychological functioning. Theoretical and methodological issues. London: Sage.
Cohen, L., Burt, C. & Bjorck, J. (1987). Life stress and adjustment: Effects of life events experienced by young adolescents and their parents. Developmental Psychology, 23, 583–592.
Cohen, S. & Syme, S. L. (Eds.). (1985). Social support and health. New York: Academic Press.
Cole, G. E. (1985). Life change events as stressors and their relationship to mental health among undergraduate university students. Psychological Reports, 56, 387–390.
Creed, F. (1985). Life events and physical illnes. A review. Journal of Psychosomatic Research, 29, 113–124.

Dienstbier, R. A. (1989). Arousal and physiological toughness: Implications for mental and physical health. Psychological Review, 96, 84–100.
Dohrenwend, B. S., Dohrenwend, B. P., Dodson, M. & Shrout, P. E. (1984). Symptoms, hassles, social supports, and life events: Problem of confounded measures. Journal of Abnormal Psychology, 2, 222–230.
Diagnostic and Statistical Manual of Mental Disorders (DSM – III). (1980).Washington: American Psychiatric Association.
Erikson, E. H. (1966). Identität und Lebenszyklus. Frankfurt: Suhrkamp.
Felton, B. J. & Revenson, T. A. (1984). Coping with chronic illness: A study of illness controllability and the influence of coping strategies on psychological adjustment. Journal of Consulting and Clinical Psychology, 52, 343–353.
Fergusson, D. M. & Horwood, L. J. (1987). Vulnerability of life events exposure. Psychological Medicine, 17, 739–749.
Ferring, D. & Filipp, S.-H. (1989). Bewältigung kritischer Lebensereignisse: Erste Erfahrungen mit einer deutschsprachigen Version der ‚Ways of Coping Checklist'. Zeitschrift für Differentielle und Diagnostische Psychologie, 10 (4).
Filipp, S.-H. (in Druck). Möglichkeiten der Modellbildung im Forschungsbereich „Krankheitsbewältigung". In *F. A. Muthny* (Hrsg.), Krankheitsverarbeitung – Hintergrundtheorien und klinische Erfassung. Berlin: Springer.
Filipp, S.-H., Ahammer, I., Angleitner, A. & Olbrich, E. (1980). Eine Untersuchung zu inter- und intraindividuellen Differenzen in der Wahrnehmung und Verarbeitung subjektiv erlebter Persönlichkeitsveränderungen. Antrag auf Weiterförderung des E.P.E.-Projektes an die Stiftung Volkswagenwerk. Trier: Berichte aus dem E.P.E.-Projekt Nr. 11.
Filipp, S.-H. & Aymanns, P. (1987). Die Bedeutung sozialer und personaler Ressourcen in der Auseinandersetzung mit kritischen Lebensereignissen. Zeitschrift für Klinische Psychologie, 16, 1–14.
Filipp, S.-H., Aymanns, P., Ferring, D., Freudenberg, E. & Klauer, T. (1987). Elemente subjektiver Krankheitstheorien: Ihre Bedeutung für die Krankheitsbewältigung, soziale Interaktion und Rehabilitation von Krebskranken. Trier: Forschungsberichte aus dem Projekt „Psychologie der Krankheitsbewältigung" Nr. 15.
Filipp, S.-H., Aymanns, P. & Klauer, T. (1983). Formen der Auseinandersetzung mit schweren körperlichen Erkrankungen als Prototypen kritischer Lebensereignisse: Eine Verlaufsstudie. Trier: Forschungsberichte aus dem Projekt „Psychologie der Krankheitsbewältigung" Nr. 1.
Filipp, S.-H. & Braukmann, W. (1983). Methoden der Erfassung bedeutsamer Lebensereignisse. Zeitschrift für Entwicklungspsychologie und Pädagogische Psychologie, 15, 234–263.
Filipp, S.-H. & Freudenberg, E. (1989). Der Fragebogen zur Erfassung dispositionaler Selbstaufmerksamkeit. Göttingen: Hogrefe.
Filipp, S.-H. & Klauer, T. (1986). Conceptions of self over the life-span: Reflections on the dialectics of change. In *M. M. Baltes & P. B. Baltes* (Eds.), The psychology of control and aging (pp. 167–206). Hillsdale: Erlbaum.
Filipp, S.-H. & Klauer, T. (in press). Subjective well-being in the face of critical life events: The case of successful copers. In *F. Strack, M. Argyle & N. Schwarz* (Eds.), The social psychology of subjective well-being. Oxford: Pergamon Press.
Folkman, S. & Lazarus, R. S. (1980). An analysis of coping in a middle-aged community sample. Journal of Health and Social Behavior, 21, 219–239.
Folkman, S. & Lazarus, R. S. (1985). If it changes it must be a process: Study of emotion and coping during stages of a college examination. Journal of Personality and Social Psychology, 48, 150–170.
Fosson, A. (1988). Family stress. In *S. Fisher & J. Reason* (Eds.), Handbook of life stress, cognition, and health (pp. 161–175). Chichester: Wiley.
Freudenberg, E., Filipp, S.-H., & Waidner, U. (1985). Ergebnisse einer Pilotstudie zu

Formen der Auseinandersetzung mit schweren körperlichen Erkrankungen: II. Konzeptualisierung und Operationalisierung perzipierter Anforderungsstrukturen. Trier: Forschungsberichte aus dem Projekt „Psychologie der Krankheitsbewältigung" Nr. 5.

Gehringer, M. & Strube, G. (1985). Organization and recall of life events: What's special in autobiographical memory? München: Max-Planck-Institut für psychologische Forschung (Report Nr. 12).

Gilligan, I., Fung, L., Piper, D. W. & Tennant, C. (1987). Life event stress and chronic difficulties in duodenal ulcer: A case control study. Journal of Psychosomatic Research, 31, 117–123.

Goodyer, I. (1988). Stress in childhood and adolescence. In S. Fisher & J. Reason (Eds.), Handbook of life stress, cognition, and health (pp. 23–41). Chichester: Wiley.

Gottlieb, B. H. (Ed.). (1988). Marshalling social support. Formats, processes, and effects. Beverly Hills: Sage.

Hamburger, K. (1985). Das Mitleid. Stuttgart: Klett-Cotta.

Heckhausen, H. (^{2}1989). Motivation und Handeln. Berlin: Springer.

Heitzmann, C. A. & Kaplan, R. M. (1988). Assessment of methods for measuring social support. Health Psychology, 7, 75–109.

Hinske, N. (1986). Lebenserfahrung und Philosophie. Stuttgart: Frommann & Holzboog.

Holahan, L. J. & Moos, R. H. (1986). Personality, coping, and family resources in stress resistance: A longitudinal analysis. Journal of Personality and Social Psychology, 51, 389–395.

Holmes, T. H. & Rahe, R. H. (1967). The Social Readjustment Rating Scale. Journal of Psychosomatic Research, 11, 213–218.

House, J. S. & Kahn, R. L. (1985). Measures and concepts of social support. In S. Cohen & S. L. Syme (Eds.), Social support and health (pp. 83–108). New York: Academic Press.

Janke, W., Erdmann, G. & Kallus, W. (1985). Streßverarbeitungsfragebogen (SVF). Göttingen: Hogrefe.

Johnson, J. H. (1986). Life events as stressors in childhood and adolescence. Newsbury Park: Sage.

Kanner, A. D., Coyne, J. C., Schaefer, C. & Lazarus, R. S. (1981). Comparison of two modes of stress measurement: Daily hassles and uplifts versus major life events. Journal of Behavioral Medicine, 4, 1–39.

Kasl, S. V. (1983). Persuing the link between stressful life experiences and disease: A time for reappraisal. In C. L. Cooper (Ed.), Stress research: Issues for the eighties (pp. 79–103). Chichester: Wiley.

Katschnig, H. (1986a). Measuring life stress – A comparison of the checklist and the panel technique. In H. Katschnig (Ed.), Life events and psychiatric disorders: Controversial issues (pp. 74–106). Cambridge: University Press.

Katschnig, H. (Ed.). (1986b). Life events and psychiatric disorders: Controversial issues. Cambridge: University Press.

Keßler, B. H. (1982). Biographische Diagnostik. In K.-J. Groffmann & L. Michel (Hrsg.), Persönlichkeitsdiagnostik (Enzyklopädie der Psychologie, Bd. II, 3, S. 1–56). Göttingen: Hogrefe.

Kessler, R. C. (1987). The interplay of research design strategies and data analysis procedures in evaluating the effects of stress and health. In S. V. Kasl & C. L. Cooper (Eds.), Stress and health: Issues in research methodology (pp. 113–140). Chichester: Wiley.

Kessler, R., Price, R. & Wortman, C. (1985). Social factors in psychopathology: Stress, social support, and coping processes. Annual Review of Psychology, 36, 531–572.

Klauer, T., Filipp, S.-H. & Ferring, D. (1989). Der „Fragebogen zur Erfassung der Krankheitsbewältigung". Skalenkonstruktion und erste Befunde zu Reliabilität, Validität und Stabilität. Diagnostica, 35, 316–335.

Klein, D. N. & Rubovits, D. R. (1987). The reliability of subjects' reports on stressful life events inventories: A longitudinal study. Journal of Behavioral Medicine, 1, 501–512.

Kobasa, S. C. (1979). Stressful life events, personality, and health: An inquiry into hardiness. Journal of Personality and Social Psychology, 37, 1–11.

Kobasa, S. C. (1985). Personality and health. Specifying and strengthening the conceptual links. In *P. Shaver* (Ed.), Self, situations, and social behavior. Review of personality and social psychology (pp. 291–311). Beverly Hills: Sage.

Kobasa, S. C. & Puccetti, M. C. (1983). Personality and social resources in stress resistance. Journal of Personality and Social Psychology, 45, 839–850.

Kobasa, S. C., Maddi, S. R. & Kahn, S. (1982). Hardiness and health: A prospective study. Journal of Personality and Social Psychology, 42, 168–177.

Köhler, T., Knuth, G. & Limberg, P. (1987). Der Einfluß einer Persönlichkeits- und einer Situationsvariablen auf die Bearbeitung einer modifizierten deutschen Fassung der Social Readjustment Rating Scale. Zeitschrift für Klinische Psychologie, 16, 248–255.

Kohli, M. (1986). Gesellschaftszeit und Lebenszeit: Der Lebenslauf im Strukturwandel der Moderne. In *J. Berger* (Hrsg.), Soziale Welt: Die Moderne – Kontinuitäten und Zäsuren (Sonderband 4, S. 183–208). Göttingen: Verlag Otto Schwartz & Co.

Krahé, B. (1985). Die Zuschreibung von Verantwortlichkeit nach Vergewaltigungen: Opfer und Täter im Dickicht der attributionstheoretischen Forschung. Psychologische Rundschau, 36, 67–82.

Krauss-Whitbourne, S. (1986). Openness to experience, identity flexibility, and life change in adults. Journal of Personality and Social Psychology, 50, 163–168.

Laux, L. (1983). Psychologische Streßkonzeptionen. In *H. Thomae* (Hrsg.), Theorien und Formen der Motivation (Enzyklopädie der Psychologie, Bd. C, 4, 1, S. 453–535). Göttingen: Hogrefe.

Lazarus, R. S. (1984). Puzzles in the study of daily hassles. Journal of Behavioral Medicine, 7, 375–389.

Lazarus, R. S. & Folkman, S. (1987). Transactional theory and research on emotions and coping. European Journal of Personality, 1, 141–170.

Lerner, M. J. (1980). The belief in a just world: A fundamental delusion. New York: Plenum Press.

Lerner, M. J. & Gignac, M. A. M. (1989). Coping and growth among the elderly: Alternative responses to pain and loss. Paper presented at the Xth Biennial Meetings of the ‚International Society for the Study of Behavioral Development' (ISSBD), July 9–13, at Jyväskylä, Finland.

Lerner, R. M. & Busch-Rossnagel, N. A. (Eds.). (1981). Individuals as producers of their development. New York: Academie Press.

Lin, N., Dean, A. & Ensel, W. M. (1986). Social support, life events, and depression. New York: Academic Press.

Lindemann, E. (1944). Symptomatology and management of acute grief. American Journal of Psychiatry, 101, 141–148.

McLanahan, S. S. & Sørensen, A. B. (1985). Life events and psychological well-being over the life course. In *G. H. Elder*, Jr., (Ed.), Life course dynamics – Trajections and transitions, 1968–1980 (pp. 217–239). Ithaca: Cornell University Press.

Menaghan, E. G. (1986). Changes in depression following divorce: A panel study. Journal of Marriage and the Family, 48, 319–328.

Monroe, S. M. & Peterman, A. M. (1988). Life stress and psychopathology. In *L. H. Cohen* (Ed.), Life events and psychological functioning. Theoretical and methodological issues (pp. 31–63). Beverly Hills, CA: Sage.

Montada, L. (1988). Die Bewältigung von „Schicksalsschlägen" – erlebte Ungerechtigkeit und wahrgenommene Verantwortlichkeit. Schweizerische Zeitschrift für Psychologie, 47, 203–216.

Montada, L. (in Druck). Life stress, injustice, and the question „Who is responsible?". In *R. Vermunt & H. Steensma* (Eds.), Social justice in human relations. New York: Plenum Press.

Montada, L., Filipp, S.-H. & Lerner, M. J. (Eds.) (in Druck). Life crises and experiences of loss. New York: Plenum Press.

Moos, R. H. (Ed.) (1986). Coping with life crises: An integrated approach. New York: Plenum.

Mullen, B. & Suls, J. (1982). „Know thyself": Stressful life changes and the ameliorative effect of private self-consciousness. Journal of Experimental Social Psychology, 18, 43–55.

Murrell, S. A., Norris, F. H. & Grote, C. (1988). Life events in older adults. In L. H. Cohen (Ed.), Life events and psychological functioning. Theoretical and methodological issues (pp. 96–122). Beverly Hills, CA: Sage.

Muthny, F. A. (1989). Freiburger Fragebogen zur Krankheitsverarbeitung (FVK). Weinheim: Beltz.

Neale, J. M., Hooley, J. M., Jandorf, L. & Stone, A. A. (1987). Daily life events and mood. In C. R. Snyder & C. E. Ford (Eds.), Coping with negative life events (pp. 161–190). New York: Plenum Press.

Nesselroade, J. R. & Baltes, P. B. (Eds.). (1979). Longitudinal research in the study of behavior and development. New York: Academic Press.

Newton, R. W. & Hunt, L. P. (1984). Psychosocial stress in pregnancy and its relation to low birth weight. British Medical Journal, 288, 1191–1194.

Oerter, R. (1986). Developmental task through the life-span: A new approach to an old concept. In D. L. Featherman & R. M. Lerner (Eds.), Life-span development and behavior (Vol. 7, pp. 233–271). New York: Academic Press.

Paykel, E. & Dowlatshahi, D. (1988). Life events and mental disorder. In S. Fisher & J. Reason (Eds.), Handbook of life stress, cognition, and health (pp. 241–264). Chichester: Wiley.

Pearlin, L. I. & Turner, H. A. (1987). The family as a context of the stress process. In S. V. Kasl & C. Cooper (Eds.), Stress and health: Issues in research methodology (pp. 143–165). Chichester: Wiley.

Perkins, D. V. (1982). The assessment of stress using life events scales. In L. Goldberger & S. Breznitz (Eds.), Handbook of stress. Theoretical and clinical aspects (pp. 320–331). New York: Free Press.

Peters-Golden, H. (1982). Breast cancer: Varied perceptions of social support in the illness experience. Social Science and Medicine, 16, 483–491.

Pruchno, R. A., Blow, F. C. & Smyer, M. A. (1984). Life events and interdependent lives. Implications for research and intervention. Human Development, 27, 31–41.

Rahe, R. (1988). Recent life changes and coronary heart disease: 10 years' research. In S. Fisher & J. Reason (Eds.), Handbook of life stress, cognition, and health (pp. 317–335). Chichester: Wiley.

Reese, H. W. & Smyer, M. A. (1983). The dimensionalization of life events. In E. J. Callahan & K. A. McCluskey (Eds.), Life-span developmental psychology. Nonnormative life events (pp. 1–33). New York: Academic Press.

Reich, J. W. & Zautra, A. J. (1984). Daily event causation: An approach to elderly life quality. Journal of Community Psychology, 12, 312–322.

Reicherts, M. (1988). Diagnostik der Belastungsverarbeitung – Neue Zugänge zu Streß-Bewältigungs-Prozessen. Bern: Huber.

Reinke, B. J., Holmes, D. S. & Harris, R. L. (1985). The timing of psychosocial changes in women's lives: The years 25 to 45. Journal of Personality and Social Psychology, 48, 1353–1364.

Revenson, T. A. (1981). Coping with loneliness: The impact of causal attributions. Personality and Social Psychology Bulletin, 7, 565–571.

Riegel, K. F. (1975). Adult life crises: A dialectic interpretation of development. In N. Datan & L. H. Ginsberg (Eds.), Life-span developmental psychology. Normative crises (pp. 99–128). New York: Academic Press.

Riley, R. T. & Pettigrew, T. F. (1976). Dramatic events and attitude change. Journal of Personality and Social Psychology, 34, 1004–1015.

Rogner, O., Frey, D. & Havemann, D. (1987). Der Genesungsverlauf von Unfallpatienten aus kognitionspsychologischer Sicht. Zeitschrift für Klinische Psychologie, 16, 11–28.

Rolland, J. S. (1988). Chronic illness and the family life cycle. In *B. Carter & M. McGoldrick* (Eds.), The changing family life cycle. A framework for family therapy (pp. 433–456). New York: Gardner Press.

Rook, K. S. (1984). The negative side of social interaction: Impact on psychological wellbeing. Journal of Personality and Social Psychology, 46, 1097–1108.

Rosenbaum, M. (1988). Learned helplessness, stress, and selfregulation. In *S. Fisher & J. Reason* (Eds.). Handbook of life stress, cognition, and health (pp. 483–497). Chichester: Wiley.

Rosenbaum, M. & Ben-Ari, S. (1986). Cognitive and personality factors in the delay of immediate gratification of hemodialysis patients. Journal of Personality and Social Psychology, 51, 357–364.

Rutter, M. L. (1986). Child psychiatry: The interface between clinical and developmental research. Psychological Medicine, 16, 151–169.

Ryan, W. (1971). Blaming the victim. New York: Pantheon.

Ryff, C. D. & Dunn, D. D. (1985). A life-span developmental approach to the study of stressful events. Journal of Applied Developmental Psychology, 6, 133–127.

Sarason, I. G., Sarason, B. R. & Pierce, G. R. (1989). Social support: An interactional view. New York: Wiley.

Sarason, I. G., Sarason, B. R. & Shearin, E. N. (1986). Social support as an individual difference variable: Its stability, origins, and relational aspects. Journal of Personality and Social Psychology, 50, 845–855.

Sarason, B. R., Shearin, E. N., Pierce, G. R. & Sarason, I. G. (1987). Interrelations of social support measures: Theoretical and practical implications. Journal of Personality and Social Psychology, 52, 813–832.

Scheier, M. F. & Carver, C. S. (1985). Optimism, coping, and health: Assessment and implications of generalized outcome expectancies. Health Psychology, 4, 219–247.

Schmidt, L. R. (1988). Psychodiagnostik in der Medizinischen Psychologie. Zeitschrift für Differentielle und Diagnostische Psychologie, 9, 223–232.

Schneewind, K. A. (1987). Familienpsychologie: Plädoyer für die „Geburtshilfe" einer überfälligen psychologischen Disziplin. In *M. Amelang* (Hrsg.), Bericht über den 35. Kongreß der Deutschen Gesellschaft für Psychologie in Heidelberg (Bd. 2, S. 567–579). Göttingen: Hogrefe.

Schroeder, D. H. & Costa, P. T., Jr., (1984). Influence of life event stress on physical illness: Substantive effects or methodological flaws? Journal of Personality and Social Psychology, 46, 853–863.

Schwarzer, R. & Leppin, A. (1989). Sozialer Rückhalt und Gesundheit: Eine Meta-Analyse. Göttingen: Hogrefe.

Shaver, K. G. (1985). The attribution of blame: Causality, responsibility, and blameworthiness. New York: Springer.

Shrout, P. E. (1984). Scaling of stressful life events. In *B. S. Dohrenwend & B. P. Dohrenwend* (Eds.), Stressful life events and their contexts (pp. 28–47). New Brunswick: Rutgers University Press.

Snyder, C. R. & Ford, C. E. (Eds.). (1987). Coping with negative life events. Clinical and social psychological perspectives. New York: Plenum Press.

Steinhausen, H.-C. & Radtke, B. (1987). Lebensereignisse und kinderpsychiatrische Störungen. Zeitschrift für Klinische Psychologie, 16, 264–274.

Stroebe, W. & Stroebe, M. S. (1986). Beyond marriage: The impact of partner loss on health. In *R. Gilmour & S. Duck* (Eds.), The emerging field of personal relationships. Hillsdale, NJ: Erlbaum.

Stroebe, W. & Stroebe, M. S. (1987). Bereavement and health. The psychological and physical consequences of partner loss. Cambridge: Cambridge University Press.

Strube, G. (1985a). Knowing what's going to happen in life: I. A model of biographical knowledge. München: Max-Planck-Institut für psychologische Forschung (Report Nr. 13).

Strube, G. (1985b). Knowing what's goint to happen: II. Biographical knowledge in developmental perspective. München: Max-Planck-Institut für psychologische Forschung (Report Nr. 14).

Thoits, P. A. (1983). Dimensions of life events that influence psychological distress: An evaluation and synthesis of the literature. In H. B. Kaplan (Ed.), Psychosocial stress. Trends in theory and research (pp. 33–103). New York: Academic Press.

Ulich, D., Hausser, K., Mayring, G. P., Strehmel, P., Kandler, M. & Degenhardt, B. (1985). Psychologie der Krisenbewältigung: Eine Längsschnittuntersuchung mit arbeitslosen Lehrern. Weinheim: Beltz.

Vess, J. D., Moreland, J. R. & Schwebel, A. J. (1985). An empirical assessment of the effects of cancer on family role functioning. Journal of Psychosocial Oncology, 3, 1–16.

Vitaliano, P. P., Russo, J., Carr, J. E., Maiuro, R. D. & Becker, J. (1985). The Ways of Coping Checklist: Revision and psychometric properties. Multivariate Behavioral Research, 20, 3–26.

Wallerstein, J. & Blakeslee, S. (1989). Gewinner und Verlierer: Frauen, Männer, Kinder nach der Scheidung: Eine Langzeitstudie. München: Droemer Knaur.

Weber, H. & Knapp-Glatzel, B. (1988). Alltagsbelastungen. In L. Brüderl (Hrsg.), Belastende Lebenssituationen: Untersuchungen zur Bewältigungs- und Entwicklungsforschung (S. 140–158). München: Juventa.

Weinstein, N. D. (1982). Unrealistic optimism about susceptability to health problems. Journal of Behavioral Medicine, 5, 441–460.

Wortman, C. B. & Lehman, D. R. (1985). Reactions to victims of life crises: Support attempts that fail. In I. G. Sarason & B. R. Sarason (Eds.), Social support: Theory, research, and applications (pp. 463–489). Dordrecht: Martinus Nijhoff.

Zautra, A. J., Okun, M. A., Robinson, S. E., Lee, D., Roth, S. H. & Emmanual, J. (1989). Life stress and lymphocyte alterations among patients with rheumatoid arthritis. Health Psychology, 8, 1–14.

Verzeichnis der Autoren

Prof. Dr. *Wilfried Belschner,* Universität Oldenburg – Arbeitseinheit Psychologie im Gesundheitswesen, Birkenweg 5, 2900 Oldenburg.

Dipl.-Psych. *Walter Braukmann,* Fachklinik am Rosenberg, Schulstr. 6, 5568 Daun.

Dr. *Steven W. Cornelius,* Department of Human Development and Family Studies, 11 Martha Van Rensselaer Hall, Cornell University, Ithaca N.Y. 14853, USA.

Prof. Dr. *Steven J. Danish,* Department of Psychology, Box 2018, Virginia Commonwealth University, 810 W. Franklin Street, Richmond VA 23284, USA.

Dr. *Anthony R. D'Augelli,* Box 318A, Huntingdon, PA 16652, USA.

Dipl.-Psych. *Helmut Esser,* Mittel-Mosel-Kurkliniken, Kueser Plateau, 5550 Bernkastel-Kues.

Prof. Dr. *Sigrun-Heide Filipp,* Fachgebiet Psychologie der Universität Trier, Tarforst, Postfach 3825, 5500 Trier.

Dr. *Manfred Fischer,* Fachgebiet Psychologie der Universität Trier, Tarforst, Postfach 3825, 5500 Trier.

Dipl.-Psych. *Ulrike Fischer,* Berufsbildende Schulen für Ernährung, Hauswirtschaft und Sozialpflege Trier, Deutschherrenstraße, 5500 Trier.

Dr. *Horst Gräser,* Fachgebiet Psychologie der Universität Trier, Tarforst, Postfach 3825, 5500 Trier.

Prof. Dr. *David F. Hultsch,* Department of Psychology, University of Victoria, P.O.B. 1700, Victoria, British Columbia, V8W 2Y2, Canada.

Dr. *Peter Kaiser,* Universität Oldenburg, Arbeitseinheit Psychologie im Gesundheitswesen, Birkenweg 5, 2900 Oldenburg.

Prof. Dr. *Richard S. Lazarus,* 3255 Woodview Dr, Lafayette, California 94549, USA.

Prof. Dr. *Leo Montada,* Fachgebiet Psychologie der Universität Trier, Tarforst, Postfach 3825, 5500 Trier.

Prof. Dr. *Hans Dieter Mummendey,* Fakultät für Soziologie der Universität Bielefeld, Postfach 8640, 4800 Bielefeld 1.

Prof. Dr. *Erhard Olbrich,* Institut für Psychologie I der Universität Erlangen-Nürnberg, Hindenburgstr. 14, 8520 Erlangen.

Prof. Dr. *Franz Petermann,* Psychologisches Institut – Philosophische Fakultät der Universität Bonn, Römerstr. 164, 5300 Bonn 1.

Dr. *Helmut Saile,* Fachgebiet Psychologie der Universität Trier, Tarforst, Postfach 3825, 5500 Trier.

Personenverzeichnis

(kursive Seitenangaben beziehen sich auf die Literaturverzeichnisse)

Abell, P. *320*
Abelson, R. *230*
Abramson, L. J. 18, *47*, 233, 236, *248*, 285, *289*
Adams, J. E. 5, 15, 36, 38, *47, 48, 49*, 52, *121*, 131, *137*, 165, *171, 172, 195*, 216, *230, 231*
Adelson, J. 132, *136*
Aguilera, D. C. 46, *47*, 134, *136*
Ahammer, I. 5, 8, 12, 18, 33, 35, *47, 48*, 93, 100, 101, *102*, 125, *136, 320, 321*
Albee, G. W. 157, *172*, 229
Albrecht, G. 139, *151*
Alexander, S. 23, *47*
Algina, J. 62, *71*
Allen, B. P. 256, *268*
Allport, G. W. 211, *229*
Altman, I. 149, *151, 231*
Amelang, M. *325*
Amster, L. E. 93, 94, 96, 97, *102*
Andrews, G. 98, 99, *103*
Angleitner, A. 5, 8, 12, 18, 33, 35, *47, 48*, 93, 100, 101, *102*, 125, *136, 320, 321*
Antonovsky, A. 15, *47*, 74, 75, 87, 94, 96, 97, *102, 193*
Antonucci, T. C. 22, *50*
Arbinger, R. *138*
Argyle, M. 312, *319, 321*

Arnold, M. 212, *229, 231*
Arnold, W. J. *173*
Aronson, E. *230*
Arthur, R. J. 161, *173*
Askenasy, A. R. 57, 61, *69*, 75, 79, *88*, 93, 98, 99, *102*, 105, 106, 109, 110, *120, 121*, 255, *268*
Atchley, R. C. 5, 11, *47*, 126, 127, *136*, 164, *171*
Atkinson, R. C. *87*
Atwell, S. G. 43, *49*
Authier, J. 168, *171*
Averill, J. R. 177, 182, *192, 195*, 200, 212, 213, *231*, 235, 236, 239, 240, 245, *248*
Avison, W. R. 295, *319*
Aymanns, P. 297, 302, 310, 312, *321*

Babigian, H. M. *48, 52, 88*
Back, K. W. 18, *47*, 165, *171*

Baer, D. M. 276, *289*
Bailey, S. 180, *193*
Baker, F. 157, *171*
Bales, R. F. 217, *231*
Balter, M. O. 32, *52*
Baltes, M. M. *321*
Baltes, P. B. 8, 14, 21, *47, 48, 49, 51, 52*, 69, 70, 72, 73, 76, 78, 82, 86, 87, *88, 89, 90*, 104, *120, 121*, 156, 159, *171, 172*, 274, 276, 278, 280, 282, 287, *289, 290, 291*, 292, 302, 304, 305, *319, 320, 321, 324*
Bandura, A. 182, *192*, 213, 229, 242, *248*
Bannister, D. 82, *88*
Barlow, D. H. 53, 66, *69*
Baron, R. M. 235, *248*
Barrett, F. 145, *151*
Bartussek, D. 112, *120*
Baum, A. *152, 153, 248*, 306, *319*
Baumann, U. 311, *319, 320*
Beck, A. T. 212, 213, *229*, 233, 239, 242, 247, *248*
Becker, J. *326*
Beigel, A. 294, *319*
Bell, B. 129, *137*
Belschner, W. 174, 175, 176, 177, 180, 181, 184, 187, 188, 191, 192, *192, 193, 194*, 174–196
Bem, D. J. 253, *268*
Ben-Ari, S. 309, *324*
Benedict, R. 125, 126, *136*
Bennett, L. K. 74, 80, *89*
Bentler, P. M. 81, 85, 86, *87*
Berballe, H. *320*
Berger, J. 175, *193*, 323
Berger, P. L. 177, 190, *193*
Bergius, R. 124, *136*
Berkowitz, L. *52*, 251, *268*
Berne, E. 221, *229*
Berren, M. R. 294, *319*
Billings, A. G. 302, *319*
Binstock, R. H. *69, 89, 138, 173*
Birley, J. L. T. 74, 76, *87*
Birren, J. E. *47, 89, 90, 136, 137*, 163, *171*, 284, *290, 320*
Bjorck, J. 307, *320*
Blakeslee, S. 297, *326*
Blaney, P. H. 235, 238, *248*, 294, *319*
Blöschl, L. 233, *248*

Bloom, B. L. *172*, 191, *193*
Bloom, B. S. 278, *290*
Blow, F. C. 306, *324*
Blum, J. E. *89*
Blumer, H. 165, *171*
Blumner, B. 74, *89*
Bock, M. 304, *319*
Bolger, N. 296, *320*
Bolles, R. C. 200, *229*
Bolte, K. M. *152*
Bond, L. A. 156, *173*
Borman, L. D. 165, *173*
Bornstein, P. E. 284, *290*
Bortner, R. W. 78, *87*
Bottomore, T. B. *152*
Bourque, L. B. 18, *47*
Bower, E. M. 158, *171*, 225, *229*
Bower, G. H. 304, *319*
Bower, T. 129, *136*
Bowers, K. S. 5, *47*
Bradley, L. A. 297, *320*
Brandtstädter, J. 44, 47, *48*, 104, *120*, 253, 269, *291*, 305, *320*
Braukmann, W. 12, 18, 27, 33, 35, *47*, *50*, 93, 100, 101, *102*, 125, *136*, 92–103, 233–251, 293, 304, 310, *320*, *321*
Braun, J. R. 94, 96, 97, *102*
Brehm, J. W. 241, *251*
Brehm, P. 180, *193*
Brenner, G. 247, *250*
Brenner, M. H. 184, *193*
Breznitz, S. *324*
Brickenkamp, P. 180, *193*
Brim, O. G., Jr. 5, 27, 28, 35, 43, *47*, *48*, 49, *51*, *52*, *69*, *87*, 88, *120*, *121*, 125, 131, *136*, *172*, 279, *290*, *291*, 292, 301, *320*
Briscoe, R. V. 180, *193*
Brizzee, K. R. 129, *138*
Bronfenbrenner, U. 3, 13, 20, *47*, 177, *193*, 274, *290*
Broskowski, A. 157, *171*
Broverman, D. M. 211, *229*
Brown, G. M. *231*
Brown, G. W. 12, 14, 22, 28, *47*, *48*, 54, 56, 58, 61, 62, 63, 64, *69*, 74, 76, 80, 85, *87*, 93, 98, 99, *102*, 107, 108, *120*, 234, 235, 248, 286, *290*, 294, 301, 302, *320*
Brüderl, L. 297, *320*, *326*
Bruns, G. 53, *70*
Buchanan, J. D. 181, *194*
Budde, H. G. 18, 34, *52*
Buff, H. 184, *194*
Buhr, M. 4, *50*

Bulman, R. J. 19, 34, 37, 40, *48*, 242, *248*
Burgess, A. U. 14, *48*, 284, *290*
Burish, T. G. 297, *320*
Burt, C. 307, *320*
Busch-Rossnagel, N. A. 305, *323*
Buss, A. R. 32, *48*
Butzkamm, K. 182, *194*
Byrne, D. 205, *229*

Callahan, E. J. *324*
Campbell, D. T. 72, 73, 74, 84, 85, *87*
Caplan, G. 22, 27, 39, *48*, 133, *137*, 159, 163, *171*, 284, *290*
Caplan, R. D. 312, *320*
Carey, R. G. 284, *290*
Carlson, R. 202, *229*
Caroll, J. D. 81, *87*
Carr, A. C. *250*
Carr, J. E. *326*
Carter, B. *324*
Carver, C. S. 308, *325*
Casey, R. L. 33, *48*
Caspi, A. 296, *320*
Cassel, J. 22, *51*, 164, *173*, 184, *195*, 207, 217, *229*, 230
Cassem, H. 217, *230*
Cattell, R. B. 75, *87*, 112, *120*
Child, I. L. 199, *229*, 277, *292*
Chiriboga, D. A. 17, 30, *48*, *50*, 72, 74, 75, 76, 78, 85, *89*, 130, *137*, 162, *173*
Christensen, R. F. 74, *89*
Cierpka, M. 311, *320*
Clark, A. M. 189, *193*
Clark, M. M. 224, *229*
Clayton, P. J. 284, *290*
Cline, H. F. 286, *290*
Cloetta, B. 15, *51*
Coan, R. W. 82, *87*
Cobb, S. 24, 37, 39, 46, *48*, *49*
Cochrane, R. 28, *48*, 74, *87*, 94, 96, 97, *102*
Coelho, G. V. 5, 36, *47*, *48*, 49, *52*, *121*, 131, *137*, 165, *171*, *172*, *195*, *231*
Cohen, F. 110, *120*, 205, *229*
Cohen, J. B. 203, 208, 209, 217, 226, *231*
Cohen, L. H. 293, 298, 307, 308, *320*, *323*
Cohen, S. 311, *320*, *322*
Cohen, S. B. 141, 144, *152*, *153*
Cole, G. E. 301, *320*
Cole, J. K. *173*
Coleman, J. C. 132, *137*
Cook, T. C. 72, 73, 84, 85, *87*
Cooney, P. 12, 33, *49*
Cooper, C. L. *320*, *322*, *324*

329

Personenverzeichnis

Copeland, J. R. 54, 59, *69*
Cornelius, R. R. *248*
Cornelius, S. W. 21, *47*, 76, 86, *87*, 72–90, 304, *319*
Corso, J. F. 129, *137*
Costa, P. T. 85, *87*, 301, *325*
Costatini, A. F. 94, 96, 97, *102*
Costello, C. G. 235, *248*
Cottle, T. 11, 27, *48*, 93, 96, 97, *102*
Cowan, M. A. 282, *290*
Cowen, E. L. 157, *171, 172*
Coyne, J. C. *322*
Creed, F. 301, *320*
Cronbach, L. J. 210, *229, 230*
Cullberg, J. 187, *193*
Cunningham, W. R. 82, *88*

Danish, S. J. 26, 27, *48*, 104, *120*, 156, 158, 159, 166, 168, 169, *171, 172*, 282, *289*, 156–173, 304, *319*
Dann, H. D. 15, *51*
Darrow, C. M. 277, *291*
Datan, N. 8, 15, 41, *47, 48, 51*, 72, 77, *88, 89*, 126, 127, *136, 137, 138*, 160, *172, 173, 230, 250, 291, 324*
D'Augelli, A. R. 168, 169, *172*, 156–173
Davidson, G. C. 182, *193*
Davidson, H. *232*
Davidson, P. O. *195*
Davidson, S. 22, *50*
Davidson, S. M. *232*
Davis, J. E. 94, 96, 97, *102*
Dean, A. 30, *48*, 57, *69*, 298, 302, *323*
Deese, J. 199, *201*
Degenhardt, B. *325*
De Leeuw, J. 116, *122*
Dember, W. N. 200, *230*
Demchick-Stone, D. 181, *194*
Depue, R. A. *102*, 235, 236, 238, *248, 249, 250*
Deutsche Gesellschaft für Verhaltenstherapie *249*
De Vore, I. 203, *232*
Dienelt, M. N. 233, *250*
Diener, C. I. 243, *249*
Dienstbier, R. A. 308, *320*
Dimsdale, J. E. 226, *230*
Dintzer, L. 241, *251*
Docherty, J. P. 203, *231*
Dodson, J. D. 199, *232*
Dodson, M. *320*
Dörner, D. 3, *48*
Dörner, K. 179, 186, 187, *193*

Dohrenwend, B. P. 5, 6, 24, 27, *48, 49*, 53, 57, 58, 59, 61, *69*, 72, 73, 74, 75, 79, 85, *87, 88, 89*, 92, 93, 98, 99, *102*, 104, 105, 106, 109, 110, 111, *120, 121*, 160, 161, *172, 173*, 249, 254, 255, *268*, 278, 281, 286, *290, 320, 325*
Dohrenwend, B. S. 5, 6, 21, 24, 30, 31, 34, *47, 48, 49*, 53, 57, 58, 59, 61, *69*, 72, 73, 74, 75, 76, 79, 85, *87, 88, 89*, 92, 93, 98, 99, *102*, 104, 105, 106, 107, 108, 109, 110, 111, *120, 121*, 160, 161, 172, *173*, 238, *249*, 254, 255, *268*, 278, 281, 286, *290*, 295, *320, 325*
Dollard, J. 200, *230*
Donald, S. 203, *232*
Donovan, J. M. 12, 44, *48*, 53, *69*
Dorr, D. 157, *172*
Dowds, B. N. 33, 35, *49*, 108, *121*, 234, *249*
Dowlatshahi, D. 302, *324*
Dressler, D. M. 12, 44, *48*, 53, *69*
Dross, M. *193, 194*
Duck, S. *325*
Duhl, L. *152*
Duncan, O. D. 85, *88*
Duncker, K. 188, *193*
Dunn, D. D. 305, *325*
Dunnette, M. D. *87*
Dweck, C. S. 243, *249*
D'Zurilla, T. J. 187, 188, 190, *193*, 242, *249*

Easterbrook, J. A. 199, *230*
Eaton, W. W. 64, *69*, 85, *88*
Eckenrode, J. 296, *320*
Eckensberger, L. H. *195*
Eckensberger, M. S. *195*
Egan, G. 282, *290*
Eibl-Eibesfeldt, I. 202, *230*
Eisdorfer, C. *89, 172, 173, 193*
Eisenberg, J. G. 14, 21, *49*
Elder, G. H., Jr. 8, 21, 26, *48*, 77, 78, *88*, 162, *172*, 273, 276, *290, 323*
Elkind, D. 132, *137*
Ellis, A. 212, 213, 216, 218, *230*, 239, *249*
Elms, A. C. 253, *269*
Emmanual, J. *326*
Emmerich, W. 277, *290*
Endler, N. S. 235, *250, 291*
Engel, G. L. 284, *290*
Ensel, W. M. 57, 62, *70*, 298, 302, *323*
Erdmann, G. 309, *322*
Erikson, E. H. 131, 132, 133, *137*, 224, *230*, 277, *290*, 305, *320*
Ernst, H. *194*

Eron, L. D. 283, *291*
Esser, H. 116, *121,* 104–122
Estes, C. L. 62, *69*

Fairbank, D. T. 92, *102,* 105, 108, 109, *121,* 238, *249*
Faust, M. S. 128, *137*
Featherman, D. L. *324*
Feger, H. 66, *69*
Feichtinger, G. 127, 130, *137*
Feldman, S. S. 124, *138*
Felton, B. J. 309, *320*
Fergusson, D. M. 307, *321*
Ferrari, N. 246, *249*
Ferring, D. 309, *321,* 322
Ferster, C. B. 233, *249*
Festinger, L. 146, *151*
Fiedler, P. A. 188, *193*
Filipp, S. H. 5, 8, 12, 18, 21, 27, 30, 33, 35, 42, *47, 48, 50, 51,* 93, 100, 101, *102,* 125, *136,* 150, *151, 152,* 252, 253, *269,* 274, 283, 291, 3–52, 92–103, 233–251, 293, 295, 297, 298, 302, 304, 305, 307, 308, 309, 310, 312, 314, *320, 321, 322, 323,* 293–326
Finkel, N. J. 255, *269*
Fischer, M. 149, *150,* 151, *152,* 139–152
Fischer, U. 139–152
Fisher, S. *321, 322, 324*
Fiske, D. W. 74, *87*
Fleming, R. 306, *319*
Florin, I. 180, *193*
Folkins, C. H. 36, *49,* 214, *230*
Folkman, S. 104, 111, *121,* 200, 201, 203, 215, 218, 219, *230, 231,* 295, 309, *321, 323*
Fontana, A. F. 33, 35, *49,* 108, *121,* 234, *249*
Ford, C. E. 297, *323, 325*
Ford, D. H. 159, *172*
Fosson, A. 311, *321*
Foster, D. F. 53, *71*
Fox, W. 151, *153*
Fozard, J. L. 129, *137*
Franck, K. A. 144, 151, *152*
Frankl, V. 224, *230*
Fransella, F. 82, *88*
Freeman, H. E. 62, *69*
French, J. R. P. Jr. 24, 37, 39, *49*
Frese, M. 3, *49,* 234, 240, *249,* 282, *290*
Freud, S. 272, *290*
Freudenberg, E. 295, 308, *321*
Frey, D. 297, *324*
Fried, M. 142, 148, 150, 151, *152,* 184, *193*
Friedman, R. J. 233, 249, *250*
Friedrichs, J. 126, 127, *137,* 140, 146, 147, *152*

Friese, J. 182, *196*
Fürntratt, E. 259, *269*
Fung, L. *321*
Furstenberg, F. F., Jr. 82, *89,* 126, *137*

Gal, R. 215, *230*
Galanter, E. 187, *195*
Gallagher, T. G. 217, *230*
Gans, H. J. 146, *152*
Garber, J. *52,* 235, 237, *249,* 292
Garcia, A. M. 92, *102,* 105, 108, 109, *121,* 238, *249*
Gartner, A. 165, *172*
Gatchel, R. J. 182, *193,* 237, *249*
Geer, J. H. 182, *193*
Gehringer, M. 304, *321*
Geller, R. A. 12, 44, *48,* 53, *69*
Gerber, I. *250*
Gerber, S. K. 66, *70*
Gergen, K. J. 22, 30, *52,* 59, *70,* 206, *230,* 280, *290*
Gergen, M. 22, 30, *52*
Gersten, J. C. 14, 21, *49,* 62, *70*
Gewirtz, J. L. 276, *290*
Ghertner, S. 294, *319*
Ghosh, M. 62, *70*
Gignac, M. 305, *323*
Gilbert, N. *320*
Giles, D. E. 166, *173*
Gilligan, I. 301, *321*
Gilmour, R. *325*
Ginsberg, L. H. 8, 15, 41, *47, 48, 51,* 72, *88, 136, 137,* 160, *172, 173,* 250, *291, 324*
Girodo, M. 181, 182, *193*
Glaser, B. G. 128, *137*
Glass, D. C. 235, *249*
Glenn, N. D. 278, *290*
Glick, P. C. 127, *137*
Glidewell, J. C. 180, *193*
Goetz, C. 33, *52*
Goldberger, L. *324*
Goldfried, M. R. 187, 188, 190, *193,* 212, *230,* 242, *249*
Goldstein, A. P. *195*
Goldstein, H. 62, 66, *70*
Goldston, S. E. 157, 158, *172*
Goleman, S. E. *193*
Goodyer, I. 294, *322*
Gore, S. 22, *49,* 164, *172,* 184, *193,* 217, *230*
Gorman, B. S. 11, *49*
Goslin, D. A. 89, *290*
Gosslar, H. 16, *49*
Gottlieb, B. H. 311, *322*

Gottwald, P. 180, 184, 191, 192, *194*
Gough, H. G. 257, 259, *269*
Goulet, L. R. 8, *49, 292*
Gräser, H. 5, 30, *48, 49,* 104–122
Graham, P. J. *292*
Graumann, C. F. 137, *290*
Graumann, D. F. 180, *194*
Greenbie, B. G. 141, *152*
Greenblatt, M. *230*
Grim, C. E. 203, *232*
Grinder, R. E. 132, *137*
Grinker, R. R. 184, *194*
Grizzle, J. E. 62, *70*
Groffmann, K. J. *52, 322*
Grosser, G. H. *230*
Grote, C. 294, *322*
Guerney, B. G. 168, *171, 172*
Guerney, L. F. 168, *172*
Guild, W. 143, *152*
Gulanick, N. A. 66, *70*
Gunderson, E. K. E. 5, 6, *49,* 250
Gustafson, K. 168, *171*

Haan, N. 36, 37, *49,* 111, *121,* 134, 135, 136, *137,* 216, *230,* 284, *290*
Haberman, S. J. 32, *52*
Hacker, W. 186, 187, 189, *194*
Hackett, G. 181, *194*
Hackett, T. P. 217, 223, *230*
Haeberlin, F. 142, *152*
Hage, S. N. 243, *250*
Hagestad, G. O. 76, *89,* 127, *138,* 160, 161, *173*
Halikas, J. A. 284, *290*
Halisch, F. 182, *194*
Hall, G. S. 132, *137*
Halpern, P. L. 243, *250*
Hamburg, D. A. 5, 15, 36, *47, 48, 49, 52, 121,* 129, 131, 132, *137,* 165, *171, 172, 195,* 216, *230, 231*
Hamburger, K. 312, 313, *322*
Hamilton, V. *50, 121, 230*
Hamm, B. 139, 140, 146, 149, *152*
Hannan, M. 254, *270*
Hanson, R. C. 151, *152*
Hanusa, B. H. 246, *250*
Hare, E. H. *292*
Harrington, M. 142, 148, *152*
Harris, G. 151, *153*
Harris, R. L. 306, *324*
Harris, T. 14, 22, 28, *48,* 54, 56, 63, *69,* 76, 87, 234, *248,* 286, *290,* 294, 301, 302, *320*
Harshbarger, D. *172*

Harter, S. 35, *49*
Hartley, L. H. 209, *231*
Hartshorne, H. 275, *290*
Harvey, O. J. 247, *249*
Hauer, A. L. 169, *172*
Hausser, K. *325*
Hautzinger, M. *70*
Havemann, D. 297, *324*
Havighurst, R. J. *137*
Heckhausen, H. 123, *137,* 180, *194,* 288, *290,* 310, *322*
Hehl, F. J. *70*
Heitzmann, C. A. 311, *322*
Hellemann, R. 184, *194*
Hellman, L. 217, *230*
Helms, D. B. 133, *138*
Helson, H. 145, *152*
Henderson, M. 312, *319*
Heppner, P. P. 188, *194*
Hersen, M. 53, 66, *69*
Hershberg, T. 127, *137*
Hershberger, T. 82, *89*
Hersov, L. *292*
Hesener, B. 259, *269*
Hetherington, E. M. 184, *194, 292*
Hetzer, H. *138*
Hibler, R. J. 94, 98, 99, *102*
Hinkle, L. E. 25, *49,* 76, *88,* 207, *230*
Hinske, N. 303, *322*
Hofer, M. *137*
Hoffmann, D. B. 180, *193*
Hoffmann, M. 188, *193, 194*
Hoffmann, N. *193, 194,* 233, *249*
Hoffmeyer-Zlotnick, J. 147, *152*
Hogan, D. P. 77, 82, *88*
Holahan, L. J. 309, *322*
Holmes, D. S. 306, *324*
Holmes, T. H. 17, 21, 28, 29, 33, *48, 49, 50, 52,* 74, 75, 79, 80, 81, 85, *88,* 93, 96, 97, *102,* 107, 108, 109, *121,* 161, *172,* 255, *269,* 273, *290,* 296, *322*
Holmstrom, L. L. 14, *48,* 284, *290*
Holt, R. R. 211, *230*
Hooley, J. M. *323*
Horan, J. J. 181, *194*
Horn, J. L. 85, *88*
Horowitz, M. J. 12, 19, 33, 38, *49*
Horstmann, K. 139, *152*
Horwood, L. J. 307, *321*
Hotaling, G. T. 43, *49*
Hough, R. L. 92, *102,* 105, 108, 109, 238, *249*
Hough, T. H. *121*

House, J. S. 311, *322*
Houston, B. K. 245, *249*
Howard, G. S. 66, *70*
Hubbertz, K. P. 148, *152*
Hudgens, R. W. 23, *49*, 85, *88*, 234, *249*
Huesman, L. R. 283, *291*
Hughes, L. A. 33, 35, *49*, 108, *121*, 234, *249*
Hull, D. 6, 12, 49
Hultsch, D. F. 5, 8, 13, 21, 24, 26, 37, 43, *49*, 59, *70*, 72, 73, 76, 78, 83, *87, 88*, 104, 111, *121*, 160, 163, *172*, 276, 279, *290*, 72–90
Hunt, D. E. 247, *249*
Hunt, J. Mc. V. 164, *172*, 274, *290*
Hunt, L. P. 301, *324*

Ichheiser, G. 186, *194*
Iervolino, A. 94, 96, 97, *102*
Ihda, S. 150, *153*
Ingham, I. G. 22, *50*
Inhelder, B. 129, *138*
Irle, M. 253, *269*
Isaaccson, R. V. 157, *172*
Iscoe, I. *172*
Isermann-Gerke, M. 253, *269*
Ittelson, W. H. 144, 151, *152*
Izzo, L. D. 157, *172*

Jacobs, I. 148, 149, *152*
Jacobs, S. 53, *70*
Jäger, R. S. 16, *49*
Janke, W. 309, *322*
Jandorf, L. *323*
Janis, I. 164, *172*, 219, *230*
Jankovic, I. N. 241, *249*
Janney, J. G. 21, *50*
Jarvik, L. F. 74, *89*
Jensen, A. 180, *194*
Jessor, R. 111, *121*
Jessor, S. L. 111, *121*
Jöreskog, K. G. 54, 70, 85, *89*
Joff, J. M. *229*
Joffee, J. M. *172*
John, D. 257, 259, *269*
Johnson, D. R. 62, *71*
Johnson, J. H. 294, *322*
Johnson, S. H. 5, 17, 18, 19, 22, 29, 33, *50*, 52, 75, 81, *89*, 98, 99, *103*, 105, 108, *122*
Jones, E. E. 186, *194*
Jones, L. G. 209, *231*

Kagan, J. 82, *89*, 277, 279, 283, 287, 288, *290, 291*
Kahn, R. L. 22, *50*, 311, *322*

Kahn, S. 302, *322*
Kaiser, P. 175, 177, 180, 184, 185, 186, 189, 190, 191, 192, *193, 194*, 174–196
Kakar, S. 97, *102*
Kallus, W. 309, *322*
Kaminski, G. 289, *291*
Kamp, K. 126, 127, *137*
Kandel, D. B. 87
Kandler, M. *325*
Kanfer, F. H. *195*
Kanner, A. 201, 203, 218, *231*, 295, *322*
Kanouse, E. E. 186, *194*
Kantor, M. B. *152*
Kaplan, B. 22, *51*, 141, 144, *152, 153*, 164, *173*, 182, 184, *194, 195*, 217, *230*
Kaplan, H. B. *325*
Kaplan, R. M. 311, *322*
Kaplonek, H. 180, *194*
Kasdorf, J. A. 168, *171*
Kasl, S. V. 301, 307, *322, 324*
Kastenbaum, R. 4, *50*
Kats, R. 74, 75, *87*, 94, 96, 97, *102*
Katschnig, H. 5, 6, 7, *50*, 53, 54, 55, 56, 58, 59, *69, 70*, 92, *102*, 104, 105, 108, 111, 120, *121*, 233, *249*, 296, 298, 302, *320, 322*
Katz, J. O. 113, *121*, 217, *230*
Katz, M. M. 233, *249, 250*
Kaufmann, A. 139, *152*
Keil, W. 257, 259, *269*
Kellerman, H. *231*
Kelley, H. H. 144, 153
Keley, J. G. 184, 186, *194*
Kennell, J. H. 285, *291*
Kenny, D. A. 54, 64, *70*, 85, 89
Keßler, B. H. 303, *322*
Kessler, M. 157, *172*
Kessler, R. C. 254, *269*, 302, *322*
Keupp, H. *194*, 233, *249*
Kielholz, P. 233, *249*
Klages, H. 139, *152*
Klauer, T. 297, 302, 305, 309, 310, *321, 322*
Klaus, G. 4, *50*
Klaus, M. H. 285, *291*
Klausner, S. Z. 204, *230*
Klein, D. N. 294, *322*
Klein, E. B. 277, *291*
Klein, G. S. 202, *230*
Klerman, G. L. 233, *250*
Klinger, E. 18, 34, 44, *50*, 200, *230*, 242, *249*
Knapp-Glatzel, B. 295, *326*
Knuth, G. 307, *322*
Kobasa, S. C. 15, 19, 35, *50*, 244, *249*, 254, *269*, 286, *291*, 302, 308, *322*

Köhler, T. 307, *322*
König, F. 188, *194*
König, R. 139, *152*
Kohli, M. 126, *136, 137, 138,* 303, *323*
Kohlscheen, G. 184, *194*
Kohn, I. 144, *153*
Korte, C. 149, *152*
Kosa, J. *193*
Krahé, B. 297, 313, *323*
Kraines, R. J. 130, *138*
Krantz, D. H. *87*
Krasnoff, L. 57, 61, *69,* 75, 79, *88,* 93, 98, 99, *102,* 105, 106, 109, 110, *121,* 255, *268*
Kratochwill, T. R. 53, 68, *70*
Krause, R. 188, *194*
Krauss, H. H. 93, 94, 96, 97, *102*
Krauss-Whitbourne, S. 308, *323*
Krupat, E. 143, *152*
Kruse, L. 175, *194*
Kuhl, H. 27, *50,* 100, 101, *102*
Kuhn, N. O. 74, *89*
Kuhn, T. S. 198, 230, 276, *291*
Kukla, A. 182, *196*
Kuo, W. 57, 62, *70*
Kutscher, A. H. *250*

Lambert, M. J. 285, *291*
Langer, E. J. 245, 246, *249, 250*
Langner, T. S. 14, 17, *49, 50,* 62, *70,* 166, *173*
Lantermann, E. D. 5, *50,* 149, *152,* 174, 180, *195*
Launier, R. 36, 39, *50,* 104, *121,* 212, 215, 218, *231,* 236, *249*
Laux, L. 302, *323*
Lawton, M. P. *89,* 129, *137,* 150, *153,* 163, 172, *173*
Lazarus, R. S. 36, 39, *50,* 104, 111, *121,* 167, *173,* 177, *195,* 199, 200, 201, 203, 205, 207, 208, 210, 211, 212, 213, 215, 217, 218, 219, 225, 226, *229, 230, 231, 232,* 236, *249,* 198–232, 295, 306, 309, *321, 322, 323*
Lee, D. *326*
Lee, S. Y. 81, *87*
Lefkowitz, M. M. 283, *291*
Lehman, D. R. 312, *326*
Lehr, U. 5, *47, 50,* 67, *70,* 124, 127, 131, *136, 137,* 255, *269, 320*
Leppin, A. 312, *325*
Lerner, M. J. 305, 313, *323*
Lerner, R. M. 305, *323, 324*
Lester, D. 46, *50*

Levi, L. *231*
Levine, M. 241, *249*
Levine, S. *51*
Levinson, D. J. 131, *137,* 277, *291*
Levinson, M. H. 277, *291*
Lewinsohn, P. M. 233, *250*
Lewis, M. 121, *231, 249*
Lieberman, M. A. 18, 19, 42, 45, *50,* 134, *137,* 163, 165, *173,* 246, *250,* 286, 287, *291*
Limberg, P. 307, *322*
Lin, N. 57, 62, *69, 70,* 298, 302, *323*
Lind, E. 28, *50*
Lindemann, E. 12, 23, 38, *47, 50,* 165, *171,* 296, *323*
Lindenthal, J. J. 74, 75, *89,* 233, *250,* 284, *291*
Linsky, A. S. 43, *49*
Lipman, R. S. 32, *52*
Lipsitt, L. P. 72, 73, *87,* 104, *120,* 276, 278, 280, *289*
Livson, N. 82, *89*
Loevinger, J. 82, *89,* 277, *291*
Löwe, H. *47, 136, 320*
Lopata, H. Z. 130, *137*
Lorenz, K. 202, *231*
Lorion, R. P. 157, *172*
Lotter, V. 278, *291*
Lowe, J. 127, *138*
Lowenthal, M. F. 17, *50,* 72, 74, 75, 76, 78, 85, *89,* 130, *137,* 162, *173*
Luborsky, L. 203, *231*
Luce, R. B. *87*
Luckmann, T. 177, *193*
Lüer, G. 190, *195*
Lundberg, U. 28, *50,* 80, *89,* 107, *121*

Maddi, S. R. 302, *322*
Maddison, D. 27, *50*
Maddox, G. L. 165, *173*
Magnusson, D. 235, *250, 291*
Maher, B. A. *229*
Maher, J. T. 209, *231*
Mahl, G. F. 215, *231*
Mahoney, M. 212, *231*
Maiuro, R. D. *326*
Malewska-Peyre, H. 151, *152*
Maley, R. *172*
Mandler, G. 212, *231*
Mann, L. 219, *230*
Maples, C. W. 237, *249*
Marceil, J. C. 211, *231*
Marcus, J. L. 33, 35, *49,* 108, *121,* 234, *249*
Martin, J. L. 34, *48,* 108, *121,* 238, *249*

Mason, J. W. 209, *231*
Masuda, M. 17, 21, 33, *48,* 49, *50,* 80, *88*
Maurice, W. L. 284, *290*
Maus, G. 259, *269*
Maxwell, S. E. 66, *70*
May, M. A. 275, *290*
Mayring, P. *325*
McArdle, J. J. 85, *88*
MacCall, R. B. 274, *291*
Mac Callum, R. C. 116, *121*
McCluskey, K. A. *324*
McCrae, R. R. 85, *87*
McFarland, R. A. 129, *137*
Mac Farlane, A. H. 29, 35, *50,* 107, 108, *121*
McGoldrick, M. *324*
McGuire, W. *230*
McKean, J. D. 161, *173*
McKee, B. 277, *291*
McLanahan, S. S. 303, *323*
McLaughlin, B. *171*
Mead, G. H. 253, *269*
Mechanic, D. 29, *50,* 217, *231*
Meichenbaum, D. 181, *195,* 212, *231*
Menaghan, E. G. 295, *323*
Mendels, J. 33, *52*
Merbaum, M. *193*
Messick, J. R. 46, *47,* 134, *136*
Michael, S. T. 17, *50,* 166, *173*
Michel, L. *322*
Mielke, R. 259, *269*
Miettinen, O. S. 66, *70*
Miller, G. A. 187, *195*
Miller, N. E. 200, *230*
Miller, P. Mc. C. 22, 36, *51*
Miller, W. R. 235, 237, *249*
Minsel, W. R. *194*
Mirowsky II, J. 29, 42, *51,* 57, *71,* 92, 98, 99, *102,* 106, 109, *121*
Mischel, W. 182, *195,* 275, 276, *291*
Modell, J. 82, *89,* 127, *137*
Möntmann, V. 253, *269*
Mohr, G. 234, 240, *249*
Monroe, S. M. 235, 236, 238, *249,* 302, *323*
Montada, L. 8, 41, *51,* 274, 276, 277, 283, 286, 289, *290, 291,* 292, 272–292, 313, *323*
Moore, B. S. 243, *250*
Moore, G. T. 149, *152*
Moore, J. W. *89,* 127, *138*
Moos, H. A. 275, 277, 279, 283, 287, 288, *291*
Moos, R. H. 220, *231,* 297, 309, *319,* 322, *323*
Moreland, J. R. 311, *325*

Moriarty, A. E. 133, *137*
Mougey, E. H. 209, *231*
Müller-Fahlbusch, H. 150, *153*
Müller-Fohrbrodt, G. 15, *51*
Mullen, B. 308, *323*
Mummendey, H. D. 92, 98, 99, *102,* 252, 253, 256, 259, 261, 264, 268, *269,* 252–270
Munoz, R. F. 184, *195*
Murrell, S. A. 294, *323*
Murphy, G. E. 74, *89*
Murphy, L. B. 111, *121*
Muthny, F. A. 309, *321,* 323
Myjer, D. 92, 98, 99, *102*
Myers, J. K. 53, *70,* 184, *195,* 233, *250,* 284, *291*
Myers, J. L. 74, 75, *89*

Nahemow, L. 150, *153,* 163, *172*
Nance, D. W. 66, *70*
Neale, J. M. 107, 108, *122,* 302, *323*
Neikirk, H. H. 203, *232*
Neisser, U. 16, *51*
Nesselroade, J. R. 8, 21, *47, 51,* 70, 73, 76, 82, 86, *87, 89, 90,* 274, 280, *289, 291,* 302, 304, *319, 324*
Neugarten, B. L. 27, 30, *51,* 76, 77, *89,* 126, 127, 130, 131, *138,* 160, 161, 162, *173*
Neuhaus, R. J. 190, *193*
Newbrough, J. R., 190, *195*
Newcomb, T. *230*
Newman, B. M. 130, *138*
Newman, O. 149, *153*
Newman, P. R. 130, *138*
Newton, R. W. 301, *324*
Nickel, H. 129, *138*
Nisbett, R. E. 186, *194*
Norman, G. R. 29, 35, *50,* 107, 108, *121*
Norris, F. H. 294, *323*
Novaco, R. W. 181, *195*
Nowak, C. A. 26, 27, *48,* 104, *120,* 160, 161, 162, 168, *172, 173*
Nuckolls, K. B. 22, *51,* 164, *173,* 184, *195*

Oerter, R. *137,* 303, *324*
O'Hanlon, T. J. 144, 151, *152*
Okun, M. A. *326*
Olbrich, E. 5, 8, 12, 18, 32, 35, *47, 48,* 93, 100, 101, *102,* 125, *136, 138,* 123–138, *320, 321*
Olsen, K. M. 127, *138*
Opler, M. K. 166, *173*
Opton, E. M. Jr. 177, *195,* 200, 212, *231*
Ordy, J. M. 129, *138*

Personenverzeichnis

Osler, S. F., 199, 201, *231*
Ostrander, D. L. 74, 75, *89*
Overton, W. F. 276, *292*

Parkes, C. M. 240, *250*
Parsons, T. 217, *231*
Paulus, P. B. 237, *249*
Paykel, E. S. 28, 30, 34, *51,* 54, 58, 63, 64, *70,* 92, 96, 97, *102,* 233, 234, 235, 238, *250,* 302, *324*
Pearlin, L. I. 16, 19, 22, 26, 37, 38, *51,* 120, *121,* 208, *232,* 244, *250,* 311, *324*
Penick, S. 203, *231*
Pepper, M. P. 74, 75, *89,* 233, 234, *250,* 284, *291*
Pepper, S. C. 274, *291*
Peretz, D. *250*
Perkins, D. V. 393, *324*
Perlow, M. J. 209, *231*
Pervin, L. A. 32, *51, 121,* 204, *231, 232, 249*
Peterman, A. M. 302, *323*
Petermann, F. 53, 56, 62, 64, 66, 68, 69, *70, 71,* 53–71
Petermann, U. 66, *69,* 70
Peters-Golden, H. 311, *324*
Peto, J. 54, 56, 63, *69*
Pettigrew, T. F. 305, *324*
Pfeil, E. 144, *153*
Piaget, J. 129, *138*
Pierce, G. R. 311, *325*
Piper, D. W. *321*
Pitchford, L. 241, *249*
Plantz, M. 166, *173*
Platt, J. J. 179, 188, *195,* 243, 244, *250,* 251
Pleck, J. 97, *102*
Plemons, J. K. 5, 8, 13, 21, 24, 26, 37, 43, *49,* 59, *70,* 72, 73, 76, 83, *88,* 104, 111, *121,* 160, 163, *172,* 276, 279, *290*
Plutchik, R. *231*
Podolsky, S. 129, *137*
Poon, L. F. *88*
Porteous, J. D. 150, *153*
Posse, N. 182, *194*
Potkay, C. R. 256, *268*
Preiser, S. 242, *250*
Preiser, W. F. E. *153*
Pribram, K. H. 187, *195*
Price, R. 302, *322*
Prockopp, G. W. 46, *50*
Proshansky, H. M. 141, *153*
Pruchno, R. A. 306, *324*
Prusoff, B. A. 28, 30, *51,* 92, 96, 97, *102*
Prystav, G. 238, *250*
Puccetti, M. C. 308, *322*

Quinton, D. 286, *291*

Rabkin, G. J. 14, 23, *51,* 73, *89,* 92, *103,* 238, *250*
Radtke, B. 293, *325*
Rahe, R. H. 5, 6, 17, 28, 34, *49, 51,* 74, 75, 79, 80, 81, 85, 88, *89,* 93, 97, *102,* 107, 108, 109, *121,* 160, 161, *172, 173, 250,* 255, 269, 273, *290,* 296, 301, *322, 324*
Ralph, K. M. 66, *70*
Ramsay, T. B. 107, *122*
Raphael, B. 27, *50*
Rappaport, J. 169, *173*
Rauh, H. 288, *292*
Raush, H. L. 203, *232*
Raymond, S. 201, *232*
Reason, J. *321,* 322, *324*
Recker, H. *152*
Redfield, J. 35, *51,* 57, *70,* 81, *89,* 107, 110, 111, *121*
Reed, L. 182, *196*
Reese, H. W. 8, 48, *51,* 72, 73, 82, *87,* 104, *120, 171,* 230, *232,* 274, 276, 278, 280, *289, 291, 292,* 294, 303, *319, 324*
Rehage, K. J. *137*
Reich, J. W. 307, *324*
Reicherts, M. 295, *324*
Reinert, G. 8, *51, 291*
Reinke, B. J. 306, *324*
Reiser, M. F. 23, *51*
Rennie, T. A. C. 166, *173*
Rest, S. 182, *196*
Revenson, T. A. 309, *320, 324*
Revenstorf, D. 66, *70*
Rhenius, D. *48*
Ricks, D. F. *291*
Riegel, K. F. 4, 9, 11, 45, *51,* 158, 159, *173,* 206, *232,* 274, 276, 279, 280, *292,* 305, *324*
Rierdan, J. 141, *153*
Riessman, F. 165, *172, 173*
Riley, M. W. *48,* 127, 128, *138*
Riley, R. T. 305, *324*
Risley, T. R. 64, *70*
Roberts, B. H. 184, *195*
Robertson, A. 28, *48,* 74, 87, 94, 96, 97, *102*
Robins, E. 74, *89,* 284, *290*
Robins, L. M. 277, *292*
Robinson, P. W. 53, *71*
Robinson, S. E. *326*
Rodgers, W. 24, 37, 39, *49*
Rodin, J. 37, 43, 45, *51,* 235, 245, 246, *248, 249, 250*
Roehl, J. 181, *193*
Rösler, F. 116, *121*

Roff, M. *48, 52, 88, 291*
Rogner, O. 297, *324*
Rogosa, D. 85, 86, *89*
Rohlf, F. J. 113, *121*
Rolland, J. S. 311, *324*
Rook, K. S. 312, *324*
Rosen, J. C. 156, *173*
Rosenbaum, M. 308, 309, *324*
Rosenbaum, R. M. 182, *196*
Rosenberg, M. J. *230*
Rosenmayr, L. 123, 124, *136, 137, 138*
Roskies, E. 199, 225, *232*
Rosow, I. 17, *51*, 76, *89*
Ross, C. E. 29, 42, *51*, 57, *71*, 106, 109, *121*
Roth, S. H. *326*
Rothfuss, M. 180, *193*
Rotkin, L. 241, *249*
Rotter, J. B. 236, *250*
Roy, R. 29, 35, *50, 51*, 107, 108, *121*
Rubovits, D. R. 294, *322*
Ruch, L. O. 29, 32, 33, *51, 52*, 57, *71*, 81, *89*, 107, *122*
Russo, J. *326*
Rutter, M. L. 295, *325*
Rutter, U. 274, 286, *291, 292*
Ryan, W. 166, *173*, 313, *325*
Ryff, C. D. 5, 27, 28, 36, 43, *47*, 301, 305, *320, 325*

Saile, H. 111, *122*, 104–122
Sanchez-Craig, B. M. 244, *250*
Sandler, I. N. 107, *122*
Sarason, B. R. 311, 312, *325, 326*
Sarason, I. G. 5, 17, 18, 19, 29, 33, *50, 52*, 75, 81, *89*, 98, 99, *103*, 105, 108, *120, 122*, 311, 312, *325, 326*
Schaefer, C. 12, 33, *49*, 104, 111, *121*, 200, 203, 215, 219, *230, 231*, 322
Schaie, K. W. 8, *47, 52*, 86, *89*, 90, *137*, 263, 269, 280, 287, *289, 290, 292*
Schaller, G. B. 203, *232*
Schatzschneider, K. 131, *138*
Scheff, T. 188, *195*
Scheier, M. F. 308, *325*
Scheller, R. *194*
Schlesinger, H. 202, *230*
Schless, A. P. 33, *52*
Schmidt, H. D. 276, *292*
Schmidt, L. 282, *292*, 309, *325*
Schmitt, M. 289, *291*
Schmook, C. *69*
Schneewind, K. A. 104, *120, 291*, 311, *325*
Schoenberg, B. *250*

Schooler, C. 16, 19, 26, 37, 38, *51*, 120, *121*, 243, 244, *250*
Schott, E. 177, *195*
Schott, F. *193, 194*
Schroder, H. M. 247, *249*
Schroeder, D. H. 301, *325*
Schroeter, R. 180, *194*
Schuessler, K. *71*
Schulz, R. 246, 247, *250*
Schulz, W. *70*
Schwartz, G. *195*
Schwartz, L. 33, *52*
Schwarz, N. *321*
Schwarzer, R. 182, *195*, 312, *325*
Schwebel, A. J. 311, *325*
Scott, D. J. 29, 35, *50*, 107, 108, *121*
Seaman, S. F. 235, 237, *249*
Sears, R. R. 124, *138*, 279, *292*
Seeman, P. *231*
Seidenstücker, G. *320*
Seidman, E. 169, *173*
Seiffge-Krenke, I. 133, *138*
Seitz, J. A. 19, *52*
Seligman, M. E. P. 18, *47, 52*, 233, 235, 236, 237, 238, 247, *248, 250*, 285, *289, 292*
Selye, H. 6, 38, *52*, 160, *173*, 231
Selzer, M. L. 29, *52*, 238, *250*, 268, 270
Sen, P. K. 62, *70*
Serban, G. *231*
Shanas, E. *69, 89, 138, 173*
Shapiro, D. *195*
Shaver, K. G. 313, *325*
Shaver, P. *322*
Shearin, E. N. 312, *325*
Sheehy, G. 124, *138*
Sherrod, D. R. 243, *250*
Shrout, P. E. 294, *320, 325*
Shure, M. B. 179, *195*, 244, *251*
Siegel, J. M. 5, 17, 33, *52*, 75, 81, *89*, 98, 99, *103*, 105, 108, *122*
Silver, R. L. 22, 34, 36, 38, 46, *52*, 284, 285, *292*
Simcha-Fagan, O. 14, 21, *49*, 62, *70*
Simeone, R. S. 57, 62, *70*
Simmons, O. G. 151, *152*
Simons, D. 188, *194*
Singer, B. 82, *90*, 153
Singer, J. E. 12, *52*, 58, 61, *71, 152*, 235, 248, *249*, 306, 319
Skeels, H. M. 274, *292*
Skinner, B. F. 210, *232*
Sklair, F. 76, 87
Slyther, H. 285, *291*

Smelser, N. J. 207, *232*
Smith, R. E. 18, *52*, 245, *250*, 305, *319*
Smyer, M. A. 26, 27, *48*, 104, *120*, 166, 168, *172*, 294, 303, 306, *324*
Snodgrass, D. 17, *52*
Snowden, L. R. 184, *195*
Snyder, C. R. 297, *323, 325*
Sørensen, A. B. 303, *323*
Sommer, G. 190, *194, 195*
Spence, J. A. 199, *232*
Spence, K. W. 199, *232*
Spiegel, J. P. 184, *194*
Spilerman, S. 82, *90*
Spielberger, C. D. *120, 172, 232*
Spitznagel, A. 25, *52*
Spivack, G. 179, 188, 195, 243, 244, *250, 251*
Sprung, L. 56, *71*
Srole, L. 166, *173*
Stachowiak, H. 9, *52*
Stack, S. 151, *153*
Stahl, S. M. 203, *232*
Stanley, J. C. 85, *87*
Steensma, H. *323*
Stegie, R. 92, *103*
Stegmüller, W. 4, *52*
Steiner, G. *291*
Steinhausen, H.-C. 293, *325*
Sticht, Th. 151, *153*
Stokols, D. 148, *153*
Stollak, G. E. 168, *172*
Stone, A. 35, *51*, 57, *70*, 81, *89*, 107, 108, 110, 111, *121, 122, 323*
Stone, C. I. 181, *194*
Strack, F. *321*
Strauss, A. L. 128, *137*
Strauss, J. S. *48*, 52, 53, *71*, 88
Strehmel, P. *325*
Streiner, D. L. 29, 35, *50*, 107, 108, *121*
Stroebe, M. S. 22, 30, *52*, 297, *325*
Stroebe, W. 22, 30, *52*, 297, *325*
Strube, G. 304, *321, 325*
Struening, E. L. 14, 23, 51, 73, *89*, 92, *103*, 238, *250*
Sturm, G. 92, 98, 99, *102*, 257, 261, 264, 268, *269*
Suls, J. 308, *323*
Suppes, P. 87
Susman, E. J. 275, 277, 279, *291*
Swaminathan, H. 62, *71*
Syme, S. L. 311, *320, 322*

Tack, W. H. *194*
Taft, R. 142, *153*

Takane, Y. 116, *122*
Tannenbaum, P. *230*
Tanner, J. M. 129, *138*
Tausch, A. M. 180, *195*
Tausch, R. 180, *195*
Taylor, D. A. 149, *151*
Taylor, R. C. 165, *171*
Teasdale, J. D. 18, *47*, 233, 236, *248*, 285, *289*
Tennant, C. 98, 99, *103, 321*
Tesser, A. 33, *52*
Thagard, J. 17, *52*
Theorell, T. 28, *50*, 80, *89*, 107, *121*
Thibaut, J. W. 144, *153*
Thielen, H. 18, 34, *52*
Thoits, P. 254, *270*, 293, *325*
Thomae, H. 17, 31, 39, *52*, 125, 130, *136, 138, 323*
Thomas, A. *291*
Thurlow, H. J. 76, *90*
Thurnher, M. 17, *50*, 72, 76, 78, *89*, 130, *137*
Tinbergen, N. 202, *232*
Todt, E. *138*
Toussieng, P. W. 133, *137*
Trautner, H. M. 123, *138*
Trimm, K. *193*
Trost, M. A. 157, *172*
Turk, D. 181, *195*
Turner, H. A. 311, *324*
Turner, J. S. 133, *138*
Turner, R. J. 295, *319*
Turner, R. R. *171, 319*

Ueckert, H. *48*
Uhlenhuth, E. H. 28, 30, 32, *51, 52*, 92, 96, 97, *102*
Ulich, D. 297, *325*
Upshaw, H. S. 54, *71*
Ursin, H. *51*

Valins, S. *152, 153*, 186, *194*, 248
Van den Daele, L. D. 82, *90*
Van Keep, P. A. 130, *138*
Van Lawick-Goodall, J. 203, *232*
Van Quekelberghe, R. 242, *251*
Vascovics, L. A. 147, *153*
Vermunt, R. *323*
Vess, J. D. 311, *325*
Vigderhous, G. 66, *71*
Viney, L. L. 188, *193*
Vinokur, A. 29, *52*, 238, *250*, 268, *270*
Vitaliano, P. P. 309, *326*
Vogel, B. 66, *70*

Vogel, W. 201, *232*
Vogelmann, S. 112, *120*
Volpert, W. 43, *52*

Wagenfeld, M. P. 189, *195*
Wagner, I. 180, *195*
Waidner, U. 295, *321*
Walder, L. O. 283, *291*
Wallerstein, J. 297, *326*
Wapner, S. 141, 142, 144, *152, 153*
Warburton, D. M. *50, 121, 230*
Ward, J. H. 116, *122*
Warren, D. I. 166, *173*
Washburn, S. L. 203, *232*
Waterhouse, I. K. 199, *229*
Webb, L. J. 17, *52*
Weber, H. 295, *326*
Wechsler, H. *230*
Weiner, B. 182, 186, *194*, 195, *229*
Weiner, H. 217, *230*
Weinert, F. E. *137*, 279, *292*
Weinstein, N. D. 19, 28, *52*, 92, 98, 99, *103*, 313, *326*
Weisman, A. D. 222, 223, *230, 232*
Wesman, A. L. 11, *49*
Wheaton, B. 22, *52*, 92, 98, 99, *102*, 245, 250
White, R. 36, 37, 43, *52*, 200, *232*, 235, *250*
Whiting, J. W. H. 277, *292*
Whitlock, G. E. 46, *52*
Wicker, F. W. 189, *195*
Wieczorek, T. 66, *69*

Wiedl, K. H. 150, *152*
Wiener, A. *250*
Wildman, R. C. 62, *71*
Wilk, W. 257, *269*
Willems, E. P. 203, *232*
Winch, P. 175, *195*
Wing, J. K. *292*
Wish, M. 81, *87*
Wittling, W. *49*
Wofsey, E. 141, *153*
Wohlwill, J. F. 82, *90*, 144, 148, *153, 231*
Wolf, E. 129, *137*
Wolf, M. M. 64, *70*
Wolpert, J. 145, *153*
Wood, D. 181, 182, *193*
Wooster, A. D. 151, *153*
Wortman, C. B. 19, 22, 34, 36, 37, 38, 39, 40, 46, *48, 52*, 241, 242, *248, 251*, 284, 285, *292*, 302, 312, *322, 326*
Wyss, D. 36, *52*

Yamamoto, K. 76, *90*
Yerkes, R. M. 199, *232*
Young, C. E. 166, 169, *173*
Young, F. W. 116, *122*

Zautra, A. J. 301, 307, *324, 326*
Ziller, R. C. 150, *153*
Zipf, G. 145, *153*
Zola, S. K. *193*
Zwingmann, C. 142, *153*

Sachverzeichnis

Abwehr(mechanismen) 36, 37, 198
Adaptationsniveau 145
Adaptationssyndrom, allgemeines 38, 209, 278
Äquilibrationsprozesse 9, 134 ff.
Aktion, direkte 217 ff.
Aktionshemmung 39, 220
Alltagswidrigkeiten („daily hassles") 302
– vs. Lebensereignisse 294
– Mikro-Makro-Dilemma 295
Alter, kalendarisches 17, 82, 126, 260, 268, 304
Altersabhängigkeit von Lebensereignissen (siehe auch Lebensereignisse, altersnormierte) 282 ff.
Altersheim(einweisung) 18, 45, 245 ff., 287, 297
Analyseeinheiten in der Ereignisforschung 13 ff., 57
Anpassung (Neu-, Wieder-) 18, 23, 107, 140, 161, 228, 307
Arbeitslosigkeit 27, 117, 184, 234, 240, 297
Attribuierungsmuster, -prozesse 34, 237, 242, 245, 285, 313, 318
Autobiographisches Gedächtnis 304

Bewältigung(sverhalten) 36 ff., 133 ff., 295, 298, 310
– antizipatorische 11, 17, 31, 167
– Definition 36 ff., 134, 216 ff., 221, 222, 235
– Effizienz 15, 37, 38, 40, 43, 46, 135, 163, 184, 190, 211, 224, 228, 243, 286
– Erfassung 220 ff., 309
– Fertigkeiten 45, 169, 186, 213, 223, 308
– Formen 39 ff., 133 ff., 218 ff., 276
– Phasenmodelle 12, 38
– Stabilität 38, 206 ff., 243, 308
Bewältigungsforschung 309, 310
Bewältigungsgeschichte 8, 14, 163, 283
Biographie 30, 56, 123, 162, 266, 304
Biographische Diagnostik 303

Child Guidance-Bewegung 279
Community Helpers Project 169
Coping siehe Bewältigung

Defizite (bei Hilflosigkeit) 237 ff., 243
Depression 7, 33, 81, 150, 233 ff., 247, 298

dialektisches Entwicklungsmodell 9, 206, 274, 279
Diskontinuität, explanatorische 287
dreimodale Faktorenanalyse 57, 107, 112 ff.

Effektanalyse siehe Lebensereignisse, Effekte
effektzentrierter Zugang 42
Einschätzung (appraisal) 31, 36, 104, 212 ff., 240
Einstellungen 67, 252 ff.
Einzelereignisanalyse 296, 306, 310, 318
Einzelfallanalyse, -methodologie 53, 59, 66, 68, 228
Emotionen (auch: Regulation von Emotionen) 39, 214, 217 ff., 239 ff., 304
Entwicklung, Metamodelle 9, 206, 274, 276 ff.
Entwicklungsaufgaben 303
Entwicklungsintervention, -förderung 13, 158 ff., 167 ff., 304, 305
Entwicklungskonstrukt 304
Entwicklungsprognose 272, 279 ff., 285 ff.
Entwicklungspsychologie (der Lebensspanne) 8, 72, 156, 159, 272 ff., 280, 303
Entwicklungsreiz 123, 130, 136
Epidemiologie 6, 16, 64, 93, 104, 105, 120, 211, 233, 238
ereignisbezogenes Wissen 19
Ereignis siehe Lebensereignisse
Ereignisketten 21, 26, 77, 82
Ereignislisten 23, 57, 59, 61, 74, 92 ff., 105, 254, 273, 293, 294
Ereignisparameter 25 ff., 92 ff.
Ereignispopulation 75, 79, 107
Erziehungsprogramme 168 ff.
experimentelle Mortalität 62, 84
extensiver (vs. intensiver) Forschungsansatz 59 ff.

Familie 311
– familiales Bewältigungsverhalten 311

Geburt (des ersten Kindes) 67, 262
Geburtskohorte 304
Gemeindepsychologie 192
Gerechte-Welt-Motiv 313
Geschlechtsunterschiede 17, 78, 109, 127, 260

Sachverzeichnis

Gesundheit(ssystem) 18, 41, 156
Gleichgewicht(smodelle) 24, 37, 39, 133, 139, 158

Handlung(spsychologie,- stheorie) 175
Handlungsaktivierung 190, 241
Handlungsziele 18, 34, 168, 176
Herausforderung 18, 20, 35, 212, 241
Hilfe (siehe auch Selbsthilfegruppen) 46, 169 ff.
– professionelle vs. informelle 46, 166, 169 ff.
Hilflosigkeit, gelernte 234 ff.
historische Ereignisse siehe Lebensereignisse, epochalnormierte

Identität (Orts-) 132, 133, 139 ff., 224
Informationssuche 218, 240
Interaktionismus(debatte) 5, 19, 174, 235, 275, 285
Intervention (siehe auch Entwicklungs-, Krisen-) 41, 64, 67, 156, 228, 275, 281, 287 ff.
intrapsychische Regulation siehe Emotionen, Regulation von
ipsativ-normativer Forschungsansatz 210 ff., 227

Jugendalter, Fokaltheorie 131 ff.

Kausalmodelle, Kausalitätsbestimmung 44, 54, 59 ff., 62 ff., 72, 83 ff., 297, 302, 312
kognitive Strukturiertheit 18, 165, 247
Kohorte(-neffekte, -ndifferenzen) 8, 18, 21, 78, 86, 127, 280, 288, 318
Kompetenz (auch: Bewältigungs-) 14, 150, 156 ff., 164, 175, 185 ff.
Kompetenzbewußtsein 191, 244
Kompetenzdefizit 177
Konstruktbildung, eindimensionale vs. mehrdimensionale 79 ff.
kontextualistisches Paradigma 274, 276
Kontinuität (auch: strukturelle) 82, 125, 275, 279 ff., 287, 288
Kontrolle (behaviorale, dezisionale, kognitive, personale) 11, 233 ff., 235, 238 ff., 245 ff., 248, 313
Kontrollmotivation 35, 241
Kontrollüberzeugung, generalisierte 19, 42, 236, 244 ff.
Krankheit(en) (nach Lebensereignissen, siehe auch Epidemiologie) 6 ff., 43, 85, 158, 233, 284, 301

Krankheitsbewältigung 297, 309
Krankheitstheorien, subjektive 313
Krise 4, 30, 74, 123, 133 ff., 140, 158, 159, 187, 284, 310
Krisenintervention 44, 169
Kummerreaktion 39, 46, 151

Laborexperiment (auch: vs. Feldexperiment) 59, 61, 202 ff., 226, 245, 254, 274
Längsschnittstudien 62, 83, 84, 263 ff., 267 ff., 275, 279, 288, 297, 302, 307
Lebensereignisforschung 314
– Bilanz 271
– differentialpsychologische Forschungsperspektive 306
– als Einzelereignisanalyse 296
– entwicklungspsychologische Forschungsperspektive 7 ff., 43, 73, 104, 161 ff., 303
– familienpsychologische Forschungsperspektive 311
– klinisch-psychologische Forschungsperpektive 6 ff., 74, 160, 199, 227, 298
– Modellannahmen 301
– sozialpsychologische Forschungsperspektive 310
– vergleichende 298
Lebensereignisse, Abfolge siehe Ereignisketten
– Ähnlichkeit 14, 35, 107, 163
– Antezedentien 13, 14 ff.
– altersnormierte (siehe auch Altersabhängigkeit von Lebensereignissen) 17, 27, 76, 77, 93, 126, 282, 303
– Bedeutungsgehalt 34, 54, 61, 64, 111, 113, 120, 212, 282
– Bedrohungsgehalt 28, 29, 33, 61, 80, 94, 244
– Bewältigung siehe Bewältigung
– Bewertung (siehe auch Einschätzung) 4, 11, 16 ff., 28, 31 ff., 34, 82, 95, 104 ff.
– Definition, Identifikation 4 ff., 9, 23 ff., 28, 53, 54, 58, 72, 74 ff., 293
– Effekte 9, 13, 18, 41 ff., 53 ff., 84, 238, 242, 260 ff., 273, 283 ff.
– Eintrittswahrscheinlichkeit 3, 16, 28
– epochalnormierte 21, 27, 76, 93, 304, 306
– als Erklärungsprinzip für Entwicklungsveränderungen 7 ff., 33, 104, 159
– Erwünschtheit 17, 24, 29, 33, 107, 108, 111, 113, 120, 234, 268
– Klassifikation 17, 26, 31, 33, 35, 76, 82, 93, 105 ff., 112, 238
– Kontextbedingungen 3, 8, 13, 20 ff., 55, 80, 108

341

- kontextuelle Reinheit 27
- Kontrollierbarkeit 30, 34, 76, 107, 235, 238, 246
- Kurz-/Langzeitwirkung 8, 12, 56, 62, 283 ff.
- als Markierungspunkte vs. Prozesse 26, 124, 160
- Merkmale (siehe auch Ereignisparameter) 13, 23 ff., 76 ff., 162, 234, 294, 303
- Messung 56, 73, 81, 92 ff., 293
- Nicht-Eintritt 77
- non-normative (vs. normative) 11, 15, 17 ff., 26, 27, 31, 41, 73, 76, 93, 125, 135, 136, 141, 161, 240, 318
- objektive vs. subjektive 25, 76, 81, 84
- positive vs. negative siehe – Erwünschtheit
- Repräsentation 25, 29, 56, 79 ff.
- Skalierung 32, 33, 80, 108, 109
- als (un)abhängige Variablen 44, 107, 234, 279
- Vorhersehbarkeit, 31, 35, 77, 108, 237, 238, 246
- zeitliche Merkmale 27, 33, 55, 73, 77, 78, 81, 161 ff.

Lebenskrise siehe Krise
Lebenslage 274 ff., 295
Lebenssituation, kritische 174 ff.
life-change-units (auch: Veränderungskennwerte; auch: Gewichtung von –) 28, 36, 42, 57, 80, 105, 161, 238

Menopause 130 ff.
mental-health-Bewegung 156 ff., 166
Mitleid(sethik) 312, 313
Moderatorvariablen 301, 308
Mortalitätsrisiko 297
motivationale Faktoren 18 ff., 200, 201
multidimensionale Skalierung 33, 57, 81, 107 ff.
multiple baseline design 66

natural-caregiving-Bewegung 165
Neurotizismus 307
„Nicht-Ereignisse" 301
nomothetische Ereignisforschung 95
Normen, normative Prämissen 41, 142, 148

Ökopsychologie 140 ff.
Optimismus (auch: unrealistischer) 308, 313

Persönlichkeitskonstrukte 305, 308, 309
Person-Umwelt-Passung 9, 24, 37, 39, 44, 312

Personenfaktoren 15 ff., 111, 305, 309, 310, 317
Prävention (auch: primäre vs. sekundäre) 41, 54 ff., 156 ff., 174 ff.
Problemlösepradigmen 188, 236, 242
prospektive Designs 62, 66, 81, 83, 317
Prozeßanalysen, -modelle 38, 53, 62, 66, 81, 83, 120, 144, 204 ff., 228, 241, 247
Prozeßmerkmale 13 ff., 123
Psychiatrische Symptomatik 301
Psychopathologie 6, 158, 184
psychosoziale Versorgung 156 ff., 163, 166 ff., 169, 191 ff., 280, 287

quasi-experimentelle Designs 59, 79, 85, 274, 297, 305

Ressourcen (für die Bewältigung) 13, 16, 18, 38, 163, 164, 213, 243, 297, 298, 306, 308
retrospektives Design 11 ff., 32, 58, 62, 66, 74, 80, 81, 83, 84, 109, 260 ff., 266 ff., 294
reziproker Determinismus 307
Risikopersönlichkeit, -gruppe 16, 64

Selbstbild 42, 142, 150, 213, 233, 253
Selbstbildänderungen 252 ff., 305
Selbsteinschätzung, Verfahren 256 ff.
Selbsthilfegruppe(n) 165, 179, 287
Selbstkommunikation 69
Selbstwertgefühl 19, 42, 151, 238, 244
Sequenzmodelle 86, 263
Situationismus siehe Interaktionismus
Situationsanalyse, -einschätzung 174 ff., 188 ff., 241
Social Readjustment Rating Scale 17, 29, 75, 79 ff., 92
soziale Penetration 149
soziale Schicht 21, 109, 254
soziales Stützsystem 17, 20, 22, 45, 46, 111, 136, 164 ff., 184, 276, 280, 286, 311
Soziale Unterstützung 311, 312
soziale Vergleichsprozesse 17, 145, 146, 237
Sozialisation (auch: antizipatorische) 15, 45 ff., 125, 127, 168, 273, 280, 282
Spontanremission 285
Stabilität, intraindividuelle 277 ff., 279
Stadt(entwicklung) 140, 143, 146 ff., 149
Stigmatisierung 147
Störreizmodell 130
Streß 24, 160, 198 ff., 207, 244, 293, 302
- chronischer vs. akuter 215
Streßbewältigung siehe Bewältigung
Streßforschung, Analyseebenen 5, 29, 36, 104, 207 ff., 227, 298, 302

Stressor(en) 16, 31, 105, 163, 226, 278
Stufenmodelle (der Entwicklung) 82, 123, 124, 277
Sukzession vs. Segregation 146 ff.
Systemebenen (in der Ökopsychologie) 20, 177 ff., 274

Transaktion, transaktionales Modell 19, 32, 204 ff., 226, 306
Typ A-Verhalten 301

Übergänge, krisenhafte (transitions) 39, 123 ff., 282, 303
Umweltmodell, internes 142, 213, 233

Validität (interne, externe usw.) 72 ff., 88 ff., 238, 267, 274
Veränderungsmessung 53, 54, 56, 61, 62, 228
Verantwortlichkeitszuschreibungen (s. auch Attribuierungen) 313, 318

Verlaufsanalysen 264 ff.
Verlaufsstrukturhypothese 64, 67
Verlust(ereignisse) 17, 30, 76, 141 ff., 212, 285, 297
Verwundbarkeit (Vulnerabilität) 14, 164, 234, 306, 307, 310
Viktimisierung (sekundäre) 313, 318
Vorrückungszeit 62

Wachstum (auch: biologisches) 128 ff., 305, 306, 317
Wahrnehmungspsychologie 199 ff.
Weisheit 305
Wendepunkte 126, 159
Wohnortwechsel 139 ff., 263, 287

Zeit 11, 56, 62, 77, 286, 303, 304, 318
Zeitreihenanalyse 12, 66, 68
Zieldefinition 189, 242

Materialien für die psychosoziale Praxis

Herausgegeben von Prof. Dr. Martin Hautzinger
und Prof. Dr. Franz Petermann

Dieter Betz, Helga Breuninger
Teufelskreis Lernstörungen
Theoretische Grundlegung und Standardprogramm
3., neu ausgest. Aufl. 1993. ISBN 3-621-27167-8

Peter Fiedler, Thomas Niedermeier, Christoph Mundt
Gruppenarbeit mit Angehörigen schizophrener Patienten
Materialien für die Therapeutische Gruppenarbeit mit Angehörigen und Familien
1986. ISBN 3-621-27021-3

Alexa Franke
Gruppentraining gegen psychosomatische Störungen
2., überarb. Aufl. 1991. ISBN 3-621-27101-5

Siegfried Grosse
Bettnässen
Diagnostik und Therapie
2., veränd. Aufl. 1991. ISBN 3-621-27007-8

Klaus Hahlweg, Heijo Dürr, Ursula Müller
Familienbetreuung schizophrener Patienten
Ein verhaltenstherapeutischer Ansatz zur Rückfallprophylaxe
Konzepte, Behandlungsanleitung und Materialien
1995. ISBN 3-621-27153-8

Martin Hautzinger, Wolfgang Stark, Renate Treiber
Kognitive Verhaltenstherapie bei Depressionen
Behandlungsanleitungen und Materialien
3. Aufl. 1994. ISBN 3-621-27061-2

Johannes Herrle, Christine Kühner (Hrsg.)
Depression bewältigen
Ein kognitiv-verhaltenstherapeutisches Gruppenprogramm nach P.M. Lewinsohn
1994. ISBN 3-621-27224-0
Übungsbuch für Kursteilnehmer
Je 5 Exemplare. ISBN 3-6221-27239-9

Stephan Hoyndorf, Marion Reinhold, Fred Christmann
Behandlung sexueller Störungen
Ätiologie, Diagnostik, Therapie: Sexuelle Dysfunktionen, Mißbrauch, Delinquenz
1995. ISBN 3-621-27269-0

Corinna Jacobi, Andreas Thiel, Thomas Paul
Kognitive Verhaltenstherapie bei Anorexia und Bulimia nervosa
1995. ISBN 3-621-27283-6

Gerhard W. Lauth, Peter F. Schlottke
Training mit aufmerksamkeitsgestörten Kindern
Diagnostik und Therapie
2., korr. Aufl. 1994. ISBN 3-621-27134-1

Birgit Lehner, Franz X. Eich
Neuropsychologisches Funktionstraining für hirnverletzte Patienten (NFT)
Therapiemanual zur Förderung kognitiver Funktionen
1990. ISBN 3-621-27091-4

Franz Petermann, Ulrike Petermann
Training mit aggressiven Kindern
Einzeltraining, Kindergruppen, Elternberatung
7. Aufl. 1995. ISBN 3-621-27157-0

Franz Petermann, Ulrike Petermann
Training mit Jugendlichen
Förderung von Arbeits- und Sozialverhalten
4., überarb. Aufl. 1993. ISBN 3-621-27199-6

Franz Petermann, Ulrike Petermann
Training mit sozial unsicheren Kindern
Einzeltraining, Kindergruppen, Elternberatung
5., überarb. Aufl. 1994. ISBN 3-621-27198-8

Jörg Petry
Alkoholismustherapie
Gruppentherapeutische Motivierungsstrategien
2., überarb. u. erw. Aufl. 1993. ISBN 3-621-27143-0

Ulrich Pfingsten, Rüdiger Hinsch
Gruppentraining sozialer Kompetenzen (GSK)
Grundlagen, Durchführung, Materialien
2., überarb. Aufl. 1991. ISBN 3-621-27112-0

Volker Roder, Hans D. Brenner, Norbert Kienzle, Bettina Hodel
**IPT Integriertes psychologisches Therapieprogramm
für schizophrene Patienten**
3., korr. Aufl. 1995. ISBN 3-621-27275-5